© Société Française d'Archéologie

Siège social : Cité de l'Architecture et du Patrimoine, 1, place du Trocadéro et du 11 Novembre, 75116 Paris.

Bureaux : 5, rue Quinault, 75015 Paris, tél. : 01 42 73 08 07

courriel : contact@sfa-monuments.fr

site internet : www.sfa-monuments.fr

ISBN : 978-2-36919-204-6

Diffusion : Actes Sud

Les *Congrès archéologique de France* sont disponibles sur
commande auprès de votre libraire

En couverture : Montreuil-Bellay, ensemble castral dominant la vallée du Thouet. (cl. Bruno Rousseau, Conservation départementale du patrimoine de Maine-et-Loire).

Congrès Archéologique de France

180e session

2021

Maine-et-Loire

Nouveaux regards sur l'architecture médiévale en Anjou

Coordination scientifique : Emmanuel Litoux, Daniel Prigent et Élisabeth Verry

Société Française d'Archéologie

Maine-et-Loire

Nouveaux regards sur l'architecture médiévale en Anjou

Sommaire

Dévotion et hospitalité

Résidences et lieux de pouvoir

Épilogue

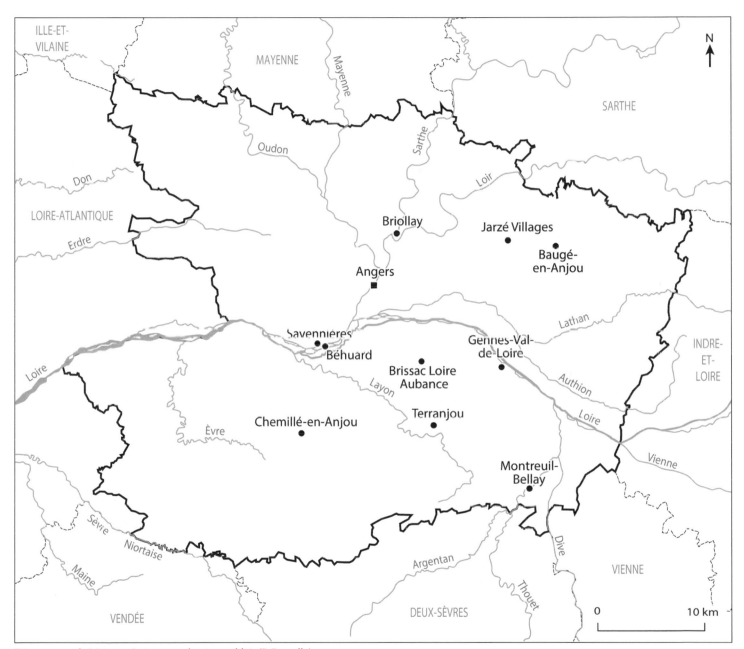

Département de Maine-et-Loire, carte des sites publiés (P. Brunello).

Un nouveau regard sur l'architecture médiévale en Anjou

D'un congrès à l'autre, l'évolution des paradigmes

Emmanuel Litoux * et Daniel Prigent**

« […] la science marche avec le temps et ne dit jamais son dernier mot. Les découvertes nouvelles viennent s'ajouter aux découvertes anciennes pour éclairer les points obscurs. Les théories se complètent par l'étude incessante des édifices [1]. »

En 1841, soit seulement sept années après sa fondation, la toute jeune Société française d'archéologie fut accueillie à Angers pour tenir son congrès du 21 au 25 juin ; elle revint dans la capitale angevine dès 1843 pour une nouvelle session de travail. Deux congrès furent encore organisés – à Saumur en 1862 puis de nouveau à Angers en 1871 – sans doute grâce à la forte émulation de la recherche locale, encouragée par deux figures majeures : Victor Godard-Faultrier (1810-1896) et Gustave d'Espinay (1829-1908). La dynamique impulsée au XIXe siècle porta ses fruits, ainsi qu'en témoigne la richesse des deux tomes publiés à l'issue du congrès de 1910, à nouveau organisé entre Angers et Saumur, mais avec une incursion dans le nord des Deux-Sèvres. Le dernier en date se déroula du 25 au 28 mai 1964 et couvrit essentiellement la partie orientale et le nord du département ainsi que le sud de la Mayenne. Le Segréen et le Choletais firent une fois de plus figure de parents pauvres. La publication qui suivit deux ans plus tard ne rassembla pas moins de cinquante communications qui, pour une bonne part d'entre elles, témoignaient de l'intérêt porté au second Moyen Âge. Depuis lors, les connaissances relatives à l'architecture médiévale ont de nouveau bien progressé, et ce dans de multiples domaines, singulièrement à partir des années 1980, comme en témoigne la publication de plusieurs travaux majeurs.

En 1984 paraissait la remarquable synthèse de Jacques Mallet sur l'art roman en Anjou [2], suivie peu après de la contribution de Marcel Deyres dans la collection Zodiaque [3]. Pour l'architecture gothique, un ensemble conséquent de notices monographiques fut publié par Yves Blomme en 1998 [4]. L'année suivante, Bénédicte Fillion-Braguet soutint une thèse de doctorat soulignant le rôle majeur de la cathédrale d'Angers dans l'élaboration de formules architecturales appelées à faire florès [5] ; en parallèle, les vitraux de Saint-Maurice et les peintures du chœur bénéficiaient également d'études approfondies [6]. En 2000, la visite à Angers de la *British Archaeological Association* permit de bénéficier d'un regard distancé sur l'Anjou médiéval en croisant nos visions avec celles de nos collègues d'Outre-Manche [7].

Les missions conduites par les chercheurs du service de l'Inventaire à Angers, à Saumur et sur une bonne partie du territoire départemental ont livré au fil des années, et notamment à partir des années 1980, une documentation d'une grande richesse, dont sont issues plusieurs publications parmi lesquelles on retiendra les ouvrages de synthèse sur les deux villes historiques, Saumur et Angers [8].

Parallèlement à ce travail de fond, l'enrichissement des connaissances a été favorisé par le renouvellement des approches et des pratiques, à commencer par le suivi des chantiers de restauration ; les travaux sur les monuments sont maintenant de plus en plus souvent accompagnés de fouilles archéologiques et d'études d'archéologie du bâti [9]. Les recherches ont

* Conservateur du patrimoine, Conservation départementale du patrimoine de Maine-et-Loire, UMR 6566 CReAAH.

** Conservateur en chef honoraire du patrimoine, membre associé à l'UMR 6298 Artehis.

Les auteurs tiennent à adresser leurs remerciements aux institutions qui ont apporté leur concours à la tenue du congrès ainsi qu'à la préparation des actes, tout particulièrement à la Conservation départementale du patrimoine de Maine-et-Loire, à la Drac des Pays de la Loire (SRA et CRMH) et au service Angers Patrimoine. Le travail éditorial a été mené collectivement mais il faut saluer l'investissement sans faille d'Éliane Vergnolle et Étienne Hamon. Que Pierre-Louis Laget et Jean-Pierre Gobillot soient également remerciés pour les photographies gracieusement mises à disposition des chercheurs.

1. Gustave d'Espinay, *Congrès archéologique de France. Angers Saumur*, 1871, VII.

2. Jacques Mallet, *L'art roman de l'ancien Anjou*, Paris, 1984.

3. Marcel Deyres, *L'Anjou roman*, La Pierre-qui-Vire, 1987.

4. Yves Blomme, *Anjou gothique*, Paris, 1998.

5. Bénédicte Fillion-Braguet, *Deux chantiers cathédraux du premier gothique de l'Ouest : la nef de Saint-Maurice d'Angers et le chœur de Saint-Pierre de Poitiers*, thèse de doctorat, Marie-Thérèse Camus (dir.), université de Poitiers, 1999.

6. Karine Boulanger, *Les vitraux du chœur de la cathédrale d'Angers (XIIIe siècle)*, thèse de doctorat, Anne Prache (dir.), université de Paris IV-Sorbonne, 2000 ; *ead.*, *Les vitraux de la cathédrale d'Angers*, Paris, 2010 ; Marie-Pasquine Subes, *Le cycle peint dans l'abside de la cathédrale d'Angers et sa place dans l'art du XIIIe siècle*, thèse de doctorat, Anne Prache (dir.), université de Paris IV-Sorbonne, 1996.

7. John McNeill et Daniel Prigent (dir.), *Anjou: Medieval Art, Architecture and Archaeology*, British Archaeological Association Conference Transactions XXVI, 2003.

8. Éric Cron et Arnaud Bureau, *Saumur, urbanisme, architecture et société*, Nantes, 2010 ; Olivier Biguet et Dominique Letellier-d'Espinose, *Angers, formation de la ville, évolution de l'habitat*, Nantes, 2016.

9. Voir notamment le numéro de *Fontevraud, histoire-archéologie*, 1997, nº 4, consacré au thème : « Archéologie des élévations dans les études et travaux de restauration des Monuments historiques ».

10. Françoise Robin, *La cour d'Anjou-Provence. La vie artistique sous le règne de René*, Paris, 1985 ; Daniel Prigent et Noël-Yves Tonnerre (dir.), *La construction en Anjou au Moyen Âge*, Angers, 1998 ; Vincent Debiais avec Robert Favreau, Jean Michaud, Cécile Treffort (coll.), *Corpus des inscriptions de la France médiévale*, vol. 24, *Maine-et-Loire, Mayenne, Sarthe*, Paris, 2010.

11. Christine Oberlin et Jacques Évin, « Utilisation des datations radiocarbones pour la période médiévale : quelques exemples », *Archéologie du cimetière chrétien*, supplément à la *Revue archéologique du centre de la France*, 1996, 11, p. 243-250. La possibilité de dater une faible quantité de matériau a aussi accru les possibilités d'analyse et, même si les intervalles de probabilité restent importants, les résultats ont permis d'infirmer ou confirmer certaines hypothèses antérieures, notamment dans le cas de Saint-Martin d'Angers.

12. La même méthode appliquée au carbonate de calcium du mortier n'est pas sans poser problème mais ouvre des perspectives prometteuses.

13. Pierre Guibert *et alii*, « Les Terres cuites architecturales comme sources d'information chronologique et technique des édifices avant l'an mil », dans *Édifice & artifice, Histoires constructives*, Paris, 2010, p. 421-428.

14. Il est maintenant acquis que, dans la grande majorité des cas, la date d'abattage des bois donne à quelques mois près celle de la mise en œuvre des ouvrages de charpente.

15. Jean-Yves Hunot, « L'évolution de la charpente de comble en Anjou, XIIᵉ-XVIIIᵉ siècle », *Revue archéologique de l'Ouest*, 2004, p. 225-245 ; *id.*, « La chaîne opératoire, approche archéologique. De la forêt à la charpente : le savoir-faire du charpentier en Anjou », dans *Les charpentes du XIᵉ au XIXᵉ siècle. Grand Ouest de la France*, Patrick Hoffsummer (dir.), Turnhout, 2011, p. 40-58.

16. Jean-Yves Hunot, « L'hôpital Saint-Jean d'Angers, un ensemble de charpentes du XIIᵉ siècle », dans *Les charpentes du XIᵉ au XIXᵉ siècle…, op. cit.* note 15, p. 279-294. L'abattage des bois de la charpente du grand bâtiment dit « des greniers Saint-Jean » a tout récemment été daté par dendrochronologie entre 1175 et 1201, avec une forte probabilité vers 1188 (Dendrotech DT-2022-027).

parfois été menées dans la longue durée, ainsi aux abbayes de Fontevraud (fig. 1), de Saint-Aubin d'Angers, aux églises de Saint-Martin et Saint-Serge d'Angers, de Notre-Dame de Chemillé, de Saint-Denis de Pontigné, mais aussi aux châteaux de Saumur (fig. 2), de Montsoreau, d'Angers, de Baugé ou encore de Pouancé… Ces études, étalées sur des années, permettent de capitaliser les observations et d'agréger des connaissances conduisant à mieux saisir l'histoire architecturale des monuments pris dans toute leur complexité.

En complément des approches traditionnelles [10], l'analyse de ces derniers a bénéficié du développement de techniques de datation dont les applications en histoire de l'architecture étaient pour ainsi dire inconnues il y a cinquante ans. On songe évidemment aux multiples analyses par le radiocarbone pour lesquelles la calibration a permis la conversion en années calendaires [11]. Ces analyses, devenues courantes, sont désormais presque systématiquement pratiquées pour tenter de situer les constructions du premier Moyen Âge, majoritairement par la datation des charbons de bois retrouvés dans les mortiers [12]. D'autres techniques, encore délicates à mettre en œuvre, ont été adoptées sur quelques sites, à Saint-Martin d'Angers ou sur l'église de Savennières : archéomagnétisme, thermoluminescence et, tout récemment, luminescence optiquement stimulée (OSL) [13]. Toutefois, c'est surtout l'analyse dendrochronologique des pièces de bois qui a constitué une avancée décisive, particulièrement à partir des années 1990. D'autant plus pertinente qu'elle a été précédée d'une étude approfondie des monuments, cette technique basée sur la mesure des cernes de croissance des arbres a permis d'affiner les propositions de datations, parfois à l'année près [14] et, partant, de rebattre certaines hypothèses, d'affiner les réflexions sur les changements stylistiques, sur l'organisation des chantiers mais aussi de progresser dans l'identification des zones d'approvisionnement en bois d'œuvre [15]. Songeons plus particulièrement à l'hôpital Saint-Jean d'Angers, essentiel à la connaissance du gothique angevin [16], ou encore au chœur de Saint-Étienne de Fougeré (fig. 3), vieilli d'environ une génération par rapport aux estimations antérieures. La multiplication des analyses dendrochronologiques a aussi offert la possibilité d'appréhender beaucoup plus finement l'avancement de grands chantiers (le transept et le

Fig. 1 – Fontevraud-l'Abbaye, abbatiale romane et aile orientale des bâtiments monastiques (milieu du XVIᵉ siècle).

EMMANUEL LITOUX ET DANIEL PRIGENT

Fig. 2 – Saumur, vue depuis l'ouest du château reconstruit par les ducs d'Anjou dans le dernier tiers du XIVᵉ siècle sur l'arase des fortifications du début du XIIIᵉ siècle.

chevet de la cathédrale Saint-Maurice, l'église Saint-Michel du May-sur-Èvre [fig. 4], le château du Plessis-Macé…) et de préciser la chronologie de certaines mutations architecturales, telles que l'évolution des édifices en pan de bois [17] ou l'abandon des volumes montant sous charpente dans la construction civile, vers le second quart du XVᵉ siècle [18].

De nombreux aspects techniques ont également été approfondis. L'étude métrologique des pierres d'appareil a notamment permis de caractériser l'utilisation de la construction en moellons bien calibrés et bien assisés jusque vers le milieu du XIᵉ siècle, puis sa désorganisation ultérieure, et surtout l'utilisation avant l'an mil de la standardisation des hauteurs de pierre de taille dans le fonctionnement du chantier [19]. L'étude du second œuvre, et tout spécialement des éléments de décor, a également connu des avancées notables, particulièrement dans le domaine de la sculpture, de la peinture [20] et du vitrail [21].

Le thème de ces journées étant plus spécifiquement consacré au renouvellement des regards portés sur l'architecture médiévale depuis le congrès de 1964, prendre en compte au mieux ce foisonnement de travaux à l'occasion d'une rencontre de durée forcément limitée constituait une gageure. Il a tout d'abord été décidé de ne pas revenir sur des sites déjà visités à l'occasion de journées thématiques récentes de la Société, ce qui a amené à ne pas retenir des monuments aussi remarquables que l'abbaye de Fontevraud (fig. 5), l'abbatiale Saint-Florent et le château de Saumur. Les contraintes de déplacement inhérentes à l'organisation d'un évènement tel que le Congrès archéologique ont conduit à définir quatre aires privilégiées. Plusieurs édifices majeurs s'imposaient à Angers, à commencer par la **cathédrale Saint-Maurice** [22] sur laquelle se sont concentrées de nombreuses recherches touchant tout aussi bien à l'architecture, à la sculpture, aux charpentes, qu'aux vitraux ou aux décors

17. Olivier Biguet et Dominique Letellier, « Les maisons en pans de bois d'Angers. L'apport de la dendrochronologie et des sources documentaires », dans Clément Alix et Frédéric Épaud (dir.), *La Construction en pans de bois au Moyen Âge et à la Renaissance*, Rennes et Tours, 2013, p. 181-199.

18. Emmanuel Litoux et Jean-Yves Hunot, « L'utilisation de l'étage de comble dans les résidences seigneuriales angevines entre le XIVᵉ et le début du XVIᵉ siècle », dans Nicolas Faucherre, Delphine Gautier et Hervé Mouillebouche (dir.), *Le château de fond en comble*, Chagny, 2020, p. 318-343.

19. Daniel Prigent, « Les débuts du moyen appareil : l'exemple de l'Anjou-Touraine (Xᵉ-XIIIᵉ siècles) », dans François Blary, Jean-Pierre Gély et Jacqueline Lorenz (dir.), *Pierres du patrimoine européen. Économie de la pierre de l'Antiquité à la fin des Temps Modernes*, 2008, Paris-Château-Thierry, p. 295-308 ; *id.*, « Techniques de construction et de mise en œuvre de la pierre du IXᵉ au XIᵉ siècle, nouvelles approches », dans Dominique Iogna-Prat, Michel Lauwers, Florian Mazel et Isabelle Rosé (dir.), *Cluny. Les moines et la société au premier âge féodal*, Rennes, 2013, p. 439-458.

20. Christian Davy, *La peinture murale romane dans les Pays de la Loire. L'indicible et le ruban plissé*, Laval, 1999 (publication tirée de la thèse de doctorat soutenue par l'auteur en 1994) ; *id.*, « La prospection des peintures murales des Pays de la Loire », *In situ*, 22, 2013, https://doi.org/10.4000/insitu.10792 ; Alexandre Gordine, *Peintures murales romanes de l'Ouest : Bretagne, Maine, Anjou*, Paris, 2013 ; Christine Leduc-Gueye, *D'Intimité d'Éternité. La peinture monumentale en Anjou au temps du roi René*, Lyon, 2007 (publication tirée de la thèse de doctorat de l'auteure soutenue en 1999 sur les décors peints dans l'Anjou et le Maine au XIVᵉ et XVᵉ siècle).

21. Louis Grodecki (dir.), *Les vitraux du Centre et des Pays de la Loire*, Paris, 1981.

22. Les noms de sites indiqués en gras font l'objet d'un ou plusieurs articles dans le présent volume.

Fig. 3 – Baugé-en-Anjou, église Saint-Médard de Cheviré-le-Rouge, vue du chœur

peints. Immédiatement au nord, le **palais épiscopal** laisse encore restituer une bonne part de son organisation médiévale en dépit de remaniements importants dans le courant du XIXᵉ siècle. De même, le **château** et la **collégiale Saint-Martin**, tous deux objets d'investigations poussées ces trois dernières décennies, ne pouvaient être ignorés, pas plus que les vestiges de **l'abbaye Toussaint**. L'architecture civile a également été abordée avec le **logis Barrault**, remarquable hôtel de la toute fin du XVᵉ siècle, et à partir d'une sélection de **maisons canoniales** du quartier de la Cité. Les congressistes ont enfin pu visiter les bâtiments de l'exceptionnel hôpital Saint-Jean dont, en dépit des recherches déjà effectuées, le fonctionnement soulève encore des interrogations (fig. 6).

Une excursion dans le Baugeois était indispensable pour présenter les résultats des dernières recherches sur le château édifié à **Baugé** par René d'Anjou et apporter un éclairage sur le riche patrimoine religieux de ce secteur, peu touché par les reconstructions des XIXᵉ et

EMMANUEL LITOUX ET DANIEL PRIGENT

XXe siècles (**Pontigné, Jarzé**). Au sud de la Loire, Saumur et son château ayant bénéficié de publications récentes[23], il a paru plus opportun de concentrer les efforts sur la ville de **Montreuil-Bellay** qui peut s'enorgueillir d'avoir conservé plusieurs monuments médiévaux remarquables. L'accent a été mis sur quatre d'entre eux, qui livrent un éclairage sur la parure architecturale recomposée par Guillaume d'Harcourt : la reconstruction du **château** ainsi que la **collégiale Notre-Dame**, les transformations de la grande **enceinte urbaine** et de **l'hôpital Saint-Jean**. Sur le chemin du retour vers Angers, il paraissait difficile de ne pas visiter la grande église priorale de **Cunault** qui, bien que finement étudiée par Francis Salet et Jacques Mallet, a elle aussi été récemment l'objet d'investigations ayant amélioré nos connaissances sur ce monument insigne. En descendant la Loire, à **Saint-Rémy-la-Varenne**, les études qui ont accompagné la restauration du prieuré ont permis de démontrer la complexité du site qui, sur un substrat d'occupation antique, conserve des élévations couvrant un vaste champ chronologique, du Xe au XVIe siècle. Les contraintes de déplacement ont conduit à ne pas prendre en compte des édifices saumurois pourtant réexaminés récemment comme, à Doué-en-Anjou, la fameuse résidence carolingienne de la Motte de la

23. Emmanuel Litoux et Éric Cron (dir.), *Le château et la citadelle de Saumur, architectures du pouvoir*, suppl. au *Bulletin Monumental*, n° 3, 2010.

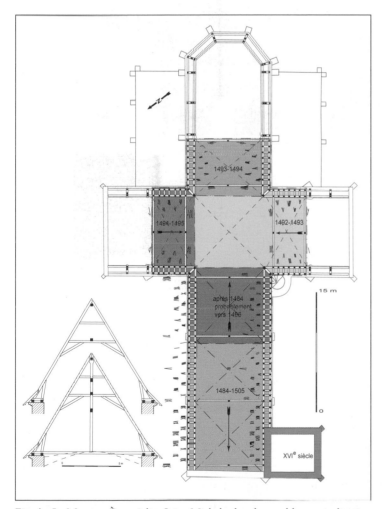

Fig. 4 – Le May-sur-Èvre, église Saint-Michel, plan du comble avec indication des différentes tranches de réalisation de la charpente à partir des datations dendrochronologiques (relevé et dessin Jean-Yves Hunot).

Fig. 5 – Fontevraud-l'Abbaye, abbatiale, vue du chœur (début du XIIe siècle).

Fig. 6 – Angers, hôpital Saint-Jean, vue de la grande salle des malades achevée autour de 1180.

Fig. 7 – Doué-en-Anjou, résidence carolingienne de la Motte de la Chapelle.

Chapelle (fig. 7) ou, à Gennes-Val de Loire, la belle tour de Trèves [24]. Dans la moitié ouest de l'Anjou, le patrimoine architectural fut davantage malmené durant la période révolutionnaire et surtout, dans le cadre du vaste mouvement de reconstruction d'églises suscité par la reconquête catholique de la seconde moitié du XIXe siècle [25]. Le choix, de ce fait plus restreint, s'est porté sur des édifices emblématiques dont l'étude a été renouvelée au cours des dernières années : le **château de Martigné-Briand** avec le corps de logis des années 1500 adossé contre les restes d'une tour maîtresse romane inédite, **Notre-Dame de Chemillé**, récemment restaurée, l'ancienne collégiale Notre-Dame sur l'île de **Béhuard** et l'antique église de **Savennières** dont la datation a si longtemps fait l'objet de discussions entre spécialistes du haut Moyen Âge. Là encore, les temps de transport et les conditions d'accès aux monuments ont contraint à laisser de côté des édifices importants et récemment réétudiés tels que la forteresse de Pouancé (Ombrée-d'Anjou) que Louis XI réaménagea pour préparer la conquête de la Bretagne [26], les châteaux du Plessis-Macé (Longuenée-en-Anjou, fig. 8) [27] et de la Bourgonnière (Orée d'Anjou), qui, outre une exceptionnelle chapelle de style renaissance, conserve un grand corps de logis du XIVe siècle et une tour résidentielle des années 1450.

24. Lucie Gaugain, « Trèves (Maine-et-Loire), une tour résidentielle du XVe siècle » dans Alain Salamagne (dir.), *Le palais et son décor au temps de Jean de Berry*, Tours, 2010, p. 155-167.

25. Le XIXe siècle a été particulièrement destructeur pour l'architecture médiévale (plus de deux cents églises ont été reconstruites ou fort remaniées sous l'épiscopat de Guillaume Angebault, entre 1842 et 1869), l'importance et la qualité de certains de ces édifices de style néo-médiéval ont conduit à compléter le programme du congrès par une journée spécifiquement consacrée à ces créations.

26. Anaïs Casaubon, *Le château de Pouancé. Évolution d'un site castral des marches de Bretagne (XIIe-XVe siècle)*, thèse de doctorat, Nicolas Faucherre (dir.), université de Nantes, 2012.

27. Emmanuel Litoux et Étienne Vacquet, *Le Plessis-Macé, une forteresse aux portes d'Angers*, Nantes, 2019.

Fig. 8 – Longuenée-en-Anjou, château du Plessis-Macé, vue du corps de logis principal édifié en 1450-51d et transformé vingt ans plus tard avec l'insertion d'un plancher haut, l'adjonction d'une tour d'escalier en vis d'une chapelle.

28. Daniel Prigent, « Les édifices antérieurs au milieu du XIe siècle en Val de Loire : l'évolution du regard de l'archéologue », dans Sylvie Balcon-Berry, Brigitte Boissavit-Camus et Pascale Chevalier (dir.), *La mémoire des pierres. Mélanges d'archéologie, d'art et d'histoire en l'honneur de Christian Sapin*, Turnhout, 2016, p. 85-96.

QUELQUES TRAITS MAJEURS DU PATRIMOINE ARCHITECTURAL ANGEVIN

La faible évolution des techniques de mise en œuvre de la maçonnerie rend encore aujourd'hui délicat l'exercice de datation des édifices antérieurs à la fin du XIe siècle. Ces dernières décennies, la révision de bien des datations a entraîné un vieillissement sensible d'édifices auparavant attribués sur des critères formels au XIe siècle (Saint-Martin-de-Vertou du Lion d'Angers (fig. 9) voire au XIIe (chevet de Notre-Dame du Ronceray d'Angers) [28]. L'établissement d'un corpus de sites bien caractérisés et bien datés reste encore en grande partie à faire. Les premiers jalons montrent le remploi de structures tardo-antiques, comme par exemple à Gennes, dans la nef de Saint-Eusèbe. Les églises **Saint-Pierre-et-Saint-Romain** de Savennières, Saint-Symphorien d'Andard (fig. 10) ont livré des datations antérieures aux incursions normandes qui ont longtemps constitué un horizon difficilement dépassable. Les recherches conduites à **Saint-Rémy-la-Varenne**, à **Saint-Martin d'Angers** et sur l'***aula* comtale** du château montrent que des vestiges de la période carolingienne conservés en élévation sont encore présents dans le paysage monumental – mais bien d'autres témoins restent sans nul doute à identifier.

Fig. 9 – Le Lion d'Angers, église Saint-Martin-de-Vertou, détail de la façade occidentale du Xe siècle.

EMMANUEL LITOUX ET DANIEL PRIGENT

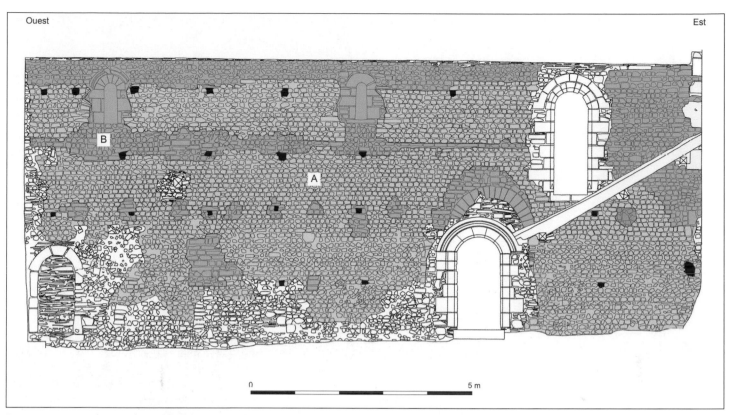

Fig. 10 – Loire-Authion, église Saint-Symphorien d'Andard, élévation de la façade sud de la nef du VIIIe siècle (A), reprise (B) dans la première moitié du Xe siècle (relevé et dessin Alexandra Helsens, Jean-Yves Hunot, Vincent Lambert, Daniel Prigent).

Cette révision des datations a corrélativement entraîné de nouvelles perspectives quant à l'emploi des pierres de taille en moyen appareil. Tout en soulignant « une certaine précocité dans l'emploi du moyen appareil » en Anjou, Marcel Deyres pouvait encore défendre en 1987 l'idée d'un développement tardif dans le courant du XIe siècle, alors que les études récentes témoignent d'une expansion sensiblement plus précoce, parfois accompagnée de la persistance d'un appareil de moellons à l'Antique, à Saint-Martin de Genneteil au Xe siècle (fig. 11), à l'abbatiale du Ronceray au XIe siècle, et encore à Saint-Martin d'Angers aux IXe-XIe siècles [29].

Les dernières décennies du XIe siècle et la première moitié du XIIe virent la continuité de la nef unique traditionnelle [30], solution à laquelle ne dérogent que quelques édifices majeurs comme **Notre-Dame de Cunault**, ainsi que le développement considérable du voûtement en pierre de taille, et celui de la sculpture, qui devient parfois exubérante.

Si l'ouvrage d'André Mussat reste essentiel pour la compréhension du gothique de l'Ouest [31], bien représenté en Anjou, du milieu du XIIe siècle au milieu du siècle suivant, différentes études ont permis de préciser certains aspects de la chronologie de l'élaboration des voûtes bombées, des premières nervures épaisses et non pénétrantes de la Trinité (fig. 12), de **Saint-Martin**, de Saint-Éloi d'Angers, de la **cathédrale Saint-Maurice** ou de Saint-Lazare de Fontevraud…, au voûtement à nervures toriques multiples et au riche décor iconographique de Saint-Serge d'Angers, de Notre-Dame d'Asnières à Cizay-la-Madeleine (fig. 13), et aux exemples tardifs de berceaux nervurés à Saint-Médard de Chevire-le-Rouge, Saint-Étienne de Fougeré (fig. 3), **Toussaint d'Angers** et à la chapelle de La Boissière de Dénezé-sous-le-Lude. Plusieurs édifices visités pendant le congrès ont

29. Daniel Prigent, « Techniques constructives du XIe siècle. L'exemple du Val de Loire », *Bulletin monumental*, t. 178, 2020, p. 55-65.

30. Jacques Mallet, « La nef unique dans l'art religieux angevin », dans *Anjou : Medieval Art, Architecture and Archaeology, op. cit.* note 7, p. 52-65.

31. André Mussat, *Le style gothique de l'Ouest de la France (XIIe-XIIIe siècle)*, Paris, 1963.

Fig. 11 – Noyant-Villages, église Saint-Martin de Genneteil (XIᵉ siècle), le chevet, côté sud.

Fig. 12 – Angers, église de la Trinité, voûtement de la nef (milieu du XIIᵉ siècle).

permis d'aborder ce thème essentiel pour appréhender les spécificités de cette architecture gothique si différente des modèles franciliens [32].

Ces cinquante dernières années ont aussi été riches en découvertes dans le domaine de l'architecture des lieux de pouvoir. Deux sites, en particulier, ont permis des avancées décisives : la résidence carolingienne de Doué-en-Anjou fouillée par Michel de Boüard à la fin des années 1960 et le palais comtal du château d'Angers, éclairé d'un nouveau jour grâce aux opérations archéologiques conduites dans les années quatre-vingt-dix. Au cours des dernières décennies, plusieurs sites ont livré les vestiges de grandes tours romanes (Champtocé-sur-Loire, Saumur, **Martigné-Briand**) et de quelques logis adossés contre une enceinte se refermant sur une tour-porche comme celui du château de Montsoreau, datant du XIᵉ siècle (fig. 14).

La conquête capétienne vit l'ouverture de chantiers défensifs, dominés par l'extraordinaire forteresse que la couronne fit édifier à Angers. Denis Hayot a récemment replacé dans une large perspective les programmes de fortifications angevines mis en œuvre dans la première moitié du XIIIᵉ siècle (châteaux de Saumur, de Montreuil-Bellay, de Champtocé, de Champtoceaux, de Passavant-sur-Layon et sans doute de Pouancé...) [33].

32. Voir en particulier les contributions de Bénédicte Fillion-Braguet et de Daniel Prigent dans Étienne Vacquet (dir.), *Saint Louis et l'Anjou*, Rennes, 2014.

33. On se référera à la publication issue de la thèse de Denis Hayot, soutenue en 2015 à l'université de Paris IV : *L'architecture fortifiée capétienne au XIIIᵉ siècle. Un paradigme à l'échelle du royaume*, Chagny, 6 vol., 2021-2023. Voir en particulier le volume 1, *Synthèse* (2022), et le volume 4, *Monographies. Normandie, Pays-de-Loire, Bretagne* (2021).

EMMANUEL LITOUX ET DANIEL PRIGENT

Fig. 13 – Cizay-la-Madeleine, abbaye d'Asnières, abbatiale, vue des voûtes du chœur.

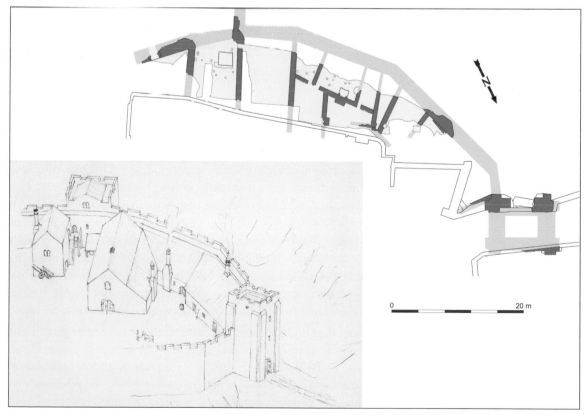

Fig. 14 – Montsoreau, château, plan de l'état du milieu du XIᵉ siècle révélé par une fouille menée en 2000 et proposition de restitution (relevé et dessin Emmanuel Litoux).

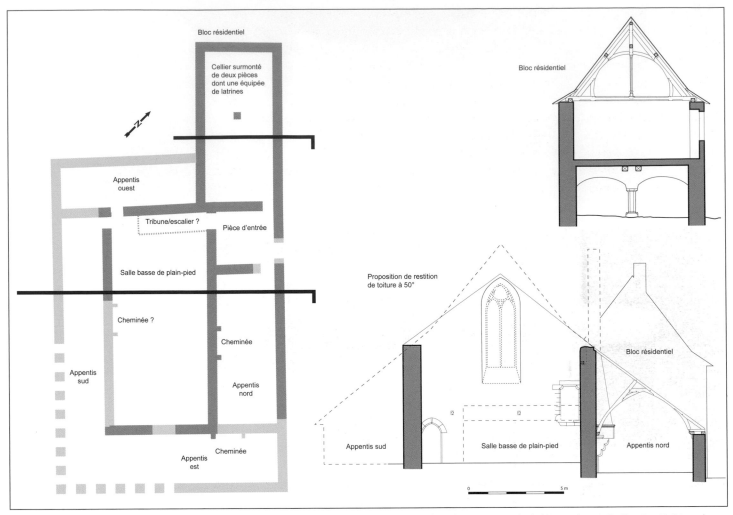

Fig. 15 – Miré, manoir de Longchamp, plan et coupes transversales du logis construit au début des années 1340 (relevé et dessin G. Carré et E. Litoux).

Les labels sur l'image : Bloc résidentiel ; Cellier surmonté de deux pièces dont une équipée de latrines ; N ; Appentis ouest ; Tribune/escalier ? ; Pièce d'entrée ; Salle basse de plain-pied ; Cheminée ? ; Cheminée ; Appentis sud ; Appentis nord ; Cheminée ; Appentis est ; Bloc résidentiel ; Proposition de restition de toiture à 50° ; Bloc résidentiel ; Appentis sud ; Salle basse de plain-pied ; Appentis nord ; 0 5 m

34. Gaël Carré, Emmanuel Litoux et Jean-Yves Hunot, *Demeures seigneuriales en Anjou, XIIᵉ-XVᵉ siècles*, Patrimoine d'Anjou : études et travaux 2, Angers, 2002 ; Jean-Yves Hunot et Emmanuel Litoux, *Nouvelles recherches sur les demeures seigneuriales en Anjou, XIIIᵉ-XVᵉ siècles*, Patrimoine d'Anjou : études et travaux 4, Angers, 2010.

35. Arnaud Guitton, *Le château de Beaufort-en-Vallée, des origines à nos jours*, Beaufort-en-Vallée, 1988.

Après le milieu du **XIII**ᵉ siècle, et jusque vers les soubresauts tardifs de la guerre de Cent Ans, la construction semble avoir marqué le pas, même si l'on ne peut plus souscrire sans réserve au sentiment de vide qui a longtemps prévalu, comme le montrent les recherches sur les demeures seigneuriales qui ont révélé un corpus de sites inattendu (fig. 15) [34]. Aux transformations limitées, de datation malaisée, s'ajoutent de rares exemples mieux caractérisés tels que Notre-Dame-des-Rosiers vers le troisième tiers du **XIII**ᵉ siècle et, au **XIV**ᵉ, la petite chapelle dite « de l'abbé » à l'abbaye d'Asnières à Cizay-la-Madeleine ou celle de Restigné (Indre-et-Loire), située au sud du chœur de l'église. Le château de Beaufort-en-Vallée, dont les ruines se dressent encore sur l'ancienne motte, fut reconstruit à la fin des années 1340 pour Guillaume Roger, le frère du pape Clément VI [35].

Dans le dernier tiers du **XIV**ᵉ et au début du siècle suivant émergent les chantiers que les ducs d'Anjou Louis Iᵉʳ et son fils Louis II lancèrent à Angers et Saumur. L'étude récemment conduite à l'église de **Béhuard** a mis en avant un premier édifice attribuable à la toute fin du **XIV**ᵉ siècle, au financement duquel pourrait avoir participé la duchesse Marie de Blois. Même si le contexte n'était pas des plus favorables, quelques maîtres d'ouvrage puissants ouvrirent à cette époque de grands chantiers comme l'abbé Jean du Bellay à Saint-Florent de Saumur, dans les années 1415.

À plusieurs décennies de relative atonie succéda une période extrêmement dynamique dans le domaine de la construction. Portée par la reprise économique, elle s'étendit du milieu du XVe siècle à l'irruption de la Renaissance. Les chantiers religieux furent particulièrement nombreux, avec notamment la réfection de divers chœurs (**Saint-Cyr-et-sainte-Julitte de Jarzé**) ou l'ajout, de part et d'autre des nefs, de chapelles latérales dont le collatéral sud de Notre-Dame de Nantilly à Saumur est un bon exemple (fig. 16). Nombre d'édifices furent intégralement édifiés ou reconstruits en adoptant le style flamboyant. D'une manière générale, les particularismes régionaux tendent à s'effacer, bien que l'on puisse parfois observer la persistance d'un fort bombement des voûtes. **La collégiale Notre-Dame de Montreuil-Bellay** ou **Notre-Dame de Béhuard** constituent de beaux exemples visités durant le congrès. Nous pouvons encore citer quelques très belles réalisations

Fig. 16 – Saumur, église Notre-Dame de Nantilly, vue du collatéral sud que Louis XI fit édifier peu après 1470.

Fig. 17 – Écuillé, château du Plessis-Bourré, vue depuis le sud-est (à gauche) et depuis le nord-ouest (à droite) de la résidence fortifiée que Jean Bourré, grand officier de Louis XI, fit construire à la fin des années 1460.

Fig. 18 – Gennes-Val-de-Loire, Saint-Martin-de-la-Place, château de Boumois, vue depuis le sud-est du corps de logis principal édifié au début des années 1520.

Emmanuel Litoux et Daniel Prigent

Fig. 19 – Montsoreau, château, vue de la tour d'escalier orientale ajoutée vers 1510-1520 contre le corps de logis des années 1450.

Fig. 20 – Orée-d'Anjou, château de La Bourgonnière, vue depuis le sud-est de la chapelle construite vers 1510.

traduisant la variété de ces constructions : nef de Saint-Serge d'Angers, églises Saint-Pierre de Doué-en-Anjou, Saint-Melaine de Miré ou encore Notre-Dame de la Séguinière, Saint-Michel du May-sur-Èvre…

La présence du roi de France et de grands officiers de la couronne en Val de Loire, le rayonnement artistique à l'époque du duc René, dont le règne dura près d'un demi-siècle (1434-1480), entraînèrent la mise en chantier de grands programmes résidentiels (Le Plessis-Macé, Baugé ou encore Montsoreau) [36]. Parmi ces ensembles, certains firent date dans l'histoire de l'architecture française, tels les châteaux du Plessis-Bourré édifié vers 1470 à Écuillé pour Jean Bourré (fig. 17), ou celui du Verger (Seiches-sur-le-Loir) dans la construction duquel le maréchal de Gié engloutit des sommes considérables autour de 1500. Ce dernier, malheureusement détruit, illustre les derniers développements du gothique flamboyant dont on trouve encore quelques témoignages spectaculaires vers 1490 au **logis Barrault** à Angers, peu après au château de **Martigné-Briand**, et vers 1520 encore au château de Boumois à Saint-Martin-de-la-Place [37] (fig. 18).

À la différence de la Touraine voisine, l'attachement des angevins au style gothique semble avoir ralenti la pénétration des formes de la première Renaissance. On assista surtout, dans les premières décennies du XVIe siècle, à des chantiers d'ampleur limitée, quelques monuments funéraires, souvent de simples adjonctions à des édifices antérieurs comme, au château de Montsoreau, l'édification d'une seconde tour d'escalier en vis (fig. 19)…

36. Emmanuel Litoux, Daniel Prigent, Jean-Yves Hunot, « Le château de Montsoreau », dans *Congrès archéologique de la France. Touraine*, 1997, p. 255-280.

37. Christian Cussonneau, « Boumois : le dernier château gothique en Anjou », *Bulletin monumental*, t. 158-2, 2000, p. 119-146.

38. Dominique Letellier et Olivier Biguet, « Les hôtels particuliers de la seconde Renaissance à Angers et le rôle de Jean Delespine », *Archives d'Anjou*, n° 3, 1999, p. 55-90 ; *id.*, « Jean Delespine, un architecte angevin de la Renaissance », dans *L'ingénieur et l'architecte. Les figures de l'expert au Moyen Âge et à la Renaissance*, Alain Salamagne (dir.), à paraître.

Crédits photographiques – fig. 1-3, 5, 9, 11-12, 17 : cl. Daniel Prigent ; fig. 6, 8, 13, 16, 18-19 : cl. Bruno Rousseau, Conservation départementale du patrimoine de Maine-et-Loire ; fig. 7 : cl. Emmanuel Litoux ; fig. 20 : cl. Jean-Yves Hunot.

Quelques chantiers eurent plus d'ampleur à l'instar de ceux de l'hôtel des Pénitentes à Angers ou du grand cloître de l'abbaye de Fontevraud dont l'aile sud fut édifiée vers 1519. Il faut surtout signaler, au château de La Bourgonnière à Orée-d'Anjou, la superbe chapelle Saint-Sauveur et son remarquable décor sculpté (fig. 20). La diffusion des formes de la Renaissance ne s'accéléra qu'à partir des années 1525-1535, en particulier grâce à l'influence exercée par le fameux architecte angevin Jean Delespine (1505-1576) auquel nous devons, entre autres, l'hôtel Pincé d'Angers, le lanternon de la cathédrale, les clochers de la Trinité d'Angers et de Notre-Dame de Beaufort ou encore le château de Serrant. Jean Delespine contribua fortement à faire émerger les formes de la seconde Renaissance, empreintes en Anjou d'une relative austérité, comme en témoignent les nombreux hôtels édifiés à Angers au cours des années 1540-1570 [38]. Mais s'ouvre là, avec l'Époque moderne, un nouveau et riche chapitre de l'histoire architecturale angevine qui méritera sans doute de faire l'objet d'un prochain congrès.

INTRODUCTION HISTORIQUE

Élisabeth VERRY [*]

QU'EST-CE QUE L'ANJOU ?

Depuis longtemps, les historiens s'accordent à dire que la géographie n'offre que peu de prise pour définir cette entité, dont la place éminente dans l'histoire ne fait pourtant pas de doute : chevauchant deux grandes régions géologiques, son territoire présente dans sa partie occidentale la continuité naturelle du massif armoricain, avec ses longs plissements de schiste qui lui ont valu le nom d'« Anjou noir », tandis que dans sa moitié orientale il s'abouche au Bassin parisien, avec ses coteaux et leur abondance de craie tendre qui forme ici le pays de l'« Anjou blanc ». Mais nulle rupture dans ce recouvrement : le sillon ligérien en constitue la liaison et lui offre son identité, traversant d'est en ouest l'espace angevin, symbole d'un ensemble à la fois relié et diversifié. Sa vallée en est depuis toujours le cœur battant, avec le point d'ancrage naturel que constitue Angers, au carrefour des trois rivières qui forment la Maine et à peu de distance sa rencontre avec le fleuve.

Pas d'unité géographique, donc. Mais des atouts naturels certains, qu'il s'agisse du maillage hydrographique qui irrigue le territoire, en particulier de part et d'autre de la Loire, de la fécondité de ses rives et des ressources des importantes forêts qui formaient sur les lisières des barrières tout autant isolantes que protectrices. Dans ce contexte, il est bien naturel que les traces les plus anciennes de peuplement aient été trouvées pour la plupart à proximité de la Loire et de ses affluents. Diffuses au Paléolithique, elles s'intensifient au Néolithique, comme en témoignent notamment les nombreux monuments mégalithiques encore aujourd'hui subsistants. Sur cet espace propice aux échanges s'installe au cours de la seconde moitié du premier millénaire avant notre ère un peuple gaulois que César, lors de sa conquête, nommera « Andes », et Tacite « Andecavi ». Cette installation, qui s'effectue non sans lutte, notamment avec les voisins Pictons, sera décisive et pérenne, donnant désormais son nom au territoire angevin [1].

Au cours du premier millénaire, l'histoire angevine ne se démarque pas de celle de ses voisins : romanisation profonde, après l'échec des tentatives de résistance à la conquête ; repli des agglomérations à partir de la seconde moitié du IIIe siècle, attaques des peuples germaniques, notamment des Saxons venus par mer et remontant la Loire ; implantation du christianisme, le premier évêque connu, contemporain de Martin de Tours (372) étant cité sous le nom de « Défensor ». La victoire, au Ve siècle, des Francs Saliens ne fut pas signe d'apaisement pour l'Anjou. Territoire-frontière, tant à l'ouest vers les terres de l'Armorique rebelle que vers le sud et la puissante Aquitaine, sa possession, stratégique pour le pouvoir mérovingien, puis carolingien, lui valut d'être très disputé. Aux périls anciens s'ajouta, à partir du milieu du IXe siècle, celui des Normands. Apparus à Nantes en 843, ils pillèrent Saint-Florent-du-Mont-Glonne en 853 et se fixèrent peu après sur une île de la Loire qui leur servit de base pour des décennies. De cette période troublée émerge la figure de l'un des défenseurs, l'ancien *missus* Robert le Fort, qui périt à Brissarthe en combattant les Normands. Vingt ans plus tard, son fils Eudes, investi de la même charge, confirma la notoriété de sa

* *Archiviste-paléographe, directrice honoraire des Archives départementales de Maine-et-Loire.*

1. En introduction à l'histoire de l'Anjou on lira avec profit les pages magistrales de Jean-Marc Bienvenu, *Vue d'ensemble sur l'histoire de l'Anjou*, dans « Atlas historique français. Le territoire de la France et de quelques pays voisins. Anjou », Paris, 1973, p. 31-41. À titre de première approche, on peut également consulter l'ouvrage collectif : *Anjou. Maine-et-Loire. Histoire, art, traditions, langue et littérature, milieu naturel, économie et société*, Paris, 2010.

2. Voir Jean-Michel Matz et Noël-Yves Tonnerre, *L'Anjou des princes. Fin XIᵉ-fin XVᵉ siècle*, Paris, 2017.

lignée. Durant un siècle, celle-ci alterna avec les derniers Carolingiens mais, en 987, l'histoire fut écrite : arrière-petit-fils de Robert, Hugues Capet fut investi du titre de roi des Francs tandis qu'en parallèle une autre lignée s'imposait en Anjou avec le titre comtal : celle des Foulques et des Geoffroy, les Ingelgériens.

EN ANJOU PLUS QU'AILLEURS, LIRE ENSEMBLE HISTOIRE ET ARCHITECTURE

Comprendre l'architecture, c'est bien sûr connaître les matériaux et les techniques, l'évolution des inspirations et des styles, les volontés et les moyens des commanditaires. Mais c'est aussi inscrire les réalisations et les projets dans le contexte de leur époque, lire à travers les pierres les jeux de pouvoir et d'influence, les flux d'échanges culturels et artistiques, les soubresauts de l'histoire qui ont permis à certaines constructions humaines de traverser le temps alors que d'autres disparaissaient ou s'effaçaient, emportées par les conflits ou le mouvement inévitable des évolutions politiques et sociales.

À cet égard, l'étude de l'architecture angevine médiévale est le reflet d'un passé durant lequel l'unité de l'Anjou se définit non par les frontières physiques d'un espace clairement borné mais par son appartenance à une entité politique, la principauté née et composée aux premiers temps féodaux, puis placée, de l'an mil à la fin du Moyen Âge, sous la bannière de dynasties successives de hauts personnages ayant pour point commun, qu'ils soient comtes puis ducs, d'appartenir aux plus hauts lignages et d'inscrire leur action au cœur de l'histoire de France. Si tout ne reste pas intact de ce passé glorieux, l'Anjou en conserve, tant dans sa capitale que sur l'étendue de son territoire historique, de prestigieux monuments et, dans son imaginaire collectif, le sentiment d'un particularisme, d'une « fierté » angevine que symbolise encore aujourd'hui la figure du roi René, même si la plupart des Angevins ne savent plus très bien dire de quelle principauté il tient sa royauté.

Enfin, nulle étude de l'architecture ne saurait faire oublier que les monuments que nous admirons aujourd'hui sont le reflet d'un passé durant lequel deux forces intimement liées se conjuguèrent et se complétèrent : le politique et le religieux. Si les dynasties successives qui imposèrent leur loi sur le territoire ont imprimé leur marque dans le paysage monumental par des constructions civiles, l'expression des temps médiévaux est faite des legs du passé religieux, durant lequel la communauté chrétienne s'est attachée à donner à son aspiration ultime, la foi, l'expression la plus aboutie. En cette matière, la singularité angevine consiste dans le nombre et la puissance des établissements réguliers, qu'il s'agisse du relèvement des anciennes abbayes mises à mal par les troubles de la fin du premier millénaire, ou d'initiatives nouvelles correspondant à l'évolution des sensibilités religieuses et de leur mode d'expression. Le mouvement de reconstruction toucha d'abord, au XIᵉ siècle, les grands monastères détruits ou abandonnés lors des invasions normandes. Ainsi, l'abbaye Saint-Florent, qui se reconstitue en bord de Loire près de Saumur, devient au XIIᵉ siècle l'une des plus puissantes de l'Anjou, avec plus de cent prieurés répartis dans cinquante diocèses. À Saint-Maur, dont les moines avaient gagné les abords de Paris, l'abbaye est aussi relevée sur le même site. À Angers, la règle bénédictine est réintroduite à Saint-Aubin et l'abbatiale reconstruite dans des proportions grandioses. À Saint-Serge, dont les terres en bord de Maine avaient été saccagées et abandonnées, une communauté monastique est réinstallée dès l'an mil.

Ce relèvement des anciennes fondations s'accompagne, au début du XIᵉ siècle, d'un ample mouvement de création, essentiellement d'obédience bénédictine. L'action des premiers comtes d'Anjou est à cet égard décisive. Foulques Nerra fonde à Angers les abbayes de Saint-Nicolas (pour les hommes) et Notre-Dame du Ronceray (pour les femmes). Bientôt, l'aspiration au retour à la simplicité de la vie évangélique inspire, aux lisières de la province, la fondation de Fontevraud en 1101 par Robert d'Arbrissel. Encore aujourd'hui,

ÉLISABETH VERRY

l'identité angevine est marquée de ces puissantes traces, qui se rejoignent pour former une trame culturelle exceptionnelle, tant dans les villes que dans les campagnes.

COMTES ET DUCS D'ANJOU, XIᵉ-XVᵉ SIÈCLE : CINQ SIÈCLES DE GRANDE HISTOIRE

De l'avènement de Foulques Nerra, comte d'Anjou en 987, à la mort du Roi René en 1480 qui marque sous Louis XI la fin de l'indépendance provinciale, l'histoire de l'Anjou a la particularité de s'écrire au plus près des grands moments de l'histoire de la France et de l'Europe [2]. Le XIᵉ siècle fut celui des comtes guerriers qui donnèrent à la province, à l'aube de la féodalité, son étendue définitive. Le temps des Plantagenêts, qui couvre le XIIᵉ siècle, fut celui de l'incroyable empire anglo-angevin qui défia la puissance capétienne jusqu'à la reprise en mains de Philippe-Auguste. Le siècle suivant vit la restauration de la puissance capétienne et la paix de Louis IX, qui plaça l'Anjou sous le statut de province apanagée, permit l'éclosion de l'art et de l'architecture, et le maintien d'une forte identité régionale. L'ambition de Charles Iᵉʳ, frère du roi et prince apanagé, devait le porter à constituer en Europe un nouvel empire, prenant appui en Italie et impliquant par un jeu d'alliances les territoires lointains de Hongrie et de Pologne. Aux XIVᵉ et XVᵉ siècles, la nouvelle dynastie des ducs d'Anjou, apparentée de près à la maison de France, fut au premier plan de la guerre de Cent Ans, tout en poursuivant sans succès le rêve d'Italie. René d'Anjou incarna, de 1434 à 1480, cet écart entre illusion et réalité, entre échecs politiques et grâce maintenue de l'idéal chevaleresque.

Que retenir de ces trois dynasties, celles de Foulques Nerra, de Charles d'Anjou et de René ?

Pour ce qui est de la première, certainement son caractère fondateur. Né d'Ingelger, dont on ne sait rien, le second personnage de la lignée, Foulques le Roux, fut porteur du titre comtal avant 929. C'est à son fils, Foulques II le Bon, mort en 960, que l'on peut attribuer d'avoir relevé l'Anjou de ses ruines après les sombres années de la fin des règnes carolingiens. Les comtes Angevins n'oublièrent jamais qu'ils tenaient leur pouvoir des rois : Foulques le Bon maria sa fille au dernier carolingien, Louis V. Son fils, Geoffroy Iᵉʳ Grisegonelle, combattit successivement pour le carolingien Lothaire, puis pour Hugues Capet, accompagnant ainsi la transition du pouvoir royal. En Anjou, la légitimité de la dynastie étant désormais acquise, elle ne devait pas tarder à faire porter plus loin ses ambitions. Foulques Nerra, fils de Geoffroy auquel il succéda en 987, en fut sans conteste le personnage le plus marquant. Sous sa domination puissante, la province, en ces années cruciales de la constitution des principautés féodales, acquit les limites qui seront peu ou prou les siennes jusqu'à la Révolution. À l'Ouest, vers la Bretagne, la marche demeura inchangée, Foulques ne réussissant pas, malgré sa victoire sur les Bretons à Conquereuil en 992, à conserver la suzeraineté sur le comté de Nantes. Mais au sud, il assura définitivement l'emprise sur les Mauges et se reconnut vassal du duc d'Aquitaine pour Loudun et Mirebeau, qui entrèrent pour sept siècles dans le giron angevin. Au nord, il rattacha à l'Anjou Parcé, Précigné et Le Lude, contraignant le comte du Maine à lui faire hommage, et les destinées des deux principautés furent liées durant tout le Moyen Âge. À l'est, une lutte acharnée et victorieuse l'opposa aux puissants comtes de Blois, dont relevait alors Saumur. Il écrasa Eudes de Blois à Pontlevoy en 1016 et protégea ses conquêtes par l'établissement de forteresses avancées. Ce sont au sud Montreuil-Bellay, Passavant, Maulévrier ; à l'ouest Montfaucon, Montrevault, Saint-Florent ; au nord Baugé, puis sous le principat de son fils Geoffroy, Durtal et

Mathefelon ; à l'est, Saumur et les châteaux de Touraine, au premier rang desquels la forteresse de Langeais. Ainsi borné et protégé, le comté d'Angers pouvait, en 1040, à la mort de Foulques, s'affirmer comme une puissance territoriale sans égale dans les terres de l'Ouest.

Quatre générations et un siècle plus tard, ce fut Geoffroy le Bel, fils de Foulques V, qui donna à la dynastie le surnom avec lequel celle-ci entra dans l'histoire, *Plantagenêt*, par allusion – dit-on – aux longues chevauchées que le comte avait coutume de faire pour chasser dans les landes du Maine, le couvre-chef orné d'une branche de genêt. Il poursuivit le combat de ses prédécesseurs pour asseoir l'autorité comtale sur ses vassaux mais, surtout, défendit les droits de sa femme Mathilde, fille du roi d'Angleterre, dans la rivalité dynastique qui l'opposait à son neveu Étienne de Boulogne après la mort du roi Henri Ier en 1135. Alors que Mathilde guerroyait sans succès en Angleterre, Geoffroy faisait campagne en Normandie, s'emparant du duché et s'en proclamant duc en 1144. À sa mort, en 1151, la Normandie était ainsi bel et bien arrimée au « grand Anjou », qui réunissait alors l'Anjou et le Maine ainsi qu'une partie de la Touraine. Ce fut à leur fils et successeur Henri, né au Mans en 1133, qu'il revint de recueillir les fruits de l'héritage et de les transformer de manière exceptionnelle. Son parcours fut rapide : duc d'Anjou et de Normandie à la mort de son père, il passa l'année suivante au premier plan de l'histoire par son mariage avec Aliénor, épouse divorcée depuis peu du roi de France Louis VII. Celle-ci apportait dans sa corbeille les droits sur l'Aquitaine, dont elle venait d'hériter à la mort de son père, le duc Guillaume X. Deux ans plus tard, alors qu'Étienne s'était éteint en Angleterre sans descendance, Henri fut reconnu comme son héritier et les deux époux furent sacrés à Westminster en 1154, réalisant ce qui reste l'une des plus incroyables aventures dynastiques du Moyen Âge.

L'empire créé par Henri II ne pouvait que susciter l'inquiétude de son puissant voisin le roi de France, tant l'imbrication des deux royaumes, dans leurs possessions continentales, constituait une menace pour ce dernier. Si Louis VII ne fut jamais en mesure de se poser en adversaire redoutable, il en alla tout autrement de son fils Philippe-Auguste, dont la détermination à combattre l'ambition du Plantagenêt fut totale. C'est face à lui qu'Henri mourut à Chinon en 1189. Après la courte trêve de la désastreuse « croisade des rois », au cours de laquelle Richard Cœur de Lion, nouveau roi d'Angleterre, fut mis un temps hors d'état de combattre, le conflit reprit, plus acharné que jamais. La mort de Richard dans la fleur de l'âge, en 1199, sonna le glas de l'empire anglo-angevin. Son frère Jean sans Terre ne possédait ni ses qualités d'homme de guerre ni sa droiture de chevalier. Ses campagnes ne furent qu'une succession de défaites et Philippe-Auguste se rendit progressivement maître de tout l'Ouest de la France. Alors que le roi de France remportait sur les Anglais la grande victoire de Bouvines le 27 juillet 1214, c'est son fils, futur Louis VIII, qui portait en Anjou le coup décisif : Jean sans Terre fut défait sur les bords de la Loire le 2 septembre 1214, devant le château de La Roche-aux-Moines. En 1258-1259, Henri III d'Angleterre devait reconnaître l'abandon définitif des prétentions continentales de sa dynastie par le traité de Paris.

L'Anjou était désormais revenu en mains royales. Blanche de Castille, régente, et son fils Louis IX, instruits par le passé récent, en fortifièrent la capitale et confortèrent le pouvoir du puissant sénéchal Guillaume des Roches, qui après avoir été au service du Plantagenêt, avait fait allégeance au roi de France dès 1204. Il convenait en effet d'ancrer ces territoires qui avaient été rebelles au plus près de la royauté : après une brève attribution en 1227 du titre de comte au profit d'un cadet de Louis IX, Jean de France – qui ne vécut pas –, la principauté fut dévolue en apanage en 1246 au dernier frère du roi, Charles, qui venait d'épouser l'héritière de Provence. Celui-ci fut peu présent dans son apanage, qu'il administra toutefois avec rigueur, lui permettant de renouer, pendant presque un demi-siècle, avec la paix et la prospérité. Ses ambitions l'entraînèrent cependant loin du royaume lui-même.

ÉLISABETH VERRY

Appelé par le pape Urbain IV à soutenir le parti pontifical contre les descendants du Saint-Empire romain germanique, qui convoitaient le trône de Naples et de Sicile, Charles fut investi de la double couronne à Rome, en 1266. Vainqueur de ses rivaux dans les deux batailles mémorables de Tagliacozzo et de Bénévent, son destin s'écrivait désormais au-delà des Alpes, dans son royaume de Naples, qu'il transmit à sa mort en 1285 à son fils Charles II, alors que peu auparavant, le 30 mars 1282, le trône de Sicile lui avait échappé après le soulèvement dit des « Vêpres Siciliennes ». Mais surtout, Charles Ier, par un jeu d'alliances matrimoniales exceptionnel, avait porté le nom d'Anjou sur les trônes de Pologne et de Hongrie, où le souvenir des « Anjou » demeure encore particulièrement vif.

Encore une fois, au tournant du XIVe siècle, revoilà l'Anjou dans le giron royal. Charles de Valois, époux de Marguerite, fille de Charles II de Naples, avait tenu la province jusqu'en 1325. Son fils Philippe lui avait naturellement succédé à la tête de l'apanage héréditaire, mais Philippe de Valois était, en 1328, devenu lui-même le roi de France ! À nouveau la province fut dévolue en apanage à un proche du souverain. D'abord, en 1336, à son fils Jean, que l'histoire a retenu sous le nom de Jean le Bon. Puis, à partir de 1351, au fils de celui-ci, Louis, pour lequel la principauté fut élevée au rang de duché une dizaine d'années plus tard, en 1360. La nouvelle dynastie ducale, représentée successivement, au cours des XIVe et XVe siècles par Louis Ier, Louis II, Louis III et René, occupe dans l'histoire de l'Anjou une place de premier plan. Leurs règnes correspondent au plus long affrontement de l'histoire du Moyen Âge, celui de la guerre de Cent Ans, dont ils furent tour à tour acteurs politiques et combattants, toujours fidèles à la légitimité de la dynastie royale. Fastueux, ambitieux, ils n'oublièrent pas l'héritage de Charles d'Anjou et tentèrent à plusieurs reprises de ceindre les couronnes d'Italie et des royaumes méditerranéens. En cela, leur aventure s'échappe du cadre de l'histoire de la principauté. Mais leurs personnalités successives, attachantes et brillantes, ont cependant laissé des traces, de Louis Ier, le commanditaire de la tapisserie de l'Apocalypse, jusqu'à René, le « Bon Roi », prince-chevalier et promoteur des lettres et des arts.

Que dire, que retenir, de ce trop rapide parcours de l'histoire angevine ? Tout d'abord, sans doute, la permanence d'un terroir qui disposa à toutes époques d'atouts naturels considérables – bois, eaux et climat –, ce qui en fit une région prospère. Ensuite, la récurrence des conflits qui affectèrent ce territoire-frontière au cours du premier millénaire, et le transformèrent en enjeu de conquêtes successives, de la part des Romains, des Saxons, des Francs, des Bretons et des Normands, qui tous jouèrent leur pouvoir sur les terres angevines. Puis ce fut le tour des Plantagenêts, vaincus au pied même de leur fleuve symbolique, et l'interminable guerre de Cent Ans dont une partie de l'issue se joua en Anjou. Enfin la « cassette des princes d'Anjou » qui servit à financer leurs ambitions lointaines, de l'Écosse aux Pyrénées puis de l'Italie aux confins de l'Europe.

Cette histoire, à la fois heurtée et brillante, a laissé des traces que la période d'Ancien Régime, loin d'effacer, a au contraire valorisées. Les historiens de l'Anjou des XVIIe et XVIIIe siècles portèrent haut la grandeur angevine, à un moment où, au contraire, la province est rentrée dans le rang, contribuant ainsi à la construction d'une identité dont chacun aujourd'hui en Anjou se réclame.

ANGERS, LA CITÉ

La cathédrale Saint-Maurice d'Angers

L'autre "premier art gothique"

Bénédicte Fillion-Braguet *

Par sa taille plutôt modeste, la cathédrale Saint-Maurice d'Angers peut surprendre qui la découvre : la nef unique, large de 16,50 m et longue de 49 m (soit environ 50 pieds par 150 pieds) s'ouvre sur un transept sans absidiole et se termine à l'est par une abside, profonde et aussi large que la nef, mais dépourvue de déambulatoire (fig. 1). Loin des stéréotypes de l'architecture gothique, la cathédrale d'Angers constitue pourtant un jalon essentiel pour comprendre le processus de formation du premier art gothique.

LE RENOUVELLEMENT DE LA CHRONOLOGIE

Depuis le Congrès archéologique de 1964 et l'étude d'André Mussat – qui venait juste de publier sa thèse sur «le style gothique de l'Ouest» –, la lecture du bâtiment a sensiblement évolué [1]. Ce renouvellement des connaissances tient à la multiplication des études croisées et au décloisonnement des approches [2]. Il apparaît désormais que l'enveloppe de la cathédrale est le fruit de trois campagnes principales, l'une du début du XIe siècle (partie basse des murs de la nef), une deuxième du milieu du XIIe siècle (massif occidental, supports et voûtes de la nef) et enfin une troisième de la première moitié du XIIIe siècle (croisée, abside et transept). Après l'incendie de 1533, la réfection des flèches occidentales fut confiée à Jean Delespine qui les compléta en 1540 d'un lanternon à dôme prenant appui sur un étage aveugle, sculpté de grandes statues représentant Maurice, le saint patron du diocèse, et ses compagnons. Ce fut la dernière intervention majeure apportée à la silhouette de la cathédrale [3].

La nef romane

À l'intérieur, pour localiser les vestiges romans, il faut se concentrer sur le registre inférieur de l'élévation, et plus précisément sur la partie des parois située en retrait des arcades (fig. 2). Là, sous l'enduit gris de 1871, se cache le mur du début du XIe siècle. À l'extérieur, du côté nord, ce mur est conservé sur une hauteur de 9 m environ (fig. 3). Sa maçonnerie en moellons hétérogènes soigneusement équarris (arkose de Bains, calcaires divers et tuffeau blanc, grès, schiste) est épaulée de contreforts plats en moyen appareil de tuffeau (de 1,20 m de large et 0,60 m d'épaisseur), espacés de 3,60 m, ce qui permet de restituer dix travées [4]. Le vaisseau unique de la nef était couvert d'une charpente et éclairé de fenêtres qui devaient être placées assez haut puisqu'il n'en subsiste aucune trace.

La consécration de 1025 s'est longtemps imposée pour repère de datation de cette nef, mais sans doute faut-il être plus nuancé. En effet, sous l'épiscopat de Rainaud, entre 974 et 1004, les reliques de saint René quittèrent un 12 novembre la cathédrale pour l'église de Saint-Maurille [5]. En 1012, l'évêque Hubert de Vendôme (1006-1047) officia au retour de celles-ci, mais il ne procéda à la consécration de l'édifice que le 16 août 1025. Le texte qui

* Docteur en Histoire de l'art, chercheur associée au CESCM, UMR 7302, université de Poitiers.

Je remercie chaleureusement Jean-Pierre Gobillot et Pierre-Louis Laget de m'avoir généreusement permis de partager leurs clichés photographiques. 1. Mussat 1963, p. 191-201 et Mussat 1964, p. 32-36.

2. Aux ouvrages et articles scientifiques issus de travaux universitaires (Boulanger 2010 ; Fillion-Braguet 2014, p. 113-136 ; Fillion-Braguet 2020a, p. 49-58 ; Subes 2003, p. 56-67), s'ajoutent les études sur le mobilier conduites par la CAOA et la CRMH, les reconnaissances de peintures murales réalisées à la demande de la Drac depuis une dizaine d'années et les expertises dendrochronologiques (https://www.dendrotech.fr/fr/Dendrabase/site.php?id_si−033-52-49007-0015).

3. La thématique du congrès portant sur l'architecture médiévale, nous n'abordons pas ces travaux dans cet article, pas plus que les nombreuses campagnes de restaurations et d'aménagements réalisées entre le XVIe et le XXe siècle et renvoyons à Fillion-Braguet 2020b, p. 88-107 et Vacquet 2020, p. 120-133.

4. Au sud, les contreforts ont été supprimés et la maçonnerie de moellons a été enduite lors des travaux de restauration de la chapelle Notre-Dame de Pitié en 2014.

5. Jarousseau 2006, p. 380-384.

6. «*In nomine Dei summi, Hubertus, humilis Andecavensium episcopus, satagente mecum carissimo genitore meo, Huberto, vicecomite Vindocinensium, sed et religiosa matre mea Emma studiosius allaborare incipiente, hanc domum sanctam Dei beatique Mauricii, sedem videlicet episcopalem, indecenti prius ac periculosa infirmitate per vetustatem vel prisca incendia nutabundam, ab ipsis fundamentis renovare, atque in antiquum soliditatis sive pulchritudinis statum, juxta vires potentiae meae, reparare adorsus*» (Urseau 1908, p. 65, c. XXIX).

7. Verdon 1979, p. 118.

8. Angers, Bibl. mun., réserve, ms. 1020, XVIIIe siècle, p. 25.

9. BnF, ms., Provinces françaises, Touraine Anjou, 16, Dom Housseau, p. 125.

10. Sous la direction de Jocelyn Martineau, SRA DRAC des Pays de la Loire, prospection géophysique réalisée en 2020 par Thomas Jubeau et décryptée par Martin Pithon et Bénédicte Fillion-Braguet.

relate la cérémonie précise que la cathédrale avait été rétablie depuis ses fondations, car elle était «devenue dangereuse de vétusté et à cause d'un ancien incendie[6]». Tout semble donc indiquer l'existence d'un grand chantier conduit entre 974 et 1025.

Il est difficile de savoir si l'incendie qui ravagea la ville en 1032 toucha la cathédrale et dans quelles proportions[7]. En 1051, l'autel du Crucifix, situé *infra chorus*, c'est-à-dire à l'ouest du chœur liturgique, fut consacré[8]. En 1082, l'évêque Geoffroy de Tours (1081-1093) procéda à la translation des reliques de saint René et consacra en 1093 l'autel-majeur sur lequel fut déposée la châsse de saint Maurille, ce qui marqua probablement l'achèvement des parties orientales[9].

Des prospections géophysiques réalisées en 2020 ont permis de retrouver la cathédrale du haut Moyen Âge sous celle de l'an mil et de voir combien l'une et l'autre étaient tributaires du parcellaire de la ville antique[10]. Ainsi, du côté nord, la porte romane desservait un passage qui se superposait à une ancienne voie venant de la Porte angevine passant devant la façade occidentale de *l'ecclesia* préromane. Ces prospections ont également permis de vérifier que la façade occidentale du milieu du XIIe était venue doubler par l'extérieur le mur ouest de la nef romane qui ne fut donc ni raccourcie ni allongée à cette époque.

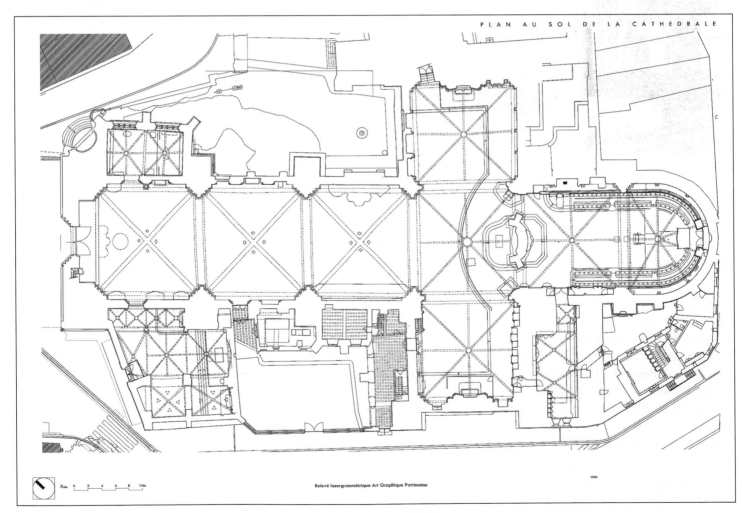

PLAN AU SOL DE LA CATHÉDRALE

Relevé lasergrammétrique Art Graphique Patrimoine

Fig. 1 – Angers, cathédrale Saint-Maurice, plan (© Art Graphique et Patrimoine – 2BDM).

BÉNÉDICTE FILLION-BRAGUET

Fig. 3 – Angers, cathédrale Saint-Maurice, nef, mur nord en 2022.

Fig. 2 – Angers, cathédrale Saint-Maurice, la nef vue depuis le sud-ouest.

Enfin, aucune trace de supports qui auraient subdivisé la nef en trois vaisseaux n'a été retrouvée, mettant un terme au débat lancé par Louis de Farcy qui, en dépit de sondages infructueux au début du XXᵉ siècle, avait voulu démontrer que, compte tenu de sa largeur, la nef du XIᵉ siècle ne pouvait pas avoir été un vaisseau unique [11].

Dans sa thèse sur l'art roman en Anjou publiée en 1984, Jacques Mallet, en replaçant la nef de la cathédrale dans le corpus monumental du diocèse, montra qu'elle était au contraire l'exemple le plus emblématique d'une série très représentée au début du XIᵉ siècle de vaisseaux uniques charpentés à fenêtres hautes (Le Lion-d'Angers, Villevêque, etc.). Quant à sa largeur (16,50 m), elle est certes remarquable, mais les vaisseaux uniques du début du XIᵉ siècle de Beaulieu-lès-Loches (14 m), de Paray-le-Monial (15,50 m) ou de Souvigny (15,10 m) montrent qu'il n'était pas exceptionnel de dépasser les 8 à 10 m communément rencontrés. Le large vaisseau charpenté de la nef de la cathédrale d'Angers, éclairé de fenêtres haut placées, illustrait une certaine audace architecturale et allait servir de modèle à un grand nombre d'églises du diocèse pendant de longues décennies.

À partir des notes de Louis de Farcy, J. Mallet restitua une croisée dotée, du côté de la nef, de passages latéraux et un transept dont chaque bras comportait une absidiole orientée. Il interpréta les différences entre les supports occidentaux de la croisée (plan en T à maçonnerie mixte de pierre de taille et briques) et les supports orientaux de celle-ci (maçonnerie

11. Mallet 1984, p. 16-21.

Fig. 4 – Angers, cathédrale Saint-Maurice, supports engagés entre la première et la deuxième travée nord de la nef.

de moyen appareil) comme la trace d'un changement de parti en cours de construction ou d'une nouvelle phase de travaux. Il proposa aussi d'associer la colonne ajoutée dans l'angle rentrant des piliers occidentaux à un projet de coupole et à une surélévation corrélative du sol [12]. Toutefois, la présence de ces colonnes seulement à l'ouest conduit plutôt à les mettre en relation avec un élément de mobilier liturgique.

L. de Farcy comme J. Mallet restituaient un chevet plat, adossé au mur de l'enceinte antique, dans lequel aurait été inscrit un déambulatoire semi-circulaire ouvrant sur « des sortes d'alcôves qui rappellent des absidioles [13] ». Cette hypothèse doit désormais être écartée au profit d'un chevet comportant une abside ceinte d'un déambulatoire et des chapelles rayonnantes. En effet, l'étude de l'enceinte gallo-romaine a permis de reconnaître

12. *Ibid.*, p. 72.
13. *Ibid.*

BÉNÉDICTE FILLION-BRAGUET

la présence d'une tour à l'emplacement de l'absidiole d'axe, tour qui aurait été avantageusement récupérée par le clergé pour en faire une chapelle d'axe ouvrant sur le déambulatoire. Une réutilisation similaire est attestée à la cathédrale du Mans et, déjà au VIᵉ siècle, l'évêque d'Angers avait annexé une tour de l'enceinte pour en faire un *solarium*, selon Grégoire de Tours. Les têtes du mur adossé au parement intérieur de l'enceinte repérées par L. de Farcy pourraient, pour leur part, être les vestiges d'une clôture élevée au début du XIIIᵉ siècle pour délimiter le chantier de reconstruction du chevet [14].

La reprise de la nef au milieu du XIIᵉ siècle

L'obituaire de la cathédrale fait état de l'intervention de Normand de Doué, évêque d'Angers entre 1149 et 1153 : il fit déposer la charpente de la nef romane, dont les poutres sont décrites comme vétustes, et commencer « des voûtes de pierre d'un plus bel effet » [15]. Quelques années plus tard, le chantre Hugues de Semblançay, actif entre 1162 et 1177, faisait un don important pour remplacer la plupart des clôtures en bois des fenêtres de la nef par des vitraux [16]. Ces textes, confrontés à l'étude de l'architecture et du décor de la nef, donnent un cadre chronologique aux différentes étapes qui assurèrent la transformation de la nef romane en vaisseau gothique.

Le maître d'œuvre auquel fut confiée cette opération ne chercha pas à se soustraire aux contraintes imposées par la nef unique. Au contraire, il semble que les dimensions atypiques du vaisseau angevin l'aient largement inspiré. Il conserva les murs gouttereaux sur une hauteur d'environ 9 m et les arma, en les épaulant à l'extérieur de contreforts massifs de 2,50 m x 3,70 m et à l'intérieur de colonnes engagées entre lesquelles il lança de grands arcs de décharge, de manière à renforcer les murs minces de l'an mil (fig. 4). Ceux-ci se trouvèrent de ce fait épaissis dans leur partie basse sans pour autant être doublés – ce qui limitait le cubage de pierres employé – tandis que le registre supérieur, simple cloison, fut largement ouvert de grandes baies géminées. Sur le mur ainsi renforcé fut établie une coursière intérieure, supportée par une corniche à modillons traversant les piles, qui permettait de disposer d'un passage technique pour entretenir les vitraux après la fin du chantier ou encore de suspendre des luminaires ou des tapisseries [17].

Ce chantier du milieu du XIIᵉ siècle était plus que la simple modernisation du couvrement de l'ancienne nef puisqu'il comprit également l'édification d'un massif occidental comportant un portail à statues-colonnes et deux tours couronnées de hautes flèches de pierre, comme il s'en dressait alors à Déols, Beaulieu-lès-Loches, la Trinité de Vendôme ou Chartres. Les supports furent implantés de façon à définir trois travées carrées d'environ 15,50 m de côté, permettant de dégager à l'ouest une courte travée de 2,25 m de long destinée au massif de la façade. Faute d'avoir pu s'étendre en largeur, la cathédrale dominait par ses flèches la ville et la proche campagne, tel un signal vigoureux envoyé à tout le diocèse (fig. 5).

Bon connaisseur des matériaux disponibles, le maître d'œuvre du XIIᵉ siècle employa trois types de pierre : un calcaire bajocien, résistant et de couleur jaune pour les supports, les arcs et le soubassement du massif occidental ; un calcaire coquiller, de couleur beige, pour les tours de la façade, les corniches et la sculpture des chapiteaux couronnant les colonnes et, enfin, un calcaire turonien (tuffeau blanc), tendre et léger pour les voûtains, les parements intérieurs, une partie des modillons de la corniche intérieure et les flèches des tours. La structure de la nef, combinant une solide armature de piles et d'arcs et un jeu de parois pleines ou évidées, a bénéficié de cette utilisation optimisée des matériaux : tout a été savamment pensé pour économiser de la pierre, du temps et de l'énergie et conduire ainsi à son terme le chantier dans les meilleurs délais.

14. C'est également la thèse proposée par Prigent 2020, p. 44-46.

15. « *MCLIII. IV nonas maii, obiit bonae memoriae Normandus de Doe, episcopus noster qui, de navi ecclesiae nostrae trabibus prae vetustate ruinam minantibus ablatis, volituras lapideas miro effectu aedificare cepit, in quo opere VIIIe libras de suo expendit* » (Urseau 1930, p. 18).

16. « *Quinto idus martii, anno.. obiit Hugo de Semblanciaco, praecentor ecclesiae Andegavensis, qui moriens legavit singulis canonicis dictae ecclesiae quadraginta solidos... Dedit etiam alium textum... ; universas etiam fenestras navis ecclasiae, cum ligneae essent, fecit vitreas, tribus exceptis....* » (*ibid.*, p. 9). Un seul de ces vitraux est conservé, celui de l'enfance du Christ, b127, qui confirme une réalisation dans les années 1160 (Boulanger 2010, p. 479-482).

17. L'iconographie ancienne indique que ces coursières accueillaient des fidèles lors de grandes cérémonies, telles que les sépultures d'évêques.

Fig. 5 – Angers, cathédrale Saint-Maurice, les flèches du massif occidental.

Grâce au développement des piles engagées, le maître d'œuvre put réduire la portée des arcs doubleaux, la faisant passer de 16,50 m à 12,65 m. Il semble s'être inspiré des nefs à file de coupoles romanes, notamment de celle de l'abbatiale de Fontevraud, en s'appuyant sur les variations d'épaisseur des murs et la forte saillie des supports pour moduler l'ouverture des arcs. Sur les trois travées carrées, il lança des croisées d'ogives en arc fortement brisé, dont la clé est placée plus haut que celles des doubleaux et des formerets de sorte que la voûte présente un profil bombé. L'homogénéité du voûtement plaide en faveur d'un chantier rapide, sans doute terminé avant 1165. Toutefois, les voûtes durent être couvertes d'une toiture provisoire puisque c'est seulement en 1209-1210d que fut mise en place la charpente, hélas très remaniée à la suite des incendies du XVIe et du XIXe siècle (fig. 6).

La réutilisation du volume ancien, l'adjonction du massif occidental, l'intelligence du plan, les choix techniques, l'audace du parti, l'équilibre des voûtes, l'adoption d'une grammaire ornementale renouvelée – bases à griffes, chapiteaux sculptés en frise continue et

Fig. 6 – Angers, cathédrale Saint-Maurice, nef, combles.

BÉNÉDICTE FILLION-BRAGUET

Fig. 7 – Angers, cathédrale Saint-Maurice, chapiteaux des supports engagés entre la première et la deuxième travée sud.

non à motifs individualisés (fig. 7) – témoignent de la culture architecturale d'un maître très au fait des codes du premier art gothique. Sa maîtrise de la géométrie montre qu'il bénéficiait déjà d'une certaine expérience en matière de voûtement, peut-être acquise à Angers même, à la Trinité (dont les dimensions sont très similaires à celles de la nef de la cathédrale) ou à Saint-Martin.

Le voûtement de la nef de la cathédrale d'Angers connut un succès immédiat, tant par les solutions qu'il proposait pour couvrir un volume de nef unique jusqu'alors charpentée (la Couture du Mans, Saint-Martin de Trôo, la Trinité de Laval ou Notre-Dame de Bressuire) que pour la réflexion sur la voûte bombée à croisée d'ogives sur arcs brisés.

La réfection du transept et du chevet

C'est pour la partie orientale de l'édifice que la chronologie a été le plus renouvelée depuis le congrès de 1964, grâce à l'entrecroisement des études matérielles, formelles et liturgiques. Après l'achèvement du chantier de modernisation de la nef, le chevet roman devait apparaître démodé. L'étude des maçonneries et du décor architectural montre que les travaux de reconstruction des parties orientales, qui durèrent près d'un demi-siècle, se firent en plusieurs phases. Il est possible que le projet ait été élaboré dans le prolongement immédiat de la modernisation du vaisseau de la nef, tant les choix architecturaux s'inspirent de ceux de la campagne de Normand de Doué.

La première phase des travaux se déroula pendant l'épiscopat de Raoul de Beaumont (1178-1197) et porta sur la construction d'une chapelle paroissiale au sud de la nef, afin d'y transférer l'autel de la paroisse qui était jusqu'alors situé à l'ouest de la croisée. Ce transfert visait à libérer la nef afin qu'elle puisse accueillir les offices pendant la durée des travaux du chevet. Il est tentant d'attribuer également à Raoul l'étape suivante qui consista à envelopper l'ancien sanctuaire en montant les quatre piliers de la future croisée avec l'amorce des murs des bras de transept et de l'abside [18]. Il reste cependant difficile de l'affirmer, car la sculpture

18. Les ruptures d'appareil sont visibles tant dans les bras de transept que dans la travée droite de l'abside, où elles correspondent à un changement de modules d'assises.

Fig. 8 – Angers, cathédrale Saint-Maurice, chapiteaux couronnés du pilier nord-est de la croisée.

des chapiteaux de la croisée, empâtée par plusieurs couches de badigeon, pourrait tout autant correspondre aux premières années de l'épiscopat de son neveu, Guillaume de Beaumont (1202-1240) [fig. 8].

Quoi qu'il en soit, c'est ce dernier qui géra la suite du chantier, après avoir fait rédiger les statuts de la fabrique en 1209 et dresser l'inventaire des reliques en 1211. C'est donc à lui qu'incomba, vers 1215, de faire tomber le mur d'enceinte situé à l'est de l'actuel baldaquin. Parallèlement, la croisée fut voûtée et couverte d'une charpente, dont la coupe des bois a été datée de 1218-1222d [19].

Après le franchissement de l'enceinte, le chantier se poursuivit vers l'est entre 1215 et 1225 avec la construction de l'abside et la mise en œuvre de son voûtement, comme en témoignent le profil des voûtes mais aussi le style des chapiteaux et des modillons. C'est également vers 1225 que la partie basse de la façade occidentale fut doublée d'une galerie d'accueil, point de départ des processions se terminant dans le sanctuaire. Au XIVe siècle, cette galerie fut confiée aux maires-chapelains qui y installèrent une chapelle et choisirent d'y avoir leurs sépultures.

L'étape suivante porta sur la construction du bras sud du transept, que son décor sculpté permet de placer autour de 1230 et qui fut couvert d'une charpente vers 1232-1233d, c'est-à-dire au moment où débutait l'édification du château et de la nouvelle enceinte de ville sous l'autorité de Blanche de Castille et de son fils Louis IX. En effet, en 1232, la fabrique de Saint-Maurice reçut une indemnisation de 900 livres destinée à compenser les pertes matérielles subies à cause des travaux de fortification; parmi ces réquisitions, se trouvaient de la pierre de taille, de la chaux et d'autres matériaux préparés pour le chantier de la cathédrale [20]. En 1236, l'évêque Guillaume de Beaumont offrit à l'œuvre de la cathédrale un terrain pour la construction du bras nord du transept à l'identique du bras sud (fig. 9) [21]. On peut en déduire que le bras sud était alors sans doute achevé. En 1239, Guillaume procéda au transfert des reliques de saint Maurille sur le maître-autel, ce qui

19. Dendrotech, fiche intitulée «Cathédrale Saint-Maurice – Angers (49007)» (URL : https://www.dendrotech.fr/fr/Dendrabase/site.php?id_si=033-52-49007-0015).

20. «... *et nos, propter hec et propter lapides et calcem et multam aliam materiam ad opus fabrice nostre ecclesie preparatam...*» (Marchegay 1853, t. 2, p. 246).

21. *Guillelmus episcopus... ad opus fabricæ ecclesiæ Andegavensis tantum de hebergamento episcopatus quod in eodem hebergamento possit compleri membrum ecclesiæ quod protendit versus dictum hebergamentum in eadem lingitudine et latitudine, quanta est aliud membrum quod protenditur versus dormitorium , ita tamen quod fabrica tenebitur facere nobis scalam et introitum sufficientem*» (Angers, Bibl. mun., réserve, ms. 1004, «Notice de la ville d'Angers» XVIIIe siècle, citant le tome 1 des privilèges de la cathédrale, fol. 132).

BÉNÉDICTE FILLION-BRAGUET

marquait la fin du gros œuvre, mais il ne put cependant guère profiter de sa nouvelle cathédrale car il mourut l'année suivante; il fut enterré dans le chœur liturgique, où l'on travaillait sous la conduite des chanoines à l'installation des stalles. Enfin, en 1256, les reliques de saint René furent transférées dans une nouvelle châsse qui fut posée sur l'autel matutinal situé dans l'abside. Sans doute le chantier était-il alors achevé [22].

En dépit, ou à cause, d'obstacles importants comme la présence du mur d'enceinte antique ou la cession tardive d'un terrain près du palais épiscopal pour construire le bras nord, le chantier fut découpé en campagnes de travaux soigneusement préparées. Dans le but d'harmoniser l'espace intérieur, les choix architecturaux de la nef furent respectés : conservation des dimensions des travées ; maintien des élévations à deux registres superposés et séparés par une coursière soulignée de modillons, avec en partie basse, des arcades plaquées, et en partie haute, des baies géminées.

22. Ajoutons que le don par Charles d'Anjou en 1274 d'un terrain situé entre la cathédrale et Sainte-Croix pour que les chanoines agrandissent leur chevet, don jadis envisagé comme ayant permis la construction de l'abside, doit définitivement être considéré comme associé à un projet jamais entériné : «*Decano et capilulo Andegavensibus viam quamdam seu plateam inter majorem Andegavensem Sanctæque Crucis patentem ecclesiais, ad illam ampliandam rex Sicilire concedit…, cum nos, inter majorem Andegavensem et Sancte Crucis ecclesias quamdam viam seu plateam vacuam habeamus, sordidis quidem patentem usibus, set utilem pro vestra ecclesia amplianda, concedere vobis illam pro ampliatione ipsius majoris ecclesie dignaremur…*» (de Boüard 1926, p. 203).

Fig. 9 – Angers, cathédrale Saint-Maurice, bras nord du transept.

23. Voir, dans ce volume, l'article de Karine Boulanger, «Les vitraux de la cathédrale d'Angers (XIIᵉ-XVᵉ siècle)», p. 67-78.

Fig. 10 – Angers, cathédrale Saint-Maurice, chevet avec ses baies à lancettes.

Fig. 11 – Angers, cathédrale Saint-Maurice, ange décorant la voûte de l'abside.

Le maître d'œuvre ne proposa pas un chevet plat couvert de voûtes à nervures multiples comme celles des abbatiales d'Asnières à Cizay-la-Madeleine et de Saint-Serge d'Angers, entre 1210 et 1225, ou Toussaint, vers 1235-1248, mais opta pour une profonde abside semi-circulaire, dépourvue de déambulatoire, formule qui n'est pas sans rappeler l'austérité des chevets grandmontains de Breuil-Bellay, de la Haye-aux-Bonshommes ou de la Primaudière. Malgré quelques raccords maladroits liés à la difficulté de placer une voûte bombée sur un plan semi-circulaire, le résultat fut un sanctuaire plus profond que large, abondamment éclairé par sept grandes baies. Ces dernières, à doubles lancettes séparées d'un fin meneau et couronnées d'oculus polylobés, sont fermées de somptueux vitraux colorés (fig. 10) [23]. Les sculpteurs développèrent à la voûte de l'abside un véritable programme iconographique : dans le sanctuaire, la clé sculptée du Christ montrant ses plaies est associée à sept statues accrochées aux voûtains qui représentent la Vierge au centre, flanquée de saint Jean évangéliste (au nord) et saint Jean Baptiste (au sud) entourés de quatre anges portant les instruments de la Passion. Aujourd'hui recouvertes de badigeons, ces statues étaient mises en couleur et complétées d'ailes et de mandorles peintes sur les voûtains (fig. 11). Ce programme répondait à celui des chapiteaux orientaux de la

BÉNÉDICTE FILLION-BRAGUET

croisée, illustrant la création d'Adam et d'Ève, leur péché et leur expulsion du paradis par des anges armés d'épées flamboyantes sur le pilier nord-est (fig. 8) et le couronnement des âmes des élus par des anges sur le pilier sud-est. La perte des clés des voûtes de la galerie qui protégeait le portail occidental jusqu'en 1807 empêche de savoir s'il y avait une correspondance entre le programme sculpté du sanctuaire et celui du porche d'accueil, implanté à l'interface entre le cimetière et la cathédrale.

DÉFINIR LE VOÛTEMENT

Le voûtement de la nef de la cathédrale d'Angers diffère de celui qui vint couvrir les bras de transept quelque quatre-vingts ans plus tard et leurs différences tant visuelles que structurelles illustrent deux étapes de l'architecture gothique de l'Ouest entre 1150 et 1240.

Dans la nef, les ogives des années 1150 sont massives et puissantes, à peine allégées par un décor de feuilles à quatre pétales (fig. 12). Leur croisée n'est pas marquée par une clé individualisée mais par un claveau cruciforme. Très saillantes, les ogives ne sont pas pénétrantes, c'est-à-dire qu'elles sont constituées de blocs sur lesquels les voûtains sont posés, collés par du mortier. D'un point de vue mécanique, elles forment des cintres de pierre permanents. Depuis les combles (fig. 6), elles sont invisibles, recouvertes par les voûtains.

Dans les parties orientales, les deux ogives sont remplacées par huit nervures (ogives diagonales et liernes perpendiculaires), beaucoup plus fines, rayonnant autour d'une clé individualisée par un médaillon sculpté. Ces nervures sont composées d'une moulure torique, associée à une queue ou un tenon arrière, qui vient s'intercaler entre les blocs des voûtains. Depuis les combles, la ligne de celles qui divisent les extrados en quartiers est apparente (fig. 13). Il s'agit donc de voûtes à nervures pénétrantes qui forment des coques alvéolaires, totalement autoportantes.

Fig. 12 – Angers, cathédrale Saint-Maurice, nef, travée, détail des ogives.

Fig. 13 – Angers, cathédrale Saint-Maurice, transept, bras sud, détail de l'extrados de la voûte.

Longtemps, les unes et les autres furent qualifiées de voûtes «plantagenêt», parce que lorsque ces formes artistiques se développèrent, les princes du Maine et de l'Anjou régnaient dans les régions concernées. Ce tropisme régional fut exploité par les érudits locaux du XIXᵉ siècle qui y virent une façon de souligner l'originalité des églises qu'ils décrivaient, mais il séduisit aussi les historiens de l'architecture gothique qui y trouvèrent une façon d'opposer deux formes d'art : l'une, royale et parisienne, née autour de Suger, de Louis VI et Louis VII ; l'autre, provinciale et bigarrée, née autour d'Henri, comte d'Anjou et du Maine, duc de Normandie et roi d'Angleterre. Pourtant, la circulation des formes au milieu du XIIᵉ siècle montre qu'il n'existe pas de correspondances entre les frontières artistiques et les frontières politiques [24]. Vouloir politiser la conception du premier art gothique dans l'ouest de la France, c'est oublier que les chantiers des cathédrales de cette région étaient, comme ailleurs, l'affaire des évêques et de leur chapitre et que les princes se contentèrent de dons plus ou moins conséquents.

André Mussat avait bien montré que ce terme de «plantagenêt» était fallacieux et qu'il était plus juste de parler de «gothique de l'Ouest» [25]. Toutefois, l'Ouest est grand et la formule trop vague pour traduire les nuances d'une architecture aux expressions multiples. On a aussi parlé de «gothique angevin», parce que la cathédrale d'Angers s'était imposée comme le monument cristallisant le mieux et le plus précocement cette architecture.

24. Andrault-Schmitt 2021, p. 274-293.
25. Mussat 1986, p. 119-127.

BÉNÉDICTE FILLION-BRAGUET

Toute désignation se révèle, à l'évidence, trop réductrice par rapport à la richesse d'une création protéiforme qui émergea au mitan du XIIᵉ siècle, muta à chaque génération et disparut vers 1250 pour se réinventer dans l'Anjou du XIXᵉ siècle [26].

La grande oubliée : la cathédrale du XVᵉ siècle

La cathédrale gothique paraît s'effacer derrière les imposantes pièces de mobilier réalisées au XVIIIᵉ siècle, après le réaménagement du chœur liturgique de 1699, dessiné par Louis Boudan pour Roger de Gaignières et décrit par René Lehoreau [27]. Les pièces les plus somptueuses sont le buffet d'orgue sculpté par Pierre-Étienne Surugue entre 1744 et 1748, accompagné d'un instrument dû au facteur Cavaillé-Coll (1870-1873), le maître-autel à baldaquin conçu et érigé entre 1755 et 1759 par Antoine-Denis Gervais et son fils Jean-Jacques, et enfin les boiseries habillant les murs de l'abside, réalisées de 1783 à 1785 par Michel Fouquet, Jacques-Philippe Duforest et David d'Angers d'après des dessins de Jean-Sébastien Leysner et Jacques Gauthier [28]. Derrière ces boiseries se trouvent les peintures murales du XIIIᵉ siècle, dédiées au cycle de saint Maurille, redécouvertes dans les années 1980.

Ce ne sont pas là les seules œuvres dérobées à notre vue. Les membres de la seconde maison d'Anjou, issue du lignage de Jean II le Bon, avaient choisi d'être inhumés dans la cathédrale d'Angers [29]. Parce que plusieurs d'entre eux étaient ducs d'Anjou, comtes du Maine, de Provence et de Forcalquier et rois titulaires de Naples, de Sicile et de Jérusalem, la cathédrale d'Angers était considérée comme une nécropole royale [30]. Ainsi a-t-elle accueilli le cœur de Louis Iᵉʳ d'Anjou († 20 septembre 1384), fils du roi Jean II le Bon et frère de Charles V, ainsi que les sépultures de son épouse Marie de Blois († 12 novembre 1404) et de leurs enfants Marie († vers 1376-1378) et Charles († 1404) ; de Louis II d'Anjou († 29 avril 1417) et de sa veuve Yolande d'Aragon († 14 novembre 1442) ; de René d'Anjou († 10 juillet 1480), de sa première épouse Isabelle de Lorraine († 28 février 1453) et de sa seconde épouse Jeanne de Laval († 19 décembre 1498), et, enfin, de Marguerite d'Anjou († 25 août 1482), fille de René et d'Isabelle de Lorraine, épouse de Henri VI, roi d'Angleterre de 1429 à 1461.

Si les premières sépultures, placées sous des dalles ou des monuments isolés, n'eurent que peu d'incidence sur la cathédrale, il en fut autrement à partir du XVᵉ siècle. À la mort de Louis II, survenue en 1417, sa veuve Yolande d'Aragon fit réaliser entre 1429 et 1442 un vaste programme peint sous le cycle de saint Maurille, qui fut restauré pour l'occasion et dont il ne reste plus que deux panneaux représentant Pierre et Bertrand de Beauvau, chevaliers proches de Louis II, portant les armes d'Anjou et de Jérusalem [31].

Avec René d'Anjou, la cathédrale connut des modifications profondes dans son fonctionnement intérieur. En 1444, René commanda pour lui et sa première épouse, Isabelle de Lorraine, une chapelle funéraire installée contre le parement intérieur de la première travée nord du chevet. Cette chapelle se composait d'un sarcophage placé sous un enfeu avec un tableau représentant le roi en écorché, de l'ancien sacraire du XIIIᵉ siècle, modernisé, et d'un autel (fig. 14). L'ensemble ne fut terminé qu'à la mort du duc en 1480 [32]. En 1448, le chapitre autorisa René à installer le siège de l'ordre chevaleresque du Croissant qu'il venait de créer dans le bras sud de la cathédrale [33]. René y fonda un autel dédié à Maurice, le saint patron de la cathédrale et protecteur de l'ordre. Le bras sud prit alors le nom de chapelle des chevaliers.

En 1447, l'évêque Jean Michel mourut bienheureux et sa dépouille fut inhumée dans le bras nord du transept, qui devint rapidement un lieu de pèlerinage important. À sa suite,

26. Fillion-Braguet et Prigent 2014, p. 161-186.

27. Pour les dessins de la collection Gaignières, voir BnF, Est., VA-49 (5), FOL. H 131379/14 et 16 ; pour la description, voir Arch. dép. Maine-et-Loire, 5 G 3, René Lehoreau, *Cérémonial de l'église d'Angers*, p. 1-21.

28. Pour l'orgue, voir Farcy 1873 et Galtier 2020, p. 379-383 ; pour le maître-autel à baldaquin, voir Arch. dép. Maine-et-Loire, G 266 ; Béchu 2011, p. 55-70 ; Mathurin 2020 a, p. 277-283 ; pour les boiseries du chœur, voir Arch. dép. Maine-et-Loire, G 269 et 272 ; Savary 2020, p. 290-292 ; Fillion-Braguet 2021, vol. 1, p. 27-33.

29. Dès la fin du XIIIᵉ siècle, le cœur de Marguerite d'Anjou-Sicile († 31 décembre 1299), fille de Charles II d'Anjou, mais aussi femme de Charles de Valois, lui-même petit-fils de Saint Louis, et enfin mère de Philippe VI, roi de France de 1328 à 1350, avait été inhumé dans le sanctuaire.

30. Comte 2011, p. 163-194 ; Gautier 2020, p. 81-88.

31. Leduc-Gueye 2007, p. 66-71.

32. Fillion-Braguet 2021, vol. 1, p. 11-20 et vol. 2, p. 53-68.

33. Matz 2009, p. 142.

Fig. 14 – Angers, cathédrale Saint-Maurice, vestiges de l'enfeu du tombeau de René d'Anjou et d'Isabelle de Lorraine.

34. Comte 2020, p. 221-224.

35. Arch. dép. Maine-et-Loire, 11 G 13, fol. 9 à 24.

36. Fillion-Braguet 2021, vol. 2, p. 45-52.

37. Gaude-Ferragu 2011, p. 373-385.

38. Mathurin 2020b, p. 309.

39. Cailleteau et Muel (dir.) 2015.

d'autres évêques, Jean de Rély († 1499), Jean Ollivier († 1540) et Claude de Rueil († 1649), choisirent d'être enterrés dans ce bras qui fut rebaptisé « chapelle des évêques »[34].

Le 7 juillet 1451, un incendie se déclara auprès de la tombe de l'évêque Michel, ce qui entraîna la restauration complète des vitraux et des chapiteaux du bras nord[35]. René d'Anjou mit à la disposition du clergé certains des artisans qui travaillaient pour lui sur ses chantiers du château et de la chambre du conseil, tels André Robin, maître-verrier, et Guillaume Robin, maçon. Maître des œuvres du roi de Sicile, ce dernier refit les badigeons intérieurs de l'ensemble de la cathédrale et recouvrit le cycle de saint Maurille peint au XIIIe siècle[36].

Durant toute sa vie, le roi René ne cessa de couvrir la cathédrale de présents, offrant une urne en porphyre rouge que l'on disait venir de Cana (1449), une cuve antique en marbre vert qui devint le baptistère des comtes (1450) ou encore des pierres précieuses pour décorer la châsse de saint Maurille. En 1474, dans son testament, il offrit à la cathédrale la tapisserie de l'Apocalypse, commandée entre 1373 et 1375 par Louis Ier d'Anjou et dont avait hérité Yolande d'Aragon. Après sa mort en juillet 1480 à Aix-en-Provence et le retour en Anjou de sa dépouille dans des conditions rocambolesques, il fut inhumé en octobre 1481 à la cathédrale[37]. À partir de cette date la tapisserie de l'Apocalypse fut tendue chaque année entre Pâques et Noël dans la cathédrale.

Si, aujourd'hui, la cathédrale ressemble peu à celle que connut René d'Anjou, il subsiste divers témoignages de sa profonde dévotion. Certains objets qui avaient été momentanément déplacés ont rejoint le trésor de la cathédrale[38]. Les tentures de l'Apocalypse sont depuis 1954 présentées au château[39]. Bien que très endommagés, l'enfeu et le reliquaire sont encore en place, derrière le dossier nord des stalles, rehaussés d'une somptueuse polychromie dont on perçoit des vestiges sous la corniche des modillons (fig. 15). Le sarcophage, déplacé en 1783 dans la nef pour permettre l'installation des boiseries, fut détruit en 1793. En revanche, le cercueil en plomb qui contient les corps de René et d'Isabelle de Lorraine repose toujours sous les stalles, côté nord.

Crédits photographiques – fig. 2 et 9 : Pierre-Louis Laget, 2021 ; fig. 3, 10 et 14 : Bénédicte Fillion-Braguet, 2022 ; fig. 4 à 8, 11 à 13, 15 : Jean-Pierre Gobillot, 2016.

Fig. 15 – Angers, cathédrale Saint-Maurice, détail du décor peint aux armes d'Anjou moderne, accompagnant la chapelle de René d'Anjou, visible au-dessus de la deuxième travée nord du chœur architectural.

BIBLIOGRAPHIE

Andrault-Schmitt 2021
Claude Andrault-Schmitt, « L'architecture gothique "angevine" constitue-t-elle un marqueur de souveraineté dans les terres orientales des Plantagenêts ? », dans Martin Aurell (dir.), *Gouverner l'Empire Plantagenêt (1154-1224), autorité, symboles, idéologies*, Nantes, 2021, p. 274-293.

Béchu 2011
Philippe Béchu, « Denis Antoine Gervais, la carrière chaotique d'un sculpteur », *Archives d'Anjou*, n° 15, 2011, p. 55-70.

de Boüard 1926
Alain de Boüard, *Actes et lettres de Charles Ier, roi de Sicile*, Paris, 1926, p. 203.

Boulanger 2010
Karine Boulanger, *Les vitraux de la cathédrale d'Angers*, Paris, 2010.

Cailleteau et Muel (dir.) 2015
Jacques Cailleteau et Francis Muel (dir.), *Apocalypse. La tenture de Louis d'Anjou*, Paris, 2015.

Comte 2011
François Comte, « Les lieux du pouvoir ducal à Angers au XVe siècle », dans *René d'Anjou (1409-1480) : Pouvoirs et gouvernement*, Rennes, 2011, p. 163-194.

Comte 2020
François Comte, « Sépultures et tombeaux », dans *Angers. La grâce d'une cathédrale*, Paris, 2020, p. 221-224.

de Farcy 1873
Louis de Farcy, *Notices archéologiques sur les orgues de la cathédrale d'Angers*, Angers, 1873.

Fillion-Braguet 2014
Bénédicte Fillion-Braguet, « Le chœur et le transept de la cathédrale d'Angers : le chantier de Guillaume de Beaumont », dans *Saint Louis et l'Anjou*, Rennes, 2014, p. 113-136.

Fillion-Braguet et Prigent 2014
Bénédicte Fillion-Braguet et Daniel Prigent, « L'architecture religieuse en Anjou au temps de Saint Louis », dans *Saint Louis et l'Anjou*, Rennes, 2014, p. 161-186.

Fillion-Braguet 2020a
Bénédicte Fillion-Braguet, « Le voûtement de la nef au XIIe siècle », dans *Angers. La grâce d'une cathédrale*, Paris, 2020, p. 49-58.

Fillion-Braguet 2020b
Bénédicte Fillion-Braguet, « Travaux et embellissements, XIIIe-fin XVIIIe siècle », dans *Angers. La grâce d'une cathédrale*, Paris, 2020, p. 88-107.

Fillion-Braguet 2021
Bénédicte Fillion-Braguet, *Étude documentaire des décors intérieurs de la cathédrale Saint-Maurice d'Angers*, Drac Pays de la Loire, juin 2021, 3 vol.

Galtier 2020
Roland Galtier, « L'orgue : Histoire et évolution », dans *Angers. La grâce d'une cathédrale*, Paris, 2020, p. 378-383.

Gaude-Ferragu 2011
Murielle Gaude-Ferragu, « Tribulations corporelles et inhumation royale : les funérailles de René Ier d'Anjou (1480-1481) », dans *René d'Anjou (1409-1480) : pouvoirs et gouvernement*, Rennes, 2011, p. 373-385.

Gautier 2020
Marc-Édouard Gautier, « Symboles et usages d'une nécropole royale », dans *Angers. La grâce d'une cathédrale*, Paris, 2020, p. 81-87.

Jarousseau 2006
Guy Jarousseau, « Les évêques d'Angers et la collégiale Saint-Martin », dans *Auctoritas, Mélanges offerts à Olivier Guillot*, Paris, 2006, p. 380-384.

Leduc-Gueye 2007
Christine Leduc-Gueye, *D'intimité, d'éternité. La peinture murale en Anjou au temps du roi René*, Lyon, 2007, p. 66-71.

Mallet 1984
Jacques Mallet, *L'art roman en Anjou*, Paris, 1984.

Marchegay 1853
Paul Marchegay, *Archives d'Anjou. Recueil de documents et mémoires inédits sur cette province*, Angers, 1853, t. 2.

Mathurin 2020a
Clémentine Mathurin, « Les réaménagements de Mgr de Vaugirault au XVIIIe siècle », dans *Angers. La grâce d'une cathédrale*, Paris, 2020, p. 277-283.

Mathurin 2020b
Clémentine Mathurin, « L'urne dite de Cana et la baignoire antique », dans *Angers. La grâce d'une cathédrale*, Paris, 2020, p. 309.

Matz 2009
Jean-Michel Matz, « René, l'Église et la religion », dans *Le roi René dans tous ses États*, Paris, 2009, p. 125-147.

Mussat 1963
André Mussat, *Le style gothique de l'ouest de la France (XIIe-XIIIe siècle)*, Paris, 1963.

Mussat 1964
André Mussat, « La cathédrale Saint-Maurice d'Angers. Recherches récentes », dans *Congrès archéologique de France. Anjou*, 1964, p. 32-36.

Mussat 1986
André Mussat, « L'espace et le temps Plantagenêt : les problèmes d'une architecture », *Cahiers de civilisation médiévale*, n° 113-114 : *Y a-t-il une civilisation du monde Plantagenêt ?*, actes du colloque d'histoire médiévale, Fontevraud, 26-28 avril 1984, janvier juin 1986, p. 119-127.

Prigent 2020
Daniel Prigent, « Le premier édifice roman, XIe siècle », dans *Angers. La grâce d'une cathédrale*, Paris, 2020, p. 44-46.

Subes 2003
Marie-Pasquine Subes, « Le cycle peint au XIIIe siècle dans l'abside de la cathédrale d'Angers. De la dignité épiscopale à la dignité canoniale », dans *Fasti Ecclesiae Gallicanae, Répertoire prosopographique des évêques, dignitaires et chanoines de France de 1200 à 1500, tome VII, Diocèse d'Angers*, Jean-Michel Matz et François Comte (dir.), Turnhout, 2003, p. 56-67.

Urseau 1908
Charles-Théodore Urseau (éd.), *Cartulaire noir de la cathédrale d'Angers*, Angers, 1908.

Urseau 1930
Charles-Théodore Urseau (éd.), *Obituaire de la cathédrale d'Angers*, Angers, 1930.

Vacquet 2020
Étienne Vacquet, « Comment restaurer une cathédrale ? du XIXe au XXIe siècle, le rôle des architectes », dans *Angers. La grâce d'une cathédrale*, Paris, 2020, p. 120-133.

Verdon 1979
Jean Verdon (éd.), *Chroniques de Saint-Maixent (751-1040)*, Paris, 1979.

Le portail de la cathédrale d'Angers

Bénédicte FILLION-BRAGUET * et Clémentine MATHURIN **

En 1964, André Mussat présentait le portail de la cathédrale d'Angers comme une œuvre des années 1170-1180, une interprétation tardive du portail royal de Chartres, un jalon entre le portail sud de Bourges et les gisants de Fontevraud [1]. La restauration orchestrée par la Direction régionale des affaires culturelles des Pays de la Loire entre 2009 et 2019 a constitué une formidable occasion pour étudier le portail angevin et ses polychromies, ainsi que pour replacer l'ensemble à sa juste place dans le développement de l'art monumental du XIIe siècle.

* Docteur en Histoire de l'art médiéval, chercheur associée au CESCM, UMR 7302, université de Poitiers.

** Conservatrice des Monuments historiques, Drac des Pays de la Loire.

UN PORTAIL DU PREMIER ART GOTHIQUE

La cathédrale d'Angers (fig. 1) offre l'exemple le plus occidental d'un ensemble de portails à tympan, voussures et statues d'ébrasement associés, entre les années 1140 et 1155, aux entrées des églises d'un vaste territoire situé au nord de la Loire, aussi bien pour des cathédrales (Bourges, Chartres, Le Mans, Paris, Senlis), des abbatiales (Château-Chalon, Déols, Saint-Bénigne de Dijon, Ivry-la-Bataille, Lagny, Nesle-la-Reposte, Saint-Denis, Saint-Germain-des-Prés), des collégiales (Corbeil, Étampes, Loches, Mantes), des prieurales (Saint-Ayoul de Provins, Saint-Loup-de-Naud) que pour de simples paroissiales (Saint-Thibaut de Provins, Vermenton). Beaucoup de ces sites ont été détruits ou dénaturés, s'éclipsant derrière ceux les mieux conservés, au premier rang desquels se place le triple portail royal de Chartres.

Un portail amputé

À Angers, au-dessus des ébrasements habités par des statues de prophètes, rois et reines de l'Ancien Testament, le tympan est occupé par le Christ en majesté entouré des quatre Vivants de la vision de saint Jean (fig. 2). Autour rayonnent deux voussures sculptées d'anges et deux autres décorées des vingt-quatre Vieillards de l'Apocalypse tenant des coupes de parfum et des vièles «en 8», également appelées «gigues» (fig. 3). Parmi les anges, quatorze déroulent des phylactères, tandis que d'autres portent un astrolabe, appareil de visée servant à donner l'heure et à se situer en fonction de la position des étoiles, mais aussi outil de la présentation du monde (fig. 4). D'autres, à la clé des voussures, prient, portent la couronne du Christ et annoncent sa gloire (fig. 5). Le programme iconographique, commun à d'autres portails du premier art gothique, a ici été magnifié par une polychromie et des dorures préservées des intempéries grâce à l'ajout d'une galerie dans les années 1225.

Ce portail a perdu plusieurs éléments structuraux et a fait l'objet d'importantes restaurations [2]. Lors d'une tempête, en 1617, les pierres des flèches et bois de la toiture de la galerie qui le protégeait emboutirent une partie du tympan et du linteau [3]. Ce dernier fut réparé et l'ange de Matthieu, le lion de Marc et la tête d'un ange des voussures furent refaits

1. André Mussat, «La cathédrale Saint-Maurice d'Angers. Recherches récentes», dans *Congrès archéologique de France. Anjou*, Paris, 1964, p. 29-32.

2. Bénédicte Fillion-Braguet, «Travaux et embellissements, XIIIe-fin XVIIIe siècle», dans *Angers, la grâce d'une cathédrale*, Paris, 2020, p. 89 90.

3. Arch. dép. Maine-et-Loire, 16 G 14, fol. 528 à 571 : procès-verbaux des 13 juin et 20 octobre 1617.

Fig. 1 – Angers, cathédrale Saint-Maurice, vue du portail en 1885, photographie par Médéric Mieusement. (MPP, APMH00013440).

52   BÉNÉDICTE FILLION-BRAGUET ET CLÉMENTINE MATHURIN

Fig. 2 – Angers, cathédrale Saint-Maurice, portail, le Christ du tympan.

Fig. 3 – Angers, cathédrale Saint-Maurice, portail, quatrième voussure, côté gauche, vieillard de l'Apocalypse tenant une vièle et une lampe à parfum.

Fig. 5 – Angers, cathédrale Saint-Maurice, portail, voussures.

Fig. 4 – Angers, cathédrale Saint-Maurice, portail, deuxième voussure, côté droit, ange tenant un astrolabe.

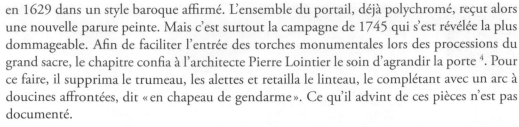

4. Angers, Bibl. mun., Rés., ms. 1004, Louis-Michel Thorode, « Notice de la ville d'Angers », p. 135 : marché passé le 14 avril 1745.

5. Angers, Arch. dioc., 4 AA 4 56.

6. Arch. dép. Maine-et-Loire, 16 G 8. Après le réaménagement du sanctuaire en 1699, la statue mariale et sa « niche » de bois doré furent transférées dans la chapelle du cloître : Arch. dép. Maine-et-Loire, 5 G 3, René Lehoreau, *Cérémonial de l'église d'Angers*, vol. 3, livre 5, p. 14. Pour plus de détails, nous renvoyons à notre article sur les restaurations du portail dans les actes du colloque sur le portail polychromé de la cathédrale d'Angers, à paraître en 2024.

7. Angers, Bibl. mun., Rés., ms. 727 (656), Maurice, p. 139.

8. Pour la chronologie de la nef, voir, dans ce volume, l'article de B. Fillion-Braguet, « La cathédrale Saint-Maurice d'Angers : l'autre premier art gothique », p. 35-49 ; voir aussi du même auteur « le voûtement de la nef au XIIᵉ siècle », dans *Angers, la grâce d'une cathédrale*, Paris, 2020, p. 48-58 et les actes du colloque sur le portail polychromé de la cathédrale d'Angers, à paraître en 2024.

en 1629 dans un style baroque affirmé. L'ensemble du portail, déjà polychromé, reçut alors une nouvelle parure peinte. Mais c'est surtout la campagne de 1745 qui s'est révélée la plus dommageable. Afin de faciliter l'entrée des torches monumentales lors des processions du grand sacre, le chapitre confia à l'architecte Pierre Lointier le soin d'agrandir la porte [4]. Pour ce faire, il supprima le trumeau, les alettes et retailla le linteau, le complétant avec un arc à doucines affrontées, dit « en chapeau de gendarme ». Ce qu'il advint de ces pièces n'est pas documenté.

Du linteau original, dont subsistent des fragments retaillés, on peut avancer qu'il était aussi haut que les sommiers et qu'il était occupé par huit apôtres placés sous des dais, peut-être conversant deux à deux, comme ceux des sommiers intérieurs. Les alettes sont évoquées indirectement par un poème écrit en 1659 par Jacques Bergé qui précise que, de part et d'autre de la porte, se tenaient les figures des saints évêques angevins Maurille et René [5]. Techniquement, ces supports latéraux étaient nécessaires pour soutenir le linteau et existent, sous forme de pilastres, à Bourges, au Mans et à Saint-Loup-de-Naud et, sous forme de statues-colonnes, à Chartres. Les reliefs ou statues d'Angers étaient maintenus par des crochets métalliques encore en place et reposaient sur une corniche qui a été retaillée.

Quant au trumeau déposé, il avait déjà une longue histoire. Il accueillait primitivement une Vierge entourée de deux anges portant des phylactères, laquelle fut déplacée dans l'abside, posée sur une console à main droite de l'autel matutinal par Jean Poncet en 1419, avant d'être peinte par Jean Hanes [6]. À la place de la Vierge, Jean Poncet plaça une statue du saint patron de la cathédrale, Maurice, mais parce qu'elle déplut aux chanoines, il dut en sculpter une nouvelle, installée en novembre 1429 [7].

La place du portail dans l'histoire monumentale de la cathédrale

De l'étude matérielle, on retient que les éléments sculptés du portail, en tuffeau, prennent appui sur un soubassement ébrasé et s'intègrent dans un parement en calcaire bajocien taillé en grand appareil. Les assises du soubassement, sous les statues-colonnes, et celles qui leur servent de fond sont parfaitement liaisonnées avec le parement du massif ouest, prouvant que la façade et le portail relèvent d'un même chantier architectural, celui de la modernisation de la nef, lancé à partir de 1150 [8].

Le contraste est saisissant entre la sobriété du soubassement de la façade et de celui du portail – lequel est uniquement scandé de colonnes ornées de chapiteaux à feuilles lisses – et la profusion des détails sculptés au-dessus ; on aurait pu imaginer que la grande surface plane de la façade ait été animée par des arcades, à l'instar de celles qui rythment l'étage de la grande baie. On se demande alors si cette nudité ne répond pas à un choix, en prévision d'un porche dont on envisageait la construction sans en connaître encore parfaitement le plan.

C'est au début du XIIIᵉ siècle, au moment où l'on construisait l'abside, que le soubassement du massif occidental fut masqué par une galerie de même longueur que la façade. Ce volume architectural, détruit en 1807, peut être étudié grâce à plusieurs dessins des XVIIᵉ et XVIIIᵉ siècles (fig. 6), au procès-verbal de démolition, aux arrachements des voûtes comblés par des blocs de tuffeau, à deux colonnes à chapiteau encadrant encore le portail et aux sondages réalisés au milieu du XIXᵉ siècle, puis en 2016. Ces éléments permettent de savoir que la galerie s'éclairait de lancettes surmontées d'oculi et était couverte par trois voûtes bombées à nervures multiples, reposant sur deux colonnes, articulation comparable à celles des chevets de Notre-Dame d'Asnières à Cizay-la-Madeleine ou de Saint-Germain de Bourgueil. Les chapiteaux conservés, comparés aux modillons de l'abside, confirment une datation vers 1225.

Fig. 6 – Angers, cathédrale Saint-Maurice, dessin de la façade occidentale en 1716 (Angers, Bibl. mun., Rés., ms. 0991, frontispice).

Fig. 7 – Angers, cathédrale Saint-Maurice, portail, voussure interne, côté droit, ange, détail .

Fig. 8 – Angers, cathédrale Saint-Maurice, portail, côté droit, apôtres et anges aux sommiers.

Privé de sa galerie au début du XIXᵉ siècle, le portail apparut aux yeux de tous, exhibant ses sculptures épaufrées et ses couleurs ternies. Lorsqu'en 1831, un incendie se déclara dans les parties hautes du massif occidental, on en profita pour le restaurer. Un sculpteur parisien de salon, Antoine-Laurent Dantan, se chargea, entre 1839 et 1841, de ragréer les cassures et de remodeler les lacunes.

La restauration de 2009-2019 a permis de bien identifier les reprises et les cicatrices du portail, et, donc, d'en approfondir l'étude formelle. Lors des travaux de l'installation des voûtes de la nef par l'évêque Normand de Doué, dans les années 1150, le vaisseau a été décoré de chapiteaux et modillons, réalisés par au moins deux équipes de formation très différente et ayant travaillé dans des matériaux distincts. L'un a sculpté dans un calcaire coquillier des têtes allongées, quand l'autre a façonné dans le tuffeau des faciès très lisses, aux traits doux et expressifs, localisés exclusivement aux murs de la première travée occidentale. Les traits des visages, les bouches entrouvertes aux lèvres ourlées, le traitement des mains comme des pinces et les palmettes perlées sont communs au portail et aux modillons, indiquant que le sculpteur principal du portail a également participé au décor de la première travée de la nef au début des années 1150.

Un portail sous influence : plastique chartraine et douceur angevine

Pister ce maître nous conduit au portail royal de Notre-Dame de Chartres. Au-delà d'une iconographie commune, le portail angevin partage des références stylistiques avec les réalisations de l'un des sculpteurs ayant œuvré aux voussures et tympans latéraux de Chartres vers 1145, désigné comme le maître des Anges. On peut ainsi relever des ressemblances dans les proportions des corps, notamment des anges dotés d'une grosse tête sur d'étroites épaules tombantes ; le mouvement souple des bustes en torsion (fig. 7) ; le traitement des plis des manteaux retombant en zigzag ou coiffant les genoux en coquille des figures assises (fig. 8) ; ou encore ceux rayonnant en éventail autour des coudes pliés des anges ;

Fig. 9 – Angers, cathédrale Saint-Maurice, portail, détail de deux statues-colonnes de l'ébrasement de droite.

Fig. 10 – Angers, cathédrale Saint-Maurice, archivolte, détail du cordon.

les broderies et orfrois aux cols et poignets ; les couronnes serties de cabochons ; les boucles ondulant sur les fronts, retenues par un double bandeau. Mais, derrière ces repères factuels, émergent des similitudes qu'il est difficile de considérer comme le fruit d'une simple copie ou inspiration : l'expression des visages, la douceur des sourires, le souffle qui fait frémir les drapés dépassent la question technique et trahissent un même sculpteur.

Par conséquent, contrairement à André Mussat qui pensait que l'influence chartraine avait évolué lentement jusqu'à l'Anjou, nous pensons que le sculpteur d'Angers a été formé directement sur le chantier de Chartres, ou par un des sculpteurs de Chartres, et que les contacts entre les deux chantiers ont été immédiats, sans doute favorisés par les relations d'amitié tissées entre entre l'évêque de Chartres Geoffroy de Lèves et ceux d'Angers, Ulger et Normand de Doué, maître d'ouvrage des travaux.

Ayant assimilé les codes de la monumentalité chartraine, le sculpteur propose à Angers une version moins hiératique, plus naturelle, marquée par une plus grande souplesse des motifs et des formes. Les vêtements des statues-colonnes, notamment le bliaud corseté de la reine de Saba (fig. 9), les vièles des vieillards (fig. 3) ou les astrolabes des anges (fig. 4), sont si détaillés qu'ils livrent une réalité presque quotidienne. Par le choix des attitudes, mouvements et expressions, le sculpteur a cherché à animer ses figurines, leur conférant une forme de proximité incarnée. Ainsi le Christ, au visage empreint de sérénité, au corps modelé par des drapés puissants, semble sortir de l'espace lisse de la mandorle aux proportions parfaites.

Paradoxalement, ce portail « saisi sur le vif » est une œuvre très composée comme en témoignent les corps et les têtes convergeant vers l'image centrale du Christ : nul doute que son ou ses auteurs ont travaillé avec patience pour répartir les formes et équilibrer les masses. D'ailleurs, les voussoirs ont été sculptés avant la pose, ainsi qu'en témoignent les signes de montage répétés sur chacune des voussures et les détails façonnés dans des endroits

Fig. 11 – Angers, cathédrale Saint-Maurice, chapiteaux au-dessus des colonnes d'ébrasement.

inaccessibles après le montage. Cette technique a permis aux sculpteurs de ne pas être tributaires de l'avancement des maçons et de prendre le temps d'exploiter les richesses offertes par le tuffeau. Les détails sont travaillés à un stade rarement atteint, traduisant la richesse des vêtements, matérialisant les pelages et les plumes des animaux, symboles des évangélistes, architecturant les dais jusqu'à représenter les écailles des toitures, les torsades des colonnes et leurs petits chapiteaux. Dans le feuillage, omniprésent, les micro-têtes sont traitées avec autant de précision que celles des grandes figures du tympan. Cette profusion de détails, aussi développée fût-elle, a en plus été rehaussée par une polychromie et des dorures, accentuant le traitement orfévré de la sculpture, lors d'une phase qu'il n'est pas interdit de relier à la construction de la galerie.

Si le portail n'a pas eu de descendance en Anjou, il ne représente pas non plus un surgissement. Les églises de la ville et du diocèse ont vu se multiplier depuis 1120 de très bons sculpteurs, à l'image de ceux qui œuvrèrent au cloître de Saint-Aubin d'Angers, au palais épiscopal, à Cunault ou à Nantilly de Saumur dans le deuxième quart du XIIe siècle. Au portail de la cathédrale, l'incroyable cordon d'archivolte sculpté de rinceaux habités (fig. 10), mais aussi les chapiteaux feuillus, dont les acanthes perlées débordent sur les tailloirs et les astragales, font écho à cet héritage des sculpteurs romans angevins (fig. 11). Le portail reprend à son compte ce goût pour l'exploitation de toute la surface, cet envahissement permis par la pierre de tuffeau que ces hommes maîtrisent parfaitement. Faut-il alors envisager l'hypothèse d'un sculpteur angevin parti à Chartres pour participer au grand chantier beauceron ouvert par Geoffroy de Lèves, puis revenu à Angers, avec une maturité nouvelle?

Bénédicte Fillion-Braguet

L'étude et la restauration du portail (1993-2019)

La sauvegarde et la restauration du portail occidental sont une opération de longue haleine dont les prémices remontent à près de trente ans (fig. 12). Dès 1993 en effet, la stratigraphie des décors fut observée [9], ce qui explique la démarche prudente adoptée lors du chantier de mise au jour des polychromies réalisé en 2009-2010 (dégagement jusqu'à la première couche polychromée retrouvée). C'est l'ampleur des polychromies conservées, recouvrant 70 % de la surface sculptée, qui fut une véritable découverte et imposa la mise en place d'un comité scientifique [10] chargé de conduire des études sur l'histoire matérielle du portail, ses matériaux constitutifs (pierre, métaux, polychromies) et, bien sûr, ses altérations. La phase d'études préalables a duré près de six ans.

9. Nantes, Drac Pays de la Loire/CRMH, Groux SARL, *Étude du portail de la façade occidentale*, 1993.

10. Outre les représentants de la Drac et de la maîtrise d'œuvre, le comité scientifique était composé des personnalités et institutions suivantes : Inspection des monuments historiques ; pôles Peintures murales, Pierre, Béton et Métal du LRMH ; B. Fillion-Braguet, historienne de l'art, autrice d'une thèse sur la cathédrale d'Angers ; Jean-René Gaborit, conservateur général du patrimoine ; Christian Sapin, directeur de recherches au CNRS ; et Olivier Rolland, restaurateur de sculptures.

Fig. 12 – Angers, cathédrale Saint-Maurice, massif occidental avant restauration du portail.

11. Nantes, Drac Pays de la Loire/CRMH, Emmanuel Desroches et Véronique Legoux, *Compléments à l'étude préalable à la restauration*, 2012 ; prélèvements et analyses du LRMH (pôle Peintures murales) et du laboratoire MSMAP.

Apports des études à la connaissance matérielle du portail

Un travail considérable d'observation, accompagné de prélèvements et d'analyses, a permis de construire un tableau stratigraphique détaillant deux campagnes principales de décors [11]. Après avoir été sculpté, l'ensemble fut aussitôt entièrement peint sur une épaisse couche de préparation au blanc de plomb avec liant à l'huile, appliquée en deux à trois passes de plus en plus fines. La couche picturale met en œuvre des pigments et techniques raffinés témoignant de l'importance de la commande : le bleu outremer de lapis-lazuli et le rouge vermillon, parfois recouvert d'une laque rouge formant glacis, sont largement utilisés pour les fonds, sans logique d'alternance, ou pour les vêtements (fig. 13). L'usage du noir, du

Fig. 13 – Angers, cathédrale Saint-Maurice, portail occidental, essai de restitution des polychromies originales (Socra/Arts graphiques et patrimoine/Drac des Pays de la Loire, 2011).

Bénédicte Fillion-Braguet et Clémentine Mathurin

charbon de bois finement broyé, est plus ponctuel ; celui du vert reste à confirmer par de nouveaux prélèvements *in situ*. La dorure sur feuilles d'étain, technique déjà observée sur des œuvres de cette époque, est largement présente sur les ailes, les cheveux, les bordures des auréoles dans les voussures et beaucoup plus largement sur les figures du tympan (corps du tétramorphe, Christ).

En 1629, le portail fut entièrement repeint – on ne se contenta donc pas de la mise en peinture des sculptures neuves du tympan (fig. 14). Sur une couche de préparation brun rouge à base de minium, les couleurs sont sensiblement les mêmes qu'au XIIe siècle mais fabriquées à partir de pigments moins raffinés : rouges (vermillon ou ocre rouge) pour les

Fig. 14 – Angers, cathédrale Saint-Maurice, portail occidental, essai de restitution des polychromies mises en œuvre en 1629 (Socra/Arts graphiques et patrimoine/Drac des Pays de la Loire, 2011).

Fig. 15 – Angers, cathédrale Saint-Maurice, portail occidental, apôtres et ange céroféraire côté sud avant restauration.

carnations ou les vêtements ; bleu de smalt, vert à base de cuivre, dorure à la mixtion ou noir de charbon pour les phylactères. Deux autres couches ont été mises en évidence. Une couche intermédiaire – des touches colorées ponctuelles – pourrait correspondre à une remise en couleur partielle, probablement au XVIIIe siècle, peut-être dans les années 1740, période durant laquelle le portail fut modifié (construction de l'arc en chapeau de gendarme) tout comme la toiture de la galerie médiévale. Le décor de croisillons, aujourd'hui disparu mais bien visible sur des photographies anciennes, pourrait être contemporain (fig. 1). Enfin, fut mis en œuvre un badigeon général ton pierre que l'on peut dater de la destruction de la galerie médiévale en 1807. Il a été presque entièrement supprimé entre 2009 et 2019.

Les polychromies sont généralement beaucoup mieux conservées dans le tympan et les voussures que dans les parties basses, et vers l'intérieur du portail que vers l'extérieur. Le constat est identique pour le support pierre. Logiquement, les modifications les plus importantes ont eu lieu dans les deux piédroits. On doit noter l'intervention importante d'Antoine-Laurent Dantan : reprise complète ou partielle, en ciment romain, des visages des statues-colonnes, de deux apôtres et des quatre anges céroféraires, abondants ragréages (fig. 15). Les reprises sont également nombreuses au tympan (mains du Christ,

BÉNÉDICTE FILLION-BRAGUET ET CLÉMENTINE MATHURIN

pattes de l'aigle et du taureau) mais en revanche très limitées dans les voussures. C'est autour de goujons métalliques de section importante, plantés dans les sculptures médiévales, que sont venues se fixer les reprises les plus considérables. Plusieurs de ces zones retravaillées par Dantan l'aîné, exposées aux intempéries, se sont dégradées à nouveau de nos jours. Il faut tout de même souligner la qualité des interventions de Dantan l'aîné et le souci d'intégration qui a guidé son travail, pourtant assez mal reçu à l'époque, avant que l'homogénéité de l'ensemble ne finisse par remporter l'assentiment des inspecteurs chargés d'évaluer l'opération. Le ciment romain, aussi appelé ciment naturel prompt, est alors un matériau moderne dont la mise en œuvre ne commence que dans les deux premières décennies du XIXe siècle, vingt ans à peine avant l'intervention de Dantan l'aîné à la cathédrale d'Angers.

Le relevé par pachomètre des armatures métalliques visibles et non visibles a mis en évidence une présence importante de métaux datant pour l'essentiel de l'intervention d'Antoine-Laurent Dantan. Quelques crampons correspondant à la mise en œuvre des réparations du XVIIe siècle ont également été repérés, concentrés sur la partie gauche du tympan [12].

Une restauration archéologique et déontologique

Pendant un an, de l'été 2018 à l'été 2019, a été achevée la restauration du portail, commencée près de dix ans plus tôt. Afin de terminer le nettoyage resté partiel sur des zones trop fragiles ou en présence de certains pigments, un laser *short free running*, largement utilisé en Italie mais très peu en France, a été employé [13] (fig. 16). Seuls les pigments verts ont été laissés en l'état, la surveillance macrophotographique de l'opération ayant mis en évidence une altération de la surface après le passage du laser sur des zones d'essai. Les surfaces fragiles ont été consolidées et des compresses de dessalement furent mises en place sur le premier niveau de colonnettes. L'intervention de Dantan l'aîné a été restaurée dans une démarche déontologique. Les goujons provoquant d'importantes dégradations ont été déposés et remplacés par des tiges en acier inoxydable, lorsqu'ils étaient partiellement ou entièrement apparents. Les fragments de ciment romain conservés ont été remis en place tel un puzzle, en remployant la technique de mise en œuvre originelle (fig. 17). Les parties de sculptures de Dantan disparues entre les années 1850 et 2010, mais documentées par des

12. Nantes, Drac Pays de la Loire/CRMH, Ginger CEBTP, *Détection des armatures sur décor sculpté*, 2011.

13. Pour plus de détails, voir Clémentine Mathurin et Olivier Rolland, «La prise en compte de la polychromie dans la restauration du portail occidental de la cathédrale d'Angers. Étudier, restaurer, protéger», dans Claire Bételu et Damien Berné, *À fleur de pierre. Dix ans de restauration des portails à statues-colonnes*, Paris, 2002, p. 65-81 [en ligne].

Fig. 16 – Angers, cathédrale Saint-Maurice, portail occidental, nettoyage au laser des sculptures par l'atelier Jean-Loup Bouvier.

Fig. 17 – Angers, cathédrale Saint-Maurice, portail occidental, restauration des ciments romains par l'Atelier du paysage.

Fig. 18 – Angers, cathédrale Saint-Maurice, portail occidental, ange surplombant le Christ en majesté avant et après restauration.

photographies anciennes, ont été restituées. Aucune retouche colorée n'a été réalisée et aucun choix n'a été fait entre les décors des XIIᵉ et XVIIᵉ siècles qui sont intimement liés et conservés de manière aléatoire. Les couches picturales aujourd'hui visibles sont donc anciennes, mais il faut souligner que les couches de préparation des XIIᵉ et XVIIᵉ siècles (couches techniques qui n'étaient pas destinées à être vues) y sont majoritaires. Seuls les ciments romains ont été couverts par un léger jus blanc afin de les intégrer à l'ensemble – ils avaient foncé avec le temps et étaient devenus extrêmement visibles, gênant la lecture d'ensemble du portail (fig. 18).

LA PROTECTION DU PORTAIL POLYCHROMÉ ET LA RECONSTRUCTION D'UNE GALERIE

Depuis 2009 et la mise au jour des polychromies anciennes, la protection temporaire installée pour le chantier n'a pas été déposée. Il était en effet inenvisageable d'exposer ces polychromies aux intempéries une fois supprimées la couche de badigeon et les salissures qui avaient servi de couches sacrificielles très efficaces après la destruction de la galerie médiévale. Le comité scientifique est donc arrivé à la conclusion que seule la construction d'une structure en avant du portail constituerait une protection efficace et durable. Cette démarche est venue rejoindre des réflexions anciennes sur une hypothétique reconstruction de la galerie médiévale détruite en 1807. Très rapidement après sa destruction, des projets émergèrent en effet, la façade occidentale étant dès lors jugée «incomplète» avec ce soubassement «nu et sans ornement». Avec la galerie médiévale, un premier plan formant le socle de la cathédrale disparut. L'architecte Binet proposa ainsi, dès 1842, la «construction d'une nouvelle galerie dont le style se raccorderait avec celui des flèches qui ont toute la beauté gothique de la fin du XVᵉ siècle[14]». Vers 1875, l'architecte angevin Édouard Moll proposa, dans un contexte mal documenté, une galerie-loggia restée à l'état d'esquisse en prolongement de la montée Saint-Maurice[15]. Puis, en 1917, Roger Jusserand dessina un projet de «reconstitution de l'ancien porche» dans une démarche volontaire d'évocation historique[16] (fig. 19). Plus récemment, les architectes en chef des monuments historiques Pierre Prunet puis Gabor Mester de Parajd ont dessiné des projets qui ne furent pas mis en œuvre. La démarche est relancée dans les années 2010 mais se fonde sur une première phase d'études préalables historiques, archéologiques et techniques devant servir de base à la rédaction d'un cahier des charges, confiée à Christophe Batard, architecte en chef des

14. Arch. dép. Maine-et-Loire, 3 V 6, *Travaux de complément, de conservation et d'embellissement pour l'église de Saint-Maurice, cathédrale de la ville d'Angers, proposés par Binet, architecte de ladite église*, 14 avril 1842.

15. Angers, musées, 2009.0.78 et 79.

16. *Ibid.*, 2005.0.210 et Arch. dép. Maine-et-Loire, fonds Jusserand, 141 J 3.

BÉNÉDICTE FILLION-BRAGUET ET CLÉMENTINE MATHURIN

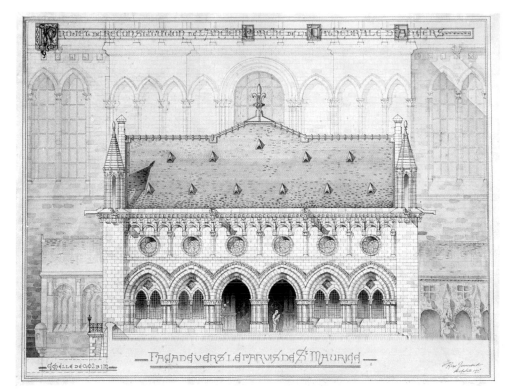

Fig. 19 – Roger Jusserand, Projet de reconstitution de l'ancien porche de la cathédrale d'Angers, élévation et coupes (Musées d'Angers).

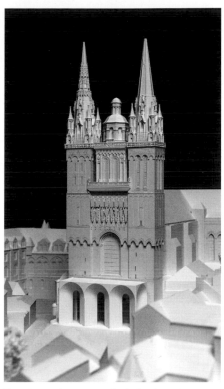

Fig. 20 – Angers, cathédrale Saint-Maurice, maquette de la cathédrale avec la galerie créée par l'agence Kengo Kuma and associates.

monuments historiques territorialement compétent. Lors de sondages archéologiques menés par l'Institut national de recherches archéologiques préventives en 2016, ont été observées les fondations de la galerie et la richesse du sous-sol [17]. Une étude microclimatique menée sur deux ans a permis de préciser les conditions environnementales favorables à la bonne conservation des sculptures polychromées [18]. Les études historiques conduisent à la conclusion que la galerie médiévale détruite, quoique documentée, n'est pas suffisamment bien connue pour pouvoir être reconstituée. C'est donc une œuvre d'architecture contemporaine qui sera réalisée, une première pour une cathédrale en France. Chargée de protéger le portail, de s'intégrer à l'édifice millénaire et à l'espace urbain environnant, cette construction sera une transition entre l'espace sacré de la cathédrale et l'espace public (profane) du parvis.

Le concours d'architecture, lancé en décembre 2019, a été remporté par le japonais Kengo Kuma. Minimaliste, sa galerie se veut respectueuse de l'édifice ancien, sur lequel elle vient se poser, et de son sous-sol archéologique (préservation des fondations de la galerie, limitation du nombre de micropieux) [fig. 20]. Ses proportions, rappelant la galerie médiévale, sont fondées sur le tracé régulateur qui a également régi l'élévation de la façade de la cathédrale. Cinq arches (trois en façade et deux latérales) offrent autant de points de vue sur le portail sculpté. La construction devrait être achevée en 2024, précédée par une campagne générale de fouilles archéologiques sur la zone concernée.

Clémentine Mathurin

17. Nantes, Drac Pays de la Loire/CRMH, Frédéric Guérin (dir.), *Exploration archéologique du parvis de la cathédrale d'Angers*, 2016, Inrap Grand Ouest/rapport d'opération, diagnostic archéologique.

18. Nantes, Drac Pays de la Loire/CRMH, Géologie environnement conseil, *Étude climatique du portail occidental de la cathédrale d'Angers*, 2017.

Crédits photographiques – fig. 1 : MPP ; fig. 2, 3 et 11 : Bénédicte Fillion-Braguet, 2021 ; fig. 4, 5, 7 à 10 : Drac des Pays de la Loire, cl. Tim Fox, 2019 ; fig. 6 : Angers, Bibl. mun. ; fig. 12 : Gabor Mester de Parajd ; fig. 15 : LRMH, cl. Dominique Bouchardon, 2017 ; fig. 16 et 17 : Drac des Pays de la Loire, cl. Tim Fox, 2018 ; fig. 18 : Drac des Pays de la Loire, cl. Tim Fox, 2018 et 2022 ; fig. 20 : Drac des Pays de la Loire, cl. David Gallard.

Les vitraux de la cathédrale d'Angers
(XIIᵉ-XVᵉ siècle)

Karine Boulanger [*]

* Ingénieur de recherche CNRS, centre André Chastel, UMR 8150.

Les vitraux de la cathédrale d'Angers forment un ensemble remarquable dont la création s'échelonne entre le XIIᵉ et le XVᵉ siècle, pour ceux qui proviennent de cet édifice, mais qui exige un détour par les archives et des observations minutieuses pour être bien compris, tant ces panneaux ont subi de modifications au cours des siècles [1].

L'état de ces verrières résulte en effet de multiples remaniements, le dernier en date remontant à l'immédiat après-guerre, consécutif aux dégâts occasionnés par l'explosion d'une bombe à proximité de l'édifice alors que tous les vitraux n'avaient pas été déposés. Cela entraîna la création d'œuvres illustrant de grands personnages liés au passé angevin sur le côté sud de la nef, par le restaurateur Jacques le Chevallier, et la reprise de ce qui subsistait des verrières anciennes de cet espace.

Ce dernier épisode de l'histoire mouvementée des vitraux de la cathédrale d'Angers n'a toutefois pas été le plus important et c'est plutôt l'action des responsables du monument et des restaurateurs appelés ici, d'abord au XVIIIᵉ puis au XIXᵉ siècle, qui est responsable du désordre parfois inextricable des panneaux des vitraux les plus anciens. Ce désordre se double d'interventions regrettables, en particulier la découpe quasi systématique des panneaux figurés : ceux-ci étaient d'un seul tenant, à de rares exceptions près, mais les restaurateurs ont peut-être craint que leur largeur ne les rende trop fragiles et les ont coupés en deux. Enfin, on signalera les modifications apportées aux ouvertures du chœur, agrandies pour la plupart, qui ont entraîné la création d'un registre de vitrerie supplémentaire.

Face à ces difficultés, le spécialiste et l'amateur peuvent cependant se tourner vers des études de fond qui leur permettront d'apprécier le programme esthétique et iconographique déployé dans la cathédrale. La première analyse est due aux efforts conjugués de Louis Grodecki et de Jane Hayward qui avait consacré sa thèse à la peinture sur verre angevine en se focalisant sur les verrières du XIIᵉ siècle d'Angers. Leur article, paru dans le *Bulletin monumental*, demeura longtemps une référence [2]. L'architecture elle-même avait fait l'objet de travaux de la part d'André Mussat à la même époque au sein d'une étude plus ambitieuse sur l'architecture de l'Ouest [3]. Les vitraux du XVᵉ siècle furent étudiés par Gloria Gilmore-House en 1982 [4].

À partir des années 1990, la cathédrale d'Angers se trouva de nouveau au cœur de plusieurs études : le bâtiment du XIIᵉ siècle, confronté à sa grande sœur, la cathédrale de Poitiers, fit l'objet d'une thèse soutenue en 1999 par Bénédicte Fillion-Braguet [5] ; Marie-Pasquine Subes se concentra sur les peintures murales du chœur tout juste découvertes et reprit la question de la construction des parties orientales ainsi que de la liturgie [6]. Anne Granboulan consacra sa thèse à la peinture sur verre dans l'Ouest au XIIᵉ siècle et replaça le plus ancien vitrail de la cathédrale dans un contexte bien plus

1. L'essentiel de nos connaissances sur ces vitraux a été publié dans un volume de la collection du Corpus Vitrearum auquel nous renvoyons, y compris pour la bibliographie qui a peu évolué depuis.

2. Jane Hayward, *The Angevine Style of Glass Painting*, Sumner McKnight Crosby (dir.), université de Yale, 1958 ; Louis Grodecki et Jane Hayward, «Les vitraux de la cathédrale d'Angers», *Bulletin monumental*, t. 124, 1966, p. 7-67.

3. André Mussat, *Le style gothique de l'Ouest de la France (XIIᵉ-XIIIᵉ siècle)*, Paris, 1963.

4. Gloria Gilmore-House, *The Mid-Fifteenth Century Stained Glass by André Robin in Saint-Maurice Cathedral, Angers*, Jane Hayward (dir.), université de Columbia, 1982.

5. Bénédicte Fillion-Braguet, *Deux chantiers cathédraux du premier gothique de l'Ouest. La nef de Saint-Maurice d'Angers et le chœur de Saint-Pierre de Poitiers*, Marie-Thérèse Camus (dir.), université de Poitiers, 1999, 6 vol. ; *id.*, « Le voûtement de la nef, XIIᵉ siècle » et « Les parties orientales : le grand chantier de Guillaume de Beaumont, fin XIIᵉ-XIIIᵉ siècles », dans *Angers*, Bénédicte Fillion-Braguet, Étienne Vacquet et Élisabeth Verry (dir.), coll. «La grâce d'une cathédrale», Paris, 2020, p. 49-58, 67-74.

6. Marie-Pasquine Subes-Picot, *Le cycle peint dans l'abside de la cathédrale d'Angers et sa place dans l'art du XIIIᵉ siècle*, thèse de doctorat, Anne Prache (dir.), université Paris IV, 1996, 3 vol. ; *id.*, « Le cycle peint du XIIIᵉ siècle dans l'abside de la cathédrale d'Angers, de la dignité épiscopale à la dignité canoniale », dans *Diocèse d'Angers*, Jean-Michel Matz et François Comte (dir.), coll. «Fasti ecclesiae gallicanae», 7, Turnhout, 2003, p. 56-67.

7. Anne Granboulan, *La tradition picturale des provinces de l'Ouest de la France dans le vitrail du XII⁰ siècle*, thèse de doctorat, Anne Prache (dir.), université Paris IV, 1991, 3 vol. ; *id.*, «De la paroisse à la cathédrale : une approche renouvelée du vitrail roman dans l'Ouest», *Revue de l'Art*, n⁰ 103, 1994, p. 42-52; *id.*, «Le vitrail au XII⁰ siècle dans le domaine Plantagenêt», dans *L'Œuvre de Limoges, art et histoire au temps des Plantagenêt*, actes du colloque, musée du Louvre, 16-17 novembre 1995, Danielle Gaborit Chopin et Élisabeth Taburet-Delahaye (dir.), Paris, 1998, p. 247-274.

8. Karine Boulanger, *Les vitraux de la cathédrale d'Angers*, coll. «Corpus Vitrearum-France», III, Paris, 2010.

9. B. Fillion-Braguet, É. Vacquet et É. Verry (dir.), *Angers, op. cit.* note 5.

large [7]. Nous fîmes notre propre thèse sur les verrières du chœur de la cathédrale, avant de publier l'ensemble des vitraux du bâtiment dans un volume du Corpus vitrearum en 2010 [8]. Enfin, en 2020, une importante synthèse prenant en compte toutes les découvertes réalisées ces dernières années, tant sur le plan historique, liturgique que de l'histoire de l'art et de l'archéologie fut publiée dans la collection «La grâce d'une cathédrale» [9].

LA CRÉATION DES VITRAUX, XII⁰-XV⁰ SIÈCLE

La création des vitraux de la cathédrale suivit les principales phases du chantier de reconstruction de l'édifice commencé sous l'évêque Ulger (fig. 1). Entre 1149 et 1153, Normand de Doué lança les grandes voûtes de la nef. Les chroniques précisent aussi que le chantre Hugues de Semblançay finança tous les vitraux à partir de 1163, sauf trois. Ces derniers doivent correspondre à ceux de la grande baie de façade et des ouvertures de la première travée car le massif occidental n'était sans doute pas achevé à ce moment-là. De cette commande importante ne subsistent que le vitrail de l'Enfance du Christ et la bordure qui l'accompagne mais qui provient d'un autre vitrail contemporain (baie 127). Il existait une seconde bordure que son style permet d'attribuer à ce même don mais elle fut détruite en 1944.

Le chantier progressa ensuite vers le transept, puis le chœur, mené par les évêques Raoul et Guillaume de Beaumont. Là encore, la création des vitraux suivit. Pour une raison que l'on ignore – sans doute une grêle dévastatrice ou un ouragan –, une grande partie des vitraux donnés par Hugues de Semblançay disparut. Ils furent remplacés par des œuvres créées à la charnière du XII⁰ et du XIII⁰ siècle, à l'époque de Raoul de Beaumont ou au tout début de l'épiscopat de Guillaume. Trois sont encore dans leurs emplacements d'origine car les archives n'évoquent aucun déplacement et elles s'insèrent parfaitement dans leurs ouvertures. Il s'agit du martyre de sainte Catherine (baie 125), de la Glorification de la Vierge (baie 123) et du martyre de saint Vincent (baie 121). D'autres récits appartiennent à cette phase de recréation pour la nef : un martyre de saint André (baie 119), une vie de saint Martin (actuellement dans le chœur, baie 104), une légende non identifiée (*idem*) et la bordure qui accompagne aujourd'hui la figure de la Vierge (baie 129). On peut penser que la paroi occidentale du transept fut dotée de vitraux à la même époque : ce qui reste d'une vie de saint Jean en témoigne peut-être (baie 116).

La troisième phase de création se déroula sous l'épiscopat de Guillaume de Beaumont (1203-1240) qui acheva le transept et fit bâtir le chœur. Le rôle de l'évêque et des membres du chapitre fut prépondérant dans la commande : les armes de Guillaume figurent dans plusieurs verrières et il apparaît lui-même au bas du vitrail de saint Julien (baie 101b). Un chanoine se fit représenter au pied de la Vierge de l'Arbre de Jessé (baie 103b) et le trésorier de la cathédrale, Richard de Tosny, neveu de l'évêque, offrit le vitrail de saint Jean-Baptiste (baie 108b). Aucun indice ne laisse penser que les fidèles ou les corporations participèrent. Guillaume de Beaumont saisit aussi l'opportunité de la création de ces images pour se faire représenter aux pieds de la Vierge à l'Enfant (baie 129), accompagné d'un autre évêque, sans aucun doute son oncle alors décédé, Raoul. Les textes rappellent le rôle majeur de Guillaume de Beaumont et évoquent aussi ses dons pour les stalles ou encore la châsse de saint Maurille en 1239, peu avant sa mort.

C'est donc dans le premier tiers du XIII⁰ siècle, dans les années 1230, qu'on acheva le programme vitré. Le transept accueillait l'Enfance et la Passion du Christ (actuellement dans l'axe du chœur, baie 100), mais aussi des roses figurant le Jugement dernier, avec les travaux des mois et le zodiaque (l'iconographie des roses médiévales est en partie connue par

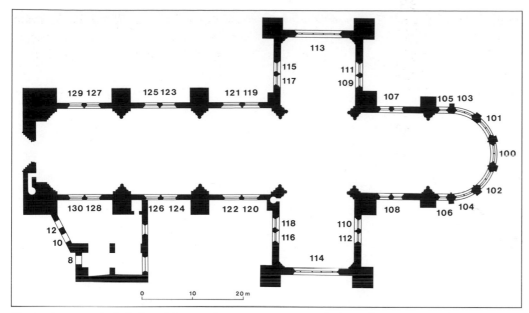

Fig. 1 – Angers, cathédrale Saint-Maurice, plan avec numérotation des baies (dessin C. Drouard, Centre André Chastel).

les textes). Le chœur, mieux préservé, avait reçu des vitraux illustrant les vies de saint Pierre, de saint Éloi, de saint Jean-Baptiste, de saint Thomas Becket, de saint Laurent, de saint Julien du Mans, de saint Maurille et de saint Martin, ainsi qu'un Arbre de Jessé. La grande Vierge à l'Enfant en provient aussi, et on voyait une histoire de Théophile et une vie de saint André ou une histoire des apôtres, dont deux panneaux seulement sont encore conservés (baies 119 et 127). À la mort de Guillaume de Beaumont, en 1240, l'ensemble de l'édifice était achevé et presque entièrement décoré. Il ne manquait que les peintures de l'abside, réalisées peu après.

En 1451, un incendie se déclara dans le bras nord du transept et détruisit les verrières de cette partie de l'église. Quelques jours plus tard, les chanoines passèrent un marché avec André Robin, un peintre verrier de la ville déjà chargé de l'entretien de la cathédrale. Ils lui commandèrent la rose nord et les verrières des murs est et ouest du bras nord. Cependant, le texte qui nous renseigne aussi sur le thème de la rose disparue du XIIIᵉ siècle montre qu'on souhaitait infléchir son iconographie. C'est sans doute la raison pour laquelle les commanditaires firent refaire aussi la rose sud, pourtant intacte, afin d'y placer les sujets qui n'avaient plus leur place côté nord et de conserver un ensemble esthétique et iconographique cohérent.

LES VITRAUX DU XIIᵉ SIÈCLE

Les verrières d'Hugues de Semblançay, dont il ne reste que quelques panneaux très mutilés, remontent à la seconde moitié du XIIᵉ siècle (fig. 2). Elles s'insèrent dans la vague créatrice des années 1140-1160 qui marqua deux autres grands édifices de l'Ouest de la France : les cathédrales du Mans et de Poitiers (chevet). La bordure à rinceaux noués qui accompagne à présent l'Enfance du Christ (baie 127) renvoie à celle de la Crucifixion de Poitiers. On retrouve dans les scènes les grandes caractéristiques de ces œuvres : des personnages très élancés, aux attitudes volontiers dansantes, élégantes, ainsi que le raffinement des parties ornementales (bordures, encadrement à gros feuillages des médaillons), à la fois dans le dessin, la peinture et la coupe des verres. Le vitrail se distingue aussi par ses tonalités

Fig. 2 – Angers Saint-Maurice, cathédrale, baie 127, vitrail de l'Enfance du Christ, détail : Annonciation (vers 1160).

froides, le rouge demeurant en retrait des scènes. Les verres sont encore, au moins pour les bleus, des verres sodiques, très limpides, pâles et peu altérés.

La vague de création qui suivit peu après, approximativement entre les années 1190 et 1210, montre déjà un changement technique important : le passage des verres sodiques aux verres potassiques, aux tonalités plus sombres, plus denses et malheureusement davantage sujets à la corrosion. On peut distinguer trois « ateliers » pour ces œuvres, dont les trois vitraux bien conservés de la nef mettent en exergue les caractéristiques. On a coutume de qualifier le maître de sainte Catherine de maître « le plus roman » de cet ensemble (baie 125), car on trouve dans ce vitrail certaines caractéristiques qui remontent au milieu du XIIe siècle (fig. 3) : le canon très allongé des personnages, leurs attitudes dansantes, les ornements des vêtements (les grands cols orfévrés, les lourdes couronnes), le traitement des chevelures en « coques ». La Glorification de la Vierge (baie 123) appartient à une manière très différente (fig. 4) : des personnages trapus, avec de très petits pieds et de toute petites mains, des têtes importantes par rapport au reste du corps. Les scènes comportent un grand nombre de personnages. La coloration, déjà focalisée sur la confrontation du rouge et du bleu, tranche avec celle, beaucoup plus chatoyante, du martyre de sainte Catherine. L'artiste – et son équipe – qui réalisa le martyre de saint Vincent (baie 121), appelé maître de saint Martin car il a été d'abord identifié dans le vitrail de saint Martin (actuellement baie 104), fut le plus prolifique (fig. 5). On lui doit les verrières de saint Vincent, saint Martin, saint Jean et saint André ainsi que celle d'une légende restée mystérieuse. Il se distingue par des compositions plus aérées que dans la Glorification de la Vierge, des personnages fluets, à la tête importante mais moins trapus que dans le vitrail voisin. Le dessin des visages est vite reconnaissable. Le style de ce maître se retrouve dans d'autres édifices : à Angers, dans un vitrail de la chapelle de l'hôpital Saint-Jean,

KARINE BOULANGER

Fig. 4 – Angers, cathédrale Saint-Maurice, baie 123, funérailles de la Vierge (vers 1190-1210).

Fig. 5 – Angers, cathédrale Saint-Maurice, baie 121, saint Vincent sur le gril, saint Vincent flagellé, apparition des anges à saint Vincent dans sa prison (vers 1190-1210).

Fig. 3 – Angers, cathédrale Saint-Maurice, baie 125, vitrail de sainte Catherine (vers 1190-1210).

10. Karine Boulanger, «Poitiers, cathédrale Saint-Pierre», dans *Les vitraux de Poitou-Charentes et d'Aquitaine*, Karine Boulanger et Élisabeth Pillet (collab.), coll. «Corpus Vitrearum-France, recensement des vitraux anciens de la France», X, Rennes, 2021, p. 98-136.

11. La Vierge d'Asnières-sur-Vègre (Sarthe), les dessins d'une bible conservée à Angers (Bibl. mun., ms. 9 [6]).

à Poitiers, pour les verrières du chœur réalisées à la même époque, et au Mans pour les panneaux de la vie de saint Ambroise (baie XX).

Si l'examen de la peinture, des compositions et de la coloration permet de distinguer des différences manifestes dans la conception des verrières, l'examen de leur organisation globale montre des similitudes. Nous sommes en présence d'un parti esthétique mûrement réfléchi : les bordures assez larges sont dans la continuité de ce qui avait été réalisé dans la seconde moitié du XIIe siècle, avec une coupe raffinée, un goût pour les détails dans le dessin des feuillages, des fruits, des fleurs. L'encadrement des médaillons est déjà simplifié et propose la formule du ruban rouge entre deux filets blancs perlés qui sera retenue par la suite. Les scènes sont de grande taille et rassemblées sur six registres. Les trois baies montrent aussi des jeux de composition permettant d'organiser, de structurer visuellement et de développer le récit. Le vitrail de sainte Catherine est divisé en deux blocs de trois registres grâce à la forme des médaillons. Celui de la Glorification de la Vierge dilate la composition du cortège funèbre en ajoutant deux demi-lobes dans les bordures ; les registres de la mort et de l'Assomption sont reliés par une large bande rouge verticale. Le cadre n'est jamais une contrainte : les anges de l'Assomption volent allègrement par-dessus les fermaillets des fonds et l'encadrement du médaillon. Dans le vitrail de saint Vincent, une grande séquence liait le martyre du saint à l'apparition des anges dans sa cellule, formant un immense quadrilobe : saint Vincent sur le gril et l'apparition des anges restent cantonnés chacun dans un médaillon circulaire, mais ils sont reliés par deux demi-lobes accueillant la flagellation. Une fois encore, les personnages font fi des barlotières et la composition reste lisible. La formule permet d'unifier deux temps du récit et de caser une scène supplémentaire qui n'aurait pu trouver sa place autrement. Ce jeu visuel et compositionnel était appliqué dans les autres verrières de cette phase créatrice et se rapproche de ce que pratiquaient les artistes de Poitiers à la même époque [10]. Toutefois, à Poitiers, les verrières conçues ensuite pour le transept et les dernières travées de la nef poursuivront la virtuosité ornementale entamée dans le chœur tandis qu'à Angers ces expérimentations s'arrêteront là. Enfin, on note, comme à Poitiers, le recours systématique, dès le XIIe siècle, à des fers droits.

LES VITRAUX DU XIIIe SIÈCLE

Les vitraux du chœur reprennent la formule élaborée à la fin du XIIe siècle dans la nef avec un nombre de scènes réduit, des médaillons de forme simple cernés par un ruban rouge et un filet blanc. Les bordures, assez larges dans la travée droite en raison des dimensions des ouvertures, présentent des schémas simplifiés déjà amorcés auparavant (voir la bordure aujourd'hui réunie à la Vierge à l'Enfant, baie 129). La mosaïque de fond, très en faveur dans d'autres édifices de la même époque, fait son apparition dans plusieurs baies, dans des formules relativement basiques, mais les grosses broches (fermaillets) continuent à être employées.

Le style des œuvres trahit le premier tiers du XIIIe siècle et différentes mains peuvent être mises en exergue. On peut d'abord évoquer le groupe formé par plusieurs verrières autour de celle de saint Éloi dans la travée droite : vitraux de saint Éloi, de saint Jean-Baptiste et de saint Pierre (baies 107 et 108b). Les compositions sont toujours centrées avec le personnage principal un peu plus grand que les autres (fig. 6). Les protagonistes, plutôt trapus et avec une tête importante, sont vêtus de drapés volumineux et possèdent des visages juvéniles à l'expression aimable. Le vitrail de saint Pierre a en partie été composé par l'artiste qui conçut le vitrail de saint Éloi, mais la peinture, bien que reprenant des caractéristiques similaires, est beaucoup plus délicate. On peut rattacher au maître de saint Pierre le panneau désormais isolé de la vocation de saint Pierre et de saint André (baie 127). Le style du groupe de saint Éloi est proche de certains manuscrits et peintures murales [11], ainsi que de plusieurs

Fig. 6 – Angers, cathédrale Saint-Maurice, baie 107b, saint Éloi apportant deux trônes à Clotaire (vers 1230-1235).

Fig. 7 – Angers, cathédrale Saint-Maurice, baie 100b, sommeil des Mages, détail (vers 1230-1235).

vitraux du haut-chœur de la cathédrale de Coutances. Le vitrail de saint Thomas Becket (baie 108a), situé lui aussi dans la travée droite, s'il partage des caractéristiques du groupe de saint Éloi, comporte des compositions habiles liant tous les protagonistes entre eux. La peinture est aussi plus fine. On peut rapprocher cela des vitraux du chevet plat de Vivoin, non loin du Mans, et, au Mans même, des verrières de saint Éloi et de saint Nicolas (baies 16 et 24). L'atelier qui œuvra au transept et réalisa les baies de l'Enfance et de la Passion (baie 100, fig. 7) qui en proviennent peignit aussi les vitraux des petites roses du chœur, le vitrail de saint Martin et celui de saint Maurille (baie 102). Il conçoit des scènes un peu répétitives, volontiers divisées en conversations de deux personnages. Les figures sont trapues, engoncées dans des drapés amples et souples laissant deviner les formes des corps, saisies dans des attitudes toujours pondérées. Les visages ont une expression particulièrement maussade. On retrouve ce style dans un vitrail de Charentilly, dans un autre aux Essarts, en Touraine, mais aussi dans les enluminures d'un manuscrit de la Bibliothèque nationale de France (Latin 11). Les vitraux de saint Laurent et de l'Arbre de Jessé (baie 103) ont été réalisés par le même atelier qui exécuta la grande Vierge à l'Enfant (baie 129). Le vitrail du saint diacre (fig. 8) présente des compositions avec des personnages aux gestes véhéments, aux visages parfois expressifs. L'habileté des compositions permet de faire oublier la barlotière médiane, d'origine. Les personnages discutent, se répondent, mais conservent des attitudes figées. Ces œuvres sont particulièrement altérées par la corrosion et présentent une peinture épaisse, rehaussée encore de lavis assez denses. Les visages des personnages longilignes, avec une petite tête ronde perchée sur un long cou, ont des expressions sévères.

Fig. 8 – Angers, cathédrale Saint-Maurice, baie 103a, saint Laurent sur le gril (vers 1230-1235).

KARINE BOULANGER

Fig. 9 – Angers, cathédrale Saint-Maurice, baie 129, Vierge à l'Enfant (vers 1230-1235/
bordure des années 1190-1210).

On peut rattacher à cet ensemble la seule scène rescapée de l'histoire de Théophile, aujourd'hui dans la nef (baie 119), ainsi que les panneaux de Montreuil-sur-Loir aujourd'hui
conservés au musée de Saint-Louis (États-Unis). La Vierge à l'Enfant (baie 129, fig. 9), prévue pour la baie simple au sud du chœur (baie 106) et placée au Moyen Âge au-dessus d'un
autel qui lui était dédié, se distingue par sa taille, par sa mise en valeur sur une mosaïque dont
la préciosité évoque une tenture et par son encadrement de grisaille. L'association de la pleine
couleur et de la grisaille, moins rare qu'on l'a longtemps cru, a été développée de multiples
manières au XIIIᵉ siècle – bien avant l'élaboration de la verrière en litre apparue au milieu du
siècle – pour des grands personnages ou des scènes narratives [12]. Ainsi présentée, la Vierge
prend l'allure d'une véritable image de dévotion. La partie droite du vitrail de saint Julien
(baie 101b) n'a quant à elle plus rien à voir avec l'Anjou mais avec le Berry (fig. 10).

12. Citons les verrières de la cathédrale d'Auxerre
ou encore celles de Sainte-Radegonde à Poitiers.
Voir K. Boulanger, «Poitiers, Sainte-Radegonde»,
dans *Les vitraux de Poitou-Charentes…*, *op. cit.*
note 10, 2021, p. 140-162.

Fig. 10 – Angers, cathédrale Saint-Maurice, baie 101b, Guillaume de Beaumont (vers 1230-1235).

13. K. Boulanger, « Les vitraux des parties hautes de la cathédrale de Bourges », dans *Cathédrale de Bourges* (actes des colloques de Bourges, 2009 et 2012), textes réunis par Irène Jourd'heuil, Sylvie Marchant et Marie-Hélène Priet, Tours, 2017, p. 401-411. Pour la cathédrale du Mans, voir Maria Godlevskaya, *Les vitraux du XIIIᵉ siècle de la cathédrale du Mans. Aspects iconographiques et stylistiques*, thèse de doctorat, Claude Andrault-Schmitt et Alexei Rastorguev (dir.), université de Poitiers, 2013, 2 vol.

Une partie des compositions du vitrail présente une ampleur et un mouvement inusités. Il s'agit ici de personnages de grande taille, toujours en action, vêtus de très longs drapés creusés de plis en épingle et à l'organisation parfois complexe. Les visages sont d'une finesse extraordinaire dans l'application de la peinture, savamment graduée. La figure de Guillaume de Beaumont représente la plus belle expression de ce style. La source de cette peinture se trouve à Bourges, dans les baies du déambulatoire intérieur et une partie des baies hautes. On la retrouve dans une partie du vitrail de la Nouvelle Alliance au Mans (baie 0) [13].

À bien des égards, le programme iconographique se poursuit du XIIᵉ au XIIIᵉ siècle. Il est, pour l'essentiel, lié aux dispositions liturgiques et à la présence de reliques. Le chœur liturgique s'avançait jusqu'aux piles orientales de la nef et les stalles se trouvaient à la croisée du transept. Le maître-autel était consacré à saint Maurice. En arrière se trouvait la châsse monumentale abritant les reliques de saint Maurille, posée sur des colonnes. Dans le fond de l'abside, on trouvait l'autel Saint-René et, contre le mur sud, celui de la Vierge. Ces éléments rappellent l'évolution du vocable de la cathédrale, d'abord consacrée à la Vierge, puis à saint Maurille avant que saint Maurice, dont les reliques auraient été rapportées par saint Martin, ne supplante le saint angevin. Plusieurs inventaires permettent de connaître les reliques conservées à la cathédrale, et on remarque qu'une grande partie des vies de saints représentées dans les vitraux font écho à ces reliques. Pour d'autres, la présence d'un autel atteste d'un culte (par exemple, sainte Catherine), comme des fondations dans la ville et aux alentours ; les fêtes notées dans les livres liturgiques témoignent du culte rendu à d'autres saints (saint Jean-Baptiste, saint Éloi). Le culte de Thomas Becket était particulièrement développé et les images illustrant sa vie se multiplièrent après la translation de ses reliques à Canterbury en 1220. En France, elles se concentrent dans les territoires où vécut le saint, mais aussi dans les anciens fiefs des Plantagenêts, comme Angers. Dans le chœur, la majorité des saints dont la vie fut illustrée étaient des membres du clergé, évêques ou diacres. Certains étaient en rapport direct avec l'histoire de l'Église angevine (Martin, Julien et Maurille). Les relations entre le clergé et le pouvoir exercé par le prince sont également évoquées, qu'elles soient bonnes (Éloi) ou mauvaises (Thomas Becket). L'Incarnation, la vie du Christ, le Salut, la Vierge enfin, constituent plusieurs des fils conducteurs du programme vitré déployé entre le XIIᵉ et le XIIIᵉ siècle puisque trois verrières exaltaient la Vierge (la Vierge à l'Enfant ; le vitrail de la Glorification de la Vierge et celui de l'histoire de Théophile), l'une représentait l'Arbre de Jessé et deux autres étaient dévolues à l'Enfance et à la Passion. Le programme trouvait son accomplissement dans le transept avec les roses du Jugement dernier et, peut-être, de l'Apocalypse.

LES VITRAUX D'ANDRÉ ROBIN (1451-1454)

On a vu l'importance des autels et du culte rendu aux saints dans la conception du programme vitré de la cathédrale au Moyen Âge central. Ce phénomène se poursuivit au milieu du XVᵉ siècle sur le chantier de restauration du bras nord du transept. Les grandes baies est et ouest présentent des saints placés sous des dais d'architecture qui sont pour la plupart d'entre eux liés aux autels refaits à la même époque dans cette partie de l'édifice, mais aussi à la présence de reliques. On y exalte l'Église angevine à travers les figures de saint René, de saint Séréné, de saint Maurice et de saint Maurille rassemblées dans le même vitrail (baie 109). En 1447, l'évêque Jean Michel mourut en odeur de sainteté : il trouva sa place tout naturellement dans le nouveau programme iconographique du transept, dans la baie située au-dessus de sa tombe (baie 111, fig. 11). Il est figuré en prière, tourné vers la rose qui expose le Jugement dernier, deux anges portant ses armes aux trois clous de la Passion. Sa dévotion pour la Passion est mise en évidence par la représentation monumentale de la

Crucifixion au-dessus de lui. Il est aussi intégré en quelque sorte au cortège des saints évêques d'Angers, car ses armes figurent en bas de la verrière des saints René, Séréné, Maurice et Maurille. Le culte rendu à l'évêque était fervent et les recettes du tronc placé près de sa tombe financèrent la restauration des vitraux de la cathédrale en 1454. On peut présumer qu'elles permirent aussi de payer les nouvelles verrières.

Celles-ci furent commandées à André Robin. La grande nouveauté se situe dans l'iconographie de la rose nord (fig. 12). Le conservatisme du clergé angevin le poussa à reprendre l'ancienne thématique du XIIIᵉ siècle mais en y ajoutant une nouvelle, très en vogue alors, celle de la fin des temps. L'ajout des quinze médaillons des signes de la fin des temps entraîna le déplacement du Zodiaque dans la rose sud, refaite elle aussi. Les scènes suivent la description de la *Légende dorée*. On les a rapprochées de deux manuscrits de l'atelier du maître des heures de Bedford, les *Heures Lamoignon* et les *Heures de Vienne* [14], mais, en réalité, aucun de ces manuscrits ne constitue la source des compositions du vitrail. La rose sud, quant à elle, présente une *majestas Domini* dans l'oculus central, la Vierge dans un pétale, dans l'axe, des églantines et des chardons, associés à l'iconographie mariale et, enfin, le Zodiaque et les Vieillards de l'Apocalypse.

La réalisation de ces vitraux fut très rapide : entre 1451 et 1454. Elle fut menée par André Robin à la tête d'un atelier qui travailla plus tard dans l'église Saint-Serge d'Angers. L'examen des œuvres montre que les verres provenaient de trois lots : ils ont réagi différemment au passage du temps et on peut supposer que le travail commença par la rose nord, pour se poursuivre dans les grandes baies nord et s'achever par la rose sud. On peut aussi remarquer les nuances très particulières choisies pour la rose nord (rose, orange, vert bleuté, bleu gris) et les associations de couleur audacieuses. La conception des verrières est

14. Lisbonne, fondation Gulbenkian, LA143, fol. 122v et Vienne, Österreichische National-bibliothek, ms. 1855, fol. 218v.

Fig. 11 – Angers, cathédrale Saint-Maurice, baie 111, Jean Michel, par André Robin (1451-1454).

15. Christine Leduc-Gueye, *D'intimité, d'éternité, la peinture monumentale en Anjou au temps du roi René*, Lyon, 2007.

Fig. 12 – Angers, cathédrale Saint-Maurice, rose nord, par André Robin (1451-1454).

homogène et, pour les roses, le travail a été facilité par le remploi de cartons. La peinture cependant montre l'intervention de trois peintres différents, le plus remarquable étant celui qui réalisa la figure de Jean Michel, avec un trait de grisaille assez sec mais modelé par un lavis puissant. On peut rapprocher cette création des peintures de Brézé (chapelle de Lançon) [15]. Inégale et mal préservée, la peinture des apôtres et prophètes des vitraux de la nef de Saint-Serge, attribuée avec certitude grâce aux textes à André Robin, montre des parallèles avec les vitraux de la cathédrale, notamment avec les réalisations du maître de Jean Michel.

Avant l'étude de Louis Grodecki et de Jane Hayward, seule la grande Vierge à l'Enfant, mal datée, assurait la renommée des vitraux de la cathédrale d'Angers. Ce décor, comme l'édifice qui les abrite, passa longtemps au second plan, sans doute à cause de son état lacunaire, de son manque de lisibilité parfois, mais aussi certainement en raison de la modestie de la cathédrale elle-même. Les dimensions restreintes de celle-ci et son plan ramassé peuvent surprendre, mais c'est sur son unité qu'il faut cependant insister, une unité étonnante maintenue sur un chantier qui dura un siècle et que l'on trouve confirmée dans le décor vitré, à la fois dans les formules esthétiques choisies mais aussi dans le message théologique déterminé par les chanoines et les évêques.

Crédits photographiques – fig. 2-6, 8, 9, 11 et 12 : cl. Céline Gumiel, Centre André Chastel ; fig. 7 : cl. Karine Boulanger, Centre André Chastel ; fig. 10 : cl. Ateliers Barthe-Bordereau.

Le palais épiscopal d'Angers
Un édifice roman réinventé au XIXe siècle

Olivier Biguet [*] et Étienne Vacquet [**]

Au cœur de la ville d'Angers, le palais épiscopal, qui s'élève à l'angle des rues du Chanoine-Urseau et de l'Oisellerie, se caractérise par son ambivalence : extérieurement, l'ensemble des façades présente une architecture caractéristique de l'historicisme du XIXe siècle, d'aspect néo-roman, pour lesquelles il est difficile de distinguer les parties anciennes restaurées des parties entièrement modernes ; intérieurement, malgré les multiples transformations opérées au cours des siècles, se révèle un exceptionnel monument du XIIe siècle, réputé pour sa salle de prestige initialement en forme de tau.

SOURCES ET PRÉSENTATION DU PALAIS

La connaissance du palais épiscopal dans ses états anciens est heureusement facilitée par de précieux relevés [1] exécutés lors de la dernière décennie du XVIIe siècle dans le cadre d'une modernisation de l'édifice pour l'évêque Michel Lepeletier (1693-1706) : trois plans, dont deux avant travaux (fig. 1 et 2), ainsi que des coupes et élévations (fig. 3). De même, au gré des travaux de restauration et d'agrandissement du XIXe siècle, de nombreux plans ont été dressés par les architectes diocésains successifs, notamment Charles Joly-Leterme, puis Gustave Raulin [2]. Un certain nombre de ces documents iconographiques sont reproduits dans la monographie fondamentale consacrée au palais épiscopal par Louis de Farcy et Paul Pinier [3], qui rassemble notamment toutes les archives anciennes et documente largement la restauration qu'ils ont pu connaître et suivre en partie (les deux auteurs sont nés respectivement en 1846 et en 1861). Parmi ces sources écrites, un procès de 1533 des chanoines contre leur évêque François de Rohan, en raison de l'état du palais épiscopal laissé à son départ, offre une précieuse description d'ensemble de l'édifice à une époque ancienne [4].

Initialement, le palais épiscopal d'Angers devait se situer au sud de la cathédrale, s'appuyant sur l'enceinte du Bas-Empire (partie orientale de la place Freppel). En 851, à l'occasion d'un échange de terrains entre l'évêque Dodon et Eudes, le comte d'Anjou, la *domus* épiscopale s'établit sur son site actuel, le prélat concédant au comte l'extrémité sud-ouest du promontoire de la Cité, futur site du château. Rien ne subsiste des premiers états du palais épiscopal. Aucun remploi apparent n'est perceptible ; seul un acte de 1112 évoque « un petit cloître situé entre sa chapelle et sa *camera* [5] », qui ne semble guère pouvoir concerner l'édifice que nous connaissons. Celui-ci, peut-être ébauché par Renaud de Martigné (1102-1125), fut réalisé – d'après l'architecture des voûtes et le profil des baies, et le style des chapiteaux [6] – dans le deuxième quart du XIIe siècle, sous l'épiscopat de son successeur Ulger (1125-1149). L'édifice témoigne d'un programme particulièrement ambitieux dans son parti monumental et décoratif, malgré la contrainte du site. En effet, le palais est bordé au sud par la cathédrale, au nord et à l'est par l'enceinte du Bas-Empire [7], avec une tour au changement d'orientation, et à l'ouest par une rue d'origine antique (rue du Chanoine-Urseau) que fermait la porte Angevine, porte septentrionale de la cité

[*] *Conservateur du patrimoine, Ville d'Angers, service Angers Patrimoine.*

[**] *Conservateur du patrimoine, Conservation départementale du patrimoine de Maine-et-Loire, conservateur délégué des antiquités et objets d'art.*

1. Arch. nat., N/III/Maine-et-Loire/9/1 à 9/4.

2. Plans et dessins du XIXe siècle : MPP, 35396, plan du premier étage, par Charles Joly-Leterme, 1853 ; MPP, 100.035, plan du premier étage, par Charles Joly-Leterme, 1873 ; plan du premier étage, 1895, dans Louis de Farcy et Paul Pinier, *Le palais épiscopal d'Angers. Histoire et description*, Angers, 1903, pl. XII.

3. L. de Farcy et P. Pinier, *Le palais épiscopal d'Angers...*, *op. cit.* note 2. Toutes les mentions archivistiques citées sont extraites de cet ouvrage ; Olivier Biguet, Dominique Letellier et Étienne Vacquet, « Le palais épiscopal d'Angers », *303, Arts, Recherches et Créations*, n° 70, 2001, p. 110-117. Pour les travaux du XIXe siècle, restauration et agrandissements : Étienne Vacquet, « Le palais épiscopal. Histoire et architecture d'un édifice prestigieux », dans *Angers*, coll. « La grâce d'une cathédrale », Paris, 2020, p. 160-181. Voir aussi Jacques Mallet, *L'art roman de l'ancien Anjou*, Paris, 1984, p. 135-138.

4. Arch. dép. Maine-et-Loire, G 264.

5. *Hoc etiam concessit domnus Rainaldus, episcopus Andegavensis, in claustro parvo quod est intre suam capellam et cameram.* Voir L. de Farcy et P. Pinier, *Le palais épiscopal d'Angers...*, *op. cit.* note 2, p. 56.

6. Nathalie Le Luel, « Le palais épiscopal. Le décor sculpté du palais : une commande à la gloire de l'évêque », dans *Angers*, *op. cit.* note 3, p. 182-189. Voir également, dans ce volume, N. Le Luel, « La sculpture du palais épiscopal d'Angers : le décor sculpté du XIIe siècle », p. 101-109.

7. Les palais épiscopaux s'appuyant sur une enceinte du Bas-Empire sont relativement nombreux ; la contrainte qui en résulte est souvent magnifiée en un symbole de pouvoir, que peut éventuellement renforcer la présence d'une tour : ainsi à Angers, à Tours, à Beauvais ou à Senlis.

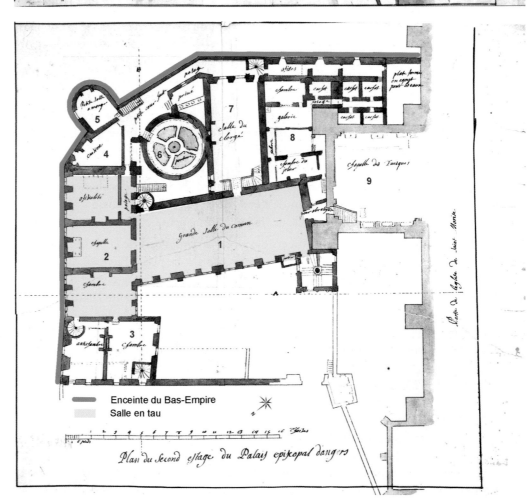

Fig. 1 – Angers, palais épiscopal, plan du rez-de-chaussée, avant 1693 (Arch. nat., N/III/Maine-et-Loire/9/1) : 1. cour d'entrée ; 2. pièces de service et secrétairerie ; 3. escalier de Rohan ; 4. cour à l'emplacement de l'ancienne officialité ; 5. grande salle basse ; 6. écuries (attestées au XVIᵉ siècle) ; 7. enceinte et tour du Bas-Empire ; 8. terre-plein à l'emplacement de la cuisine médiévale détruite ; 9. bûcher ; 10. secteur des prisons ; 11. soubassement du bras nord du transept de la cathédrale.

Fig. 2 – Angers, palais épiscopal, plan de l'étage, avant 1693 (Arch. nat., N/III/Maine-et-Loire/9/4) : 1. partie sud («nef») de la grande salle en T ou salle synodale ; 2. partie nord («transept») de la grande salle en T démembrée en trois pièces (au XVIIᵉ siècle, d'est en ouest : l'officialité, la chapelle de l'évêque, une chambre) ; 3. logements ; 4. cuisine ; 5. petite salle à manger ; 6. parterre à l'emplacement de la cuisine médiévale détruite ; 7. salle du clergé (réfectoire) ; 8. secteur des prisons (cachots et logements) ; 9. bras nord du transept de la cathédrale.

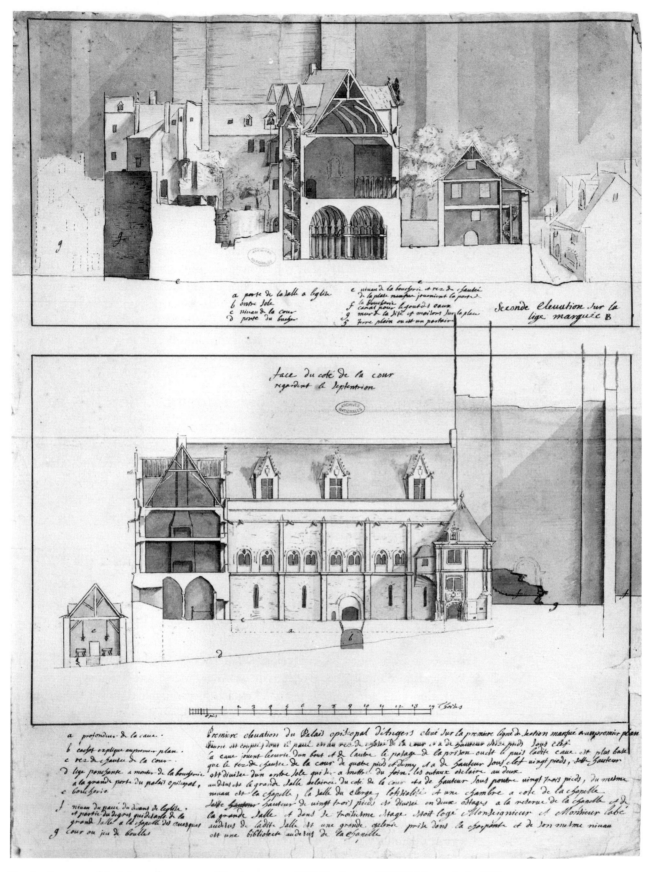

Fig. 3 – Angers, palais épiscopal, coupes et élévations, avant 1693 (Arch. nat., N/III/Maine-et-Loire/9/2).

épiscopale. Adoptant une rare forme en T entre le bras nord du transept de la cathédrale et l'enceinte du Bas-Empire, le bâtiment principal présentait à l'étage une monumentale salle de représentation, sur un premier niveau voûté. Une vaste cour d'entrée le précédait, ouvrant sur la rue du Chanoine-Urseau, où étaient établis des bâtiments annexes dont l'officialité et la secrétairerie, tandis que sur les arrières, côté oriental, butant également contre l'enceinte du Bas-Empire, s'élevaient des constructions secondaires et de services – chapelle, réfectoire, cuisine, bûcher, logements, prisons – se lovant avec difficulté dans le reste de l'espace disponible. Telles étaient, dans les grandes lignes, les principales dispositions médiévales, qui perdurèrent pour une bonne part jusqu'au XIXᵉ siècle en dépit de divers remaniements entre les XVᵉ et XVIIᵉ siècles.

À partir des années 1840 et jusqu'à la fin du siècle, sous les épiscopats successifs de Mgr Angebault (1842-1869) et de Mgr Freppel (1870-1891), d'amples campagnes d'agrandissement et de rénovation bouleversèrent le palais (voir fig. 12) : vers le nord, par-delà l'enceinte du Bas-Empire, sur l'emplacement de la grande boucherie et d'un rang de maisons, on aménagea une nouvelle cour d'honneur ouvrant sur la rue de l'Oisellerie ; une aile, à usage de logements et de bureaux, fut édifiée à l'angle des deux rues, en prolongement du grand bâtiment médiéval en T. Sur les arrières de ce dernier, un jardin suspendu entouré de constructions basses remplaça les multiples corps de bâtiments encore présents. Extérieurs et intérieurs firent l'objet d'une restauration approfondie, entre souci archéologique et intervention créatrice.

LES INTERROGATIONS SUR LA CONCEPTION DE L'ÉDIFICE EN TAU

Depuis les interventions considérables du XIXᵉ siècle, les parties médiévales du palais se limitent désormais presque uniquement à l'élément de prestige que constitue le bâtiment en tau qui, encore aujourd'hui, par sa masse et sa centralité, structure l'ensemble des constructions. La contrainte de l'exiguïté du site, entre le bras nord du transept de la cathédrale et l'enceinte antique, a déterminé une forme irrégulière : la jonction entre les deux parties du tau ne s'effectue pas à angle droit, la « nef » de ce tau étant soumise à un positionnement biais pour rejoindre la partie centrale du « transept » du T, lui-même déterminé par l'orientation de l'enceinte du Bas-Empire vers le sud. L'architecte se devait d'établir son édifice dans la continuité du bras nord du transept de la cathédrale pour passer logiquement de l'un à l'autre. Ce défaut assumé d'articulation, par ailleurs davantage sensible en plan mais peu perceptible *in situ*, depuis l'extérieur ou de l'intérieur, donne à penser que le choix de ce plan en tau fut délibéré, sans pour autant que soit exclue la possibilité de remplois de fondations plus anciennes, antiques ou médiévales. Les deux espaces voûtés du rez-de-chaussée n'ayant que des fonctions subalternes et indépendantes l'une de l'autre, le commanditaire aurait eu dès le début du chantier l'idée d'une unique grande pièce à l'étage, conception qui seule pourrait justifier ce parti remarquable d'un bâtiment en forme de T. Cette hypothèse a pour effet de conforter celle de la contemporanéité de conception de l'ensemble de l'édifice.

Cette structure en T, comme mémoire de la forme des premiers bâtons pastoraux, paraît exceptionnelle et ne semble guère avoir d'autre équivalent que celle du palais archiépiscopal de Reims, dénommé justement « palais du Tau », cette première appellation remontant à 1138 [8]. On peut avancer la possibilité de relations entre les plans des deux palais, mais celles-ci restent énigmatiques. Ulger découvrit le palais rémois à l'occasion d'un concile et du sacre de Louis VII en 1131, sans qu'on puisse en tirer de conclusions particulières quant à une influence sur l'édifice d'Angers, peut-être déjà en chantier. Inversement, le fait que Renaud de Martigné ait quitté en 1125 le siège épiscopal d'Angers pour celui de... Reims,

8. L'appellation de « palais du Tau » à Reims, en raison de son plan, n'est attestée qu'en 1138, à l'occasion de la signature d'un diplôme par le roi Louis VII : « *Actum Remis publice in palatio Tau, anno Incarnationis 1138* ». Voir L. de Farcy et P. Pinier, *Le palais épiscopal d'Angers...*, *op. cit.* note 2, p. 60.

OLIVIER BIGUET ET ÉTIENNE VACQUET

à la demande du roi, n'est peut-être qu'une coïncidence. Les murs latéraux de la « nef » (seulement) de la salle basse du Tau de Reims, avec leurs vestiges de grands arcs, sont difficilement datables et ne permettent pas de déterminer lequel des deux édifices est antérieur à l'autre. La question était déjà envisagée par Louis de Farcy en 1915 dans un bref article comparant les deux palais[9] : il proposait comme hypothèse que le palais d'Angers aurait été amorcé par Renaud de Martigné et que ce dernier en aurait ensuite transposé le plan à Reims. Au-delà de la difficulté que posent les datations, la disproportion des deux branches du T à Reims – une aile longitudinale très large de 12 m, une aile transversale deux fois plus étroite et passablement étriquée – ne plaide guère en ce sens, au regard de l'équilibre et de la prestance des deux parties à Angers.

LA HIÉRARCHIE DES NIVEAUX

La structure et la fonction par niveau des grands volumes du corps principal sont caractéristiques des demeures médiévales, laïques comme ecclésiastiques. Le rez-de-chaussée est affecté, au sud, à une grande salle basse dite au Moyen Âge « petite salle », *parva aula*, puis au XVIe siècle « salle basse » ou « sallecte basse » (fig. 4) ; elle est flanquée d'une autre vaste pièce au nord, très faiblement éclairée, dont l'affectation initiale nous est inconnue, et qui est décrite seulement pour la première fois en 1533 comme étant les

9. Louis de Farcy, « Rapprochement entre le palais du Tau de Reims et l'ancien évêché d'Angers », *Mémoires de la Société nationale d'agriculture, sciences et arts d'Angers*, vol. XVIII (5e série), 1915, p. 112 ; L. de Farcy et P. Pinier, *Le palais épiscopal d'Angers...*, *op. cit.* note 2, p. 55.

Fig. 4 – Angers, palais épiscopal, salle basse, vue vers le sud.

Fig. 5 – Angers, palais épiscopal, salle synodale, vue vers la cathédrale (sud).

10. L'appellation de «salle synodale» ou de «salle des synodes» est rare avant le XIXᵉ siècle et ne devient courante qu'après sa restauration. Sur un plan du XVIIᵉ siècle, elle est dénommée «la grande salle du commun», mais cette appellation est également rare et prête à confusion avec la salle basse réservée aux gens de moindre condition. Le même plan du XVIIᵉ siècle désigne cette dernière de «cave», le terme de «crypte» n'apparaissant qu'au XXᵉ siècle.

11. *Clericus et miles pergant, ad cetera viles / nam locus hos primus decet, illos vilis et imus.* Voir L. de Farcy et P. Pinier, *Le palais épiscopal d'Angers..., op. cit.* note 2, p. 180.

«estables» (écuries). Le vaste espace de représentation, symbole du pouvoir épiscopal, au plan en T, se situe au niveau supérieur : c'est la *camera magna* ou *camera magna et superior*, couramment dite aussi *aula palatii* ou *aula episcopalis*, voire tout simplement «*grant salle*», et dénommée tardivement «salle synodale» pour la partie sud subsistante (fig. 5) [10]. À cet étage, un distique écrit en un mélange de lettres capitales et d'écriture onciale du XIIᵉ siècle, gravé en miroir sur le lavabo à l'entrée de la salle côté cathédrale, est explicite à cet égard : «Ici les clercs et les chevaliers, ailleurs les gens de moindre condition ; à ceux-là convient l'appartement d'honneur, à ceux-ci la modeste salle d'en bas [11].» L'austérité du niveau bas, comme son faible éclairage, et l'ordonnancement savant de la grande salle traduisent clairement la hiérarchie sociale et architecturale.

La salle basse, sous la salle synodale, conserve largement son aspect du XIIᵉ siècle, sous réserve des élargissements des ouvertures, côté cour d'entrée. Longue de 26 m pour 9,50 m de large, elle est constituée de deux vaisseaux couverts de voûtes d'arêtes sans doubleaux, séparés par une file de quatre colonnes. La largeur de ces vaisseaux (4,75 m) est supérieure à la hauteur des colonnes (3,50 m), mais inférieure à la hauteur sous clef (6,10 m), ce qui lui confère des proportions équilibrées et fait ressentir une certaine harmonie, encore renforcée par le tracé des voûtains peu évasés sur leur tiers inférieur. L'usage mixte des matériaux est aussi remarquable : les colonnes, les chapiteaux et les hauts tas de charge sont taillés dans un calcaire bajocien ou en grès, pour obtenir une bonne résistance à l'écrasement, tandis que les voûtes sont en tuffeau, un calcaire plus tendre et léger. Cette salle des gens du commun est ainsi bien conservée, à l'inverse de celle dite «des écuries», qui a fait l'objet de restaurations importantes dès les années 1760, d'où sa médiocre authenticité, avec notamment la reprise par deux fois des quatre colonnes qui séparent l'espace en deux vaisseaux de largeurs curieusement inégales.

L'originalité et la qualité de l'étage justifient la célébrité de l'édifice. Sur le niveau de soubassement que constituent les deux pièces basses, l'architecte avait conçu une seule salle sur l'ensemble du plan en tau. L'aile longitudinale sud mesure 26 m x 10 m et l'aile

OLIVIER BIGUET ET ÉTIENNE VACQUET

transversale nord 22,80 m x 9,20 m, soit une superficie totale de quelque 470 m² et une hauteur conséquente de 7,70 m sous plafond. Une arcature monumentale, formée de trois arcs en plein cintre, unifiait l'ensemble à l'articulation des deux branches du T ; les arcs étaient portés par six hautes colonnes – deux centrales de forte section et deux paires de colonnes jumelées engagées aux extrémités. Cette invention, dont on ne sait si elle existait à Reims [12] et où se ressent une influence de l'Antiquité tardive, présentait l'avantage de mieux structurer ce vaste espace et surtout de monumentaliser l'ensemble, particulièrement depuis le portail d'entrée. Par ailleurs, elle permettait d'atténuer sensiblement le défaut d'orientation du plan, sans néanmoins que la correction soit totale : vues depuis ce qui est désormais la salle synodale, les baies qui éclairent au nord l'aile transversale se retrouvent inévitablement décalées vers la droite. Redécouverte lors des travaux de restauration du XIXᵉ siècle, cette arcature subsiste en partie haute, bien visible, dans des chambres d'étage aménagées lors des travaux du XVIIᵉ siècle (fig. 6). Les écoinçons des arcs, remarquablement conservés dans la partie centrale, montrent encore un petit appareil « cubique », réel

12. L. de Farcy, « Rapprochement entre le palais du Tau de Reims et l'ancien évêché d'Angers », art. cit. note 9, p. 112-113 : à la suite du bombardement de Reims en 1914, il fut possible d'examiner le mur de séparation construit en 1685 entre les deux parties de la salle du palais du Tau ; il n'y avait qu'une « large porte », mais sans que cela soit concluant, car ce mur a pu, selon L. de Farcy, remplacer des arcades analogues à celles d'Angers.

Fig. 6 – Angers, palais épiscopal, vestiges des arcades qui séparaient les deux ailes de la salle en tau (synodale).

Fig. 7 – Angers, palais épiscopal, coupes et élévations, avant 1693, détail de la façade sur cour (Arch. nat., N/III/Maine-et-Loire/9/2).

ou simulé, alternant avec de minces arases de briques et se détachant sur un mortier de tuileau en retrait. Dans l'aile longitudinale, côté cour d'entrée, et dans l'aile transversale, dominant au nord autrefois la grande boucherie (que l'on voit en plan et en coupe sur les dessins du XVIIᵉ siècle), deux suites de grandes baies géminées, sans coussièges à cette époque – dix d'un côté, neuf dans l'autre –, formant de spectaculaires claires-voies, éclairaient largement ces vastes volumes, dans un contraste saisissant avec le niveau bas. Le rythme des baies de ces deux claires-voies est légèrement différent : s'il est régulier côté nord, il présente une structure alternée côté sud. Des piliers forts et faibles déterminent ainsi une subdivision par couple des baies. Ce raffinement se traduit extérieurement par des contreforts-dosserets à l'endroit des piliers forts (les colonnes qui les encadrent au bel étage n'apparaissent pas sur les dessins du XVIIᵉ siècle et relèvent plutôt de la restauration du XIXᵉ siècle) ; montant de fond depuis le sol, ils animent la façade d'une grille orthogonale grâce à des cordons courant à la base des baies et au niveau des gargouilles (fig. 7). Le relevé du XVIIᵉ siècle de la façade d'entrée fait connaître le dessin de ces fenêtres géminées, ponctuées dans l'écoinçon d'une ouverture en carré sur pointe, selon une formule répandue et localement observable à la tour de l'abbaye Saint-Aubin, aux « Greniers » de l'hôpital Saint-Jean et dans différentes demeures de dignitaires, comme à la maison canoniale Sainte-Croix (5-7, rue Saint-Aignan) dans la cité épiscopale, mais également au palais archiépiscopal de Tours [13]. Dans la salle synodale, six autres grandes fenêtres, qui n'auraient pas eu de structure géminée – quatre sur le mur opposé à celui de la claire-voie fonctionnant par paire, deux autres de part et d'autre du portail d'entrée – augmentaient encore la luminosité de cette première partie de la salle en tau, plus favorablement éclairée du fait de sa position entre la cour d'entrée et les cours arrière. L'aile transversale ne bénéficiait guère que de la seule claire-voie orientée au nord, car seules deux fenêtres géminées supplémentaires donnaient sur la cour d'entrée. Lors de la modernisation de la fin du XVIIᵉ siècle, les baies géminées furent supprimées pour donner plus de clarté et seuls les

13. Olivier Biguet et Dominique Letellier-d'Espinose, *Angers. Formation de la ville, évolution de l'habitat*, Nantes, 2016, p. 84-85. Un autre exemple est donné par l'hôtel Laurent Le Bourguignon (disparu), qui se trouvait rue Lionnaise (*ibid.*, p. 80-81). Pour le palais archiépiscopal de Tours : Gaël Carré, « La façade occidentale du synode. Étude archéologique », dans Irène Jourd'heuil (dir.), *Cathédrale de Tours*, Tours, 2019, p. 127-138.

OLIVIER BIGUET ET ÉTIENNE VACQUET

arcs en plein cintre sommitaux subsistèrent, tout au moins pour la salle synodale, comme on peut le constater sur un dessin de la collection Gaignières de 1699 [14]. Celles de l'aile transversale furent davantage remaniées, comme l'atteste un relevé de l'architecte Ernest Dainville avant les restaurations du XIXᵉ siècle (fig. 8).

La question du couvrement de cette salle est délicate : le passage de volumes plafonnés, tels qu'on les pratiquait au XIᵉ siècle, à des espaces sous charpente se réalisa principalement dans la première moitié du XIIᵉ siècle ; les états observables de cette époque sont extrêmement rares, mais témoignent de l'usage de plafonds. Au palais épiscopal, la présence d'encorbellements maçonnés en dalles de schiste, qui réduisent encore aujourd'hui la portée des solives actuelles, milite pour la première hypothèse, procédé ancien et quelque peu archaïque qui sera remplacé ensuite par des aisseliers [15].

La hiérarchie de niveaux était particulièrement sensible à l'extérieur. Le précieux relevé d'Ernest Dainville de la façade nord de la salle, exécuté avant les restaurations du XIXᵉ siècle, est saisissant (fig. 8). La partie basse est un mur nu, puisqu'il correspondait à l'enceinte du Bas-Empire, tout juste percé de trois petites baies, tandis que, à hauteur de la salle de prestige, l'imposante muralité dominant la claire-voie était traitée avec un soin exceptionnel : comme pour la triple arcade intérieure, le parement était constitué du même petit appareil « cubique », souligné de plusieurs arases de briques, dans une commune révérence à une

14. Un dessin de Louis Boudan montre une vue partielle de la façade d'entrée du palais épiscopal, où peuvent être observées trois fenêtres de la salle synodale, désormais dépourvues de leur structure géminée, n'ayant conservé que leur grand cintre supérieur (BnF, département Estampes et photographies, coll. Gaignières, EST VA-49 [5], *Veüe du grand portail de l'église cathédrale de St Maurice d'Angers, 1699*, reprod. dans *Angers, op. cit.* note 3, p. 88).

15. Communication personnelle de Jean-Yves Hunot, archéologue à la Conservation départementale du patrimoine de Maine-et-Loire : couvrements par plafond à l'église abbatiale Saint-Georges de Boscherville (1112-1130d) près de Rouen et à l'église d'Allouis (1125d) entre Bourges et Vierzon ; Frédéric Aubanton, « Fontaines-les-Côteaux (Loir-et-Cher), église Saint-Pierre : vestiges d'une charpente du XIᵉ siècle dans la vallée du Loir », *Bulletin monumental*, t. 161-4, 2003, p. 357-359.

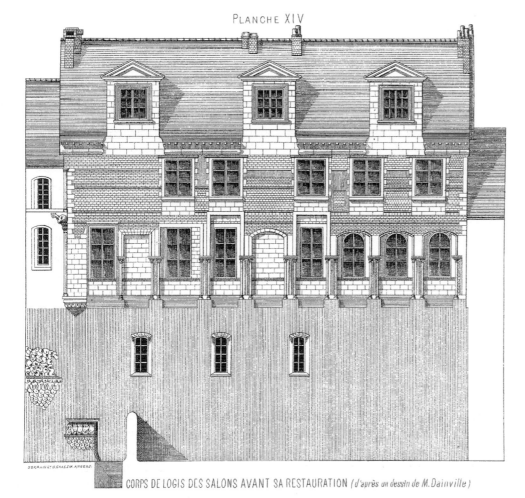

Fig. 8 – Angers, palais épiscopal, dessin de la façade nord avant restauration, par Ernest Dainville (publié dans L. de Farcy et P. Pinier, *Le palais épiscopal d'Angers. Histoire et description*, Angers, 1903, pl. XIV).

architecture antiquisante, manière aussi de symboliser la profondeur historique de l'institution épiscopale. La façade principale, sur la cour d'entrée, devait probablement présenter ce même aspect très raffiné, mais le schématisme du dessin du XVIIe siècle, seul témoin de l'état antérieur à la restauration du XIXe siècle, ne pouvait en rendre compte.

LA QUESTION DE L'ACCÈS

La reconstruction du bras nord du transept de la cathédrale, après 1236, sur un terrain concédé par l'évêque Guillaume de Beaumont, pose le problème de l'accès originel à cette grande salle. Depuis le XIIIe siècle en effet, l'espace entre les deux pignons était réduit à 2 m (un passage voûté avait même été percé dans le contrefort nord-ouest pour gagner le secteur des prisons), comme on l'observe parfaitement sur les plans du XVIIe siècle ; de fait, l'escalier avait dû être reporté sur la façade d'entrée. Avant ces travaux, un espace libre de quelque 9 m séparait la cathédrale du grand corps du palais épiscopal. On peut ainsi imaginer à cet emplacement un système d'escalier droit associé à une galerie faisant liaison entre le transept et la salle [16] : la grande porte romane percée dans le mur-pignon sud, toujours en place bien que très refaite, reprend ainsi toute sa signification de portail d'entrée, avec le lavabo voisin à sa droite, ouvrant de manière axiale sur l'intégralité du volume et la disposition quasi théâtrale de la triple arcade. L'escalier situé contre le pignon pour desservir l'*aula* relève d'ailleurs d'un parti courant dans ces grandes demeures médiévales [17]. On constate justement que ni la coupe-élévation du XVIIe siècle ni l'état actuel des lieux ne montrent, sur la façade d'entrée, les vestiges d'une disposition monumentale ayant pu servir d'accès. Cependant, avec la reconstruction du bras nord du transept au milieu du XIIIe siècle, cet escalier extérieur fut nécessairement déplacé sur la façade sur cour, et aménagé à l'économie par la simple transformation d'une fenêtre en porte. La plainte des chanoines contre l'évêque François de Rohan en 1533 évoquait une « échelle de pierre », qui fut remplacée après 1506 par l'escalier actuel construit par cet évêque, à l'extrémité sud de la claire-voie, supprimant précisément la dernière fenêtre géminée. Plus monumentale qu'il n'y paraît sur le dessin du XVIIe siècle, cette tour d'escalier de plan carré (restée inachevée, elle a été surélevée seulement au XIXe siècle) est constituée d'un gros noyau cantonné de colonnettes d'angle, le tout formant également un massif carré [18] (fig. 9) ; ces colonnettes supportant les voûtes sur les croisées d'ogives des paliers et les repos d'angle de l'escalier à retours affectent une forme ondulée, formule très élaborée et plus rare dans la production du gothique flamboyant, mais que l'on retrouve dans plusieurs édifices majeurs de l'Anjou construits pour de prestigieux commanditaires, tels le père même de l'évêque François de Rohan (le maréchal de Gié), Jean Bourré ou encore Olivier Barrault [19].

LES PARTIES MÉDIÉVALES DISPARUES OU À L'ÉTAT DE VESTIGES

Un vaste corps de bâtiment, disparu, situé à l'est de l'édifice en tau et communiquant à l'étage avec la salle synodale par une grande porte toujours en place, est bien visible sur les plans du XVIIe siècle : dénommés alors « bûcher » pour le rez-de-chaussée et « salle du clergé » au niveau supérieur, ces espaces attestés au XIVe siècle sous l'appellation de *parvae aulae* ou « sallettes » remplissaient probablement, entre autres, la fonction de réfectoire, au moins pour la pièce haute. On serait tenté d'attribuer la même fonction à la salle basse, voûtée initialement à deux vaisseaux, qui aurait servi pour la domesticité et les hôtes de moindre condition (cela n'exclut pas néanmoins une fonction de cellier) du fait de sa proximité avec la cuisine. Celle-ci présentait, sur les anciens plans, une forme circulaire [20] ; couverte d'une voûte de pierre selon le procès de 1533, elle fut détruite au XVIIe siècle sous l'épiscopat de Claude de Rueil. Il en subsiste un pan de mur arrondi enfoui sous l'actuel jardin suspendu.

16. Un exemple pour l'escalier extérieur d'accès à la grande salle peut être proposé avec « l'escalier normand » (milieu du XIIe siècle) qui mène à l'aumônerie de l'ancien prieuré de Christ Church à Canterbury : un escalier droit constitué d'une suite de grandes et petites arcades portant une couverture à longs pans.

17. À Angers même, le manoir dit « de Beauvau » (XIIe siècle), 9-9bis, rue de la Harpe, montre encore sur le mur-pignon sud un monumental portail à triple rouleau et rouleau d'archivolte qui permettait d'accéder à la grande salle d'étage – l'escalier a cependant disparu. Reproduit dans Dominique Letellier et Olivier Biguet, « Évocation de l'habitat patricien à Angers au XIIe siècle », *Bulletin monumental*, t. 160-1, 2002, p. 49 et 51 ; O. Biguet et D. Letellier-d'Espinose, *Angers. Formation de la ville…, op. cit.* note 13, p. 79 ; Pierre Garrigou Grandchamp, « L'architecture civile dans le paysage architectural urbain du Grand Ouest du XIIe au XIVe siècle », dans Gwyn Meirion-Jones (dir.), *La demeure seigneuriale dans l'espace Plantagenêt*, Rennes, 2013, p. 429.

18. Un exemple contemporain d'une structure d'escalier identique s'observait au château de Blois dans l'aile disparue de la « Perche aux Bretons », connue par des dessins de Jacques Androuet du Cerceau. Colin Biart ayant pu intervenir au château de Blois, et par ailleurs sollicité pour conseil au château du Verger par le maréchal de Gié, père de l'évêque François de Rohan, une influence blésoise au palais épiscopal d'Angers n'est pas exclue, sans qu'on puisse s'avancer davantage.

19. Les formes ondulées se retrouvent ainsi au château de Mortiercrolles, construction du maréchal de Gié (à défaut de pouvoir citer le château disparu du Verger), au château du Plessis-Bourré et à la collégiale de Jarzé, commandes de Jean Bourré, et au logis Barrault, d'Olivier Barrault. La présence d'un grand architecte en Anjou est indéniable pour cette extrême fin du style gothique, seul ou qui a fait école, mais il n'est guère possible d'en dire plus, dans l'état des recherches.

20. Pour comparaison, la cuisine de l'abbaye Saint-Aubin était de plan octogonal à l'intérieur, selon le plan dit « de Saint-Germain », 1661 (Arch. nat., N/III/Maine-et-Loire/5/1). Celle de Fontevraud est plus complexe, de plan alvéolé autour d'un carré central.

OLIVIER BIGUET ET ÉTIENNE VACQUET

Fig. 9 – Angers, palais épiscopal, intérieur de l'escalier de Rohan, au niveau de la salle synodale.

La connaissance de la distribution globale du palais médiéval reste néanmoins incomplète. Les lieux où s'exerçaient les fonctions administratives et judiciaires n'existent plus : l'officialité, qui était localisée dans la partie droite de la cour d'entrée, proche de la nef de la cathédrale, fut détruite par François de Rohan ; à gauche, entre l'aile transversale de la salle et la porte Angevine, se trouvait la secrétairerie, plusieurs fois reconstruite, notamment à la fin du XVIIe siècle ; elle fut définitivement emportée par les agrandissements du XIXe siècle. La chapelle privée de l'évêque était initialement à l'angle du bras nord du transept et du chœur de la cathédrale romane, mais elle disparut dès le XIIIe siècle avec la reconstruction du transept ; un fragment d'abside englobé dans un contrefort en constitue le dernier témoignage. Toujours dans le bras nord, la « chapelle des évêques », ainsi dénommée à partir du XVe siècle et encore mentionnée comme telle sur l'un des plans du XVIIe siècle, en était-elle un substitut ? La tour d'enceinte du Bas-Empire qui cantonne au nord-est le palais a peut-être depuis lors abrité un oratoire privé (comme c'était le cas au Mans). Les *domos* citées dans l'acte de donation de 1236, ensemble de logements positionnés malaisément entre

Le palais épiscopal d'Angers. Un édifice roman réinventé au XIXe siècle

89

21. Arch. dép. Maine-et-Loire, 5 E 121/1123.

22. Datation par dendrochronologie réalisée en 2021 : entreprise Dendrotech, Betton/Nersac, rapport de dendrochronologie, n° DW-2021-002, consultable en ligne (Dendrabase). L'expertise dendrochronologique a porté sur le plancher couvrant la salle synodale, mais aussi sur la charpente au-dessus, refaite dans les mêmes années. Ce plancher a sans doute remplacé le plafond d'origine, impropre à des combles habitables. Le dessin de restitution de la salle proposé par Louis de Farcy (L. de Farcy et P. Pinier, *Le palais épiscopal d'Angers...*, *op. cit.* note 2, pl. XVII) correspond donc à cet état du XVᵉ siècle et non à celui du XIIᵉ siècle, comme il le pensait, croyant au caractère originel du plancher ; pour autant, cela n'en change pas la perception donnée par cette restitution (fig. 10).

la cathédrale et le bâtiment du ou des réfectoire(s), pouvaient-elles accueillir la plupart des quelque quarante personnes citées dans le livre de comptes de l'évêque Nicolas Gellent (1284-1290) ? Ces logements avaient par ailleurs l'inconvénient d'être élevés au-dessus des prisons, établies sur deux niveaux, qui leur servaient en quelque sorte de soubassement (bien observables sur les plans du XVIIᵉ siècle). Un grand caveau voûté en plein cintre, accessible depuis l'escalier de Rohan, en est le dernier vestige, datant du XIIIᵉ siècle. Le logis de l'évêque semblait aussi relever de ces *domos* : les débris d'une cheminée aux armes de l'évêque Jean de Beauvau (1447 à 1467 et 1476 à 1479), retrouvés en 1892 contre la muraille du transept de la cathédrale, nous inclineraient à le positionner dans cette partie du palais épiscopal – seul espace encore disponible –, d'autant qu'un marché de réparations inédit de 1538 évoque « la prison dudict pallays tout droit soubz les fenêtres de la chambre et de la garde-robe de monsieur d'Angiers [21] ». Ainsi, pour la période médiévale, les parties résidentielles, et la chapelle épiscopale à partir du XIIIᵉ siècle, restent-elles méconnues, apparaissant « en pointillé », mais elles semblent avoir toujours constitué une partie secondaire et mal agencée du palais, et notamment le logis de l'évêque.

UNE RÉSIDENCE PAR DÉFAUT

Les multiples transformations opérées dès le début du XVᵉ siècle n'avaient d'autre objectif que de rendre plus habitable cet édifice, conçu d'abord comme lieu de pouvoir et de représentation, construit au fil du temps dans un espace relativement contraint, d'une superficie irrégulière d'environ 2 500 m². Le corps de bâtiment en tau, qui en occupe environ le quart, était en outre précédé d'une vaste cour d'entrée : ainsi ces parties de prestige accaparaient-elles à elles seules près de la moitié de la surface totale, sans compter le corps du réfectoire (150 m²). Un premier remède fut apporté par l'évêque Hardouin de Bueil, qui fit refaire ou établir un plancher en 1409/1410d au-dessus de la salle (fig. 10), ainsi qu'une nouvelle charpente, à chevrons formant fermes [22], pour l'aménagement de quatre

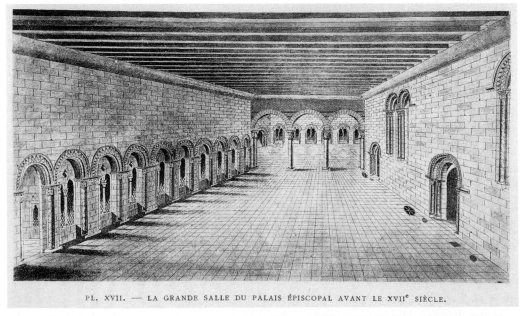

PL. XVII. — LA GRANDE SALLE DU PALAIS ÉPISCOPAL AVANT LE XVIIᵉ SIÈCLE.

Fig. 10 – Angers, palais épiscopal, restitution du volume initial de la salle en tau (synodale), (publiée dans L de Farcy et P. Pinier, *Le palais épiscopal d'Angers. Histoire et description*, Angers, 1903, pl. XVII).

OLIVIER BIGUET ET ÉTIENNE VACQUET

Fig. 11 – Angers, palais épiscopal, cheminée de l'évêque Hardouin de Bueil au-dessus de la salle synodale, vers 1410.

appartements dans les nouveaux combles : un grand au-dessus de l'aile longitudinale et trois petits, dans l'aile transversale, éclairés de grandes lucarnes gothiques armoriées, distinctement figurées sur le dessin du XVIIe siècle de l'élévation d'entrée (fig. 3). La grande cheminée à décor d'architecture pseudo-militaire ornée d'un écu sculpté aux armes du prélat, dans l'actuelle bibliothèque située au-dessus de la salle synodale, confirme la date de cette première campagne de remaniements (fig. 11). Au regard des plans du XVIIe siècle, l'accès à ces nouveaux appartements ne se faisait que par un modeste escalier en vis de service à l'angle des deux branches du tau[23], sauf à penser à une reprise de l'échelle de pierre du XIIIe siècle pour pouvoir gagner ce nouveau niveau… Un siècle plus tard, le nouvel escalier de François de Rohan s'arrêtait, inachevé, à hauteur de la salle synodale, ne permettant pas davantage l'accès aux appartements d'Hardouin de Bueil. Ceux-ci continuaient à n'être desservis que par le petit escalier en vis de service. Cet état des lieux, jugé évidemment insatisfaisant au XVIIe siècle par certains évêques, les incita à y remédier par l'aménagement progressif d'un vaste appartement d'honneur dans l'aile transversale, au prix de la destruction de ce grand espace[24]. Aussi Claude de Rueil (1628-1649) fit-il murer la triple arcade et aménagea-t-il pas moins de cinq pièces : le volume central devint une chapelle qui garda une hauteur identique à celle de la salle synodale ; en revanche, les pièces latérales furent subdivisées en deux niveaux, le premier niveau étant affecté à l'officialité à droite, à un salon à gauche, et des chambres étant aménagées au-dessus. Les interventions de Michel Lepeletier à la fin du siècle emportèrent le volume de la récente chapelle au profit, également, de deux pièces superposées, et de nouvelles affectations furent opérées : la chapelle devint une antichambre, le salon une chambre d'audience, l'officialité une salle à manger. C'est au cours de ces remaniements que, par contrecoup, la grande façade nord fut profondément bouleversée : toutes les baies furent radicalement modernisées et de nouveaux percements opérés pour les chambres d'étage. Tous les espaces démembrés de la salle, y compris la salle synodale, furent

23. Le petit escalier en vis à l'angle des deux branches du tau remonte au XIIe siècle ; il permettait le service des cuisines vers les grandes pièces du premier étage. Des vestiges en subsistent en partie basse. Il est bien visible sur les plans et l'une des deux coupes du XVIIe siècle.

24. Le XVIIe siècle est une période de modernisation des palais épiscopaux en France, dans un souci tout à la fois d'apparat et d'habitabilité, et ceci à l'intérieur même des bâtiments médiévaux ; ainsi à Reims, où la salle en tau disparaît également dans ce contexte, à Lisieux, à Meaux, à Chartres, etc. Voir Thierry Crépin-Leblond, « Les palais épiscopaux », dans *20 siècles en cathédrales*, Paris, 2001, p. 383.

lambrissés, ce qui eut pour effet de largement masquer leur aspect roman. Parmi d'autres travaux, l'évêque fit démolir la secrétairerie au profit encore d'un appartement pour lui-même, en liaison directe avec les nouvelles pièces de l'aile transversale de la salle : ce logis était doté d'une vaste terrasse sous laquelle furent établies trois remises à carrosses, ainsi qu'on l'observe sur le plan du XVIIe siècle après travaux. La contribution du XVIIIe siècle au confort du palais consista en l'aménagement pour Jean de Vaugirault, en 1751, d'une nouvelle cuisine d'apparence monumentale, avec ses deux travées voûtées d'arêtes en tuffeau portant les armes de l'évêque. Encore en place aujourd'hui entre l'aile transversale démembrée et la tour où l'ancien oratoire médiéval supposé avait été converti en une petite salle à manger, elle succédait à une précédente et modeste cuisine (visible sur le plan du premier étage du XVIIe siècle) établie au même endroit par Claude de Rueil après la démolition de la grande cuisine circulaire médiévale.

Olivier Biguet

LE RENOUVEAU DU PALAIS AU XIXe SIÈCLE

Durant la période révolutionnaire, le palais servit de magasin pour y recueillir les matériaux précieux des vases sacrés et des reliquaires où dépecer, voire brûler, afin d'en récupérer le métal, les ornements religieux et les tapisseries. Le Comité révolutionnaire y tint séance en 1793, avant que la bibliothèque municipale n'y soit installée en 1798.

Lorsque les évêques purent reprendre possession de leur palais, à partir de 1802, le bâtiment originel était peu lisible, et les travaux d'aménagement entrepris alors accentuèrent cet état [25]. Grâce à l'obstination de Mérimée, il retrouva tout son intérêt comme Monument historique, sous la conduite principalement de Charles Joly-Leterme (1805-1885), inspecteur des Monuments historiques notamment pour la Vienne et le Maine-et-Loire, devenu architecte diocésain d'Angers. Il entreprit quatre grandes campagnes, entre 1852 et 1879, qui montrent une nette évolution dans sa façon d'aborder l'architecture. Une cinquième campagne, inachevée, eut lieu par la suite sous la direction de son successeur Gustave Raulin (1837-1910) [fig. 12].

La première étape (1849-1853) fut la reconnaissance de la salle synodale comme édifice roman [26]. Une fois débarrassées des boiseries du XVIIe siècle, une grande partie des dispositions initiales furent découvertes, notamment sur les murs est et sud. L'architecte s'attacha à restituer les parties mutilées des fenêtres, à créer de nouveaux profils pour les portes qui avaient été fortement modifiées au cours du temps, tout en conservant le plafond sans transformation. Après avoir dégagé les chapiteaux de leurs épais badigeons et en avoir restitué un très petit nombre, il entreprit une grande campagne de décor mural sobre. Les chapiteaux furent blanchis et leurs arêtes soulignées de rouge, les colonnettes dotées d'un décor géométrique polychrome varié et les murs scandés par une fausse coupe de pierre, pendant que le plafond bénéficia d'amples rinceaux. Les références utilisées furent triples : pour les colonnes et les chapiteaux [27], l'architecte reprit ce qu'il avait constaté lors de la restauration des églises poitevines ; pour les murs, il s'inspira des vestiges alors encore visibles dans la salle comtale du château d'Angers, et, pour le plafond, il annonça faire des études afin de retrouver les dispositions originelles (mais n'était-ce qu'un vœu pieux ?). Le sol d'époque moderne fut déposé et il lui fut substitué un pavement en écailles de poisson selon le modèle qu'il avait découvert au prieuré Saint-Macé de Trèves (Gennes-Val-de-Loire). Il en confia l'exécution à une fabrique de terre cuite de Langeais, en y apportant une touche de polychromie par des

25. Pour plus de précisions, voir Étienne Vacquet, *Charles Joly-Leterme (1805-1885) architecte angevin. Du praticien à l'artiste*, mémoire de recherche de 3e cycle de l'École du Louvre, 1998, t. II, p. 353-418.

26. Étienne Vacquet, «La restauration de la salle synodale du palais épiscopal d'Angers», dans *Regards sur l'objet roman*, actes du colloque de l'ACAOAF tenu à Saint-Flour du 7 au 9 octobre 2004, Arles, 2005, p. 62-72.

27. Des traces de décor peint originel demeurent, mais ils nécessiteraient une étude approfondie pour mieux les comprendre.

OLIVIER BIGUET ET ÉTIENNE VACQUET

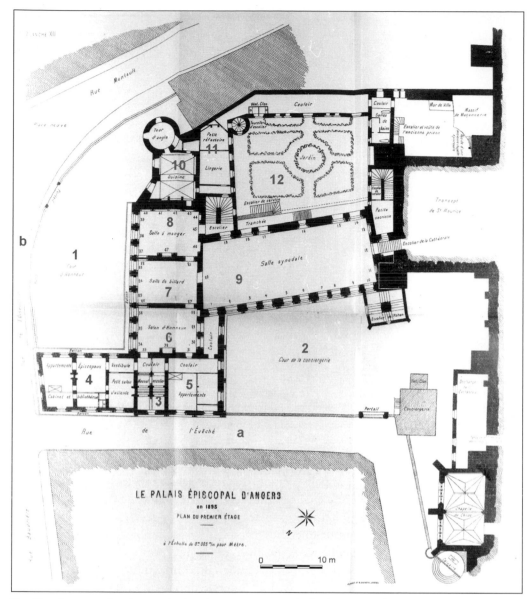

Fig. 12 – Angers, palais épiscopal, plan du premier étage à la fin du XIXe siècle (publié dans L. de Farcy et P. Pinier, *Le palais épiscopal d'Angers...*, *op. cit.*) : 1. nouvelle cour d'honneur ; 2. cour de Rohan (ancienne cour d'entrée) ; 3. escalier d'honneur ; 4. appartement privé de l'évêque ; 5. appartement du grand vicaire ; 6. salon ; 7. billard ; 8. salle à manger ; 9. salle synodale ; 10. cuisines ; 11. ailes de service ; 12. jardin haut ; a. rue du Chanoine-Urseau ; b. rue de l'Oisellerie.

alternances de carreaux rouges et blancs, soulignés par d'autres en ardoise, en périphérie. À cette restitution archéologique, deux exceptions furent faites : les arcades géminées des fenêtres ne furent pas restituées, sans doute pour éviter d'assombrir la pièce, et le mur nord fut conservé, bien qu'en cours de chantier la découverte des trois arcades primitives ait révélé la forme initiale de la salle en tau. Toutes les salles et appartement d'honneur au revers sur deux niveaux étaient jugés trop nécessaires à la vie épiscopale pour les supprimer au profit d'une reconstitution dictée par le seul souci archéologique.

La deuxième campagne (1862-1866) fut de plus grande ampleur. Afin de supprimer les puanteurs des courettes des boucheries qui donnaient sous les fenêtres de l'aile nord, les maisons furent rachetées et détruites, permettant de créer une cour privée. À cette

Fig. 13 – Angers, palais épiscopal, façades sur la cour d'honneur.

occasion, la façade apparut très remaniée, mais il s'y remarqua des éléments du XIIe siècle (arcs, appareillages) qui, joints aux observations réalisées dans l'arcade de séparation de la salle synodale, permirent de proposer la restitution d'un parement en faux petit appareil de tuffeaux à joints pincés rouges alternant avec des assises de briques [28]. Si la restitution des grandes baies en plein cintre du premier étage ne posa pas de problèmes, en revanche, le deuxième étage datant de l'Époque moderne ainsi que les lucarnes réalisées trente ans auparavant nécessitèrent l'invention de profils. Plutôt que d'imaginer une seconde galerie d'arcatures (dont la moitié eût été aveugle), Joly-Leterme donna un profil roman aux baies rectangulaires et en inventa un pour les lucarnes avec un décor très sobre. Pour la partie supérieure de la tour de la façade nord, il s'inspira du palais épiscopal de Beauvais, laissant à son successeur le soin de traiter la partie inférieure.

Plutôt que de maquiller la petite aile moderne en prolongement, il fut décidé de construire à la place une grande aile perpendiculaire donnant un second côté à la cour, masquant le pignon roman très altéré et surtout permettant d'offrir des logements conséquents sur sept niveaux (fig. 13) : cave, écurie, grenier à foin, entresol pour le personnel, appartement de l'évêque, appartements à donner et comble avec chambres du personnel. L'ensemble fut traité de la même manière que la façade nord, dans une grande continuité. Le plan trapézoïdal de l'aile neuve est à peine perceptible et fut choisi afin que les lignes de fuite optiques donnent tout son équilibre à ce logis imposant. Sur la rue du Chanoine-Urseau (à l'ouest), ce nouveau bâtiment s'articule en deux temps avec l'introduction d'un vaste pignon dans le prolongement de l'aile romane, scandé par des contreforts selon le modèle des granges anglaises du XIIe siècle, à moins que la référence ne soit la grande architecture résidentielle médiévale.

28. Il s'agit de pierres de grandes dimensions gravées de faux joints pour simuler un petit appareillage de six pierres.

OLIVIER BIGUET ET ÉTIENNE VACQUET

Cette construction permit de donner un nouvel accès au palais du côté de la ville et non plus de la cité. C'est d'ailleurs pour ce lien vers la population qu'il fut demandé de réaliser un long promenoir à balustres de pierre au niveau du premier étage (aujourd'hui détruit) d'où l'évêque pouvait être vu. Plutôt que d'envisager une entrée principale par l'aile neuve (seule une porte secondaire y fut prévue), on choisit d'en créer une dans les anciennes « écuries » transformées en salle des pas perdus. Pour ce faire, un parement de grandes arcades fut construit le long de l'enceinte du Bas-Empire avec en son centre une grande porte accessible par un perron à deux volées : la sculpture s'inspira alors de celle découverte vingt ans auparavant dans le cloître de l'abbaye Saint-Aubin, devenue le siège de la préfecture et du Conseil général. À l'intérieur, la situation était délicate : les colonnes qui soutenaient les voûtes menaçaient de s'effondrer et il fallut les reprendre entièrement. De façon audacieuse, Joly-Leterme choisit d'affirmer le parti de solidité par l'utilisation de colonnes en granite surmontées de chapiteaux très stylisés : son intervention est lisible et se distingue de la restauration par incrustations ponctuelles dans les chapiteaux adossés de la salle. Tout autour, pour répondre à la destination de vestibule de cet espace, une banquette maçonnée fut ménagée.

Un escalier d'honneur fut conçu dans l'aile neuve (fig. 14). Refusant des mises en scène contemporaines, l'architecte l'imagina montant jusqu'au sommet du bâtiment avec des volées droites à mur-noyau. C'est une vision romane de l'escalier de Rohan construit au XVIe siècle.

Fig. 14 – Angers, palais épiscopal, escalier d'honneur à l'étage des salons.

Le palais épiscopal d'Angers. Un édifice roman réinventé au XIXe siècle

95

29. Bénédicte Fillion-Braguet souligne la similitude entre les très nombreux culots sculptés
de visages de cet escalier et les modillons de la
coursière de la nef de la cathédrale : il est vraisemblable que les restaurateurs de l'un sont les
créateurs de l'autre.

30. Une travée de la salle synodale est masquée
par l'aile neuve afin de ménager un couloir qui
permet d'éviter de passer par les appartements
d'honneur.

Au fur et à mesure de l'ascension, les niveaux s'abaissent insensiblement, pendant que deux chapiteaux avertissent : sur l'un, un chevalier armé lutte contre un démon ; sur l'autre, un évêque hiératique maîtrise deux fauves [29]. Arrivé à l'étage des salons d'honneur, dans une vision très théâtrale, l'escalier s'ouvre sur le palier ainsi que le repos supérieur (à mi-hauteur) dont la balustrade permet de procurer une lumière supplémentaire mais aussi de jouer sur les lignes de fuite. Les trois pièces en enfilade (salon, billard et salle à manger) furent dotées d'un décor peint en 1872 par Camille Chagnias-Robert (1834-1903), d'Angers, qui s'inspira notamment de quelques motifs du recueil d'Albert Racinet, *L'ornement polychrome*, récemment édité (fig. 15 et 16). Dans le salon, l'or fut utilisé à profusion sur les colonnes, la monumentale cheminée et le mur sud, de façon que la moindre lumière, dans cette pièce éclairée au nord-est, puisse éclater sur le métal. Les motifs récurrents rappellent la destination de la salle, avec l'utilisation de crosses mais aussi du meuble héraldique de Mgr Freppel, l'abeille. Un mobilier fut alors dessiné par Joly-Leterme dans un style néo-roman, en s'adaptant au confort moderne (canapé, fauteuils, chaises, table) et à la solennité des lieux. Il fut réalisé à Angers par James Cayron. De la même manière, deux dressoirs furent dessinés pour la salle à manger et une cathèdre fut installée dans la salle synodale en complément des banquettes placées sur le pourtour.

La troisième campagne (1873-1879) s'attacha à rendre la cour orientale vivable. Encombrée de bâtiments, pour certains fort anciens, mais largement modifiés et complétés au cours des temps, elle était considérée comme insalubre à une époque où la circulation de l'air était un leitmotiv. Tous les bâtiments furent arasés au niveau du premier étage, c'est-à-dire de la salle synodale, et, pour un bon nombre, comblés (il subsiste cependant les prisons, les murs de la cuisine romane circulaire et quelques couloirs) de façon à créer un jardin suspendu (fig. 17 et 18). Cependant, l'architecte laissa dialoguer l'imposante et sévère salle synodale avec le monumental pignon de la cathédrale, tout en concevant au-devant de celui-ci une aile basse coupée en deux parties par le contrefort d'angle du transept, unies par une large arcade pouvant abriter un banc. Cette réduction de l'échelle permit d'inventer à l'est, au-dessus du mur antique, une aile basse très étroite d'un simple rez-de-chaussée surmonté de combles (à usage de séchoir), éclairés par des lucarnes pendantes. En retour d'équerre, au nord, fut édifiée une aile d'un rez-de-chaussée et d'un premier étage carré dont les fenêtres affectent la forme de lucarnes passantes par l'adjonction de gâbles. À la jonction de ces deux ailes, une tourelle d'angle permet de loger un escalier qui ne monte que d'un étage. Ce luxe crée une sorte d'écho au bâtiment médiéval de plus amples proportions qui se trouve en arrière (aile et tour), évitant ainsi un effet d'enfermement dans ce jardin clos par un appel à regarder vers le ciel : sur la haute tour brille une girouette dorée aux armes de Mgr Freppel.

La quatrième campagne, concomitante, s'attacha à l'ancienne cour d'honneur, désormais appelée « cour de Rohan » (fig. 19). La façade de la salle synodale rejoignit presque perpendiculairement l'aile neuve des appartements de l'évêque [30] : au niveau des corniches, un petit pavillon en encorbellement reposant sur des voussoirs sculptés permit de faire la jonction et de créer une minuscule pièce servant de petite bibliothèque annexe. La juxtaposition de ces deux corps accentua la sobriété de la salle synodale dont les baies en plein cintre sont surmontées d'un grand mur aveugle, sans aucun décor, si ce n'est la scansion de quatre contreforts. Cet aspect archéologique, bien toléré du côté du jardin suspendu, était plus difficilement acceptable sur une façade visible de la rue, à côté de la cathédrale. Joly-Leterme inventa alors un décor, inspiré sans doute par l'église Saint-Eutrope de Saintes : s'appuyant sur les contreforts, il lança de grands arcs qui englobèrent chacun deux baies et, dans l'espace laissé vide du tympan, il ménagea un oculus aveugle, tout en conservant l'appareillage de tuffeau alternant avec les briques. Les baies de la salle basse furent alors reprises, et l'archivolte de la porte d'axe sculptée selon un autre modèle de l'abbaye

Fig. 15 – Angers, palais épiscopal, salon de Mgr Freppel.

Fig. 16 – Angers, palais épiscopal, salle à manger de Mgr Freppel, décor achevé en 1872.

Saint-Aubin. C'est donc peut-être ici que l'architecte donna le plus libre cours à une certaine licence vis-à-vis de l'archéologie de l'édifice. À l'intérieur, une grande bibliothèque fut conçue au-dessus de la salle synodale en détruisant tous les cloisonnements, en revêtant de plâtre le lambris de la charpente et en mettant ainsi en valeur la monumentale cheminée aux armes de Hardouin de Bueil (fig. 11). De nombreuses étagères complétèrent l'ensemble.

De 1880 à 1895, Raulin acheva la restauration de la tour nord-est et de l'escalier de Rohan : si les clefs de voûte intérieures furent sculptées des armoiries des évêques d'Angers, la sculpture extérieure reste à réaliser.

Le palais épiscopal d'Angers présente ainsi le double intérêt d'un édifice où les témoignages romans sont très importants et d'un monument du XIXe siècle qui montre une évolution de la pensée architecturale en trois décennies, glissant d'un esprit archéologique vers une inventivité étonnante pour un bâtiment si contraint par l'histoire et l'espace.

Étienne Vacquet

Crédits photographiques – fig. 1-4, 7 : cl. Patrice Giraud, Inventaire général ; fig. 5, 13, 15, 17-19 : cl. Jean-Pierre Gobillot ; fig. 6, 8-11, 14, 16 : cl. François Lasa, Inventaire général ; fig. 12 : cl. Bruno Rousseau, Conservation départementale du patrimoine de Maine-et-Loire.

Fig. 17 – Angers, palais épiscopal, jardin suspendu entre la salle synodale (à gauche) et les ailes neuves (doublant l'aile ancienne au nord et édifiée au-dessus des remparts à l'est).

OLIVIER BIGUET ET ÉTIENNE VACQUET

Fig. 18 – Angers, palais épiscopal, jardin suspendu avec la salle synodale et la cathédrale.

Fig. 19 – Angers, palais épiscopal, cour de Rohan.

Le palais épiscopal d'Angers
Le décor sculpté du XIIe siècle

Nathalie Le Luel [*]

* Maître de conférences à l'Université catholique de l'Ouest (UCO), Angers ; membre du CHUS (Centre de recherche Humanités et Sociétés)

Bien que largement remanié et restauré à l'époque moderne et au XIXe siècle, le palais épiscopal d'Angers conserve, à l'intérieur de ses salles haute et basse, une partie de son décor du XIIe siècle. En partie préservé, il constitue un témoignage rare d'un ensemble sculpté d'époque romane commandé pour une résidence à destination épiscopale, dans un centre urbain en plein développement.

La variété et la qualité de l'ensemble témoignent encore aujourd'hui de l'envergure de la commande de ce bâtiment construit pour magnifier le prestige de l'évêque. Si on ne peut affirmer que les deux étages sont le fruit de deux campagnes distinctes, on observe toutefois, entre les espaces inférieurs et la *camera magna* de l'étage, un perfectionnement manifeste dans la maîtrise de la sculpture et dans la conception des chapiteaux au fur et à mesure de l'avancement du chantier.

La sculpture des « anciennes écuries »

Situées du côté nord, au rez-de-chaussée de l'aile en tau, les « anciennes écuries »[1], de plan rectangulaire orienté ouest-est, sont divisées en deux vaisseaux par une file de quatre colonnes, refaites au XIXe siècle par Charles Joly-Leterme, en remplacement des supports romans originaux[2]. Sur les murs de la pièce, qui fut lors de ces travaux transformée en antichambre du palais (salle des Pas perdus), subsistent quelques chapiteaux romans surmontant les colonnes engagées dans les murs est, sud et nord qui ont été l'objet de diverses incrustations et reprises (fig. 1). Leur facture simple est encore accentuée par l'absence de polychromie. La plupart d'entre eux présente une corbeille décorée de feuilles plates, parfois réparties sur deux rangées et, dans certains cas, s'épanouissant en volutes aux angles ou au centre de la corbeille ; ils sont surmontés de puissants tailloirs simplement chanfreinés. L'un des chapiteaux du mur sud, à l'épannelage sommaire, se distingue des autres par son décor (fig. 2) : au-dessus de la large feuille qui marque les angles de la corbeille, on remarque, de part et d'autre de l'arête, deux feuilles enroulées dont l'extrémité forme une boule. Celles-ci semblent naître de deux tiges réunies par une bague, composition qu'on retrouve sur un chapiteau du bras nord du transept de Saint-Vétérin de Gennes[3]. De manière générale, cette série de chapiteaux, dont on peut dater la réalisation des années 1120, présente des similitudes avec ceux d'autres chantiers ligériens de la première moitié du XIIe siècle, voire au-delà (chevet et transept de l'abbatiale de Fontevraud, cuisines du monastère, églises de Trèves, Brion, Bocé, cloître Saint-Aubin etc.).

Les variations ornementales des chapiteaux de la salle basse

Mieux conservée que celle des « écuries », la sculpture de la salle basse orientée nord-sud, située sous la salle synodale, se borne aujourd'hui aux chapiteaux de la file des quatre colonnes massives séparant la salle en deux vaisseaux, et à ceux des colonnes engagées des

1. Nous utilisons ici l'appellation moderne de cette pièce sans en connaître précisément la fonction à l'époque médiévale.

2. Étienne Vacquet, « Le palais épiscopal. Histoire et architecture d'un édifice prestigieux », dans Mgr Emmanuel Delmas (dir.), *Angers*, coll. « La grâce d'une cathédrale », Paris, 2020, p. 161-181, en part. p. 176.

3. René Planchenault, « L'église Saint-Vétérin de Gennes », dans *Congrès archéologique de France, Anjou*, 1964, p. 618-635, en part. p. 626.

murs latéraux sur lesquelles retombent les voûtes d'arêtes (fig. 3). Ils affichent un répertoire ornemental composé de motifs géométriques et végétaux. Seules deux corbeilles qui prennent la forme d'un engoulant (murs est et sud de la salle) s'en distinguent. Par une proposition variée tant en termes décoratifs que de matériaux utilisés, ce décor rythme les cinq travées des deux vaisseaux de la pièce.

Au centre, la file médiane de colonnes au diamètre imposant (environ 50 cm) exalte la fonction porteuse du support. Malheureusement, le calcaire bajocien utilisé pour les colonnes et leurs chapiteaux, qui contraste avec la voûte en tuffeau, est particulièrement altéré. Si les quatre corbeilles dévoilent chacune un décor différent, tel un exercice de style (massives feuilles nervées et recourbées, feuilles lisses surmontant une rangée de boules, rinceaux qui se terminent par de gros boutons et, enfin, feuilles lisses et volutes), elles sont surmontées de tailloirs massifs, sculptés de deux rangées de dents-de-loup dont les pointes opposées dessinent des losanges.

Fig. 1 – Angers, palais épiscopal, « anciennes écuries », murs sud et ouest.

Fig. 2 – Angers, palais épiscopal, « anciennes écuries », chapiteau du mur sud.

Fig. 4 – Angers, palais épiscopal, salle basse, chapiteau à rubans perlés et coquilles côtelées.

NATHALIE LE LUEL

Fig. 3 – Angers, palais épiscopal, salle basse, vue générale de la file médiane et du mur occidental.

Les colonnes engagées dans les murs latéraux sont pour leur part surmontées de chapiteaux sculptés dans du calcaire à grain fin (probablement du tuffeau). Dotées de tailloirs lisses, les corbeilles à l'abaque échancré semblent ainsi plus raffinées que les précédentes en raison du meilleur état de conservation du matériau, bien que les compositions, majoritairement construites à partir de feuilles grasses ou de rubans plaqués, demeurent assez sèches [4]. En revanche, on retrouve la grande variété ornementale déjà constatée dans le décor de la file médiane. Certains chapiteaux, notamment ceux à feuilles lisses ou à lanières se recourbant ou non en volutes, affichent une nette filiation avec le décor des « anciennes écuries ». D'autres corbeilles sont en outre ornées de rubans bagués plus ou moins élaborés, dont certains s'achèvent en un motif proche du fleuron et d'autres en une sorte de palmette touffue ou charnue. L'un de ces chapiteaux, situé du côté ouest (fig. 4), présente des rubans perlés, rappelant l'orfèvrerie, qui s'entrelacent au centre de chaque face et se rejoignent aux angles de la corbeille pour laisser naître, au-delà de la bague qui les enserre, une coquille côtelée – un schéma voisin s'observe au cloître Saint-Aubin, à Notre-Dame de Nantilly à Saumur, au bras sud de l'église de Vernoil-le-Fourrier, mais également dans l'église du Vieil-Baugé [5]. Enfin, se remarque un dernier chapiteau, situé sur le mur est, dont la corbeille est sculptée de feuilles d'acanthe qui semblent se mouvoir sous l'effet du vent. Le travail de modelé contraste avec le peu de volume de la plupart des autres chapiteaux, exception faite également des deux corbeilles sculptées d'engoulants monstrueux.

Ces différents schémas ornementaux trouvent des échos non seulement en Anjou mais encore, plus largement, sur tout le territoire ligérien et jusqu'en Saintonge en ce qui concerne les engoulants [6]. Certaines corbeilles de l'enveloppe et des parties nord du chevet de la prieurale de Cunault datées des années 1120-1130 peuvent être rapprochées de ces œuvres [7]. Des parentés stylistiques sont également notables avec les chapiteaux de la croisée et du chœur de l'église de Brion attribués au deuxième quart du XIIᵉ siècle [8]. Ces datations semblent s'accorder avec les hypothèses relatives à la marche du chantier architectural ; elles conduisent à attribuer l'ensemble au deuxième quart du XIIᵉ siècle, sous l'épiscopat d'Ulger (1125-1148).

4. Jacques Mallet, *L'art roman de l'ancien Anjou*, Paris, 1984, p. 135-137, en part. p. 136. Certains chapiteaux sont des copies ou des reprises du XIXᵉ siècle.

5. Plus tardivement, le schéma est réinterprété et appauvri dans l'église du Vieil-Baugé, dans la chapelle du bras nord (Jacques Mallet, « L'église du Vieil-Baugé », dans *Congrès archéologique de France, Anjou*, 1964, p. 171-185, en part. p. 178).

6. Deborah Kahn, « The Engoulant: Development, Symbolic Meaning and Wit », dans Yves Gallet (dir.), *« Ex quadris lapidibus ». La pierre et sa mise en œuvre dans l'art médiéval, Mélanges d'Histoire de l'art offerts à Éliane Vergnolle*, Turnhout, 2011, p. 313-322.

7. Nous renvoyons à l'article d'Éliane Vergnolle et Bénédicte Fillion-Braguet « Notre-Dame de Cunault (XIᵉ-XIIIᵉ siècle). Un grand sanctuaire de pèlerinage marial », p. 259-297 dans ce même volume. Sur Cunault, voir également Jacques Mallet et Daniel Prigent, « La place de la priorale de Cunault dans l'art local », dans Jacques Thirion, *Saint-Philibert de Tournus, histoire, archéologie, art*, actes du colloque du Centre international d'études romanes, Tournus, 15-19 juin 1994, Tournus, 1995, p. 473-486.

8. J. Mallet, « L'église de Brion », art. cit. note 5, p. 38-154, notamment les illustrations p. 149 et 151, 152.

9. Voir, dans ce même volume, l'article d'Olivier Biguet et Étienne Vaquet, « Le palais épiscopal d'Angers : un édifice roman réinventé au XIXe siècle », p. 79-99. Sur les palais épiscopaux, voir l'importante étude de Thierry Crépin-Leblond, *Recherches sur les palais épiscopaux en France du Nord au Moyen Âge (XIIe-XIIIe siècles) d'après divers exemples des provinces ecclésiastiques de Reims et de Sens*, thèse d'histoire médiévale, École nationale des Chartes, 1987.

10. Sur l'architecture, voir, dans ce même volume, l'article d'Olivier Biguet et Étienne Vacquet déjà cité note 9.

11. Voir, dans ce même volume, la fig. 12 de l'article d'Olivier Biguet et Étienne Vacquet déjà cité en note 9, p. 93.

12. *Ibid.*, fig. 5, p. 84.

13. Évidemment, s'ajoutait à ce vaste chantier de sculpture le décor extérieur des baies aujourd'hui remaniées.

14. Concernant le chantier de restauration et les aménagements du XIXe siècle, on renvoie encore une fois à l'article d'Olivier Biguet et Étienne Vacquet. Voir également note 2 et l'article d'Olivier Biguet, Dominique Letellier et Étienne Vacquet, « Le palais épiscopal d'Angers », *303, Arts, Recherches et Créations*, n° 70, 2001, p. 111-117.

15. Voir, dans ce même volume, l'article d'Olivier Biguet et Étienne Vacquet déjà cité, p. 85, fig. 6.

À l'austérité du décor des « écuries » succède ainsi dans la grande salle basse du palais épiscopal réservée aux gens du commun une sculpture plus élaborée. L'ornementation, dont la polychromie est perdue, clairement adaptée à la destination de la pièce, est toutefois de qualité moindre que celle de la salle en tau qui la surmonte. Si la commande décorative de l'évêque ne néglige aucune salle du palais, une partition verticale est cependant opérée : le prélat organise en effet visuellement la hiérarchie fonctionnelle des espaces à travers la complexité ornementale qui leur est apportée [9].

L'OPULENCE DU DÉCOR DE LA *CAMERA MAGNA*

Les visiteurs – laïques ou ecclésiastiques – invités à accéder à la grande *aula* en forme de T qui occupe le premier étage du palais, devaient être immédiatement éblouis par la luminosité du vaste espace de réception qui contrastait avec la relative obscurité des salles inférieures [10]. Le décor sculpté, rehaussé de polychromie, et les parois peintes de la *camera magna* chatoyaient ainsi sous l'effet de la lumière émanant des claires-voies, donnant de l'éclat au volume aujourd'hui scindé en deux, entre la salle synodale et les trois salons de l'appartement d'honneur [11]. Malgré ce cloisonnement, la seule ampleur de la première salle permet de comprendre l'impression qu'une telle pièce devait produire sur ceux qui y entraient [12]. Quant à la polychromie restituée au XIXe siècle et inspirée de celle qui était encore visible lors des restaurations, on peut aisément imaginer ce qu'éprouvaient les visiteurs lorsqu'ils étaient en face.

Originellement accessible depuis la porte sud, située du côté de la cathédrale, la grande salle était ornée d'un vaste ensemble de chapiteaux polychromés, dont on peut estimer le nombre entre quatre-vingt et quatre-vingt-dix pour la seule partie intérieure (fig. 5). On en compte encore aujourd'hui plus d'une cinquantaine dans la salle synodale, auxquels il faut ajouter une trentaine dans l'aile correspondant à la tête du tau (dix-huit pour la claire-voie et sans doute une dizaine au moins sur les autres parois) et probablement six pour les hautes arcades séparant les deux ailes. Sur les cinquante-deux chapiteaux actuellement visibles dans la salle synodale, environ une trentaine semblent aujourd'hui authentiques, contre une dizaine dans les salons [13]. Le mauvais état de la salle synodale a en effet conduit au remplacement d'un certain nombre d'entre eux pendant les travaux menés par Charles Joly-Leterme qui s'employa entre 1850 et 1852 à redonner à l'espace son aspect originel [14]. Ceux qui sont conservés ont été nettoyés des couches de badigeon qui les empâtaient et certains d'entre eux, notamment les chapiteaux historiés, abondamment grattés. Ceux des salons de l'appartement d'honneur furent dégagés lors de la restitution des baies en plein cintre du mur nord, dans les années 1860.

Comme on le découvrit au XIXe siècle, les deux ailes du tau étaient primitivement reliées par trois grandes arcades reposant sur quatre colonnes élancées, ornées de puissants chapiteaux au décor végétal et ornemental dont trois ont été retrouvés en 1894 [15]. Le passage entre les deux branches de la salle s'en trouvait magnifié, incitant le visiteur à la progression, depuis la porte méridionale vers l'espace septentrional où se concentre le programme iconographique. Outre les chapiteaux situés à la retombée des arcades murales qui scandent les murs de la salle, le décor roman de l'*aula* angevine, caractéristique du deuxième quart du XIIe siècle, se déploie encore aujourd'hui sur les voussures sculptées de motifs d'engrenage ou de dents-de-loup et surmontées de cordons végétaux (fig. 6). La sculpture végétale domine largement dans l'ensemble des chapiteaux dont sept seulement sont historiés et neuf intègrent des animaux.

La sculpture de la salle haute puise ainsi dans un répertoire végétal varié et maîtrisé. La vigueur et le raffinement des compositions équilibrées et symétriques contrastent avec la

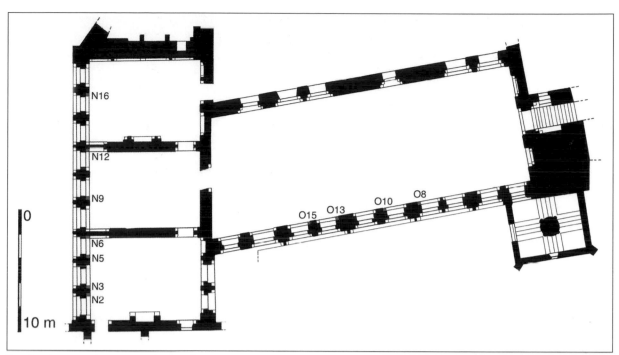

Fig. 5 – Angers, palais épiscopal, plan du premier étage (avec la numérotation des chapiteaux de la salle synodale et des salons de l'appartement d'honneur).

Fig. 6 – Angers, palais épiscopal, salle synodale, claire-voie occidentale.

Fig. 7 – Angers, palais épiscopal, salle synodale, mur sud, baie gauche.

sculpture plus statique de la salle basse : la maîtrise technique est plus affirmée mais présente une certaine monotonie. Sur certains chapiteaux, des feuilles grasses enveloppent toute la corbeille ou s'ordonnent entre des tiges rubanées perlées et baguées (fig. 7). Sur d'autres, les corbeilles sont recouvertes de palmettes ou de feuilles d'acanthe, parfois organisées sur deux rangées au rythme régulier et s'achevant en volutes ou en coquilles (fig. 8) [16]. Les cordons végétaux reprennent souvent les mêmes formes : rinceaux vigoureux de palmettes repliées ou enserrées, tiges orfévrées baguées qui s'épanouissent en palmette et, dans un cas, côté ouest, frise de rosaces. Enfin, si les tailloirs des arcades murales présentent une ornementation répétitive de dents-de-loup, on observe une plus grande recherche décorative sur ceux de la claire-voie occidentale (motifs de rubans plissés, de zig-zags, de boutons percés, de pointes de diamant, frise de demi-besants affrontés).

Mentionnons aussi les trois chapiteaux de la triple arcature monumentale qui, de nos jours, ne sont visibles que depuis le second étage actuel. Rappelant la sculpture de la salle basse, le chapiteau le plus modeste, situé à l'est, montre de grandes feuilles lisses formant volutes aux angles. Le chapiteau occidental, très endommagé, présente sur deux rangées le décor rythmé de palmettes déjà observé au niveau inférieur. Enfin, l'unique chapiteau conservé à l'arcade centrale atteste le soin particulier accordé à cet emplacement, tant par la qualité des motifs que par le traitement des volumes (fig. 9) : au-dessus d'un astragale décoré de dents-de-loup, la corbeille comporte une rangée de feuilles d'acanthe, surmontée d'une palmette centrale enserrée par des feuilles repliées, d'où naissent des caulicoles qui s'épanouissent en volumineuses palmettes recourbées à l'angle. L'ensemble est couronné d'un tailloir sculpté de rubans bagués d'où sortent deux à deux des crosses de fougères dont l'extrémité se recourbe.

Témoignage d'un large savoir-faire plastique, la sculpture de la salle haute est à rapprocher de la sculpture ligérienne des années 1125-1150, en particulier dans la région située entre Angers et Saumur. Des similitudes importantes apparaissent avec certains chapiteaux

16. J. Mallet utilise l'expression de chapiteau à décor rythmé pour qualifier une partie du décor de ces corbeilles : *id.*, *L'art roman…*, *op. cit.*, note 4, p. 258-260.

Nathalie Le Luel

ornementaux de Notre-Dame de Cunault datés du second quart du XIIᵉ siècle [17] mais aussi avec une partie du décor de la nef de l'abbatiale de Fontevraud réalisé vers la même époque [18]. Des chapiteaux du transept (sud-ouest du bras sud) et de la croisée de l'église de Brion, de la porte du réfectoire de Saint-Aubin, ou encore de la tour éponyme, peuvent également en être rapprochés.

Parallèlement à l'ornementation végétale, quelques chapiteaux historiés ou à saynètes animales complètent le décor de l'*aula*. Ils se concentrent essentiellement sur les neuf baies de la claire-voie située au nord des trois salons de l'appartement d'honneur [19]. Fragmentant l'espace originel, ils empêchent aujourd'hui une observation continue de cette partie du décor. La triple arcature ouvrait pour sa part sur un espace privilégié, ici une aile transversale, évoquant un modèle architectural observé dans d'autres aulas épiscopales ou civiles, selon un usage très ancien (on peut citer par exemple le complexe euphrasien de Poreč, en Croatie, datant du VIᵉ siècle [20]). Ainsi, dans le palais épiscopal du XIIᵉ siècle, à Beauvais, quatre arcades en plein cintre séparaient les deux ailes de dimensions différentes [21]. La forme particulière – en tau – de la salle haute du palais épiscopal d'Angers, autant que la concentration de l'iconographie sur les chapiteaux des baies nord, permettent d'envisager que le mobilier épiscopal d'audience pouvait originellement s'être trouvé dans cette partie septentrionale de la *camera magna*.

Alors qu'à l'époque romane, l'aile transversale correspondait à un vaste volume haut, ouvert et lumineux, on accède aujourd'hui à trois petits espaces sombres et remaniés au sein desquels le décor médiéval a largement souffert et laissé place à une invention néo-romane. La majorité des chapiteaux originaux (une dizaine probablement sur dix-huit) ont été débadigeonnés et grattés avant d'être repeints. Les autres sont des copies ou des créations modernes. Parmi cette série septentrionale, sept chapiteaux qui représentent des luttes opposant des hommes à des bêtes, des bêtes à d'autres bêtes ou des combats entre hommes sont une traduction visuelle du combat spirituel du chrétien

17. J. Mallet, *L'art roman…*, *op. cit.*, note 4, p. 137-138. Voir également note 7.

18. Nous remercions Daniel Prigent et Bénédicte Fillion-Braguet pour leur éclairage concernant ces datations. Voir également Jacques Mallet, « Fontevraud dans l'art roman et gothique angevin », *303, Arts, Recherches et Créations*, nᵒ 67, 2000, p. 66-77 ; Marie-Thérèse Camus et Élisabeth Carpentier, *Sculpture romane du Poitou : le temps des chefs-d'œuvre*, Paris, 2009, p. 471-479.

19. L'ensemble iconographique a été précédemment analysé dans une étude plus détaillée : Nathalie Le Luel, « Le palais épiscopal. Le décor sculpté du palais : une commande à la gloire de l'évêque », dans Mgr Emmanuel Delmas (dir.), *Angers, op. cit.*, note 2, Paris, 2020, p. 182-189.

20. L'espace de réception s'achevait par une triple arcature qui s'ouvrait sur une abside semi-circulaire, dans laquelle siégeait l'évêque. Sur cette *aula*, voir Ivan Matejčić et Pascale Chevalier, « The episcopium of Poreč », dans Sylvie Balcon-Berry, François Baratte, Jean-Pierre Caillet et Dany Sandron (dir.), *Des « domus ecclesiae » aux palais épiscopaux*, actes du colloque, Autun, 2009, Turnhout, 2012, p. 163-172 ; Jacqueline Sturm, « Late Antique Episcopal Complexes: bishop Euphrasius and his residence at Poreč (Croatia) », dans David Rollason (dir.), *Princes of the Church and their Palaces*, Londres / New York, 2017, p. 23-33.

21. Thierry Crépin-Leblond, « Une demeure épiscopale du XIIᵉ siècle, l'exemple de Beauvais (actuel Musée départemental de l'Oise) », *Bulletin archéologique du C.T.H.S.*, 20-21, 1988, p. 7-49. Parmi les nombreux travaux d'Annie Renoux, voir en particulier « Palais épiscopaux des diocèses de Normandie, du Mans et d'Angers (XIᵉ-XIIIᵉ siècles) : état de la question », dans Pierre Bouet et François Neveux (dir.), *Les Évêques normands du XIᵉ siècle*, actes du colloque de Cerisy-la-Salle, 1993, Caen, 1995, p. 173-204.

Fig. 8 – Angers, palais épiscopal, salle synodale, claire-voie occidentale, chapiteau à palmettes.

Fig. 9 – Angers, palais épiscopal, actuel deuxième étage, chapiteau de l'ancienne arcade centrale.

Fig. 10 – Angers, palais épiscopal, premier salon de l'appartement d'honneur, chapiteaux de la claire-voie septentrionale.

Ce thème de l'affrontement est particulièrement mis en avant dans l'aile correspondant à la haste du tau où deux chapiteaux montrent des oiseaux en lutte contre des quadrupèdes (O8 et O10), thème fréquent dans la sculpture saintongeaise et, plus globalement, aquitaine [22]. Malgré l'importante reprise de ces chapiteaux, on peut voir que les visages et corps humains étaient sculptés avec finesse – par comparaison avec les figures animales – et présentaient des traits qu'on retrouve quelques années plus tard à l'église du prieuré Saint-Éloi d'Angers.

En progressant d'ouest en est, on observe, dans le premier salon (fig. 10), sur deux faces d'une même corbeille (N2), un homme barbu dans une attitude de danse, puis l'affrontement entre un guerrier et une bête ailée à queue de serpent (qui rappelle l'archange Michel écrasant le dragon de la nef de Fontevraud). La lutte se poursuit sur les chapiteaux suivants où s'opposent humains et bêtes sauvages (N3 et N6) en proie pour certains à des processus d'hybridation animale ou végétale. On voit également deux jeunes hommes imberbes et dénudés qui s'opposent tête contre tête et combattent à mains nues (N5). Sous l'arcade centrale du deuxième salon, des bovins (probablement), donc des animaux domestiqués, sont attaqués par des bêtes velues qui les dominent (N9). Plus loin, un homme assis en tailleur occupe l'angle de la corbeille (N12) : il se transforme en démon à la gueule grimaçante sous l'effet de la morsure du long serpent qui l'enserre (fig. 11) [23]. Les deux êtres humains sculptés de part et d'autre tentent en vain de le libérer du corps monstrueux à l'aide de serpes. Tant dans sa forme que dans sa composition, ce chapiteau se présente comme le pendant négatif de l'épisode de Daniel dans la fosse aux lions (fig. 12) représenté sur l'une des corbeilles du mur ouest (O13). Associée au thème du salut, cette dernière image s'oppose aux luttes démoniaques qui ponctuent le décor des deux ailes.

22. On peut citer par exemple les églises de Saint-Eutrope de Saintes, Aulnay de Saintonge, Talmont, Chenac, Arces, Fontaine d'Ozillac, Soudan, Melle ou encore de Fontevraud.

23. De style différent mais probablement contemporain, un fragment sculpté de l'ancienne abbaye Saint-Nicolas représente également le visage d'un homme mordu à l'oreille par un serpent (Angers, musée lapidaire, abbaye Saint-Nicolas).

Nathalie Le Luel

Dans le dernier salon, se trouve une corbeille sculptée de grande qualité (N16) [fig. 13], représentant trois scènes liées au travail de la vigne. Sur la face sud, deux vendangeurs agenouillés semblent étreints par les rinceaux d'un plant de vigne dont ils cueillent les fruits tandis qu'au nord, une scène d'offrande de raisins précède l'activité du foulage au pied par un personnage nu. Ce chapiteau représentant des scènes de vendange est probablement l'une des clés de compréhension de l'ensemble iconographique. L'évocation du salut à travers la symbolique eucharistique apparaît en effet comme l'aboutissement positif de la lutte eschatologique menée par le chrétien, auquel fait écho le chapiteau de Daniel, unique image biblique de tout l'ensemble sculpté [24].

Cette perspective rédemptrice était donc mise en évidence dans l'iconographie de la *camera magna*, dont les fonctions étaient polyvalentes et au sein de laquelle se côtoyaient clercs et laïcs – comme en atteste l'inscription du lavabo [25]. Les deux chapiteaux historiés du mur ouest désignent jusque dans la pierre les groupes sociaux qui fréquentaient cet espace : celui de Daniel, figure allégorique du bon clerc, et celui où apparaissent deux hommes à cheval, un fauconnier et un cavalier en plein galop, dont les traits symbolisent l'aristocratie laïque (O15).

Bien que le décor peint et sculpté de la *camera magna* soit incomplet et altéré par les restaurations, les formes et les images qui se déployaient sur les murs de cette salle de réception aux dimensions spectaculaires, participaient efficacement à l'exaltation des fonctions de ce lieu de représentation dont la commande revient très certainement à l'évêque Ulger (1125-1148). Siège du pouvoir spirituel et temporel de l'évêque, le palais épiscopal d'Angers matérialisait, jusque dans son décor, la séparation entre le niveau inférieur destiné à des activités domestiques et l'étage supérieur de la prestigieuse *aula* princière dédiée aux audiences et cérémonies.

24. Cette image pourrait être associée à l'une des fonctions centrales dévolues à la grande salle du premier étage, celle d'un lieu de justice. Cette hypothèse est brièvement développée dans l'article précédemment cité : N. Le Luel, « Le palais épiscopal… », art. cit. note 19.

25. Voir, dans ce même volume, l'article d'Olivier Biguet et Étienne Vaquet, déjà cité en note 9, p. 84.

Crédits photographiques – tous les clichés sont de Nathalie Le Luel sauf fig. 1 : cl. Bénédicte Fillion-Braguet et fig. 12 : cl. Marc Sanson.

Fig. 11 – Angers, palais épiscopal, premier salon de l'appartement d'honneur, chapiteau, homme attaqué par un serpent.

Fig. 12 – Angers, palais épiscopal, salle synodale, chapiteau figurant Daniel dans la fosse aux lions.

Fig. 13 – Angers, palais épiscopal, troisième salon de l'appartement d'honneur, chapiteau des vendanges.

Les demeures médiévales de la Cité d'Angers (XIIe-début du XVe siècle)

Pierre Garrigou Grandchamp *

* Général de corps d'armée (armée de terre), docteur en histoire de l'art.

La Cité d'Angers, cœur de la ville ancienne, est le noyau premier de l'agglomération médiévale. C'est aussi l'aire la plus riche en témoins de l'habitat médiéval urbain à Angers, et même en Anjou. Sa topographie est bien connue, grâce aux nombreuses publications qui se sont attachées à en restituer l'histoire et la genèse. C'est enfin un quartier canonial parmi les mieux conservés en France, et qui a fait l'objet d'études approfondies de la plupart de ses composantes : bien que la recherche soit encore en devenir, comme le prouvent les toute récentes informations obtenues sur la maison romane du 3-7, rue Saint-Aignan, la somme de connaissances accumulées permet de proposer une vue d'ensemble du quartier de la Cité [1].

Cette contribution, principalement destinée à décrire les caractères de l'habitat au sein de la Cité, commencera d'abord par en dresser le cadre historique et topographique. Elle s'essaiera ensuite à brosser les portraits de l'architecture domestique en son sein, au travers de trois séquences chronologiques, incluant à la fois une vue synthétique du faciès de l'époque considérée et des descriptions approfondies des édifices les plus marquants, pour conclure sur la mise en évidence des caractères fondant sa spécificité dans le panorama des quartiers canoniaux en France.

Brève histoire et morphologie de la Cité d'Angers

Topographie, réseau viaire et parcellaire

La Cité s'est développée à l'intérieur de l'ovale de l'enceinte antique, entre deux pôles : la cathédrale, accompagnée du palais épiscopal, en occupe la pointe orientale, quand le château la cantonne à l'ouest. Ce n'était pas là exactement sa configuration originelle. En effet, dans sa forme actuelle, la Cité est le résultat d'une longue genèse, à l'intérieur des murs antiques, et de plusieurs évènements traumatiques [2].

Cette croissance, particulièrement dynamique depuis le XIe siècle, dut composer d'abord avec l'érection d'un imposant château à partir de 1230-1232. Sa construction bouleversa la Cité, en accaparant un quart de sa superficie et en faisant procéder à la destruction de deux églises et de plusieurs maisons de chapelains (fig. 1). Peu avant et tout aussi radicale dans ses effets, sinon dans son extension, fut l'installation des frères prêcheurs entre 1220 et 1225 ; elle eut notamment pour effet la destruction de trois maisons canoniales afin d'édifier leur couvent.

Le tracé actuel des rues était sans doute en place depuis les XIIe et XIIIe siècles [3]. Le réseau viaire, héritier de la voirie antique, s'est néanmoins modifié pour s'adapter à la forme grossièrement ovale de l'enceinte. À l'intérieur, d'autres rues ont été tracées pour séparer les anciens îlots antiques en deux, telle la rue Saint-Aignan.

Congrès Archéologique de France. Maine-et-Loire, 2021, p. 111-148.

1. Nous n'aurions pas pu rédiger cette synthèse sans l'aide généreuse de nombreux Angevins, propriétaires, érudits et chercheurs, et, sans pouvoir tous ici les nommer, nous les prions d'accepter l'expression de notre gratitude. Nos plus vifs remerciements vont en particulier à quatre des meilleurs connaisseurs d'Angers : Olivier Biguet, infatigable chercheur au Service du patrimoine historique de la ville d'Angers, qui poursuit ses investigations sur le terrain : il nous a ouvert les portes de bien des maisons et donné la clef de l'accès à la documentation du service de l'Inventaire ; François Comte, conservateur en chef du patrimoine, chargé des collections archéologiques et historiques angevines aux Musées d'Angers, nous a éclairé sur la topographie de la ville et libéralement fourni les copies des documents les moins accessibles ; Jean-Yves Hunot et Emmanuel Litoux, archéologues au Pôle archéologie de la Conservation départementale du patrimoine de Maine-et-Loire, nous ont généreusement fait partager leur science des constructions, des charpentes et des édifices fouillés. Enfin, notre reconnaissance va aussi à Dominique Letellier-d'Espinose qui fut l'âme de l'inventaire de la ville d'Angers et dont la complicité ne s'est jamais démentie. Les dossiers du Service de l'Inventaire sont une ressource capitale, d'accès aisé en ligne : *Atlas du patrimoine électronique d'Angers*, http://www.angers.fr/atlaspat.

2. La topographie de la Cité et de son enceinte, ainsi que son développement, sont étudiés en détail dans les nombreuses publications de François Comte ; voir en particulier : Comte 2003a et 2003b. Ces articles ont renouvelé l'étude de Louis de Farcy et Timothée-Louis Houdebine, qui mérite néanmoins encore d'être lue : Farcy et Houdebine 1926.

Le parcellaire de la Cité se différencie fortement de celui du reste de la ville, par les grandes dimensions de nombreuses parcelles. Pour autant, on ne distingue aucune organisation structurée. Est-ce à dire qu'en dépit de l'autorité du chapitre cathédral, ce faciès relèverait d'une urbanisation spontanée, en tout cas antérieure au milieu du XIIIe siècle, et plus spécifiquement à 1258, date à laquelle le comte abandonna définitivement aux chanoines l'autorité sur la Cité ?

Le parcellaire observable sur les plans actuels, et même sur les plus anciens plans cadastraux (cf. fig. 3), reflète imparfaitement l'allotissement initial du sol et on ne saurait présupposer une fossilisation des propriétés médiévales. Loin d'être immobile, la topographie du quartier canonial connut une multitude de mutations, petites ou grandes, qui interdit une restitution précise de la topographie des emprises originelles. Sans s'étendre sur les transformations qu'apportèrent les derniers siècles de l'Ancien Régime, on soulignera en effet les profondes interventions subies durant le XVe siècle, notamment l'augmentation de l'enclos épiscopal et la création de nouveaux offices et nouvelles chapellenies, qui provoquèrent la construction de maisons sur des terrains libres et la division des parcelles existantes [4]. Cependant l'extension des propriétés les plus anciennes peut être dans une certaine mesure approchée, comme on le verra à l'examen de leurs architectures.

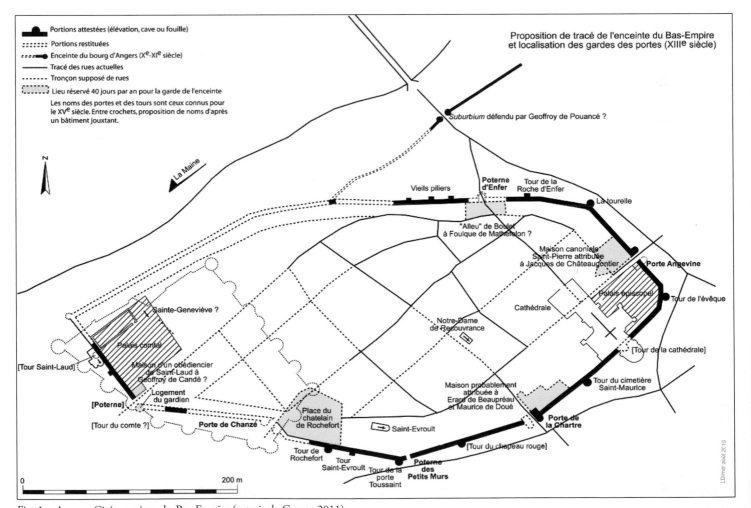

Fig. 1 – Angers, Cité, enceinte du Bas-Empire (extrait de Comte 2011).

Au total, on retiendra que le parcellaire n'est en rien homogène : bordant l'enceinte, de très grandes parcelles sont perpendiculaires à la rue ; cette configuration se retrouve dans les îlots proches de la cathédrale. En revanche, on rencontre de plus petites parcelles le long de la rue Saint-Aignan et de la montée Saint-Maurice. Cette disparité se reflète largement dans le statut et l'architecture des demeures qui les occupent, ce qu'illustrera leur analyse.

La progressive constitution d'un quartier canonial

La Cité ne fut pas d'emblée identifiée avec un quartier canonial. De fait, l'enceinte antique ne formait aucune limite, ni de fiefs, ni de paroisses, ni de propriétés. Elle était seulement la délimitation du *claustrum*, mais sans fermeture stricte, du fait de la présence de quelques logis de laïcs et de maisons religieuses indépendantes du chapitre [5].

À l'origine comtale et épiscopale, la Cité ne passa en effet entièrement aux mains du chapitre qu'en 1258 [6]. En 1271 l'évêque décida d'en exclure les femmes et les laïcs, mais cette décision ne trouva pas une application immédiate. Ce n'est que peu à peu que ceux-ci la désertèrent : au début du XVᵉ siècle il y avait encore trois maisons appartenant à des laïcs et une à une confrérie. Cependant, à la fin du XIIIᵉ siècle les 9/10ᵉˢ des maisons de la Cité appartenaient au chapitre ou à une institution religieuse. Dès lors la Cité, dont le parcellaire fut définitivement mis en place au XIVᵉ siècle, prit de plus en plus l'image d'un quartier à part [7].

Pour autant son rôle militaire perdura longtemps : en témoignait l'obligation d'ost, encore valable en 1415, qui pouvait imposer à des chanoines de recevoir dans leur maison tel féal du duc qui devait un service de garde à la Cité [8]. Au XVᵉ siècle elle était d'ailleurs peuplée d'officiers au service du duc. Durant la première moitié du siècle, on identifie ainsi une dizaine de maisons occupées par des conseillers ducaux et des membres de la Chambre des comptes, ecclésiastiques, au service du prince [9] : sept étaient des maisons canoniales et une la demeure d'un archidiacre. Le roi René ira plus loin, en logeant certains de ses proches dans des maisons canoniales.

Le développement de l'habitat se fit aussi aux dépens de la muraille antique, qui s'effaça progressivement dans le paysage urbain. Plusieurs maisons canoniales s'appuyèrent sur l'enceinte, qui de ce fait fut écrêtée, tandis que le chemin de ronde fut supprimé. Qui plus est, les maisons ne se contentèrent pas de cet adossement, ou de prendre le mur comme base de fondations ; elles entamèrent parfois le parement en le creusant de réduits et de caves [10]. Le démantèlement alla jusqu'à la destruction de tours au cours du XIIIᵉ siècle, telle celle de la maison canoniale Saint-Barthélemy (fig. 2).

Maisons canoniales et maisons du clergé du bas-chœur

S'il n'était pas prévu, aux origines de la Cité, qu'elle devînt un quartier strictement ecclésiastique, il n'était pas plus écrit qu'elle prît la forme d'un quartier résidentiel juxtaposant une nombreuse cohorte de demeures individuelles. En effet, depuis les réformes mises en œuvre sous les souverains carolingiens, les clercs entourant l'évêque étaient astreints à la vie commune. Nonobstant, à Angers, ils jouissaient de demeures individuelles depuis l'autorisation qui leur avait été donnée par l'évêque dans les années 882-886 [11]. Comme dans la quasi totalité des sièges des diocèses, ils n'eurent de cesse de s'affranchir des contraintes de la vie commune, tandis que le personnel ecclésiastique desservant la cathédrale s'accroissait fortement pendant les derniers siècles du Moyen Âge.

5. Comte 2003b, p. 90. L'abbaye de Fontevraud y disposait d'une maison au moins dès le début du XIIIᵉ siècle et le prieur de Cunault au moins depuis 1284.

6. Comte 2003b, p. 92.

7. Comte 2003a, p. 210.

8. Comte 2011, p. 27.

9. Comte 2009, avec plan localisant les demeures occupées par ces officiers.

10. Comte 2003b, p. 89.

11. Robin 1970, p. 308-309.

Fig. 2 – Angers, Cité, maison canoniale Saint-Barthélemy, 9, rue Saint-Evroult, façade sud, assise sur l'enceinte, rue Toussaint (dessin A. Opritesco, © Ville d'Angers, 1994).

De la vie commune aux maisons individuelles

Alors que la vie commune devait être la règle, certains dignitaires du chapitre, les trois archidiacres, disposaient déjà en 1073 de biens distincts de la mense canoniale, en particulier de maisons. Pourtant, la reconstruction des bâtiments communs du chapitre (réfectoire, dortoir, cellier), attestée au début du XIIᵉ siècle, laisse entendre qu'était souhaité un retour encadré aux pratiques communautaires [12]. Pour autant, la vie commune ne connut pas le sursaut espéré [13]. Dès 1103, le doyen Aubri léguait des maisons au chapitre cathédral et les constructions de demeures en pierre se multiplièrent, comme en attestent tant les sources que les constructions connues au sein de la Cité. Les officiers du chapitre paraissent avoir été sinon les instigateurs du mouvement, du moins des protagonistes actifs : au moins deux des premières maisons canoniales du XIIᵉ siècle qui nous sont connues (Sainte-Croix et Saint-Pierre) étaient en effet sans doute déjà des maisons de dignitaires comme elles l'ont été par la suite.

Dans la Cité, il y avait 28 maisons de chanoines (dont quatre de dignitaires), ce qui correspond à l'effectif habituel à partir du XIVᵉ siècle (fig. 3). Au début du XIIIᵉ siècle, 21 d'entre elles étaient proches de la cathédrale, dans un rayon de moins de 80 m [14]. Les 12 maisons d'officiers du bas-chœur et les 43 maisons de chapelains étaient plutôt situées au sud de la cathédrale. Ces maisons portaient presque toutes un nom, que l'on connaît au début du XVᵉ siècle : dans la plupart des cas, c'était un nom de saint, appellation qu'elles porteront dans cette contribution [15].

12. Comte 2020, p. 345.
13. Robin 1970, p. 317-318.
14. Comte 2003b, p. 97-98.
15. Farcy et Houdebine 1926, p. 103-105.

PIERRE GARRIGOU GRANDCHAMP

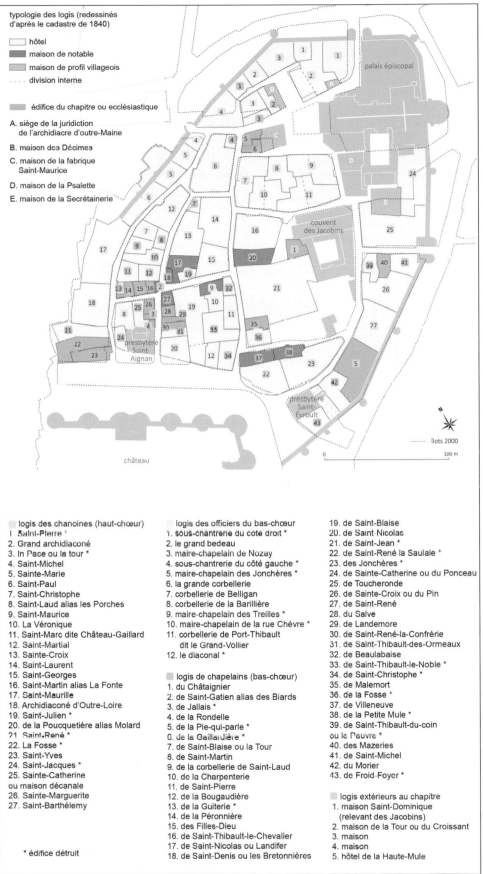

typologie des logis (redessinés
d'après le cadastre de 1840)

▢ hôtel
▨ maison de notable
▨ maison de profil villageois
···· division interne

▨ édifice du chapitre ou ecclésiastique

A. siège de la juridiction
   de l'archidiacre d'outre-Maine
B. maison des Décimes
C. maison de la fabrique
   Saint-Maurice
D. maison de la Psalette
E. maison de la Secrétainerie

logis des chanoines (haut-chœur)
1. Saint-Pierre *
2. Grand archidiaconé
3. In Pace ou la tour *
4. Saint-Michel
5. Sainte-Marie
6. Saint-Paul
7. Saint-Christophe
8. Saint-Laud alias les Porches
9. Saint-Maurice
10. La Véronique
11. Saint-Marc dite Château-Gaillard
12. Saint-Martial
13. Sainte-Croix
14. Saint-Laurent
15. Saint-Georges
16. Saint-Martin alias La Fonte
17. Saint-Maurille
18. Archidiaconé d'Outre-Loire
19. Saint-Julien *
20. de la Poucquetière alias Molard
21. Saint-René *
22. La Fosse *
23. Saint-Yves
24. Saint-Jacques *
25. Sainte-Catherine
    ou maison décanale
26. Sainte-Marguerite
27. Saint-Barthélemy

logis des officiers du bas-chœur
1. sous-chantrerie du côté droit *
2. le grand bedeau
3. maire-chapelain de Nozay
4. sous-chantrerie du côté gauche *
5. maire-chapelain des Jonchères *
6. la grande corbellerie
7. corbellerie de Belligan
8. corbellerie de la Barillière
9. maire-chapelain des Treilles *
10. maire-chapelain de la rue Chèvre *
11. corbellerie de Port-Thibault
    dit le Grand-Vollier
12. le diaconal *

logis de chapelains (bas-chœur)
1. du Châtaignier
2. de Saint-Gatien alias des Biards
3. de Jallais *
4. de la Rondelle
5. de la Pie-qui-parle *
6. de la Gaillardière *
7. de Saint-Blaise ou la Tour
8. de Saint-Martin
9. de la corbellerie de Saint-Laud
10. de la Charpenterie
11. de Saint-Pierre
12. de la Bougaudière
13. de la Guiterie *
14. de la Péronnière
15. des Filles-Dieu
16. de Saint-Thibault-le-Chevalier
17. de Saint-Nicolas ou Landifer
18. de Saint-Denis ou les Bretonnières

19. de Saint-Blaise
20. de Saint-Nicolas
21. de Saint-Jean *
22. de Saint-René la Saulaie *
23. des Jonchères *
24. de Sainte-Catherine ou du Ponceau
25. de Toucheronde
26. de Sainte-Croix ou du Pin
27. de Saint-René
28. du Salve
29. de Landemore
30. de Saint-René-la-Confrérie
31. de Saint-Thibault-des-Ormeaux
32. de Beaulabaise
33. de Saint-Thibault-le-Noble *
34. de Saint-Christophe *
35. de Malemort
36. de la Fosse *
37. de Villeneuve
38. de la Petite Mule *
39. de Saint-Thibault-du-coin
    ou le Pauvre *
40. des Mazeries
41. de Saint-Michel
42. du Morier
43. de Froid-Foyer *

logis extérieurs au chapitre
1. maison Saint-Dominique
   (relevant des Jacobins)
2. maison de la Tour ou du Croissant
3. maison
4. maison
5. hôtel de la Haute-Mule

* édifice détruit

Fig. 3 – Angers, Cité, typologie des logis sur fond de cadastre de 1840 (d'après Letellier-d'Espinose et Biguet 2016, dessin Th. Ben Makhad, © Région des Pays de la Loire – Inventaire général).

16. Comte 2003b, p. 97.

17. Matz 2003, p. 35 ; Comte 2020, p. 347-348.

18. *Cartulaire de l'abbaye du Ronceray d'Angers (1028-1184), Archives d'Anjou*, t. 3, Angers-Paris, 1854, n° 74 (1116), n° 330 (1115). Comte 1987, p. 590, note 24, cite : *Cartulaire du chapitre de Saint-Laud*, 1903, n° 41, p. 55-56 (v. 1100) et *Cartulaire de l'abbaye Saint-Aubin*, 1903, n° 425, p. 32 (1108). Rondeau 1919 : hôtel de Haute-Mule.

19. Biguet et Letellier 2002 ; en fig. 1, plan de repérage des édifices des XIIᵉ et XIIIᵉ siècles alors connus. À comparer avec le plan en fig. 38 dans Letellier-d'Espinose et Biguet 2016. À compléter par le plan du quartier de la Doutre, dressé par les deux auteurs, et publié dans Garrigou Grandchamp 2013, p. 445.

Statut des maisons canoniales

Les maisons canoniales n'étaient pas la propriété individuelle des chanoines : contrairement à d'autres chapitres cathédraux, l'ensemble de ces demeures ecclésiastiques appartenaient collectivement au chapitre Saint-Maurice. Qui plus est, elles n'étaient pas réservées à une prébende particulière et quand un chanoine était admis au chapitre, il devait se porter candidat à l'affectation d'un immeuble libre. Pour leur logement, tous les chanoines, hormis les dignitaires, mais y compris le doyen, étaient donc soumis à un régime dit « de l'option »[16] : ils devaient faire acte de candidature (« opter »), en fonction de leur rang ou de leur ancienneté, dès qu'une maison se libérait du fait d'un décès ou d'une démission. La maison leur était affectée contre un loyer. Si un chanoine n'était pas satisfait de son logement, il devait à nouveau attendre pour se porter candidat lors d'une nouvelle vacance. Il n'y avait donc aucune stabilité dans l'occupation des demeures, qui changeaient souvent d'affectataire, un chanoine pouvant déménager plusieurs fois au cours de son canonicat. Ils étaient astreints à les entretenir, mais les constructions, reconstructions et transformations lourdes devaient être du ressort du chapitre.

Autres membres du personnel du chapitre

Nombre des demeures de la Cité appartenant au chapitre n'étaient pas occupées par des chanoines. Le personnel attaché à la cathédrale comportait en effet beaucoup d'autres ecclésiastiques, soumis à une stricte hiérarchie[17].

Entre les chanoines et les chapelains, les principaux membres du bas-chœur, étaient les huit officiers d'autel : quatre corbelliers (sous-prébendés dont les bénéfices furent créés entre 1268 et 1370) et quatre maires-chapelains, créés en 1332. Ils occupaient des fonctions importantes pour la liturgie, car ils assuraient la continuité des offices de la journée et célébraient la messe en l'absence d'un chanoine prêtre ou assistaient le chanoine semainier lors des offices quotidiens. Leur charge nécessitant une présence quasi continuelle à la cathédrale, ils disposaient tous d'une maison attachée à leur office à l'intérieur de la Cité, dont l'ampleur se rapprochait plus de l'hôtel des chanoines que de la simple maison des chapelains.

Enfin, la plèbe ecclésiastique était constituée des simples chapelains, en général des prêtres séculiers, chargés de desservir une chapellenie, et de célébrer des messes aux intentions fixées par le fondateur. Seuls quarante-trois d'entre eux disposaient d'une maison dans la Cité au XVᵉ siècle, soit un peu plus du tiers de l'effectif total.

Un des logis de corbellier conserve encore des parties médiévales et une des maisons de chapelains a pu être identifiée avec une des maisons en pans de bois très bien conservées. Elles seront décrites ci-après pour illustrer le standard de l'habitat du personnel du bas-chœur.

LES MAISONS CANONIALES ROMANES

La Cité fut tôt le lieu de développement d'un habitat de qualité, comme en attestent les mentions de plus en plus fréquentes de maisons de pierre durant les XIᵉ et XIIᵉ siècles, ainsi que les édifices conservés, plus nombreux qu'on ne l'a longtemps cru. Pourtant, bien que les sources du début du XIIᵉ siècle citent plusieurs maisons en pierre[18], l'importance de cette construction civile à « l'époque romane » dans la ville d'Angers n'a été mise en lumière que récemment. En 2002, un article pionnier d'Olivier Biguet et Dominique Letellier révéla nombre de demeures dites « patriciennes », d'une grande qualité, malheureusement pour la plupart détruites[19]. Cette cohorte s'ajoutait aux constructions princières élevées dans le château, au palais épiscopal et aux divers édifices de l'enclos de l'hôpital Saint-Jean.

Le corpus de demeures romanes dans la Cité, qui ne faisait pas à l'origine l'objet de cet article, se révèle également riche et comprend quatre édifices : si la maison canoniale Saint-Pierre est détruite, les trois autres sont conservées en tout ou partie. Elles seront ici décrites dans l'ordre chronologique de leur identification et de leur étude (fig. 4).

20. Parcelle cadastrale : cad. 372 sur le plan de 1840.

21. Farcy et Houdebine 1926, p. 106-107.

La maison canoniale Saint-Pierre – 5-9, rue du Chanoine-Urseau

Cette demeure, sise rue de l'Évêché, jouxtait la porte Angevine, accès nord et principale porte de la Cité [20]. Elle a été détruite lors de l'incendie qui ravagea en 1936 la rue Baudrière et le grand magasin dit « Palais des Marchands ». Cette demeure romane, sans doute maison d'un dignitaire, devait assumer une charge militaire importante : le seigneur de Château-Gontier, qui était en effet affecté au service de garde de la porte quarante jours par an, y était hébergé [21].

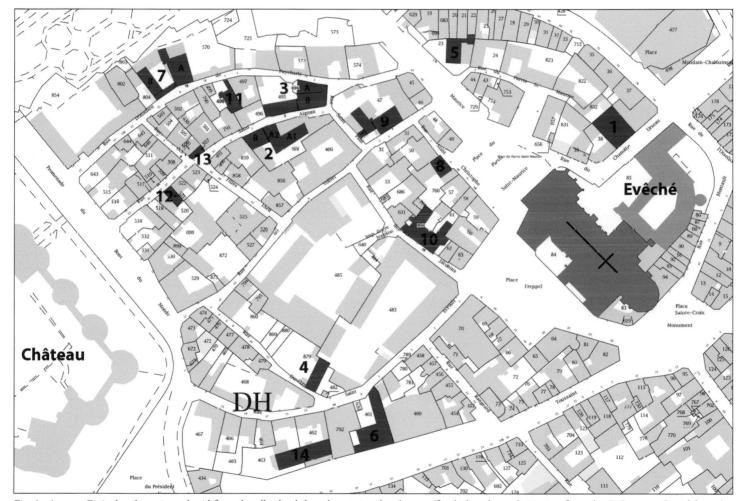

Fig. 4 – Angers, Cité, plan de repérage des édifices, dans l'ordre de leur description dans le texte (fonds de cadastre de 2021, infographie P. Garrigou Grandchamp):

1. *Maison canoniale Saint-Pierre – 5-9, rue du Chanoine-Urseau*
2. *Maison canoniale Sainte-Croix – 3-7, rue Saint-Aignan*
3. *Maison canoniale Saint-Martial – 1, rue Donadieu-de-Puycharic et 2, rue Saint-Aignan*
4. *Maison incluse dans les Jacobins – 4, rue Saint-Evroult*
5. *Maison canoniale Saint-Michel – 17B, montée Saint-Maurice*
6. *Maison canoniale Saint-Barthélemy – 9, rue Saint-Evroult*
7. *Maison canoniale Saint-Maurille – 16-18, rue Donadieu-de-Puycharic*
8. *Maison canoniale Saint-Laud – 4, rue Saint-Christophe*
9. *Maison canoniale Saint-Paul – 4 rue du Vollier*
10. *Maison canoniale Saint-Marc, dite Château-Gaillard – 9-13, rue des Jacobins*
11. *Maison de la chapelle de la Corbellerie de Saint-Laud – 5-5bis, rue Donadieu-de-Puycharic*
12. *Maison de la chapelle de Landemore – 17, rue Saint Aignan*
13. *Maison du Croissant – 7, rue des Filles-Dieu*
14. *Hôtel de la Haute-Mule – 13-15, rue Saint-Evroult, maison de ville de l'abbaye de Fontevraud*

22. Dessins d'Abel Ruel, 1939, MBA 76.4.82. Aquarelle de Charles Tranchant, dans Marc Leclerc, *Angers. Promenades autour d'une cathédrale*, Angers, 1944, p. 37. Photographie de Victor Dauphin, Arch. dép. Maine-et-Loire, 3 J 14 (cl. IVR 06492965 NUCA).

23. Péan de la Tuilerie, *Description de la ville d'Angers*, 1868, note 34 (par Célestin Port).

24. Nos vifs remerciements à François Comte pour les informations fournies sur ces documents et cette sculpture.

25. Espinay 1871 : sur une planche p. 32, la maison est présentée comme « Église Saint-Aignan ». L'auteur réitère cette identification dans *Notices archéologiques*, 1re série : *Monuments d'Angers*, « La Cité d'Angers », Angers, 1876, p. 11-12.

26. Analyse des vicissitudes de l'identification de la maison dans Comte 1994 ; Port 1965, t. 1, p. 70-71 ; Urseau 1910, p. 255.

Fig. 5 – Angers, Cité, maison canoniale Saint-Pierre, dessin d'Abel Ruel, réalisé en 1939, après l'incendie.

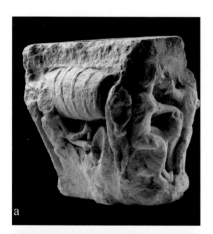

Fig. 6 a et b – Angers, Cité, maison canoniale Saint-Pierre : chapiteau.

Les parties médiévales intérieures furent exposées par l'incendie, qui les révéla en coupe, comme en attestent diverses vues réalisées après le sinistre [22]. Elles montrent les arcs doubleaux de la grande salle du premier étage, qui prenaient appui sur une tour de la porte Angevine (fig. 5). Au rez-de-chaussée, une salle basse voûtée en berceau brisé allait jusqu'au mur d'enceinte antique. Ces documents illustrent la puissance d'une architecture civile faisant largement appel à la voûte pour couvrir des espaces domestiques. Un siècle auparavant, une publication avait sommairement décrit l'immeuble, en soulignant la qualité de ses fenêtres romanes et d'une charpente, « grenier ogival à poinçons fuselés en colonnes », qui couvrait sans doute une grande salle [23].

Un chapiteau récupéré dans les ruines et donné il y a quelques années aux musées d'Angers est, selon toute vraisemblance, contemporain des parties architecturales évoquées ci-dessus et confirme la qualité de la construction (fig. 6) [24]. Les dimensions (H : 20,8 cm) sont compatibles avec son appartenance à un support de fenêtre. La sculpture se déploie sur toutes les faces. Son iconographie est curieuse, qui juxtapose trois scènes, dont la cohérence n'a pas été établie : un chevalier portant un étendard, un bouclier, et une coupe dans la main droite ; une scène de libation, avec deux personnages assis ; enfin un homme en train de soutirer du vin d'une barrique et un personnage dans l'angle, nu, décharné, mains croisées.

La maison canoniale Sainte-Croix – 3-7, rue Saint-Aignan

L'édifice n'a été que tardivement reconnu comme maison canoniale : il était auparavant confondu avec l'église paroissiale Saint-Aignan, comme le croyait encore Gustave d'Espinay en 1876 [25]. François Comte a résumé toutes les incohérences qui découlaient de cette identification erronée, qui fut pourtant maintenue jusque dans la réédition du *Dictionnaire* de Célestin Port en 1965. Pourtant, dès le Congrès archéologique de France de 1910, le chanoine Charles Urseau avait affirmé sans ambiguïté que le bâtiment était bien une maison [26]. Après le dégagement des baies du pignon sur rue en 1993, le doute ne fut plus permis et la prise de conscience du grand intérêt de ce témoin de l'habitat ecclésiastique dans la Cité l'a fait bénéficier d'une mesure de protection réglementaire [27]. Il mérite ici un développement particulier, car c'est la construction la plus représentative de ce que pouvait être l'habitat des chanoines les plus opulents durant la période qui correspond à l'acmé de l'architecture romane angevine.

Sa première attestation comme « maison Sainte-Croix » date de 1415 [28]. La demeure romane occupe une partie seulement d'un très vaste îlot, et correspond à la partie centrale de l'emprise, soit le n° 3-5 [29]. Le monument n'a pas encore fait l'objet d'une étude exhaustive, ni d'une publication adéquate. Les dossiers d'inventaire et d'étude archéologique de son pignon ainsi que le récent rapport d'analyses dendrochronologiques et un rapport de visite ont néanmoins réuni une somme d'informations très importantes, qui permettent de brosser le portrait d'une des plus importantes demeures romanes des pays de l'Ouest [30].

Son plan de masse présente un bâti à deux corps, disposés en L, qui affronte la rue par un petit côté à l'ouest ; il était entouré à l'origine d'espaces non bâtis (fig. 7). Le corps principal nord (A1) est parallèle à la rue et en retrait, entre une cour antérieure et un espace

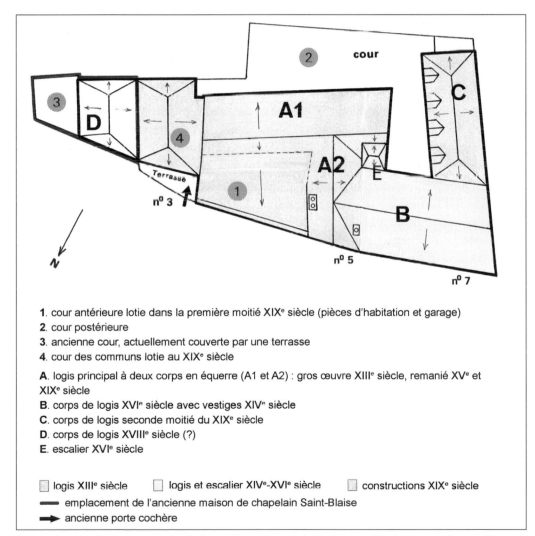

1. cour antérieure lotie dans la première moitié XIXᵉ siècle (pièces d'habitation et garage)
2. cour postérieure
3. ancienne cour, actuellement couverte par une terrasse
4. cour des communs lotie au XIXᵉ siècle

A. logis principal à deux corps en équerre (A1 et A2) : gros œuvre XIIIᵉ siècle, remanié XVᵉ et XIXᵉ siècle
B. corps de logis XVIᵉ siècle avec vestiges XIVᵉ siècle
C. corps de logis seconde moitié du XIXᵉ siècle
D. corps de logis XVIIIᵉ siècle (?)
E. escalier XVIᵉ siècle

☐ logis XIIIᵉ siècle   ☐ logis et escalier XIVᵉ-XVIᵉ siècle   ☐ constructions XIXᵉ siècle
— emplacement de l'ancienne maison de chapelain Saint-Blaise
➤ ancienne porte cochère

Fig. 7 – Angers, Cité, maison canoniale Sainte-Croix, 3-7, rue Saint-Aignan, plan de masse, indiquant l'emprise des corps de logis du XIIᵉ siècle (A1 et A2) et du XIVᵉ siècle (B), ainsi que celle des constructions adventices (dessins I. Frager d'après D. Letellier d'Espinose et O. Biguet, © Région des Pays de la Loire - Inventaire général).

27. Inscription à l'Inventaire supplémentaire des Monuments historiques le 14 mars 1994.

28. Dossier de l'Inventaire, « Historique ». La maison fut occupée par Jean de la Tuile, doyen du chapitre de 1412 à 1415 (Arch. dép. Maine-et-Loire, Censier du fief de Saint-Maurice de 1415, G 404, p. 77 : extrait transcrit et traduit dans Comte 1994, Annexe 1 : « Maître Jean Goidin pour sa maison canoniale qu'occupait peu de temps auparavant le défunt maître Jean de la Tuile, doyen [de l'église] d'Angers, située entre d'une part la maison canoniale qu'habitait maître Renaud Hastelan et l'écurie de la maison en vis-à-vis qu'occupait le défunt Picherot et, d'autre part, la maison du chapelain de l'église d'Angers Gilles Malier… ».

29. Parcelle cadastrale : cad. J 313 et J 314 sur le plan de 1840 ; cad. DH 493 sur le plan actuel.

30. Dossier d'Inventaire par Olivier Biguet et Dominique Letellier-d'Espinose, 1994 (après une première enquête en 1979) ; Comte 1994 ; Mastrolorenzo 2002 ; Le Digol et alii 2021. Emmanuel Litoux, Maison canoniale Sainte-Croix, 3-5, rue Saint-Aignan à Angers, Dossier documentaire du Pôle archéologie de la conservation départementale du patrimoine de Maine-et-Loire, 2023. Afin de ne pas rendre plus complexe la compréhension des descriptions, nous reprendrons dans le corps du texte les mêmes lettres que celles utilisées par Emmanuel Litoux pour désigner les bâtiments et les percements : ce sont ceux de la fig. 13.

libre postérieur (cour ou jardin) ; l'aile en retour sud (A2) présente un pignon sur la rue. L'enveloppe des corps de logis, qui comptaient deux niveaux, est bien conservée. En revanche, l'intérieur a été très transformé, surtout par l'aménagement du corps A1 en chapelle par les petites sœurs de Saint-François d'Assise, qui acquirent la propriété en 1869 ; cette nouvelle affectation fit percer des baies néo-romanes dans le mur oriental. L'espace intérieur est actuellement structurellement unifié, c'est-à-dire qu'aucun mur ne sépare les deux ailes. Il est probable que l'aménagement de la chapelle et de ses annexes conduisit aussi à détruire le refend qui séparait les deux corps, probablement le mur pignon arrière est du corps A2, parallèle à la façade sur rue. C'est ce qui se déduit des axes des faîtages des deux charpentes originelles, conservées, qui seront décrites ci-après, l'aile sud A2 venant s'appuyer contre l'aile nord A1 (cf. fig. 7).

La construction est soignée et témoigne d'une réelle opulence, car une grande partie des parements extérieurs est en moyen appareil de tuffeau. Le gros œuvre, en moellons de schiste, apparaît notamment au sommet du pignon sur rue et en façade arrière est du corps A1, où seule l'imposante chaîne d'angle nord-est est en tuffeau. Le moyen appareil, très finement layé, ne révèle pas un calibrage homogène, mais la majorité des blocs est comprise dans une fourchette de 0,24 / 0,28 m de hauteur d'assise, pour une longueur variant autour de 0,40 / 0,42 m. Le mortier de chaux et de sable est assez dur et rosé [31]. Les joints, épais, étaient en bâtière, comme il apparaît en façade nord du corps A2 où ils sont bien conservés.

Corps sud (A2)

Le pignon ouest, qui affronte la rue, était percé de deux baies au rez-de-chaussée et de deux à l'étage, toutes couvertes d'arcs en plein cintre clavés, surmontés d'un rouleau d'archivolte (fig. 8). Un double ruban plissé décore l'intrados des arcs et se poursuit sur les piédroits. Ces baies ont été mutilées, d'abord à la fin du Moyen Âge, puis à l'époque moderne.

On reconnaît néanmoins au rez-de-chaussée une porte, dont le seuil est encore en place. Son gabarit est identique à celui de la porte (A en fig 13), bien conservée, à l'étage de la face nord du même corps de logis (fig. 9). La baie qui la flanquait à sa droite était une fenêtre, dont la structure interne n'est pas identifiable. En revanche, les deux grandes baies de l'étage (D et C en fig. 13) ont les mêmes proportions que les fenêtres géminées conservées, qui regardaient la cour antérieure (fig. 10) ; il est donc très probable qu'elles en partageaient les traits : fenêtres géminées à deux arcs en plein cintre et colonnette centrale, surmontée d'un oculus losangé.

Au sommet du pignon, construit en dalles de schiste à partir de deux assises au-dessus des arcs des fenêtres, des piédroits semblent les vestiges d'une baie, murée, censée éclairer le comble et dont les piédroits étaient « constituées de colonnettes à tambour » [32]. Cette curieuse conformation laisse planer un doute sur l'appartenance de ces pièces au parti d'origine. Elle pose également incidemment la question du couvrement de la pièce haute, par un plafond ou une charpente apparente. Les hauteurs dans-œuvre, mesurées par Joseph Mastrolorenzo, sont d'environ 4 m au rez-de-chaussée, 4,40 m à l'étage et 3,10 m dans le comble. Nous penchons plutôt pour un couvrement des pièces hautes de la maison sous charpente apparente [33].

Un dernier trait singularise cette façade pignon, très ajourée : ses angles étaient cantonnés à l'étage par de hautes colonnes à tambour (3,70 m, pour un diamètre de 0,24 m) (b en fig. 13). Des chapiteaux qui les sommaient, il ne restait plus rien de lisible depuis la restauration qui les a remplacées par des pierres profilées informes. La plupart ne devaient être, semble-t-il, que simplement épannelés (fig. 11). Cependant, il est tentant d'attribuer à l'une des colonnes un curieux chapiteau, donné au Musée des Beaux-Arts en 1868, dont la

31. Mastrolorenzo 2002, p. 1 et 2.

32. *Ibid.*, p. 2.

33. Nous remercions Jean-Yves Hunot de nous avoir communiqué son analyse, qui va dans le même sens.

Fig. 8 – Angers, Cité, maison canoniale Sainte-Croix, 5-7, rue Saint-Aignan, pignon sur rue du corps A2 (relevé J. Mastrolorenzo, © Région des Pays de la Loire - Inventaire général).

Fig. 9 – Angers, Cité, maison canoniale Sainte-Croix, 5-7, rue Saint-Aignan, rez-de-chaussée du pignon sur rue du corps A2 ; la porte est à gauche et son seuil se lit en creux.

Fig. 10 – Angers, Cité, maison canoniale Sainte-Croix, 5-7, rue Saint-Aignan, étage du pignon sur rue du corps A2, vestiges des fenêtres géminées C et D ; des colonnes b cantonnent les angles.

Fig. 11 – Angers, Cité, maison canoniale Sainte-Croix, 5-7, rue Saint-Aignan, étage du pignon sur rue du corps A2, angle supérieur gauche, état en 1994 ; à droite, sommet de la fenêtre géminée B.

Fig. 12 – Angers, Cité, maison canoniale Sainte-Croix, 5-7, rue Saint-Aignan : chapiteau d'angle avec têtes de chats grimaçant, provenant de la maison et déposé aux Musées d'Angers.

corbeille porte trois têtes de chat [34] : c'est en effet un chapiteau d'angle, qui n'est sculpté que sur deux côtés (fig. 12). La présence de ces colonnes est un trait prestigieux visant à affirmer la monumentalité de l'édifice, à l'instar de constructions beaucoup plus imposantes de l'aire Plantagenêt, clochers ou demeures diverses [35].

Le mur gouttereau nord est actuellement masqué par la construction qui est venue occuper la cour antérieure au XIXᵉ siècle. De son toit n'émergent que les sommets de deux arcs, celui d'une porte, à l'est, et celui d'une fenêtre, à l'ouest (fig. 13, A et B ; fig. 14). Une partie de la porte est visible dans le comble (fig. 15) : elle est couverte d'un arc en plein cintre, à double rouleau, souligné par une archivolte. L'existence de cette porte établit que l'accès originel à l'étage était situé en hauteur, accessible par un escalier extérieur à deux volées, adossé dans l'angle formé par les corps A1 et A2 (tel que suggéré par une flèche en fig. 13). Le mur gouttereau sud est, quant à lui, masqué par le corps de logis B qui est venu s'adosser à lui dans les années 1330. Néanmoins l'observation de son sommet depuis le comble de B, révèle la présence d'un grand arc en plein cintre, muré, qui indique qu'une fenêtre de grandes dimensions était percée sur cette face, non loin de l'angle nord-ouest, près de la rue (E en fig. 13). Le dégagement récent de cette baie a permis d'observer que l'encadrement intérieur était lui-même bordé par des colonnettes avec chapiteaux à décor de feuilles d'eau.

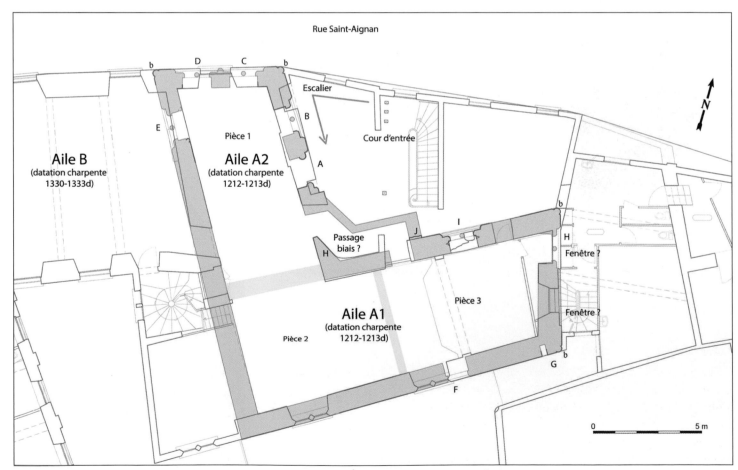

Fig. 13 – Angers, Cité, maison canoniale Sainte-Croix, 5-7, rue Saint-Aignan, plan de l'étage repérant les baies (dessin E. Litoux).

Fig. 14 – Angers, Cité, maison canoniale Sainte-Croix, 5-7, rue Saint-Aignan : corps A2, goutterot Nord, sommets de la fenêtre géminée B et de la porte A ; état en 1982.

Fig. 15 – Angers, Cité, maison canoniale Sainte-Croix, 5-7, rue Saint-Aignan, corps A2, goutterot nord, porte D ; état en 1982.

34. Victor Godard-Faultrier, *Ville d'Angers. Inventaire du musée d'antiquités Saint-Jean & Toussaint,* avec le concours de A. Michel, du lieutenant-colonel Duburgua, de E. Lelong et A Giffard, Angers, 2ᵉ éd., 1884, p. 380, nº 2259.

35. Sans multiplier les exemples, notons que ce parti fut apprécié pour souligner les angles des clochers, tant de monuments prestigieux (abbatiales de Fontevraud et de Saint-Aubin à Angers), que de plusieurs églises (Lasse, Saint-Georges-du-Bois, Villebernier, Villevêque) : Jacques Mallet, *L'art roman de l'ancien Anjou,* Paris, 1984, p. 115, 151, 245, 236, 238 et 89. Plus rares sont les édifices civils du XIIᵉ siècle à adopter ce parti : on citera ceux de Rouen (maison dite « Synagogue », place du Palais de Justice), de Beauvais (évêché, pignon nord) et, en Angleterre, la tour maîtresse de Castle Rising.

Corps nord (A1)

Le goutterot ouest du corps A1, qui regarde la cour antérieure, est lui aussi masqué par la construction du XIXᵉ siècle. Le seul percement repéré à ce jour est une fenêtre géminée d'une facture superbe et particulièrement bien conservée dans sa partie supérieure (la colonnette et l'appui ont disparu) [I en fig. 13]. Elle offre le type à partir duquel sont restituables les autres fenêtres géminées (C, D, E et sans doute H). Les baies géminées sont couvertes d'arcs en plein cintre, entaillés dans des linteaux droits qui forment un tympan avec un registre de quatre autres dalles, posées en tas-de-charge ; un grand oculus losangé est

a

b

Fig. 16 – Angers, Cité, maison canoniale Sainte-Croix, 5-7, rue Saint-Aignan, corps A1, goutterot est, fenêtre géminée I ; a : état en 1982, b : état en 2022, après dégagement partiel.

découpé dans les deux linteaux et dans deux des dalles. Ces baies, qui ouvrent en retrait, sont encadrées par un puissant arc clavé, doublé d'une archivolte, tous deux soulignés par une moulure concave ; les extrémités de l'archivolte se retournent à l'horizontale. Toutes les arêtes des baies (arcs et piédroits), l'intrados de l'arc d'encadrement et l'archivolte sont ornés de rubans pliés ou de motifs en dents de loup (fig. 16).

Le pignon nord, peu observable, est mal connu. On note cependant que son étage est lui aussi cantonné de deux colonnes d'angle. Près de l'angle nord-ouest, des vestiges de baies pourraient être ceux d'une autre fenêtre géminée (H en fig. 13). Le goutterot est, sur la cour postérieure, longue façade de 15,50 m, a été très lourdement repris et ne conserve que peu de vestiges de la construction originelle (fig. 17). De la maçonnerie de schiste se détache la puissante chaîne d'angle nord, en moyen appareil de tuffeau ; à sa gauche sud, un piédroit et le départ d'un arc sont les vestiges d'une petite baie en plein cintre (G en fig. 13).

La plupart des auteurs, de Gustave d'Espinay à Joseph Mastrolorenzo, pensaient que l'édifice avait été construit vers le milieu du XIIe siècle [36]. La datation récente des charpentes des corps A1 et A2 conduit à rajeunir quelque peu cette datation, puisqu'elles furent construites avec des bois coupés durant l'automne-hiver 1212-1213d [37]. La charpente de l'aile A1 est une structure à chevrons porteurs dépourvue de contreventement longitudinal [38]. Ses aisseliers et ses jambettes dessinent un intrados en plein cintre. L'assemblage à mi-bois avec un ergot inscrit cette charpente dans la continuité des charpentes angevines de la seconde moitié du XIIe siècle.

En revanche, le corps en retour A2 présente une charpente originale, à trois pans, pourtant strictement contemporaine de l'autre : composée de chevrons porteurs, elle

36. Espinay 1871, p. 33 ; Comte 1994 ; Mastrolorenzo 2002.

37. Le Digol *et alii* 2022.

38. Nous remercions Jean-Yves Hunot de nous avoir communiqué cette description.

PIERRE GARRIGOU GRANDCHAMP

s'organise autour de fermes à poinçon de fond et sous-arbalétrier (fig. 18). Les fermes secondaires très sobres ne disposent ni d'aisseliers ni de jambettes. Surtout, un faîtage renforcé de liens assure un contreventement longitudinal. Seule l'utilisation de l'assemblage à mi-bois inscrit cette charpente au sein du corpus de ces charpentes angevines du début du XIIIe siècle.

Au total, cette demeure, dont la surface dans-œuvre est de 106 m² environ, était à la fois spacieuse, bien construite et ses façades en vue étaient relevées par un décor recherché. Chaque niveau bénéficiait d'au moins un accès, sur la rue au rez-de-chaussée du corps A2 et depuis la cour à l'étage du même corps, desservi par un escalier extérieur. Si le plus grand nombre de fenêtres se concentrait au niveau supérieur, le rez-de-chaussée n'en était pas dépourvu – au moins en A2. Il reste que les pièces à vivre devaient se situer à l'étage, dans des volumes couverts de charpentes apparentes, très soignées. L'espace de A2 (pièce 1) pouvait être affecté à la salle, sur laquelle ouvrait la porte, comme il est de coutume : d'une surface de près de 45 m² (environ 9,40 m de long dans-œuvre, d'est en ouest, et 4,50 m de large environ), elle était éclairée par au moins quatre fenêtres géminées. L'étage du corps A1,

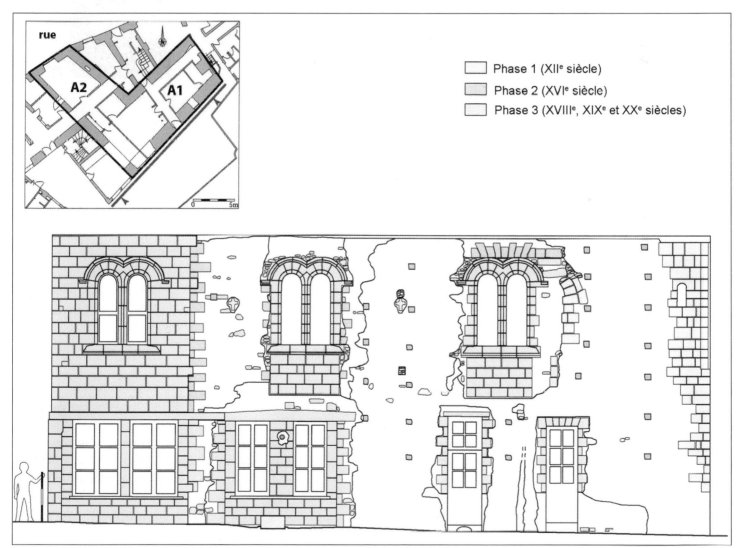

Fig. 17 – Angers, Cité, maison canoniale Sainte-Croix, 5-7, rue Saint-Aignan, façades sud des corps A1 et A2 (relevé J. Mastrolorenzo, © Région des Pays de la Loire - Inventaire général).

Fig. 18 – Angers, Cité, maison canoniale Sainte-Croix, 5-7, rue Saint-Aignan, charpente du corps A2, vue vers le pignon sur rue ; état en 1994.

long dans œuvre de 14,50 m, accueillait plusieurs chambres, plutôt qu'une seule ; il aurait été alors cloisonné, ce qu'autorisaient une surface de plus de 65 m² et la présence de deux fenêtres géminées et d'au moins une (et probablement deux) baie(s) simple(s), large(s) de 1 m, à l'arrière. De fait, un passage oblique à l'angle des deux ailes (J-H), attesté par un pan coupé et un arrachement, semble avoir eu pour but de contourner une pièce d'angle (pièce 2), afin d'assurer la desserte directe de la moitié nord de l'aile est (pièce 3). Une telle distribution est à ce jour inédite dans une maison romane.

La maison canoniale Saint-Martial – 1, rue Donadieu-de-Puycharic et 2, rue Saint-Aignan

L'édifice passe inaperçu de l'extérieur, mais son gros œuvre est largement en place et ses structures internes (caves et charpentes) sont du plus grand intérêt.

Un premier bâtiment faisant l'angle entre la rue Donadieu-de-Puycharic et la rue Saint-Paul s'est avéré d'une grande ancienneté, alors que son enveloppe extérieure ne conservait aucun indice en faveur d'une datation haute [39]. Il appartenait indubitablement à la maison canoniale Saint-Martial [40]. L'édifice comporte une cave voûtée en berceau, un rez-de-chaussée et un étage, actuellement plafonné, mais couvert initialement d'une charpente apparente. Seules la cave et la charpente informent sur le bâtiment d'origine.

39. Parcelle cad. DH 494 sur le plan cadastral actuel. Hunot 2014a et 2014b.

40. Comte 2003, p. 104 : la maison canoniale est attestée dès la fin du XIVᵉ siècle ; elle est alors occupée par Olivier Maugendre, chantre en 1396.

Pierre Garrigou Grandchamp

La cave a un plan légèrement trapézoïdal (7,10 x 3,60 m en moyenne) (fig. 19). Sa voûte est un berceau continu en tuffeau, montée sur des murs en moellons de schiste ; la hauteur dans œuvre restituable est de 2,50 m environ. Le moyen appareil de la voûte, d'un module assez petit, se caractérise par l'emploi de marques lapidaires (I, II et III), qui indiquent la hauteur des assises. Cette mise en œuvre, les joints plats et le layage relativement lâche sont des indices suggérant une réalisation haute. L'accès originel se faisait à partir de la cave contiguë, au sud, par une porte en plein cintre, aux arêtes soulignées d'un chanfrein, et avec une arrière-voussure de même profil. Or ce passage est contemporain de la cave et le désaxement de la porte suggère qu'un autre bâtiment existait effectivement déjà au sud. Un seul soupirail lui apporte un peu d'aération.

La charpente de comble à chevrons-porteurs est constituée de neuf fermes identiques, sans traces d'assemblage pour recevoir un éventuel poinçon (fig. 19). Chaque ferme est constituée d'un couple de chevrons, de deux écharpes et de deux jambettes. L'absence de poinçon ou de suspente rend peu probable l'existence d'entraits à la base de tout ou partie des fermes. De ce fait, le volume aurait été dégagé de tout obstacle transversal. D'ailleurs le

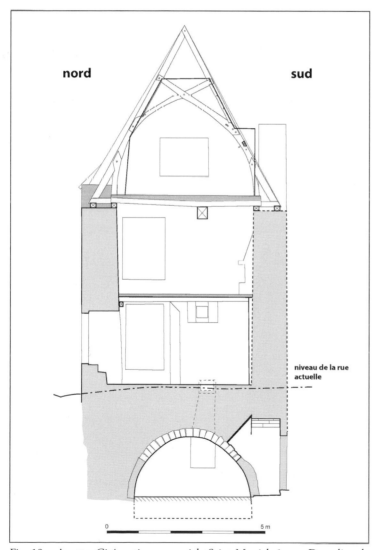

Fig. 19 – Angers, Cité, maison canoniale Saint-Martial, 1, rue Donadieu de Puycharic, coupe sur le corps A ; état actuel avec plancher inséré entre le comble et l'étage (dessin J.-Y. Hunot).

profil interne ogival est bien marqué. La technique se signale par l'emploi d'assemblages à embrèvements simples, associés à des tenons et à des mortaises maintenues par des chevilles imitant des clous [41]. L'absence de contreventement axiale et de poinçon, et la mise en œuvre des bois conduisent eux aussi à proposer une réalisation haute. De fait, elle utilise des bois abattus en 1168-1169d [42]. On peut restituer un volume montant sous charpente large de 4,30 m et long de 7,70 m (fig. 20). La hauteur des murs est d'environ 2,50 m pour une hauteur totale de 6,10 m. Il est tentant de placer une baie sur le mur pignon est, mais les preuves archéologiques font défaut.

Un autre bâtiment (B), dont l'extérieur est tout aussi peu expressif de son ancienneté, les traces de baies les plus vieilles remontant au XVe siècle, s'allonge au sud du premier, à l'angle des rues Saint-Paul et Saint-Aignan (n° 2). Il appert que sa cave communiquait avec celle du premier corps et en était contemporaine. Au-dessus, une charpente qui met en œuvre des bois abattus en 1230-1231d couvrait une salle de plain-pied, en étant apparente à l'origine [43] (fig. 21).

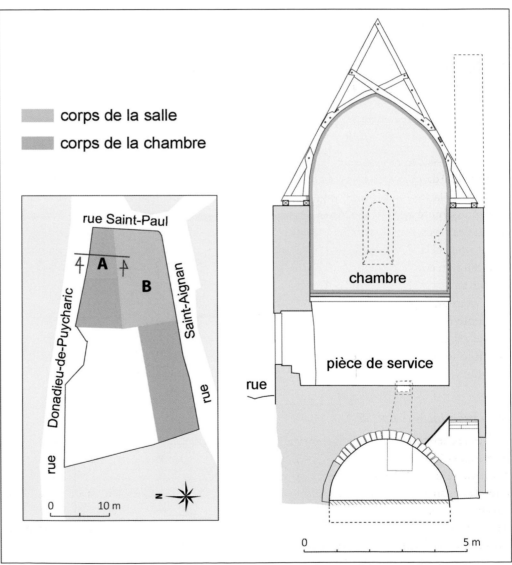

Fig. 20 – Angers, Cité, maison canoniale Saint-Martial, 1, rue Donadieu de Puycharic, plan de masse avec identification de la chambre (A) et de la salle (B) ; coupe sur le corps A, avec restitution du volume de l'étage, sous charpente apparente (dessins J.-Y. Hunot).

41. Les chevilles ont une section carrée avec une pointe bien marquée et une tête plus large, donnant à cet élément une allure de gros clou à tête carrée, caractéristique des charpentes de la seconde moitié du XIIe siècle.

42. Hunot 2014a.

43. Le Digol *et alii* 2014.

44. Hunot 2014a, p. 232 et 234.

45. Parcelle cad. DII 879 sur le plan cadastral actuel. Litoux 2017.

46. Litoux 2017.

Fig. 21 – Angers, Cité, maison canoniale Saint-Martial, 1, rue Donadieu de Puycharic, charpente du corps B, au 2, rue Saint-Aignan.

Le demi-siècle qui sépare les deux charpentes paraît à première vue s'opposer à l'attribution de ces deux corps au même programme résidentiel. Cependant, l'absence de rupture sur la maçonnerie du mur pignon est du corps nord (sur la rue Saint-Paul), avec l'entité adjacente au sud (rue Saint-Aignan), ainsi que les communications, en particulier au niveau des caves, conduisent à restituer un ensemble homogène, occupant le bout de l'îlot. Il faut pour cela supposer un nouveau projet, ou un sinistre, qui conduisit à remplacer la charpente du corps sud, alors que l'enveloppe était conservée, avec le même plan de masse, comme en atteste la pérennité des caves. Cet ensemble résidentiel aurait eu lui aussi un plan en L, constitué d'un grand volume au sud (la salle [A], de plain-pied sous charpente apparente), auquel était adjoint un second corps plus étroit, à étage, le « bloc de chambre »(B). La maison située au 1, rue Donadieu-de-Puycharic et au 2, rue Saint-Aignan aurait donc constitué un complexe cohérent dès la seconde moitié du XIIᵉ siècle, à salle et « bloc de chambre », dont subsistent le volume complet et les deux charpentes [44].

La maison incluse dans les Jacobins – 4, rue Saint-Evroult

Des recherches récentes ont identifié dans l'ancienne emprise du couvent des Jacobins les vestiges d'une quatrième maison romane, jusqu'alors inconnue [45]. Leur qualité a conduit leur inventeur à proposer qu'elle ait formé le cœur d'une maison canoniale et il a suggéré de dater sa construction de la seconde moitié du XIIᵉ siècle ou des premières années du siècle suivant [46]. Dans la partie sud de la parcelle subsistent une cave voûtée et une partie des élévations d'une construction à peu près disposée nord-sud : son pignon donne sur la rue Duvêtre, mais l'entrée se trouve au 4, de la rue Saint-Evroult (fig. 22).

C'était un édifice de plan rectangulaire, de 14,50 x 6,40 m dans œuvre, soit 92,80 m². Les murs, épais de 0,95 à 1 m, sont bâtis en plaquettes de schiste, liées avec un mortier de chaux. Les pierres de taille de tuffeau sont réservées aux encadrements des baies et aux

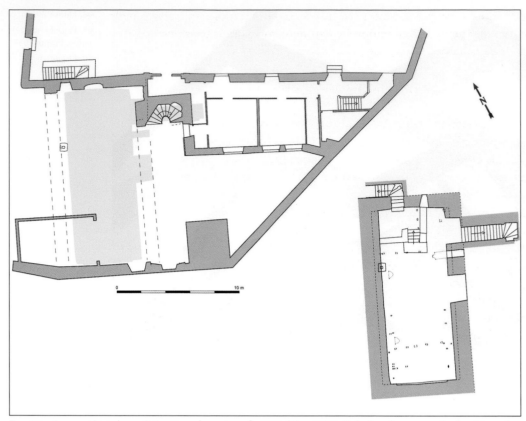

Fig. 22 – Angers, Cité, 4, rue Saint-Evroult, maison fin XIIᵉ-début XIIIᵉ siècle dans le couvent des Jacobins, plan de masse à gauche, avec indication de l'emprise de la cave en beige ; plan de la cave à droite (extrait de Litoux 2017).

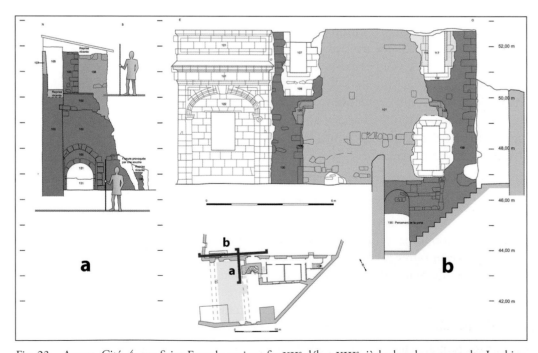

Fig. 23 – Angers, Cité, 4, rue Saint-Evroult, maison fin XIIᵉ-début XIIIᵉ siècle dans le couvent des Jacobins, a) élévation intérieure de l'extrémité nord du goutterot est ; b) élévation extérieure nord du mur pignon nord (b = à droite) ; parties romanes en bleu (extrait de Litoux 2017).

Pierre Garrigou Grandchamp

chaînes d'angle extérieures. À l'angle sud-est, l'absence d'arêtier est l'indice que le bâtiment devait se prolonger par une petite aile en retour. Le bâtiment comportait trois niveaux, une cave, un rez-de-chaussée et au moins un étage ; la hauteur dans-œuvre du rez-de-chaussée était importante (4,50 m). Des planchers séparaient à l'origine les premiers niveaux, alors que l'étage paraît avoir été sous charpente apparente ; les solives du plancher couvrant le rez-de-chaussée, disposées est-ouest, s'appuyaient sur des sablières.

Une porte percée dans le goutterot est de la cave pourrait indiquer que la maison jouissait d'un accès propre, depuis l'extérieur, à moins que la porte n'ait ouvert vers des cellules souterraines (fig. 22) ; la cave était éclairée et aérée par un soupirail, dans le même mur (en réalité, il y a deux portes sur ce mur et, entre elles, un soupirail ; la porte la plus au sud devait desservir une cellule latérale). On entrait au rez-de-chaussée par une porte, couverte en plein cintre et située à l'extrémité nord du gouttereau est (fig. 23a). À l'extrémité sud de ce mur, on observe les vestiges d'une autre porte, couverte en arc segmentaire, qui donnait vers un espace bâti disparu, situé plus à l'est. Deux arêtiers sur le pignon nord suggèrent l'existence de deux grandes fenêtres dont les arrière-voussures s'élevaient presque jusqu'au plafond (fig. 23b, 24 et 25). À l'étage subsiste, dans le mur est, l'angle de l'ébrasement nord d'une porte, légèrement décalée par rapport à celle du rez-de-chaussée ; on peut formuler à son égard deux hypothèses : elle pouvait donner accès à l'étage par un escalier extérieur (fig. 25) ou bien ouvrir sur une galerie.

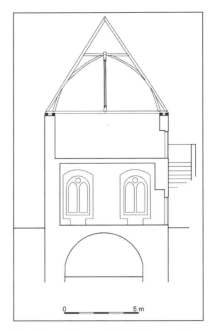

Fig. 25 – Angers, Cité, 4, rue Saint-Evroult, maison fin XIIe-début XIIIe siècle dans le couvent des Jacobins, coupe transversale proposant une restitution schématique du bâtiment dans son état XIIIe-XIVe siècle (extrait de Litoux 2017).

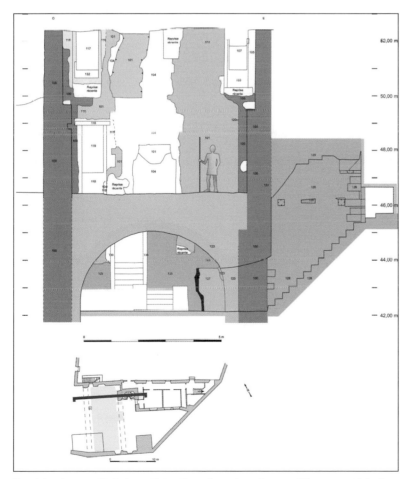

Fig. 24 – Angers, Cité, 4, rue Saint-Evroult, maison fin XIIe-début XIIIe siècle dans le couvent des Jacobins, élévation intérieure mur pignon nord ; parties romanes en bleu et voûte insérée de la cave en bleu clair (extrait de Litoux 2017).

Un siècle après son érection, le bâtiment connut d'importantes modifications, avec l'insertion d'une voûte en plein cintre dans la cave, datable, d'après les techniques mises en œuvre, entre le milieu du XIIIe et la fin du XIVe siècle. Dans le même temps les fenêtres du pignon nord furent transformées, arasées, avec mise en place de linteaux droits chanfreinés, pour des croisées ou demi-croisées.

LES DEMEURES CANONIALES DES XIIIe ET XIVe SIÈCLES

Le patrimoine bâti du chapitre ne se figea pas au début du XIIIe siècle. Au cours des deux siècles suivants, il connut au contraire de considérables transformations et enrichissements du fait des reconstructions, des réaménagements ou des compléments apportés, au gré des initiatives individuelles des affectataires.

La maison canoniale Saint-Michel – 17B, montée Saint-Maurice

Implantée contre la muraille dont elle a annexé une tour, cette demeure est presque entièrement bâtie en schiste, le tuffeau étant réservé à l'encadrement des baies et aux chaînes d'angle. Elle présente un plan en L : un grand corps de logis barlong (14 x 8 m hors œuvre), orienté nord-sud, appuie son pignon nord sur l'enceinte ; il est relié à la tour par une petite construction [47]. Ces bâtiments encadraient une cour ouverte vers la rue, au sud-est (fig. 26).

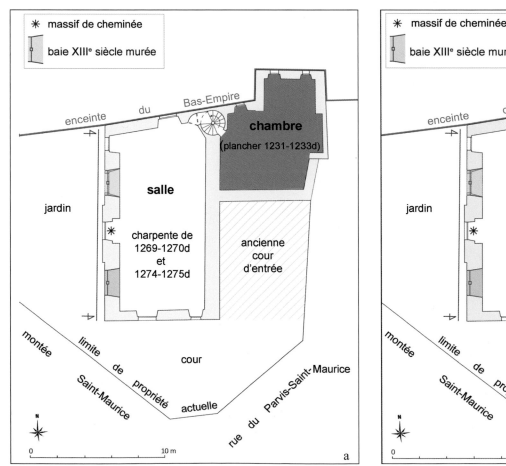
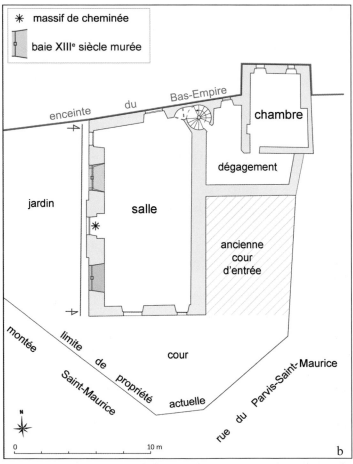

Fig. 26 – Angers, Cité, 17B, montée Saint-Maurice, maison canoniale Saint-Michel, plan de masse indiquant la fonction des espaces : a, état au XIIIe siècle, avec chambre de 1231-1233d et salle des années 1270 ; b, état actuel, résultant de la reprise du milieu du XVe siècle (infographie P. Garrigou Grandchamp sur fond de plan de l'Inventaire général).

Fig. 27 – Angers, Cité, 17B, montée Saint-Maurice, maison canoniale Saint-Michel, charpente de la salle construite avec des bois coupés en 1269-1270d et 1274-1275d ; état en 1992.

L'édifice a attiré l'attention au début des années 1990, quand un ravalement a révélé les restes de nombreuses baies, conservés en dépit des lourdes reprises subies par les façades [48].

Il fut alors daté « du XIIIe siècle », sans précisions ; dans la courte description que nous lui avons naguère consacrée, nous avancions une hypothèse plus précise, en estimant que « la modénature et le dessin des réseaux sont datables des dernières années du XIIIe ou du début du XIVe siècle [49]. François Comte avait également proposé d'attribuer sa construction au début du XIVe siècle, mais avec une reconstruction imputable à Jean Bonnet (chanoine entre 1330 et 1362) [50]. Il est vrai, qu'alors, nous jugions aussi « qu'à la différence de la proche Touraine, l'Anjou sembl[ait] tarder à adopter le vocabulaire architectural élaboré dans le domaine royal ».

Une récente campagne d'analyses dendrochronologiques a tranché le débat, en datant la coupe des bois mis en œuvre dans la charpente de comble du grand logis de l'automne-hiver 1269/1270d et 1274/1275d, tandis que le plancher du premier étage du petit corps de liaison avec la tour aurait été fait à partir de bois coupés en 1231/1232d [51] (fig. 27). La dernière de ces dates est manifestement trop haute et correspond, soit à des bois de remploi, soit plutôt aux vestiges d'une campagne antérieure [52]. En revanche, les premières fourchettes s'accordent avec les formes des fenêtres à réseau de la façade occidentale du grand corps de logis. Ce constat invalide l'idée d'un décalage entre la Touraine et l'Anjou pour l'adoption du vocabulaire du gothique rayonnant.

La distribution de ce logis est simple, mais bien comprise. Au premier étage du grand corps occidental devait être établie la salle, éclairée à l'ouest par de larges fenêtres en arc brisé ; elles avaient été murées, mais des fragments des formes polylobées de leurs réseaux

48. Angelescu et Comte 1992 et 1993 : comptes rendus succincts de l'étude archéologique qui comporta des relevés.

49. Garrigou Grandchamp 2014, p. 207-208.

50. Comte 2003b, p. 99.

51. Le Digol et alii 2018.

52. Les solives des années 1230 se poursuivaient vers le sud, au-delà de l'emprise de la chambre installée dans la tour, avant d'être interrompues par un plafond moderne. Une première construction pourrait ainsi avoir occupé la partie nord de la cour et la tour, ainsi que la courte aile qui relie celle-ci avec la salle des années 1269/1270d.

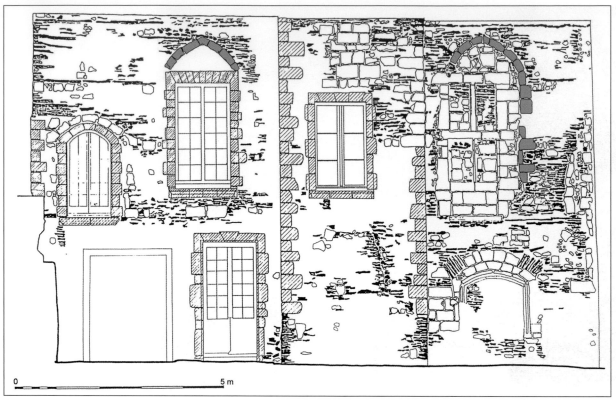

Fig. 28 – Angers, Cité, 17B, montée Saint-Maurice, maison canoniale Saint-Michel, façade ouest ; état visible lors des travaux de 1990 ; les encadrements des baies à réseau sont en orange (infographie P. Garrigou Grandchamp sur dessin de M. Angelescu, © Région des Pays de la Loire - Inventaire général.

furent retrouvés en remploi en 1992 (fig. 28). En dépit de leur état fragmentaire, ces pierres conservent des traces de peintures, reliques d'une mise en couleurs des réseaux, tandis qu'un fragment de verre conservé dans un des écoinçons prouve qu'une partie au moins était vitrée[53]. Tous ces témoins attestent du standard élevé de la construction, qui n'est pas perceptible dans son état actuel (fig. 29).

Les deux fenêtres encadrent un massif en saillie de 30 cm sur le mur de façade (fig. 30) : il renfermait selon toute vraisemblance le ou les conduits de cheminées superposées qui chauffaient les deux niveaux habitables du rez-de-chaussée et de l'étage unique. Ce parti constructif du coffre de cheminées hors œuvre est fréquent dans l'Ouest. La tour accueille une pièce à chacun des deux niveaux, celle de l'étage étant probablement à l'origine la chambre principale, réaménagée en 1411/1412d. La distribution verticale est assurée par un étroit escalier en vis ménagé dans l'épaisseur des murs, à la charnière des deux parties, dans l'angle nord-est du grand bâtiment. C'est un exemple très précoce en Anjou de vis dans-œuvre, affecté à la desserte des étages dans une habitation.

Cette demeure est la plus complète de la Cité pour la fin du XIIIe siècle. Distribution et qualité de la mise en œuvre illustrent le mode de vie des chanoines, prouvant, s'il en était besoin, leur appartenance à l'élite sociale d'Angers. La vie domestique se déroulait principalement à l'étage, partagé entre *aula* et *camera*, schéma de base de la résidence de bon rang, dans des espaces offrant plus de 80 m² pour la première et 22 m² pour la chambre principale. Les vastes fenêtres à réseaux qui éclairaient la salle, vers la vallée de la Maine, et leur composition encadrant la cheminée, indiquaient le statut d'une demeure qui alliait recherche des formes, clarté de la composition extérieure comme intérieure, et aménagement confortable.

Fig. 29 – Angers, Cité, éléments de réseaux de fenêtres trouvés en remploi en 1990.

Fig. 30 – Angers, Cité, 17B, montée Saint-Maurice, maison canoniale Saint-Michel, façade ouest ; état en 2021.

La maison canoniale Saint-Barthélemy – 9, rue Saint-Evroult

Les vestiges médiévaux les plus anciens repérés dans la maison canoniale Saint-Barthélemy sont plus maigres [54]. Il est vrai qu'elle n'a pas fait l'objet d'une étude archéologique. Cependant, bien que cette demeure ne soit, de loin, pas aussi bien conservée que la précédente, elle confirme certains des caractères constitutifs de l'habitat de qualité dans la Cité d'Angers. Elle s'adosse, elle aussi, contre l'enceinte urbaine gallo-romaine, sur laquelle sont assis un grand pignon et un petit (de l'escalier en vis), qui regardent au sud (fig. 31). La base de la muraille antique est bien conservée, mais la tour incluse en limite ouest de l'emprise canoniale a été détruite.

Le gros œuvre est en moellons de schiste et, une fois de plus, seules les chaînes d'angle et les encadrements des baies sont en tuffeau. Si les percements des pignons attestent majoritairement d'une reconstruction au XVe siècle [55], des baies murées, scellées dans un pignon regardant à l'est, en limite orientale de la propriété, témoignent de la survivance de maçonneries antérieures [56]. Ce trio de baies dessine la figure d'un triangle, dont la pointe, tournée vers le bas, est occupée par une fenêtre géminée, la base s'appuyant sur deux fenêtres simples barlongues, de dimensions similaires (fig. 32). La fenêtre géminée est composée de deux lancettes en arc brisé, dont le bouchage interdit de déterminer si elles étaient redentées de trilobes ou non. Les arêtes des encadrements de toutes ces baies sont chanfreinées.

L'apparence est sévère, et la sobriété des formes ne permet pas de préciser la datation, entre la deuxième moitié du XIIIe siècle et le milieu du XIVe siècle. La comparaison avec les baies percées dans un pignon d'une construction sise hors de la Cité, la maison de Lézé (3, rue de l'Aubrière) [57], est probante : les mêmes fenêtres en lancettes y encadrent une rose. Elle montre que ce type de parti était sans doute commun à Angers, mais ne fournit pas d'indice chronologique plus précis.

53. Information dont nous savons gré à François Comte.

54. Parcelle cad. DH 461 sur le plan cadastral actuel.

55. La demeure fut reconstruite au XVe siècle, très vraisemblablement pour Jean Guytier, archidiacre d'Outre-Maine (1426-1464).

56. Ces baies ne furent visibles que peu de temps, à l'occasion de la destruction d'un bâtiment moderne qui en interdisait la vue ; la construction d'un immeuble neuf, à l'est, les a de nouveau masquées.

57. La maison de Lézé fut ensuite l'hôtel Binel, puis de l'Aubrière ; c'est actuellement le presbytère de Notre-Dame : Letellier-d'Espinose et Biguet 2016, p. 59-60 et Dominique Letellier-d'Espinose et Olivier Biguet, « L'hôtel Binel à Angers, résidence d'un grand officier ducal puis royal au XVe siècle », dans *Au bonheur des Archives d'Anjou, Mélanges offerts à Élisabeth Verry*, Angers, 2021, p. 186-194.

Fig. 31 – Angers, Cité, 9, rue Saint-Evroult, maison canoniale Saint-Barthélemy, façade sud, assise sur l'enceinte, rue Toussaint ; état en 2021.

Fig. 32 – Angers, Cité, 9, rue Saint-Evroult, maison canoniale Saint-Barthélemy, baies murées, scellées dans un pignon regardant à l'est, en limite orientale de la propriété ; état en 1998.

Diverses modalités d'accroissement des demeures

Nous achèverons le portait des constructions canoniales des XIIIe et XIVe siècles par trois exemples qui mettent en lumière les phénomènes d'extension ou d'utilisation du sous-sol.

La maison canoniale Saint-Maurille – 16-18, rue Donadieu-de-Puycharic

Cette propriété est une des plus vastes de la Cité (cf. fig. 3, nº 17). La vue depuis la Maine révèle à la fois l'assise sur l'à-pic de la falaise et l'ampleur atteinte par ces vastes emprises, qui agglomérèrent au fil des siècles plusieurs lots fonciers antérieurs : celle-ci a en effet absorbé la maison de ville du prieuré de Cunault, vraisemblablement dans le courant du XVe siècle (fig. 33). La propriété est principalement occupée par de belles constructions des XVe et XVIe siècles, et peu de vestiges antérieurs y avaient été repérés jusqu'à il y a peu, à l'exception de parties souterraines, voûtées en tuffeau, avec une porte en arc brisé, sous le grand corps médian, datables du XIIIe siècle [58]. En revanche, une bâtisse à usage de remise, en limite occidentale de l'emprise, a récemment été reconnue comme datant du XIVe siècle. Elle n'avait guère attiré l'attention, étant masquée du côté de la rue, au sud, par un étroit

58. Parcelle cad. DH 570 sur le plan cadastral actuel.

PIERRE GARRIGOU GRANDCHAMP

corps de galerie de style Renaissance, tandis que ses façades ne conservaient aucune trace de baies médiévales.

L'observation de la charpente a incité à des prélèvements de bois qui ont permis une datation dendrochronologique de 1327/1328d [59]. Ce long bâtiment (24 x 5 m dans-œuvre), dont le pignon nord regarde la Maine, est axé nord-sud. La hauteur sous les entraits est de 5,50 m environ, ce qui laisse supposer l'existence originelle de deux niveaux. L'étage aurait été divisé en au moins deux pièces, avec une grande salle longue de 18 m, sous charpente apparente. Celle-ci est du type à chevrons formant fermes, incluant au moins six fermes principales (avec quatre chevrons dans les intervalles), avec entrait, faux-entrait et poinçon ; faîtière et sous-faîtière assurent le contreventement longitudinal (fig. 34). Les entraits chanfreinés et les poinçons de section octogonale attestent du soin apporté à sa mise en œuvre. Une particularité est à noter :

> Des mortaises sous les extrémités des entraits, côté façade uniquement, impliquent la présence initiale d'aisseliers qui devaient s'encastrer dans des poteaux de façade : ces traces archéologiques permettent d'extrapoler de façon certaine une façade en pan de bois, plus précisément un étage en pan de bois sur un rez-de-chaussée en pierre [60].

59. Le Digol *et alii* 2020.

60. Nos vifs remerciements à Olivier Biguet et Jean-Yves Hunot pour l'historique de la maison et la description de la charpente.

Fig. 33 – Angers, Cité, 16-18, rue Donadieu-de-Puycharic, maison Saint-Maurille, vue des édifices assis sur l'enceinte, depuis le quai des Carmes ; à l'aplomb de B, le pignon du corps daté 1327-1328d.

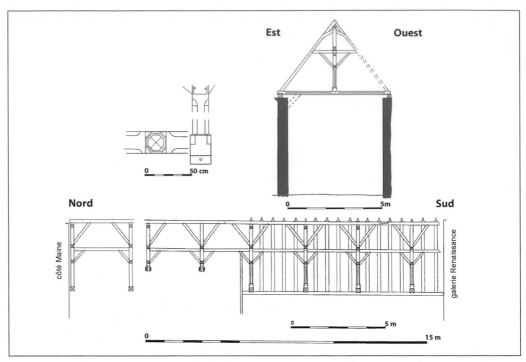

Fig. 34 – Angers, Cité, rue Donadieu-de-Puycharic, maison Saint-Maurille, coupes sur le corps B ; charpente datée 1327-1328d (relevés et dessins J.-Y. Hunot).

Ce parti constructif est à ce jour un *unicum* dans la Cité ; le pan de bois est, par ailleurs, le plus ancien actuellement daté à Angers.

Le bâtiment n'est pas aisé à interpréter. Constituait-il vraiment, à lui seul, la maison canoniale Saint-Maurille, jouxtant au nord la maison de Cunault ? N'était-il pas plutôt une extension, à l'image de celle que connut la maison Sainte-Croix, qui est présentée ci-dessous ? En tout état de cause, et quel qu'ait pu être le prestige attaché aux maçonneries de tuffeau pour les façades, on constate que la mixité des matériaux n'était en aucune façon un indice d'une qualité sociale inférieure, mais tout au plus celle de moyens financiers moindres. Une telle mixité a d'ailleurs été reconnue dans une maison canoniale du cloître Notre-Dame, à Chartres, aux charpentes contemporaines de celle de la maison angevine [61].

La maison canoniale Sainte-Croix – 7, rue Saint-Aignan, corps B

Le doute n'est revanche pas permis quant à l'origine du bâtiment suivant, qui a clairement été conçu comme une extension d'une maison canoniale préexistante. Le corps B (au n° 7 de la rue), construit en front de rue, est venu s'adosser perpendiculairement à l'aile A2 (fig. 7). Il est sommairement évoqué ici, car il apert qu'il date du XIVᵉ siècle. L'examen attentif des maçonneries avait permis, en 2002, de repérer les traces de baies de cette époque, notamment dans la moitié droite où subsiste une importante plage de maçonnerie, avec une baie en arc brisé au rez-de-chaussée et une baie simple barlongue à l'étage (fig. 35) [62].

Les récentes analyses dendrochronologiques menées sur l'ensemble de la maison canoniale ont révélé que cette aile conservait l'essentiel d'une charpente de 1330/1333d [63]. Elle a été très perturbée, mais son parti général à chevrons formant fermes, faux-entraits et sous-faîtage a pu être identifié. Elle couvrait manifestement une ou des pièce(s) aménagée(s) à l'étage de ce long corps venu s'appuyer contre la façade sud de la maison romane, dont elle obtura au moins une fenêtre géminée.

61. Fabienne Audebrand, Pierre Garrigou Grandchamp, Marie-Laure Petit, « Chartres (Eure-et-Loir). Maisons médiévales des XIIIᵉ et XIVᵉ siècles et secteur sauvegardé », *Bulletin monumental*, t. 162, 2004, p. 121-124 : charpentes datées l'une de 1316d et l'autre de 1318d.

62. Mastrolorenzo 2002.

63. Le Digol *et alii* 2022.

Cette construction nouvelle, ne comportant aucune trace d'une maçonnerie romane, illustre à nos yeux un des processus d'accroissement des grandes demeures canoniales, qui semblent avoir procédé tant par incorporation de propriétés voisines, que par construction *ex nihilo*.

64. Parcelle cad. DH 760 sur le plan cadastral actuel.

La maison canoniale Saint-Laud – 4, rue Saint-Christophe

Cette dernière maison canoniale a été totalement reconstruite au XVIIIe siècle et les seules parties médiévales conservées sont souterraines [64]. Parmi les caves voûtées de la cité angevine, c'est la seule qui montre un bel espace couvert d'une croisée d'ogives, servant de vestibule en bas de l'escalier d'accès, depuis la cour. Il ouvre, par une porte en arc segmentaire, sur la cave proprement dite, espace barlong couvert de l'habituelle voûte en berceau brisé, ici soigneusement appareillée en tuffeau avec doubleaux.

Fig. 35 – Angers, Cité, 3-7, rue Saint-Aignan, corps B face ouest ; les seuls indices de son ancienneté sont les deux baies en rose, à droite, en limite gauche ; charpente datée 1330-1333d (relevé J. Mastrolorenzo, © Région des Pays de la Loire - Inventaire général).

Fig. 36 – Angers, Cité, 4, rue Saint-Christophe, maison canoniale Saint-Laud, voûte du sas d'entrée au bas de l'escalier menant à la cave ; état en 2021.

Les arcs de la voûte retombent sur des culots adoptant la structure de chapiteaux, avec tailloir, corbeille décorée de crochets ou de feuilles au naturel et astragale torique, une couronne de feuillages achevant la pièce sculptée (fig. 36). À la croisée des arcs s'épanouit une clef de voûte : une corolle de feuilles dentelées enserre un cœur torsadé.

Ce morceau est une production soignée du style gothique angevin, datable des années 1250-1260 et n'a pas son équivalent dans une autre maison de la Cité. Il témoigne de l'importance que pouvaient avoir les parties souterraines, même dans des demeures ecclésiastiques où, *a priori*, elles n'étaient pas affectées à des fonctions commerciales.

Diversité de l'habitat dans la Cité au xve siècle

La description des maisons ecclésiastiques de la Cité postérieures au XIVe siècle sera plus sélective, pour deux raisons. Les demeures canoniales y sont certes nombreuses, mais aucune ne conserve un état complet de la période ; aussi sera-t-il préféré de seulement évoquer certains traits caractéristiques, marquant une évolution par rapport aux formes architecturales précédentes. Par ailleurs, ce sont d'autres catégories de l'habitat, non représentées jusque-là, qui s'offrent à nous dans un bon état de conservation, demeures de bas-officiers du chapitre et logis d'un laïc.

Nouveaux équipements des maisons ecclésiastiques

Maison canoniale Saint-Paul – 4, rue du Vollier

Cette demeure, particulièrement vaste, occupe la quasi-totalité d'un îlot entre les rues du Vollier, Saint-Paul et Donadieu de Puycharic (cf. fig. 3, n° 6). Elle présente un assemblage de nombreux corps, dont les plus anciens datent, semble-t-il, du XVe siècle [65]. Sa particularité la plus notable est l'existence d'un oratoire : il s'affiche sur la rue Saint-Paul par un pignon, percé d'une baie en plein cintre redentée d'un réseau trilobé.

65. Parcelle cad. DH 47 sur le plan cadastral actuel.

C'est, avec celui de la maison Saint-Barthélemy, un des deux plus anciens oratoires repérés dans la Cité, mais cette petite pièce dédiée à la dévotion privée du chanoine devint très fréquente à partir de la fin du XVe siècle [66]. Celles qui subsistent sont des constructions soignées, toujours installées à l'étage et en général couvertes d'une voûte sur croisée d'ogives.

Généralisation des escaliers en vis et des tourelles hors-œuvre

Le deuxième caractère nouveau est la multiplication des escaliers en vis, parfois dansœuvre, mais très souvent dans des tourelles hors-œuvre. Ils deviennent l'organe de desserte verticale capital, autour duquel s'articule la distribution des pièces.

Parmi ces vis dans des tourelles, citons celles des maisons canoniales Saint-Paul, Saint-Barthélemy et Saint-Marc, dite Château-Gaillard (9-13, rue des Jacobins), et celles de basofficiers du chapitre, les maisons de l'archidiaconé d'Outre-Loire (20, rue Donadieu-de-Puycharic) et de la chapelle de la corbellerie de Saint-Laud, au 5-5bis de la même rue.

Maisons des officiers du bas-chœur du chapitre

La maison de la chapelle de Landemore – 17, rue Saint-Aignan

Voici un édifice exceptionnellement bien conservé et c'est le meilleur exemple de maison de chapelain qui subsiste dans la Cité [67], ce qui n'a pas échappé à la sagacité des chercheurs, qui lui ont consacré une courte monographie, très informée [68]. Elle présente plusieurs caractères spécifiques.

D'abord son enveloppe, qui est construite intégralement en pans de bois pour la façade, mais aussi pour les autres faces, au-dessus d'un soubassement en pierre. Cette « maison-bloc » (5,30 m de façade sur 8 m de profondeur) est complétée à l'arrière par un corps de latrines en maçonnerie (fig. 37). Les structures en pans de bois ont été datées de 1399-1400d. L'immeuble ne comporte qu'une pièce par niveau et les hauteurs dans œuvre sont sensiblement plus basses que la moyenne au XVe siècle, entre 2,10 m sous solives au rez-dechaussée et 2,48 m au premier étage, au lieu des 3 m habituels.

66. Letellier-d'Espinose et Biguet 2016, p. 277-278.

67. Parcelle cad. DH 521 sur le plan cadastral actuel.

68. Biguet et Letellier 2013, p. 183-185 (indique la datation dendrochronologique) ; Letellier-d'Espinose et Biguet 2016, p. 89.

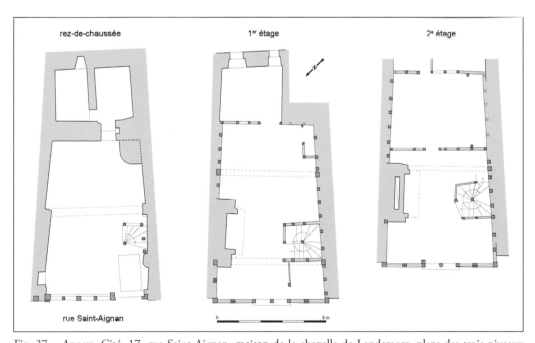

Fig. 37 – Angers, Cité, 17, rue Saint-Aignan, maison de la chapelle de Landemore, plans des trois niveaux (relevés et dessins J.-Y. Hunot et E. Litoux).

69. Le logis est connu dès 1392 sous le nom de maison de la chapelle de Landemore, dont prend possession en 1398 le prêtre Jehan Montatoriis [ou Mercatoriis].

L'autre trait remarquable tient à la distribution du deuxième étage. En raison de la faible superficie habitable (55 m² au sol), ce niveau a été aménagé avec une salle sous charpente « en botte », c'est-à-dire haute de 4,50 m à l'avant et plus basse à l'arrière (fig. 38) : elle est en effet ici surmontée d'une chambrette suspendue, à la manière d'une mezzanine, mais fermée.

Cette maison bénéficiait d'un standard de confort appréciable, avec deux cheminées et des latrines. La hiérarchie des niveaux (pièce basse non chauffée, salle d'étage plus soignée avec poutres chanfreinées, puis salle sous charpente) indique une certaine aisance, celle d'un chapelain attesté dans les lieux peu avant la reconstruction [69]. De ce fait, on peut imaginer que le rez-de-chaussée, largement éclairé, avait un usage non pas commercial, mais domestique. Le choix du bois pour la façade, alors que les trois autres côtés sont en pierre, est aussi un aspect remarquable ; un tel parti n'est plus attesté au siècle suivant pour des constructions à vocation uniquement résidentielle, alors qu'il se maintint dans celles qui avaient une fonction commerciale.

Au total, on constate que ces demeures de chapelains sont d'apparence très variable, de la simple maison au petit hôtel particulier. Le 17, rue Saint-Aignan est une petite « maison-bloc », au demeurant confortable, quand la corbellerie de Saint-Laud, malgré un gabarit, restreint, relève d'une typologie d'hôtel, avec sa cour antérieure, où est installée la tour d'escalier en façade – qui plus est équipée d'une superbe huisserie contemporaine aux panneaux sculptés (fig. 39).

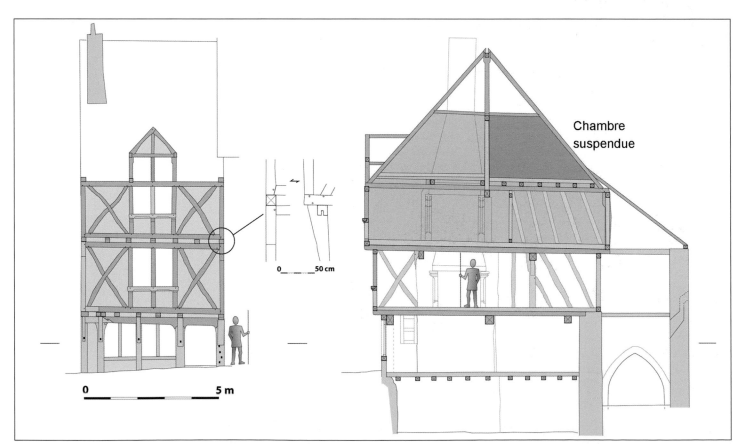

Fig. 38 – Angers, Cité, 17, rue Saint-Aignan, maison de la chapelle de Landemore, élévation de la façade sur rue et coupe longitudinale ; salle sous charpente en vert pâle et chambre suspendue en vert foncé (relevés et dessins J.-Y. Hunot et E. Litoux).

PIERRE GARRIGOU GRANDCHAMP

70. Parcelle cad. DH 507 sur le plan cadastral actuel.

71. Biguet et Letellier 2013, p. 188-189 (les auteurs citent les diverses sources).

Fig. 39 – Angers, Cité, 5-5bis, rue Donadieu-de-Puycharic, corbellerie de Saint-Laud, porte de l'escalier en vis.

Un logis de laïc, la maison du Croissant – 7, rue des Filles-Dieu

Avec le 14, rue Saint-Aignan, qui est plus tardif (1516d), la demeure dite « maison du Croissant », est le principal témoin de l'habitat laïc résiduel [70]. Le pan de bois fut construit avec des arbres abattus en 1459-1460d. Or, l'érection de ce rare logis laïc de la Cité est documentée par les sources : en 1457, le juge d'Anjou enjoignit le propriétaire et charpentier Jean Touschart d'abattre et de reconstruire sa maison « tellement ruyneuse », située seulement à quelques dizaines de mètres du château princier [71].

L'édifice est une maison d'angle, de plan trapézoïdal, très étroite, mais flanquée par une vis de pierre monumentale, qui lui vaut aussi le surnom de « maison de la Tour » (fig. 40). La façade en pan de bois s'élève latéralement – rue Saint-Aignan – sur deux étages,

Fig. 40 – Angers, Cité, 7, rue des Filles-Dieu, « maison du Croissant » ou « de la Tour », vue du sud, avec profil du pignon en pan de bois, état en 2022.

en encorbellements successifs au-dessus d'un rez-de-chaussée en tuffeau, probablement repris ; le hourdis décoratif de brique, qui s'est substitué au torchis, est un apport de la dernière restauration. L'exiguïté de l'emprise au sol a été astucieusement compensée par le rejet de la tourelle d'escalier en vis à la pointe de la parcelle, à l'angle des rues : de fait, elle constitue à elle seule la façade sur la rue des Filles-Dieu. Le soin apporté à ce petit logis témoigne à la fois de l'intensité de la pression foncière dans la Cité au milieu du XVe siècle et de la relative aisance du propriétaire, qui n'était autre que le propre charpentier du duc René d'Anjou, œuvrant au château dans ces mêmes années.

Un habitat canonial d'une grande qualité architecturale

72. Espinay 1871, p. 33.
73. Biguet et Letellier 2002, p. 62 (reproduction d'un dessin de Georges Bouet).

Ce corpus des demeures ecclésiastiques de la Cité d'Angers compose un panorama unique à ce jour en France, pour un cloître cathédral de la période étudiée, et particulièrement pour les XIIe et XIIIe siècles. Leur grand nombre et leur diversité autorisent un portait nuancé, mais approfondi, tant pour les formes architecturales, que pour la compréhension de leurs plans et de leurs programmes.

Sous bien des aspects, cet habitat est conforme aux choix techniques et stylistiques dominants dans la capitale de l'Anjou. Ainsi pour les matériaux : la quasi-totalité des immeubles illustrent une construction mixte, mêlant le tuffeau et le schiste, avec une part plus ou moins grande donnée au tuffeau. À cet égard, les façades de la maison canoniale Sainte-Croix sont un *unicum* dans la Cité, mais non dans la ville, comme en atteste l'hôtel de Beauveau-Montiron, dans la Doutre. Au total, le paysage urbain de la Cité est très minéral : les pans de bois y sont très minoritaires, peu nombreux jusqu'au XIVe siècle inclus et, semble-t-il, cantonnés à des parties secondaires avant le XVe siècle.

Les recherches des dernières décennies ont révélé une série de charpentes bien conservées, qui enrichissent très considérablement le corpus des structures angevines les plus anciennes, en particulier pour les charpentes civiles des XIIe et XIIIe siècles. Leur état de conservation est variable, mais les résultats obtenus, qui furent souvent surprenants tant il est trop souvent admis que les charpentes anciennes n'ont pas survécu, doivent inciter à une grande prudence et à la poursuite de cette quête.

Quant au vocabulaire de la sculpture monumentale, spécialement bien conservé dans les baies de la maison Sainte-Croix, il est typique du paysage architectural angevin de la deuxième moitié du XIIe siècle et la datation des charpentes montre qu'il était encore apprécié au début du siècle suivant. On a comparé ces fenêtres à celles du bâtiment dit « Greniers Saint-Jean » et du premier niveau de la tour Saint-Aubin, ainsi qu'à celles – disparues – de l'évêché [72] et d'une maison de la Doutre [73]. L'existence de chapiteaux élaborés, dans cette maison et dans la maison Saint-Pierre, ainsi que la voûte raffinée de la maison Saint-Laud, sont des marques supplémentaires du haut standard de ces constructions canoniales.

Si les formes romanes sont ainsi bien cernées, la chronologie de l'adoption du style gothique rayonnant à Angers reste une question mal documentée. La datation de la charpente de la maison Saint-Michel en 1269/1270d fait avancer d'environ deux décennies l'acclimatation de ces formes, par rapport à l'opinion qui prévalait. Les points de comparaison manquent cependant cruellement en dehors d'une fenêtre à réseau de l'église des Antonins.

Le programme de ces grandes demeures, qui occupent de vastes parcelles et ont souvent annexé des portions du mur d'enceinte de la Cité et des tours, est purement résidentiel. Tout concorde pour faire identifier l'étage, unique, comme le niveau où sont installées les principales pièces à vivre (sauf dans le cas d'une salle dans un rez-de-chaussée surélevé), et aucune de leurs façades ne laisse reconnaître dans son rez-de-chaussée des percements adaptés à une économie d'échanges. Les caves, très fréquentes et de bonnes dimensions, sont en général desservies depuis les cours et non pas depuis la rue, comme dans le cas d'espaces souterrains en rapport avec une activité économique. Ces caractéristiques sont largement partagées par les maisons canoniales contemporaines dans les autres cloîtres des cathédrales, comme à Beauvais, Chartres et Tours.

Le plan en L avec cour antérieure des maisons Sainte-Croix, Saint-Michel et Saint-Martial, qui plaçait partiellement le logis en retrait, est typique de ces demeures « en forme d'hôtel », presque entre cour et jardin. Il est remarquable de distinguer un tel plan dès cette haute époque, les logis canoniaux romans connus dans la moitié nord de la France se

74. Garrigou Grandchamp 2013, p. 415-450, ici p. 422 (Avranches), 423 (Beauvais et Le Mans), et 438 (Chartres).

75. Garrigou Grandchamp 2013, p. 430-431.

76. Gaël Carré, Emmanuel Litoux et Jean-Yves Hunot, *Demeures seigneuriales en Anjou. XIIᵉ-XVᵉ siècles, Patrimoine d'Anjou : études et travaux 2*, Conseil général de Maine-et-Loire, Service archéologique, 2002 ; Jean-Yves Hunot, Emmanuel Litoux, *Nouvelles recherches sur les demeures seigneuriales en Anjou. XIIIᵉ-XVᵉ siècles, Patrimoine d'Anjou : études et travaux 4*, Conseil général de Maine-et-Loire, Service archéologique, 2010 ; Gaël Carré et Emmanuel Litoux, « La salle dans les manoirs angevins du XIIᵉ siècle à la fin du XVᵉ siècle : permanences et changements », dans G. Meirion-Jones (dir.), *La demeure seigneuriale du monde Plantagenêt, XIᵉ-XVIᵉ siècles*, Rennes, p. 327-343.

77. Ce sont l'hôtel de la Haute-Mule dans la Cité, déjà cité (maison de ville de l'abbaye de Fontevraud ; cf. Rondeau 1919), l'hôtel des Pénitentes et l'hôtel de Traves dans la Doutre ; ces deux derniers sont connus comme des « ménors » dans le censif du Ronceray de 1385, respectivement manoir de l'abbé de Saint-Nicolas (avec cave en tuffeau probablement médiévale) et manoir de la Plesse (ce dernier sur une grande cave en tuffeau en berceau brisé avec doubleaux, assurément médiévale). Nous savons gré à Olivier Biguet de ces informations et des échanges à propos de cette hypothèse.

78. *Cartulaire du chapitre de Saint-Laud*, 1903, nᵒ 49, p. 67.

présentant plutôt en front de rue, comme à Chartres et à Avranches, ou en fond de cour, comme à Beauvais ou au Mans[74].

Un autre acquis extrêmement important apporté par l'étude de ce corpus est la mise en évidence d'une salle de plain-pied, à rez-de-chaussée surélevé sur cave dans une maison urbaine. Le repérage d'un tel parti en ville est encore rare[75]. Il fait cependant écho à de nombreuses identifications, dans des manoirs du Grand Ouest, d'une forme architecturale jugée jusqu'à ces dernière décennies « exotique » et relevant d'une autre culture, notamment britannique[76]. Avéré dans la maison canoniale Saint-Martial, ce cas pourrait ne pas être isolé, à en juger par une série d'hôtels particuliers de la Renaissance qui présentent des élévations seulement en rez-de-chaussée et paraissent autant d'*hapax* dans le corpus des hôtels de cette époque[77]. Il est tentant de former l'hypothèse que ces trois édifices, dans leur forme actuelle, pourraient être des rhabillages de demeures médiévales et seraient donc d'autres témoins du type d'immeubles à rez-de-chaussée surélevé, sur cave, tout comme le corps de logis de la maison Saint-Martial.

Tous ces édifices dressent donc le portrait d'une architecture de grande qualité, composée de demeures à étage, bâties en maçonneries et de grandes dimensions. Certaines peuvent même être dites « en forme d'hôtel », pour mettre en exergue un plan de masse élaboré, avec cour, et distribution développée, sans recourir au concept anachronique « d'hôtel particulier ». Que ces habitats aient été tôt reconnus comme tels est prouvé par la cérémonie de transfert d'une prévôté qui se tint en 1150 dans la maison canoniale d'Hugues de Chartres, chanoine de Saint-Laud, en présence du comte Geoffroy le Bel[78].

Crédits photographiques : fig. 5 : Musées d'Angers, MBA 76.4.82 ; fig. 6 : Musée des Beaux-Arts d'Angers, MBA 2007.9.1 ; fig. 9, 10, 12, 16b, 21 : cl. Olivier Biguet ; fig. 11, 30 et 31, 36, 40 : cl. Pierre Garrigou Grandchamp ; fig. 14, 15, 16a, 32 : cl. Bruno Rousseau, Conservation départementale du patrimoine de Maine-et-Loire ; fig. 18, 27, 29, 39 : cl. François Lasa, Région des Pays de la Loire - Inventaire général.

BIBLIOGRAPHIE

Angelescu et Comte 1992
Mireille Angelescu, François Comte, « Angers. Maison canoniale Saint-Michel », *Bilan scientifique de la région Pays de la Loire 1992*, Paris, ministère de la Culture, 1993, p. 46-47.

Angelescu et Comte 1993
Mireille Angelescu, François Comte, « Angers (Maine-et-Loire). Maison canoniale Saint-Michel », *Archéologie médiévale*, t. XXIII, 1993, p. 348-349.

Biguet et Letellier 2002
Olivier Biguet et Dominique Letellier, « Évocation de l'habitat patricien à Angers au XIIᵉ siècle », *Bulletin monumental*, t. 160-I, 2002, p. 47-69.

Biguet et Letellier 2013
Olivier Biguet et Dominique Letellier, « Les maisons en pans de bois d'Angers. L'apport de la dendrochronologie et des sources documentaires », dans Clément Alix et Frédéric Épaud (dir.), *La Construction en pans de bois au Moyen Âge et à la Renaissance*, Universités de Rennes et de Tours, 2013, p. 181-199.

Biguet et Letellier-d'Espinose 2016
Olivier Biguet et Dominique Letellier-d'Espinose, *Angers. Formation de la ville. Évolution de l'habitat*, Nantes, 2016 (527 p., particulièrement p. 58-89 : « Tableau de l'habitat médiéval », « Les résidences du pouvoir », « L'architecture d'une élite : essai de classification (XIIᵉ-XIVᵉ s. » et p. 272-281 : « Manières d'habiter la Cité »).

Comte 1987
François Comte, « Angers (Maine-et-Loire) : topographie », dans Xavier Barral i Altet (dir.), *Le Paysage monumental de la France autour de l'an mil*, Paris, Picard, 1987, p. 588-593 et 2 pl.

Comte 1994
François Comte, *Angers. Maison canoniale Sainte-Croix (XIIᵉ-XVIᵉ siècles), 3-7, rue Saint-Aignan*, Rapport, Nantes, DRAC des Pays de la Loire, SRA et Conservation des MH, 1994.

Comte 2003a
François Comte, « 8. Angers. La Cité et ses abords immédiats », dans Bernard Gauthiez, Élisabeth Zadora-Rio, Henri Galinié (dir.), *Village et ville au Moyen Âge : les dynamiques morphologiques*, Tours, Université François-Rabelais et MSH Villes et territoires, 2003, t. 1, p. 207-216 et plans t. 2, p. 171-177.

Comte 2003b
François Comte, « La Cité, quartier canonial Saint-Maurice d'Angers », dans Jean-Michel Matz et François Comte, *Diocèse d'Angers. Répertoire prosopographique des évêques, dignitaires et chanoines de 1200 à 1500*, Turnhout, Brepols, 2003 (*Fasti Ecclesiae Gallicanae*, 7), p. 87 107.

Comte 2006
François Comte, « Rues, place et maisons nommées Saint-Martin à Angers (Moyen Âge et Époque moderne », *Archives d'Anjou. Mélanges d'histoire et d'archéologie angevines*, nᵒ 10 : « Saint Martin et l'Anjou », 2006, p. 180-203.

Comte 2011a
François Comte, « Les lieux du pouvoir ducal à Angers au XVᵉ siècle », dans Jean-Michel Matz et Noël-Yves Tonnerre (dir.), *René d'Anjou (1409-1480). Pouvoirs et gouvernement*, Université de Rennes, 2011, p. 163-194.

Comte 2011b
François Comte, « L'enceinte gallo-romaine d'Angers devenue clôture canoniale : transformations, adaptations et déclassement d'une enceinte militaire (XIIIᵉ-XIVᵉ siècles) », *In Situ. Revue des patrimoines*, nᵒ 16 : « Le patrimoine militaire et la question urbaine », 2011 [mis en ligne le 27 juin 2011].

Comte 2011c
François Comte, « L'enceinte d'Angers (XIIIᵉ siècle) et son impact sur l'espace urbain », dans Paolo Peduto et Alfredo Maria Santoro (dir.), *Archeologia dei castelli nell'Europa angioina (secoli XIII-XV). Atti del colloquio internazionale dell'università di Salerno, 10-12 novembre 2008*, Florence, All'Insegna del Giglio, 2011 (coll. « Medioevo scavato-Schola Salernita »), p. 77-89.

Comte 2020
François Comte, « La Cité et le quartier canonial », dans Bénédicte Fillion-Braguet, Étienne Vacquet, Élisabeth Verry (dir.), *Angers. La grâce d'une cathédrale*, Paris, 2020, p. 344-351.

Espinay 1871
Gustave d'Espinay, « Saint-Aignan - Les Jacobins », dans *Congrès archéologique de France, 38ᵉ session, Angers, 1871*, Paris, Derache, Caen, Leblanc-Hardel et Angers, Lachèse, Belleuvre et Dolbeau, 1872, p. 33-35 et pl. p. 32 (« Église Saint-Aignan »).

Farcy et Houdebine 1926
Louis de Farcy et Timothée-Louis Houdebine,

« Les maisons canoniales », dans *Monographie de la cathédrale d'Angers*, t. 4 : *Les Évêques, le chapitre, institutions diverses, cérémonies, anciens usages*, Angers, A. Bruel, 1926, p. 102-114 et pl. II.

Fillion-Braguet et Prigent 2014
Bénédicte Fillion-Braguet et Daniel Prigent, « L'architecture religieuse en Anjou au temps de Saint-Louis », dans *Saint Louis et l'Anjou 2014*, p. 161-186.

Garrigou Grandchamp 2013
Pierre Garrigou Grandchamp, « L'architecture civile dans le paysage architectural urbain du Grand Ouest du XIIᵉ au XIVᵉ siècle », dans Gwyn Meirion-Jones (dir.), *La Demeure seigneuriale dans l'espace Plantagenêt : salles, chambres et tours*, Université de Rennes, 2013, p. 415-450.

Garrigou Grandchamp 2014
Pierre Garrigou Grandchamp, « L'architecture résidentielle urbaine à Angers et dans les territoires environnants au XIIᵉ siècle », dans *Saint Louis et l'Anjou*, 2014, p. 205-220.

Hunot 2014a
Jean-Yves Hunot, « Angers. La maison canoniale du XIIIᵉ siècle, 1, rue Donadieu de Puycharic », *Bulletin monumental*, t. 172-III, 2014, p. 229-234.

Hunot 2014b
Jean-Yves Hunot, « La charpente : entre traditions et nouveautés », dans *Saint Louis et l'Anjou 2014*, p. 187-204 (particulièrement p. 189-191).

Le Digol et alii 2014
Yannick Le Digol, avec la coll. de Yann Couturier et Axel Marais, *Angers, Maine-et-Loire. 1, rue Donadieu de Puycharic – 2, rue Saint-Aignan*, Dendrotech, Ville d'Angers, octobre 2014.

Le Digol et alii 2018
Yannick Le Digol, avec la coll. de Yann Couturier, Élise Werthe et Axel Marais, *Angers, Maine-et-Loire. Maison canoniale Saint-Michel*, Dendrotech, Ville d'Angers, septembre 2018.

Le Digol et alii 2020
Yannick Le Digol avec la coll. de Yann Couturier, Élise Werthe, Axel Marais et Corentin Olivier, *Angers, 16-18, rue Donadieu de Puycharic*, Dendrotech, Ville d'Angers, octobre 2020.

Le Digol et alii 2022
Yannick Le Digol, avec la coll. de Yann Couturier, Élise Werthe, Axel Marais et Corentin Olivier,

Angers, Maine-et-Loire. Maison canoniale Sainte-Croix, Dendrotech, Ville d'Angers, mars 2022.

Litoux 2017
Emmanuel Litoux, *Angers (49). Caserne de gendarmerie Saint-Maurice. Rapport de diagnostic archéologique sur les parties en élévation*, Anjou, Conservation départementale de Maine-et-Loire, Pôle archéologie, Angers, SRA des Pays de la Loire, 2017 (34 p. dont maison du XIIᵉ s. avec cave).

Mastrolorenzo 2002
Joseph Mastrolorenzo, *Maison canoniale Sainte-Croix (rue Saint-Aignan, Angers), Étude et relevé des façades sur rue et sur cour*, Nantes, SRA et CRMH des Pays de la Loire, 2002.

Matz 2003
Jean-Michel Matz, « Des stalles vides au chœur ? La résidence des chanoines d'Angers à la fin du Moyen Âge », dans *Bible de bois au Moyen Âge. Bible et liturgie des stalles médiévales*, Paris, 2003 (Impacts, t. 37, nᵒ 4), p. 15-36.

Péan de la Tuilerie 1778, 1868
Julien Péan de la Tuilerie, *Description de la ville d'Angers et de tout ce qu'elle contient de plus remarquable*, Angers, Billault, 1778, édition augmentée de notes par Célestin Port, Angers, Barassé, 1868.

Port 1874-1878 et 1965
Célestin Port, *Dictionnaire historique, géographique et biographique de Maine-et-Loire,* Angers, Lachèse, Belleuvre et Dolbeau, 1874-1878, 3 vol ; revu et mis à jour par Jacques Levron et Pierre d'Herbécourt, Angers, Siraudeau, 1965, t. 1.

Robin 1970
Gérard Robin, « Le problème de la vie commune au chapitre de la cathédrale Saint-Maurice d'Angers, du IXᵉ au XIIIᵉ siècle », *Cahiers de civilisation médiévale*, 13ᵉ année (nᵒ 52), octobre-décembre 1970, p. 305-322.

Saint Louis et l'Anjou 2014.
Saint Louis et l'Anjou, Étienne Vacquet (dir.), Université Rennes, 2014.

Rondeau 1918
Chanoine Édouard Rondeau, « L'hôtel Haute-Mule (XIIᵉ-XXᵉ siècle) », *Mémoires de la Société nationale d'agriculture, sciences et arts d'Angers*, 5ᵉ série, t. 21, 1918, p. 82-130.

Urseau 1910
Chanoine Charles Urseau, « Vieilles maisons », dans *Congrès archéologique de France, 77ᵉ session, Angers et Saumur*, 1910, Paris et Caen, 1911, t. 1 : *Guide du congrès*, p. 252-256.

L'architecture religieuse, des prémices au gothique

L'architecture romane en Anjou
État des lieux

John McNeill [*]

[*] Secrétaire honoraire de la British Archaeological Association

Lorsque le Congrès archéologique se rendit en Anjou, en 1964, Paul Deschamps ouvrit les débats en opposant ainsi Angers à sa voisine méridionale : « Si Poitiers, grâce à ses nombreuses églises des XIe et XIIe siècles, est ville romane par excellence, Angers présente magnifiquement le premier art gothique en des monuments d'une vigoureuse originalité [1]. » P. Deschamps poursuivit son exposé en rendant hommage à la publication, l'année précédente, de l'ouvrage d'André Mussat, *Le style gothique de l'Ouest de la France aux XIIe et XIIIe siècles*, qui a marqué un tournant dans l'étude de l'architecture de la France médiévale de l'Ouest [2]. Alors que les auteurs précédents avaient considéré les édifices de cette période comme des exemples du *style gothique angevin* ou du *style plantagenêt*, A. Mussat a montré qu'aucun de ces deux termes n'était adéquat. En effet, non seulement le style en question n'est pas propre au Grand Anjou, mais son aire d'extension ne coïncide pas avec un territoire politique bien défini. Historiquement, ses origines remontent à la première moitié du XIe siècle et à l'expansion du comté d'Anjou au sud de la Loire et, vers l'est, jusqu'à la Touraine. Ces gains territoriaux ont bouleversé un paysage dans lequel la Loire marquait jusqu'alors la frontière entre la Neustrie et l'Aquitaine. Les idées, les personnes et les modes de construction pouvaient désormais circuler du nord au sud et vice versa [3]. Cette nouvelle configuration fut déterminante pour la création d'une identité culturelle régionale : sans elle, l'architecture gothique n'aurait pu connaître en Anjou l'expression qui fut la sienne. Ce sont les échanges de formes et de modèles architecturaux entre Le Mans, Cunault et Saintes qui, au XIe siècle, furent le substrat du *style gothique de l'Ouest* d'A. Mussat [4].

Plus que quiconque, A. Mussat a joué un rôle de premier plan dans la définition d'une architecture régionale, avec la publication dans les actes du Congrès de 1964 de pas moins de neuf articles [5]. L'étude de la plupart des monuments romans revint à Jacques Mallet (églises de Vernoil-le-Fourier, Mouliherne, Brion, Bocé, Vieil-Baugé, Pontigné, Genneteil et Trèves), mais Fontevraud fut présenté par René Crozet, Cunault par Francis Salet, Saint-Martin d'Angers et Savennières par Jean Martin-Demézil et Le Lion-d'Angers par René Planchenault [6]. Bien que les pertes de monuments romans aient été considérables, notamment à Angers, il subsiste encore une partie de l'ancienne abbaye de Saint-Aubin, le palais épiscopal, les abbatiales du Ronceray et de Saint-Serge, la nef de la cathédrale, les églises de la Trinité, de Saint-Samson et de Saint-Martin. Aussi P. Deschamps était-il quelque peu injuste en présentant Angers que comme une ville du premier art gothique : quoique fragmentaires et archéologiquement compliqués, les vestiges de l'Angers roman peuvent rivaliser avec ceux de l'Angers du début de l'époque gothique.

Depuis 1964, la vision de l'architecture romane d'Anjou a beaucoup évolué. Les connaissances sur Saint-Martin d'Angers et sur l'abbaye de Fontevraud ont été renouvelées par des fouilles (ou le réexamen de fouilles anciennes) ainsi que par les études préalables à la

1. « Procès-verbaux des séances », dans *Congrès archéologique de France. Anjou*, 1964, p. 677.

2. André Mussat, *Le style gothique de l'Ouest de la France aux XIIe et XIIIe siècles*, Paris, 1963. Le livre reçut la première médaille au concours des Antiquités de la France peu avant l'ouverture du congrès.

3. *Ibid.*, p. 18-21.

4. Voir également Anat Tcherikover, « Anjou or Aquitaine? The Case of Saint-Eutrope at Saintes », *Zeitschrift für Kunstgeschichte*, t. 51, 1988, p. 348-371.

5. *Congrès archéologique… Anjou, op. cit.* note 1.

6. *Ibid.*

7. Jacques Mallet et Sophie Weygand (dir.), *Saint-Aubin d'Angers du VIe au XXe siècle*, cat. exp. Angers, 1985.

8 *Henri II Plantagenêt et son temps*, Actes du colloque de Fontevraud, 29 septembre-1er octobre 1990 (numéro spécial des *Cahiers de Civilisation Médiévale*, t. 37, 1994, p. 3-123).

9. Daniel Prigent et Noël-Yves Tonnerre (dir.), *La construction en Anjou au Moyen Âge*, actes de la table ronde d'Angers, 29-30 mars 1996, Angers, 1998.

10. *Les cisterciens en Anjou du XIIe à nos jours*, actes du colloque de Bellefontaine, 26-27 septembre 1998, Bégrolles-en-Mauges, 1999.

11. John McNeill et Daniel Prigent (dir.), *Anjou: Medieval Art, Architecture and Archaeology*, British Archaeological Association Conference Transactions XXVI, 2003.

12. Jacques Mallet, *L'art roman de l'ancien Anjou*, Paris, 1984 ; Christian Davy, *La peinture murale romane dans les Pays de la Loire*, Laval, 1999. Autour de l'Anjou, nous devons également souligner tout l'intérêt de publications de synthèse : Marie-Thérèse Camus, *Sculpture romane du Poitou. Les grands chantiers du XIe siècle*, Paris, 1992 ; Marie-Thérèse Camus, Élisabeth Charpentier, Jean-François Amelot, *Sculpture romane du Poitou. Le temps des chefs-d'œuvre*, Paris, 2009 ; Alain Valais, *Les églises rurales du premier Moyen Âge (V^e-XIe siècle) dans l'ancien diocèse du Mans et à ses confins*, thèse de doctorat, Brigitte Boissavit-Camus (dir.), université de Nanterre-Paris X, 2021.

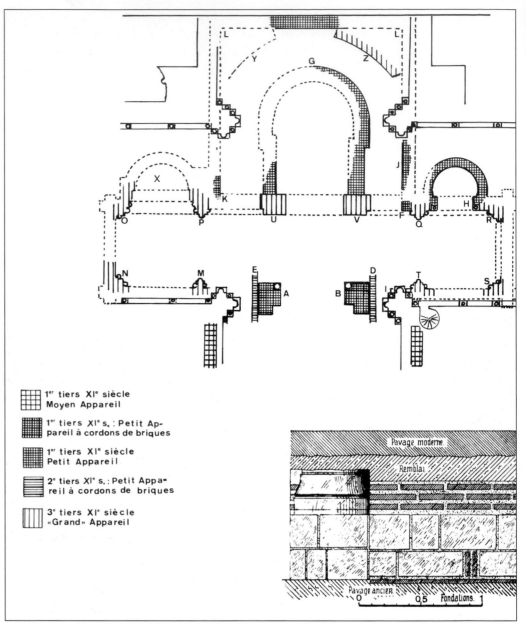

Fig. 1 – Angers, cathédrale, plan de l'église du XIe siècle (d'après J. Mallet, 1984) et dessin du parement de la pile nord-ouest de la croisée du transept (L. de Farcy, 1902).

présentation des sites au public. Un autre travail important a été mené sur l'ancien cloître de Saint-Aubin à Angers. La recherche a également été stimulée par divers expositions et colloques, publiés ou en attente de publication : *Saint-Aubin d'Angers du VIe au XXe siècle* (Angers, 1985) [7], *Henri II Plantagenêt et son temps* (Fontevraud, 1990) [8], *La construction en Anjou au Moyen Âge* (Angers, 1996) [9], *Les cisterciens en Anjou du XIIe siècle à nos jours* (Bellefontaine, 1998) [10], *Medieval Art, Architecture and Archaeology in Anjou* (British Archaeological Association, 2000) [11], *Le portail polychrome de la cathédrale d'Angers (XIIe-XXIe siècle)* [Angers, 2021, à paraître] et, bien sûr, le Congrès archéologique de 2021 lui-même. Par ailleurs, deux études générales importantes ont concerné l'Anjou roman : *L'art roman de l'ancien Anjou* de J. Mallet et *La peinture murale romane dans les Pays de la Loire* de Christian Davy [12].

JOHN McNEILL

L'ouvrage de J. Mallet, publié en 1984, fut le point de départ de la réévaluation de l'art roman en Anjou [13]. Son cadre d'étude était l'« ancien Anjou », assimilé au diocèse d'Angers, tandis que l'« art » se limitait à l'architecture religieuse. Préoccupé à juste titre par les questions de chronologie, l'auteur divisa son livre en cinq parties allant d'« un premier art roman original » à l'avènement du « sentiment gothique » [14]. Cette approche chronologique le conduisit à fragmenter l'analyse des monuments en fonction de leurs phases de construction. Ainsi le clocher de Cunault est-il traité séparément du déambulatoire et du chœur, ce qui contraint le lecteur à sauter d'un chapitre à l'autre pour suivre l'histoire de l'église. Toutefois, compte tenu des problèmes de restitution des édifices disparus, les données sont exposées avec une grande clarté [15]. Selon J. Mallet, l'architecture du début du XIᵉ siècle s'inscrivait encore dans la tradition carolingienne par un goût prononcé pour l'association d'assises de pierre et de bandeaux horizontaux de brique dont, à Angers, témoignent la croisée du transept de Saint-Serge et de Saint-Martin ou encore les substructures de la cathédrale découvertes en fouille au XIXᵉ siècle (fig. 1 et 2) [16]. Il fallut attendre le milieu du

Fig. 2 – Angers, Saint-Martin, la croisée du transept depuis le nord.

13. Voir les recensions de Marcel Durliat dans le *Bulletin monumental*, t. 143, 1985, p. 82-84 et de Bernard Bachrach, dans *Speculum*, t. 64, 1989, p. 740-743.

14. J. Mallet, *L'art roman…*, *op. cit.* note 12, p. 365-367.

15. Il existe une grande disparité dans la conservation des églises paroissiales en Anjou. Ainsi, un grand nombre d'églises romanes des Mauges et de la région de Segré ont été remplacées au XIXᵉ siècle.

16. J. Mallet, *L'art roman…*, *op. cit.* note 12, p. 22-34.

XIᵉ siècle et l'avènement de Geoffroy Martel en tant que comte d'Anjou (1040-1060) pour qu'émerge une architecture romane pleinement définie, avec des chevets en moyen appareil, comportant un déambulatoire de plan complexe, comme ceux de Saint-Florent de Saumur, Saint-Aubin et Saint-Nicolas d'Angers. Il faut aussi évoquer les immenses fenêtres de la nef du Ronceray ou de Saint-Maur de Glanfeuil, associées dans ce dernier cas à des moulurations élaborées et à des appareils décoratifs [17]. Il convient aussi de mentionner l'augmentation des nouvelles constructions d'églises autour de 1100 : alors que cinquante-six paroissiales sont attestées vers l'an 1000, ce chiffre passe à deux-cent-quatre-vingt-quatorze à la fin du XIᵉ siècle. La plupart de ces églises rurales comportaient des nefs uniques et, souvent, des passages latéraux entre cette dernière et la croisée du transept, selon un modèle déjà présent à la cathédrale d'Angers au début du XIᵉ siècle [18]. Nombre d'entre elles étaient dotées d'un clocher, soit édifié au-dessus de la croisée, au-devant d'une courte abside, soit latéralement, contre la nef. Le XIIᵉ siècle s'ouvrit avec la mise en chantier de deux églises importantes liées à la réforme monastique, La Roë et Fontevraud, fondées par Robert d'Arbrissel, l'une et l'autre caractérisées par une longue nef dépourvue de bas-côtés. D'une manière plus générale, la première moitié du XIIᵉ siècle vit l'émergence d'une architecture d'effets plus riches, faisant une place importante au décor sculpté. Celui-ci, lié semble-t-il à l'arrivée d'ateliers extérieurs à l'Anjou, originaires notamment d'Aquitaine, connut un remarquable développement tant à Angers (palais épiscopal et Saint-Aubin) que plus à l'est (Cunault et Fontevraud) [19]. Enfin, toujours selon J. Mallet, « l'apparition des premières voûtes gothiques dans les structures architecturales romanes », préludant à la création de croisées d'ogives plus élancées et plus légères, marqua le terme de l'architecture romane en Anjou [20].

Que faut-il penser de cette vision de l'art roman en Anjou ? Dans la conclusion de son livre, J. Mallet soulignait le grand nombre de monuments disparus, les lacunes documentaires concernant les abbayes de Bourgueil et de Saint-Florent de Saumur, les grands monastères comtaux de Saint-Nicolas et Saint-Sauveur de l'Esvière à Angers et la plupart des ensembles monastiques de l'Anjou. Il s'était notamment interrogé sur la manière d'interpréter la consécration pontificale du Ronceray en 1119 dont la sculpture « n'impose aucune date précise. De 1060 à 1120, une telle rencontre paraît possible » [21]. Toutefois, pour lui comme pour beaucoup d'autres auteurs du XXᵉ siècle, la datation des églises romanes d'Anjou était tributaire d'une vision privilégiant « la force des traditions. La longue survivance de formules carolingiennes dans la première moitié du XIᵉ siècle, l'activité artistique de la seconde moitié du siècle, l'exubérance un peu chargée de l'art roman finissant, la difficulté de savoir ce qu'est l'art gothique en Anjou, nous ont montré que l'art de cette province tirait souvent son originalité de son aptitude à intégrer dans le moule de ses traditions les nouveautés, qu'elles soient venues d'ailleurs ou imaginées localement [22]. »

J. Mallet a également été gêné par la rareté des repères chronologiques fiables. Pour le XIIᵉ siècle, la seule date faisant consensus auprès des historiens de l'architecture est celle de la construction des voûtes de la nef de la cathédrale d'Angers, entre 1148-1149 et 1153 [23]. Le XIᵉ siècle est mieux documenté, mais les datations de l'art roman dans la vallée de la Loire moyenne, en Normandie et en Aquitaine ayant depuis lors été largement révisées, la chronologie proposée par l'auteur serait aujourd'hui difficilement soutenable [24]. Ainsi, selon ce dernier, Geoffroy Martel aurait été le pionnier d'une architecture romane mature, et c'est lui qui aurait lancé les chantiers de Saint-Florent à Saint-Hilaire et de Saint-Nicolas d'Angers. Aucun support documentaire ne vient cependant étayer cette affirmation. Au contraire, les sources montrent que c'est son père, Foulques Nerra (987-1040), qui fut le promoteur de la nouvelle architecture. Celui-ci avait expulsé les moines de Saint-Florent de Saumur en 1026 et, vers 1038, établi à Saint-Nicolas une nouvelle communauté monastique en faisant venir des moines de Saint-Aubin [25].

17. *Ibid.*, p. 44-53, 56-71 et 73-76.

18. Voir également J. Mallet, « Le type d'églises à passages en Anjou. Essai d'interprétation », *Cahiers de Civilisation Médiévale*, t. 25, 1982, p. 49-62 ; *id.*, « La nef unique dans l'art religieux angevin », dans *Anjou…, op. cit.* note 11, p. 52-65.

19. J. Mallet, *L'art roman…, op. cit.* note 12, p. 110-116 et 126-134.

20. *Ibid.*, p. 264-274.

21. *Ibid.*, p. 68.

22. *Ibid.*, p. 283.

23. Charles Urseau (éd.), *L'obituaire de la cathédrale d'Angers*, Angers, 1930, p. 18-19.

24. Voir Éliane Vergnolle, *Saint-Benoît-sur-Loire et la sculpture du XIᵉ siècle*, Paris, 1985 ; *ead.*, *L'art roman en France. Architecture-Sculpture-Peinture*, Paris, 1994 ; *Saint-Benoît-sur-Loire. L'abbatiale romane*, Paris, 2018 ; Maylis Baylé, *Les origines et les premiers développements de la sculpture romane en Normandie*, Caen (*Art de Basse-Normandie*, nº 100 bis), 1992 ; Anat Tcherikover, *High Romanesque Sculpture in the Duchy of Aquitaine c. 1090-1140*, Oxford, 1997.

25. Paul Marchegay et Émile Mabille (éd.), *Chroniques des églises d'Anjou*, Paris, 1869 (Société d'histoire de France, t. 46), p. 275.

JOHN MCNEILL

L'argument de J. Mallet pour dater la crypte de Saint-Florent à Saint-Hilaire et de Saint-Nicolas vers 1050 était l'usage du moyen appareil. Cet argument n'est cependant plus défendable aujourd'hui. L'examen dendrochronologique du donjon de Loches – tour construite pour Foulques Nerra dans un moyen appareil soigneusement assisé et articulé avec des demi-colonnes – a en effet montré que la construction de celui-ci devait être placée entre environ 1012 et 1035 [26]. Loches n'est pas le seul édifice important à avoir ainsi été scientifiquement réévalué. L'emploi du moyen appareil en pierre de taille est attesté dans diverses régions de France [27]. Pour l'Anjou, une série d'études très détaillées sur l'extraction, la taille et la mise en œuvre de la pierre a été conduite par Daniel Prigent [28]. Dans le cadre d'une reprise des fouilles de Saint-Martin d'Angers et d'une analyse détaillée du monument, il a affiné nos connaissances sur l'emploi du tuffeau en particulier et, plus généralement, sur le phasage de l'architecture angevine au XIe siècle. Sa découverte la plus spectaculaire concerne la croisée du transept de l'église. Des analyses, notamment par le radiocarbone, ont en effet donné pour l'arcade occidentale de celle-ci une date comprise entre 790 et 930 alors que le moyen appareil des quarts de colonnes placés dans les angles et la coupole insérée dans la tour de croisée se sont révélés être du début du XIe siècle (fig. 3) [29]. Cela signifie que l'église a été remaniée à l'époque de Foulques Nerra, lors une campagne qui a sans doute également vu la reconstruction partielle de la nef. D'un côté, l'attribution à l'époque carolingienne de la monumentale croisée du transept en pierre et brique de Saint-Martin conforte l'idée de J. Mallet selon laquelle les plans et les techniques de construction carolingiennes avaient toujours cours en Anjou au début du XIe siècle ; la croisée mise au jour dans la cathédrale d'Angers lors des fouilles de 1897 est bien celle de la cathédrale d'Hubert de Vendôme, érigée vers 1025 [30]. Celle de Saint-Serge date vraisemblablement de l'abbé Vulgrin. La persistance de pratiques carolingiennes serait donc bien effective. D'un autre côté, les supports d'angle et la coupole de Saint-Martin, où se retrouve l'élan vertical de Loches, trahissent l'existence d'une *techne*, base de savoir constructif et sophistiqué sur laquelle pouvaient s'appuyer les patrons du début du XIe siècle. L'Anjou avait ainsi la même capacité que la moyenne vallée de la Loire à créer une grande architecture *ex quadris lapidibus*.

Fig. 3 – Angers, Saint-Martin, voûte de la croisée du transept.

26. Jean Mesqui, « La tour maîtresse du donjon de Loches », *Bulletin monumental*, t. 156-1, 1998, p. 66-128.

27. Éliane Vergnolle, « La pierre de taille dans l'architecture religieuse de la première moitié du XIe siècle », *Bulletin monumental*, t. 154-3, 1996, p. 229-234 ; Christian Sapin, « La technique de la construction en pierre autour de l'an mil, contribution à une réflexion et perspectives de recherches », *La construction en Anjou...*, *op. cit.* note 9, p. 13-31.

28. Daniel Prigent, « Évolution de la construction médiévale en pierre en Anjou et Touraine », dans *Anjou...*, *op. cit.* note 11, p. 14-33 ; *id.*, « Le petit appareil : méthodes d'analyse et premiers résultats. L'exemple du Val de Loire », dans Éliane Vergnolle et Sébastien Bully (dir.), *Le « premier art roman » cent ans après*, Besançon, 2012, p. 189-204 ; *id.*, « Techniques de construction et de mise en œuvre de la pierre du IXe au XIe siècle, nouvelles approches », dans Dominique Iogna-Prat, Michel Lauwers, Florian Mazel, Isabelle Rosé (dir.), *Cluny. Les moines et la société au premier âge féodal*, Rennes, 2013, p. 439-458.

29. On peut faire une comparaison avec la croisée du transept de Saint-Philbert-de-Grandlieu (François Héber-Suffrin, Daniel Prigent et Christian Sapin, « L'abbatiale carolingienne de Saint-Philbert-de-Grandlieu. Le chevet et ses aménagements », *Bulletin monumental*, t. 173-2, 2015, p. 99-144 (en particulier p. 139-140) ; Daniel Prigent, « Les édifices religieux antérieurs à l'an mil en Anjou », dans *La construction en Anjou...*, *op. cit.* note 9, p. 33-51, fig. 7 ; *id.*, « La collégiale Saint-Martin d'Angers », dans ce volume p. 165-181.

30. J. Mallet, *L'art roman...*, *op. cit.* note 12, p. 31-34.

Fig. 4 – Angers, Le Ronceray, bras sud du transept, revers de façade.

L'édifice du **XI**[e] siècle dont la datation a – sur des critères purement stylistiques – été révisée de la manière la plus spectaculaire, est l'église Notre-Dame-de-la-Charité d'Angers, communément désignée comme le Ronceray (fig. 4). La charte de fondation nous apprend qu'une ancienne église, dédiée à la Vierge, avait existé sur le site mais que, lors de l'établissement d'une communauté de religieuses par Foulques Nerra et son épouse Hildegarde, elle avait été remplacée par une nouvelle église, consacrée par l'évêque Hubert de Vendôme en 1028 [31]. Une seconde consécration fut célébrée par le pape Calixte II en 1119. Le souci d'accorder cette deuxième cérémonie à l'histoire du chantier a longtemps conditionné les études sur le Ronceray. Ainsi, pour J. Mallet, cet événement appelait une construction d'ouest en est. Il considérait donc que les chapiteaux figurés situés à l'entrée du chevet

31. Paul Marchegay et Émile Mabille (éd.), *Cartulaire de l'abbaye du Ronceray*, Paris, 1854, p. 1-2.

JOHN McNEILL

étaient postérieurs à ceux de la nef, et il en concluait que l'église avait dû être construite entre 1070 et 1110 [32]. Malcom Thurlby et Maylis Baylé étaient d'un tout autre avis [33]. Le premier a souligné le fait que rien, d'un point de vue archéologique, n'indique que l'église du Ronceray a été édifiée d'ouest en est. Il estimait au contraire que l'hypothèse la plus probable était celle d'un chantier progressant de manière conventionnelle, d'est en ouest, à une date qu'il situait vers le milieu du XIᵉ siècle, peut-être entre 1040 et 1060. M. Baylé a, pour sa part, fait une analyse détaillée de la sculpture des chapiteaux et, sur la base de parallèles avec ceux de Saint-Benoît-sur-Loire, Vendôme, Saint-Florent à Saint-Hilaire, Cormery, Fontaine-le-Bourg et le Mont-Saint-Michel, proposé de dater les parties orientales des années 1050-1070 et la nef autour de 1070 (fig. 5). Le Ronceray – peut-être la plus ancienne église-halle entièrement voûtée conservée en France occidentale – mériterait indéniablement une étude monographique approfondie. Son ampleur, la dimension de ses fenêtres, l'adoption d'un voûtement en berceaux transversaux autant que sa structure et la virtuosité de la mise en œuvre renvoient de manière explicite et probablement consciente à l'architecture romaine. Ce pourrait avoir été l'un des édifices romans les plus importants de l'Ouest de la France.

Fig. 5 – Angers, Le Ronceray, bras sud du transept, chapiteau dérivé du corinthien.

La troisième grande fondation romane à avoir fait l'objet d'un examen approfondi est Fontevraud [34]. Les questions soulevées sont autant d'ordre historique qu'architectural. Dans une vie de Robert d'Arbrissel écrite par Baudri de Bourgueil, le chroniqueur affirme que le site était un « désert » avant d'être choisi vers 1101 pour y installer un monastère : *Locus erat incultus et squalidus, spinetis obsitus et vepribus, ab antique Fons Ebraldi noncupatus, ab hominum cohabitatione sequestratus* [35]. Les fouilles effectuées dans le transept et à la croisée de l'église ont permis deux découvertes importantes (fig. 6) [36]. La première est que l'église principale du monastère fut édifiée à l'emplacement d'un champ cultivé, ce qui signifie que

Fig. 6 – Fontevraud, abbatiale, plan des fouilles du transept et du chœur (doc. D. Prigent, *Fontevraud...*, 2004, fig. 2, p. 277).

32. J. Mallet, *L'art roman...*, *op. cit.* note 12, p. 56-71.

33. Malcolm Thurlby, « The Romanesque Abbey Church of the Ronceray », dans *Anjou...*, *op. cit.* note 11, p. 66-80 ; Maylis Baylé, « La sculpture du Ronceray d'Angers : un jalon majeur de l'art du onzième siècle », dans *ibid.*, p. 81-95.

34. En attendant une publication d'ensemble des fouilles de Fontevraud, voir D. Prigent, *Fontevraud*, Fontevraud-l'Abbaye, 2023.

35. Jean-Marc Bienvenu et Daniel Prigent, « Installation de la communauté fontevriste », *Fontevraud : Histoire-Archéologie*, t. 1, 1992, p. 15

36. Daniel Prigent, « Fontevraud au début du XIIᵉ siècle : les premiers temps d'une communauté monastique », dans Jacques Dalarun (dir.), *Robert d'Arbrissel et la vie religieuse dans l'Ouest de la France*, Turnhout, 2004, p. 255-279.

37. François-Charles James et Daniel Prigent, « Fontevraud, neuf siècles de construction », *303, Arts, Recherches et Créations*, n° 26, 1990, p. 68-81.

38. Daniel Prigent, « Fontevraud, aux premiers temps d'une communauté », *Dossiers d'Archéologie*, t. 381, mai 2017, p. 54-59.

39. Voir en particulier Daniel Prigent, « Le cadre de vie à Fontevraud dans la seconde moitié du XIIe siècle », *Fontevraud : Histoire-Archéologie*, t. 5, 2000, p. 39-56 et plan p. 41.

le site était moins « désertique » que la légende de sa fondation ne le suggère ; la *Vita* de Baudri ayant été rédigée avant 1130, il est possible qu'elle ait, consciemment ou non, fait écho aux mythes véhiculés par les premiers récits de fondation cistercienne. La seconde découverte est celle de l'existence, sous l'église principale, d'une autre, plus petite, dont la construction fut seulement engagée. Le projet, avec son chevet tripartite, fut rapidement abandonné pour faire place à l'église actuelle.

La grande abbatiale qui nous est parvenue apparaît comme la combinaison de deux partis architecturaux sans rapport l'un avec l'autre [37]. La partie orientale comporte un chevet à déambulatoire à trois chapelles rayonnantes et une élévation intérieure très sobre, à trois niveaux, et particulièrement élancée avec un niveau de grandes arcades qui occupe une partie importante de la hauteur. Bien qu'il ait été construit en deux campagnes, ce chevet était achevé lors de la consécration de l'autel majeur par le pape Calixte II, en 1119 [38]. La nef qui lui est accolée a toujours été conçue sans bas-côtés. Il existe un contraste frappant entre les deux parties, dont la juxtaposition délibérée pourrait bien avoir été inspirée par l'exemple de la cathédrale d'Angers du XIe siècle, car une disposition aussi remarquable que celle-ci – l'étroite arcade occidentale de la croisée encadrée de passages latéraux ouvrant sur le transept – se retrouve à Fontevraud [39]. La nef devait à l'origine être couverte d'une charpente en bois. Cependant, le projet fut modifié en cours de travaux au profit d'une file de coupoles sur pendentifs sur le modèle de celle de la cathédrale d'Angoulême (fig. 7 et 8). Au-delà de la similitude du type de voûtement et de l'élévation – deux niveaux comportant un haut soubassement –, les deux édifices présentent des parallélismes significatifs, notamment dans le décor sculpté. Dans la nef de la cathédrale d'Angoulême, les abaques des chapiteaux des piles principales sont sculptés d'un motif en damier du côté nord et d'un motif en zigzag du côté sud. Les deux solutions sont inversées à Fontevraud – zigzag au

Fig. 7 – Fontevraud, abbatiale, nef, vue intérieure, vers l'est.

Fig. 8 – Angoulême, cathédrale, nef, vue intérieure, côté nord, vers l'est.

John McNeill

Fig. 9 – Fontevraud, abbatiale, nef, côté nord, chapiteau de la pile située entre la troisième et la quatrième travée.

Fig. 10 – Angoulême, cathédrale, bras nord du transept, arcade d'entrée à la tour, côté sud, frise végétale.

nord, damier au sud –, mais le principe d'un traitement différencié des élévations subsiste. Il en va de même pour la hiérarchisation des abaques en fonction de leur emplacement : ceux des chapiteaux du soubassement sont simplement moulurés et soulignés de chanfreins en creux tandis que ceux du niveau supérieur sont rehaussés d'un décor géométrique. Le répertoire sculpté de Fontevraud doit également beaucoup à celui d'Angoulême, notamment dans le domaine du végétal (fig. 9 et 10). Bien que les restaurations de Paul Abadie à Angoulême et celles de Lucien Magne à Fontevraud incitent à la prudence et que, comme l'a bien montré Daniel Prigent, trois ateliers différents aient été actifs dans la nef de Fontevraud, l'étroitesse des parentés entre les deux ensembles incite à penser que des sculpteurs d'Angoulême vinrent travailler à Fontevraud [40]. La question est donc de savoir à quel

40. Daniel Prigent, « L'organisation spatiale à Fontevraud vers la fin du XIIᵉ siècle », dans Michel Lauwers (éd.), *Monastère et espace social. Genèse et transformation d'un système de lieux dans l'Occident médiéval*, Turnhout, 2014, p. 401-424.

41. Eusèbe Castaigne (éd.), *Rerum Engolismensium scriptores, nunc primum in unum corpus collectos*, Angoulême, 1853, plus particulièrement p. 48-52. L'*historia* crédite Gérard de la construction de la cathédrale et de dons d'objets précieux, tels qu'une croix en argent, des candélabres et deux autels (devants d'autel ?) d'argent. Voir également A. Tcherikover, *High Romanesque Sculpture…*, *op. cit.* note 24, p. 62-64. Voir aussi l'article de Giorgio Milanesi, « La cathédrale d'Angoulême et le schisme de 1130-1138. Le déchiffrement des caractères cryptographiques », *Bulletin monumental*, t. 175-2, 2017, p. 155-156.

42. Josèphe Chartrou, *L'Anjou de 1109 à 1151. Foulque de Jérusalem et Geoffroi Plantagenêt*, Paris, 1928, p. 328. Voir également Lindy Grant, « Aspects of the Architectural Patronage of the Family of the Counts of Anjou in the Twelfth Century », dans *Anjou…*, *op. cit.* note 11, p. 96-110.

moment le projet de la nef fut modifié. La cathédrale d'Angoulême a été consacrée en 1128. Il est probable que l'édifice était achevé à cette date, car l'*Historia Pontificum et comitum engolismensium* attribue à l'évêque Gérard la construction et l'aménagement de la cathédrale avant sa mort, en 1136 [41]. Si tel était le cas, il faudrait situer la décision de lancer des coupoles sur la nef de Fontevraud vers 1128-1130, ou du moins à un moment où les sculpteurs d'Angoulême étaient devenus disponibles. Du côté du patronage, la famille des comtes d'Anjou avait, presque dès l'origine, témoigné de l'intérêt pour Fontevraud, mais celui-ci s'accrut après la mort du roi Philippe Ier, en 1108, lorsque Bertrade de Montfort prit le voile dans le monastère. Un document antérieur à 1116 nous apprend que le fils de celle-ci, le comte Foulques V, soutint activement la construction de l'église [42]. Les liens avec la famille comtale se resserrèrent encore lorsque, en 1028, la fille de Foulques, Mathilde, prit l'habit à Fontevraud à son retour d'Angleterre, après la mort de son mari, Guillaume Adelin. Si Foulques V contribua au financement de la construction avant 1116, il est possible qu'il ait

Fig. 11 – Angers, Saint-Aubin, galerie orientale du cloître, arcades du mur intérieur, vers le nord.

JOHN MCNEILL

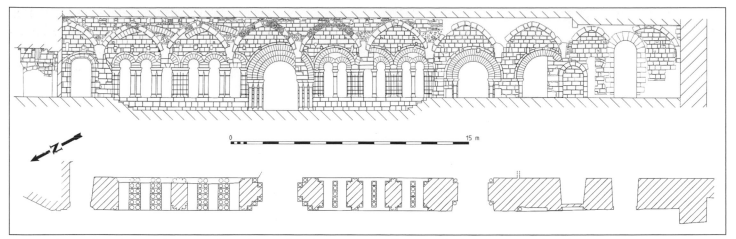

Fig. 12 – Angers, Saint-Aubin, galerie orientale du cloître, relevé du mur intérieur (Service Archéologique Maine-et-Loire).

continué à le faire. Notons que, avant de partir en Orient pour recevoir le royaume de Jérusalem, en 1129, il se rendit à Fontevraud pour voir sa fille [43] : peut-être est-ce à ce contexte qu'il faut rapporter la décision de doter la nef de Fontevraud de coupoles.

Le quatrième site ayant particulièrement retenu l'attention des chercheurs est l'ancien cloître de l'abbaye Saint-Aubin d'Angers. Depuis leur découverte en 1836, les arcades de l'entrée de la salle capitulaire et du mur de l'aile orientale du cloître ont intéressé les historiens de l'art (fig. 11). Victor Godard-Faultrier leur a fait une place de choix dans la première étude qui, au XIXe siècle, fut consacrée aux monuments anciens de l'Anjou, et leur sculpture a fait l'objet de la thèse de doctorat de Sheila Ruth Connolly, soutenue en 1979 [44]. La recherche a été relancée avec l'étude menée par le Service archéologique départemental de Maine-et-Loire avant le nettoyage et le dessalage de la sculpture, en 1992-1993, qui a produit un document inestimable : le relevé précis des deux faces du mur de la galerie orientale du cloître (fig. 12) [45]. L'étude a mis en évidence un certain nombre de discordances dans l'appareil environnant le portail de la salle capitulaire mais aussi montré la cohérence des assises situées au-dessus et au-dessous des principales zones sculptées, ce qui donne à penser que la galerie orientale fut érigée rapidement. On avait, au contraire, jusqu'alors estimé que la construction de cette galerie devait avoir été lente et que les sculptures étaient l'œuvre de deux ateliers successifs, le premier ayant travaillé aux six arcades situées au nord du portail de la salle capitulaire et le second au portail lui-même et aux six arcades méridionales [46].

Depuis le nettoyage des sculptures de la galerie orientale, de nouvelles études ont été menées sur divers points et avec différents objectifs [47]. Christian Davy s'est plus particulièrement intéressé aux peintures des arcades jumelles situées immédiatement au sud du portail de la salle capitulaire (fig. 13) [48]. Estimant que ces peintures étaient « intimement liées à la sculpture », il est, au terme d'une analyse technique, stylistique et iconographique, parvenu à la conclusion que le cloître avait été construit pendant l'abbatiat de Robert de la Tour-Landry (1127-1154). Les comparaisons stylistiques l'ayant incité à situer les peintures entre 1150 et 1170, il a estimé que celles-ci avaient peut-être été exécutées à une date voisine de la mort de Robert [49]. Éric Palazzo, dans une analyse subtile et ample du programme iconographique de la galerie orientale, a également considéré la peinture et la sculpture comme un ensemble cohérent et attiré l'attention sur la manière dont les images auraient été vues, tant par les moines que par un public laïc (pénitents et bienfaiteurs notamment). Ainsi, pour lui, la juxtaposition d'un cycle consacré aux Mages et de la représentation d'une porte de ville fermée – *porta haec clause* – montre que l'imagerie du cloître était non seulement

43. Jean-Marc Bienvenu, « Les comtes d'Anjou et Fontevraud lors du premier demi-siècle de l'ordre », *Fontevraud : Histoire-Archéologie*, t. 3, 1995, p. 7-17 (p. 12).

44. Victor Godard-Faultrier, *L'Anjou et ses monuments*, t. 1, Angers, 1839, p. 380-383 ; Sheila Ruth Connolly, *The cloister sculpture of Saint-Aubin in Angers*, thèse de doctorat, Henry Maguire (dir.), Harvard University, 1979 ; voir également l'article de Fang-Cheng Wu, « Les arcades du cloître de l'abbaye Saint-Aubin d'Angers (1128-1151) », *Histoire de l'art*, n° 3, 1988, p. 37-48.

45. Corinne Dubreuil, Christine Guérin, Jean-Yves Hunot et Daniel Prigent, « La galerie orientale de l'abbaye Saint-Aubin d'Angers », *303, Arts, Recherches et Créations*, n° 48, 1996, p. 14-25.

46. S. R. Connolly, *The cloister sculpture of Saint-Aubin…*, op. cit. note 44, p. 51-85. Jacques Mallet était allé jusqu'à suggérer l'existence de trois ateliers ou de trois maîtres différents, avec une construction qui se serait étirée de *c.* 1130 à *c.* 1150 (J. Mallet, *L'art roman de l'ancien Anjou…*, op. cit. note 12, p. 138-146).

47. Un très utile travail de master a été récemment entrepris : voir Julie Minetto, *Le décor de la galerie orientale du cloître de l'abbaye Saint-Aubin d'Angers : analyse et contexte*, mémoire de master, Jean-Marie Guillouët (dir.), université de Nantes, 2018.

48. Chr. Davy, *La peinture murale romane…*, op. cit. note 12, p. 156-161.

49. *Ibid.*, p. 159.

Fig. 13 – Angers, Saint-Aubin, galerie orientale du cloître, mur oriental, arcades 7 et 8.

50. Éric Palazzo, « Exégèse, liturgie et politique dans l'iconographie du cloître de Saint-Aubin d'Angers », dans Peter Klein (dir.), *Der mittelalterliche Kreuzgang. Architektur, Funktion und Programm*, actes du colloque de Tübingen, 1999, Ratisbonne, 2004, p. 220-240.

51. John McNeill, « The East Cloister Walk of Saint-Aubin at Angers. Sculpture and Archaeology », dans *Anjou…, op. cit.* note 11, p. 111-137.

52. *Ibid.*, p. 128.

53. J. McNeill, « A Narrative of Intercession in the Cloister of Saint-Aubin at Angers », dans John McNeill et Richard Plant (dir.), *Image and Narrative in Romanesque Art*, à paraître.

sophistiquée d'un point de vue liturgique mais qu'elle n'était pas réservée à un public monastique [50]. À peu près à la même époque, j'ai contribué au débat avec l'examen archéologique de la construction des arcades de la galerie orientale du cloître et une réflexion sur le bagage (*background*) probable des sculpteurs qui y ont travaillé [51]. D'après les irrégularités dans la mise en œuvre de la sculpture, j'ai tiré la conclusion que le portail de la salle capitulaire avait été abaissé en cours de construction, après l'arrivée sur le chantier des éléments sculptés. Par ailleurs, en dépit des différences entre les parties situées au nord et au sud de l'entrée de la salle capitulaire, on peut penser que les deux ateliers de sculpteurs ont travaillé en parallèle et que la mise en œuvre de la galerie orientale du cloître suivit immédiatement la translation des reliques de Saint-Aubin dans une nouvelle *capsa*, en 1128 [52]. Il m'a semblé par ailleurs que le programme sculpté avait sa propre cohérence, et que la peinture avait été appliquée seulement une génération plus tard, conférant ainsi une dimension narrative à une iconographie qui, à l'origine, était centrée sur la Vierge comme image de dévotion et figure d'intercesseur [53].

JOHN McNEILL

Restent deux questions, qui sont d'ailleurs liées. L'une est d'ordre chronologique et l'autre concerne la programmation iconographique. Si la sculpture de la galerie orientale du cloître de Saint-Aubin remonte à la fin des années 1120, la peinture peut-elle en être contemporaine ? Le débat a été relancé par l'étude que Jean-Yves Hunot a consacrée à la couverture de l'aile orientale de Saint-Aubin, datée par la dendrochronologie entre 1108 et 1138 [54]. Certes, ce résultat n'apporte pas la preuve que la réalisation de la sculpture est antérieure à la fin des années 1120, mais il augmente la probabilité qu'elle puisse l'être. Corrélativement, la peinture devient moins susceptible d'être contemporaine de la sculpture, ce qui signifie que, vers le milieu du XIIe siècle, le programme iconographique initial, jugé inadapté à sa fonction, fut modifié dans un sens plus narratif.

Cette possible re-datation des sculptures de Saint-Aubin d'Angers n'est peut-être pas si surprenante que cela, car elle s'inscrit dans une tendance plus générale à « remonter » les datations de l'architecture romane en Anjou. La question de savoir jusqu'où ira ce mouvement de pendule reste ouverte, mais on peut penser qu'il a atteint sa limite en ce qui concerne le XIIe siècle. De nombreux thèmes et motifs de la sculpture angevine du début du XIIe siècle se retrouvent en Aquitaine. Le fait que les deux productions soient aujourd'hui considérées comme contemporaines est donc tout à fait logique, tout comme il devient plus pertinent de replacer l'architecture dans le cadre du *style roman de l'Ouest de la France* plutôt que dans celui, plus étroit, du seul Anjou. Du côté du XIe siècle, en revanche, le pendule va sans doute aller plus loin. Parmi les recherches à venir, une place devrait être faite aux monastères de Saint-Florent-le-Vieil, de Bourgueil et de Saint-Nicolas à Angers, et une étude approfondie du Ronceray reste à engager [55].

54. L'analyse donne un intervalle d'abattage des bois compris entre 1108 et 1138 (à 95 % de probabilité), avec un maximum de probabilité vers 1124 (comm. Jean-Yves Hunot).

55. Je voudrais profiter de l'occasion pour rappeler le souvenir de Jacques Mallet que j'ai rencontré pour la première fois en 1994. Il a généreusement soutenu l'organisation de la British Archaeological Association's conference d'Angers et mis sa bibliothèque personnelle à ma disposition lorsque je travaillais sur le cloître de Saint-Aubin d'Angers. Je remercie également Daniel Prigent pour son amitié, longue de près de vingt-cinq ans, et sa gentillesse à mon égard : sans lui, cette contribution n'aurait pu voir le jour.

Crédits photographiques – fig. 2-5, 7-8, 9, 11, 13 : cl. John McNeill ; fig. 10 : cl. Christian Gensbeitel.

Saint-Martin d'Angers

Un condensé d'histoire architecturale

Daniel Prigent *

La collégiale Saint-Martin d'Angers, avec ses grandes arcades à imbrication de pierre et de brique, a très tôt retenu l'attention des archéologues, en dépit des lourdes transformations qu'avait alors déjà subies l'édifice [1]. Lors du Congrès de 1964, Jean Martin-Demézil avait résumé l'état des connaissances sur l'église [2], en soulignant notamment l'apport essentiel de l'intervention de l'universitaire américain George Howard Forsyth [3]. Rendues possibles grâce à l'acquisition de l'édifice par le Conseil général de Maine-et-Loire à partir de 1986, de nouvelles investigations archéologiques ont été menées de 1988 à 2005, permettant de renouveler des pans entiers de l'histoire architecturale du monument (fig. 1) [4]. Les techniques désormais classiques, notamment d'archéologie du bâti, ont été accompagnées de diverses études assurant une meilleure caractérisation des matériaux ainsi que leur datation. Une campagne ambitieuse de restauration et de mise en valeur a rendu toute sa lisibilité à l'édifice, ré-ouvert au public en 2006.

Les premiers édifices

Confrontés à l'indigence de sources d'archives, les érudits se sont longtemps fondés sur les écrits du chroniqueur angevin Jean de Bourdigné qui, dans son *Hystoire agregative des Annalles et cronicques d'Anjou…*, publiée en 1529, attribuait à Ermengarde, la première femme de Louis le Picux, la transformation de la petite chapelle Saint-Martin « ruyneuse et servie seullement par un religieux de l'ordre de Monseigneur saint Benoist » en une « belle et dévotieuse église » [5]. Cette allégation fut toutefois abandonnée à la suite de la vigoureuse critique de Gustave d'Espinay (1875) soulignant les incohérences du récit de Bourdigné et démontrant qu'il résultait d'une confusion avec une charte du comte d'Anjou Foulques Nerra [6].

La basilique originelle

La basilique Saint-Martin a été implantée en dehors de la cité, à environ 250 m à l'est de la cathédrale Saint-Maurice. Les fondations et la partie inférieure des murs du premier édifice ont été mises au jour à l'occasion de différentes fouilles [7]. Celui-ci comportait un vaisseau unique de 21,5 m de long pour 8,8 m de large dans-œuvre, ouvrant sur une abside au plan légèrement outrepassé (fig. 2) ; l'emplacement de l'autel a été retrouvé entre cette dernière et une barrière de chœur mise en évidence dès ce premier état. La façade occidentale était implantée légèrement en biais par rapport aux murs gouttereaux, parallèles entre eux.

Si aucun texte ne livre une date de fondation de cet édifice ni ne donne sa fonction initiale, il est tentant de penser qu'il était destiné, comme Saint-Maurille, Saint-Lézin ou Saint-Mainbœuf, à accueillir la sépulture d'un des premiers évêques d'Angers, vers la fin

* Conservateur en chef honoraire du patrimoine, membre associé à l'UMR 6298 Artehis.

1. Dans son *Cours d'Antiquités monumentales professé à Caen en 1830* (Caen 1841, p. 95, pl. XLVI), Arcisse de Caumont cite Saint-Martin d'Angers parmi les rares édifices antérieurs à l'an mil conservés en élévation. Il fut très largement suivi par d'autres auteurs, notamment par le chanoine Pinier qui réalisa les premières fouilles et rédigea une étude approfondie pour l'époque : Paul-Marie Pinier, « Ancienne église Saint-Martin », dans *Congrès archéologique de France. Angers et Saumur*, t. 1, 1910, p. 191-207.

2. Jean Martin-Demézil, « Saint-Martin d'Angers », dans *Congrès archéologique de France. Anjou*, 1964, p. 49-61.

3. George H. Forsyth intervint à Saint-Martin à plusieurs reprises entre 1929 et 1936 puis synthétisa ses observations (« L'église Saint-Martin d'Angers », *Bulletin monumental*, t. 110-3, 1952, p. 201-228) peu avant la publication de son ouvrage, toujours essentiel pour la connaissance de Saint-Martin : George H. Forsyth, *The church of St. Martin at Angers*, Princeton, 1953.

4. Gabor Mester de Parajd, « Histoire d'une restauration : la collégiale Saint-Martin d'Angers (entretien avec Élisabeth Verry) », *Archives d'Anjou*, n° 10, 2006, p. 5-8 ; Daniel Prigent, « Architecture, iconographie et restauration de la collégiale Saint-Martin d'Angers », *Archives d'Anjou*, n° 10, 2006, p. 10-21.

5. Jean de Bourdigné, *Hystoire agregative des Annalles et cronicques d'Anjou…*, Paris et Angers, deuxième partie, 1529, chapitre 9. Souffrante, Ermengarde aurait dû sa guérison à l'intercession de saint Martin.

6. Gustave d'Espinay, « L'ancienne église Saint-Martin d'Angers », *Notices archéologiques. Monuments d'Angers*, Angers, 1876, p. 118-151 ; sur l'acte, voir *infra*.

7. G. H. Forsyth, *The church…*, op. cit. note 3, p. 22-65 et fig. 183-184 ; Jacques Mallet *et al.*, « Angers. Église Saint-Martin », dans Noël Duval (dir.), *Les premiers monuments chrétiens de la France*, vol. 2, *Sud-Ouest et Centre*, Paris, 1996, p. 232-237.

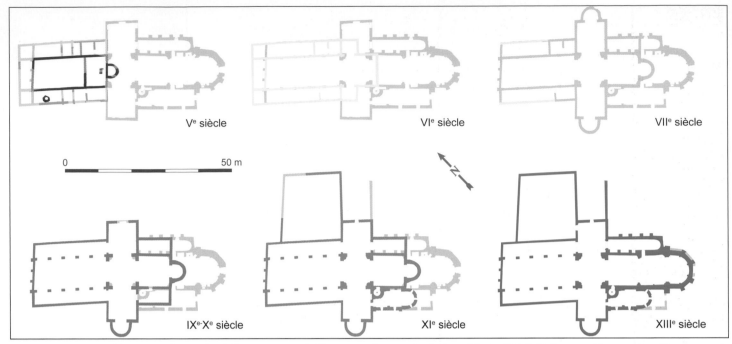

Fig. 1 – Saint-Martin d'Angers : schémas des différentes étapes de l'histoire architecturale de Saint-Martin (DAO X. Favreau, Conservation départementale du patrimoine de Maine-et-Loire).

du IVe ou au cours du Ve siècle. Cette première basilique, dans laquelle deux sols de tuileau successifs ont été mis au jour, fut progressivement accostée d'une galerie ainsi que d'annexes, au nord puis au sud.

L'accroissement oriental

Au VIe siècle, la partie occidentale conserva ses dispositions antérieures, mais le chœur, déplacé vers l'est et s'achevant par un chevet plat, fut flanqué de deux nouvelles annexes. Le mur oriental, effondré, a livré les vestiges du décor peint végétal qui ornait le parement interne, autour de fenêtres géminées (fig. 3) ; une partie au moins des élévations extérieures était également couverte d'un badigeon blanc. Comme celui de la première basilique, l'appareil était constitué de moellons de roche locale (arkose de Bains), à l'exception des piédroits des ouvertures des annexes, montés en brique.

Le premier édifice cruciforme

Un agrandissement ambitieux semble avoir principalement porté sur la partie orientale de l'église, qui fut dotée d'un vaste transept débordant dont les bras s'achevaient par des absidioles légèrement différentes [8]. Fondations et élévations étaient constituées de moellons de pierre locale, noyés dans un mortier caractéristique de couleur orangée. Une annexe rectangulaire flanquait le chœur au nord. Du fait de la présence de maçonneries qui ne sauraient remonter au-delà du XIIe siècle, nous ignorons si une disposition identique fut adoptée au sud. Dans le mur nord du transept, la fondation, profonde, réutilise parfois des blocs de maçonnerie antique. Au-dessus d'un ressaut plus ou moins marqué ne subsistent que quelques lambeaux des anciennes élévations, notamment celle de l'abside (fig. 4), d'ouverture plus large que celle de la reconstruction carolingienne (*cf. infra*) et dont les piédroits sont montés en briques.

8. Daniel Prigent et Jean-Yves Hunot, « Saint-Martin d'Angers : la première église cruciforme », *Hortus artium medievalium, Journal of the International Research Center for Late Antiquity and Middle Ages*, vol. 9, 2003, p. 323-330.

Fig. 2 – Saint-Martin d'Angers, première église, fondation et premières assises de l'élévation de l'abside.

Fig. 3 – Saint-Martin d'Angers, seconde église, vestiges de décor peint.

9. Louis de Farcy, « Entrelacs carolingiens de l'Anjou », *Bulletin monumental*, t. 70, 1906, p. 82-90 ; G. H. Forsyth, *The Church of St. Martin...*, *op. cit.* note 3, p. 66, n. 6 et fig. 216.

10. Je remercie François Heber-Suffrin (†) et Christian Sapin pour leurs précieuses observations concernant ces fragments.

Fig. 4 – Saint-Martin d'Angers, église cruciforme, l'abside en cours de fouille.

Fig. 5 – Saint-Martin d'Angers, église cruciforme, plaque de chancel.

Décor et installations liturgiques

Nous n'avons pas identifié de traces de décor peint lié à cette église. En revanche, plusieurs fragments provenant d'un chancel (fig. 5) ont été recueillis dans des remblais par le chanoine Pinier, sous l'arcade ouest du transept et dans le cellier, au-delà du bras nord du transept ; G. H. Forsyth a mis au jour deux fragments lapidaires similaires [9]. En revanche, les fouilles récentes n'ont livré que quelques débris sculptés, à l'ouest de l'église. Nous ne disposons d'aucune donnée objective permettant de situer l'emplacement de ce chancel. Plusieurs éléments sculptés ont été réemployés, notamment dans les bases des grandes piles de la croisée de l'église carolingienne. Une plaque brisée réutilisée dans la pile nord-est montrait des salissures dans les creux, suggérant un séjour dans le sol et non une réutilisation immédiate après destruction. Quoi qu'il en soit, ces pièces de décor peuvent être datées d'un VIIIe tardif ou du début du IXe siècle [10].

Datation

Plusieurs éléments permettent aujourd'hui de repousser la proposition qui a parfois été avancée d'une construction au IXe siècle. Les datations par le radiocarbone après calibration de charbons de bois prélevés dans les mortiers ou sur des ossements provenant de sarcophages, cohérentes entre elles, fournissent en effet des probabilités assez fortes d'une édification intervenue au cours d'un large VIIe siècle. Un élément d'un autre ordre peut aussi être pris en compte dans la réflexion : l'ampleur de cette église suggère un commanditaire important, et il n'est pas sans intérêt de rappeler la découverte, en 1012, du tombeau de l'évêque Loup, prélat très mal connu mais dont l'épiscopat pourrait être placé avant 683, dans le troisième quart du VIIe siècle [11]. Il est ainsi tentant de lui attribuer la construction de cette première église. L'époque de la destruction de celle-ci reste tout aussi incertaine. Forsyth avait émis l'hypothèse d'incursions scandinaves ayant entraîné sa ruine alors qu'elle était en cours d'édification [12]. Cependant, la présence d'un sol de tuileau lissé lié à cet édifice, recoupé par des sarcophages, plaide plutôt en faveur d'une église achevée dont la destruction serait probablement intervenue dans la seconde moitié du IXe siècle.

La reconstruction carolingienne

Si les premiers édifices sont uniquement connus par la fouille archéologique, la grande église carolingienne est encore en bonne partie conservée en élévation (fig. 6). À l'exception de la tour-lanterne, les nouveaux murs prirent appui sur les maçonneries antérieures dont elles reprirent le plan pour le chevet, à l'exclusion de l'absidiole nord qui fut arasée. Si l'on excepte les éléments structurants, cette reconstruction fut essentiellement réalisée en petits moellons de roches locales disposés en assises régulières. La partie du monument ayant le

11. Guy Jarousseau, *Églises, évêques et prince à Angers du Ve au début du XIe siècle*, Limoges, 2015, p. 51.

12. G. H. Forsyth, *The Church of St. Martin...*, *op. cit.* note 3, p. 79-81. Ces incursions ont en effet affecté Angers à plusieurs reprises.

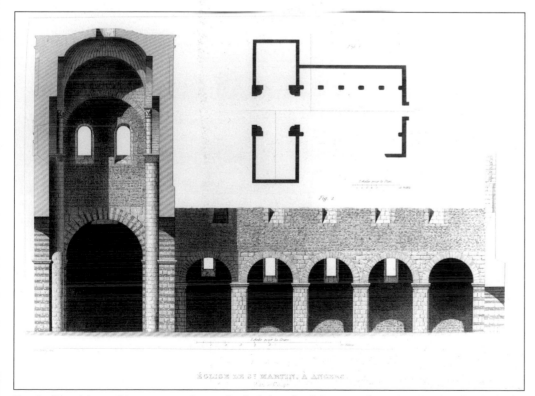

Fig. 6 – Saint-Martin d'Angers, coupe longitudinale de la nef et de la croisée du transept par A. Berty, dans Jules Gailhabaud, *Monuments anciens et modernes*, Paris, 1850.

13. Jean-Yves Hunot, « L'évolution de la charpente de comble en Anjou : XIIᵉ-XVIIIᵉ siècles, *Revue archéologique de l'Ouest*, t. 21, 2004, p. 237-238 ; *Id.*, « La charpente du IXᵉ siècle de l'église Saint-Martin d'Angers », dans *De bois, de pierre et de terre, archéologie de la construction au haut Moyen-Âge*, AFAM, 39ᵉˢ journées internationales d'archéologie mérovingienne, Auxerre, 5 octobre 2018, à paraître.

14. Avec néanmoins quelques nuances : sur l'historiographie, voir Daniel Prigent, « Les édifices antérieurs au milieu du XIᵉ siècle en Val de Loire : l'évolution du regard de l'archéologue », dans Sylvie Balcon-Berry, Brigitte Boissavit-Camus et Pascale Chevalier (dir.), *La mémoire des pierres, mélanges d'archéologie, d'art et d'histoire en l'honneur de Christian Sapin*, Turnhout, 2016, p. 85-96.

15. Frédéric Lesueur, « Saint-Martin d'Angers, La Couture du Mans, Saint-Philbert de Grandlieu et autres églises à éléments de briques dans la vallée de la Loire », *Bulletin monumental*, t. 119-3, 1961, p. 211-242.

Fig. 7 – Saint-Martin d'Angers, la nef avant la démolition du bâtiment contemporain nord.

plus impressionné les archéologues du XIXᵉ siècle reste néanmoins la tour-clocher de la croisée (fig. 7) dans les imposantes arcades de laquelle alternent pierre d'appareil en tuffeau blanc et longues briques ; six larges fenêtres en assuraient l'éclairage. Au-dessus, un plafond constitué de fortes solives recouvertes de planches masquait l'étage des cloches. Le couvrement des bras du transept a pu également être reconstitué, fournissant un exceptionnel exemple de charpente carolingienne [13]. Les décaissements ultérieurs interdisent de restituer de manière précise les aménagements liturgiques, en particulier l'emplacement de l'autel principal. Les quelques éléments de décor appartenant à la croisée – imposes des grands piliers au sobre profil, ornementation de billettes conservée dans les combles – ne laissaient percevoir qu'un ensemble sculpté restreint. Toutefois, la découverte d'un chapiteau en tuffeau peint (fig. 8) et d'éléments de corniche réemployés dans les maçonneries lors de la reprise de la première moitié du XIe siècle permet de nuancer cette appréciation. La partie basse de la façade occidentale, de l'arcade ouest à imbrication (fig. 6) et des murs goutte-reaux, appartient en grande partie à cette campagne. Les grandes arcades de la nef, édifiées dans un second temps en belle pierre de taille de tuffeau, qui prennent également appui sur les murs antérieurs arasés, délimitaient trois vaisseaux (fig. 9).

Fig. 8 – Saint-Martin d'Angers, chapiteau peint trouvé en remploi dans la maçonnerie de la reprise du clocher au début du XIe siècle.

Datation

L'étude de Saint-Martin a montré tout l'intérêt de la lecture stratigraphique d'un édifice, accompagnée d'analyses complémentaires adaptées (comparaison des distributions granulométriques de mortiers, étude métrologique des appareils, datations objectives variées…). À la suite d'A. de Caumont qui attribuait les grandes arcades à imbrication de la croisée au IXe siècle, Saint-Martin fut le plus souvent daté de l'époque carolingienne, et ce jusque dans les années 1960 [14] et la publication critique de Frédéric Lesueur [15] qui eut une influence certaine sur les chercheurs durant plus d'un quart de siècle. Pour ce dernier, la partie du monument antérieure à l'époque gothique ne pouvait dater que de Foulques Nerra, à l'exception toutefois de la coupole et de ses supports. S'appuyant sur la lecture stricte d'une charte du comte d'Anjou qu'il datait de 1020, il souligna que l'église y était dite tellement

Fig. 9 – Saint-Martin d'Angers, vue intérieure après restauration (à gauche, la reconstitution en schiste).

16. Date de construction comprise entre 790 et 930 à 95 % de probabilité : Pierre Guibert, Petra Urbanová, Philipe Lanos et Daniel Prigent, « La détection du remploi de matériaux dans la construction ancienne. Quel rôle pour les méthodes de datation ? », *Ædificare, Revue internationale d'histoire de la construction*, n° 4, 2018-2, p. 87-117 ; Sophie Blain, Pierre Guibert, Daniel Prigent, Philippe Lanos, Chr. Oberlin, Christian Sapin, Armel Bouvier et Ph. Dufresne, « Dating methods combined to building archæology: the contribution of thermoluminescence to the cas of the bell tower of St Martin's church, Angers (France) », *Geochronometria*, 2011, 38-1, p. 55-63.

17. Il est néanmoins possible de citer à titre de comparaison avec Saint-Martin le chevet de l'abbatiale de Saint-Philbert-de-Grandlieu en Loire-Atlantique : François Heber-Suffrin, Bénédicte Palazzo-Bertholon, Daniel Prigent, Christian Sapin et Cécile Treffort, « L'abbatiale carolingienne de Saint-Philbert-de-Grandlieu », *Bulletin monumental*, t. 173-2, 2015, p. 99-174.

18. Voir, dans ce volume, l'article d'Emmanuel Litoux, Christian Davy et Daniel Prigent, « Le prieuré de Saint-Rémy-la-Varenne. Le religieux et le profane », p. 215-239).

19. Voir, dans ce volume, l'article d'Emmanuel Litoux et Denis Hayot, « Le château d'Angers... », p. 369-421.

20. D. Prigent, *Les édifices...*, op. cit. note 14.

21. Jean Hiret, *Des Antiquités d'Anjou*, Angers, 1605, p. 98-99 : *Comes Andegavensis Fulco uxorque ejus Hildegardis comitissa, dolentes ecclesiam de sancti Martini Andegavensis longo tempore tam destructam esse ut vix a duobus presbyteris Deo inibi serviretur, eam reedificare tantum conati sunt ut tredecim canonicos ibi ad serviendum Deo constituerunt, resque eis necessarias quaeque ecclesia hereditarie pertinerent a debitoribus proprio censu mercarentur.*

22. Olivier Guillot, *Le comte d'Anjou et son entourage au XIᵉ siècle*, Paris, t. 2, 1972, p. 57, C 61 ; avant 1029 pour Louis Halphen, *Le comté d'Anjou au XIᵉ siècle*, Paris, 1906, p. 258-259 ; la date de 1020 retenue par René Choppin, *Traité de la politique ecclésiastique*, livre III, titre III, p. 487, et J. Hiret, *Des Antiquités...*, op. cit. note 21, p. 98, n'est néanmoins accompagnée d'aucune justification.

23. Traduction de Jacques Levron, *L'église collégiale de Saint-Martin d'Angers*, Baugé, 1950, p. 10-11.

24. *Hic sunt reliquiæ B. Lupi, episcopi Andegavensis et confessoris, reperta a venerabili Huberto, Andegavensi episcopo, in quodam subgrondario sub sarcophago magno, reperto in ecclesia S. Martini* [...], BM Angers ms 700 (630).

détruite que le comte n'aurait eu d'autre choix que de la reconstruire. Estimant le bâtiment homogène, Fr. Lesueur ironisa sur les datations hautes jusqu'alors avancées, leur adoption signifiant que « rien ou presque » ne pouvait dès lors être attribué à Foulques Nerra, ce qui par conséquent entrait en contradiction avec le texte.

Lors de la restauration, la fouille archéologique d'une grande partie du monument, accompagnée de l'examen de la quasi-totalité des élévations, a conduit à une vision sensiblement différente de celle de Fr. Lesueur. Il est apparu que les maçonneries de l'édifice, malgré leur apparente similitude, appartenaient en réalité à plusieurs campagnes qu'il a été possible de caractériser. Les datations réalisées sur les charbons de bois prélevés dans les mortiers (carbone 14) et sur les briques (thermoluminescence, archéomagnétisme) ont montré une bonne convergence, centrée sur le IXᵉ siècle [16] ; les différentes observations menées sur cet édifice prouvent que la tour-clocher fut montée après les bras du transept et le chœur et conduisent à privilégier une hypothèse basse pour l'intervalle retenu. À l'extérieur de l'église, l'édification d'un mur nord-sud dans la même fourchette chronologique pourrait être liée à l'aménagement d'un espace de type « cloître ».

Saint-Martin d'Angers compte ainsi parmi les rares exemples carolingiens conservés en élévation dans l'Ouest de la France [17]. En Anjou, la modeste église Saint-Symphorien d'Andard remonte vraisemblablement au VIIIᵉ siècle, mais il faut attendre le Xᵉ siècle pour trouver d'autres témoins angevins de l'architecture religieuse, comme la priorale Saint-Martin de Genneteil dans le Baugeois, celle de Saint-Martin de Vertou au Lion d'Angers, vraisemblablement l'abbatiale de Saint-Maur de Glanfeuil, la tour de l'église de Saint-Rémy-la-Varenne [18], ou encore la tour-clocher de l'abbaye Saint-Florent-du-Château à Saumur. Le constat est à peu près identique en ce qui concerne les édifices civils. Au château d'Angers se voient encore les vestiges de la première grande salle comtale, datée du Xᵉ siècle [19]. Seul le palais carolingien de Doué-la-Fontaine pourrait avoir été édifié antérieurement aux années 900 [20].

L'œuvre de Foulques Nerra

Avant le début du XIᵉ siècle, les archives sont pratiquement muettes sur Saint-Martin, dont la communauté est néanmoins mentionnée dans l'hymne *Gloria laus et honor* composé par Théodulf, évêque d'Orléans, lors de son exil à Saint-Aubin d'Angers (817-821) ; on en trouve également mention sous Foulques le Roux, comte d'Anjou de 930 à 942. De 987 à 1040, le comte Foulques III Nerra a profondément marqué l'Anjou de son empreinte. En lutte incessante contre le comte de Blois, il édifia de puissantes fortifications, comme la tour maîtresse de Loches, mais il racheta ses excès de violence par trois pèlerinages en Terre sainte et plusieurs fondations religieuses dont, à Angers, celles des abbayes de Sainte-Marie du Ronceray et de Saint-Nicolas. Il relança également les travaux sur le site de Saint-Martin, comme le souligne un acte [21], rédigé avant 1039 [22] :

Le comte d'Anjou Foulques et sa femme la comtesse Hildegarde, souffrant que l'église Saint-Martin d'Angers ait été depuis longtemps tellement détruite que c'est à peine si deux prêtres pouvaient y servir Dieu, se sont efforcés de la reconstruire de telle sorte qu'ils instituèrent treize chanoines pour servir Dieu en cet endroit et appliquèrent à cette église par droit héréditaire, les choses nécessaires [23].

Dans ce contexte, il est tentant de corréler la découverte de la tombe de l'évêque Loup, en 1012 [24], avec l'engagement des travaux.

Fig. 10 – Saint-Martin d'Angers, vue extérieure par Jacques-André Berthe (1765-1846), (Angers, Bibl. mun., ms. 1029.97).

À la campagne de Foulques Nerra appartiennent, outre l'installation de la coupole de la croisée et de ses supports, la surélévation de la façade occidentale et des murs gouttereaux de la nef, de même que celle des grandes arcades nord et sud entre le vaisseau central et les bas-côtés. À la façade occidentale, une plaque sculptée représentant vraisemblablement saint Martin appartenait à la reprise du XIe siècle, tout comme l'oculus de la partie haute, représenté obturé sur le dessin de Jacques-André Berthe (fig. 10). Comme dans l'édifice antérieur, le petit appareil de moellons règne presque partout, le moyen appareil en tuffeau étant réservé aux baies et aux chaînages.

À l'extérieur, la souche de la tour-clocher comprend une série d'arcatures aveugles (fig. 7) ; l'étage supérieur, détruit en 1829, est néanmoins connu par un relevé de l'architecte Duchouchet ainsi que par un dessin de J.-A. Berthe (fig. 10) [25]. À l'intérieur de la tour (fig. 11), de puissants quarts de colonnes appareillés portent de lourds chapiteaux à décor de damiers, de palmettes, d'entrelacs, surmontés d'un tailloir formant également support ; ces supports permettaient de rétrécir l'espace grâce à des arcs en saillie et des colonnes sommées de chapiteaux comportant une collerette au-dessus de laquelle se développent de larges feuilles d'angle terminées par de grosses volutes (fig. 12). Ces chapiteaux peuvent être rattachés à ceux d'une série d'églises fondées par Foulques Nerra et son épouse Hildegarde ou par leur fils Geoffroy Martel, comme Saint-Florent de Saumur mais aussi La Trinité de Vendôme ou encore l'Abbaye-aux-Dames à Saintes. Les tailloirs reçoivent les retombées de la coupole sur pendentifs, construite en moellons et quasi hémisphérique (fig. 11).

25. La finesse des colonnes représentées intriguait, mais les quelques vestiges encore en place confirment l'illustration de Duchouchet ; en revanche, la voûte représentée portée par de fines colonnes régnant au-dessus du beffroi des cloches paraît incongrue et pourrait appartenir à une période sensiblement plus récente.

Fig. 11 – Saint-Martin d'Angers, tour-clocher, vue intérieure.

Fig. 12 – Saint-Martin d'Angers, tour-clocher, supports de la coupole.

L'AGRANDISSEMENT GOTHIQUE

Dans la seconde moitié du XIIᵉ siècle, l'église fit à nouveau l'objet d'un agrandissement oriental [26]. Une première campagne concerna le lancement d'un voûtement à l'emplacement de l'ancien chœur carolingien dont les murs en petits moellons furent partiellement conservés (fig. 13). La voûte d'ogives assez maladroite de la première travée droite sur plan carré, d'environ 9 m de côté dans-œuvre, comprend huit épaisses nervures à trois tores, non pénétrantes ; la présence de liernes la rapproche davantage de celles de l'église de la Trinité d'Angers que de celles de la cathédrale Saint-Maurice. La lierne transversale, portée par une colonne montant de fond, supporte une étroite maçonnerie de hauteur décroissante vers la clef, conférant à la nervure une pente plus forte que celle de la ligne de faîte entre les voûtains. Quatre fenêtres en plein cintre hautes de 3,5 m éclairent cette travée. Les chapiteaux recevant les nervures portent un décor de palmettes, de feuilles lisses aux lèvres renversées réparties sur plusieurs registres. Il s'agit là de l'un des premiers exemples du gothique de l'Ouest [27], dans les années 1150, à un moment de convergence des recherches architecturales en Anjou.

26. Daniel Prigent, « Le voûtement du chevet de Saint-Martin d'Angers », dans *La cathédrale Saint-Pierre de Poitiers. Enquêtes croisées*, Claude-Andrault-Schmitt (dir.), La Crèche, 2013, p. 229-233.

27. Dénomination proposée par André Mussat, *Le style gothique de l'Ouest de la France (XIIᵉ-XIIIᵉ siècle)*, Paris, 1963, p. 9-11, afin de remplacer les termes de « plantagenêt » ou « angevin ».

DANIEL PRIGENT

Fig. 13 – Saint-Martin d'Angers, chœur, vue intérieure.

28. Dans l'abbaye de Fontevraud, la petite chapelle Saint-Benoît, également étudiée dans le détail, montre de la même façon la contemporanéité d'une travée droite voûtée d'ogives épaisses et d'une abside dont les six colonnettes reçoivent de fines nervures toriques.

L'ancienne abside carolingienne, conservée dans un premier temps, ne fut détruite qu'après l'édification de la seconde travée droite, prolongée par une grande abside de plan hémicirculaire à l'intérieur mais à cinq pans à l'extérieur. Cet enveloppement explique non seulement le léger désaxement que l'on observe vers le nord, mais aussi le décalage des niveaux de sols entre les deux campagnes (plus bas dans la seconde que dans la première). Contrairement à ce qui a pu être affirmé, les observations de terrain complétées ici encore par les diverses analyses menées sur la sculpture, les mortiers et l'appareil prouvent que, malgré la différence de traitement du voûtement, les deux travées ont été édifiées simultanément [28]. Dans l'une comme dans l'autre, le parement intérieur en pierre de taille en tuffeau offre un contraste saisissant avec celui de l'extérieur, monté en plaquettes de schiste ardoisier.

Le couvrement de la seconde travée droite présente une disposition voisine de la première, mais le bombement de la voûte est plus accentué et les fortes nervures portent un décor de fleurs à quatre pétales (fig. 14), similaire à celui de la cathédrale. Dans l'abside, six

Fig. 14 – Saint-Martin d'Angers, chœur, voûtes.

Daniel Prigent

Fig. 15 – Saint-Martin d'Angers, chœur, pilier composé séparant la première travée droite (à gauche) de la seconde.

ogives toriques rayonnent de la clef ornée d'un Christ bénissant et retombent sur des statues-colonnes. Les allèges des baies de la seconde travée droite sont plus basses (2,2 m) que celles de la première, la hauteur diminuant encore dans l'abside où le tracé des arcs accuse d'évidentes irrégularités. Le traitement des chapiteaux s'éloigne également de celui de la travée occidentale (fig. 15). Si la plupart des corbeilles sont plus élancées, d'autres sont particulièrement trapues. Les feuilles lisses aux lèvres renversées disparaissent, de même que le décor alternant palmettes ramassées et en éventail.

Pendant longtemps, l'ouverture du reliquaire d'argent renfermant les reliques de l'évêque Loup, en 1195, a été considérée comme un événement marquant la fin des travaux de construction du chœur [29]. Toutefois, l'étude dendrochronologique des pièces en remploi dans la charpente du comble – celle-ci reposait dès l'origine sur des maçonneries postérieures au voûtement de la seconde travée droite et de l'abside – a fourni un *terminus ante quem* de 1185 [30], réfutant de ce fait les hypothèses d'une datation tardive de cette campagne.

Les statues-colonnes

Dans la seconde travée droite du chœur et dans l'abside, les statues-colonnes assurant la transition entre les colonnes et les nervures de la voûte ont fait l'objet de plusieurs publications détaillées (fig. 13) [31]. Elles furent vraisemblablement décapitées à la Révolution et l'une d'entre elles a disparu ; les cinq moulages en place sont des copies remplaçant les pièces originales, vendues à l'université de Yale par le chanoine Pinier afin de financer les travaux de consolidation de l'église. Si, pour P.-M. Pinier [32], qui a connu les statues en place, elles « paraissent […] faire corps avec les colonnes », ces statues de hauteur inégale ont pu suggérer l'hypothèse d'un projet de portail non réalisé, dont les personnages (Vierge à

29. Ainsi, pour Pierre Héliot (« Statues sous les retombées de doubleaux et d'ogives », *Bulletin monumental*, t. 120-2, 1962, p. 121), la seconde travée fut édifiée vers 1180, mais l'abside était plus tardive (« sans doute achevée pour 1195 ») ; Yves Blomme (« Ancienne collégiale Saint-Martin », dans *Anjou gothique*, Paris, 1998, p. 69) estime vraisemblables les dates de 1170 et 1180 pour les deux travées droites.

30. L'abattage des arbres fut réalisé à l'automne 1184 ou l'hiver 1185, peu avant la mise en place de la charpente.

31. Outre l'ouvrage de G. H. Forsyth, on peut citer l'article de Marcel Aubert, « Les statues du chœur de Saint-Martin d'Angers aujourd'hui au musée d'art de l'université Yale », dans *Medieval Studies in Memory of A. Kingsley Porter*, Cambridge, vol. 2, 1939, p. 405-412, ceux de Pierre Héliot, « Statues sous les retombées… », *op. cit.* note 29, p. 121-167, et de Pamela Z. Blum, « A Madonna and Four Saints from Angers: An Archeological Approach to an iconographical problem », *Yale University Art Gallery Bulletin*, 1974, p. 30-57.

32. P.-M. Pinier, *L'église Saint-Martin…*, *op. cit.* note 1, p. 202.

Fig. 16 – Saint-Martin d'Angers, chapelle des Anges, clef de voûte de l'absidiole.

33. Les statues ont longtemps été datées assez tardivement. Pour Marcel Aubert (« Les statues… », *op. cit.* note 31), elles pouvaient être datées des années 1180-1190 ; pour Willibald Sauerländer (*La sculpture gothique en France [1140-1270]*, Paris, 1972, p. 94), leur style plaidait « en faveur d'une date entre 1180 et 1195 » ; pour Pierre Héliot (« Statues sous les retombées… », *op. cit.* note 31), elles pouvaient « sans doute » être datées vers 1180-1190. Pamela Z. Blum («A Madonna and Four Saints… », *op. cit.* note 31) était encore en faveur de l'intervalle 1185-1195 ; Alain Erlande-Brandenburg (« Les statues de Saint-Martin d'Angers », *Bulletin monumental*, t. 133-2, 1975, p. 186-187) penchait également pour une date tardive : « les statues d'évêques se rattachent au passé alors que les trois autres sont déjà marquées par la détente des années 1200 ».

34. Je remercie Claude Andrault-Schmitt, Philippe Plagnieux, Éliane Vergnolle et Bénédicte Fillion-Braguet pour leur apport aux réflexions quant à l'âge que l'on peut actuellement proposer pour ces statues.

35. G. H. Forsyth (« L'église Saint-Martin… », art. cit. note 3, p. 225) avait déjà noté que la deuxième travée qu'il place en 1170-1180 « fut probablement construite quelques années seulement après la première car il n'y a aucun indice d'interruption prolongée des travaux dans l'édification du nouveau chœur ». En revanche, il établit une distinction entre la travée droite et l'abside qu'il date vers 1185-1195.

36. Les culots de l'absidiole datent du début du XXᵉ siècle, les originaux ayant été buchés au siècle précédent.

l'Enfant et deux apôtres dans l'abside, évêques dans la seconde travée) auraient finalement été mis en place dans le chœur. Il est plus probable cependant que, comme dans d'autres ensembles ligériens, ces statues correspondent simplement à un programme d'aménagement précoce et quelque peu hésitant de la partie orientale de l'édifice. En l'absence de possibilités de recherches plus poussées sur la maçonnerie située derrière les moulages, il est vain de vouloir trancher, d'autant que le projet de portail reste pure hypothèse. Quoi qu'il en soit, cette question n'affecte qu'accessoirement celle de la datation des statues [33], qui n'est pas sans incidence sur celle de la seconde campagne gothique. Si l'hypothèse en faveur des deux dernières décennies du siècle a longtemps été privilégiée, les études récentes conduiraient à un vieillissement sensible [34]. Une datation autour de 1160-1170 pourrait donc également être proposée pour les travaux d'achèvement du chœur [35].

La chapelle des Anges

Au nord du chœur, l'agrandissement de l'ancienne annexe du haut Moyen Âge accostant le chœur acheva la reconstruction gothique, sans doute au cours des dernières décennies du XIIᵉ siècle. Cette adjonction est dite « chapelle Saint-Jacques d'Oriot, alias des Anges », à la suite de la fondation en 1367 par Richard Oriot et son épouse d'une chapellenie de deux messes par semaine. L'appellation est justifiée par d'anciennes représentations d'anges sculptés et peints sur les clefs, remis en valeur lors de la récente restauration (fig. 16). La chapelle comprend quatre petites travées et une absidiole hémicirculaire voûtées d'ogives toriques et reposant sur des consoles constituées d'une tête, d'un chapiteau et d'un tailloir [36].

DANIEL PRIGENT

Du XIIIᵉ au XVᵉ siècle

Si la chapelle des Anges a livré de grands carreaux de terre cuite nus, il n'en va pas de même pour le chœur où fut mis en place un riche pavement de carreaux glaçurés à engobe blanche, décorés de motifs variés (fig. 17) appartenant à une production remarquable de la fin du XIIIᵉ ou du début du XIVᵉ siècle, attestée du sud de la Bretagne (château de Suscinio, Morbihan) au nord du Poitou (abbaye des Châtelliers, Deux-Sèvres). La densité de sites ayant livré ce type de carreaux est particulièrement importante en Anjou [37].

Le décor peint actuel de l'intérieur de l'église ne livre qu'une image imparfaite de celui qui régnait dans la collégiale. Toutefois, la coupole et les colonnes de la croisée du transept conservent le tracé en trompe-l'œil des nervures partant de l'oculus central et simulant une voûte d'ogives (fig. 18). Les liernes peintes s'achèvent en un décor rappelant celui de la base des véritables nervures : manœuvre portant une pierre de taille sur l'épaule, monstre grimaçant, feuillages... Les fausses ogives paraissent s'élancer des tailloirs des chapiteaux supérieurs.

La chapelle des Anges a révélé l'existence d'au moins quatre campagnes d'ornementation [38] ; des photographies réalisées durant la première moitié du siècle dernier permettent de mieux interpréter des scènes aujourd'hui très dégradées. Si le Massacre des Innocents était alors parfaitement lisible, il en allait différemment de l'Adoration des Mages, déjà lacunaire.

L'œuvre du « bon roi René »

René d'Anjou, « fondateur et patron de Saint-Martin », fit exhausser vers 1471 les bras du transept qui furent à cette occasion décorés d'un faux appareil de joints rouges ; les charpentes reçurent un lambris qui a conservé son riche décor héraldique peint. Sur chaque

Fig. 17 – Saint-Martin d'Angers, restitution d'un panneau de pavement (fin XIIIᵉ-début XIVᵉ siècle).

Fig. 18 – Saint-Martin d'Angers, coupole de la croisée du transept, détail du décor du XIIIᵉ siècle.

37. Christopher Norton, « Thirteenth-Century Tile Pavement in Anjou », dans John McNeill et Daniel Prigent (dir.), *Anjou: Medieval Art, Architecture and Archaeology*, The British Archaeological Association Conference Transactions XXVI, 2003, p. 210-234.

38. Charles Urseau, *La peinture décorative en Anjou du XIIᵉ au XVIIIᵉ siècle*, Angers, 1918, p. 35-36.

Fig. 19 – Saint-Martin d'Angers, bras nord du transept, décor du lambris (*c.* 1470).

39. Christine Leduc-Gueye, « Angers. Ancienne collégiale Saint-Martin », dans *D'Intimité d'Éternité. La peinture monumentale en Anjou au temps du roi René*, Lyon, 2007, p. 72-75. L'étude dendrochronologique a permis de dater l'abattage des bois de la charpente du bras sud de 1471d.

40. *Ibid.* ; Ch. Urseau, *La peinture décorative…*, *op. cit.*, note 38, p. 149.

41. Voir Jean-Michel Matz, « Les chanoines d'Angers du temps du roi René (1434-1480) : serviteurs de l'État ducal et de l'État royal », dans *Les serviteurs de l'État au Moyen Âge*, Paris, 1999, p. 105-116.

42. Chr. Leduc-Gueye, « Angers, Ancienne collégiale… », art. cit. note 39, p. 72-75.

43. Ch. Urseau, *La peinture décorative…*, *op. cit.* note 38, p. 35-36.

44. Daniel Prigent, « L'église Saint-Martin d'Angers », dans Bénédicte Palazzo-Bertholon et Jean-Christophe Valière (dir.), *Archéologie du son*, suppl. du *Bulletin monumental*, Paris, 2012, p. 99-102.

45. Les pots encore présents dans les voûtes étaient brisés ; seul un exemplaire intact subsistait, recueilli au début du XXe siècle.

46. Jacques Bruneau de Tartifume, *Angers contenant tout ce qui est remarquable et tout ce qui estoit dict la ville d'Angers*, Angers, Bibl. mun., ms 995, t. 1, 1623, p. 210-235.

bras, à l'intersection des sept bandes horizontales avec les quatorze bandes verticales, des écus armoriés portent les armes des possessions du prince : Anjou ancien et moderne, Bar, Aragon, Hongrie et Jérusalem (fig. 19) [39] ; le décor peint se poursuivait dans la nef où le motif de la chaufferette, cher à René, était encore lisible dans le bas-côté sud avant l'effondrement du lambris vers 1904 [40].

Herman de Vienne, chirurgien du roi René [41], puis doyen de Saint-Martin (1454-1491), est réputé avoir doté l'église du remarquable sacraire flamboyant dressé au nord de l'abside (fig. 13). Il fut inhumé dans la chapelle des Anges dont le luxueux décor des arcades occidentales [42], aujourd'hui partiellement effacé, peut être restitué grâce à Charles Urseau [43], qui décrivit notamment deux évêques nimbés.

Il est tentant d'attribuer à la campagne de René d'Anjou, ou à la période qui suivit, la mise en place d'un ensemble important de pots acoustiques [44] (fig. 13 et 14) ; la surélévation des bras du transept et l'installation du couvrement lambrissé, accompagnés de remaniements dans l'organisation spatiale de la collégiale, avaient vraisemblablement nécessité d'améliorer l'acoustique des lieux. Cet aménagement s'est fait par l'insertion de deux types de poteries (fig. 20) : dans les murs de la première travée du chœur, des céramiques de type creuset cylindro-conique à pâte fine, de teinte rose pâle, conservaient des traces de tournage bien marquées, dont le volume était d'environ quatre litres ; un second type était constitué de volumineux pots en grès, dont le fond était percé par une ouverture de 7,5 cm de diamètre et le col obturé [45].

Du roi René au XXIe siècle

Les travaux réalisés à Saint-Martin entre le XVIe siècle et la Révolution furent d'ampleur limitée. Nous appréhendons certains détails de l'organisation de la collégiale sous l'Ancien Régime grâce à la description qu'en donna Jacques Bruneau de Tartifume dans les années 1620 [46]. Durant les dernières décennies du XVIIIe siècle, la prospérité de la communauté se traduisit notamment par l'engagement de travaux variés : remplacement de la toiture du chœur après 1760, réparation du clocher après les dégradations provoquées par la foudre en 1762, blanchiment de l'église en 1776 puis repeinture des statues-colonnes en 1778, construction d'un porche en avant de la façade occidentale... Peu de temps avant la Révolution, la chapelle sud d'époque romane flanquant le chœur fut remplacée par une sacristie.

À la Révolution, l'église fut vendue comme bien national et connut au XIXe siècle une histoire ponctuée de dégradations : effondrement de la nef en 1828, destruction de l'étage supérieur du clocher roman l'année suivante et suppression d'une partie de la façade occidentale vingt ans plus tard ; la collégiale servit de magasin de bois de chauffage, d'entrepôt de tabac, de magasin de charbon... L'état déplorable dans lequel se trouvait le chœur prit fin quand le chanoine Pinier, supérieur de l'institution Saint-Maurille jouxtant l'église, en devint entièrement propriétaire en 1903[47] ; après des travaux indispensables de consolidation, la chapelle de l'institution occupa la partie orientale de l'ancienne église, tandis que la nef resta occupée par plusieurs bâtiments entourant un jardin. Cette situation dura jusqu'à son acquisition progressive par le Conseil général.

La restauration engagée par l'architecte en chef des Monuments historiques Pierre Prunet à la fin des années 1980, poursuivie de 1991 à 2006 par son successeur Gabor Mester de Parajd[48], a permis de consolider les voûtes gothiques du chœur mais également de rendre son unité au monument en rétablissant la relation entre la partie orientale et la façade occidentale qui a été partiellement restituée. À l'issue de ces aménagements, en 2006, la collégiale, longtemps restée méconnue des Angevins, est devenue un acteur touristique et culturel majeur de la ville[49].

47. Laurence Aubry-Wolff et Jean-Michel Cauneau, « De l'externat Saint-Maurille à l'institution Saint-Martin (1901-1986), le XXe siècle de la collégiale », Archives d'Anjou, n° 10, 2006, p. 96-119.

48. Gabor Mester de Parajd, « Histoire d'une restauration... », op. cit. note 4.

49. La présentation permanente de quarante sculptures ajoute encore à l'intérêt patrimonial du site : Anna Leicher, « Le cortège du maniérisme. Les quarante sculptures de la collection de l'École des hautes études Saint-Aubin », Revue 303, n° 91, 2006, p. 34-47.

Fig. 20 – Saint-Martin d'Angers, les deux types de pots acoustiques.

Crédits photographiques – fig. 2-5, 7-9, 11-12, 17-19 : cl. Bruno Rousseau, Conservation départementale du patrimoine de Maine-et-Loire, fig. 13-16, 20 : cl. Daniel Prigent.

Savennières, église Saint-Pierre-et-Saint-Romain

Une église mérovingienne retrouvée

Arnaud Remy [*]

L'église de Savennières retient, depuis plus de deux siècles, l'attention des archéologues, en raison de sa remarquable nef en petit appareil mixte à bandeaux en *opus spicatum*. Tous se sont interrogés sur sa datation, la situant dès le Ve siècle pour les uns, jusqu'au XIe siècle pour d'autres, non sans déplorer la difficulté de l'exercice devant le manque de sources textuelles et de références stylistiques solides. Or cette question peut aujourd'hui trouver une réponse plus assurée grâce aux dernières avancées des méthodes de datation en laboratoire, ce qui ne doit pas masquer l'intérêt des autres parties de l'édifice, fruit de plusieurs campagnes de construction aisément lisibles (fig. 1) : à l'époque romane, la nef a été prolongée à l'est par un chevet en tuffeau blanc, puis jouxtée par un clocher accolé au sud-est ; elle a été enfin agrandie du côté nord par un bas-côté terminé par une chapelle gothique faisant fonction de bras de transept.

Le *vicus* de Savennières est réputé avoir été un lieu de sépulture à partir du Ve siècle. En effet, la vie de saint Maurille, dont une première version remonterait au début du VIe siècle [1], rapporte que celui-ci, alors qu'il était évêque d'Angers (entre 423 et 453), y ressuscita un pèlerin sur le point d'être inhumé [2]. En 852, la *Chronique de Nantes* relate la fuite, l'assassinat et l'enterrement du comte Lambert III de Nantes à Savennières [3]. Les découvertes récurrentes de sarcophages dans le voisinage de l'église confirment l'existence d'un cimetière dès le haut Moyen Âge [4].

Les plus anciennes attestations d'une église à Savennières dans les cartulaires d'abbayes angevines ne sont pas antérieures au milieu du XIe siècle. Vers 1050, les religieuses de l'abbaye du Ronceray d'Angers étaient en conflit avec les trois chevaliers qui possédaient l'église de Savennières, et qui étaient respectivement seigneurs de Champtocé, de Montjean et de La Possonnière [5]. Entre 1056 et 1082, deux d'entre eux, Oger Bardoul de Champtocé et Durand Brunel de Montjean, donnèrent à l'abbaye Saint-Serge d'Angers les bénéfices qu'ils détenaient sur les trois églises du village [6] : Saint-Pierre, qui apparaît déjà comme l'église principale de la paroisse ; Saint-Romain, qui devint au XIIe siècle un prieuré dépendant de Saint-Serge d'Angers et disparut en 1773, son autel étant transféré à Saint-Pierre [7] ; l'église Saint-Jean-Baptiste – peut-être un baptistère annexé à Saint-Pierre –, qui n'est pas localisée. Entre 1138 et 1141, les seigneurs de La Possonnière cédèrent à leur tour leurs droits sur l'église Saint-Pierre à l'abbaye Saint-Serge [8].

Si quelques autels associés à des chapellenies sont mentionnés dans les textes à la fin du XVe siècle, aucune source ne documente de travaux dans l'église avant le XVIIIe siècle, avec la construction de la sacristie en 1728, le blanchiment des murs à la chaux en 1736, la pose de stalles en 1738, la réfection du porche sud et la construction d'un porche neuf pour le portail occidental en 1746 [9].

Au début du XIXe siècle, l'église est décrite comme étant en mauvais état, particulièrement en ce qui concerne ses charpentes et lambris [10]. Classée Monument historique sur la

* *Archéologue, Conservation départementale du patrimoine de Maine-et-Loire.*

1. Damien Heurtebise, « Hagiographes et historiens dans l'Anjou des VIe-XIIe siècles », dans Jean-Luc Marais, *Historiens de l'Anjou*, Rennes, 2012, p. 30.

2. Transcription de la version de 620 dans « Saint-Maurille, évêque d'Angers », *L'Anjou historique*, n° 209, 1943, p. 70.

3. René Merlet (éd.), *Chronique de Nantes (570-environ 1049)*, « Collection de textes pour servir à l'étude et à l'enseignement de l'Histoire », 19, Paris, 1896, p. 31.

4. Des sarcophages ont été découverts lors de terrassements rue Duboys d'Angers en 1980, sous le parvis en 2010, ainsi qu'au pied des murs nord et de la façade occidentale en 2021. L'actuelle place du Mail, à l'est de l'église, correspond à l'ancien cimetière, déplacé en 1834.

5. Paul Marchegay (éd.), *Cartulaire du Ronceray*, t. 3, Angers, 1854, charte n° 280, *De decimis mansura quæ est citra ebrionem*, p. 178.

6. Yves Chauvin (éd.), *Premier et second livres des Cartulaires de l'abbaye Saint-Serge et Saint-Bach d'Angers (XIe et XIIe siècles)*, t. 1, Angers, 1997, charte n° B 110, *Notitia Ecclesiæ et prioratus de Saponneriis*, p. 96-99.

7. Arch. dép. Maine-et-Loire, 1 B 127, pièce n° 34 : Permission de démolir la chapelle Saint-Romain de Savennières, le 20 novembre 1770.

8. *Cartulaires de l'abbaye Saint-Serge...*, *op. cit.* note 6, charte n° B 369.

9. Arch. dép. Maine-et-Loire, Registres paroissiaux, « Savennières – Saint-Pierre – Baptêmes, mariages, sépultures, 1721-1740 et 1741-1763 » (non coté).

10. Arch. dép. Maine-et-Loire, 4 V 10, « Questionnaire sur l'état des églises du culte catholique non aliénées, à Savennières, du 7 pluviôse an X ».

11. Angers, Arch. diocésaines, OP 152, lettre du Conseil de fabrique à l'évêque, 22 octobre 1842.

liste de 1840, elle a connu entre 1842 et 1850 des restaurations importantes sous la direction de Charles Joly-Leterme. Le chœur fut alors débarrassé « d'une masse d'ornements très peu en harmonie avec l'édifice et qui [...] l'obstrue » avant d'être rétabli dans ses dispositions romanes [11]. Les deux baies latérales et les chapiteaux de l'abside furent refaits, à l'exception du premier en partant du nord. Afin d'uniformiser les reprises, tous les parements intérieurs de l'abside furent grattés et rejointoyés. Dans la nef et le bas-côté, le lambris fut remplacé par une voûte en plâtre et les quatre baies de la nef furent intégralement refaites. À l'extérieur, les deux porches en charpente du XVIIIᵉ siècle furent supprimés et toutes les irrégularités – trous de fixation, vestiges d'une ancienne litre enduite – effacées. Les premiers dessins connus de l'église remontent à cette campagne de travaux ou la précèdent de quelques années (fig. 2 et 3).

Jusqu'à la fin du XXᵉ siècle, l'église n'a été l'objet que de petites interventions d'entretien, principalement concentrées sur les couvertures et la base des murs. Le clocher a fait l'objet d'une restauration globale en 2004, suivi par le reste de l'édifice en 2019-2022. Cette dernière campagne, accompagnée d'un suivi archéologique prescrit par la Drac des Pays de la Loire, a permis de réaliser des observations sur l'ensemble des maçonneries et des charpentes, assorties d'une campagne de datation absolue qui a profondément renouvelé la connaissance de l'édifice.

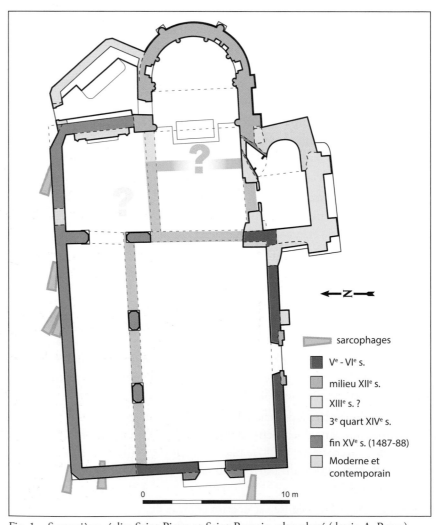

sarcophages

Vᵉ - VIᵉ s.

milieu XIIᵉ s.

XIIIᵉ s. ?

3ᵉ quart XIVᵉ s.

fin XVᵉ s. (1487-88)

Moderne et contemporain

Fig. 1 – Savennières, église Saint-Pierre-et-Saint-Romain, plan phasé (dessin A. Remy).

ARNAUD REMY

Fig. 2 – Savennières, église Saint-Pierre-et-Saint-Romain, dessin de P. Hawke, 1838 (Angers, bibliothèque municipale, Ms 1281 [1052], fol. 19).

Fig. 3 – Savennières, église Saint-Pierre-et-Saint-Romain, dessin d'A. Berty, 1831 (Arch. dép. Maine-et-Loire, 2 Fi 268).

Une nef du haut Moyen Âge

La nef est assurément la plus ancienne partie conservée en élévation. Si les façades sud et ouest peuvent encore être admirées dans leur quasi-intégralité (fig. 4), les murs des autres côtés ne sont visibles que dans les combles : à l'est au-dessus de l'arc triomphal et au nord au-dessus des grandes arcades du collatéral, ouvertes en sous-œuvre dans le mur goutte-reau (fig. 5). Un oculus de 0,6 m de diamètre, faiblement ébrasé, est conservé au nord du pignon oriental. Obstrué par la charpente de la chapelle nord, il pourrait appartenir à l'état d'origine. Enfin, un vestige d'archivolte montre qu'il y avait au moins une fenêtre dans le mur nord, en face des ouvertures méridionales. Les dimensions actuelles de la nef (8,9 m de largeur pour une longueur de 14,5 m au sud et 15 m au nord) dans-œuvre sont donc bien celles d'origine.

Fig. 4 – Savennières, église Saint-Pierre-et-Saint-Romain, façades sud et ouest.

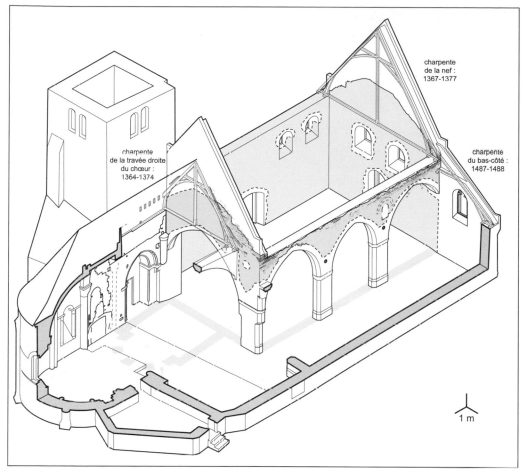

charpente
de la nef :
1367-1377

charpente
de la travée droite
du chœur :
1364-1374

charpente
du bas-côté :
1487-1488

1 m

Fig. 5 – Savennières, église Saint-Pierre-et-Saint-Romain, perspective isométrique écorchée. En couleur : les parties conservées de la nef (dessin A. Remy).

Les techniques de construction

L'appareil mixte des maçonneries frappe d'emblée le visiteur par un jeu de formes et de couleurs créé par un petit appareil en roches locales à dominante sombre, les quatre larges bandeaux de briques posées en épi qui ceignent l'édifice et qui contrastent avec la clarté du mortier des joints et du tuffeau employé pour l'encadrement des baies.

La hauteur des assises en petit appareil est régulière, autour de 0,1 m, tandis que la longueur des moellons est très variable. Cette dispersion statistique s'explique en partie par la grande variété des roches utilisées, qui reflète celle des ressources géologiques disponibles dans un rayon de 4 km autour du site : spilites et rhyolites volcaniques, grès gris et phanites noires sédimentaires [12]. Ces dernières, abondantes en partie basse de l'édifice, ont été mises en œuvre avec un soin particulier au sommet du pignon dont elles composent exclusivement les deux derniers bandeaux. Leur noirceur renforce le contraste avec le triangle de briques rempli de tuffeau blanc réticulé qui, au centre, forme un petit fronton (fig. 6). Une double arase de briques marque, par un ressaut de 4 cm, la naissance du pignon qui s'amincit de 12 cm sur les 2,7 m de hauteur conservée.

En dehors du tuffeau, cantonné à l'entourage des fenêtres, la seule roche exogène employée en relative abondance dans les murs de la nef est l'arkose de Bains, dont les affleurements les plus proches se trouvent à plus de 10 km en direction d'Angers. Cette

12. Détermination par Fabrice Redois, géologue à l'université d'Angers.

Fig. 6 – Savennières, église Saint-Pierre-et-Saint-Romain, appareil décoratif en triangle au centre du pignon.

pierre fibreuse se débite en blocs allongés, qui ont été utilisés de préférence dans les arêtiers d'angle et sur deux séries d'assises situées à la base et au sommet des murs, comme pour assurer un meilleur chaînage des maçonneries aux endroits les plus sensibles.

Aucun fragment de sarcophage en calcaire coquillier n'apparaît en remploi dans la nef [13], alors qu'on en retrouve dans toutes les parties plus tardives de l'église, notamment dans le bas-côté, le clocher et au soubassement du portail sud. Le creusement d'une tranchée autour de l'édifice a révélé l'existence d'un sarcophage devant la façade occidentale, sans contact avec sa fondation. Huit autres, en revanche, ont été recouverts par le mur du bas-côté nord. Leur orientation suggère une disposition en éventail à partir du mur nord de la nef (fig. 1).

Les briques sont globalement homogènes, tant par leur pâte que par leurs dimensions. Leur module correspond aux standards gallo-romains [14]. Plusieurs présentent sur leur face supérieure une encoche pouvant servir de poignée, caractéristique des productions antiques. On trouve également quelques très rares tuiles à rebords (*tegulae*). Toutes les briques utilisées dans les épis sont des fragments, ce qui peut suggérer que ces matériaux furent prélevés sur une construction antérieure et réemployés. Toutefois, aucun site gallo-romain susceptible d'avoir fourni ces matériaux n'est actuellement connu à proximité.

De la base au sommet des murs, la maçonnerie de la nef est très homogène. Le mortier, à base de sable de Loire, se différencie bien de celui des autres maçonneries, avec une proportion de chaux voisine de 25 % en moyenne et un agrégat relativement grossier – mais moins que celui des maçonneries romanes.

La question de la datation

Au début du XIXe siècle, Jean-François Bodin considérait Saint-Pierre de Savennières comme la plus ancienne église d'Anjou et l'attribuait au Bas-Empire [15]. En 1841, Arcisse de Caumont, suivi par Prosper Mérimée, proposait le VIe ou le VIIe siècle [16]. Lors du 38e congrès archéologique de France, en 1871, Alphonse de Cougny s'interrogeait sur cette datation avant de pencher pour le Xe ou le début du XIe siècle, en invoquant les raids normands et des correspondances stylistiques avec d'autres églises de Touraine ou de Normandie qui étaient alors attribuées au XIe siècle [17]. Jusqu'au début du XXe siècle, la plupart des auteurs

13. En contradiction formelle avec l'observation de Jean Martin-Demézil, « Savennières », dans *Congrès archéologique de France. Anjou*, 1964, p. 355.

14. Jean-François Nauleau, « Les matériaux de construction en terre cuite d'époque romaine dans l'ouest des Pays de la Loire. Premier bilan », *Revue archéologique de l'Ouest*, n° 30, 2013, p. 223-259.

15. Jean-François Bodin, *Recherches historiques sur l'Anjou et ses monuments*, Saumur, 1821, p. 37-38.

16. Arcisse de Caumont, *Cours d'antiquités monumentales*, t. IV, 1831, p. 98-100 ; Prosper Mérimée, *Notes d'un voyage dans l'Ouest de la France*, 1836, p. 344-345.

17. Alphonse de Cougny, « Mémoire sur la question "Peut-on déterminer l'âge précis de l'église de Savennières ?" », dans *Congrès archéologique de France. Angers*, 1871, p. 130-143.

ARNAUD REMY

ont suivi cet avis. Toutefois, dans les années 1960, Frédéric Lesueur proposa un rapprochement entre Saint-Pierre de Savennières et d'autres églises en appareil mixte qui lui semblaient être d'époque carolingienne [18]. En 1964, lors de la 122ᵉ session du congrès archéologique, Jean Martin-Demézil revint prudemment à une datation dans le courant du Xᵉ siècle, sans exclure l'hypothèse du IXᵉ siècle, en mettant en garde contre l'interprétation trop rapide d'éléments restaurés comme le petit appareil sculpté en pointes de diamant des archivoltes et du triangle du pignon [19]. Faute de nouveaux éléments, les auteurs suivants, notamment Jacques Mallet et Marcel Deyres, se sont globalement tenus à cette position sans néanmoins exclure une datation plus haute [20].

Les sources historiques, rares, imprécises et surtout tardives, ne sont que d'un faible secours. Tout au plus la mention de sépultures antérieures laisse-t-elle présumer l'existence d'un édifice religieux antérieur à l'époque carolingienne. Le principal argument historique avancé en faveur d'une attribution de la nef au Xᵉ siècle est le traité de Saint-Clair-sur-Epte (911) qui mit fin aux raids normands réputés avoir dévasté les rivages de la Loire à partir des années 840. On peut toutefois s'interroger, à la suite de Jean Martin-Demézil, sur l'étendue réelle des dommages [21].

Par ailleurs, les chercheurs n'ont pas manqué de tenter des comparaisons stylistiques avec d'autres édifices similaires, notamment avec ceux qui comportent un petit appareil mixte. Ce mode constructif, dans lequel la brique tient une part variable selon les époques et les fonctions des édifices, fut pratiqué depuis le Bas-Empire jusqu'au début du XIIᵉ siècle. L'utilisation des briques disposées en *opus spicatum*, qui donne tout son caractère à la nef de Savennnières, est peu commune, et les rares autres exemples conservés, comme celui de la façade ouest de Saint-Christophe de Suèvres (Loir-et-Cher), remarquable mais mal documentée, ne présentent pas la même régularité de mise en œuvre. On peut aussi invoquer les exemples de la façade de Saint-Jean-Baptiste de Chassenon (Charente) [fig. 7] ou de celle de Notre-Dame-Outre-l'Eau à Rugles (Eure), toutes deux datées entre le Xᵉ et le XIᵉ siècle avec des arguments tout aussi discutables [22].

18. Frédéric Lesueur, « Saint-Martin d'Angers, La Couture du Mans, Saint-Philbert de Grand-Lieu et autres églises à éléments de briques dans la région de la Loire », *Bulletin monumental*, t. 119, 1961-3, p. 211-242. Sur Savennières, notamment, voir p. 237 à 239.

19. J. Martin-Demézil, « Savennières », art. cit. note 13, p. 355.

20. Jacques Mallet, *L'art roman de l'ancien Anjou*, 1984, p. 16-17 ; Marcel Deyres et Jean Porcher, *Anjou Roman*, La Pierre-qui-Vire, 1987, p. 37-41.

21. J. Martin-Demézil, « Savennières », art. cit. note 13, p. 357.

22. Luc Bourgeois, Claude Andrault-Schmitt et André Berland, « Saint-Jean-Baptiste de Chassenon (Charente) : Archéologie monumentale de la modeste église paroissiale d'un site prestigieux », *Revue historique du Centre-Ouest*, t. 5, 2006, p. 231-255 ; Maylis Baylé, *Les origines et les premiers développements de la sculpture romane en Normandie*, Caen (*Art de Basse-Normandie*, nº 100), 1992, p. 43.

Fig. 7 – Chassenon, église Saint-Jean-Baptiste, façade occidentale.

Fig. 8 – Andard, église Saint-Symphorien, fenêtres successives au sud de la nef.

23. A. de Cougny, « Mémoire… », art. cit. note 17, p. 137-138.

24. Daniel Prigent et Jean-Yves Hunot, « Les édifices religieux antérieurs à l'an Mil en Anjou », dans Daniel Prigent et Noël-Yves Tonnerre (dir.), *La construction en Anjou au Moyen Âge*, Angers 1998, p. 44-45.

25. D'après deux datations de charbons pris dans le mortier du premier état de la nef : Ly-798, âge calibré : 282-545 et Ly-10714, âge calibré : 249-405 (Daniel Prigent, « Techniques de construction et de mise en œuvre de la pierre du IXᵉ au XIᵉ siècle, nouvelles approches », dans Dominique Iogna-Prat, Michel Lauwers, Florian Mazel et Isabelle Rosé (dir.), *Cluny : Les moines et la société au premier âge féodal*, Rennes, 2013, p. 439.

26. Le pignon de Joué-l'Abbé est daté de la première moitié du Xᵉ siècle (Ly 12191, âge calibré : 884-1013) par Alain Valais, *Les églises rurales du premier Moyen Âge (Vᵉ-XIᵉ siècle) dans l'ancien diocèse du Mans et à ses confins*, thèse de doctorat, Brigitte Boissavit-Camus (dir.), université Paris-Nanterre, 2021, vol. 5, p. 147 ; Élise Merdy, *L'architecture religieuse du haut Moyen Âge en Bretagne. Étude archéologique de la chapelle Saint-Étienne de Guer (Morbihan)*, mémoire de Master, Florence Journot (dir.), université Paris I Panthéon-Sorbonne, 2009.

27. Frédéric Lesueur, « Appareils décoratifs supposés carolingiens », *Bulletin monumental*, t. 124-2, 1966, p. 167-186. On pourrait étendre la comparaison aux triangles réticulés non cernés de moulures, tels ceux de Saint-Jean-Baptiste de Chassenon (Charente) [cf. fig. 7] ou de certaines églises du Forez comme Saint-André à Saint-Rambert-sur-Loire ou Saint-Julien de Moingt (Loire). À la fin du

Sur les arcs (intégralement refaits en 1845), la combinaison de claveaux de tuffeau et de deux briques, avec un ajustement sur le nombre de briques au niveau de la clef, perçue comme décadente par A. de Cougny [23], se retrouve pourtant dans de nombreux édifices prestigieux du IIᵉ siècle (thermes de Chassenon) au XIᵉ siècle (Saint-Romain-en-Gal, La Couture du Mans, Beauvais). Les proportions des fenêtres, comparables à celles de la nef d'Andard où de grandes baies à imbrications du VIIᵉ-VIIIᵉ siècle ont été réduites à des jours étroits aux IXᵉ et Xᵉ siècles (fig. 8) [24], militent plutôt en faveur d'une datation haute. Le petit appareil cubique intercalé dans une double archivolte de briques se retrouve à l'identique au portail nord de la nef de Saint-Eusèbe de Gennes, dont la construction remonte au Bas-Empire [25].

Il est en revanche impossible aujourd'hui de se prononcer sur l'authenticité des pointes de diamant restituées par Ch. Joly-Leterme. Le triangle qui orne le pignon ouest de la nef évoque non seulement ceux de Saint-Jean-de-Livet, Saint-Martin-de-la-Lieue (Calvados) près de Lisieux, de Joué-l'Abbé (Sarthe) ou de Saint-Étienne du Guer (Morbihan) [26], mais aussi les décors triangulaires à remplissage réticulé, fréquents aux façades d'églises du Val de Loire attribuées au XIᵉ siècle [27]. Enfin, dans sa récente synthèse, Alain Valais a montré que ces divers caractères techniques – le petit appareil mixte, les chaînes d'angle de faible hauteur, les baies larges et relativement basses à arc clavé – appartiennent aux catégories les plus archaïques relevées parmi les églises pré-romanes du Maine dans des parties datées entre le VIᵉ et le Xᵉ siècle [28].

Ces comparaisons typologiques n'apportent en fin de compte pas d'arguments décisifs pour une datation précise et fiable de la nef de Savennières. C'est pourquoi la récente restauration de l'église de Savennières a été accompagnée d'une campagne de datations absolues croisant plusieurs méthodes : radiocarbone sur charbons de bois pris dans le mortier (un échantillon), luminescence optiquement stimulée (OSL) sur des briques (neuf échantillons) ainsi que sur le mortier (cinq échantillons prélevés de la base au sommet des murs de la nef) [29]. Cette dernière méthode a donné des résultats concordants, tous centrés sur les Vᵉ et VIᵉ siècles [30], en cohérence avec la datation radiocarbone [31] et les arguments archéologiques et funéraires fournis par les fouilles et les textes, soit 400 à 500 ans plus tôt que l'âge admis jusqu'à présent !

La majeure partie des briques datées (7 sur 9) s'aligne sur une moyenne de la seconde moitié du IVᵉ siècle. L'hypothèse de réemplois antiques, déjà formulée à diverses reprises, se trouve donc validée, mais la largeur des intervalles ne permet pas d'exclure qu'elles puissent provenir d'une fabrication contemporaine de la construction de la nef, vers le début du Vᵉ siècle. Les deux mesures restantes donnent une datation autour de l'an mil qui s'explique encore mal [32].

Cette datation très précoce fait de la nef de Saint-Pierre de Savennières un témoignage exceptionnel de la première génération de construction d'églises. La plupart des édifices remontant à cette époque ne nous sont connus que par des fondations, une crypte, ou par des vestiges d'élévation très remaniés à l'image des premiers états du baptistère Saint-Jean de Poitiers [33]. Dans l'état actuel de nos connaissances, au nord-ouest de la Gaule, seules l'église de Saint-Martin de Moulay (Mayenne) et peut-être celle de Saint-Gervais-Saint-Protais de Civaux (Vienne) pourraient prétendre remonter à la même période [34]. Pour trouver d'autres bâtiments mérovingiens conservés en élévation, il faut se rapprocher de la Méditerranée avec les baptistères d'Aix, Draguignan, Fréjus, Riez, ou les basiliques de Saint-Romain-en-Gal et Vienne [35].

ARNAUD REMY

LE CHEVET ROMAN

Le sanctuaire de cette église du haut Moyen Âge fut prolongé au milieu du XIIe siècle par un chœur de 13 m de profondeur, terminé par une abside voûtée en cul-de-four éclairée par cinq fenêtres enveloppées d'une arcature (fig. 9). Un sondage effectué du côté sud a révélé, sous quatre relèvements successifs du niveau du sol, les bases bien conservées des colonnes de l'abside ainsi que le sol roman en mortier, situé au même niveau que celui de la nef actuelle [36]. Les deux baies extrêmes de l'abside, qui avaient probablement été agrandies au XVIIe siècle, ont été restituées au XIXe siècle dans leurs dimensions originelles. Tous les chapiteaux ont été refaits lors de ces travaux, à l'exception de ceux qui surmontent les doubles colonnes marquant l'entrée de l'abside et de ceux des fenêtres de la travée droite, décorés de feuilles découpées ou d'engoulants.

XIe siècle, certains triangles réticulés couvrent la totalité du pignon comme à Saint-Germain de Bourgueil datée de 1080-1100 par M. Deyres et J. Porcher (*Anjou roman, op. cit.* note 20, p. 296) et, en tout cas, avant 1115 pour J. Mallet (*L'art roman…, op. cit.* note 20, p. 217), ou sur la façade de la cathédrale du Mans datée de la dernière décennie du XIe s. par Francis Salet (« La cathédrale du Mans », dans *Congrès archéologique de France. Maine*, 1961, p. 18-58).

28. A. Valais, thèse citée note 26, vol. 1, p. 227 et *sq.*

29. Datations OSL réalisées par Petra Urbanová, IRAMAT, Bordeaux. Sur la méthode de datation par OSL du mortier, voir Petra Urbanová et Pierre Guibert, « La mesure du temps par luminescence : datation de réemplois dans la crypte de Saint-Seurin à Bordeaux », *Mélanges de l'École française de Rome - Moyen Âge*, t. 129-1, 2017, https://doi.org/10.4000/mefrm.3633.

30. Date OSL moyenne calibrée : 505 ± 56, soit à 2 σ (95,4 % de probabilité) entre 393 et 617 ap. J.-C.

31. Ly-19532 (SacA-66795), âge : 1625 ± 30 BP ; date calibrée : de 401 à 544 ap. J.-C.

32. Emploi de matériaux différents ? Reprises ponctuelles masquées par la restauration de 1845 ?

33. Brigitte Boissavit-Camus (dir.), *Le baptistère Saint-Jean de Poitiers, de l'édifice à l'histoire urbaine*, coll. « Bibliothèque de l'Antiquité tardive », 26, Turnhout, 2014.

34. A. Valais, thèse citée note 26, vol. 1, p. 293 ; Brigitte Boissavit-Camus, Jean-Claude Papinot et Jean-Pierre Pautreau, *Civaux des origines au Moyen Âge*, Chauvigny, 1990, p. 92.

35. Pierre Guibert, Sophie Blain, Virginie Moineau, Philippe Lanos, Philippe Dufresne *et al.*, *Programme de datation de la construction de l'église Saint Romain à Saint-Romain-en-Gal (69)*, Rapport de recherche, CNRS-IRAMAT-CRP2A, Pessac, 2016, halshs-01745805 ; Laurent D'Agostino, « Vienne (Isère). Anciennes églises Saint-Pierre et Saint-Georges », *Archéologie médiévale*, 51, 2021, p. 232-233. Sans doute faudra-t-il revoir les datations d'autres édifices encore attribués aux Xe et XIe siècles.

36. Arnaud Remy, *Savennières. Église Saint-Pierre-et-Saint-Romain*, rapport de diagnostic archéologique préventif, Drac Pays de la Loire, 2018, p. 22.

Fig. 9 – Savennières, église Saint-Pierre-et-Saint-Romain, vue intérieure du chœur.

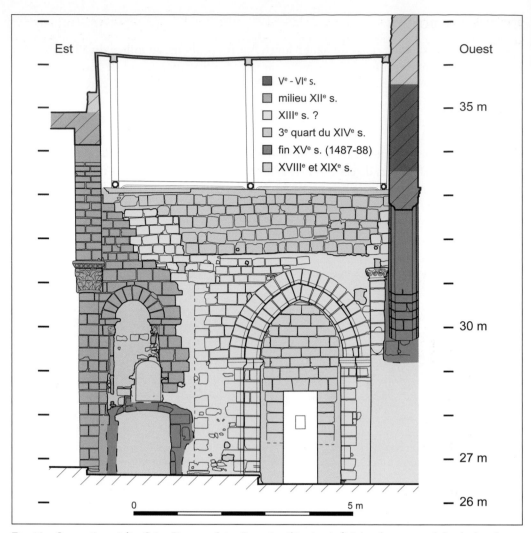

Est   Ouest

■ V^e - VIe s.
■ milieu XIIe s.
□ XIIIe s. ?
■ 3e quart du XIVe s.
■ fin XVe s. (1487-88)
□ XVIIIe et XIXe s.

— 35 m

— 30 m

— 27 m

— 26 m

0   5 m

Fig. 10 – Savennières, église Saint-Pierre-et-Saint-Romain, élévation inférieure du mur nord du clocher depuis la fausse croisée (dessin A. Remy).

La découverte d'une baie romane supplémentaire du côté sud, immédiatement à l'ouest de la colonne qui supporte l'arc doubleau (fig. 10), et le changement d'orientation de 3,5 degrés entre le parement roman et la reprise occidentale trahissent la préexistence, à l'entrée du sanctuaire, d'un volume ayant contraint les constructions ultérieures, volume qui correspondrait à un sanctuaire pré-roman de plan rectangulaire, d'environ 4 × 5,7 m de côté. Le chevet roman aurait conservé et prolongé ce petit corps de bâtiment (fig. 1 et 5).

Tant à l'intérieur qu'à l'extérieur, les joints lissés en bâtière sont le fruit de la restauration, mais ils reproduisent fidèlement la finition d'origine, conservée par endroits. À l'extérieur, des contreforts plats épaulent la travée droite tandis que l'abside comporte deux contreforts-colonnes. Ceux-ci sont surmontés de chapiteaux refaits au XIXe siècle et séparés de la corniche par un pilastre, solution que l'on retrouve au chevet de l'église de Saint-Rémy-la-Varenne. Le style des modillons figurés, traités de manière expressive et en fort relief, fait écho au clocher de Notre-Dame de Chemillé ou au chevet de Saint-Gervais-Saint-Protais de Brion. Ces sculptures représentent des sujets dont la plupart expriment l'excès ou la monstruosité : un tonneau, une bourse, un homme et une femme nus écartant les jambes, des têtes hybrides de rois, de soldats, de fauves... L'entourage des fenêtres, orné de fleurs à huit

pétales, leur archivolte ornée d'un entrelacement complexe de rinceaux et la corniche soulignée de rosaces dénotent un intérêt affirmé pour le décor sculpté (fig. 11). Les influences
méridionales, du Poitou à la Guyenne, sont prégnantes dans cet ensemble.

La charpente de l'abside est moderne (1779d) mais, dans le comble, le pan de mur arasé
qui dépasse au-dessus des voûtes, à la naissance de l'abside, suggère l'existence primitive
d'une couverture étagée comme celle de Saint-Rémy-la-Varenne ou de Saint-Macé (Maine-
et-Loire), de Saint-Savinien de Melle (Deux-Sèvres) et de nombreux chevets romans
poitevins. Contre le pignon oriental de la nef subsiste un solin, antérieur à la construction
de la chapelle nord, qui conserve l'empreinte de tuiles. Sa position et sa pente de 53 degrés
correspondent à la charpente actuelle de la travée droite, mise en place au XIVe siècle.

Le portail sud de la nef appartient manifestement à la même campagne de construction
que le chevet. L'appareil est similaire (même layage fin, mêmes joints lissés) et les six modillons encore authentiques relèvent du même style (tête crachant des feuilles, tireur d'épine,
une tête à barbe bifide, deux saltimbanques, deux bêtes attachées et un monstre tirant la
langue).

Fig. 11 – Savennières, église Saint-Pierre-et-Saint-Romain, vue extérieure du chevet
avant la dernière restauration.

Au cours de la seconde moitié du XIIe siècle, voire plus tôt pour le mur sud, l'intérieur de la nef reçut un décor peint. Recouvertes de badigeons à partir de la fin du Moyen Âge, puis de plâtre au XIXe siècle, les peintures de la nef n'ont été révélées que par des sondages restreints en 2018.

Après la mise en place du portail sud mais avant la construction du clocher – peut-être en raison de désordres –, le mur sud de la nef fut reconstruit en plaquettes de schiste sur 5 m de largeur et sur les trois quarts de sa hauteur, doté d'un contrefort en tuffeau et percé d'une grande baie géminée dont la clef est décorée d'un masque fruste.

LES TRAVAUX DES XIIIe-XIVe SIÈCLES : CHAPELLE SUD, TOITURES ET CLOCHER

La base du clocher accolé du côté sud de l'église comporte une petite chapelle orientée dont l'abside, voûtée en cul-de-four, est couverte d'un glacis de tuffeau aujourd'hui recouvert d'ardoises. Cette chapelle était éclairée par trois baies. Celle de l'axe a été murée à l'Époque moderne mais les deux autres, au sud, ne semblent pas avoir été refaites. On trouve dans l'arc de décharge de la plus grande d'entre elles des remplois de claveaux romans, complétés par des plaquettes de schiste (fig. 12). La présence d'enduits et les restaurations rendent

Fig. 12 – Savennières, église Saint-Pierre-et-Saint-Romain, face sud du clocher avant sa restauration de 2004.

ARNAUD REMY

délicate la lecture de cette partie basse du clocher. Au-dessus du premier étage, l'élévation est très homogène, mais une légère rupture d'orientation de l'angle sud-est, juste au-dessus de la chapelle, suggère l'idée que le clocher actuel s'appuie sur un premier niveau plus ancien, qu'il s'agit maintenant de comprendre.

L'examen du mur nord du clocher, récemment débarrassé du plâtre qui l'enduisait depuis 1847, montre la poursuite vers l'ouest du mur en pierre de taille du chevet roman, avec une baie et un départ de voûte en berceau (fig. 10, en orange). Cette baie est bouchée par un contrefort, antérieur à la construction de l'absidiole du clocher, qui semble avoir répondu à une poussée imprévue. La partie occidentale de cette travée appartient à une campagne de construction plus tardive (fig. 10, en jaune). Majoritairement construite en moellons, elle comporte une grande arcade brisée ouvrant sur la chapelle sous clocher qui présente une double voussure et qui était initialement encadrée de deux colonnes (celle du côté oriental a été bûchée). La mouluration – un tore soulignant l'arête des voussures et une doucine soutenant un bandeau en imposte – autant que le chapiteau de la colonne occidentale et la mise en œuvre évoquent la première moitié du XIIIᵉ siècle. Cette arcade, dont la construction s'intercale entre celle du chevet au XIIᵉ siècle et celle du clocher au XIVᵉ siècle, prouve donc l'existence d'un volume – probablement une chapelle méridionale – antérieur au clocher actuel.

La reprise dont témoigne cette arcade nous renseigne aussi sur les transformations du sanctuaire autour du XIIIᵉ siècle (fig. 1 et 10, en jaune) : les murs latéraux du sanctuaire pré-roman, vraisemblablement conservés jusqu'alors, furent démolis pour élargir la travée aux dimensions du chevet. Une structure charpentée reposant partiellement sur de nouvelles colonnes remplaça la voûte en berceau romane. Cette campagne apparaît finalement comme un important projet visant à élargir l'entrée du sanctuaire tout en lui adjoignant une chapelle orientée au sud – et peut-être son équivalente au nord, de manière à former un petit transept (fig. 1). Cet état, précaire si l'on en juge par l'adjonction d'un contrefort du côté sud, n'aurait pas duré beaucoup plus d'un siècle.

La charpente actuelle de cette travée s'appuie en effet sur une surélévation des murs de 1,4 m, réalisée assez grossièrement avec des pierres de réemploi (fig. 10, en bleu clair). La datation des bois par dendrochronologie nous apprend que les arbres en ont été abattus et mis en œuvre entre 1364 et 1374 [37]. La réfection de la charpente de la nef semble avoir été réalisée au cours de la même campagne, entre 1367 et 1377. La pente de la toiture a été modifiée de 33 degrés à 54 degrés et les pignons ont été surélevés à cette occasion, après la mise en place de la charpente (fig. 3 et 4). Notons que la maçonnerie du clocher englobe les pieds de ferme de la travée droite du chœur et le rehaussement du pignon oriental de la nef. La partie haute du clocher est donc strictement postérieure à 1367. Elle s'accompagne de reprises importantes de la partie basse, notamment des ouvertures. Un chapiteau roman du même style que ceux du chœur a été déplacé au sommet de l'angle nord-ouest de la nef, à la base de la reprise (fig. 13). Au cours de cette campagne, un enduit non lissé – partiellement conservé dans les combles – a été appliqué sur les murs de la nef, uniformisant les parements.

LES TRANSFORMATIONS DES XVᵉ-XVIᵉ SIÈCLES : BAS-CÔTÉ ET CHAPELLE NORD

Un peu plus d'un siècle après la réfection des couvertures et la construction du clocher, l'église connut encore une importante campagne de travaux avec son agrandissement du côté nord. Trois grandes arcades furent successivement ouvertes en sous-œuvre dans le mur nord de la nef. Les matériaux récupérés, briques et moellons de roches locales, se retrouvent

Fig. 13 – Savennières, église Saint-Pierre-et-Saint-Romain, chapiteau roman réutilisé à la fin du XIVᵉ siècle à la base de la surélévation du pignon ouest.

37. https://www.dendrotech.fr/fr/Dendrabase/site.php?id_si=033-52-49329-0001.

38. Christine Leduc-Gueye, *La peinture monumentale en Anjou au temps du Roi René*, 2007, p. 175 ; Christian Davy, « rapport d'expertise », dans *Dossier de restauration de l'église Saint-Pierre-et-Saint-Romain de Savennières*, Drac Pays de la Loire, 2018.

dans le mur du bas-côté additionnés de plaquettes d'un schiste gréseux extrait localement et de quelques blocs calcaires en réemploi. Des imposes garnies de feuilles de choux ornent ces arcades, les entraits de la charpente sont décorés d'engoulants et, à la base de la voûte lambrissée, une corniche en entretoise est ponctuée de visages sculptés dans le bois. La charpente de ce bas-côté nord est datée de 1487.

Vers l'est, une chapelle vint prolonger cette extension latérale de l'église, sans rupture dans les maçonneries. Les bois de sa charpente ont été abattus en plusieurs fois, au printemps 1487 et au cours de l'hiver suivant. Cette chapelle fut mise en communication avec la travée droite du chœur par une ample arcade, ouverte juste après l'élargissement de l'arc triomphal de la nef. Elle était initialement éclairée par deux grandes baies identiques, l'une dans le pignon nord et l'autre en lucarne passante à l'est. Ses murs, badigeonnés de blanc, étaient rehaussés d'un faux-appareil rouge jusque sur les cache-moineaux montés entre les pieds de fermes de la charpente, restée apparente jusqu'à la pose d'un lambris.

Parallèlement à ces agrandissements, le rez-de-chaussée du clocher fut aménagé en chapelle seigneuriale avec le percement d'un hagioscope orienté vers l'autel (fig. 1), la pose d'une voûte lambrissée et l'application d'un décor peint. Parmi les six personnages représentés, saint Fiacre, saint Mathurin et peut-être saint Armel ont pu être identifiés. Ils font face à des évêques eux aussi auréolés [38]. Des armoiries peintes entre les personnages désignent les Tillon, seigneurs de Varennes et de Mantelon jusqu'au XVIe siècle, comme probables commanditaires.

Il semble que cette chapelle ait assez tôt – peut-être dès le début du XVIIe siècle – été transformée en sacristie, puis en débarras. Les peintures furent recouvertes par un badigeon de chaux avant que la baie axiale ne soit bouchée. Vers la fin du XVIIIe siècle, l'autel fut enlevé et l'abside transformée en placard. Une prochaine campagne de restauration des intérieurs devrait rendre visibles les peintures de cette chapelle et de la nef.

L'escalier en vis qui monte au clocher fut édifié avant 1510. La voûte lambrissée de la chapelle fut remaniée pour permettre son passage, ce qui laisse supposer qu'il existait auparavant un autre dispositif, probablement plus basique, pour monter au beffroi.

Notre-Dame de Chemillé

La rescapée des Mauges

Daniel Prigent [*], Christian Davy [**], Jean-Yves Hunot [***]

Située à la limite des Mauges, l'église Notre-Dame de Chemillé présente une histoire architecturale complexe sur laquelle les sources documentaires médiévales ne fournissent que de maigres informations. Plusieurs églises sont mentionnées à Chemillé [1] au XIe siècle : Saint-Pierre, Sainte-Marie [2], Saint-Étienne et Saint-Léonard-et-Saint-Barthélemy. Vers 1030-1040, l'église Saint-Pierre fut, avec le bourg correspondant, confiée à l'abbaye de Marmoutier par Pierre I, seigneur de Chemillé [3]. Entre 1047 et 1058, le prieuré reçut des mains de sa veuve et de son fils Sigebrand II l'église Notre-Dame, qui existait donc à cette époque. Bien qu'elle n'ait pas disposé du droit de sépulture [4], cette église avait une fonction paroissiale et avait déjà donné naissance en 1082 à un bourg [5]. La donation de Sigebrand et la tutelle du prieuré Saint-Pierre sur Notre-Dame furent contestées en 1120-1124, ce qui, selon Jacques Mallet, pourrait avoir justifié la réalisation de travaux. Cependant, cette proposition séduisante reste tout à fait hypothétique [6].

Après la Révolution, au cours de laquelle les églises Saint-Gilles et Saint-Léonard furent incendiées, seules subsistaient les paroisses Saint-Pierre et Notre-Dame. Afin d'adapter l'église Notre-Dame à l'accroissement du nombre des fidèles, un plan drastique comprenant suppressions, agrandissements et réparations fut proposé en 1843, mais resta sans suite [7]. Le clocher fut classé parmi les Monuments historiques dès 1862 [8], mais il fallut attendre 1914 et 1929 pour que la protection soit étendue au chœur puis à la nef.

Le projet de restauration lancé à la fin du XXe siècle n'eut pas de répercussion immédiate, mais il entraîna une première campagne de sondages archéologiques, réalisée en 1988 [9]. La programmation pluriannuelle de travaux engagée par la commune de 1999 à 2019 fut accompagnée de différentes études et permit la restauration complète ainsi que la mise en valeur du bâtiment [10].

Des peintures murales avaient été révélées dès le milieu du XIXe siècle par Xavier Barbier de Montault dans le cadre de ses recherches épigraphiques [11]. Il signala notamment l'existence, dans la nef, d'une cavalcade des vices et de deux scènes macabres devenues invisibles du temps du chanoine Urseau [12]. Il fallut attendre les années 1960 pour que la très grande richesse picturale de cette église soit mise en évidence. Les deux campagnes de restauration entreprises dans la nef et le transept entre 2012 et 2015 par Brice Moulinier et son atelier, puis dans le chœur entre 2018 et 2019 par Véronique Legoux et son équipe [13], ont mis au jour des décors de grande qualité, réalisés entre le XIIe et le XIXe siècle, qui se juxtaposent ou même se chevauchent.

LA PREMIÈRE ÉGLISE

Le monument, situé à la limite du Massif armoricain et du Bassin parisien, a bénéficié de sources d'approvisionnement diversifiées. Le petit appareil de moellons est composé de roches de nature pétrographique variée où dominent ordinairement le micaschiste, mais

* Conservateur en chef honoraire du patrimoine, membre associé à l'UMR 6298 Artehis.

** Chercheur, membre du Groupe de recherches sur la peinture murale.

*** Archéologue, Conservation départementale du patrimoine de Maine-et-Loire, UMR 6566 CReAAH.

1. Aujourd'hui Chemillé-en-Anjou.

2. La dédicace à Notre-Dame s'observe plus fréquemment ultérieurement.

3. Claire Lamy, L'abbaye de Marmoutier (Touraine) et ses prieurés dans l'Anjou médiéval (milieu du XIe siècle-milieu du XIIIe siècle), thèse de doctorat, Dominique Barthélemy (dir.), université Paris IV, 2009 ; id., « Les cinq vies de la notice de fondation de Chemillé vers 1240-1245 », dans Julio Escalona, Hélène Sirantoine (coord.), Chartes et cartulaires comme instruments de pouvoir : Espagne et Occident chrétien (VIIIe-XIIe siècles), Toulouse, 2013, p. 233-249 ; Élisabeth Zadora-Rio, « L'église et le regroupement de l'habitat en Anjou aux XIe et XIIe s. », dans Michel Fixot et Élisabeth Zadora-Rio (dir.), L'environnement des églises et la topographie religieuse des campagnes médiévales, Paris, 1994, p. 139-148.

4. Pour Célestin Port (Dictionnaire historique géographique et biographique de Maine-et-Loire, t. 1, 1880, p. 672), il fallut attendre 1413 pour que l'église soit entourée d'un cimetière et que l'on puisse inhumer dans la nef.

5. Ce bourg est ainsi distinct de ceux de Saint-Pierre, Saint-Gilles ou Saint-Léonard-et-Saint-Barthélemy.

6. Jacques Mallet, L'art roman dans l'ancien Anjou, Paris, 1984, p. 190.

7. Abel Fillaudeau, Histoire de Chemillé, Angers, 1933.

8. Ses « lézardes profondes », « qu'on voit depuis longtemps », sont toutefois signalées dès 1849 par F. Coulon, « Monographie ou notice architectonique de Notre-Dame de Chemillé (Maine-et-Loire) », Mémoires de la Société d'agriculture. Sciences et Arts d'Angers, t. VI, 1847-1849, p. 232-239.

9. Christine Grenouilleau, Jean-Yves Hunot, Daniel Prigent, Église Notre-Dame de Chemillé, étude préliminaire, rapport d'étude, Angers, 1988.

10. Si les travaux affectant le sous-sol ont donné lieu à des prescriptions archéologiques strictement limitées à l'épaisseur concernée par les terrassements, le suivi des différentes opérations de restauration en élévation menées sur une vingtaine d'années n'a pas été prescrit, et celles-ci ont été simplement accompagnées, dans la mesure du possible, par le service archéologique départemental.

11. Xavier Barbier de Montault, « Épigraphie du département de Maine-et-Loire », *Répertoire archéologique de l'Anjou*, 1868, notices 149, 173, 182 et 210.

12. Charles Urseau, *La peinture décorative en Anjou du XIIe au XVIIIe siècle*, Angers, 1918, p. 180-181.

13. V. Legoux, DDOE : 49 – Chemillé-en-Anjou, ancienne église Notre-Dame. Achèvement de la restauration intérieure, chœur architectural de l'édifice : lot n° 2. Restauration des décors peints, octobre 2018 - juillet 2019.

14. J. Mallet, *L'art roman…*, *op. cit.* note 6, Paris, 1984, p. 189-190, 233, pl. XXX.1 ; Marcel Deyres, dans *L'Anjou roman*, La-Pierre-Qui-Vire, 1987, p. 219-220, place également Notre-Dame dans les édifices postérieurs à 1110.

aussi le calcaire coquillier dans la partie orientale du mur sud de la nef. Ce matériau pourrait provenir du petit bassin de Joué-Étiau, à huit kilomètres de l'église. Le moyen appareil des parties les plus anciennes de l'église est constitué d'un calcaire coquillier qui fut supplanté ultérieurement par du tuffeau blanc, acheminé sur de plus longues distances, mais aussi, notamment au XIIe siècle, par du granite dont les plus proches affleurements connus ne se trouvent qu'à quelques kilomètres du site.

Dans son premier état, l'église présentait une nef unique, un transept peu saillant sur lequel étaient greffés deux chapelles orientées ainsi qu'un chœur allongé, toutes parties attribuées par Jacques Mallet au premier tiers du XIIe siècle (fig. 1) [14]. Toutefois, une meilleure connaissance de l'évolution des techniques de construction médiévales en Val de Loire conduit à nuancer cette proposition (fig. 2).

La nef unique mesurait 10 m de largeur pour 25,90 m de longueur ; il n'en subsiste que les fondations du mur nord, mises au jour lors de sondages, ainsi que la partie inférieure du mur sud. À environ 6,50 m au-dessus du sol extérieur actuel, ce dernier conserve un

Fig. 1 – Chemillé-en-Anjou, église Notre-Dame, vue générale du chevet.

DANIEL PRIGENT, CHRISTIAN DAVY, JEAN-YVES HUNOT

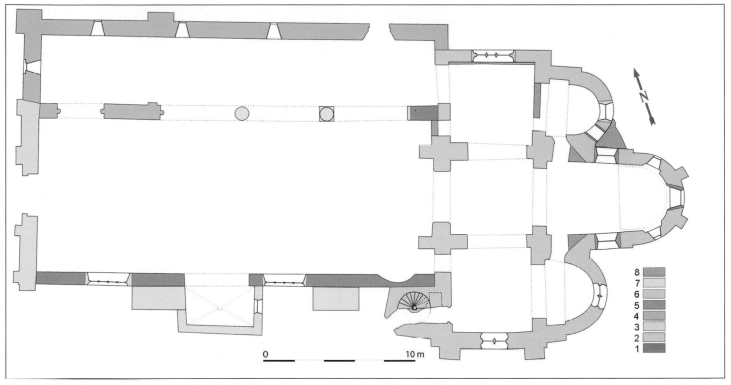

Fig. 2 – Chemillé-en-Anjou, plan de l'église Notre-Dame. 1 : Xᵉ siècle ? ; 2 : première moitié du XIᵉ siècle ; 3 : premier tiers du XIIᵉ siècle ; 4 : deuxième quart du XIIᵉ siècle ; 5 : XIIIᵉ siècle ; 6 : XVᵉ siècle ; 7 : XVIᵉ siècle ; 8 : indéterminé. (doc. Conservation départementale du patrimoine de Maine-et-Loire).

cordon horizontal qui peut être suivi d'est en ouest et qui sépare deux maçonneries : dans la zone inférieure de la partie orientale, le parement est presque exclusivement constitué d'éléments en calcaire coquillier [15], tandis qu'à l'ouest il est surtout composé de moellons de roche métamorphique locale [16] – toutefois, la présence d'une petite chapelle Renaissance et l'adjonction d'un contrefort massif dissimulent la limite entre ces deux ensembles. Les piédroits d'une fenêtre arasée puis obturée qui subsistent près de la façade occidentale montrent que cette maçonnerie se poursuivait à l'origine au-dessus du cordon (fig. 3) ; une porte partiellement conservée ouvrait vers le milieu du mur gouttereau sud. À l'est, deux passages latéraux droits, de largeur identique (1,10 m), ménagés de part et d'autre de l'arcade occidentale de la croisée et contemporains de celle-ci, faisaient communiquer la nef avec les bras du transept (fig. 1). Jacques Mallet a recensé dix-huit exemples de ce type de passages dans le diocèse d'Angers [17], majorant ainsi sensiblement le nombre de sites mentionnés dans l'inventaire de Volker Konerding, mené sur le territoire national [18].

La croisée du transept est encadrée par quatre arcades en plein cintre, celle du côté ouest étant sensiblement plus étroite que les autres. Les quatre piliers cruciformes et les arcs à rouleau unique qu'ils supportent ont été montés en pierres de taille de calcaire coquillier (fig. 4). Dès l'abord, on est frappé par l'irrégularité des dimensions des piles, le traitement rude de l'appareil, l'absence de modules de hauteur, l'irrégularité des joints lisses rubanés et très gras, ainsi que par le layage particulièrement grossier réalisé au marteau taillant droit. Des imposts à bandeau et chanfrein, de faible hauteur et sommairement traitées, reçoivent les sommiers des grandes arcades.

15. À l'exception des fondations, comme le suggère l'un des sondages réalisés en 1988.

16. Provenant vraisemblablement de reprises.

17. Jacques Mallet, « Le type d'églises à passages en Anjou. Essai d'interprétation », *Cahiers de civilisation médiévale*, 1982, p. 49-62 ; les passages de largeur identiques sont plus rares que ceux de largeurs distinctes.

18. Il n'en dénombrait que quatre en Anjou et n'incluait pas Chemillé : V. Konerding, *Die « Passagenkirche ». Ein bautyp der romanischen Baukunst in Frankreich*, Berlin, 1976.

Fig. 3 – Chemillé-en-Anjou, église Notre-Dame, vue du sud-ouest montrant la façade occidentale avant restauration, la succession des trois fenêtres du mur gouttereau sud.

Fig. 4 – Chemillé-en-Anjou, église Notre-Dame, vue générale de la croisée et détail de l'appareil.

Daniel Prigent, Christian Davy, Jean-Yves Hunot

Le mur pignon nord du transept comportait une porte, avant la mise en place au XIIe siècle d'un doublage peu épais. Lors de sa transformation en sacristie, à une date tardive, la courte chapelle orientée dont l'absidiole en cul-de-four était éclairée par une unique fenêtre fut clôturée par un autel-retable [19]. Les chapelles orientées paraissent avoir dès l'origine communiqué avec le chœur. Le couvrement de la travée droite de ce dernier est un berceau en plein cintre sur couchis tandis que l'abside, de largeur moindre, a reçu une voûte en cul-de-four [20]. Seules les deux fenêtres latérales de l'abside ont conservé leur structure originelle : de dimensions assez réduites et à simple ébrasement intérieur [21], elles présentent un appui taluté. La fenêtre axiale actuelle, située entre deux contreforts s'amortissant en talus, correspond à l'agrandissement d'une baie plus ancienne. Enfin, les murs du chœur, ceux du soubassement du bras nord du transept et de la chapelle orientée correspondante sont montés en petit appareil de moellons de gabarit régulier, bien assisés (fig. 5), dont le traitement alvéolé est partiellement conservé à l'intérieur.

Une datation radiocarbone réalisée dans la fondation du mur sud de la nef a fourni un intervalle en âge calibré de 774 à 988 [22]. Le moyen appareil de la croisée présente des caractères courants dans les premières décennies du XIe siècle [23], voire à une date plus ancienne. Le type du petit appareil de moellons du chevet rend pour sa part peu probable une construction dans un XIe siècle avancé. En revanche, le voûtement de la chapelle orientée nord et du sanctuaire ne plaide pas en faveur d'une datation trop haute. On peut donc, à titre d'hypothèse, proposer l'existence de deux campagnes : celle de la nef, antérieure à l'an mil [24], et celle du chevet dans les premières décennies du XIe siècle.

19. Aujourd'hui dans son état du XVIe siècle.

20. Il est vraisemblable que la voûte et les murs traités de manière identique appartiennent à la même campagne, mais il n'a pas été possible de réfuter pleinement l'hypothèse d'un couvrement plus tardif.

21. La fenêtre nord mesure à l'extérieur 0,48 m de largeur pour 1,34 m de hauteur ; la fenêtre sud, 0,49 m et actuellement 1,44 m. Il faut toutefois noter que l'appui actuel en tuffeau, dans les deux cas, correspond à une restauration contemporaine, comme le démontre notamment le cliché pris par Séraphin-Médéric Mieusement ; la hauteur était de 1,32 m à partir de l'appui en simple maçonnerie.

22. Lyon-10712 (GrA) : 1130 ± 30 BP ; intervalle à 95,4 % de probabilités.

23. Daniel Prigent, « Techniques constructives du XIe siècle. L'exemple du Val de Loire », dans Éliane Vergnolle (dir.), *Bulletin monumental*, t. 178-1, « Saint-Martial de Limoges. Millénaire de l'abbatiale romane (1018-2018 », 2020, p. 55-65 ; *id.*, « Techniques de construction et de mise en œuvre de la pierre du IXe au XIe siècle, nouvelles approches », dans Dominique Iogna-Prat, Michel Lauwers, Florian Mazel & Isabelle Rosé (dir.), *Cluny, les moines et la société au premier âge féodal*, Rennes, 2013, p. 439-458.

24. À l'appui de cette hypothèse, nous pouvons mentionner l'existence de maçonneries mises au jour lors de sondages dans le transept, qui s'expliquent de manière plus satisfaisante par l'arasement d'une construction antérieure.

Fig. 5 – Chemillé-en-Anjou, église Notre-Dame, abside et chapelle orientée nord.

25. L'ouverture présente une largeur de 2,50 m.

26. Commune nouvelle de Baugé-en-Anjou.

LES CAMPAGNES DU XIIe SIÈCLE

La façade occidentale

L'église fut profondément rénovée au cours de la première moitié du XIIe siècle, lors de plusieurs campagnes de travaux peu éloignées dans le temps. Le mur sud de la nef unique fut d'abord surélevé et la façade occidentale reconstruite suivant un parti bien représenté en Val de Loire (fig. 3) : elle est épaulée par quatre contreforts, dont ceux qui encadrent la fenêtre d'axe – agrandie au XVIe siècle – sont reliés en partie basse par un épaississement du mur abritant le portail. De part et d'autre de cette travée médiane se trouvent deux fenêtres aujourd'hui obturées. Bien que les multiples réfections de cette façade rendent délicate la compréhension de son histoire, l'observation de l'appareil et des mortiers autorise quelques constats. L'appareil de blocs et de moellons se distingue sensiblement de celui du chevet mais également de celui subsistant en partie orientale du mur sud de la nef, par une dispersion bien plus importante des dimensions des éléments ainsi que par la moindre régularité de l'assisage. Les baies du mur sud comportent par ailleurs des piédroits montés en roche locale, contrairement aux deux fenêtres de la façade dont les arcs et les piédroits sont exclusivement en tuffeau ou en calcaire coquillier.

Le bas-côté nord de la nef

Lors d'une seconde campagne, un bas-côté d'environ 4,50 m de large vint accroître sensiblement l'espace intérieur de la nef vers le nord ; il communiquait avec le vaisseau principal par des arcades en plein cintre et de largeur limitée si l'on en juge par celle qui est conservée (fig. 6) [25] ; cette disposition, rare en Anjou, se retrouve néanmoins à Cuon [26] (Baugé-en-Anjou), où un bas-côté fut ajouté au sud. Les arcades retombaient sur

Fig. 6 – Chemillé-en-Anjou, église Notre-Dame, arcade romane (de face et de profil).

DANIEL PRIGENT, CHRISTIAN DAVY, JEAN-YVES HUNOT

Fig. 7 – Chemillé-en-Anjou, nord de l'église Notre-Dame, les deux types de baies.

des chapiteaux à feuilles lisses comportant un abaque au dé bien marqué, surmontés de tailloirs épais ornés d'un bandeau et d'un cavet de faible concavité. Les claveaux des fenêtres hautes, formés de longues plaques de roche schisteuse, invitent de prime abord à une datation haute, mais l'intervalle fourni par l'analyse radiocarbone (entre 1026 et 1165)[27] conduit à ne pas rejeter l'hypothèse d'une reconstruction du mur au XIIe siècle (fig. 7). Quoi qu'il en soit, les quatre fenêtres en plein cintre du bas-côté présentent des caractères sensiblement différents : elles sont intégralement construites en tuffeau, leurs piédroits révèlent l'emploi de boutisses renforcées et elles sont surmontées d'une archivolte dégagée par un cavet.

La corniche du chevet

On peut également attribuer au XIIe siècle la corniche à arcatures de l'abside et du chœur, dont le riche décor de modillons que des dessinateurs ont représenté dès les années 1830[28] est en grande partie préservé (fig. 5). Les divers éléments de la corniche sont conçus suivant un schéma élémentaire : sous le bandeau supérieur, un quart de rond est séparé en deux parties par une bande médiane verticale en relief. Du côté sud du chœur, on trouve surtout des modillons à copeaux frustes, et les boutons côtelés qui décorent l'arc de la fenêtre sont protubérants. Le décor du côté nord est plus élaboré et les boutons plus aigus. L'arcature de l'abside, portée par des modillons aux motifs variés (têtes de canidés, masques doubles, grimaçants...), est en revanche ornée de dents-de-loup.

La coupole et le clocher

La croisée du transept est couverte d'une coupole de diamètre modeste (5,20 m) reposant sur quatre pendentifs non distincts, insérés entre les retombées des arcades (fig. 4) et assurant le passage du plan carré au plan circulaire. La calotte de cette coupole est constituée de dix-huit assises, dont les joints de lit sont grossièrement perpendiculaires à la courbe.

27. Ly-15708 : 930 ± 30 BP.

28. Voir, par exemple, la représentation du chevet par Peter Hawke dans Victor Godard-Faultrier, *L'Anjou et ses monuments*, Angers, t. 2, 1840, p. 82-83 ; le Jésuite Félix Martin a également réalisé différents croquis (entre 1834 et 1842), notamment de modillons (Archives des Jésuites au Canada : 0900-0027.3.14) ; voir aussi Jean-Sébastien Sauvé, « Les carnets de croquis du père jésuite Félix Martin (1804-1886) », *The Journal of the Society for the Study of Architecture in Canada*, v. 39, 2014, n° 1, p. 35-56.

Fig. 8 – Chemillé-en-Anjou, église Notre-Dame, face est du clocher et détail.

La tour-clocher, haute de trois étages [29], qui surmonte la croisée est épaulée de robustes contreforts d'angle à triple ressaut et supporte une flèche octogonale en pierre (fig. 8). Deux des faces, qui étaient profondément altérées, ont été vigoureusement restaurées à l'époque contemporaine. Selon J. Mallet, quarante modillons, mais également douze chapiteaux de colonnettes ainsi que des colonnes auraient été remplacés lors de la restauration de 1947 [30]. Cette réfection ne suffit cependant pas à expliquer la différence de traitement entre les faces, les élévations sud et ouest étant plus sobrement traitées que les deux autres [31].

L'arcature aveugle du soubassement repose sur une corniche décorée de billettes ; elle est composée d'arcades étroites, dont la voussure est soulignée de dents-de-loup et les piédroits ornés de boutons côtelés inscrits dans des losanges incurvés. Le deuxième et le troisième niveau du beffroi sont ajourés de trois baies de même type, qui se distinguent par l'abondance de leur décor [32]. Les chapiteaux sont ornés de motifs végétaux variés : feuilles lisses, palmettes baguées dressées ou retombantes, oiseaux, quadrupèdes, créatures serpentiformes... Les épais tailloirs qui les surmontent reprennent le même répertoire ornemental, traité de manière plus sommaire. Le cordon de la voussure externe est décoré d'étoiles à quatre branches qui se poursuivent sur les piédroits tandis qu'un masque souligne la jonction entre les voussures décorées de besants, de rubans perlés ou de rinceaux. Au niveau supérieur, les arcades latérales retombent sur des colonnes adossées en granite au lieu de colonnettes en tuffeau appareillées, et l'ornementation est sensiblement plus chargée qu'au premier niveau : trois des fûts en tuffeau portent des boutons côtelés inscrits dans des losanges curvilignes, alors que le quatrième présente un motif cordé. De lourds masques grimaçants constituent le motif le plus original, mais rinceaux et palmettes, parfois volutes pendantes, sont également présents. Les tailloirs et imposes, également décorés, se retournent dans les arcades et vers les contreforts. L'archivolte porte un décor de palmettes dont le motif diffère entre les faces nord et sud. Des masques monstrueux soulignent la jonction entre les voussures. Au niveau de la dernière assise du glacis des contreforts, une ligne de postes

29. Ce clocher est considéré comme l'un des plus beaux clochers de l'Anjou, avec celui de Cunault (Louis de Farcy, « Les clochers de l'Anjou », *Congrès archéologique de France*, 1910, t. 2, p. 146-154 ; Charles Urseau, *Églises et chapelles d'Anjou*, Angers (s. d. [2011], p. 87) ; J. Mallet, *L'art roman...*, *op. cit.* note 6, p. 233-234 ; M. Deyres, *op. cit.* note 14, p. 219.

30. J. Mallet, *L'art roman...*, *op. cit.* note 6, p. 305, note 204.

31. C. Port, *Dictionnaire...*, *op. cit.* note 4, p. 670, témoignait déjà de cet état.

32. Les faces ouest et sud sont très restaurées.

DANIEL PRIGENT, CHRISTIAN DAVY, JEAN-YVES HUNOT

court sur les faces est et nord, et les modillons de la corniche supérieure paraissent tous avoir été refaits. La flèche a longtemps été attribuée au XVe siècle ; mais le traitement des pierres d'appareil, avec leurs layures fines et régulières, contredit une telle datation basse, et sans doute faut-il plutôt envisager une poursuite rapide des travaux de la tour-clocher [33]. Toutes ces observations conduisent donc à attribuer cette seconde campagne au deuxième quart du XIIe siècle.

DU MILIEU DU XIIe AU XIVe SIÈCLE

Le décor peint

L'église conserve un important ensemble de peintures murales dont les plus anciennes remontent au milieu ou au troisième quart du XIIe siècle, longtemps après le blanchiment de l'intérieur de l'édifice effectué lors de l'achèvement du gros œuvre. L'étendue originelle de ce décor est inconnue, car celui-ci n'a été repéré que sur la voûte du chœur et dans les ébrasements des fenêtres latérales de l'abside – les seules à ne pas avoir été transformées (fig. 9). Son programme iconographique est attendu : le Christ en majesté entouré des symboles des Évangélistes occupe le cul-de-four, et l'Agneau mystique, le centre de la voûte en berceau légèrement brisé de la travée droite où il est accompagné par douze des vingt-quatre Vieillards de l'Apocalypse [34]. L'ensemble est complété par des représentations de saints en pied dans les ébrasements des fenêtres de l'abside.

33. En revanche, les lucarnes ont été remaniées à plusieurs reprises, comme en témoignent notamment les différents types de mortiers utilisés, appartenant au XIVe siècle, et comme l'indiquent les semelles de la grue qui passent dans les ouvertures (cf. infra).

34. Christian Davy, *La peinture murale romane dans les Pays de la Loire. L'indicible et le ruban plissé*, Laval, 1999, p. 187-193.

Fig. 9 – Chemillé-en-Anjou, église Notre-Dame, chœur, vue d'ensemble des peintures murales de la voûte. Campagne picturale du XIIe siècle à la travée droite et du XIIIe siècle au cul-de-four.

Fig. 10 – Chemillé-en-Anjou, église Notre-Dame, chœur, travée droite, mur sud, registre supérieur, l'entrevue des Rois mages avec Hérode.

Fig. 11 – Chemillé-en-Anjou, église Notre-Dame, croisée du transept, arc d'accès au chœur. Trois campagnes picturales superposées : au centre, l'image divine, reprise en cours de réalisation, déborde sur le lion du zodiaque situé à droite. Ce dernier a été repeint en léger décalage sur un nouveau badigeon. À gauche, la frise fleurdelisée recouvre le second zodiaque.

35. Nathalie Le Luel, « Travailler la terre pour accéder au ciel : les calendriers peints au seuil du sanctuaire des églises romanes », dans *La terre à l'époque romane. Exploitations, usages et représentations*, actes du 24ᵉ colloque international d'art roman, Issoire, 17-19 octobre 2014, Sébastien Fray et David Morel (dir.), 2016, p. 193-215.

Peu de temps après, un second décor fut peint sur les murs latéraux de la travée droite du chœur. Un cycle des Mages, dans un état de conservation très médiocre, y est figuré dans un style énergique et dans une palette de couleurs plus variée que celle de la voûte. Du côté sud, Hérode donnant l'ordre du départ aux Mages est aisément identifiable au registre supérieur (fig. 10). Au-dessus, la scène d'Hérode ordonnant le Massacre des Innocents est moins lisible. Du côté nord, la scène de l'Adoration des Mages, en présence de Joseph tenant une tige fleurdelisée, témoigne de la qualité de la peinture. Le Songe des Mages qui vient à la suite est partiellement masqué par la représentation d'une Vierge au manteau de la fin du Moyen Âge. Sur l'intrados de l'arc de communication avec la croisée figure un calendrier des mois se déroulant du nord au sud en correspondance avec un zodiaque peint sur la face occidentale de l'arc (fig. 11) [35]. Une figure d'évêque en pied, aujourd'hui esseulée sur la pile nord-ouest de la croisée, appartient également à cette campagne picturale.

Daniel Prigent, Christian Davy, Jean-Yves Hunot

Un troisième décor, réalisé vers 1200, couvrait l'ensemble de la nef et du transept, mais s'arrêtait à l'entrée du chœur. Inégalement conservé, il est bien visible dans le transept et dans la partie occidentale du bas-côté nord, mais difficilement repérable ailleurs. Il combine décor ornemental couvrant et décor figuré, le plus souvent sans limites séparatives entre l'un et l'autre. Le premier est à la fois courant et original : courant par la reproduction d'un trait rouge sur fond blanc simulant les joints de lit et les joints montants d'un moyen appareil de pierres de taille ; original par le motif de cercle ponctué en son centre qui occupe le milieu de chaque pierre. De son côté, le décor figuré offre une iconographie rare avec, dans la partie supérieure du bras nord du transept, la représentation d'une suite d'épisodes de la première croisade liés à la prise d'Antioche qui met en valeur la personnalité d'Hugues de Vermandois, suivant un texte proche de la Chanson d'Antioche de Richard le Pèlerin revu par Graindor de Douai (fig. 12) [36]. Les peintures de la croisée de transept offrent aussi des particularités iconographiques inhabituelles (fig.13) : Baptême du Christ, représenté à la retombée occidentale de la coupole et, de ce fait, invisible aux yeux des fidèles assemblés dans la nef ; Évangélistes peints sur les pendentifs, écrivant sous la dictée de leur symbole ; êtres hybrides affrontés sur les retombées nord et sud ; enfin, du côté est, un zodiaque, repeint à l'identique sur un nouveau badigeon et interrompu à son sommet par une figure divine inscrite dans un cercle, figure qui, en outre, a été reprise en cours de réalisation (fig. 11) [37]. Peu après, une représentation de pèlerins, dont le premier reçoit une couronne tenue par un ange en vol – figure actuellement isolée –, fut réalisée sur le flanc sud du contrefort nord-ouest du clocher.

36. Christian Davy, « Rotron, Foucher, Simon… Qui sont ces guerriers ? Ancienne église Notre-Dame de Chemillé, Maine-et-Loire », Les dossiers de l'Inventaire [En ligne], 1 / 2015, www.patrimoine.paysdelaloire.fr.

37. Le type de représentation des Évangélistes écrivant sous la dictée de leur symbole, habituel dans l'enluminure est en effet surprenant dans le contexte de la peinture monumentale. L'un des Évangélistes présente par ailleurs une ressemblance certaine avec l'image de saint Fortunat rédigeant la vie de sainte Radegonde (Poitiers, BM, ms 250, fol. 21).

Fig. 12 – Chemillé-en-Anjou, église Notre-Dame, bras nord du transept, mur sud, partie supérieure. Campagne picturale exécutée vers 1200 : assaut de la ville d'Antioche au cours de la première croisade.

Fig. 13 – Chemillé-en-Anjou, église Notre-Dame, croisée du transept, face occidentale, partie supérieure. Campagne picturale exécutée vers 1200 partiellement recouverte au milieu du XIIIᵉ siècle. État à la fin du chantier de restauration en 2014.

Au milieu du XIIIᵉ siècle, une nouvelle campagne picturale fut engagée sur la totalité des surfaces de l'église. Les décors précédents furent repeints avec quelques ajustements de détail. Ainsi, un faux appareil de pierre de taille orné de tiges fleuries remplaça le précédent. À la croisée du transept, les Évangélistes furent laissés en l'état mais la scène du Baptême du Christ et les êtres hybrides furent recouverts (fig. 12). Dans le même temps, une frise de fleurs de lys renversées vint masquer le zodiaque et, dans le chœur, l'appareil fleuri recouvrit le décor de la travée droite. Enfin, le Christ en majesté accompagné des symboles des Évangélistes fut repeint sur un nouveau badigeon.

La charpente

Le clocher conserve à la base de la flèche les restes d'une exceptionnelle grue à fauconneau. Sur deux semelles se croisant pour prendre appui dans les lucarnes se dresse un mât légèrement incliné (fig. 14). Au sommet, le fauconneau aux arêtes chanfreinées, dans les mortaises duquel prenaient place les réas [38], se trouvait ainsi déporté vers le sud-ouest, ce qui permettait aux cordes d'esquiver les semelles. Les quatre étais qui en assurent le maintien s'assemblent à des niveaux différents sur le mât, le plus grand servant également d'échalier pour permettre l'accès aux poulies. Perpendiculairement, deux petits poteaux

38. Roues à gorge mobile dans les poulies.

DANIEL PRIGENT, CHRISTIAN DAVY, JEAN-YVES HUNOT

associés aux étais comportent deux entailles circulaires qui recevaient le tambour du treuil disparu. La présence de plusieurs autres entailles suggère que la grue avait été utilisée antérieurement en d'autres lieux et qu'elle a été abandonnée là, soit lors d'une phase de restauration ancienne du clocher, soit, plus vraisemblablement, lors de l'installation des cloches situées en-dessous. En effet, cette grue est constituée de bois abattus vers 1379-1393 [39], dates qui se superposent avec celles obtenues pour le beffroi à cloches [40]. Cette structure en cage des années 1390, mesurant 3,60 m de côté pour une hauteur de 11,70 m, présente quatre niveaux de traverses renforcées d'aisseliers qui maintiennent verticalement les huit poteaux permettant d'installer les cloches en partie haute. La section relativement faible – guère plus de 20 cm de côté – constitue le seul aspect particulier de ce beffroi dont le type de structure, attesté en Anjou dès le XIIIe siècle, devait perdurer jusqu'au XVIIIe siècle [41].

LES TRANSFORMATIONS DU XVe SIÈCLE

Le bras sud du transept

Le bras sud du transept et la tourelle d'escalier furent reconstruits dans le deuxième tiers du XVe siècle (fig.1) sur un plan sans doute similaire à celui de l'état antérieur mais, comme le montrent les traces d'engravures conservées sur le parement du clocher, d'une hauteur sensiblement plus importante.

Dans la seconde moitié du XVe siècle ou au début du siècle suivant, une série homogène de poteries fut scellée dans tous les murs du transept [42], sans doute pour tenter d'améliorer l'acoustique après la reconstruction du bras sud. Ce dispositif, inhabituel en Anjou, se retrouve néanmoins dans quelques édifices, notamment dans l'église prieurale de la Jaillette à Louvaines [43], à Aubigné-sur-Layon [44] ou dans le chœur de la collégiale Saint-Martin d'Angers [45]. La distribution des céramiques (oules) en partie haute des élévations est irrégulière. Dans le bras sud, elles sont disposées sur deux rangs dans les murs ouest, sud et est, mais le bras nord ne comporte qu'un seul alignement, sur les murs est et nord (fig. 15) ; à la croisée, celles de la calotte de la coupole ont été insérées dans les quatre assises supérieures de celle-ci.

39. Christophe Perrault, *Datation par dendrochronologie : engin de levage, église Notre-Dame à Chemillé*, Besançon, 2008 ; les chênes ont été coupés assurément après 1378 et probablement avant 1393 à 95% de probabilité.

40. Archéolabs, *Expertise dendrochronologique d'échantillons provenant du beffroi de l'église Notre-Dame à Chemillé (49120)*, Saint-Bonnet de Chavagne, 2004 ; les bois sont abattus après 1380 et probablement avant 1412 à 95 % de probabilité ; des réparations ont été effectuées à la fin du XVe siècle, puis vers 1600 et, enfin, en 1748.

41. Cette légèreté limite la taille des cloches pouvant y être installées. Le beffroi à cloches de l'abbatiale Sainte-Marie de Fontevraud a été réalisé vers « 1264d » ; voir Jean-Yves Hunot, « La charpente : entre traditions et nouveautés », dans Étienne Vacquet (dir.), *Saint-Louis et l'Anjou*, Rennes, 2014, p. 201.

42. Du fait des transformations ultérieures, on ne peut déterminer le nombre exact des pots acoustiques qui devait être un peu supérieur à trente.

43. Aujourd'hui à Segré-en-Anjou Bleu.

44. Anciennement Aubigné-Briand.

45. Daniel Prigent, « L'église Saint-Martin d'Angers », dans Bénédicte Palazzo-Bertholon et Jean-Christophe Valière (dir.), *Archéologie du son. Les dispositifs de pots acoustiques dans les édifices anciens*, supplément au *Bulletin monumental*, n° 5, 2012, p. 99-102.

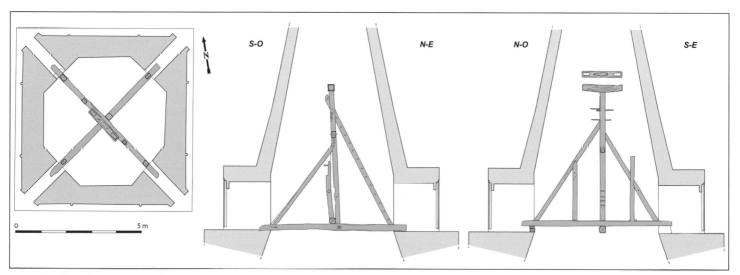

Fig. 14 – Chemillé-en-Anjou, église Notre-Dame, grue à fauconneau conservée à la base de la flèche du clocher (relevé J.-Y. Hunot).

Fig. 15 – Chemillé-en-Anjou, église Notre-Dame, insertion des pots acoustiques dans le bras nord du transept, et décor en faux appareil.

Le décor peint

Après le XIIIe siècle, la décoration picturale de Notre-Dame de Chemillé ne fut enrichie que de manière ponctuelle. Vers 1400, dans le chœur, un donateur à genoux est présenté au Christ par saint Jean-Baptiste [46]. Véronique Legoux a mis au jour, en pendant, une Vierge au manteau, peut-être contemporaine. La croix de consécration conservée dans le bras sud du transept pourrait être mise en relation avec l'acte de 1413 autorisant la création d'un cimetière autour de l'église [47]. Dans la chapelle orientée nord, une autre peinture du XVe siècle montre une famille présentée par différents saints à la Vierge à l'Enfant [48]. À proximité, un homme, peut-être en armure, est agenouillé sur un sol jaune où se détache une croix blanche. Il est surmonté d'un martyre de sainte Apolline, de très belle facture, datant de la première moitié du XVIe siècle. D'autres images lacunaires attendent d'être dégagées des badigeons dans les deux absidioles.

Des vestiges de plusieurs litres seigneuriales subsistent dans diverses parties de l'église. Les écus tantôt en losange, en bannière ou de forme ovale, accompagnés de lambrequins, ont aujourd'hui perdu leurs armoiries. Dans le cas de celui de la chapelle sud qui conserve un aplat rouge, il est même difficile de déterminer s'il s'agit d'une sous-couche ou du champ de l'armoirie.

La charpente

La charpente à chevrons porteurs de la nef est une structure tramée constituée de bois abattus en 1425d [49]. La disposition des fermes, avec entrait, poinçon, couple de chevrons, jambettes et aisseliers assemblés au faux-entrait pour former un intrados en berceau brisé,

46. Christine Leduc-Gueye, *D'Intimité, d'Éternité. La peinture monumentale au temps du roi René*, Lyon, 2007, p. 94-95.

47. C. Port, *Dictionnaire…*, *op. cit.* note 4, t. I, p. 672.

48. *Ibid.*, p. 95.

49. C. Perrault, *Datation par dendrochronologie : charpente de la nef de l'église Notre Dame à Chemillé*, Besançon, 2014.

DANIEL PRIGENT, CHRISTIAN DAVY, JEAN-YVES HUNOT

est classique. Le contreventement comporte une croix de Saint-André et deux liens par travée de quatre fermes secondaires. Les entraits et les deux extrémités des poinçons présentent des bossages moulurés et bagués servant de solution de continuité avec les parties de la section octogonale. Le profil de ces bossages diffère d'une ferme à l'autre. L'entrait de la ferme orientale se distingue des autres par la présence d'un second bossage au nord du précédent (fig. 16). Cet assemblage comportant une double mortaise sur la face latérale diffère de celui de la base du poinçon, caractérisé par un tenon trapézoïdal bloqué au moyen d'un rossignol. La suppression de la partie centrale de l'entrait de la ferme adossée au clocher ne permet pas de déterminer la logique de cette disposition qui reste en l'état assez énigmatique. Le lambris actuel de la nef, constitué de planches de conifères (*Abies alba*), est amorti à la base par une entretoise moulurée [50]. La datation de ce lambris reste incertaine, car l'usage de cette essence de bois apparaît assez exceptionnel dans les constructions angevines avant l'époque contemporaine, même si l'approvisionnement en planches de sapin provenant du Forez est assuré depuis le XVe siècle [51]. Néanmoins, rien n'exclut une restauration du XIXe siècle, cette essence ayant été abondante après l'arrivée du chemin de fer.

50. Une restauration ancienne a été faite en insérant des planches de peuplier obtenue par sciage mécanique.

51. Jean-Yves Hunot, Emmanuel Litoux, Daniel Prigent, « Un chantier de construction du XVe siècle : le château de Montsoreau (Maine-et-Loire). La progression des travaux à partir de l'étude des maçonneries », dans François Blary, Jean-Pierre Gély et Jacqueline Lorenz (dir.), *Pierres du patrimoine européen. Économie de la pierre de l'Antiquité à la fin des Temps modernes*, Paris – Château-Thierry, 2008, p. 195-206.

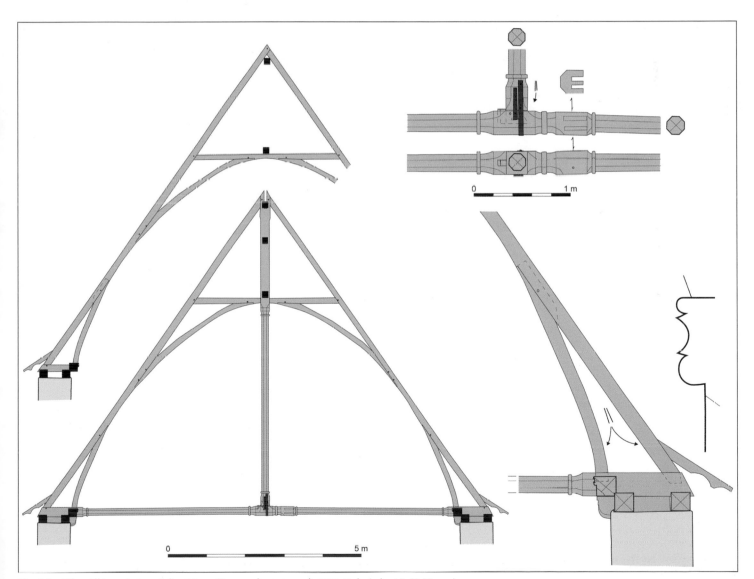

Fig. 16 – Chemillé-en-Anjou, église Notre Dame, charpentes du XVe siècle (relevé J.-Y. Hunot).

Fig. 17 – Chemillé-en-Anjou, église Notre-Dame, vue générale de la nef.

La charpente du bras sud du transept, avec son entretoise moulurée placée entre les entraits, des fermes assez simples avec transition à bagues et un entraxe voisin de 60 cm, est assez similaire à celle de la nef. Une nuance apparaît toutefois dans le contreventement avec la présence de liens entre le faîtage et les poinçons, contre les maçonneries, et celle d'une croix de Saint-André de part et d'autre du poinçon central. La dendrochronologie place l'abattage des bois entre 1434 et 1454 [52].

Reprises modernes et contemporaines

Dans la première partie du XVIe siècle, plusieurs interventions vinrent à nouveau modifier l'aspect de l'édifice, notamment dans la nef (fig. 17). Le mur sud de celle-ci fut consolidé par d'imposants contreforts, permettant deux généreux percements en remplacement des baies romanes ; à la façade occidentale, une autre grande baie remplaça la fenêtre centrale originelle [53]. Entre la nef et le bas-côté nord, la séparation romane fut partiellement évidée, au bénéfice de trois larges arcades en plein cintre portées par deux fortes colonnes. Une petite chapelle rectangulaire voûtée d'ogives dont la clef porte la date 1533 fut également adossée contre le sud de la nef.

Cette rénovation s'accompagna d'un renouvellement du décor. Dans la nef, B. Moulinier a mis au jour une colossale représentation de saint Christophe peinte au XVIe siècle à

52. Christophe Perrault, *Datation par dendrochronologie : charpente du bras sud du transept de l'église Notre-Dame à Chemillé*, Besançon, 2014.

53. Il est possible que l'obturation des deux fenêtres latérales date également de cette campagne.

Daniel Prigent, Christian Davy, Jean-Yves Hunot

l'extrémité orientale du mur sud. L'ermite est conservé, mais le buste du saint a entièrement disparu. À la même époque, fut ajoutée à l'autre extrémité de ce mur une cavalcade des vices qui aboutit à la gueule de Léviathan représentée sur le mur occidental. Enfin, au XVIIᵉ siècle, un Ecce Homo a été peint, sans doute à l'huile, sur la colonne nord-est.

Quelques interventions tardives conduisent à relativiser le mauvais état de l'édifice invoqué dans les premières décennies du XIXᵉ siècle pour justifier sa démolition ou du moins une lourde intervention. La fabrique commanda en 1823 à M. Juiteau, peintre à Cholet, la réalisation sur l'arc triomphal d'une grande Assomption, pour la somme de 900 francs [54]. Un décor de grand appareil de pierre de taille – sur fond jaune dans la nef et sur fond gris dans le transept et le chœur – fut appliqué sur les murs. Il fut recouvert de larges plages circulaires destinées à la représentation de croix de consécration [55]. Enfin, le chœur reçut avant 1888 une décoration polychrome inspirée de l'esthétique de l'ameublement, complétée à la croisée de transept par un dais à franges à motif identique [56].

Conclusion

L'église Notre-Dame de Chemillé a fourni jusqu'ici l'exemple d'un édifice essentiellement connu pour son clocher roman richement décoré et ses peintures murales, mais son histoire architecturale s'avère aussi d'une très grande richesse. Les informations récemment fournies par l'étude des maçonneries, des charpentes et des décors peints [57] ont ainsi permis de mettre en évidence, malgré les incertitudes de certaines datations, une succession d'étapes d'ampleur variée, allant de la simple consolidation de la charpente au renouvellement ponctuel du décor, au fil de quelque dix siècles d'histoire.

54. Arch. Dioc. Angers : P 1095, registre de fabrique Notre-Dame de Chemillé. Le montant du marché comprend également la dorure des autels latéraux et du tabernacle de la Sainte-Larme, la peinture en marbre des autels et la réfection des niches de saint Léonard et de saint Louis. L'ensemble, adossé à l'arc triomphal, est encore en place.

55. Il est possible de s'interroger sur la nature de ces croix, car ces supports sont déjà vides sur les plus anciennes photographies connues. Plate-forme POP, base Mémoire, Médéric Mieusement, 1888, immatriculation : MH0000896.

56. Le décor, supprimé lors de la récente restauration, est visible sur la photographie de Mieusement.

57. Les sondages archéologiques ont suscité bien des questions non résolues qui n'ont pas été évoquées dans cet article ; des compléments d'analyse pourraient conduire à affiner, voire à modifier, certaines des propositions présentées.

Crédits photographiques – fig. 1 : cl. Jacques Mallet ; fig. 3-8, 13, 16-17 : cl. Daniel Prigent ; fig. 9 : cl. Pierre-Louis Laget ; fig. 10-11 : cl. Christian Davy ; fig. 12 : cl. Yves Guillotin, Région Pays de la Loire, Inventaire général.

LE PRIEURÉ DE SAINT-RÉMY-LA-VARENNE

LE RELIGIEUX ET LE PROFANE

Emmanuel Litoux *, Christian Davy **, Daniel Prigent ***

* *Conservateur du patrimoine, Conservation départementale du patrimoine de Maine-et-Loire, UMR 6566 CReAAH.*

** *Chercheur, membre du Groupe de recherches sur la peinture murale.*

*** *Conservateur en chef honoraire du patrimoine, membre associé à l'UMR 6298 Artehis.*

Le prieuré de Saint-Rémy-la-Varenne [1] se trouve dans le village du même nom, sur la rive gauche de la Loire, à une vingtaine de kilomètres à l'est/sud-est d'Angers. Au lieu-dit la Bardoulière, en lisière du bourg, de nombreuses découvertes attestent la présence d'une importante *villa* du Bas-Empire occupée sans doute au moins jusqu'au début du premier Moyen Âge. Le lien avec un vaste domaine (*villa Cariacum*), mentionné dès le VIe siècle comme possession de l'évêque de Nantes Félix, et dont le territoire de Saint-Rémy-la-Varenne semble avoir fait partie, n'est pas établi, mais cette filiation constitue une hypothèse plausible [2]. Au cœur même du village, le sous-sol s'est également avéré riche sur le plan archéologique [3]. Un bassin mis au jour en 1837 au sud de l'église a notamment livré des tuyaux en plomb, des dalles d'hypocauste (*suspensurae*) et des briques ornées d'un chrisme. En outre, des sarcophages en calcaire coquillier ont été signalés à plusieurs reprises à l'occasion de creusements de tranchées de réseau [4], soulevant la question d'une possible continuité d'occupation jusqu'à la présence monastique que les textes font remonter aux Xe-XIe siècles.

En 929, la *curtis Chiraci* fut donnée en bénéfice par le vicomte d'Anjou Foulques le Roux à l'abbaye Saint-Aubin et au chapitre de Saint-Lézin d'Angers, qui semblent l'avoir rapidement organisée en deux pôles distincts avec chacun son église : Saint-Rémy à l'emplacement du village actuel et Saint-Aubin dans le bourg de Chemellier, à 7 km au sud-ouest [5]. En 1014, à la suite de plusieurs plaintes, ces terres firent l'objet d'un partage entre les deux établissements ; l'abbaye Saint-Aubin choisit de conserver le territoire situé autour de l'église Saint-Rémy, qui, bien que moins étendu, présentait l'avantage de se trouver à l'interface entre, d'une part, une riche plaine agricole drainée par un ruisseau, isolée des crues ligériennes, et, d'autre part, la plaine alluviale de la Loire avec ses grandes étendues herbeuses propices à l'élevage (fig. 1). Par ailleurs, la proximité du fleuve offrait des facilités de transport par voie d'eau, en empruntant un ancien bras – une boire – aujourd'hui complètement ensablé, distant d'une centaine de mètres. La première mention de la paroisse remonte au milieu du XIe siècle [6].

L'église présente une succession de plusieurs campagnes de construction allant de la période carolingienne à la fin du Moyen Âge. La constitution du prieuré n'est pas précisément datée, mais le cartulaire de Saint-Aubin mentionne l'*obedentia* de Varenne dès 950 ; l'office de prieur est pour sa part attesté vers 1157 [7]. L'établissement et ses dépendances, la Grande Varenne [8], la Herpinière, les moulins à eau de Revault et de Landevert, etc., constituèrent rapidement une importante source de revenus pour l'abbaye Saint-Aubin. Les bâtiments prieuraux semblent avoir été établis dès l'origine au nord de l'église Saint-Rémy (fig. 2). Côté ouest, un bâtiment est décrit en 1845 comme une grange ruinée qu'il convient de démolir. Cependant, Gustave d'Espinay signalait encore en 1872 un mur en petit appareil dans le prolongement nord de la façade occidentale de l'église [9]. De l'aile nord, en grande

1. Commune de Brissac Loire Aubance.

2. Guy Jarousseau, *Églises, évêques et prince à Angers du Ve au début du XIe siècle*, Limoges, 2015, p. 65-67.

3. Michel Provost, *Carte archéologique de la Gaule. Le Maine-et-Loire*, Paris, 1988, p. 67.

4. Catherine Thooris, *Rapport de sauvetage urgent, commune de Saint-Rémy-la-Varenne (49)*, « Le prieuré », Drac Pays de la Loire, 1999, p. 2.

5. Arthur Bertrand de Broussillon, *Cartulaire de l'abbaye Saint-Aubin d'Angers*, Paris, 1903, t. 1, p. 203-204. Le vocable de Saint-Rémy, qui n'apparaît que vers 1130, pourrait être lié avec la célèbre abbaye rémoise dont des moines seraient venus à Saint-Aubin au Xe siècle (Olivier Guillot, *Le comte d'Anjou et son entourage au XIe siècle*, Paris, 1972, p. 142).

6. Célestin Port, *Dictionnaire historique, géographique et biographique de Maine-et-Loire*, Angers, t. 3, 1878, p. 448.

7. *Ibid.* p. 448-449.

8. À la Grande Varenne subsiste encore un grand corps de bâtiment qui présente un premier état charpenté, chemisé sans doute au XIIIe siècle par un édifice en pierres de taille de tuffeau long d'environ 35 m et superposant deux niveaux.

9. *Congrès archéologique de France. Angers*, 1871, p. 170-171.

10. C. Port, *Dictionnaire historique…*, *op. cit.*, note 6, p. 450.

11 Ce portail date dans son état actuel du XVe siècle.

12. Arch. dép. Maine-et-Loire, 5E 55/83.

13. Arch. dép. Maine-et-Loire, 1Q 146, 12 avril 1791.

partie reprise au milieu du XIXe siècle, ne subsistent plus d'éléments médiévaux. Les vestiges les plus significatifs correspondent à un édifice barlong orienté perpendiculairement à l'église. La pièce principale, une salle voûtée en berceau brisé comme le niveau de cave semi-enterré qu'elle surmonte, conserve de remarquables décors peints datés du XIIe siècle.

Le prieuré devint rapidement « le plus riche bénéfice simple de l'Anjou » [10]. L'établissement versait à l'abbaye une rente de 100 livres et devait fournir celle-ci en textiles divers, notamment pour la literie et les tenues des moines. Au XIIIe siècle, un logis fut implanté au nord-est du site et fit, par la suite, l'objet de multiples transformations. Il faut vraisemblablement associer aux troubles des guerres de Religion l'édification d'un mur dessinant tout autour du prieuré une enceinte rectangulaire renforcée de petits pavillons d'angle ; le clos était accessible par deux grands portails percés au sud [11], contre le chevet de l'église, et sur le côté oriental.

Les prieurs semblent avoir tous plus ou moins résidé sur place jusqu'en 1670, date à laquelle le prieuré fut affermé, le prieur conservant toutefois la jouissance de plusieurs pièces afin de disposer d'un logement lors de ses venues [12]. L'ensemble fut vendu comme bien national en 1792 pour 85 600 livres [13]. La fabrique, qui reçut le prieuré en don en décembre 1823, décida d'édifier, à l'emplacement de l'aile nord, un presbytère dont la construction s'acheva durant l'hiver 1847-1848. Dans le même temps, elle confia à un fermier l'ancien logis prieural.

La protection au titre des Monuments historiques a d'abord porté sur la salle romane, improprement qualifiée de chapelle dans l'arrêté de classement du 28 juillet 1955. La protection fut étendue au logis prieural deux ans plus tard, puis à l'église le 16 décembre

Fig. 1 – Saint-Rémy-la-Varenne, prieuré : vue générale depuis le sud-ouest.

Emmanuel Litoux, Christian Davy, Daniel Prigent

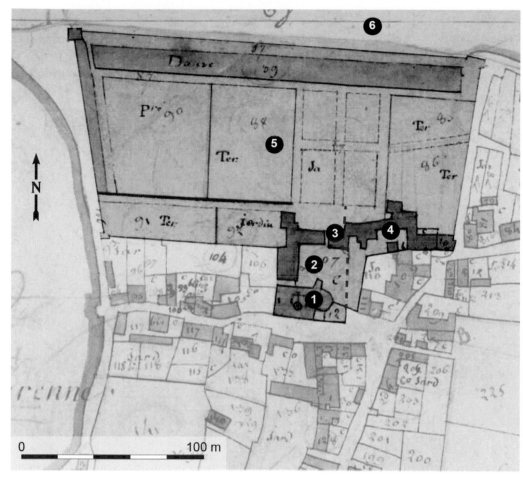

Fig. 2 – Saint-Rémy-la-Varenne, extrait du cadastre de 1809 (Arch. dép. Maine-et-Loire, 3 P 4/332/4, section B2). 1 : église Saint-Rémy ; 2 : prieuré ; 3 : salle romane ; 4 : logis prieural ; 5 : parc clos de murs ; 6 : ancien bras de Loire.

1974. Le prieuré a été racheté en novembre 1988 par la municipalité, qui a engagé un long et patient programme de restauration accompagné de plusieurs études archéologiques [14]. L'association du Prieuré de Saint-Rémy-la-Varenne, créée en 1989, assure depuis lors l'animation du monument.

L'ÉGLISE SAINT-RÉMY

L'église Saint-Rémy, qui conserva son statut de prieurale jusqu'à la Révolution, offre une histoire complexe, reflet partiel de celle du prieuré (fig. 3) [15].

La nef

Le nord-ouest de la nef conserve la partie la plus ancienne de l'édifice. L'érudit angevin Gustave d'Espinay avait déjà souligné son ancienneté et l'attribuait aux dernières années du Xᵉ siècle [16] ; pour Charles Urseau [17], comme pour Marcel Deyres [18], cette partie daterait du milieu du XIᵉ siècle. Jacques Mallet est resté prudent en proposant le XIᵉ siècle, sans exclure une date plus ancienne [19]. Les parements internes ayant été enduits, l'appareil n'est actuellement lisible qu'à l'extérieur, mais son examen a néanmoins permis de mettre en évidence plusieurs campagnes (fig. 4).

14. Opérations archéologiques en 1991, 1996, 1999, 2003, 2016-2017 et 2020-2021. Voir les apports respectifs de chaque intervention dans Emmanuel Litoux, *Prieuré de Saint-Rémy-la-Varenne (49). Rapport d'étude de bâti (fouille programmée)*, Angers, 2017, p. 32-35

15. Contrairement à celle du logis prieural, l'étude de l'église a été limitée aux observations immédiates, non accompagnées d'investigations complémentaires, à l'exception de deux datations radiocarbone et de l'analyse de l'appareil. Différentes interrogations subsistent quant à l'attribution à des phases précises de construction, notamment dans les travées à l'ouest du chœur.

16. Gustave d'Espinay, « Étude sur les monuments de l'Anjou antérieurs au XIIᵉ siècle », *Congrès archéologique de France, Angers*, 1871, p. 143-187 [169-172] ; *ibid.*, « Notices archéologiques », *Revue de l'Anjou*, t. 16, 1876, p. 174.

17. Charles Urseau (†1940), *Églises et chapelles d'Anjou*, Angers, 2011, p. 240-241.

18. Marcel Deyres, *Anjou roman*, La Pierre-qui-Vire, 1987, p. 60.

19. Jacques Mallet, *L'art roman de l'ancien Anjou*, Paris, 1984, p. 229.

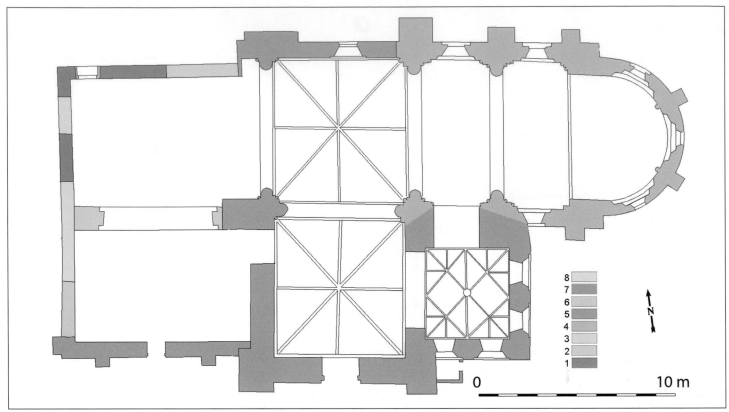

Fig. 3 – Saint-Rémy-la-Varenne, plan de l'église. 1 : Xᵉ s. ? ; 2 : début du XIᵉ s. ; 3 : fin XIᵉ - début XIIᵉ s. ; 4 : deuxième tiers du XIIᵉ s. ; 5 : début du XIIIᵉ s. ; 6 : fin du XIIIᵉ - début du XIVᵉ s. ; 7 : XIXᵉ s. ; 8 : indéterminé.

20. Lyon-6806, 1140 ± 35 BP ; âge calibré 775-993 ; Lyon -19533, 1100 ± 30 BP ; âge calibré 887-1017 à 95,4 % de probabilité (Incal 2020).

21. J. Mallet, *L'art roman…*, *op. cit.* note 19, p. 229.

22. L'appareil se rapproche du précédent, à l'exception de la partie supérieure, où la régularité est particulièrement marquée.

23. Daniel Prigent, « Techniques constructives du XIᵉ siècle. L'exemple du Val de Loire », dans Éliane Vergnolle (dir.), « Saint-Martial de Limoges. Millénaire de l'abbatiale romane (1018-2018) », *Bulletin monumental*, t. 178, 2020, p. 55-65 ; id., « Techniques de construction et de mise en œuvre de la pierre du IXᵉ au XIᵉ siècle, nouvelles approches », dans Dominique Iogna-Prat, Michel Lauwers, Florian Mazel et Isabelle Rosé (dir.), *Cluny, les moines et la société au premier âge féodal*, Rennes, 2013, p. 439-458.

La première maçonnerie s'observe de part et d'autre de l'angle nord-ouest, sur 5,5 m de long au nord et sur 6,6 m en façade ouest. Pour l'essentiel, les parements sont constitués de moellons de petit gabarit et bien assisés, en tuffeau blanc, grès et calcaire coquillier. La pierre d'appareil des trois chaînages d'angle provient vraisemblablement de sarcophages confirmant la présence d'une zone d'inhumation plus ancienne à proximité immédiate. En façade occidentale, une porte obturée de 1,9 m de large conserve ses piédroits en éléments de calcaire coquillier et son arc en plein cintre aux claveaux quasi rectangulaires (fig. 4 et 5). Notons encore la mise en place, de part et d'autre de l'arc, de deux pierres de taille, comme on peut également l'observer au mur nord de Saint-Martin-de-Vertou du Lion-d'Angers (XIᵉ siècle) ou à Saint-Aubin de la Pellerine (début du XIᵉ siècle). Sur la façade nord subsiste une petite fenêtre étroite à arc clavé et à boutisses renforcées. Les mesures réalisées permettent de restituer une structure modeste au plan légèrement rectangulaire d'environ 4,35 par 5,5 m de côté dans-œuvre. Deux datations par radiocarbone de charbons de bois prélevés dans le mortier fournissent un intervalle compris entre la fin du VIIIᵉ et le tout début du XIᵉ siècle ; la construction pourrait ainsi remonter à l'époque carolingienne[20]. La destination de cette structure reste discutée : J. Mallet suggérait la possibilité de l'existence d'une chapelle[21], mais c'est sans doute l'hypothèse d'une tour-clocher, comme à Saint-Florent-du-Château à Saumur au Xᵉ siècle, qui semble actuellement la plus vraisemblable.

Au nord de la nef, plusieurs maçonneries, également en moellons, viennent s'appuyer sur celle-ci au-dessus de l'arase (fig. 4)[22], vestiges de la première nef ; si aucune datation objective n'a été réalisée, le traitement de l'appareil plaide pour une date haute, vraisemblablement antérieure au milieu du XIᵉ siècle[23].

EMMANUEL LITOUX, CHRISTIAN DAVY, DANIEL PRIGENT

Fig. 4 – Saint-Rémy-la-Varenne, église Saint-Rémy, vue extérieure de la nef.

Fig. 5 – Saint-Rémy-la-Varenne, église Saint-Rémy, partie inférieure de la façade occidentale.

24. Cf. *infra*.

25. C'est le « décor rythmé » de J. Mallet, *L'art roman…*, *op. cit.* note 19, p. 259-260.

26. La baie sud-ouest a été supprimée lors de la mise en place de la chapelle gothique Notre-Dame.

À la façade occidentale (fig. 5), entre l'angle sud-ouest de la tour et un autre chaînage, se développe sur 3,9 m un appareil de blocs et de moellons dont l'assisage désorganisé se distingue nettement de celui de la tour et s'ancre dans celle-ci. Une baie à linteau échancré et à boutisses renforcées éclairait ce qui était vraisemblablement un bas-côté sud, à l'image des dispositions encore en place à Notre-Dame de Chemillé ou à Saint-Évroult à Cuon. La fin du XIe siècle ou les premières décennies du XIIe pourraient convenir à cet agrandissement.

Au-delà, plus au sud de la façade occidentale, une dernière extension de 2,8 m constituée en partie basse d'un appareil très irrégulier pourrait être lié à la surélévation gothique du pignon [24].

Le chevet roman

L'église a bénéficié d'une importante campagne de travaux dans le deuxième tiers du XIIe siècle avec notamment l'édification du chœur.

À l'extérieur (fig. 3), le chevet roman est partiellement altéré par la mise en place d'une chapelle gothique du côté sud, ce qui n'interdit cependant pas sa restitution. Les deux contreforts implantés de part et d'autre de la fenêtre axiale de l'abside s'achèvent par une pyramide tronquée surmontée d'un pilastre sommé d'un « chapiteau-modillon » décoré d'une alternance de motifs « ramassés » et en éventail [25]. Le passage entre l'abside et les travées droites est marqué par deux puissants épaulements constitués chacun de deux contreforts liés entre eux mais de largeur et hauteur distinctes, s'achevant en glacis. Les six fenêtres en plein cintre sont surmontées d'une archivolte dont le décor de rinceaux charnus, qui rappelle notamment celui de la nef de Fontevraud, se retourne et se prolonge sur les contreforts médians [26]. Sur la corniche court une frise dont le traitement évolue du sud au nord : les motifs de palmettes grasses disparaissent au profit d'un simple bandeau et chanfrein nu. Il en est de même pour les modillons ; aux têtes animales, humaines ou monstrueuses, soigneusement sculptées du côté sud (fig. 6), succèdent des éléments évidés sous le

Fig. 6 – Saint-Rémy-la-Varenne, église Saint-Rémy, extérieur de l'abside.

EMMANUEL LITOUX, CHRISTIAN DAVY, DANIEL PRIGENT

Fig. 7 – Saint-Rémy-la-Varenne, église Saint-Rémy, première travée droite du chœur.

bandeau supérieur, portant un décor moins soigné, voire absent ; face aux bâtiments du prieuré, le bandeau peut disparaître et le quart de rond aux joues biseautées domine (fig. 7). Une grande plaque sculptée sur le panneau sud-est de l'abside est très dégradée (fig. 6), mais on peut néanmoins y identifier un personnage féminin ; un encadrement partiel d'oves a pu inciter à attribuer cette sculpture à une période postérieure au XIIe siècle [27], mais la contemporanéité avec l'appareil roman l'entourant ne fait aucun doute.

À l'intérieur (fig. 8), les deux travées droites du chœur, voûtées en berceau brisé, sont séparées par d'épais doubleaux à simple rouleau et aux arêtes soulignées de tores, portés par des colonnes présentant des joints de façade. Chaque travée est occupée par une arcade partant du fond, abritant une haute fenêtre encadrée de colonnettes et comportant un appui à ressauts. Du côté nord du chœur, une porte établissait la communication entre les bâtiments du prieuré et l'église. Les chapiteaux et les tailloirs des piliers des travées droites

27. J. Mallet, *L'art roman...*, *op. cit.* note 19, p. 229, le plaçait à la Renaissance.

Fig. 8 – Saint-Rémy-la-Varenne, église Saint-Rémy, vue du chœur.

sont en grande partie authentiques. Le décor des corbeilles, diversifié, comprend des feuilles lisses, parfois tronquées, des rinceaux et des palmettes de traitement varié, mais aussi des motifs plus complexes couvrant les chapiteaux des grandes colonnes.

La conservation d'un segment d'arc dans le mur nord de la travée précédant le chœur, de même que l'organisation du pilier sud-est, suggèrent l'existence de deux bras de transept romans, supprimés lors de l'aménagement gothique.

Un cordon décoré de feuilles grasses souligne le départ de la voûte en cul-de-four de l'abside. En-dessous se trouve une arcature, composée de trois larges arcades en plein cintre, encadrant chacune une fenêtre ornée de colonnettes. Les deux arcades des extrémités sont plus étroites que les autres et aveugles. À l'intérieur de l'abside, la variété règne dans l'abondant décor sculpté. Pour J. Mallet, bien qu'intrigué par la remarque élogieuse de Célestin Port [28], tous les chapiteaux « semblent avoir été refaits » ; toutefois, l'examen minutieux des corbeilles et des tailloirs permet de découvrir dans les creux quelques vestiges de badigeon blanc, de peinture rouge, ainsi que de nombreuses traces d'usure qui garantissent leur authenticité, malgré le vigoureux grattage. En revanche, on peut s'interroger sur la remarque de Victor Godard-Faultrier évoquant des « statues cariatides se profilant au-dessus de quelques colonnes engagées et supportant des chapiteaux » [29] ; la visite de l'archéologue angevin était antérieure à la restauration, mais rien ne correspond aujourd'hui à cette description. Les chapiteaux des colonnes montant de fond sont les plus intéressants ; ils représentent un masque crachant des palmettes, deux têtes de personnages adossés, des quadrupèdes (lions ?) affrontés, des oiseaux, des rinceaux et palmettes. Le décor des colonnettes, essentiellement végétal, comprend aussi quelques engoulants.

28. C. Port, *Dictionnaire historique…*, *op. cit.*, note 6, p. 449, mentionne peu après les travaux de restauration des « petits chapiteaux d'une exquise élégance ».

29. Victor Godard-Faultrier, « Commune de Saint-Rémy-la-Varenne », *Répertoire archéologique de l'Anjou*, 1860, p. 276.

EMMANUEL LITOUX, CHRISTIAN DAVY, DANIEL PRIGENT

Le gothique de l'Ouest

La travée précédant le chœur roman communique largement au sud avec celle qui porte le clocher octogonal du XIXe siècle (fig. 9). L'analyse de l'appareil montre l'appartenance à une même campagne des murs de ces deux travées et de la petite chapelle Notre-Dame au sud-est [30]. Un projet de prolongement paraît avoir été abandonné en cours de campagne, comme en attestent les départs de nervures à l'ouest. Dans le mur gouttereau nord de la nef, une porte percée dans la maçonnerie en petit appareil appartient sans doute à cette campagne.

Huit nervures toriques partent des clefs des deux voûtes fortement bombées (fig. 9) [31]. Si la clef nord représente le Christ montrant ses plaies, le décor armorié de celle de la travée sud, repeint à l'époque contemporaine, pose problème. En effet, Ludwig Schreiner mentionnait curieusement une représentation d'ange, alors que C. Port parlait déjà d'une « clé armoriée XIIIe s. » [32].

Les deux travées présentent quelques différences. Si, au sud, elles sont éclairées par deux hautes fenêtres en plein cintre, c'est une grande baie en arc brisé qui est ouverte dans le mur nord ; au sud, la jonction des liernes et des formerets s'effectue sur de petites têtes de personnages tandis que, au nord, ce sont des têtes d'anges traitées d'une manière plus soignée.

30. Les vestiges d'un arc enclavé dans le mur nord de la travée pourraient témoigner de la présence d'un bras de transept antérieur à la reprise gothique ; la pierre d'appareil employée dans cette campagne est en grande partie, et notamment pour la sculpture, un tuffeau jaune caractéristique.

31. La clef du doubleau séparatif est plus basse de près de 2 m par rapport à la clef nord et de 2,7 m sous la clef sud.

32. Ludwig Schreiner, *Die Frühgotische plastik südwest-frankreichs*, Cologne, 1963, p. 200, fig. 50 ; C. Port, *Dictionnaire historique…, op. cit.* note 6, p. 449.

Fig. 9 – Saint-Rémy-la-Varenne, église Saint-Rémy, les deux grandes travées gothiques.

Fig. 10 – Saint-Rémy-la-Varenne, église Saint-Rémy, voûte de la chapelle Notre-Dame.

Un passage large de 2,1 m fait communiquer une chapelle dédiée à la Vierge avec la première travée droite du chœur ; une large arcade ouvre également sur la grande travée gothique méridionale (fig. 3). Cette petite chapelle, de plan légèrement rectangulaire (4,35 m par 4,55 m), offre un bel exemple de voûte à nervures multiples (fig. 10) [33]. De la clef centrale sculptée d'un Christ bénissant et portant le Livre, partent huit nervures toriques pénétrantes qui retombent sur d'épais tailloirs. Dans les voûtains, les rangs de voussoirs sont parallèles aux ogives puis aux tiercerons reliant les clefs secondaires à celles des arcs formerets. Les jonctions entre les nervures diagonales et secondaires, comme entre ces dernières et les huit formerets, sont décorées de petites têtes de personnages [34]. Ces différentes sculptures sont, comme c'est fréquemment le cas dans cette phase avancée du gothique de l'Ouest, de qualité médiocre. Aux angles, les retombées s'effectuent sur des colonnes et colonnettes surmontées de chapiteaux à crochets et d'épais tailloirs décorés ; à mi-hauteur des murs, des consoles (au nord et à l'ouest), ou de grands chapiteaux à décor moins standardisé que les précédents, reçoivent les nervures. Une statue sous dais représentant une femme tenant un livre occupe le mur nord. L'éclairage est assuré par les deux fenêtres en plein cintre des faces est et sud ; nues et comportant deux voussures à l'extérieur, elles sont à l'intérieur de la chapelle encadrées de colonnettes et ourlées d'un tore.

André Mussat avait comparé cette chapelle aux travées nord-est et sud-est du chœur de Saint-Serge d'Angers. Il l'avait aussi rapprochée de la chapelle de la Papillaye à Angers, ainsi que du clocher de Brion [35]. Appartenant à la même campagne de construction que les deux grandes travées, elle peut être datée du début du XIIIᵉ siècle.

Les aménagements tardifs

Gustave d'Espinay mentionne la présence, avant l'édification de la petite chapelle sud-ouest contemporaine, d'une « chapelle en style flamboyant qui forme une sorte de basse nef ». Celle-ci, couverte en appentis, était éclairée par une plaque ajourée de quatre-feuilles

33. Sur ces voûtes, nombreuses en Anjou (Yves Blomme, *Anjou gothique*, Paris, 1998, carte p. 17), voir notamment L. Schreiner, *Die Frühgotische plastik…*, *op. cit.* note 32, 1963 ; André Mussat, *Le style gothique de l'Ouest de la France*, Paris, 1963 ; Bénédicte Fillon-Braguet et Daniel Prigent, « L'architecture religieuse en Anjou du temps de saint Louis », dans Étienne Vacquet (dir.), *Saint Louis et l'Anjou*, Rennes, 2014, p. 161-186.

34. L. Schreiner, *Die Frühgotische plastik …*, *op. cit.* note 32, p. 200, fig. 50.

35. A. Mussat, *Le style gothique de l'Ouest…*, *op. cit.* note 33, p. 352.

EMMANUEL LITOUX, CHRISTIAN DAVY, DANIEL PRIGENT

évidés [36], et pourrait correspondre à une reprise de la fin du XIIIe ou du début du siècle suivant. À l'intérieur subsiste une trace de solin et une arcade en arc brisé faisant communiquer l'ancien bas-côté, transformé en chapelle au XIXe siècle, avec le vaisseau principal de la nef.

Le clocher « en charpente de forme écrasée » qui appartenait à une phase de transformation de date inconnue [37] fut remplacé par un grand clocher octogonal lors de la restauration d'ampleur réalisée dans les années 1860 par l'architecte Alfred-Édouard Heulin, qui édifia également la plus grande partie de la chapelle sud-ouest actuelle et renouvela une partie des sculptures [38].

Peinture murale et fonction de la « salle romane »

Le bâtiment roman barlong situé perpendiculairement à l'église abrite à l'étage une salle dont le mur nord conserve un ensemble peint centré sur la Crucifixion, réalisé au milieu ou dans le troisième quart du XIIe siècle (fig. 11) [39]. La fonction de cette salle est discutée. Elle a été considérée comme une chapelle par Célestin Port [40] et le chanoine Urseau [41], tandis que Jacques Mallet [42] y a plutôt vu un réfectoire ou une salle capitulaire en raison de son emplacement. Paul Deschamps et Marc Thibout étaient encore plus prudents en parlant de dépendance. La teneur doctrinale du programme peint élargit cependant le débat [43].

La salle est de plan rectangulaire (8,9 m par 6,0 m environ). Son aspect originel a été altéré par plusieurs transformations, dont la plus importante fut la construction d'une voûte

36. Celle-ci éclairait le bas-côté sud avant sa restauration contemporaine, le mur ouest étant doublé lors du voûtement de la nouvelle chapelle.

37. C. Port, *Dictionnaire historique...*, *op. cit.* note 6, p. 449.

38. *Ibid.*, p. 449.

39. Bibliographie dans : Christian Davy, *Les peintures murales romanes des Pays de la Loire. L'indicible et le ruban plissé*, Laval, 1999, p. 225-229.

40. C. Port, *Dictionnaire historique...*, *op. cit.*, note 6, p. 449-450.

41. Charles Urseau, *La peinture décorative en Anjou du XIIe au XVIIIe siècle*, Angers, 1918, p. 196-197.

42. Jacques Mallet, *L'art religieux roman (architecture-sculpture) dans l'ancien diocèse d'Angers (XIe-XIIe siècles)*, thèse de doctorat, André Mussat (dir.), université de Rennes II, 1978, p. 1024.

43. Paul Deschamps et Marc Thibout, *La peinture murale en France au début de l'époque gothique*, Paris, 1963, p. 59-61.

Fig. 11 – Saint-Rémy-la-Varenne, prieuré, « salle romane », vue de situation de la Crucifixion.

44. Charles Joly-Leterme et Aimé de Soland, « Le Crucifiement du Christ », *Bulletin historique et monumental de l'Anjou*, 1864-1866, p. 4, 88-89.

45. Charles Hurault réalisa deux campagnes de prise de vue. Un conduit de cheminée est visible dans la première. Enlevé sans doute en 1955 et assurément avant 1960, il est absent dans la seconde.

en berceau brisé dans la seconde moitié du XII⁰ siècle. Celle-ci, en pierres de taille, s'appuie sur un massif en schiste à l'ouest tandis que à l'est, elle occulte deux fenêtres en plein cintre. Les fenêtres du mur nord ont été bouchées, ne laissant que des jours en plein cintre. Au sud, une porte, elle aussi en plein cintre, à double voussure et soulignée d'un cordon donne accès à l'église. Elle semble contemporaine des deux fenêtres nord. Une porte latérale également en plein cintre a été percée dans le mur oriental pour rejoindre le logis prieural par un portique sous galerie. Ultérieurement, une fenêtre trilobée a été ouverte du côté sud à l'époque gothique et, du côté ouest, un passage a été ménagé au XVI⁰ siècle pour permettre un accès direct au corps de bâtiment attenant, d'aspect moderne et contemporain. Enfin, les courtes banquettes mises en place à une époque indéterminée, et en tout état de cause postérieure à la construction, ne fournissent pas d'indice quant à la fonction originelle de la salle.

Le décor peint

Lorsque l'architecte diocésain Charles Joly-Leterme signala l'existence des peintures, en 1842, la salle était utilisée comme buanderie. Il exécuta deux relevés au trait, dont un dessin de la Crucifixion (fig. 12) [44]. Les fumées avaient suffisamment encrassé les murs pour que les peintures fussent considérées comme perdues par Célestin Port et par le chanoine Urseau. Peu avant 1954, le service des Monuments historiques fit appel à Marcel Nicaud pour les nettoyer [45]. Ces peintures murales, dans lesquelles on discerne quelques *pontate* et *giornate*,

Fig. 12 – Saint-Rémy-la-Varenne, prieuré, « salle romane », mur nord, la Crucifixion, dessin au trait, Charles Joly-Leterme, 1842 (Extrait du *Bulletin historique et monumental de l'Anjou*, 1864-1866).

EMMANUEL LITOUX, CHRISTIAN DAVY, DANIEL PRIGENT

Fig. 13 – Saint-Rémy-la-Varenne, prieuré, « salle romane », mur nord, intrados de la baie ouest, l'apôtre Simon identifié par son inscription.

subsistent sur une grande partie du mur nord et de manière ponctuelle sur le mur sud. Le fragment de bandeau d'encadrement visible sur la voûte semble appartenir à une autre campagne picturale datant de la seconde moitié du XIIe siècle.

Le décor du mur nord est structuré en trois registres. Celui du soubassement était orné d'un treillis losangé rouge sur fond blanc accompagné d'étoiles à huit branches jaunes, si l'on en juge d'après le dernier témoin encore visible. Le registre médian présente des figurations de saints, en pied sur le mur et dans les ébrasements des arcatures. D'autres, en buste, occupent l'intrados de ces dernières, de part et d'autre d'une Vierge à l'Enfant trônant sous un décor d'architecture. À l'extrémité gauche, la présence de deux clefs, très effacées, permet d'identifier saint Pierre. Il ne subsiste du priant agenouillé auprès de lui – sans doute le donateur – que les deux mains jointes. À l'intrados de la fenêtre gauche, Simon est identifié par son inscription nominative (fig. 13). Son vis-à-vis ne l'est plus, mais la présence de Thadée Jude, régulièrement associé à Simon, est plausible. Les autres personnages sont anonymes. Le registre supérieur affiche une composition monumentale du Christ crucifié.

Fig. 14 – Saint-Rémy-la-Varenne, prieuré, « salle romane », mur nord, bandeau ornemental de séparation des registres médian et supérieur. La bande noire ne conserve plus qu'un « G » sur la gauche.

La Crucifixion de Saint-Rémy-la-Varenne se place dans la tradition carolingienne. La croix est une croix de gloire bicolore, rehaussée de cabochons d'orfèvrerie, dont les bras sont bagués et pattés. Le Christ, la tête penchée, se tient droit tandis que ses pieds débordent de l'axe de la croix. La Vierge et son pendant saint Jean, Longin avec sa lance et Stéphaton avec son éponge, ainsi que le soleil et la lune sont répartis de part et d'autre de l'axe central déterminé par le fût de la croix. La scène s'enrichit à ses extrémités de deux jeunes femmes vêtues, selon la mode du milieu du XIIᵉ siècle, d'un vêtement moulant, doté de longues manches nouées. Il s'agit, à gauche, près de la Vierge, de la personnification de l'Église et, à droite, près de Jean, de celle de la Synagogue. Les attributs de la première *Ecclesia* sont mal conservés. Elle tient dans sa main droite une hampe dont la partie supérieure n'est plus visible. S'agissait-il d'une lance ou d'une oriflamme ? En revanche, il reste quelques traces du calice qu'elle tient dans la main gauche. L'axe central est ainsi occupé par une image de l'Incarnation – la Vierge à l'Enfant – située sous celle de la Rédemption. La présence de Simon, assurée, et celle de Jude, probable, renforcent ce discours, ces deux apôtres ayant par le Credo confessé leur foi dans la rémission des péchés pour l'un et dans la résurrection de la chair pour l'autre [46]. Un second axe proclame le triomphe de l'Église romaine avec saint Pierre, le premier pape, et l'allégorie de l'Église.

46. La version du Credo établi dès le Vᵉ siècle a légèrement varié selon les époques et les auteurs. Ainsi, au Moyen Âge, l'ordre des apôtres et leurs versets divergent entre Durand de Mende, dans son *Rational des divins offices*, chapitre XXV, « du symbole », et saint Augustin, dans ses *Sermons*. Toutefois, les versets attribués à Simon et à Thaddée Jude restent identiques d'une version à l'autre.

EMMANUEL LITOUX, CHRISTIAN DAVY, DANIEL PRIGENT

Les inscriptions

Les inscriptions tenaient une place importante dans cette peinture de la Crucifixion. La plupart d'entre elles nommaient les personnages. Il est possible de lire encore : SI/MON ; MAR[IA] ; IOHS ; ST[EPHATON] ; [L]ONGINV[S], mais celles qui désignaient l'*Ecclesia* et la *Synagoga* n'existent plus. Une autre inscription, peinte dans la bande d'encadrement inférieure, commentait la scène. Disparue à l'exception d'une lettre (fig. 14), elle a été transcrite en partie par Ch. Joly-Leterme. Malgré quelques erreurs dans ce relevé, l'équipe du Corpus des inscriptions de Poitiers a proposé, avec la prudence de rigueur, une lecture du texte en le rapprochant de deux vers écrits par Baudri de Bourgueil à la fin du XIe siècle : *nec deus est nec homo presens quam cernis imago / sed deus est et homo quem sacra figurat imago* (« cette présente image que tu vois n'est ni Dieu ni homme / mais il est Dieu et homme celui que figure cette image sacrée ») [47]. Cette formule se retrouve avec quelques variantes sur une douzaine de sculptures, d'objets d'orfèvrerie et de manuscrits [48], l'un des exemples des plus réputés étant celui de l'inscription gravée sur le tympan du portail nord de San Miguel d'Estella en Navarre [49].

La peinture murale romane de Saint-Rémy-la-Varenne porte donc un message ecclésial fort, sans nul doute destiné à une communauté de clercs instruits [50]. Aussi, par cette ambition spirituelle, la commande faite au peintre paraît-elle mieux adaptée au cadre d'une salle capitulaire, où se règlent certes les affaires du quotidien mais où se pratiquent également les enseignements et les débats, qu'à celui d'un réfectoire.

LE LOGIS PRIEURAL

Le logis prieural se présente aujourd'hui comme un ensemble composite, fruit d'une histoire architecturale relativement complexe marquée par des temps forts aux XIIIe, XVe et XVIe siècles (fig. 15). Son implantation primitive a été faite à l'est d'un mur orienté nord-sud qui pourrait avoir matérialisé très tôt la limite occidentale d'un ensemble distinct de l'emprise conventuelle. Sur ce mur, quelques claveaux de l'arc d'une baie de facture romane constituent les seuls éléments de datation.

Le logis du XIIIe siècle

Le premier logis, considérablement remanié par la suite, a été identifié en plusieurs temps dans le cadre de différentes opérations archéologiques. Établi en bas de pente, légèrement en biais par rapport au mur contre lequel il a été adossé, cet édifice double en profondeur et de plan trapézoïdal [51] comportait un niveau de cellier semi-enterré et un rez-de-chaussée montant sous charpente (fig. 16 et 17). La mise en œuvre des maçonneries montre l'emploi de moellons de calcaire et de grès de provenance locale, montés au mortier de chaux. L'utilisation de la pierre de taille de tuffeau a été réservée au traitement des chaînages d'angles, aux encadrements des baies ou à la mise en valeur de certaines plages murales telles que la partie haute du mur pignon ouest. Les blocs préservés des intempéries conservent un layage oblique fin et régulier. Le niveau inférieur s'organise en deux vaisseaux parallèles, aujourd'hui remblayés sur environ un tiers de leur hauteur originale. La partie sud, complètement enterrée, a reçu un voûtement en berceau brisé, renforcé d'arcs doubleaux. La contemporanéité de la voûte avec les murs périphériques n'a pas pu être vérifiée. Les opérations archéologiques des années 1990 ont par ailleurs montré que la pièce avait été amputée de sa partie orientale sur au moins la longueur d'une travée. À l'autre extrémité, un décor de faux-appareil simule un dernier arc doubleau. La partie nord du logis, longue de 17,3 m, a conservé ses dimensions originelles. Sur le mur nord, un ressaut

47. Vincent Debiais avec la collaboration de Robert Favreau, Jean Michaud et Cécile Treffort, *Corpus des inscriptions de la France médiévale (VIIIe-XIIIe siècle)*, vol. 24, *Maine-et-Loire, Mayenne, Sarthe (Pays de la Loire)*, Paris, 2010, p. 156-158.

48. Jack M. Greenstein, « On Alberti's "Sign": Vision and Composition in Quattrocento Painting », *The Art Bulletin*, vol. 79, 1997, p. 669-698.

49. Robert Favreau, « L'inscription du tympan nord de San Miguel d'Estella », *Bibliothèque de l'École des chartes*, 1975, t. 133-2. p. 237-246.

50. La salle capitulaire de l'abbaye de Vendôme présente un cas encore plus notable (Hélène Toubert, *Un art dirigé*, Paris, 1990, p. 365-402).

51. L'angle entre le mur nord-sud et l'axe longitudinal de l'édifice mesure 80 degrés. L'orientation de ce dernier résulte vraisemblablement de contraintes parcellaires ou topographiques anciennes. Elle est à rapprocher de celle suivie à la fin de la période médiévale par le pan de mur d'enceinte fermant la cour au sud du logis.

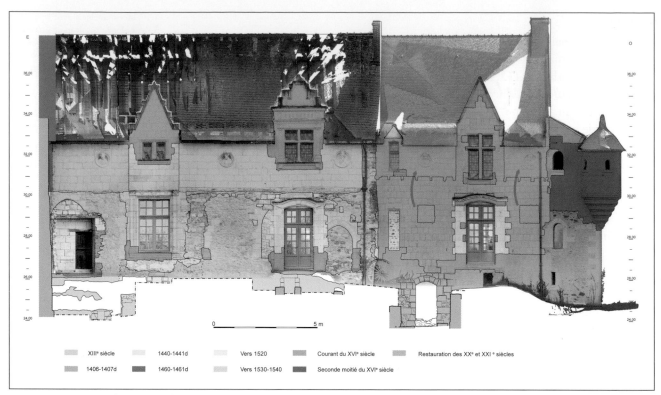

XIII siècle   1440-1441d   Vers 1520   Courant du XVIᵉ siècle   Restauration des XXᵉ et XXI ᵉ siècles

1406-1407d   1460-1461d   Vers 1530-1540   Seconde moitié du XVIᵉ siècle

Fig. 15 – Saint-Rémy-la-Varenne, logis prieural, phasage de l'élévation de la façade nord du corps de logis principal (orthophotographie Virtual Archéo, relevé T. Marc, L. Pasquette, dessin E. Litoux).

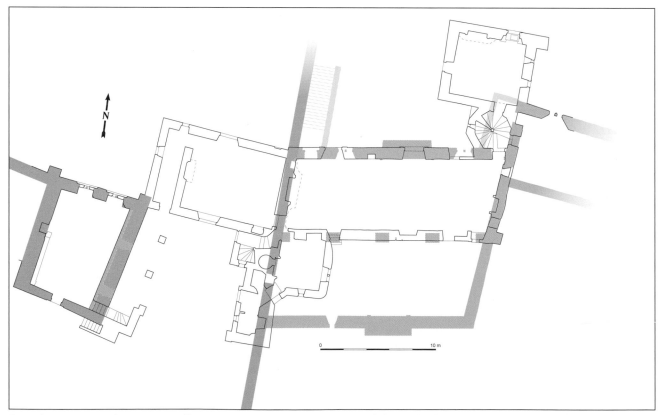

Fig. 16 – Saint-Rémy-la-Varenne, « salle romane » et logis prieural, plan actuel du rez-de-chaussée et restitution des bâtiments des XIIᵉ et XIIIᵉ siècles, respectivement en bleu et en rose (relevé et dessin E. Litoux).

EMMANUEL LITOUX, CHRISTIAN DAVY, DANIEL PRIGENT

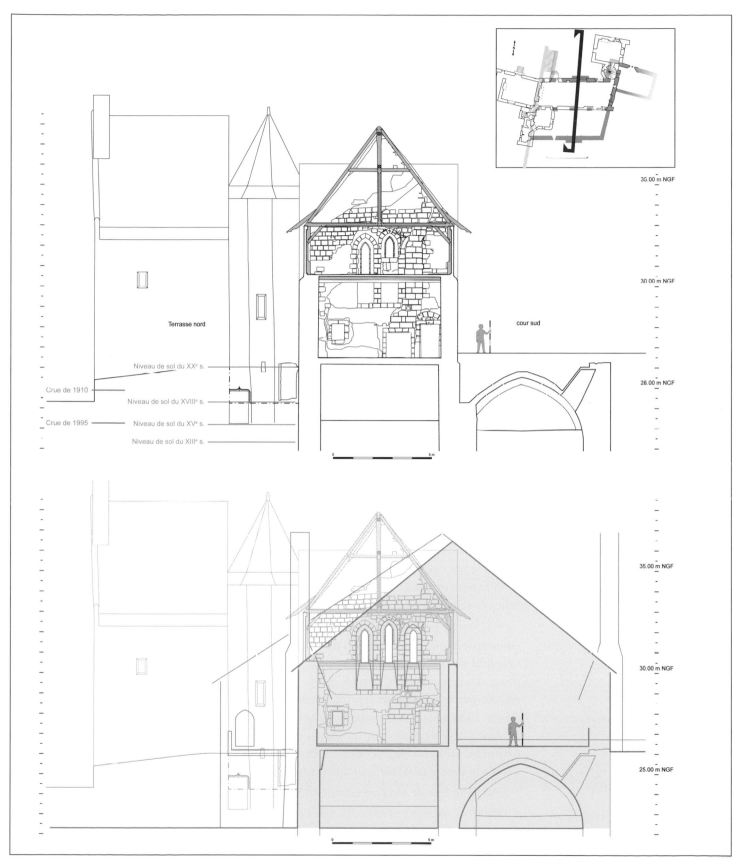

Fig. 17 - Saint-Rémy-la-Varenne, logis prieural, coupe transversale vers l'est du corps de logis principal avec l'étage en pan de bois dans son état du XVᵉ siècle et restitution des dispositions du XIIIᵉ siècle (relevé et dessin E. Litoux).

intérieur d'une quinzaine de centimètres indique qu'elle était plafonnée. Le seul accès identifié est une large porte [52], surmontée d'un jour, ouvrant vers le nord. On note à l'est la présence de trois autres petites fenêtres. Un sondage réalisé en 1996 a montré que la base de l'élévation intérieure se trouvait vers 22,15 m NGF, ce qui permet de restituer une hauteur sous plafond de près de 4,0 m [53]. Tout indique que le cellier se trouvait de plain-pied avec les terrains rejoignant plus au nord les berges du bras de Loire.

Le rez-de-chaussée du logis, dont le niveau de sol devait être plus ou moins identique à celui de la cour située plus au sud, comportait deux vaisseaux sans doute séparés par une structure sur poteaux, ajourée ou non. Cependant, l'hypothèse d'arcades en pierre ne saurait être complètement exclue. La partie sud, très arasée, a été mise au jour à l'occasion de deux opérations archéologiques conduites dans la cour sud en 1996 et 1999 [54]. La pièce, dégagée sur environ la moitié de sa surface, était équipée côté sud d'une cheminée large de 3,05 m adossée à un coffre et jouxtée à l'ouest par une fenêtre étroite. Le pavement était constitué de carreaux en terre cuite de 12 à 13 cm de côté posés à joints filants, avec un tapis de cheminée en dalles de tuffeau. Des restes d'enduit peint et des fragments de vitraux témoignent de la qualité du second œuvre.

À la différence de la partie sud, la partie nord du bâtiment livre des informations sur le traitement des élévations. La hauteur du mur gouttereau devait approcher 3,8 m par rapport au niveau du plancher. La pièce de l'étage mesurait 17,85 m de longueur dans-œuvre, pour une largeur minimale de 6,25 m, soit une surface d'au moins 110 m². Une porte en arc brisé, qui à l'origine était sans doute à double rouleau, se trouvait à l'extrémité ouest de la façade nord. Sa largeur ne devait pas excéder 1,0 m. Un ressaut extérieur a pu servir à appuyer les jambes de force d'un balcon ou plus probablement le palier supérieur d'un escalier permettant d'établir une communication avec le niveau de sol extérieur, situé à plus de 4 m en contrebas. Une imposante cheminée accostée d'une niche trilobée occupait le milieu du mur gouttereau nord. L'élévation ne conserve plus que quelques pierres bûchées marquant l'emplacement de son jambage gauche. La largeur du foyer, estimée aux environs de 4,2 m, est déduite des dimensions du support du foyer, partiellement conservé en encorbellement dans la cave, et de l'emplacement du coffre extérieur, aujourd'hui détruit mais dont l'angle oriental a récemment été observé dans un sondage. Cette cheminée était encadrée par deux grandes baies en arc brisé, pourvues de coussièges. L'examen du piédroit de la fenêtre orientale incline à restituer des baies géminées en retrait de la façade, bien que celles-ci soient aujourd'hui complètement dénaturées.

Sur le mur pignon oriental, un triplet de lancettes à ébrasement intérieur montre que le volume de la pièce montait sous une charpente lambrissée dont la structure à deux vaisseaux rassemblés sous une seule toiture peut être déduite des traces conservées en élévation [55]. La pente des deux versants, donnée par le rampant nord, s'établit à 39 degrés. À l'angle nord-est du corps de bâtiment principal se trouvait un volume annexe de plan carré, que desservaient deux portes probablement reliées par une petite coursière. Une ouverture carrée de type judas ou passe-plat fut dans un deuxième temps repercée dans le mur pignon du bâtiment principal (fig. 16 et 17). Le type de dressages des pierres de taille de tuffeau s'accorde avec le traitement architectural pour situer ce chantier dans un large XIIIᵉ siècle.

Par l'ampleur de son programme architectural, le nouveau bâtiment, tel qu'il se présentait à l'issue de cette campagne de travaux, montre la volonté de l'abbaye Saint-Aubin de disposer à Saint-Rémy d'un grand logis d'apparat jouxtant le prieuré. Toutefois, les dimensions de celui-ci paraissent trop importantes pour qu'il ait été réservé au seul usage du prieur. Une fonction d'accueil pour l'abbé de Saint-Aubin et plus largement pour des hôtes de marque semble la plus plausible, même si une telle destination peut apparaître surprenante

52. Au revers, l'embrasure mesure 1,75 m de large.

53. Fabien Sanz Pascual, *Saint-Rémy-la-Varenne (Maine-et-Loire), « Le prieuré », rapport de sauvetage urgent*, Drac Pays de la Loire, 1996, p. 24-26 et planche 10 (altitude recalée).

54. C. Thooris, *Rapport de sauvetage urgent…*, *op. cit.*, note 4, p. 5-17.

55. Toutes proportions gardées, cette structure devait se rapprocher de la charpente du bâtiment dit des greniers de l'hôpital Saint-Jean d'Angers.

EMMANUEL LITOUX, CHRISTIAN DAVY, DANIEL PRIGENT

dans un simple prieuré. Son emplacement aux abords du chemin longeant la rive nord de la Loire et rejoignant Saumur au sud-est explique sans doute au moins en partie ce choix pour servir de point d'étape. Signalons que le roi de France Philippe VI de Valois séjourna à Saint-Rémy en août 1329 [56].

À une date difficile à déterminer mais antérieure au XVe siècle, le niveau de sol des caves fut rehaussé et des remblais furent sans doute apportés pour constituer une terrasse au nord du bâtiment et, ce faisant, pour réduire les conséquences des crues de la Loire dont les cotes de hauteur devinrent plus importantes avec l'endiguement du fleuve, entre la fin du XIIIe et le XVe siècle [57].

56. Jules Viard, « Itinéraire de Philippe VI de Valois », *Bibliothèque de l'École des chartes*, t. 74, 1913, p. 74-128.

57. Avant la construction des levées, en période de crue, les eaux du fleuve pouvaient s'étendre sur tout le lit majeur de la Loire (Roger Dion, *Histoire des levées de la Loire*, Paris, 1961).

Une restructuration complète du logis au XVe siècle

Au début du XVe siècle, un corps de bâtiment fut ajouté à l'ouest du logis, de l'autre côté du mur de séparation primitif (fig. 18). Le nouveau volume, large de 8,1 m, long de 9,1 m hors-œuvre, surmontait une cave plafonnée, un rez-de-chaussée et probablement un étage à surcroît couvert par une charpente de facture assez simple. Du côté nord, l'élévation extérieure fut mise en valeur par le recours exclusif à la pierre de taille de tuffeau. L'analyse dendrochronologique indique que les bois de la charpente furent très vraisemblablement abattus durant l'hiver 1406-1407d. Le positionnement des fermes principales situées aux deux extrémités du comble s'accorde avec la présence d'une cheminée sur le mur pignon. La présence dès cette époque d'une porte de communication dans le mur de séparation n'est pas avérée mais semble probable.

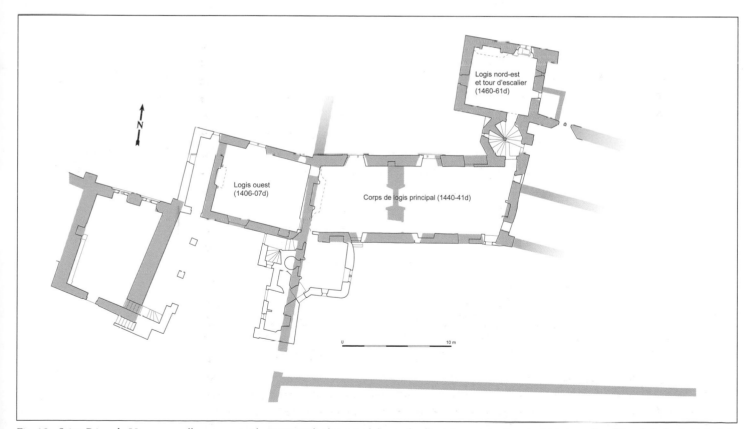

Fig. 18 - Saint-Rémy-la-Varenne, « salle romane » et logis prieural, plan actuel du rez-de-chaussée et restitution des bâtiments dans l'état de la fin du XVe siècle avec indication de dates d'abattage des arbres employés pour les ouvrages de charpente (relevé et dessin E. Litoux).

58. Catherine Thooris, *Saint-Rémy-la-Varenne (Maine-et-Loire), « Le prieuré »*, DFS de sauvetage urgent, 1996, p. 8 ; *ead., Rapport de sauvetage urgent...*, *op. cit.* note 4, p. 5-17.

Un niveau de démolition manifestement provoqué par un incendie a été mis en évidence dans le cadre d'une opération archéologique réalisée en 1996 [58] ; il indique que le grand logis du XIIIe siècle fut gravement endommagé par le feu, sans doute dans le courant du XVe siècle. Le sinistre fut suivi d'une importante campagne de reconstruction caractérisée par l'emploi d'un mortier de terre de couleur brune. Du fait de l'ampleur des destructions occasionnées par l'incendie, les religieux firent le choix de réduire de moitié la largeur de l'édifice et d'y ajouter un étage. De la partie sud du logis primitif ne fut conservée que la cave, l'étage étant complètement arasé et scellé de remblais afin d'étendre la superficie de la cour méridionale. L'ancien mur de refend longitudinal fut conservé au niveau inférieur, mais entièrement reconstruit à l'étage pour servir de façade sud. Celle-ci comportait au moins deux étroites fenêtres et, à son extrémité orientale, une porte ornée d'une accolade que surmontait un fleuron. Un mur épais de 1,3 m, sur lequel s'accrochaient probablement deux cheminées adossées, fut établi de fond pour scinder en deux le volume conservé. Les travaux comprirent également l'obturation des baies septentrionales, qui furent remplacées par deux grandes fenêtres. Un plafond constitué de fortes solives disposées perpendiculairement aux murs gouttereaux fut mis en place sur le sommet des murs, environ 3,7 m au-dessus du sol du second niveau. Il permit de construire un étage supérieur sur toute la longueur du logis. Ce nouveau volume présente la particularité d'avoir été traité avec deux façades en pan de bois hourdées de torchis sur éclisses, montées entre deux pignons de maçonnerie.

Fig. 19 - Saint-Rémy-la-Varenne, logis prieural, vue du comble du corps de logis principal.

EMMANUEL LITOUX, CHRISTIAN DAVY, DANIEL PRIGENT

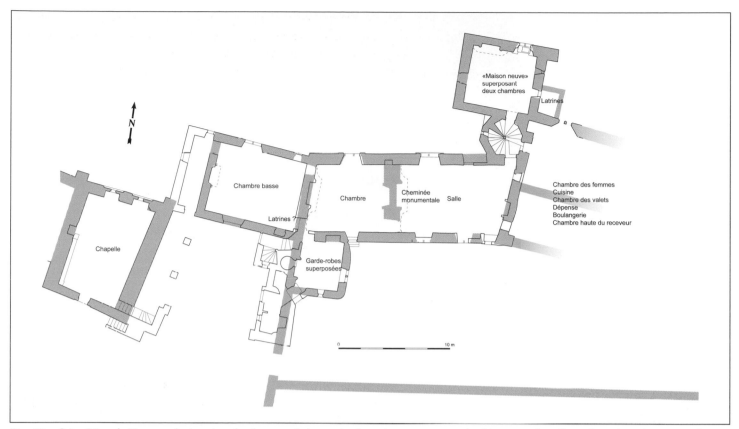

Fig. 20 – Saint-Rémy-la-Varenne, logis prieural, plan actuel du rez-de-chaussée et restitution des bâtiments dans l'état du milieu du XVIe siècle avec identification des espaces déduite des indications données dans l'inventaire après-décès de 1541 (relevé et dessin E. Litoux).

Cet étage, que traversaient les conduits des deux cheminées du niveau inférieur, offrait un vaste volume sous la charpente laissée apparente (fig. 19). Les modalités d'accès à cet étage ne sont pas connues. L'ensemble de cette campagne de travaux a pu être daté par dendrochronologie de 1440-1441d.

Une vingtaine d'années plus tard, un logis compact de plan carré, comprenant une cave, deux étages et un comble reliés par un escalier en vis hors-œuvre fut ajouté contre l'angle nord-est du grand bâtiment dont il assurait également la communication verticale. Deux portes superposées sur le mur oriental donnaient accès à des latrines.

Finalement, les trois campagnes de travaux du XVe siècle apportèrent d'importantes transformations au logis qui fut allongé et réaménagé autour d'un nombre plus important de pièces. La porte placée à l'extrémité orientale de la façade sud donnait accès à la grande salle à partir de laquelle était organisée la distribution de l'édifice. La configuration générale du bâtiment invite à l'identifier, au moins à partir de cette époque, comme le logis du prieur, ce qui n'exclut pas de lui prêter aussi une fonction d'accueil [59].

Les remaniements du XVIe siècle

Des travaux conséquents furent réalisés dans le courant de la première moitié du XVIe siècle (fig. 20) ; tous semblent attribuables à Mathurin Legay, prieur au moins à partir de 1510 jusqu'à sa mort en 1541 [60]. Un pavillon de plan carré, curieusement arrondi aux angles extérieurs, couronné de faux-mâchicoulis, fut plaqué contre la façade sud, au-dessus de la voûte du logis primitif. Cette implantation hasardeuse ne manqua pas de provoquer

59. Le XVe siècle vit la construction de nombreux logis prieuraux : prieurés de la Jaillette à Louvaines (Segré-en-Anjou Bleu), de Port-l'Abbé à Étriché, du Guédéniau au Vendanger (Baugé-en-Anjou), de Vernoil-le-Fourrier…

60. Sylvain Lalanne, *Mathurin Legay, prieur et seigneur à Saint-Rémy-la-Varenne*, Brissac Loire Aubance, 2022, p. 47-51.

Fig. 21 – Saint-Rémy-la-Varenne, logis prieural, détail du décor des faux-mâchicoulis sur le pavillon d'angle.

61. Lors de la destruction du mur de refend, probablement au XVIIᵉ siècle, la cheminée a été déposée et remontée à son emplacement actuel, contre le mur pignon ouest.

62. Le traitement des lucarnes, typique de la première Renaissance, montre, avec sa frise de potelets, certaines parentés stylistiques avec l'hôtel de Pincé à Angers, œuvre du célèbre architecte Jean Delespine dans les années 1530 (Oliver Biguet et Dominique Letellier-d'Espinose, *Angers, formation de la ville, évolution de l'habitat*, Nantes, 2016, p. 190-197).

de graves désordres structurels (fig. 21). Un oiseau sculpté sur l'un des linteaux à décor de trilobe fait manifestement écho aux armes parlantes du prieur Legay qui étaient *d'argent à trois papegais de sinople coleretés d'or, becqués et membrés de gueules*. Soigné dans son ornementation extérieure, le pavillon n'offre à l'intérieur que deux pièces de dimensions assez modestes. Les façades du corps de logis principal subirent également quelques modifications : au sud, les baies verticales du XVᵉ siècle furent remplacées par deux fenêtres à meneau placées en hauteur de façon à interdire les vues directes depuis la cour. Côté nord, une des deux fenêtres fut supprimée au profit d'une nouvelle croisée encadrée de pilastres et surmontée d'une lucarne. Contrairement à la tour dont le traitement reste résolument gothique, ces modifications s'inscrivent dans un style caractéristique de la première Renaissance. À l'intérieur du logis, Mathurin Legay fit déposer la cheminée de la grande salle, qui était adossée contre le mur de refend, et la fit remplacer par une réalisation monumentale sculptée d'un étonnant décor organisé sur trois registres qui, de part et d'autre de la hotte, s'étendait jusqu'aux deux murs gouttereaux[61]. Cette cheminée date probablement des années 1520-1530 (fig. 22). Les scènes sculptées et peintes restent pour une partie d'entre elles difficiles à identifier, mais on reconnaît aisément une représentation de Samson et Dalila, la décollation de Saint-Jean-Baptiste ou le suicide de Lucrèce. Sur le manteau de la cheminée, les armes du prieur furent remplacées par celles de l'un de ses successeurs, membre de la famille de Saint-Offange, mais les perroquets – ou papegais – meublant les armoiries de Mathurin Legay apparaissent encore en deux autres endroits, sur des cuirs tenus par des sirènes.

Le chemisage complet de l'étage en pan de bois par une maçonnerie montée en pierre de taille de tuffeau appartient à une autre campagne de travaux. L'ajout de trois grandes lucarnes dont les croisées encadrées de pilastres étaient surmontées d'un entablement avec une frise décorée de potelets, le tout coiffé par un fronton en trapèze curviligne à ressaut, peut être associé à cette opération[62] (fig. 23). L'originalité de ces travaux tient à la présence, de part et d'autre des lucarnes des deux façades, de bustes en haut relief inscrits dans des médaillons (fig. 24 et 25). Ces derniers figurent une jeune femme encadrée par deux hommes âgés en tenues du XVIᵉ siècle, possible référence à l'histoire de Suzanne et des

EMMANUEL LITOUX, CHRISTIAN DAVY, DANIEL PRIGENT

vieillards ou à celle de Lucrèce se tenant entre son père et son mari, Tarquin Collatin [63]. Deux bustes, insérés sur la façade nord du logis ouest et représentant des empereurs à l'Antique, témoignent de la même grande qualité d'exécution. Enfin, deux autres séries de bustes en médaillon, et des personnages en haut-relief, furent également ajoutées : la première, sur la façade sud, montre des profils d'empereurs en bas-relief ; la seconde, à l'intérieur de la salle, est constituée de représentations de personnages en haut-relief. L'hétérogénéité de ce dernier ensemble, le fait que certaines pièces aient été déplacées après la suppression du mur de refend, l'amputation enfin de leurs parties saillantes au XVIIIe ou au XIXe siècle, rendent l'analyse délicate mais témoignent de l'attention que porta Mathurin Legay à l'ornementation de son logis, quitte à déployer des séries visiblement dépareillées [64]. Ces dispositions, datant des années 1530-1540, pourraient faire écho à l'ornementation de l'hôtel de l'abbé de Saint-Aubin à Angers qui fit l'objet de travaux dans la première moitié du XVIe siècle et sur la façade duquel la gravure du *Monasticon Gallicanum* représente deux personnages en buste [65].

L'état dans lequel se trouvait le logis prieural au milieu du XVIe siècle est documenté par un inventaire particulièrement détaillé, dressé après le décès de Mathurin Legay qui survint

63. Les réflexions sur les bustes en médaillons ont été enrichies grâce aux échanges avec Thierry Crépin-Leblond, Sarah Munoz, Lucie Gaugain et Nathalie Le Luel, auxquels les auteurs adressent leurs remerciements.

64. Sur les décors en médaillon, voir la récente synthèse proposée par Sarah Munoz, *Célébrer et paraître : évolution du portrait en médaillon sculpté à la Renaissance en France et en Espagne*, thèse de doctorat, Pascal Julien (dir), université de Toulouse 2, 2016.

65. L'intervention de Jean Delespinc est attestée vers 1530 sur la galerie attenante à ce logis abbatial (Dominique Letellier et Olivier Biguet, « Les hôtels particuliers de la seconde Renaissance à Angers et le rôle de Jean Delespine », *Archives d'Anjou*, n° 3, 1999, p. 55-90).

0   3 m

Fig. 22 – Saint-Rémy-la-Varenne, logis prieural, orthophotographie de la cheminée de la grande salle du corps de logis principal (relevé Virtual Archéo).

Fig. 23 – Saint-Rémy-la-Varenne, logis prieural, vue de la façade sud du logis principal et du pavillon d'angle. Cliché publié en 1928 dans J. Gauthier, *Manoirs et gentilhommières du pays de France. I : La Vallée de la Loire*, Paris, M. Gravot photographe.

Fig. 24 – Saint-Rémy-la-Varenne, logis prieural, détail d'un des bustes en médaillon ornant la façade nord du corps de logis principal.

Fig. 25 – Saint-Rémy-la-Varenne, logis prieural, détail d'un des bustes en médaillon ornant la façade nord du corps de logis principal.

EMMANUEL LITOUX, CHRISTIAN DAVY, DANIEL PRIGENT

probablement en juillet 1541 [66]. Le texte confirme que la résidence s'organisait en deux pôles disposés de part et d'autre de la salle. À l'ouest, derrière la cheminée monumentale matérialisant le « haut bout » de la salle, se trouvaient la chambre dans laquelle le religieux mourut, deux garde-robes superposées dans le pavillon sud et une chambre basse dans le logis ouest. De l'autre côté, l'inventaire énumère des pièces pour le personnel de service, la cuisine, la dépense, la boulangerie, le bureau du receveur ainsi que deux chambres non affectées, probablement celles du petit logis nord-est, qualifié de « maison neuve ». Dans les caves étaient entreposées des quantités impressionnantes de tonneaux de vin, tandis que les greniers, notamment au-dessus de la salle, abritaient des réserves de céréales, de légumineuses, de fruits secs, de laine, de vinaigre, etc., destination prosaïque que ne laissait pas présumer le soin apporté au traitement architectural des grandes lucarnes. La chapelle mentionnée à la fin de l'inventaire avait manifestement été installée dans l'ancienne salle du XIIᵉ siècle. C'est d'ailleurs pour en faciliter l'accès qu'un long couloir notamment porté par trois arcades et agrémenté d'une échauguette fut ajouté dans la seconde moitié du XVIᵉ siècle entre le logis ouest et l'édifice roman.

Les modifications apportées par les prieurs suivants ne sont pas précisément documentées. Au XVIIᵉ siècle, le mur de refend fut détruit pour agrandir la salle aux dimensions que nous lui connaissons aujourd'hui, et la cheminée fut remontée à son emplacement actuel, contre le mur ouest. Un décor fut peint sur les solives pour unifier le volume très allongé ainsi créé.

Au nord du logis, grâce à la récente mise au jour de murs de soutènement, il est maintenant possible de restituer un aménagement en terrasse dont le niveau de sol devait se trouver légèrement en contrebas de celui de la salle [67]. Deux des croisées de la façade nord furent alors transformées en portes-fenêtres permettant de rejoindre cette terrasse par des emmarchements. L'humidité des caves, qui semble avoir provoqué le pourrissement des poutraisons du plafond, entraîna sans doute au XIXᵉ siècle le remblaiement d'une grande partie du niveau inférieur.

Il serait vain de chercher une quelconque homogénéité en visitant le prieuré de Saint-Rémy-la-Varenne. Le charme qui se dégage de l'église et des autres bâtiments tient au contraire à la juxtaposition d'états architecturaux que les siècles séparent. Si le petit appareil de moellons mis en œuvre sur la probable tour-clocher carolingienne et la première nef s'inscrit dans une tradition héritée de l'Antiquité, les constructions des XIIᵉ et XIIIᵉ siècles témoignent de formes et de décors complètement renouvelés. Ces ajouts laissent percevoir l'importance que ce riche prieuré pouvait avoir pour la puissante abbaye Saint-Aubin. Les transformations apportées au logis prieural au cours du XVᵉ siècle, et plus encore dans la première moitié du siècle suivant, sous le long priorat de Mathurin Legay, semblent traduire un changement dans le fonctionnement de l'établissement religieux, qui se fit probablement au détriment de la vie communautaire.

66. Arch. dép. Maine-et-Loire, 5E 121/1132. Une transcription a récemment été publiée dans S. Lalanne, *Mathurin Legay, prieur...*, *op. cit.* note 60, p. 98-110.

67. Emmanuel Litoux, *Ancien prieuré de Saint-Rémy-la-Varenne. Fouille d'archéologie préventive de la terrasse nord*, 2022, Drac Pays de la Loire, p. 77-79.

Crédits photographiques – fig. 1, 6, 11, 13-14, 19, 24, 25 : cl. Bruno Rousseau, Conservation départementale du patrimoine de Maine-et-Loire ; fig. 4-5, 7-10 : cl. Daniel Prigent ; fig. 21 : cl. Emmanuel Litoux.

Saint-Denis de Pontigné

Nouvelles observations

Jean-Yves Hunot *, Christian Davy **, Daniel Prigent ***

D ans le Baugeois, l'église Saint-Denis de Pontigné [1] n'est attestée qu'à la fin du XIIe siècle et la paroisse seulement en 1287. L'édifice, consolidé à plusieurs reprises depuis le XVIIIe siècle, a été classé au titre des Monuments historiques dès 1862. Il a bénéficié d'un remarquable programme de restauration de 2000 à 2013. Ces travaux de réhabilitation ont été accompagnés dans la mesure du possible d'observations qui ont permis de mieux comprendre certains aspects de l'histoire architecturale et de celle du décor peint de l'édifice, conduisant à revisiter la chronologie du monument présentée par Jacques Mallet et Marc Thibout lors du congrès archéologique de 1964 [2].

L'édifice, malgré sa taille modeste (32,9 m de longueur dans-œuvre), a connu une évolution architecturale complexe (fig. 1). Édifié sur une pente, il comprend une nef unique de deux travées, un transept sur les deux bras duquel s'ouvre une chapelle orientée, et un chœur s'achevant par un chevet plat. Les matériaux ont pu être extraits à faible distance : le grès est omniprésent à proximité et d'anciennes carrières de calcaire tendre (tuffeau blanc) ont été exploitées à moins de cinq kilomètres du bourg ; de même, le calcaire coquillier miocène est disponible à faible distance de l'église.

ÉVOLUTION DE LA CONSTRUCTION

La fouille préventive précédant la consolidation du chevet a mis au jour, à l'est et au nord-est, une série de 144 sépultures, dont l'orientation des fosses est nettement oblique par rapport à l'axe de l'église ; les plus anciennes, peu nombreuses, sont antérieures au XIe siècle [3]. Dans la première travée du chœur, le suivi du décaissement superficiel, préalable à la mise en place d'un nouveau pavement, a permis de dégager le niveau d'arasement du chœur antérieur au chevet gothique, plus court et s'achevant par un chevet plat.

Parties basses des bras du transept

Les deux bras du transept, de 20,45 m de longueur totale dans-œuvre, constituent les parties les plus anciennes de l'édifice encore en élévation et présentent des caractères communs. Dès l'abord, on observe une orientation présentant une déviation nette par rapport à la nef (d'environ 5 degrés), mais perpendiculaire au chœur primitif. Sur chaque bras, dans la travée la plus proche de la croisée, s'ouvre une chapelle orientée peu profonde (fig. 1). Les parements extérieurs, chapelles exceptées, montrent un traitement mixte (fig. 2) : blocs et moellons irréguliers en grès remplissant les surfaces entre les éléments structurants en pierre de taille (chaînes d'angle, contreforts), disposition retrouvée sur diverses églises romanes angevines (Bocé et Cuon [4], Chenillé-Changé [5], Lasse [6], Mouliherne, Savennières...). Le moyen appareil de tuffeau employé pour les parement extérieurs des chapelles se retrouve sur l'ensemble des élévations intérieures du transept. Les deux bras présentent cependant plusieurs différences sensibles.

* Archéologue, Conservation départementale du patrimoine de Maine-et-Loire, UMR 6566 CReAAH.

** Chercheur, membre du Groupe de recherches sur la peinture murale.

*** Conservateur en chef honoraire du patrimoine, membre associé à l'UMR 6298 Artehis.

1. Commune nouvelle de Baugé-en-Anjou.

2. Jacques Mallet, « Pontigné », Congrès archéologique de France. Anjou, 1964, p. 186-202 ; nous avons essentiellement développé ici les nouveaux éléments apportés par l'accompagnement des restaurations, renvoyant, notamment pour les restaurations anciennes et la sculpture, à l'article développé de J. Mallet ; voir aussi la notice de Charles Urseau († 1940), dans Églises et chapelles d'Anjou, Angers, 2011, p. 195-197, et la synthèse d'André Mussat, Le style gothique de l'Ouest de la France (XIIe-XIIIe siècles), Paris, 1963, p. 296 ; Marcel Deyres, Anjou roman, La Pierre-qui-Vire, 1987, p. 223 ; Yves Blomme, Anjou gothique, Paris, 1998, p. 259-264 ; Ch. Urseau avait déjà attiré l'attention sur l'intérêt du décor peint : La peinture décorative en Anjou du XIIe au XVIIIe siècle, Angers, 1918, p. 111-119 ; Marc Thibout, « Les peintures murales de l'église de Pontigné », Congrès archéologique de France. Anjou, 1964, p. 203-209.

3. Mickaël Montaudon, Église Saint-Denis, Pontigné, Rapport de sondage, Drac Pays de la Loire, 2012.

4. Commune nouvelle de Baugé-en-Anjou.

5. Commune nouvelle de Chenillé-Champteussé.

6. Commune nouvelle de Noyant-Villages.

7. Modillons et corniche semblent avoir été partiellement repris au XIIIᵉ siècle.

8. Un décor identique a été observé au bras nord ainsi qu'au clocher de Notre-Dame à Blou.

L'unique fenêtre du premier état du bras sud, percée dans l'absidiole, est étroite. À l'extérieur, des rinceaux gras à trois brins décorent l'archivolte ; une autre fenêtre, en arc brisé et également obturée, a été percée plus tardivement dans la seconde travée, toujours à l'est. La corniche de la chapelle orientée, portée sur de petits corbeaux parallélépipédiques, présente en profil un bandeau et un cavet [7] ; en revanche, si le traitement de la corniche des murs gouttereaux est sommaire, les modillons sont variés à l'ouest, mais de traitement dépouillé ; à l'est apparaît également le motif du quart de rond aux joues biseautées adopté pour la nef ou le chœur, et suggérant une reprise partielle plus tardive. Le dressage des parements en moyen appareil peut être rapproché de celui d'autres édifices de la fin du XIᵉ siècle ou du début du suivant.

Le bras nord est plus large, mais c'est surtout le traitement des modillons et celui de l'appareil qui le distinguent du bras sud. L'unique baie éclairant l'absidiole a été élargie par un bûchage grossier. Le traitement du moyen appareil diffère de celui du bras sud et semble être plus récent. Une grande porte, aujourd'hui obturée, ouvrait à l'ouest du bras, et l'accès à l'escalier du clocher a été percé au début du XIIIᵉ siècle dans le mur roman. Les modillons supportant une corniche à arcature se caractérisent par quelques traits spécifiques : des yeux singulièrement globuleux, des pupilles forées et de petites oreilles sommitales [8]. Le traitement de ces masques de monstres et leur modelé varient toutefois dans le détail, pour ce qui est de la forme du bec, du museau ou du nez (fig. 3)… La datation du bras nord du transept reste mal assurée, mais le deuxième tiers du XIIᵉ siècle peut être proposé.

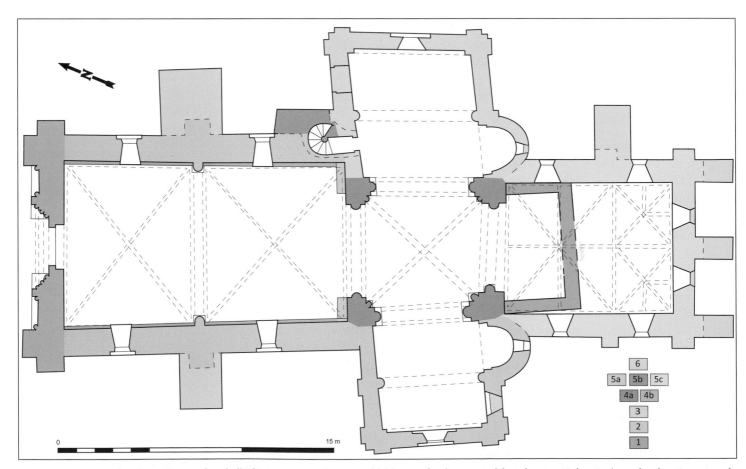

Fig. 1 – Pontigné, église Saint-Denis, plan de l'église. 1 : XIᵉ siècle vraisemblable ; 2 : fin du XIᵉ ou début du XIIᵉ siècle ; 3, 4 a et b : deuxième tiers du XIIᵉ siècle ; 5 a, b, c : vers 1200 ; 6 : indéterminé (relevé et mise au net, Conservation départementale du patrimoine de Maine-et-Loire).

Jean-Yves Hunot, Christian Davy, Daniel Prigent

Fig. 2 – Pontigné, église Saint-Denis, vue générale du chevet.

Fig. 3 – Pontigné, église Saint-Denis, modillons du bras nord du transept.

Fig. 4 – Pontigné, église Saint-Denis, bras sud du transept, chapiteau.

9. Déjà J. Mallet insistait sur la « déconcertante variété » des chapiteaux et précisait que « tout dans cette sculpture nous indique la survivance de traditions romanes d'origines variées ; là aussi, comme en architecture, habitudes et nouveautés se mêlent de façon inextricable », voir J. Mallet, *L'art religieux roman (Architecture-Sculpture) dans l'ancien diocèse d'Angers*, thèse d'État, 1978, t. III, p. 927).

10. Commune nouvelle des Bois d'Anjou.

11. J. Mallet, *op. cit.* note 2, p. 191

12. M. Deyres, *op. cit.* note 2, p. 223 ; *id.*, *Maine roman*, La Pierre-qui-Vire, 1985 ; l'auteur fournit un certain nombre d'exemples, ainsi à la cathédrale du Mans ou à Notre-Dame d'Avesnières à Laval.

13. J. Mallet, *op. cit.* note 2, p. 191.

14. Un graffito de 1589 fournit *un terminus ante quem*.

Croisée et partie haute des bras du transept

Plus encore que pour les autres parements de l'édifice, le déploiement des enduits et des décors peints contrarie la lecture des relations stratigraphiques, et la présence d'éléments dont les datations sont *a priori* contradictoires conduit à la prudence quant aux hypothèses de succession des maçonneries [9]. Les deux bras sont voûtés en berceau brisé articulé par des doubleaux retombant sur des colonnes engagées. Le départ de la voûte est souligné par une corniche dont le chanfrein est orné d'un damier de trois rangs, tant au-dessus des chapiteaux des pilastres sud qu'au mur occidental du bras nord. En revanche, sous le bandeau du tailloir des chapiteaux recevant le doubleau médian méridional, l'ornementation est constituée de rinceaux et palmettes (fig. 4). Le mur oriental du bras nord est quant à lui orné de deux rubans angevins superposés séparés par un rang de denticules (fig. 5). Ici, les tailloirs des chapiteaux de l'arc doubleau médian ne portent pas de décor sculpté. J. Mallet avait déjà rapproché ce décor de bandeaux de celui de la nef de l'abbatiale de Fontevraud au damier plus développé, comportant cinq rangs et dont les deux rubans pliés sont séparés par des petites pyramides inversées à trois pans. On retrouve ces rubans plissés, mais de traitement plus simple, à l'église de Brion [10]. Les corbeilles portent des feuilles lisses, des volatiles, des créatures fabuleuses rappelant là aussi Brion, mais également des rinceaux et palmettes, dont l'examen avait conduit l'auteur à souligner qu'il était « impossible de penser à une évolution chronologique » [11] ; Marcel Deyres indiquait quant à lui que le type de « gros rinceau mou » que l'on observe au sud de la croisée avait perduré dans le Maine durant tout le XIIe siècle [12].

Les grands arcs à double rouleau de la croisée retombent sur des tailloirs dont le traitement diffère entre les piliers sud et nord. Au sud, chaque dosseret est surmonté d'un chapiteau et tous les tailloirs présentent le même profil : bandeau et chanfrein très incliné (fig. 6). Au nord, un tailloir surmonte à la fois les dosserets dépourvus de chapiteaux et la colonne intérieure (fig. 7). Le décor est également distinct avec, au nord, l'adoption de plusieurs registres de feuilles triangulaires, de grandes feuilles lisses légèrement éversées accompagnées ou non d'un motif en fer de lance, du remplacement des volutes par des extrémités cordiformes. De grandes palmettes recouvrent aussi les feuilles lisses à volutes de la colonne interne. Au sud, si un chapiteau présente encore un motif de grandes feuilles, le décor apparaît plus varié (masque crachant des rinceaux, gros rinceaux mous, palmettes retombantes, personnages…), mais reste assez fruste. Chapiteaux et tailloirs des colonnes intérieures reçoivent les ogives, en biais, étayant l'hypothèse du projet d'une voûte très bombée de nervures non pénétrantes et décorées d'un ruban plissé (fig. 7) dès le montage des piliers [13].

L'examen de certains motifs des corbeilles pouvait conduire à proposer une datation assez précoce de la sculpture, mais le matériau utilisé, au contraire de celui des chapiteaux des bras, est non pas du tuffeau mais un calcaire plus grossier ne permettant pas un traitement fin. Compte tenu des incertitudes, nous pouvons ainsi attribuer le deuxième tiers du XIIe siècle à cette partie.

Nef

La nef unique, légèrement plus étroite à l'est, est environ deux fois plus longue que large. À l'extérieur, en partie basse et sous l'enduit résiduel, les épais murs gouttereaux (1,45 m au sud) sont essentiellement constitués de moellons et blocs de grès de gabarit hétérogène dont la répartition en assises régulières est absente ; cette maçonnerie est postérieure au bras sud du transept. Le contrefort médian des murs gouttereaux a été englobé dans de puissants renforts à une date indéterminée et une petite porte réouverte lors de la restauration était percée au sud [14]. La partie inférieure de la façade occidentale pourrait appartenir à cette campagne, attribuée au deuxième tiers du XIIe siècle.

JEAN-YVES HUNOT, CHRISTIAN DAVY, DANIEL PRIGENT

Fig. 5 – Pontigné, église Saint-Denis, bras nord du transept avec son absidiole peinte.

Fig. 7 – Pontigné, église Saint-Denis, croisée, pilier nord-ouest.

Fig. 6 – Pontigné, église Saint-Denis, croisée, pilier sud-est.

Le voûtement actuel est intervenu dans une seconde campagne. La nef de deux travées sur plan carré a reçu des voûtes d'ogives très bombées, séparées par un épais doubleau en arc brisé (fig. 8). Les ogives non pénétrantes sont constituées de simples tores dégagés du socle par une gorge. À environ 3,4 m de hauteur par rapport au sol intérieur actuel, les murs gouttereaux présentent un retrait d'environ 20 cm au-dessus d'une moulure continue prolongeant les tailloirs des chapiteaux et des pilastres d'angle, de profil légèrement distinct entre le nord (bandeau et cavet) et le sud (bandeau, tore et cavet). Deux hautes et étroites fenêtres en plein cintre et à allèges à ressauts entaillant partiellement le mur sous le niveau du cordon éclairent chaque travée ; elles diffèrent là aussi entre les murs nord et sud. La baie occidentale, moins élancée que celles des murs latéraux, adopte également l'allège à ressauts.

Fig. 8 – Pontigné, église Saint-Denis, nef.

JEAN-YVES HUNOT, CHRISTIAN DAVY, DANIEL PRIGENT

Fig. 9 – Pontigné, église Saint-Denis, façade occidentale.

À l'extérieur, les trois registres de la façade occidentale sont séparés par deux corniches (fig. 9) ; en partie basse, entre les contreforts d'angle très restaurés, un portail aux voussures à moulurations toriques est encadré par deux plus petites arcades aveugles, également au tracé brisé ; l'altération a rendu quasi illisible le décor des chapiteaux. Au-dessus du portail, la corniche reposait à l'origine sur seize modillons, dont certains apparaissent similaires à ceux du bras nord du transept. L'appareil de ce registre inférieur est quant à lui identique à celui de la partie sommitale actuelle du clocher. Une statue bûchée, que la tradition attribue à saint Denis (fin du XIIIe ou XIVe siècle), a été insérée au-dessus du portail.

16. Ce traitement des culots (voir fig. 21) est fréquent dans les édifices du gothique de l'Ouest postérieurs à la fin du XIIe siècle, notamment ceux adoptant le voûtement à nervures multiples.

Au-dessus, l'unique fenêtre en plein cintre est extradossée d'une archivolte retournée. Enfin, la partie sommitale du pignon fut montée distinctement lors d'une dernière phase de la campagne gothique, à l'occasion de la mise en place de la charpente, comme nous avons également pu le mettre en évidence dans quelques édifices récemment étudiés (église Saint-Symphorien de Bouchemaine, chapelle de La Commanderie à Saulgé-l'Hopital [15]…). L'abattage des bois (hiver 1206-1207) étant sans conteste postérieur au voûtement, mais sans doute de peu, il est tentant de placer ce dernier vers 1200.

Chœur

Le chœur gothique, fournissant un bel exemple de voûte à nervures multiples (fig. 1 et 10), enveloppe et accroît le précédent, débordant partiellement sur les chapelles orientées romanes (fig. 1). À l'extérieur, les six fenêtres en arc brisé hautes et étroites sont extradossées d'une moulure en tuffeau. Quatre des contreforts originaux ont été chemisés (au nord) ou allongés (à l'est) tardivement (fig. 1). La travée droite, éclairée par deux fenêtres, est couverte d'une voûte bombée à ogives et liernes monotoriques au socle moins développé que dans la nef ; la clef octogonale est sculptée d'un Christ bénissant et tenant le globe ; ogives et formerets retombent sur un parallélépipède rectangle nu [16], les liernes sur des têtes d'hommes et de femmes couronnés (nord et sud) ainsi que sur celle d'un personnage barbu à la clef du doubleau d'entrée. À l'est se développe une demi-travée à nervures multiples dont les lunettes nervurées élevaient les voûtains vers les quatre fenêtres. La clef principale de la demi-travée n'est plus lisible depuis la mise en place du retable en 1708 ; les deux clefs secondaires portent des têtes d'anges, et celles des formerets, de petits masques. Les chapiteaux des angles orientaux sont également de petits parallélépipèdes rectangles bruts. Entre les deux baies orientales, au-dessus du chapiteau de la colonne engagée porté

Fig. 10 – Pontigné, église Saint-Denis, chœur.

Jean-Yves Hunot, Christian Davy, Daniel Prigent

Fig. 11 – Pontigné, église Saint-Denis, saint Denis portant sa calotte crânienne.

par un atlante, une statue de saint Denis assisté par un ange aux ailes atrophiées et exhibant sa calotte crânienne (fig. 11) reçoit la nervure d'axe. Si la charpente actuelle ne date que des années 1401-1405, le voûtement du chœur peut être attribué aux premières années du XIIIe siècle.

Tourelle d'escalier et clocher

Postérieure à la surélévation des murs de la nef, la tourelle d'escalier qui ouvre dans le bras nord du transept occupe l'angle entre ce dernier et le mur gouttereau de la nef. Assurant l'accès au comble, elle est éclairée par de discrètes ouvertures rectangulaires. L'élévation extérieure a été montée en blocs et moellons de grès alors que le parement interne a été traité en moyen appareil de tuffeau, des caractéristiques analogues à celui du chœur.

Plusieurs phases successives peuvent être distinguées dans la construction du robuste clocher d'environ 7 m de côté hors-œuvre : à l'édification de la souche, succède la mise en place du voûtement de la croisée, puis une surélévation dont on ignore l'importance, seules subsistant les six assises supérieures actuelles, la corniche reposant sur le niveau d'arase [17]. Le parement extérieur de la face orientale conserve la trace d'un solin, traduisant l'existence de deux états antérieurs au voûtement du chœur gothique, mais postérieurs à l'édification de la partie sommitale du clocher qui pourrait avoir été érigée à une date voisine du voûtement de la croisée et aussi de la partie inférieure de la façade occidentale.

17. La position de l'arc de l'ouverture sud obturée et l'interruption de l'engravure du solin de la face orientale témoignent de cet arasement partiel.

LES OUVRAGES DE CHARPENTE

L'église Saint-Denis conserve un ensemble de cinq charpentes médiévales. Dominé par le beffroi surmonté d'une flèche torse, le comble couvrant les deux travées de la nef, celui protégeant les berceaux de chacun des bras du transept et celui du chœur présentent quelques points communs. Ces cinq structures emploient du chêne sous forme de bois de brin équarris à la hache. On y retrouve du flache associé à des nœuds suggérant des prélèvements dans des milieux forestiers peu denses [18]. Elles sont toutes basées sur le principe de fermes à chevrons porteurs, assemblées à mi-bois à ergot pour la nef et la flèche, tandis que le tabouret qui porte cette dernière y associe l'assemblage à tenon et à mortaise. Seul ce dernier mode de liaison est employé pour les trois autres structures. Quelle que soit leur date, les charpentes sont toutes postérieures aux voûtes.

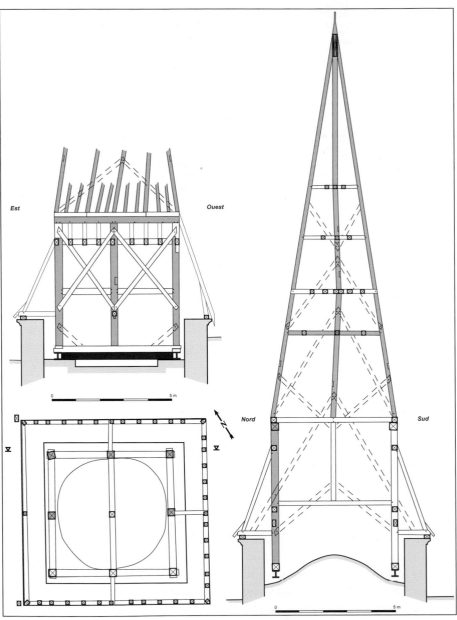

Fig. 12 – Pontigné, église Saint-Denis, beffroi et flèche torse (relevé et mise au net Jean-Yves Hunot).

JEAN-YVES HUNOT, CHRISTIAN DAVY, DANIEL PRIGENT

Le clocher

À la croisée du transept, la flèche torse surplombe un beffroi de bois posé sur la voûte et sur une souche maçonnée dont l'arase se trouve sous le niveau de faîtage des combles périphériques (fig. 12). L'étude récente est intervenue après la restauration de cette structure dans les années 2005-2006 au cours desquelles le tabouret a été refait en grande partie, et la flèche reprise. Néanmoins, il subsiste suffisamment de l'agencement originel pour restituer la structure et faire justice de certaines affirmations hâtives.

À la base du tabouret, un châssis carré de poutres métalliques, posées dans les reins de voûte sur des dés de béton, remplace des semelles de bois (fig. 12). Ce cadre originel recevait huit poteaux, dont ceux des angles maintenus par des liens. Un second cadre les reprend en tête. Deux traverses intermédiaires ainsi que deux grandes croix de Saint-André par pan complètent la structure du tabouret. Au milieu de chaque pan, un blochet lié au poteau maintient une sablière sur laquelle reposent des chevrons ; un petit coyau y est rajouté pour former l'égout retroussé. Au regard des mortaises se prolongeant largement sur les poteaux, il est probable que le blochet se positionnait initialement plus bas et reposait directement sur la maçonnerie [19]. Au centre du tabouret, à mi-hauteur, une traverse nord-sud reçoit un poteau central prolongé, au-delà de l'entrait, par l'aiguille. Cette traverse, 2 m au-dessus de l'extrados, ne semble pas positionnée à cet emplacement pour faciliter la montée des cloches, car la voûte est dépourvue d'oculus. Huit chevrons monoxyles forment la flèche haute de presque 16 m [20]. Sur les angles du tabouret, les chevrons reposent sur un gousset dépourvu de coyer pour former l'octogone. Deux empanons par pan complètent le réseau. Des quatre enrayures, seule la première, composée uniquement de quatre faux entraits [21], est assurément une disposition originale. La deuxième, avec son entrait moisé, de même que la troisième qui ne présente également pas d'entailles à mi-bois doivent être considérées comme rajoutées. Pour l'enrayure supérieure, le doute subsiste. À partir des entailles à mi-bois droites ou à ergot, il est possible de restituer un ensemble de contrefiches renforçant les seules quatre demi-fermes ayant un entrait à la base sur trois niveaux. Les premières stabilisent la base de l'aiguille à partir des poteaux médians de la cage et les deux niveaux supérieurs lient les chevrons à l'aiguille. Aucun dispositif ne vient renforcer les chevrons placés sur les angles ni contre les mouvements latéraux.

Un détail signale quelques bois anciens subsistants. Le poteau de l'angle nord-ouest ainsi que l'aiguille présentent un fil tors (fig. 13) [22]. Aucune marque de charpentier n'a été reconnue. Cette flèche solidaire du tabouret et servant de beffroi à cloches est faite de chêne coupés au cours du repos végétatif 1208-1209 [23], avec une mise en œuvre rapide dont témoignent les fentes, surtout sur les bois dont le fil tors déforme les assemblages.

La torsion de la flèche, d'environ 1/8 de tour dans le sens inverse des aiguilles d'une montre, se manifeste dans la structure par des enrayures non superposées, des chevrons et des empanons inclinés. Toutefois, il ne peut s'agir d'une disposition originelle, car les entailles des contrefiches disparues ne sont plus alignées. Pour ce faire, il faudrait redresser les chevrons et surtout « détordre » l'aiguille. Cela démontre que le beffroi du XIIIe siècle a été conçu avec une flèche droite. La vrille est survenue lors du séchage du bois et plus particulièrement de l'aiguille taillée dans un fil tors. L'usage de mi-bois et l'absence de contreventement ont conduit à l'inclinaison des chevrons, créant ainsi la vrille. Cet événement s'est sans doute produit peu après le levage, mais il est possible que le mouvement ait eu lieu plus tard, soit lors de l'affaiblissement du voligeage, soit à l'occasion d'un événement brutal [24]. La régularité extérieure de la vrille, qui a fait l'objet d'au moins une campagne de renforcement ancienne, a été améliorée par la pose du voligeage actuel. En l'absence d'étude, la genèse de la torsion des huit autres flèches torses répertoriées en Anjou n'est pas connue.

Fig. 13 – Pontigné, église Saint-Denis, poteau nord-ouest du tabouret de la flèche torse présentant un fil tors.

19. Bien que peu fréquente, l'absence de sablière a été constatée à la base du tabouret de la croisée de l'abbatiale de l'Épau à Yvré-l'Évêque dans la Sarthe (1429d) : Jean-Yves Hunot, *Abbaye de l'Épau, les charpentes de l'église abbatiale*, rapport final d'opération, Angers, 2020 ; on retrouve une disposition assez proche sur la nef de la cathédrale de Rouen (1227-1232d), Frédéric Épaud, *De la charpente romane à la charpente gothique en Normandie*, Caen, 2007, p. 480.

20. La flèche a des versants à 82 degrés.

21. L'aspect légèrement différent des bois entre, d'un côté, les faux entraits, et de l'autre, les goussets et les coyers de la première enrayure plaide pour une mise en œuvre en deux étapes.

22. Le fil tors correspond à l'inclinaison des fibres et des vaisseaux suivant une spirale autour de l'axe de l'arbre. Ce défaut du bois à forte héritabilité qui provoque une déformation des pièces lors du séchage est, de nos jours, éliminé au cours des éclaircies : Anne Bary-Lenger et Jean-Paul Nebout, *Le chêne pédonculé et sessile en France et en Belgique, écologie, économie, histoire, sylviculture*, Liège, 1993, p. 147.

23. Dendrotech, DT-2021-030, *Église Saint-Denis, charpente de la croisée, Baugé-en-Anjou*, rapport de dendrochronologie, Betton, 2021.

24. C'est la foudre qui rendit torse la flèche de Saint-Jacques à Chemiré-sur-Sarthe : Jean-Yves Hunot, « Les clochers tors, une originalité du paysage angevin », *303, Arts, Recherches, Créations*, n° 161, 2020, p. 216-221.

25. La création d'une vrille en charpente avec un décalage régulier des enrayures demande une parfaite connaissance de l'art du Trait pour créer les coupes biaises de tous les assemblages. Cette maîtrise du traçage préalable au sol d'un ouvrage tridimensionnel ne semble pas acquise avant le XVIIIᵉ siècle, comme le suggère la presque absence du sujet dans l'ouvrage de Mathurin Jousse, revu par Philippe de La Hire en 1702, alors que celui de Nicolas Fourneau édité entre 1766 et 1770 à Rouen y est principalement consacré.

26. Henri Deneux, « L'église de Puiseaux », *Bulletin monumental*, t. 79, 1920, p. 231-249 ; Frédérique Audiger et Olivier Pilet, *Notre-Dame de Puiseaux, notes sur l'église et les déformations de la charpente de sa flèche torse*, s.l., 2019.

27. Compagnons couvreurs du Devoir, *Restauration d'une flèche torse, église de Barran (Gers)*, Paris, 1999.

28. Commune nouvelle de Baugé-en-Anjou.

29. Marcel Le Port, « Évolution historique de la charpente en France », *Encyclopédie des métiers. La charpente et construction en bois*, Paris, 1988, t. 1, p. 397 et 398 ; bien que précisant leur adaptation à la voûte, il place la charpente dans la période romane sans plus de précision ; Patrick Hoffsummer (dir.), *Les charpentes du XIᵉ au XIXᵉ siècle. Grand ouest de la France, typologie et évolution*, Turnhout, 2011, 364 p.

30. Jean-Yves Hunot, « l'hôpital Saint-Jean d'Angers, un ensemble de charpentes du XIIᵉ siècle », dans P. Hoffsummer (dir.), *op. cit.* note 29, p. 279-294.

31. Nous avions précédemment proposé que le trou de cheville à la base du chevron avait pu servir à la fixation d'un coyau, mais, lors de la dépose de la couverture, en 2008, nous avions pu constater qu'il n'y avait aucun assemblage, « De la forêt à la charpente : le savoir-faire du charpentier en Anjou », dans P. Hoffsummer (dir.), *op. cit.* note 29, p. 47.

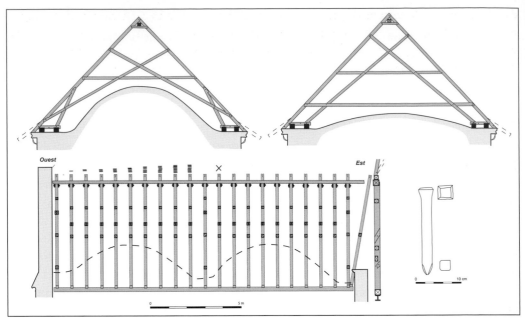

Fig. 14 – Pontigné, église Saint-Denis, charpente de la nef, en vert les bois rajoutés (relevé et mise au net J.-Y. Hunot).

Fig. 15 – Pontigné, église Saint-Denis, assemblage à mi-bois et à ergot de la nef.

Toutefois, l'irrégularité de la majorité de ces flèches suggère une origine accidentelle [25]. Cette cause non volontaire a été reconnue pour la flèche de Notre-Dame de Puiseaux dans le Loiret [26] ou encore à l'église de Barran dans le Gers [27].

Pour conclure, aucune trace de l'emplacement des anciennes cloches n'a été perçue au sein de ce clocher à flèche torse de 1209d. Cette parfaite continuité entre le beffroi servant de tabouret et la flèche se retrouve localement à la chapelle Saint-Benoît de Fontevraud (1252d), à Saint-Martin-de-Vertou de Thorigné d'Anjou (1388d) ou encore à Saint-Denis d'Échemiré (1502d) [28].

La charpente de la nef

Cette charpente tramée, aux versants inclinés à 44 degrés, qui avait déjà retenu l'attention dans les années 1980, a fait l'objet d'une étude en 2000 puis ponctuellement en 2008 lors de sa seconde restauration [29]. L'extrados fortement bombé, dépassant de plus de 1,6 m les doubleaux et de plus de 2,2 m l'arase des murs gouttereaux, ne permettait pas la mise en place d'entrait à la base de la charpente (fig. 14). Les trois fermes principales présentent un entrait retroussé doublé d'un faux entrait ainsi que deux grandes écharpes prenant appui sur les blochets. Les fermes secondaires sont réparties avec un entraxe de 79 cm, à raison de neuf par travée. Pour franchir les voûtes, la structure ne comporte qu'un faux entrait et des écharpes reliant les deux chevrons complétés d'une jambette. Les chevrons sont assemblés à l'about du blochet. Cette disposition relativement rare, qui semble disparaître au début du XIIIᵉ siècle, a été reconnue à la salle des malades et pour l'appentis des greniers de l'hôpital Saint-Jean d'Angers [30]. Les pieds de ferme se signalent par la présence systématique de deux trous de cheville traversants non associés à un assemblage [31]. Ils peuvent avoir été destinés au positionnement des bois sur l'épure ou comme point d'accroche lors du levage. Les assemblages du blochet à tenon et à mortaise au chevron et par entailles droites aux sablières sont assurés par une cheville de section carrée à tête marquée (fig. 14). Ce type de cheville caractéristique est utilisé également dans les autres assemblages (fig. 15). Il n'y a aucun

JEAN-YVES HUNOT, CHRISTIAN DAVY, DANIEL PRIGENT

contrevenement longitudinal ; le faîtage maintenu par une entretoise clouée est un rajout tardif. Si le marquage à la hache ou au ciseau, suivant le versant, est bien visible dans la travée ouest, rien n'a été observé dans la seconde travée, sans que l'on puisse pour autant distinguer deux phases. L'abattage des bois de cette charpente a eu lieu durant l'hiver 1206-1207 [32], suivi d'une mise en œuvre rapide. Des réparations furent réalisées vers 1403d.

Les charpentes du transept

Les charpentes des deux bras ont été étudiées et datées par dendrochronologie en 2004. La restauration des couvertures du transept en 2007 a permis de compléter cette étude et de conforter les datations [33]. Ces charpentes, dont les versants sont inclinés à 49 degrés au nord contre seulement 44 degrés au sud, sont toutes deux constituées d'une série de fermes identiques très simples dépourvues de contrevenement longitudinal (fig. 16). L'arase des murs, située largement en dessous de l'extrados du voûtement en berceau, excluait l'emploi d'entrait. La ferme se résume à un couple de chevrons reliés par un faux entrait. À la base, un blochet, complété d'une jambette, reporte les charges sur un double cours de sablières. Les dix fermes du bras sud sont disposées avec 65 cm d'entraxe tandis que les onze fermes du bras nord le sont tous les 67 cm, cet écart traduisant une adaptation à la longueur de chacun des bras du transept. Le marquage à la rainette n'a pu être perçu en totalité et les quelques incohérences semblent liées à un remaniement de la charpente. Cohérent dans le bras sud, il se présente sur la face nord des fermes sous forme de chiffres romains avec la contre-marque sur le versant ouest. Sur le versant oriental du 6 au 9, les unités dessinent des chevrons à l'intérieur du V (fig. 17). La dendrochronologie montre que les vingt-deux échantillons appartiennent à un même ensemble de bois abattus entre 1468 et 1472 [34].

32. Dendrotech, DT-2009-032, *Église Saint-Denis, Pontigné, rapport de dendrochronologie*, Betton, 2010.

33. Lors de notre retour sur le site en mars 2007, la charpente du bras sud du transept avait déjà été refaite à neuf en totalité sans conservation de bois anciens. La restauration de celle du bras nord a été moins vigoureuse, laissant subsister une large part de bois anciens.

34. *Ibid.*

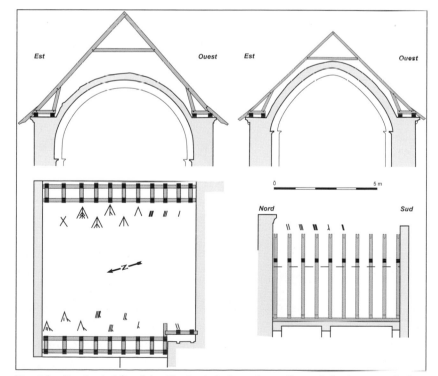

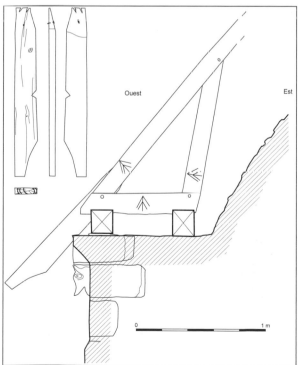

Fig. 16 – Pontigné, église Saint-Denis ; à droite : plan et ferme de la charpente du bras nord du transept ; à gauche : ferme et coupe longitudinale de la charpente du bras sud du transept (relevé et mise au net J.-Y. Hunot).

Fig. 17 – Pontigné, église Saint-Denis, base orientale de la ferme marquée au 9 de la charpente du bras nord du transept (relevé et mise au net J.-Y. Hunot).

35. P. Hoffsummer, *op. cit.* note 29 ; Jean-Yves Hunot, « Les charpentes de comble et de plancher de l'habitat seigneurial antérieur à 1450 en Anjou », dans Gwyn Meirion-Jones (dir.), *Salles et chambres : la demeure seigneuriale du monde Plantagenêt, XIᵉ-XVIᵉ siècles*, Rennes, 2013, p. 345-354.

36. Franck Tournadre, Julien Noblet, « Tours. Sauvetage urgent d'une maison canoniale 12, rue Descartes, apport de l'archéologie du bâti », *Bulletin monumental*, t. 174-3, 2016, p. 378-385 ; Christophe Perrault et F. Tournadre, « Étude et interprétation des charpentes du château de Chatillon-sur-Indre », *Bulletin monumental*, t. 168-1, 2010, p. 85-97.

37. Généralement, l'arêtier présente une section dont l'angle des deux faces externes résulte de la jonction du versant de long pan et de celui de la croupe. Sur le chœur de Saint-Denis de Pontigné, la section carrée présente une face externe dans l'axe de la demi-ferme de croupe. Plus simple à réaliser, cette disposition, où l'arête est dessinée par le seul voligeage, rend plus délicat le traitement de la couverture d'ardoise, mais sans difficulté pour une couverture avec des matériaux organiques ou de la tuile dont l'usage est attesté régionalement dès le XIIᵉ siècle : Jean-Yves Hunot et Joël Guérin, « Couvertures de tuiles creuses du XIIᵉ siècle sous des charpentes médiévales en Anjou », *Bulletin monumental*, t. 165-3, 2007, p. 235-248.

Cette date tardive n'était pas attendue au regard de l'absence de contreventement et de la simplicité des fermes dont les exemples comparables sont connus dès le XIIᵉ siècle [35]. Un dosage du radiocarbone réalisé sur cinq cernes périphériques d'un échantillon dendrochronologique confirme toutefois cette datation. Bien qu'exceptionnels, la charpenterie médiévale montre parfois des cas de persistance d'archaïsmes comme à la maison du 12, rue Descartes (1423d) à Tours qui reprend des dispositions déjà connues au château de Châtillon-sur-Indre en 1275 [36].

La charpente du chœur

Sur le chœur de plan carré, la toiture à deux versants à 46,5 degrés se termine par une croupe droite inclinée à 44 degrés. La voûte angevine du chœur, dont la clef se trouve largement au-dessus de l'arase des corniches, excluait l'emploi d'entrait. La charpente comporte deux fermes à poinçon court associé à un entrait retroussé, assemblé par enfourchement aux chevrons, et doublé par un faux entrait (fig. 18). À la base, un blochet doté d'une jambette reporte les charges sur le double cours de sablières. Les fermes secondaires disposent du seul faux entrait lié au sous-faîtage par une entaille en X. Le contreventement avec faîtage et sous-faîtage est renforcé de liens opposés. La demi-ferme de croupe ne présente qu'un faux entrait placé au niveau de l'entrait retroussé de la ferme principale, et son chevron vient prendre appui sur l'extrémité du faîtage. Une enrayure avec gousset, coyer et un seul embranchement conforte cette croupe. La ferme d'arêtier signe un manque de maîtrise dans l'art du trait avec la section carrée du chevron et un gousset assemblé dans la sablière de croupe mais posé sur la sablière de long pan pour recevoir le blochet (fig. 19) [37].

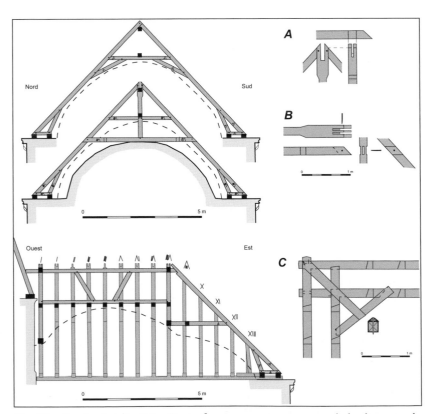

Fig. 18 – Pontigné, église Saint-Denis, fermes et contreventement de la charpente du chœur ; A : détail de poinçon de la ferme est, B : assemblage de l'entrait retroussé, C : base et coupe de l'arêtier (relevé et mise au net J.-Y. Hunot).

Fig. 19 – Pontigné, église Saint-Denis, base de l'arêtier de la charpente du chœur.

JEAN-YVES HUNOT, CHRISTIAN DAVY, DANIEL PRIGENT

Ces archaïsmes ne sont pas en contradiction avec la date donnée par l'abattage des chênes au cours de l'hiver 1402-1403 [38], car cette période fourmille de tentatives plus ou moins heureuses pour réaliser des croupes. L'ensemble présente des sections moyenne de 14,5 cm de côté. Une reprise des arêtiers avec l'installation d'une fourrure chevillée, faite vers 1460-1470d, peut être rapprochée de la réfection des charpentes du transept et de la mise en place de couvertures en ardoise. De même, il est tentant de rapprocher la réfection de la charpente du chœur de réparations constatées par dendrochronologie sur la charpente de la nef et sur celle du beffroi.

Lors des restaurations de 2008, l'examen de la corniche, non reprise sur les trois faces, confirme l'existence d'une croupe droite dès le XIIIe siècle. Le chœur antérieur était plus étroit et plus bas, comme l'indique le solin incliné à 63 degrés sur la face orientale du clocher.

LES PEINTURES MURALES RÉCEMMENT DÉCOUVERTES

Depuis la présentation des peintures murales de l'église Saint-Denis de Pontigné par Marc Thibout, lors du Congrès archéologique de 1964 [39], le service des Monuments historiques a procédé à deux campagnes de restauration. Robert Baudouin est intervenu peu après le passage du Congrès, en 1966, et Brice Moulinier a été missionné avec son équipe pour la campagne effectuée entre 2009 et 2012. En cette dernière occasion, de nouvelles images sont apparues : il apparaît désormais que l'édifice avait été orné de peintures monumentales à de nombreuses reprises, soit ponctuellement, soit entièrement.

Les campagnes picturales

On peut d'ores et déjà affirmer que la première campagne picturale remonte au XIIe siècle. Elle apparaît en plusieurs endroits dans le bras nord du transept, à la faveur de lacunes dans les décors plus tardifs. Il s'agit d'un décor couvrant formé de la répétition d'un motif d'écaille ou de pelte peint en rouge sur un fond blanc. Les conditions d'observation actuelles empêchent de déterminer si ce décor ornemental accompagnait ou non un décor historié. Le début du XIIIe siècle fut riche en réalisations avec au moins trois campagnes exécutées peu après 1200 en différentes zones de l'église. Difficiles à délimiter en raison de l'absence de raccordement entre leurs enduits, ces trois ensembles présentent une structure identique dans laquelle une séquence historiée est insérée de manière ponctuelle dans un décor couvrant à motif architectural. L'un d'eux recouvre l'ensemble du transept. M. Thibout décrivit en 1964 la Vierge en gloire accompagnée des saintes Catherine et Marguerite peintes dans le bras nord (fig. 5) ainsi que le Christ en gloire dominant la résurrection de Lazare dans le bras sud [40]. Les deux autres ont été mis au jour lors du chantier de 2009 et 2012, l'une sur l'arc triomphal (fig. 20), l'autre au revers de l'arcade séparant la croisée de transept du chœur (fig. 21). Les différences de facture interdisent d'y voir l'œuvre d'un seul peintre, bien qu'elles aient sans doute été exécutées dans les mêmes années.

Des sondages pratiqués au cours du même chantier ont révélé l'existence de décors attribuables à la seconde moitié du XIIIe siècle : l'un d'entre eux, visible sur le mur oriental du bras nord du transept, représente, semble-t-il, une scène d'Adoration ; un autre révèle que l'embrasure de la fenêtre orientale du bras sud du transept était peinte ; un troisième, élargi, a permis la mise au jour d'une image de saint Georges sur le mur sud du chœur en 2010 avant d'être refermé par le maître d'œuvre en 2012. Les sondages pratiqués derrière le retable laissent voir une scène de dévotion avec un saint évêque au sud et la figure de plusieurs saints, dont saint Mathurin, au nord. Ces diverses peintures ont été réalisées à la fin du

38. Dendrotech, *op. cit.* note 32.

39. M. Thibout, *op. cit.* note 2 ; voir depuis : Christian Davy, *Les peintures murales romanes des Pays de la Loire. L'indicible et le ruban plissé*, Laval, 1999, p. 218-222 ; Christine Leduc-Gueye, *D'Intimité, d'Éternité. La peinture monumentale en Anjou au temps du roi René*, Lyon, 2007, p. 150-154.

40. M. Thibout (*op. cit.* note 2) proposait la fin du XIIe siècle pour cette campagne picturale, mais des arguments stylistiques et archéologiques imposent de la rajeunir autour de 1215.

XIIIᵉ ou au début du XIVᵉ siècle. Les vestiges visibles sur le mur sud du bras du transept pourraient être de la même période. D'autres, enfin, sont discernables au sommet des murs nord et sud du chœur.

L'église fut entièrement repeinte au cours de la seconde moitié du XVᵉ siècle. Un décor imitant un appareil de pierre de taille est venu couvrir les murs tandis que les lignes de force de l'architecture étaient soulignées de motifs variés : bâton écoté, grenade, fleurette ou étoile, ou encore soleil peint de la clef de voûte de la seconde travée de la nef. Une polychromie, de couleurs différentes de celles d'origine, fut appliquée sur les chapiteaux et les colonnes de la croisée de transept romane.

Peu de temps auparavant, un vassal du seigneur du Lude avait fait repeindre l'absidiole du bras sud du transept. À la fin du XVᵉ ou au début du XVIᵉ siècle, un martyre de saint Étienne fut peint sur le mur sud du chœur tandis que saint Louis et saint Avertin étaient représentés au bas du pilier nord de l'arc triomphal. Jean de Daillon, comte du Lude et baron d'Illiers, fit réaliser, entre 1539 et 1557, une litre à ses armes qui subsiste partiellement dans le chœur. Enfin, en 1703, la voûte et une partie des murs du chœur reçurent une nouvelle décoration déclinée en gris et blanc, puis une draperie d'accompagnement réalisée pour le retable construit en 1708. La maçonnerie de celui-ci conserve de nombreux blocs peints au XVIᵉ siècle, remplois d'un monument indéterminé.

Fig. 20 – Pontigné, église Saint-Denis, nef, arc triomphal : la Déposition de croix.

Jean-Yves Hunot, Christian Davy, Daniel Prigent

Fig. 21 – Pontigné, église Saint-Denis, chœur, vue de situation de la scène de lutte au-dessus d'un jeu de dés ; les nervures sont reçues par de simples parallélépipèdes rectangles.

La Déposition de croix de l'arc triomphal

La Déposition de croix s'offre actuellement aux regards dans une fenêtre pratiquée dans le décor du XVᵉ siècle (fig. 20). Le parti de présentation a été de préserver l'intégrité du bandeau inférieur bien qu'il occulte la partie inférieure de la scène. Les lacunes de la partie supérieure ne grèvent pas la lecture de la scène. La présence de saint Jean auprès de la Vierge qui tient entre ses mains la tête du Christ est inhabituelle. Joseph d'Arimathie et Jean, les mains recouvertes d'un tissu, soutiennent respectivement le torse et le bras droit du Christ, tandis que Nicodème arrache les clous des pieds. Il faut également noter la présence rare d'un serpent dont une partie du corps est cachée par le décor du XVᵉ siècle [41]. Rappelons que, selon une symbolique courante dans l'exégèse médiévale, le serpent est assimilable au diable qui a tenté et fait chuter le premier couple humain. Marie, l'*Ecclesia*, nouvelle Ève, l'écrase tandis que le Christ, nouvel Adam, est vainqueur de la mort [42]. Il peut aussi, selon une interprétation plus savante, symboliser le serpent d'airain, brandi par Moïse, dont la vue guérissait les Hébreux [43]. La représentation du donateur, identifié par une inscription entièrement dégagée (RADULPHUS DEROCHA FECIT HOC FACERE), n'est pas moins remarquable. Ce Raoul de La Roche est inconnu, mais sa famille semble avoir été liée au seigneur de Durtal évoluant dans l'entourage du comte d'Anjou [44].

Scène de rixe au-dessus d'un plateau de jeu de dés

Une scène cocasse a été entièrement dégagée en 2010 du décor simulant un appareil de pierre de taille qui la recouvrait depuis le XVᵉ siècle. Peinte au revers de l'arc de passage de la croisée de transept au chœur (fig. 21), elle était de ce fait réservée à la méditation des clercs officiant dans l'espace le plus sacré de l'église.

41. Yasushi Nagatsuka, *Descente de croix, son développement iconographique des origines jusqu'à la fin du XIVᵉ siècle*, Tokyo, 1979. L'unique occurrence relevée parmi près de 400 autres récolées se trouve dans l'évangéliaire de l'abbaye Saint-Pierre de Salzbourg, 2ᵉ quart du XIᵉ siècle : New York, Pierpont Morgan Library, Ms M 781, fol. 223v.

42. Herbert L. Kessler, « Le Regard du mauvais (œil) », *Images Re-vues* [en ligne], 16|2019, mis en ligne le 21 décembre 2019, consulté le 3 février 2021. URL : http://journals.openedition.org/imagesrevues/ 6984 ; DOI : https://doi.org/10.4000/imagesrevues.6984.

43. *Ibid.*

44. Ce lien vassalique ne coïncide pas avec la connaissance actuelle que l'on a d'une paroisse dépendant de la seigneurie du Lude, elle-même dans l'orbite du vicomte du Maine, comme en témoigne la lutte aux armes des Daillon conservée dans le chœur. Il faut donc envisager un changement de suzeraineté qui se serait opéré entre le XIIIᵉ et le XVᵉ siècle. Nous remercions chaleureusement Teddy Véron pour ces informations.

45. Ces injonctions romaines furent reprises au niveau local. Il n'a cependant pas été trouvé d'interdit des jeux de dés et de hasard dans les statuts synodaux de cette période pour le diocèse d'Angers, mais bien une interdiction ferme de la boisson et de la fréquentation des tavernes. Titre de l'article concerné : *De vittio gulositatis de crapula et ebrietate omnes clerici* ; Odette Pontal, « Les plus anciens statuts synodaux d'Angers et leur expansion dans les diocèses de l'ouest de la France », *Revue de l'histoire de l'Église de France*, 1960, t. 143, p. 54-67 ; Joseph Avril, *Les statuts synodaux français du XIIIᵉ siècle*, t. III : *Les statuts synodaux angevins de la seconde moitié du XIIIᵉ siècle*, Paris, 1988.

Crédits photographiques – fig. 2, 13, 15 et 19 : cl. Jean-Yves Hunot ; fig. 3-11 : cl. Daniel Prigent ; fig. 20 : cl. Christian Davy ; fig. 21-22 : cl. Yves Guillotin (Inventaire général).

Fig. 22 – Pontigné, église Saint-Denis, chœur, revers de l'arc de passage : lutte au-dessus d'un jeu de dés.

Peinte sur un fond monochrome blanc sans aucune bordure, elle représente l'algarade de deux laïcs au-dessus d'un plateau de jeu sur lequel sont jetés trois dés. Une cruche et un verre à pied sont placés à leur voisinage immédiat (fig. 22). Il faut certainement attribuer une signification morale à cette image, surprenante en ce lieu sacré. Rappelons en effet que, au milieu du XIIᵉ siècle, le Décret de Gratien prohibait les jeux de hasard et que le concile de Latran de 1215 renouvela l'interdit de l'ivrognerie et des jeux de hasard concernant les clercs [45].

Notre-Dame de Cunault (XIe-XIIIe siècle)

Un grand sanctuaire de pèlerinage marial

Éliane Vergnolle *, Bénédicte Fillion-Braguet ** et Jean-Yves Hunot ***

* *Professeur honoraire d'Histoire de l'Art médiéval, université de Besançon.*

** *Docteur en Histoire de l'Art, chercheur associé au CESCM, UMR 7302, université de Poitiers.*

*** *Archéologue, Conservation départementale du patrimoine de Maine-et-Loire, UMR 6566 CReAAH.*

L'église de Cunault (commune de Gennes-Val-de-Loire) compte parmi les très grands chefs-d'œuvre de l'architecture romane. Dès son entrée dans l'église, le visiteur est saisi par la vision de la double haie de piles composées qui conduisent le regard vers le sanctuaire. Cet « admirable effet de perspective […] vient de l'amenuisement progressif du vaisseau central qui se rétrécit d'ouest en est, à l'entrée et à la sortie de la cinquième travée et, de nouveau, à la naissance de l'abside, pendant que le sol monte de cinq marches à l'entrée du chœur, de deux marches plus loin, et que les voûtes s'abaissent en quatre points. Ainsi le monument prend une profondeur apparente qui ajoute à la majesté qu'il tire de sa longueur réelle [1] » (fig. 1).

Dans sa notice du Congrès archéologique de 1964, Francis Salet s'était principalement attaché à déterminer les grandes campagnes de construction de l'église, du milieu du XIe siècle au début du XIIIe. Celles-ci ont été précisées par Jacques Mallet, tout d'abord dans son ouvrage sur *L'art roman en Anjou*, paru en 1984, puis en 1995 dans un article co-écrit avec Daniel Prigent [2]. Plus récemment, les projets de restauration du monument ont été l'occasion d'affiner la chronologie des travaux grâce à l'analyse archéologique pilotée par Emmanuel Litoux et Jean-Yves Hunot (Pôle archéologie de Maine-et-Loire) et à l'étude documentaire rendue en 2020 par Bénédicte Fillion-Braguet pour l'agence d'architecture ARCHITRAV (François Jeanneau, ACMH) [3]. L'analyse architecturale peut donc désormais s'appuyer sur une histoire du chantier bien établie.

Un important prieuré de Saint-Philibert de Tournus

L'histoire de Cunault est intimement liée à celle de Saint-Philibert de Tournus : le 25 octobre 845, Charles le Chauve fit don à Vivien, comte de Tours et abbé laïc de Saint-Martin de Tours, du « petit monastère qui est dénommé Cunault, où repose le corps de saint Maxenceul, avec toutes les dépendances qui lui appartiennent » [4]. Le 27 décembre de la même année, Vivien rétrocéda, avec l'accord de Charles le Chauve, le *monasteriolum* à Hilbod, abbé de Déas (Saint-Philbert-de-Granlieu), et à ses moines qui fuyaient devant les Vikings avec les reliques de saint Philbert [5]. La communauté s'installa à Cunault en 858, mais n'y resta que quatre ans, la menace viking la poussant à chercher refuge toujours plus loin à l'intérieur des terres. En 862, elle quitta les bords de Loire en emportant avec elle le trésor de reliques de saint Maxenceul et de saint Philibert, et séjourna un temps à Messay puis à Saint-Pourçain-sur-Sioule avant de s'établir définitivement sur les rives de la Saône, à Tournus, en 875 [6].

Dans le courant du Xe siècle, les reliques de saint Maxenceul furent rapportées à Cunault où toute vie monastique ne semble pas avoir disparu [7]. Dans le deuxième quart du XIe siècle, l'abbaye de Tournus entreprit une politique de récupération de ses possessions situées dans l'ouest de la France, avec le soutien actif des comtes d'Anjou [8].

1. Salet 1964, p. 639-641.

2. Mallet 1984 ; Mallet et Prigent 1995.

3. Litoux et Hunot 2020 ; ARCHITRAV 2020. Je remercie les auteurs de m'avoir communiqué leur documentation. Ma gratitude va aussi à Daniel Prigent qui m'a fait bénéficier de ses connaissances.

4. *Recueil des actes de Charles II le Chauve, roi de France (840-877)*, Georges Tessier (éd.), Paris, 3 vol., 1943-1955, n° 77. Voir à ce sujet Stéphane Perrault, « Entre Poitou et Anjou à l'époque carolingienne. La donation de Cunault par Vivien II, comte de Tours (845) ». *Revue historique du Centre-Ouest*, t. X, 2011, p. 231-263 (traduction de la charte p. 262).

5. *Recueil des actes de Charles II le Chauve…*, op. cit. note 4, n° 81.

6. Le périple des reliques de saint Philibert est bien documenté par le récit d'Ermentaire, qui succéda à Hilbod peu après l'installation des moines de Déas à Cunault, ainsi que par la chronique de Falcon, rédigée à Tournus au XIe siècle (Poupardin 1905). Cette dernière a été traduite en français par François Bougard et Dominique Poirel, dans *Les rencontres du Millénaire. Autour de la chronique de Falcon*, actes du colloque de Tournus, 27-28 septembre 2019, Tournus, 2021, p. 11-39.

7. Cartron 2021, p. 69.

8. Sur la politique des comtes d'Anjou et notamment de Geoffroy Martel envers les monastères, voir Guillot 1972, p. 127-128.

Fig. 1 – Cunault, église Notre-Dame, nef, vue d'ensemble depuis l'ouest.

ÉLIANE VERGNOLLE, BÉNÉDICTE FILLION-BRAGUET ET JEAN-YVES HUNOT

Ainsi, Geoffroy Martel (1040-1060) accorda à Cunault des libéralités si importantes que la tradition le désigna comme le fondateur du monastère. Son exemple fut suivi par ses successeurs immédiats, Geoffroy le Barbu (1060-1067) et Foulques le Réchin (1067-1109) [9]. La charte, datée de 1143, par laquelle Geoffroy le Bel (1129-1151) confirmait les donations de ses ancêtres permet d'apprécier l'importance du temporel du monastère. Dans le même acte, le comte d'Anjou émettait le souhait que celui-ci fût exempté « de la juridiction de toutes les puissances séculières, et cela pour toujours » [10]. Ainsi, au milieu du XIIe siècle, Cunault était devenu un prieuré plus important que bien des abbayes et l'une des principales dépendances de Tournus dans l'ouest de la France.

DE LA SUPPRESSION DU PRIEURÉ À LA RESTAURATION DE L'ÉGLISE

La guerre de Cent Ans, puis l'instauration du régime de la commende, en 1450, entraînèrent un déclin irréversible du prieuré [11]. Il est significatif que les seuls travaux de quelque importance entrepris dans l'église à la fin du XIVe siècle furent la surélévation des parties orientales et l'aménagement de leur comble, vraisemblablement pour offrir un refuge à la population [12]. Les interventions des abbés commendataires furent minimes : à peine peut-on signaler la fenêtre flamboyante de la façade occidentale, attribuée soit à Guillaume d'Estouteville (†1483), soit à son successeur François de Genas (†1504) [13]. Même si les bâtiments ne semblent pas avoir souffert de l'attaque des huguenots en 1562, le déclin fut accéléré par les guerres de Religion. Il ne restait en 1651 que cinq religieux et, à la différence de ce qui se passa dans nombre d'églises monastiques, aucun réaménagement du sanctuaire ne fut réalisé à cette époque. Notons cependant l'existence d'une rénovation ponctuelle de la façade occidentale au cours de la première moitié du XVIIe siècle [14].

Le 4 octobre 1741 furent prononcées l'extinction et la suppression du prieuré de Cunault ainsi que son union au séminaire de Saint-Charles-Borromée d'Angers, qui venait d'être fondé pour accueillir les prêtres âgés, malades ou infirmes [15]. Par un arrêt daté du 11 juillet 1749, le Conseil d'État permit à l'évêque de « supprimer toute la partie de l'église qui comprenait le chœur et le sanctuaire et de conserver seulement la nef, qui a seulement cent pieds de long, en faisant élever un mur à redoubleau qui sépare la nef du chœur, ce qui fera un vaisseau d'une étendue plus que suffisante » [16]. L'arrêt justifie cette décision par le délabrement du chœur et par le fait que l'office ayant été supprimé et « les religieux au nombre de six, dispersés de côté et d'autre [...], une si grande église est non seulement inutile, mais nuisible à cause de l'entretien et des réparations immenses qui y seront nécessaires et qui absorberont presque tous les revenus du prieuré ». Le mur de séparation entre les deux parties de l'église fut érigé l'année suivante au droit de la huitième paire de piles, l'ancien chevet cessant dès lors d'être entretenu (fig. 2) [17].

En 1751, le séminaire d'Angers fit un échange avec Jean Stapleton, comte de Trèves. Celui-ci récupéra ainsi la seigneurie, la paroisse et l'église de Cunault, à charge pour lui d'entretenir cette dernière [18]. Confisqués pendant la Révolution, ces biens furent restitués à ses héritiers en 1814 et aussitôt mis en vente. La partie du chevet isolée par le mur construit en 1750 fut acquise en 1820 par Pierre-Charlemagne Dupuis, négociant à Saumur, tandis que la partie occidentale de l'église, affectée au culte paroissial, revint à la commune de Cunault [19].

Très tôt, l'état du chevet alerta le monde savant. Dans sa célèbre lettre sur le vandalisme en France, Montalembert n'avait pas de mots assez durs pour fustiger le propriétaire qui avait transformé « l'abside [...] en grange remplie de fagots, après avoir défoncé les vitraux des croisées » [20]. P.-Ch. Dupuis avait aussi détruit la chapelle d'axe, arasé les murs surélevés lors de la guerre de Cent Ans, posé une toiture plate afin de protéger de la pluie le bois entreposé et ouvert deux portes dans les murs nord et sud pour permettre le passage des charrettes.

9. Aux actes cités par Francis Salet (Salet 1964, p. 637), on peut ajouter quelques donations de Geoffroy le Barbu (Halphen 1906, n° 230 ; Port 1874-1878, t. 2, p. 863) et Foulques le Réchin (*ibid.*, n° 232). Sur l'histoire du fonds d'archives du prieuré de Cunault, voir Maître 1898.

10. *Volumus namque et præcipimus ut locus supradictus Cunaldus cum cemeterio in quo gloriosa Regina cœlorum tantis miraculis operatur ab omni seculari potestate liber semper immunisque permaneat* (Arch. dép. Maine-et-Loire, G/826, fol. 37 ; Grandet 1704, p. 323).

11. ARCHITRAV 2020, p. 49-50.

12. Voir *infra*, p. 294-295.

13. ARCHITRAV 2020, p. 49-50.

14. Les archives ne conservent pas la trace de ces travaux de rénovation, qui concernèrent principalement la polychromie du portail, mais les écus sculptés de part et d'autre de l'archivolte permettent de les attribuer à Jacques Mérault, prieur entre 1610 et 1650 (*Ibid.*, p. 50).

15. Arch. dép. Maine-et-Loire, 15/G/13 et 15/G/14. L'abbaye de Tournus mit comme condition à la réunion des bénéfices que le séminaire d'Angers entretienne un ou plusieurs prêtres à Cunault.

16. Arch. dép. Maine-et-Loire, G/827, fol. 300, cité par Port 1874-1878, t. I, p. 802.

17. Sur ce mur de refend qui s'élevait à une hauteur de 15 m environ, voir Litoux et Hunot 2020, p. 56.

18. Arch. dép. Maine-et-Loire, 15/G/15 et 1/B/979 (Procès-verbal de visite du 27 août 1759). Sur ces événements, voir ARCHITRAV 2020, p. 53-54.

19. Arch. dép. Maine-et-Loire, 5/E/22/118 ; ARCHITRAV 2020, p. 55.

20. Charles de Montalembert, « Du vandalisme en France. Lettre à Victor Hugo », *Revue des Deux Mondes*, t. I, 1833, p. 498.

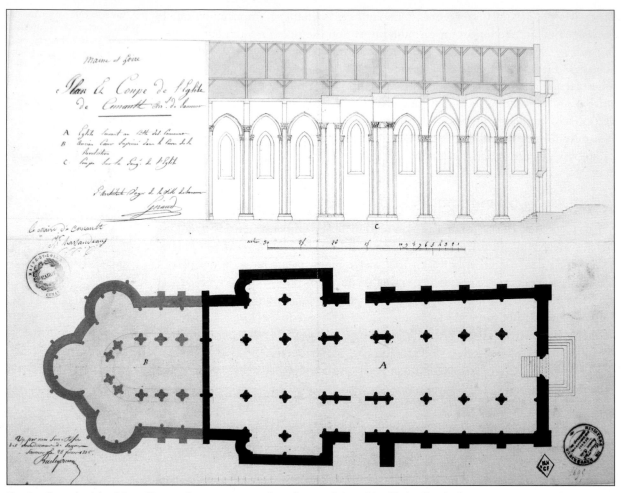

Fig. 2 – Cunault, église Notre-Dame, plan et coupe par Giraud, 1835 (MPP, G/82/49/126/01695).

La procédure d'expropriation engagée en 1835 par la commune de Cunault pour cause d'utilité publique n'aboutit qu'en 1841, mais des travaux de restauration avaient déjà été réalisés avant cette date. Dès 1835, le sous-préfet de Saumur avait en effet demandé un devis à Giraud, architecte-voyer. Toutefois, le projet ne concernait que la nef, le chevet étant jugé trop « dévasté » pour que des travaux y soient entrepris [21]. Prosper Mérimée découvrit Cunault lors de l'une de ses tournées d'inspection, en 1838, et fit la connaissance à cette occasion de Charles Joly-Leterme, l'architecte diocésain qui travaillait à la restauration de la nef. Cette rencontre devait être déterminante pour la suite des événements. L'église fut classée parmi les Monuments historiques en 1846, mais, dès 1839, Ch. Joly-Leterme avait remis à la Commission un rapport circonstancié sur les travaux déjà réalisés à l'extérieur du chevet : reprise de la base des murs et des contreforts parfois sur une hauteur de 1,60 m, remplacement de la corniche du collatéral nord qui menaçait de tomber, enlèvement des décombres qui pesaient sur les reins des voûtes et pose d'une nouvelle toiture pour mettre l'édifice hors d'eau [22].

La restauration de l'église se poursuivit activement jusque dans les années 1880, sous la conduite d'abord de Ch. Joly-Leterme, puis de Victor Petitgrand. Il n'y a pas lieu ici de faire la liste des importants travaux réalisés au cours de ces décennies. S'agissant de la nef, signalons seulement, à l'extérieur, la reprise du parapet qui couronne la façade occidentale et,

21. Arch. dép. Maine-et-Loire, 4/T/82 et MPP, dossier G/82/49/1026-001695.

22. MPP, dossier DI/49/25-11 ; Françoise Bercé, *Les premiers travaux de la Commission des Monuments historiques, 1837-1848. Procès-verbaux et relevés d'architectes*, Paris, 1979, p. 190 et 246.

ÉLIANE VERGNOLLE, BÉNÉDICTE FILLION-BRAGUET ET JEAN-YVES HUNOT

à l'intérieur, le débadigeonnage des parements endommagés. Le devis du 12 janvier 1843 donne pour sa part de précieuses informations sur les travaux effectués dans le chœur : destruction du mur de refend de 1750 – il ne montait pas jusqu'aux chapiteaux –, reconstruction partielle du « stylobate » portant les colonnes de l'hémicycle, « coupé en trois endroits » (fig. 3 et 4), déblaiement du chœur jusqu'à la hauteur du carrelage ancien et réalisation pour les portions neuves de sculptures « dans le style de celles existant maintenant » (il s'agit des chapiteaux du mur-bahut ceinturant l'abside). Les niveaux anciens du sol, donnés par les bases des supports, furent restitués, un escalier de quatre marches fut établi en avant de la huitième paire de piles et un autre à l'entrée de l'abside, où fut installé un autel moderne. Ces travaux, achevés en 1847, complétaient ceux qui avaient été effectués en 1839 dans les travées situées à l'ouest du mur de refend : reprise en sous-œuvre de deux piliers menaçant ruine, sur 5 à 6 m de hauteur, et rétablissement des colonnes engagées « coupées pour loger des stalles ».

Fig. 3 – Cunault, église Notre-Dame, chœur, dessin de Hawke, 1839.

Fig. 4 – Cunault, église Notre-Dame, chœur, état actuel.

23. De l'église dédiée à saint Maxenceul qui fut sans doute érigée dès l'époque mérovingienne dans le *vicus* subsiste le mur gouttereau sud, daté par C14 du Xe ou du début du XIe siècle. L'édifice fut dévasté par un ouragan en 1754 et le service paroissial transféré l'année suivante dans la prieurale (Salet 1964, p. 636).

24. Grandet 1704, p. 315 ; Herbécourt et Porcher 1959, p. 79. Les lettres AGLA étaient les initiales des premiers mots d'une prière juive : *Atha Gibor Liolam Adonaï* (« Tout puissant est Dieu dans l'Éternité »).

25. Halphen 1906, n° 230. Entre 1070 et 1080, le comte et sa femme cédèrent plusieurs biens à Cunault en honneur de la Vierge (Arch. dép. Maine-et-Loire, G 842, fol. 281 et G 826, fol. 37).

26. Voir note 10.

27. Les restaurations rendent l'analyse matérielle de cette partie de l'édifice délicate. En effet, si la structure suggère l'existence de deux campagnes de construction successives, la jonction des maçonneries n'est pas claire. Comme Daniel Prigent, les auteurs de la récente étude archéologique ont ainsi émis l'idée d'une seule campagne de construction (Litoux et Hunot 2020, p. 19-20).

UNE ÉGLISE DE PÈLERINAGE

L'église de Cunault conservait le corps de saint Maxenceul, évangélisateur de la région, peut-être disciple de saint Martin de Tours [23], ainsi que des reliques de saint Philibert rapportées de Tournus et, surtout, deux reliques de la Vierge : une fiole de cristal enchâssée d'argent supposée contenir quelques gouttes de son lait – sans doute de la poussière provenant de la grotte de Bethléem – ainsi qu'un anneau portant gravées les lettres AGLA et orné d'une améthyste bleue, réputé être son anneau de mariage [24]. On ignore la date et les circonstances de l'arrivée de ces deux reliques insignes à Cunault : en tout état de cause avant 1070, car Foulques le Réchin se rendit au plus tard en 1076 dans la prieurale pour « y faire ses dévotions à Notre-Dame » [25]. La charte émise par Geoffroy le Bel en 1143 évoque pour sa part les nombreux miracles que « la glorieuse Mère des Cieux » opérait dans le sanctuaire [26]. En tout état de cause, ces reliques furent jusqu'à l'Époque moderne l'objet d'un important pèlerinage à « Notre-Dame-Angevine » le 8 septembre, jour de la Nativité de la Vierge.

L'évolution du parti architectural

Les étapes de construction de la prieurale laissent entrevoir une constante montée en puissance du pèlerinage à partir de la seconde moitié du XIe siècle (fig. 5). L'église qui existait alors devait être un édifice de dimensions assez modestes, peu adapté à l'accueil de grandes foules. Il n'en subsiste que le bras nord du transept qui, sans doute dans les années 1070-1080, fut surmonté d'un clocher imposant visant à magnifier l'entrée du sanctuaire (fig. 6) [27]. Cette mise en exergue d'une porte latérale avait un antécédent prestigieux dans le Val de Loire : la tour Charlemagne, érigée dans les années 1030-1040 sur le

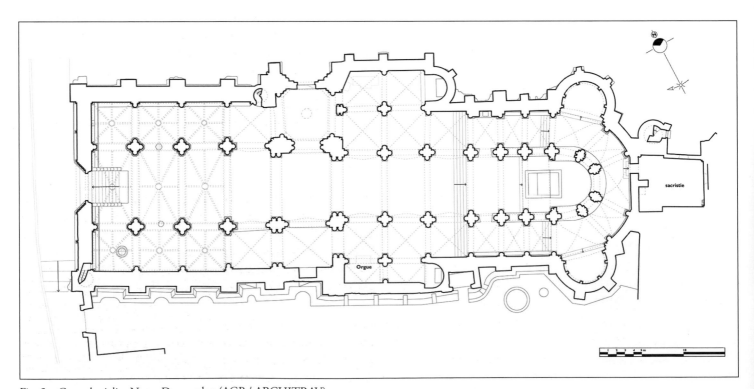

Fig. 5 – Cunault, église Notre-Dame, plan (AGP / ARCHITRAV).

ÉLIANE VERGNOLLE, BÉNÉDICTE FILLION-BRAGUET ET JEAN-YVES HUNOT

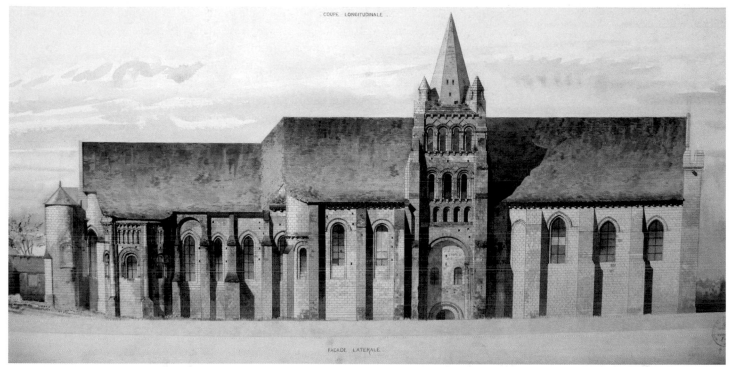

Fig. 6 – Cunault, église Notre-Dame, élévation extérieure, côté nord, dessin aquarellé de Victor Petitgrand, 1886 (MPP, G/82/49/1026/008024).

bras nord du transept de Saint-Martin de Tours, conçu comme espace d'accueil pour les pèlerins se rendant sur le tombeau de saint Martin. Au demeurant, il existait à Cunault une raison majeure à ce choix : le côté nord de la prieurale était le plus aisément accessible depuis la voie longeant la Loire.

Le succès croissant du pèlerinage conduisit dans les premières années du XIIe siècle à une extension spectaculaire de l'église avec la mise en chantier d'un chevet comportant un déambulatoire à trois chapelles rayonnantes précédé de sept travées droites. Ce parti si peu ordinaire fut sans nul doute justifié par la volonté de conserver le clocher-porche comme l'entrée des pèlerins. Il est possible aussi que la topographie du site ait favorisé ce choix. La prieurale est en effet implantée sur le versant oriental d'un affluent intermittent de la Loire tandis que son extension était limitée au sud par la présence des bâtiments monastiques [28]. Ces contraintes topographiques expliquent sans nul doute le choix d'un transept à peine débordant.

En l'absence de croisée du transept, les sept travées qui précèdent l'abside forment un vaisseau continu qui renvoie à l'image d'une nef. Toutes ces travées sont de plan barlong, mais leur largeur varie selon leur emplacement. Les dimensions de la première d'entre elles étaient dictées par celles du clocher-porche. Les trois suivantes sont à peine moins amples, mais, en plan, les deux premières correspondent à des extensions latérales formant un faux-transept tandis que la troisième appartient déjà au chœur. Enfin, les trois travées précédant l'abside sont nettement plus étroites que les autres.

L'étude archéologique d'Emmanuel Litoux et Jean-Yves Hunot a confirmé que ce chantier colossal se déroula d'est en ouest et qu'il aurait duré entre trente et quarante ans [29]. Les travaux débutèrent logiquement avec l'implantation de l'enveloppe du déambulatoire et des trois chapelles rayonnantes, le chevet de l'église précédente étant provisoirement conservé pour assurer la continuité du culte. Ils se poursuivirent par la construction des murs latéraux

28. ARCHITRAV 2020, p. 33-36 ; Litoux et Hunot 2020, p. 27-28. La situation était compliquée par le ruissellement des eaux, problématique en cas de fortes précipitations, même si le flux pouvait être régulé par la présence de trois étangs aménagés en amont à une date indéterminée. L'arc segmentaire visible dans la deuxième travée de la nef, du côté sud, pourrait signaler l'existence d'un collecteur passant sous l'église.

29. *Ibid*, p. 22-27.

30. Ce pignon fut détruit à une date difficile à préciser mais, en tout état de cause, antérieure aux restaurations des années 1847-1848 (Litoux et Hunot 2020, p. 53).

31. Mallet 1984, p. 126.

32. Charte du Livre blanc de Saint-Florent de Saumur délivrée « *apud cunandum die qua dedicatum est altare a predicto episcopo anno 1168* », citée par Jacques Mallet à qui l'on doit cette découverte (*ibid.*, p. 126, n. 61).

des quatre travées droites du chœur puis par celle des chapelles orientées. Entre-temps, les travaux avaient débuté dans l'abside et progressé dans les travées précédant celle-ci. L'existence, dans le comble, des vestiges d'un mur pignon situé au niveau de la 7e paire de piles peut sans doute être interprétée comme la trace d'un projet de « vrai » transept abandonné en cours de travaux, probablement lorsque le chevet de l'église précédente fut détruit (fig. 7) [30]. Peut-être la solution d'un vaisseau central doté d'extensions latérales ne fut-elle adoptée que lors de cet important changement de parti, ce qui pourrait expliquer la difficile jonction entre le bras nord et le clocher-porche dont l'arcade orientale est malencontreusement subdivisée par un pilier médian (fig. 8) tandis que, du côté sud, le mur de façade du bras, curieusement implanté, vient mordre sur celui de l'absidiole. En contrepartie du décloisonnement de l'espace intérieur, la travée du vaisseau central située au droit du clocher-porche fut mise en valeur par des piliers dotés de colonnes jumelles, apparaissant ainsi comme le prolongement de l'espace d'accueil (fig. 9). Le chantier s'interrompit alors que le mur du collatéral nord de la future nef s'élevait à mi-hauteur – cela signifie donc qu'il avait remplacé celui de l'ancienne nef.

L'hypothèse de Jacques Mallet selon laquelle les difficultés financières rencontrées par l'abbaye de Tournus au début de la seconde moitié du XIIe siècle seraient à l'origine de cette suspension des travaux est très plausible [31]. La charte de l'évêque d'Angers Geoffroy IV la Mouche faisant état d'une dédicace d'autel en 1168 reste en revanche difficile à interpréter [32]. En tout état de cause, lorsque les travaux furent suspendus, vers le milieu du XIIe siècle, la communauté monastique devait avoir pris possession du chœur liturgique et le clocher-porche était complètement intégré aux nouvelles parties orientales : conçues comme une église à part entière, celles-ci étaient donc à même d'accueillir le pèlerinage.

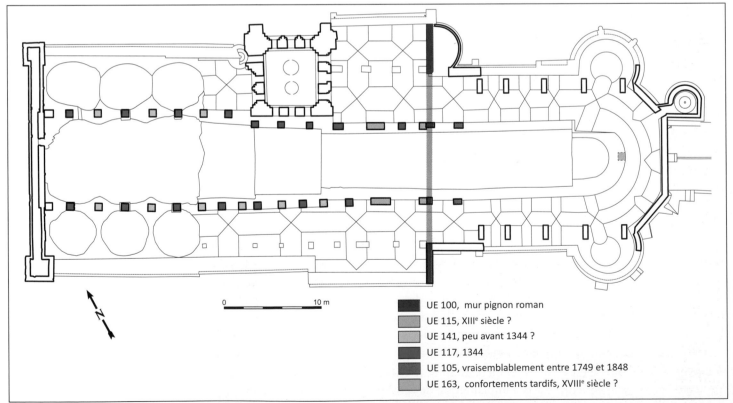

UE 100, mur pignon roman
UE 115, XIIIe siècle ?
UE 141, peu avant 1344 ?
UE 117, 1344
UE 105, vraisemblablement entre 1749 et 1848
UE 163, confortements tardifs, XVIIIe siècle ?

Fig. 7 – Cunault, église Notre-Dame, plan du comble avec indication des différentes phases de construction des piliers encadrant la voûte du vaisseau central (mise au net E. Litoux, fond lasergramétrie AGP).

ÉLIANE VERGNOLLE, BÉNÉDICTE FILLION-BRAGUET ET JEAN-YVES HUNOT

Le pèlerinage

Les niveaux de circulation de l'époque romane ne devaient pas être très différents de ceux de l'église actuelle (fig. 10) [33]. Les bases des supports du clocher-porche, aujourd'hui enfouies, montrent que le sol de l'église antérieure fut rehaussé d'environ un mètre afin d'assurer une circulation de plain-pied avec les travées voisines [34]. Mettant peut-être à profit la pente naturelle du terrain qui remontait vers l'est, le sol du chevet comportait deux paliers successifs, le premier étant établi à l'entrée des trois travées barlongues du sanctuaire et le second à l'entrée de l'abside. Depuis l'entrée du chœur, celle-ci apparaissait donc comme un podium surélevé, ceint d'une clôture sur laquelle reposaient les colonnes engagées du vaisseau central.

Fig. 8 – Cunault, église Notre-Dame, jonction du bras nord du transept et du porche.

Fig. 9 – Cunault, église Notre-Dame, nef, vaisseau central, cinquième travée, vue transversale vers le porche.

33. Litoux et Hunot 2020, p. 21.
34. *Ibid.*, p. 26.

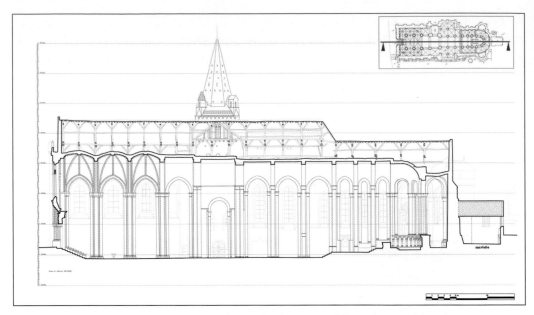

Fig. 10 – Cunault, église Notre-Dame, coupe longitudinale, côté nord (AGP / ARCHITRAV).

35. Willibald Sauerländer, « Reliquien, Altäre und Portale », dans *Kunst und Liturgie im Mittelalter (Römisches Jahrbuch der Bibliotheca Herziana)*, 33, 1999-2000, p. 121-139, rééd. dans *Romanesque Art, Problems and Monuments*, Londres, 2004, vol. 1, p. 56-81.

36. Au début du XIIe siècle, la cathédrale mise en chantier par l'évêque Fulbert vers 1020 était encore debout. Il n'en reste aujourd'hui que la crypte, avec ses longs couloirs d'accès prenant naissance à l'entrée de la nef : François Héber-Suffrin et Christian Sapin, « Les cryptes de Chartres », dans Michel Rouche (dir.), *Fulbert de Chartres, précurseur de l'Europe médiévale ? Millénaire de Fulbert (1006-2006)*, actes du colloque de Chartres, 12-14 octobre 2006, Paris, 2008, p. 285-300 ; id. « Crypte, caveau, chapelles, cathédrale. L'œuvre de Fulbert, XIe siècle », dans Mgr Michel Passard (dir.), *Chartres. La grâce d'une cathédrale*, Strasbourg, 2013, p. 32-39.

37. On peut se demander si les deux flèches superposées gravées sur le fût d'une colonne engagée du côté nord du déambulatoire n'étaient pas une indication destinée à la circulation des pèlerins, dans le sens des aiguilles d'une montre. Celle du haut est horizontale tandis que celle du dessous est dirigée vers le bas. Toutes deux ont été gravées avec soin, un peu en hauteur, avant la mise en place d'une niche gothique qui recoupe la flèche inférieure. Je remercie Emmanuel Litoux d'avoir attiré mon attention sur ces signes lapidaires. Il m'a également signalé l'existence d'une flèche comparable dans la crypte de Saint-Aignan-sur-Cher.

38. Pierre-Yves Le Pogam, « Les portails. Un parcours de pèlerins », dans Mgr. Benoît Rivière (dir.), *Autun. La grâce d'une cathédrale*, Paris, 2020, p. 201-217.

On peut supposer que, à l'instar de celles de bien d'autres saints fondateurs, les reliques de saint Maxenceul devaient être présentées dans l'abside, derrière l'autel matutinal. L'endroit où se trouvaient celles de la Vierge est plus incertain : étaient-elles déjà exposées dans la chapelle d'axe, comme ce sera le cas au XIIIe siècle et comme la présence du thème de l'Annonciation sculpté sur l'un des chapiteaux de l'hémicycle voisin de la chapelle le laisse penser ? Ou bien sur l'autel majeur qui, selon l'usage, devait être situé à l'entrée du chœur ? Les reliques de saint Philibert devaient pour leur part être placées sur l'autel qui lui était dédié, situé au centre du sanctuaire, derrière l'autel de la Vierge. Ainsi, tandis que la plupart des grands sanctuaires de pèlerinage de l'époque romane avaient pour objet la vénération d'un seul corps saint, celui de Cunault n'en comportait pas moins de trois – associés à autant d'autels –, ce qui pourrait justifier la longueur inhabituelle du chevet. Quoi qu'il en soit, l'exposition des reliques dans le sanctuaire n'était pas une nouveauté lorsque la prieurale fut mise en chantier : il en était ainsi dès le début du XIe siècle dans certaines grandes églises à déambulatoire et chapelles rayonnantes dépourvues de crypte. Toutefois, on observe à partir du début du XIIe siècle un phénomène général de migration des reliques, de l'obscurité des souterrains à la lumière des sanctuaires dont le chevet-reliquaire de Cunault est une parfaite illustration [35].

Bien que les textes ne nous renseignent pas sur le circuit de dévotion des pèlerins, l'observation du monument fournit quelques pistes de réflexion. Ainsi, avec ses trois chapelles rayonnantes et son large déambulatoire précédé de longues parties droites, le plan du chevet de Cunault n'est pas sans évoquer celui de la cathédrale de Chartres érigée au début du XIe siècle par l'évêque Fulbert. Cette similitude avec le parti architectural du sanctuaire qui abritait le pèlerinage marial le plus célèbre de la région ne saurait assurément être fortuite [36]. Dans les deux cas, l'ampleur du déambulatoire suggère l'existence d'une circulation continue autour du chœur et de l'abside [37]. À Cunault, le parcours de dévotion partait du clocher-porche. Celui-ci, ouvert sur ses trois faces intérieures par des arcades, communiquait largement avec les espaces voisins. Les travées du faux-transept devaient pour leur part jouer un rôle de sas en début et en fin de circuit. Les pèlerins ressortaient-ils de l'église par la nef, comme c'était le cas par exemple à Saint-Lazare d'Autun [38] ? On peut le supposer.

ÉLIANE VERGNOLLE, BÉNÉDICTE FILLION-BRAGUET ET JEAN-YVES HUNOT

Quoi qu'il en soit du circuit de dévotion, le plan du chevet de Cunault, conçu en priorité pour l'accueil des pèlerins, était sans nul doute peu propice à la quiétude requise pour les oraisons des moines. Alors que, dans la plupart des églises monastiques, l'espace liturgique était structuré par l'architecture, l'indivision des travées du faux-transept et des collatéraux du chœur brouillait les limites, même si celles-ci étaient matérialisées au sol par une clôture. Il est difficile aujourd'hui de déterminer l'emprise du chœur liturgique médiéval. Les traces de stalles, signalées en 1839 par Joly-Leterme dans la travée conservée lors de la partition de l'église au XVIIIe siècle, laissent néanmoins penser qu'il occupait les deux travées correspondant au faux-transept.

Fig. 11 – Cunault, église Notre-Dame, nef, travées occidentales.

Fig. 12 – Cunault, église Notre-Dame, châsse de la Vierge, couvercle, détail : la Pentecôte.

Fig. 13 – Cunault, église Notre-Dame, chapiteau du chœur, épisode de la vie de saint Philibert.

39. Litoux et Hunot 2020, p. 31. Il ne subsiste aujourd'hui de cette chapelle gothique que la base du mur avec les colonnettes d'angle qui recevaient les voûtes d'ogives et les bases de trois colonnes adossées contre le mur sud. Le pavement glaçuré bicolore à motifs estampés qui a été mis au jour en 1851 par Ch. Joly-Leterme peut être daté du deuxième quart du XIIIᵉ siècle. Le musée des Beaux-Arts d'Angers en conserve un relevé en couleurs (MA GF 3087). Sur ce pavement, voir Christopher Norton 2003, p. 121.

40. Fillion-Braguet 2018. Cette châsse en bois, donnée par l'historiographie ancienne comme étant celle de saint Maxenceul, est aujourd'hui conservée dans la chapelle rayonnante sud. Elle est notamment sculptée d'une représentation de la Dormition et de l'Assomption de la Vierge. Sa restauration en 1846 donna lieu à d'intéressantes observations techniques regroupées par l'abbé R. Choyer dans un opuscule intitulé « La châsse de saint Maxentiol de Cunault », imprimé en 1864 à Angers : « De bois de noyer et non de cèdre, ainsi que l'a écrit Grandet, elle n'est point assemblée, mais simplement creusée dans un tronc d'arbre. Les deux morceaux seulement qui forment le dessus sont ajoutés ; encore sont-ils sortis du même type d'arbre par l'équarrissage, ce qui explique pourquoi ces deux dernières pièces plus tendres sont beaucoup plus vermoulues que le corps de la châsse » (Arch. nat. F/7/2829/1).

41. Sur l'iconographie de ces chapiteaux, voir Duchet-Suchaux 1995, p. 667-668 et fig. 4. On trouvera le récit des miracles de saint Philibert par Ermentaire dans Poupardin 1905, chap. XIV et XV.

42. Il n'est guère douteux que cette promotion du culte de son saint patron fut encouragée par l'abbaye de Tournus. En témoigne également la

Lorsque le chantier s'interrompit, vers le milieu du XIIᵉ siècle, seules les piles de la dernière travée de la nef étaient implantées. Elles devaient rester en attente jusqu'à la construction, au début du XIIIᵉ siècle, de trois nouvelles travées. Celles-ci, couvertes de voûtes d'ogives bombées qui dilatent l'espace intérieur et ouvrent des perspectives transversales (fig. 11), offrent un contraste saisissant avec le haut vaisseau roman voûté en berceau. Depuis le seuil du portail occidental, qui domine le sol intérieur de 1,75 m, elles apparaissent comme un vestibule grandiose : furent-elles conçues comme un nouvel espace d'accueil pour le pèlerinage ? L'architecture triomphale de la façade et la représentation de la Vierge à l'Enfant au-dessus de l'entrée dans l'église vont dans ce sens. Dans cette hypothèse, l'achèvement de la construction de la nef pourrait être allé de pair avec la mise en place d'un nouveau circuit de dévotion.

À cette occasion, la présentation du trésor de reliques fut modifiée. La chapelle d'axe du chevet roman fut remplacée par une nouvelle chapelle, aujourd'hui détruite [39]. De plan quadrangulaire, celle-ci comportait deux travées et un étage sans doute ouvert sur le déambulatoire pour permettre l'ostension des reliques de la Vierge, placées dans une nouvelle châsse [40] (fig. 12). Dans le sanctuaire, deux chapiteaux illustrant des épisodes de la vie de saint Philibert furent incrustés dans la paire de piles encadrant son autel afin de soutenir la poutre transversale sur laquelle était exposé son reliquaire [41] (fig. 13). Dès lors, le culte de saint Maxenceul semble avoir été éclipsé par celui du saint patron de Tournus [42].

LA PRIEURALE ROMANE

Il ne subsiste de l'église mentionnée en 1058 dans un acte d'Henri Iᵉʳ que la façade du bras nord du transept et une amorce du mur ouest, enchâssés dans le clocher-porche [43] (fig. 14). La typologie des fenêtres entourées de pierre de taille à l'extérieur et ébrasées vers l'intérieur autant que les maçonneries en moellons de grès enrobés de mortier rabattu et lissé selon le système de la *pietra rasa* peuvent s'accorder avec une date du deuxième quart ou du milieu du XIᵉ siècle, c'est-à-dire de l'époque à laquelle Tournus reprit possession de son prieuré de Cunault et où ce dernier bénéficia des largesses de Geoffroy Martel [44].

ÉLIANE VERGNOLLE, BÉNÉDICTE FILLION-BRAGUET ET JEAN-YVES HUNOT

Le clocher-porche

L'édification d'un clocher haut de quelque 23 m sur les fragiles murs en moellons d'un bras de transept charpenté était une entreprise délicate. La structure ancienne fut en quelque sorte encagée dans la nouvelle [45]. À l'extérieur, un ample arc de décharge à double rouleau vint envelopper les deux fenêtres de la façade nord, conférant à celle-ci une nouvelle monumentalité (fig. 14). À l'intérieur, quatre autres arcs de décharge furent implantés pour supporter une coupole sur trompes qui culmine à près de 14 m du sol actuel (fig. 15). Au-dessus d'une zone aveugle correspondant à cette coupole s'élève un beffroi comptant deux niveaux de baies richement décorées (fig. 16). Les départs de voûte conservés à l'intérieur donnent à penser que cet étage était couvert en pierre, voire surmonté d'une courte flèche (la flèche actuelle, très restaurée, date au mieux du XIIe siècle). Du côté nord, la façade est encadrée par de puissants contreforts d'angle. Enfin, un escalier en vis, intégré au massif de maçonnerie de l'angle nord-ouest, assurait l'accès au premier étage [46].

présence au revers de la façade occidentale (voir fig. 33), de part et d'autre de la fenêtre d'axe, de peintures du milieu du XIIIe siècle représentant les deux saints patrons de l'abbaye bourguignonne : saint Philibert et saint Valérien (Leduc-Gueye 2007, p. 96-99). La dévotion à saint Philibert était encore très vivace au début du XVIIIe siècle : selon Joseph Grandet, ses reliques, conservées sur l'autel qui lui était dédié, produisaient des miracles, et les pèlerins emportaient des fragments d'un tombeau d'un abbé qu'ils prenaient pour le sien (Grandet 1704, p. 318).

43. *In episcopatu Andegavensi cellam sancte Marie vocabulo Conaldum cum ecclesiis et villis sibi pertinentibus.* L'acte original est perdu, mais on possède plusieurs *vidimus*, dont l'un, daté de 1392, a été fait à Saumur (Arch. dép. Maine-et-Loire, G 829). Cf. Frédéric Sœhnée, *Catalogue des actes d'Henri Ier, roi de France (1031-1060)*, Paris, 1907, n° 117, p. 117-119.

44. Comparé à l'assisage généralement soigné des constructions du premier quart du XIe siècle, les parements de Cunault présentent déjà cette structure désorganisée qui se généralisera au cours de la seconde moitié du XIe siècle dans le Val de Loire (Prigent 2010 ; Prigent 2012, p. 201-202 ; Prigent 2013). Le sondage réalisé en 2000 dans la dernière travée du collatéral nord de la nef a mis au jour une maçonnerie qui pourrait appartenir à cette église du XIe siècle.

45. Pour une description détaillée, voir Salet 1964, p. 641-648 ; Mallet 1984, p. 86-89 ; Litoux et Hunot 2020, p. 20-23 ; cf. note 27.

46. L'entrée de cet escalier à l'origine située du côté ouest fut déplacée du côté du collatéral de la nef lors des travaux du XIIe siècle (Litoux et Hunot 2020, p. 20).

Fig. 14 – Cunault, église Notre-Dame, clocher-porche, façade, partie inférieure.

Fig. 15 – Cunault, église Notre-Dame, clocher-porche, coupole du rez-de-chaussée.

Fig. 17 – Cunault, église Notre-Dame, clocher-porche, beffroi, face est.

ÉLIANE VERGNOLLE, BÉNÉDICTE FILLION-BRAGUET ET JEAN-YVES HUNOT

Fig. 16   Cunault, église Notre-Dame, clocher-porche, beffroi, face nord.

47. Les faces est et ouest du clocher sont également rehaussées d'éléments sculptés (chapiteaux, modillons et métopes), tandis que la face sud, qui n'était pas destinée à être vue, est dépourvue de décor.

48. Sur la valeur allégorique de la sirène à l'époque romane, voir Jacqueline Leclerc-Marx, *La sirène dans la pensée et dans l'art de l'Antiquité et au Moyen Âge. Du mythe païen au symbole chrétien*, Bruxelles, 1983, p. 103-117 ; *id.*, « Formes et figures de l'imaginaire marin dans le haut Moyen Âge et dans le Moyen Âge central », *Cahiers de Saint-Michel de Cuxa*, t. XLVIII, 2017, p. 9-22.

49. La mythologie est présente dans d'autres ensembles sculptés du XIᵉ siècle, notamment dans la nef de Saint-Germain-des-Prés. Voir Philippe Plagnieux, « L'abbatiale de Saint-Germain-des-Prés à Paris : nouvelles perspectives de recherche », dans Roland Recht et Michel Zink (dir.), *Saint-Germain-des-Prés. Mille ans d'une abbaye à Paris*, actes du colloque international, Paris, 4-5 décembre 2014, Paris, 2015, p. 1-16. Pour une réflexion plus générale sur le sujet, voir le livre, toujours actuel, de Jean Adhémar, *Influences antiques dans l'art du Moyen Âge français*, Londres, 1939, rééd. Paris, 1996. Voir aussi Neil Stratford, « La mythologie revisitée chez les sculpteurs romans en Bourgogne », *Comptes rendus de l'Académie des Inscriptions et Belles-Lettres*, 2003, juillet-octobre, p. 1243-1265.

50. Sur les appareils décoratifs, voir Lesueur 1966. Bien que les datations proposées par l'auteur soient souvent dépassées, ses observations conservent toute leur validité. Sur les plaques sculptées, voir Vergnolle 1992.

51. Francis Salet proposait comme datation l'extrême fin du XIᵉ siècle sur la foi d'une comparaison avec la façade de l'évêque Hoël à la cathédrale du Mans (Salet 1964, p. 647), datation qui a été plus ou moins reprise par ses successeurs (notamment Mallet 1984, p. 88).

52. Christian Sapin, « Les origines des tours de croisée : l'exemple de la Bourgogne entre charpente et voûtement », dans Line Van Wersch *et alii* (dir.), *Cerner le passé. Mélanges en l'honneur de Patrick Hoffsummer*, Liège, 2021, p. 57-73. Dans le deuxième quart du XIᵉ siècle, les coupoles de la tour Charlemagne à Saint-Martin de Tours et de la tour-porche de Cormery ne sont pas sur trompes, le passage du plan carré au cercle s'effectuant de manière progressive et empirique (Thomas Pouyet, « De la tour Saint-Paul de Cormery à la tour Charlemagne de Saint-Martin de Tours », dans Bruno Judic *et alii* [dir.], *Un nouveau Martin. Essor et renouveaux de la figure de saint Martin, IVᵉ-XXIᵉ siècle*, Tours, 2019, p. 405-418).

53. Éliane Vergnolle, « Passages muraux et escaliers : premières expériences dans l'architecture du XIᵉ siècle », *Cahiers de civilisation médiévale*, 1989, p. 43-60 (rééd. dans *L'art monumental de la France romane. Le XIᵉ siècle*, Londres, 2000, p. 273-303).

Fig. 18 – Cunault, église Notre-Dame, clocher-porche, façade nord, arcade du soubassement : chapiteau représentant une sirène et des hommes dans une barque (Ulysse et ses compagnons ?).

Fig. 19 – Cunault, église Notre-Dame, clocher-porche, beffroi, face nord, arcature du niveau supérieur, plaque sculptée représentant un homme combattant un monstre à plusieurs têtes (Hercule et l'Hydre de Lerne ?).

Le clocher de Cunault est entièrement construit en moyen appareil de pierre de taille, à l'exception de la coupole, faite de moellons équarris disposés en assises régulières. Les faces ouest, sud et est du beffroi, englobées dans la charpente de l'église actuelle et, de ce fait, protégées des intempéries, témoignent du soin apporté à la mise en œuvre des parements (fig. 17). La surenchère décorative de la façade nord est particulièrement révélatrice de l'ambition des constructeurs [47]. On y trouve en effet tout à la fois des archivoltes toriques soulignées de motifs géométriques, des corniches décorées de damiers, des modillons figurés, des métopes représentant des sujets variés, des piédroits soulignés de frises ornementales et, sur les rares surfaces murales disponibles, des zones d'appareil réticulé délimitées par des triangles de billettes. Les faces latérales sont traitées de manière plus sobre, mais on y retrouve les mêmes corniches soutenues par des modillons encadrant des métopes. Cette abondance d'éléments sculptés qui n'étaient pas destinés à être vus de près s'accompagne d'une certaine simplification dans le traitement de détail. Les nombreux chapiteaux figurés présentent ainsi un fond lisse sur lequel se détachent des motifs végétaux, des personnages et divers animaux fabuleux sculptés en faible relief.

On ne saurait certes voir dans cette prolixité décorative un programme iconographique organisé. Toutefois, les deux chapiteaux sur lesquels retombe l'arc de décharge de la façade délivrent un message qui fait sens à l'entrée d'une église mariale accueillant des pèlerins. De manière antithétique, celui de gauche représente en effet l'Annonciation et celui de droite une sirène offrant un poisson à un homme qui se tient dans une barque tandis que son compagnon détourne la tête – image de la tentation, mais aussi renvoi au récit de l'Odyssée (fig. 18) [48]. On trouve une autre référence à la mythologie en haut du beffroi, où la plaque sculptée sur le pilastre médian représente un homme combattant un monstre à plusieurs têtes évoquant l'Hydre de Lerne (fig. 19). La scène, sculptée en faible relief sur un fond plat entouré d'un cadre en réserve, apparaît comme la transposition dans la pierre d'un modèle pictural. La coquetterie iconographique consistant à remplacer la figure de saint Michel terrassant le dragon – le chef des milices célestes qui protège l'entrée des églises – par celle d'un héros de l'Antiquité trahit le haut niveau de culture classique du concepteur [49].

ÉLIANE VERGNOLLE, BÉNÉDICTE FILLION-BRAGUET ET JEAN-YVES HUNOT

Il existe peu de comparaisons probantes pour la datation du clocher. Le décor sculpté est sans équivalent dans l'Anjou roman, et la présence de jeux d'appareils décoratifs et de frises de plaques sculptées n'est guère déterminante, compte tenu de la longévité de cette mode dans l'architecture ligérienne du début à la fin du XIᵉ siècle [50]. En revanche, les techniques de construction de la coupole sur trompes, les layures profondes et irrégulières de la pierre, l'épaisseur des joints et les méthodes de mise en œuvre des parements fournissent un faisceau de présomptions conduisant vers les années 1070-1080, datation plus haute que celle proposée par Francis Salet dans son étude de 1964 et généralement retenue depuis [51].

Rapportée à son époque, l'architecture du clocher-porche de Cunault apparaît comme un morceau de bravoure. Elle révèle notamment une réflexion originale sur l'équilibre d'une structure voûtée autonome, avec le choix d'une coupole sur trompes épaulée par des contreforts d'angle – notons que ce type de coupole, très répandu en Bourgogne depuis le début du XIᵉ siècle, était une nouveauté dans la vallée de la Loire [52]. La présence d'un escalier intégré aux maçonneries n'est pas banale non plus, au moment où le développement de la voûte conduisait les architectes à repenser les dispositifs d'accès aux parties hautes [53].

Enfin, la richesse décorative du beffroi de Cunault est une parfaite illustration de l'importance croissante accordée aux clochers, et, corrélativement, aux cloches qu'ils abritaient. Expression du Verbe se répandant aux quatre points cardinaux, les cloches étaient en effet devenues au XIᵉ siècle un instrument de communication majeur pour l'Église. L'augmentation de leurs dimensions était donc allée de pair avec la hauteur croissante des clochers, portant toujours plus loin et toujours plus fort la voix de Dieu, convoquant les fidèles et guidant les pas des pèlerins [54].

Le chevet

Avec son déambulatoire à trois chapelles rayonnantes et son long sanctuaire ceinturé de piles composées, le chevet de Cunault s'inscrit dans une tradition ligérienne dont l'exemple le plus anciennement attesté est celui de l'abbatiale Saint-Denis de Nogent-le-Rotrou, mise en chantier en 1033 [55]. Celle-ci n'était cependant pas le modèle princeps de ce plan. En dernière analyse, le regard doit se tourner vers deux monuments prestigieux du début du XIᵉ siècle : les cathédrales de Chartres et d'Orléans [56]. Dans les années 1080, un chevet de ce type fut également adopté à Saint-Eutrope de Saintes, l'une des importantes églises de pèlerinage de son temps, dont le chœur ne compte pas moins de quatre travées droites [57]. En Anjou, il se retrouve vers 1120 ou un peu avant à l'abbatiale Saint-Aubin d'Angers, à cette différence près que le déambulatoire y comptait cinq chapelles rayonnantes et non trois [58].

Le plan de Saint-Aubin présentait une particularité qui se retrouve dans plusieurs églises ligériennes à déambulatoire et chapelles rayonnantes de sa génération, telles que Saint-Nicolas d'Angers, Fontgombault, Preuilly-sur-Claise et Saint-Lomer de Blois : les deux travées occidentales du chœur comportent un double collatéral associé à la présence d'une chapelle orientée [59]. Cette fusion entre un plan à chapelles échelonnées et un plan à déambulatoire et chapelles rayonnantes trahit un souci de décloisonnement des espaces intérieurs très révélateur des mutations architecturales qui se manifestent dans l'architecture romane du deuxième quart du XIIᵉ siècle. Aussi faut-il sans doute voir dans son adoption dans le transept de Notre-Dame de Cunault un souci de modernisation du parti initialement prévu.

Jacques Mallet écrivait en 1984 : « L'église de Cunault a imposé l'idée d'un art angevin de la première moitié du XIIᵉ siècle largement dominé par les influences poitevines », propos qu'il nuançait aussitôt par des remarques sur les nombreuses discordances typologiques [60].

54. Sur l'histoire des cloches, voir Elisabetta Neri, *De campanis fundendis. La produzione di campane nel medioevo tra fonti scritte ed evidenze archeologiche*, Milan, 2006.

55. Éliane Vergnolle, « L'église Saint-Denis. Un chef d'œuvre roman méconnu », dans Éliane Vergnolle (dir.), *Nogent-le-Rotrou roman et gothique*, Paris, 2022, p. 87-166.

56. Sur la cathédrale de Chartres, voir note 36. Sur la cathédrale d'Orléans, voir Pierre Martin, « Sainte-Croix d'Orléans. Le chevet du XIᵉ siècle », dans Irène Jourd'heuil, Sylvie Marchant et Marie Hélène Prier (dir.), *Cathédrale d'Orléans*, Tours, 2017, p. 19-29.

57. Christian Gensbeitel, « Saint-Eutrope de Saintes. L'église romane et le prieuré », dans *Congrès archéologique de France. Charente-Maritime*, 2018, p. 125-144 ; id., « L'église du prieuré Saint-Eutrope de Saintes, entre culte des reliques et vie monastique. Un monument exceptionnel », *Cahiers de Saint-Michel de Cuxa*, XLIX, 2018, p. 69-96 ; id., « Saint-Eutrope de Saintes, une grande crypte de pèlerinage de la fin du XIᵉ siècle en Aquitaine », dans Andreas Hartmann-Virnich (dir.), *De Saint-Gilles à Saint-Jacques. Recherches archéologiques sur l'art roman*, Avignon, 2021, p. 227-241.

58. Dans son étude de la salle capitulaire de Saint-Aubin d'Angers, Wu Fang Cheng a montré que, en 1129-1130, les réunions du chapitre se tenaient dans l'ancien chœur et non dans la salle capitulaire qui était en cours de reconstruction. En revanche, le chantier du nouveau chevet devait être déjà très avancé en 1138 car, à cette date, le chapitre se réunissait dans la chapelle Saint-André, petit édifice isolé situé à l'est de la salle capitulaire (Wu 1988). Même s'ils n'intéressent pas directement la construction de l'église, les textes concernant les reliques ne contredisent pas ces informations : en 1128, les ossements de saint Aubin furent transférés dans une nouvelle châsse et, en 1151, le crâne en fut séparé et placé dans un petit vase. Le gros œuvre était probablement terminé au temps de l'abbé Guillaume (1157-1189) qui imposa à chaque nouvel abbé d'offrir une chapelle (Mallet 1984, p. 148). Voir également *Saint-Aubin d'Angers du VIᵉ au XXᵉ siècle*, Cat. exp. Angers, 1985 ; Corinne Dubreuil, Christine Guérin, Jean-Yves Hunot et Daniel Prigent, « La galerie orientale de l'abbaye Saint-Aubin d'Angers », *303, Arts, Recherches et Créations*, XLVIII, 1996, p. 14-25.

59. Mallet 1984, p. 150 et 282 ; Jacques Henriet, « L'abbatiale Notre-Dame de Fontgombault », dans *Congrès archéologique de France. Bas-Berry*, 1984, p. 98-116 (réed. dans *À l'aube de l'architecture gothique*, Besançon, 2005, p. 57-74).

60. Mallet 1984, p. 127.

Fig. 20 – Cunault, église Notre-Dame, abside.

ÉLIANE VERGNOLLE, BÉNÉDICTE FILLION-BRAGUET ET JEAN-YVES HUNOT

Cette approche, encore marquée par l'idée des « écoles régionales » qui avait longtemps prévalu dans les études sur l'architecture romane, a aujourd'hui cédé la place à une vision plus archéologique, mettant en valeur l'histoire particulière de chaque édifice. À Cunault, on observe ainsi, outre les hésitations sur le parti du transept, de nombreux réajustements en cours de travaux, notamment au début de la construction du chevet [61], tandis que l'étude comparative de l'architecture laisse entrevoir la complexité des échanges entre chantiers.

Certes, avec ses grandes arcades s'élevant jusqu'au départ de la voûte en berceau, le chœur de Cunault reprend cette solution structurelle, courante dans le Poitou depuis la seconde moitié du XIᵉ siècle, qui consistait à épauler le départ de la voûte en berceau du vaisseau central par les voûtes d'arêtes des collatéraux (fig. 20 et 21). Toutefois, au-delà d'une réflexion commune sur l'équilibre, les interprétations varient considérablement d'un

61. *Ibid.*, p. 128-129 ; Litoux et Hunot 2020, p. 22-26.

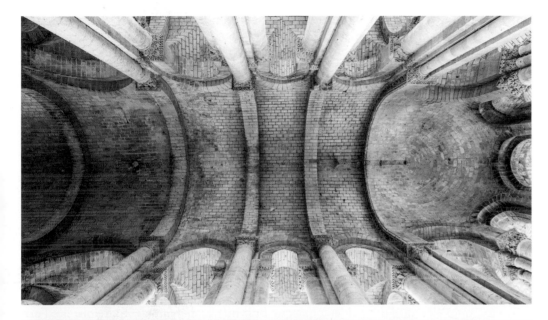

Fig. 21 – Cunault, église Notre-Dame, voûte du chœur.

Fig. 22 – Cunault, église Notre-Dame, voûtes du déambulatoire.

édifice à l'autre. Ainsi, à Cunault, ce type d'élévation, d'ordinaire réservé aux nefs, fut généralisé à l'ensemble du chevet, abside comprise. Autre spécificité, les grandes arcades, portées par des supports qui occupent plus des deux tiers de la hauteur totale, s'élèvent jusqu'au départ des voûtes, éliminant la moindre surface murale, de sorte que, même si le berceau brisé du vaisseau central domine les voûtes d'arêtes des collatéraux, l'effet produit se rapproche de celui d'une église-halle.

Tous les auteurs ont par ailleurs souligné l'admirable appareil des voûtes de la prieurale, qu'il s'agisse des voûtes d'arêtes du déambulatoire et des collatéraux, de la voûte en berceau du chœur ou du cul-de-four de l'abside [62] (fig. 21 et 22). En effet, alors que les voûtes de la plupart des églises ligériennes de la génération précédente étaient encore faites de moellons équarris noyés dans un abondant mortier, celles de la prieurale sont intégralement construites en pierre de taille. Dans le déambulatoire et les collatéraux, les arêtes sont fermement dessinées par un travail de découpe trahissant une véritable réflexion sur la stéréotomie. En témoignent divers détails, comme les rangées de pierres sommitales qui suivent le creux des voûtes d'arêtes et dont l'intersection est parfois marquée par une pierre taillée en forme de croix. Dans le même temps s'opère une mutation significative du mode de couvrement : alors que, dans la tradition romane, la toiture reposait directement sur les reins des voûtes, celle de Cunault était portée par une charpente, comme le prouvent les murets périphériques conservés dans le comble du haut vaisseau du chœur [63].

Francis Salet et Jacques Mallet ont parfaitement décrit les rétrécissements successifs du vaisseau central, qui accroissent la perspective de manière illusionniste [64]. Cette appréciation doit néanmoins être quelque peu nuancée à la lumière de l'étude archéologique, celle-ci ayant montré que les deux principales différences de largeur sont liées à l'histoire du chantier : réajustements imposés par le raccord entre le nouveau chevet et le clocher-porche préexistant et, surtout, abandon d'un premier projet comportant une croisée du transept. C'est seulement après ce changement de parti majeur que l'élévation du chœur fut prolongée de plusieurs travées et que fut créé cet effet de colonnade saisissant, engendré par la répétitivité des piliers composés d'un noyau carré, cantonné de quatre colonnes fortement saillantes, qui s'élèvent d'un seul jet à quelque huit mètres de hauteur. Toutefois, dès l'origine, les piles de l'hémicycle, plus sveltes que celles des travées droites et formées d'un faisceau de colonnes jointives d'une subtile plasticité, devaient, au fond du sanctuaire, apparaître comme un écrin pour les reliques.

Tout au long du chantier, les colonnes furent *le* leitmotiv de l'architecture de Cunault. Il n'est guère douteux que leur omniprésence délivrait un message d'ordre allégorique : suivant les commentateurs médiévaux, les colonnes n'étaient-elles pas l'incarnation des apôtres, des prophètes, mais aussi, par extension, de la cohorte des saints évangélisateurs [65]? Et est-ce un hasard si les travées droites comptent douze piliers (les Apôtres) et l'hémicycle quatre (les Évangélistes) ? Aussi, au-delà d'une recherche d'illusionnisme purement formelle, l'impression de monumentalité qui, en dépit des dimensions relativement modestes du vaisseau central (16,2 m de hauteur dans l'abside pour environ 7 m de largeur), émane de l'architecture pourrait bien traduire une intention d'ordre iconographique.

Le décor sculpté est réservé à quelques emplacements stratégiques. À l'extérieur, les corniches, dont il ne reste aujourd'hui que quelques vestiges dans le chœur et le transept, étaient le seul accent d'une élévation par ailleurs assez dépouillée (fig. 6). La chapelle rayonnante nord était en revanche doublement mise en valeur par des fenêtres richement décorées et par une arcature sommitale, alors que la chapelle sud, située du côté de l'espace monastique, en est dépourvue (fig. 23). À l'intérieur, les chapiteaux soulignent l'articulation des supports et forment à la naissance des voûtes une zone visuellement forte.

62. Surtout Mallet 1984, p. 127. On trouvera une analyse détaillée des techniques de construction dans Mallet et Prigent 1995, p. 480-481. Notons principalement l'abandon de la solution des colonnes engagées avec joints de face au profit de celle des tambours superposés qui tendra à s'imposer au cours de la première moitié du XIIᵉ siècle.

63. Sur l'histoire de la charpente du haut vaisseau, voir *infra*, p. 291-294.

64. Salet 1964, p. 641 ; Mallet 1984, p. 128.

65. Éliane Vergnolle, « La colonne à l'époque romane. Réminiscences et nouveautés », *Cahiers de civilisation médiévale*, 1998, p. 141-174.

ÉLIANE VERGNOLLE, BÉNÉDICTE FILLION-BRAGUET ET JEAN-YVES HUNOT

L'église de Cunault conserve l'ensemble de chapiteaux le plus important de la première moitié du XIIᵉ siècle en Anjou. Ceux-ci ont, de ce fait, attiré depuis longtemps l'attention des chercheurs, à commencer par la baronne Brincard dont les travaux ont été publiés dans les années 1930 [66]. Plus récemment, Jacques Mallet s'est appuyé sur l'étude du décor sculpté pour déterminer les phases de construction de la prieurale [67]. Les datations restent cependant floues, les comparaisons régionales étant grevées par la perte de la plupart des grands monuments angevins de la même génération [68]. Certes, les chapiteaux à « feuilles d'eau » du déambulatoire se retrouvent dans l'église voisine de Trèves, dont la construction débuta peu après 1106, mais ils n'appartiennent pas à la première phase des travaux [69]. Seuls les rapprochements entre, d'une part, certains chapiteaux du transept de Cunault dérivés du corinthien et, d'autre part, ceux du premier étage de la tour Saint-Aubin fournissent un repère

66. Brincard 1939 ; Brincard 1937. La baronne Brincard a eu l'immense mérite d'observer les chapiteaux de près et d'avoir tenté de déterminer la part des restaurations du XIXᵉ siècle.

67. Mallet 1984, p. 128-134.

68. Pour un état des questions, voir, dans ce même volume, l'article de John McNeill, « L'architecture romane en Anjou. État des lieux », p. 151-163.

69. Sur la diffusion du chapiteau à « feuilles d'eau » en Anjou, voir Mallet 1984, p. 254-255. Sur l'église de Trèves : *ibid.*, p. 90-91.

Fig. 23 – Cunault, église Notre-Dame, chapelle rayonnante nord, extérieur.

Fig. 24 – Cunault, église Notre-Dame, chapiteaux de l'hémicycle.

chronologique, même si la date de début de la construction de celle-ci, en 1130, n'est connue que de seconde main [70]. Les parallélismes avec les régions voisines, notamment avec la Touraine et le Poitou, restent pour leur part d'ordre très général [71].

Le décor sculpté joue un rôle majeur dans la hiérarchisation de l'espace intérieur. Dans l'hémicycle, les chapiteaux qui ceinturent les piles fasciculées forment une frise continue. Majoritairement revêtus de motifs de tiges entrelacées et de palmettes empruntés à l'enluminure, ils sont traités avec un raffinement, voire une préciosité, qui s'accorde à leur emplacement, dans le lieu le plus sacré du sanctuaire (fig. 24). Tout autre est la situation dans le vaisseau central : les chapiteaux qui surmontent les fortes colonnes engagées recevant les doubleaux et les grandes arcades, situés plus ou moins haut selon leur emplacement, soulignent les éléments porteurs (fig. 21). Toutefois, la dénivellation entre les uns et les autres est peu importante, et les petits chapiteaux qui, en contrepoint, reçoivent le rouleau externe des grandes arcades assurent une subtile zone de transition entre les supports et le départ des voûtes.

Les chapiteaux historiés sont rares. Si l'on excepte un chapiteau du déambulatoire illustrant le Portement de Croix et la Flagellation, le seul autre thème biblique représenté dans le sanctuaire est celui de l'Annonciation, sculpté sur l'un des chapiteaux de la baie d'axe de l'hémicycle – ce choix est évidemment en rapport avec la présence des reliques de la Vierge (fig. 25). Certains chapiteaux ornementaux pouvaient cependant être porteurs d'un message d'ordre iconographique. On peut notamment voir dans les rinceaux qui se

70. *Ibid.*, p. 147.

71. Cette difficulté épistémologique a été bien décrite par Jacques Mallet (« Les grands traits de la sculpture ornementale au XIIᵉ siècle », *ibid.*, p. 254-260).

ÉLIANE VERGNOLLE, BÉNÉDICTE FILLION-BRAGUET ET JEAN-YVES HUNOT

Fig. 25 – Cunault, église Notre-Dame, hémicycle, chapiteau historié : Annonciation.

Fig. 26 – Cunault, église Notre-Dame, chœur, collatéral nord, chapiteau figuré : atlantes.

Fig. 27 – Cunault, église Notre-Dame, transept, côté sud, chapiteau figuré : engoulant.

Fig. 28 – Cunault, église Notre-Dame, transept, côté nord, chapiteau dérivé du corinthien.

Fig. 29 – Cunault, église Notre-Dame, transept, côté nord, chapiteau à crossettes entrecroisées.

Fig. 30 – Cunault, église Notre-Dame, nef, travée romane, pile nord, chapiteaux.

ÉLIANE VERGNOLLE, BÉNÉDICTE FILLION-BRAGUET ET JEAN-YVES HUNOT

déploient sur les corbeilles de l'hémicycle une évocation paradisiaque et prêter une valeur allégorique aux nombreux combats qui les accompagnent. Il en est de même de deux autres thèmes récurrents dans la sculpture du deuxième quart du XIIᵉ siècle de la vallée de la Loire et des régions voisines et présents sur plusieurs chapiteaux du chœur et du transept : les atlantes s'arc-boutant sous les angles de la corbeille (fig. 26) et les masques engoulant les fûts des colonnes (fig. 27) [72].

Tous les chapiteaux du chœur et du transept sont traités dans un relief énergique et contrasté qui accroche le regard. Beaucoup, parmi eux, sont de lointains épigones de cette renaissance corinthienne qui, pendant une large partie du XIᵉ siècle, domina la sculpture monumentale dans la moyenne vallée de la Loire et dont, en Anjou, l'abbatiale du Ronceray est le principal témoin [73]. Toutefois, les proportions massives des corbeilles de Cunault étaient peu appropriées à l'expression d'une croissance végétale se déployant sur plusieurs niveaux. Aussi, en dépit de la présence d'abaques échancrés, la composition se réduit-elle généralement à deux couronnes de feuilles ne rappelant les acanthes classiques que de loin (fig. 28). Parfois, des éléments empruntés au schéma corinthien, disjoints de leur contexte, donnent lieu à des combinaisons originales, comme ces couronnes constituées d'hélices entrecroisées (fig. 29).

La travée de la nef mise en œuvre à la fin du chantier roman, vers le milieu du XIIᵉ siècle, se distingue de celles du chevet par la plus grande largeur du vaisseau central et, surtout, par une recherche accrue de raffinement. Comme dans le chœur, les angles du noyau des piles composées sont couronnés d'un chapiteau ; ils sont en outre soulignés par de minces colonnettes engagées qui, comme c'était déjà le cas dans l'hémicycle, n'ont pas de valeur structurelle, mais prolongent visuellement les retombées des doubles rouleaux des arcades (fig. 22 et 30). Comme dans l'hémicycle encore, les corbeilles des chapiteaux sont réunies sous un tailloir richement sculpté, mais, au lieu de former une zone unifiée par un décor couvrant, elles offrent une juxtaposition de chapiteaux narratifs et de corbeilles décorées de grandes feuilles épanouies traitées avec délicatesse – ultime relecture du corinthien qui devait s'imposer dans les monuments ligériens du troisième quart du XIIᵉ siècle [74]. Les chapiteaux figurés sont pour leur part traités comme des frises. Les faces principales de la pile nord représentent respectivement Samson et le lion – image allégorique du Christ triomphant de Satan souvent représentée à l'entrée des églises – et un combat singulier de guerriers à pied, tandis qu'on voit sur les faces latérales des groupes de personnages debout, occupant toute la hauteur du chapiteau et se détachant en haut-relief sur le fond nu. Ainsi, au moment où le chantier s'interrompit, une profonde mutation affectait le décor architectural [75].

Éliane Vergnolle

L'ŒUVRE GOTHIQUE

Lorsque les travaux s'arrêtèrent, à l'ouest de l'unique travée de la nef construite après le clocher-porche, la partie basse des murs gouttereaux se prolongeait jusqu'à la façade occidentale, mais cette dernière n'était pas encore bâtie. Restait à monter les murs des collatéraux jusqu'à leur faîte, à concevoir une façade d'accueil et à voûter le volume intérieur de la nef. Toutefois, après un arrêt du chantier long de près de cinquante ans, le paysage monumental de l'Anjou avait sensiblement évolué [76]. À la reprise des travaux, peu après 1200, l'équipe chargée de l'achèvement de la nef s'orienta vers des solutions caractérisant le gothique ligérien – voûtes bombées avec clés sculptées, façade-écran et mur épaissi associé à une coursière –, tout en conservant le rythme défini par les maîtres romans, l'ensemble étant harmonisé par une savante polychromie architecturale (fig. 31).

72. Deborah Kahn, « The Engoulant: Development, Symbolic Meaning and Wit », dans Yves Gallet (dir.), « Ex quadris lapidibus ». La pierre et sa mise en œuvre dans l'art médiéval, Mélanges d'Histoire de l'art offerts à Éliane Vergnolle, Turnhout, 2011, p. 313-322.

73. Mallet 1984, p. 253-254 et 258.

74. Ibid., p. 259-260. En Touraine, on peut notamment citer l'exemple des chapiteaux de Saint-Martin de Trôo. À ce sujet, voir Patricia Duret, La sculpture de la vallée de la Loire moyenne entre 1120 et 1160 : les derniers développements du roman, thèse de doctorat, Piotr Skubiszewski (dir.), université de Poitiers, 7 vol., 1996, pl. 1276-1282.

75. On trouvera une réflexion d'ensemble sur le sujet dans Damien Berné et Philippe Plagnieux (dir.), Naissance de la sculpture gothique, 1135-1150. Saint-Denis-Paris-Chartres, cat. exp. Paris, musée de Cluny-Musée national du Moyen Âge, 10 octobre-31 décembre 2018, Paris, 2018.

76. L'arrêt des travaux n'est pas documenté, mais, outre les probables problèmes financiers, il faut tenir compte de la complexité de l'implantation de la partie occidentale de l'église, perpendiculaire au thalweg et fortement encaissée par rapport au niveau extérieur (voir supra, p. 266).

Fig. 31 – Cunault, église Notre-Dame, nef, jonction de la travée romane et des travées gothiques, côté nord.

ÉLIANE VERGNOLLE, BÉNÉDICTE FILLION-BRAGUET ET JEAN-YVES HUNOT

Fig. 32 – Cunault, église Notre-Dame, nef, voûtes des travées occidentales.

Les travées occidentales de la nef

La partie de la nef concernée par les travaux du début du XIIIe siècle comprend neuf travées, divisées en trois vaisseaux par quatre piles qui reprennent le même espacement et reproduisent le même plan composé que celles de la nef romane. Il ne faut cependant pas attribuer leur implantation à la campagne du milieu du XIIe siècle, car elles ne sont pas situées au droit des contreforts extérieurs (fig. 11) [77]. Si la trame architecturale romane a été conservée, le couvrement en berceau et les voûtes d'arêtes des parties orientales ont laissé place à des voûtes bombées à huit nervures toriques, formule prisée en Anjou et dans le Poitou dès 1190 [78]. Ces voûtes bombées qui s'accordent parfaitement aux travées carrées des vaisseaux latéraux ne sont guère adaptées au plan barlong des travées du vaisseau central (fig. 32) [79]. Comme dans les travées romanes, les arcs-doubleaux sont larges et brisés, mais leurs arêtes s'adoucissent de tores, selon la mode de l'époque.

Au revers de la façade, de part et d'autre de l'escalier d'entrée dans l'église, court une banquette sur laquelle reposent les premières piles (fig. 33). Ce traitement des niveaux ne manque pas d'intriguer : peut-être traduit-il un projet d'escalier monumental aussi large que la nef, plus adapté à l'afflux des pèlerins que celui qui fut finalement réalisé. Dans l'angle sud, une vis, accessible par un escalier de bois, conduisait à une galerie établie sur un épaississement du mur et traversant les piles. À cette coursière, au-dessus de la porte, était accrochée une petite tribune en bois, composée de panneaux à moulurations gothiques, qui était encore en place à la fin du XIXe siècle et qui pouvait servir lors de cérémonies d'accueil des laïcs et des pèlerins.

Comme il était d'usage dans la vallée de la Loire au début du XIIIe siècle, les voûtes bombées à huit nervures sont décorées de clés sculptées et de consoles placées à la retombée des nervures, développant un programme iconographique généralement lié à la Parousie et

77. Par ailleurs, les bases des quatre piles occidentales, entièrement refaites par Joly-Leterme, sont octogonales et suggèrent une mise en œuvre tardive, après le voûtement, sans doute liée à des travaux de finition, portant sur le traitement du sol.

78. Fillion-Braguet 2014, p. 233-260.

79. Dans les chantiers poitevins d'Airvault et de Saint-Jouin-de-Marnes qui héritèrent également de travées barlongues à couvrir, on préféra mettre en œuvre des berceaux nervurés à pénétration.

80. Skubiszewski 1996.

au Jugement dernier [80]. À Cunault, c'est l'idée du Salut et de la Rédemption qui est développée à travers la représentation des principaux épisodes de la vie du Christ. D'ouest en est sont identifiés les sujets suivants :

	Collatéral nord	Vaisseau central	Collatéral sud
Première travée (ouest)	Baptême du Christ	Saint Pierre avec ses clés et un livre, entre deux âmes nues	David jouant de la harpe
	Consoles : - une tête d'homme imberbe à l'est - une tête d'homme couronné et barbu au sud - un ange à l'ouest et un ange priant au nord	Consoles : - un ange priant à l'est - une tête de femme coiffée d'un touret au sud - une tête d'homme barbu à l'ouest - une tête à deux faces au nord	Consoles : - une femme se tenant le visage à l'est (vierge folle ou sainte femme au tombeau) - une femme en buste au sud - une femme présentant une coupe à l'ouest - un homme lançant un caillou (lapidation) au nord
Deuxième travée (centrale)	Clé : - Christ montrant ses plaies	Clé : - Christ en croix présenté par Dieu le Père (mais sans la colombe du Saint-Esprit)	Clé : - saint Michel et le dragon
	Consoles : - un ange priant à l'est - un ange sonnant du buccin au sud et au nord - un ange tenant la ceinture de son manteau à l'ouest	Consoles : - un ange tenant un encensoir à l'est et à l'ouest - un ange tenant un spectre au sud - le taureau de saint Luc au nord	Consoles : - une tête imberbe penchée à l'est - un ange au sud, un ange à l'ouest - un autre ange tenant un livre ouvert au nord
Troisième travée (est)	Clé : - Couronnement de la Vierge par le Christ	Clé : - Annonciation	Clé : - *Agnus Dei* avec l'étendard
	Consoles : - un ange présentant une couronne à l'est et au sud - un ange tenant une flûte à l'ouest - un ange priant au sud	Consoles : - la Visitation à l'est - une tête de monstre au sud - une vierge folle à l'ouest - l'aigle de saint Jean au nord	Consoles : - deux têtes de femme à l'est et à l'ouest - un ange orant au nord - un ange déroulant un phylactère au sud

Ce type de programme était généralement développé aux voûtes des sanctuaires, dont beaucoup furent reconstruits après 1200, tandis que les nefs conservèrent longtemps leur couvrement charpenté. Toutefois, comme à Cunault, les parties occidentales des églises de Candes et de Mouliherne comportent un ensemble de clés de voûte sculptées. Bien que les scènes soient éclatées et souvent incomplètes et que l'iconographie échappe à toute lecture linéaire, le message reste clair. Il faut donc imaginer l'effet de ces images sur les laïcs et les pèlerins : en entrant dans l'église, ceux-ci ne pouvaient qu'être impressionnés tant par l'évocation de la fin des temps que par les visages graves et les attitudes de désolation des figures sculptées au-dessus de leurs têtes.

ÉLIANE VERGNOLLE, BÉNÉDICTE FILLION-BRAGUET ET JEAN-YVES HUNOT

Fig. 33 – Cunault, église Notre-Dame, revers de la façade occidentale.

Fig. 34 – Cunault, église Notre-Dame, nef, polychromie d'une voûte.

Hormis quelques chapiteaux adossés au revers de la façade, la majorité des corbeilles de cette campagne sont restées épannelées. Cet état n'est pas dû à l'inachèvement, puisque les murs et les voûtes reçurent à la fin du chantier un décor peint soigné. Dans la mesure où cette absence de traitement n'est pas réservée à Cunault et qu'elle se retrouve dans plusieurs autres églises ligériennes édifiées entre 1200 et 1240, on peut se demander si elle ne traduit pas un problème d'organisation du chantier, la sculpture des clés ayant pris le pas sur celle des chapiteaux, pour des raisons qui restent à élucider.

Quoi qu'il en soit, une fois le voûtement terminé, l'ensemble de l'église reçut un décor de faux appareil composé d'une base de badigeon blanc avec des joints rouges. Les différentes clefs sculptées des voûtes gothiques furent rehaussées de peintures et l'intrados des arcs fut décoré de rinceaux délicats, tandis que les claveaux étaient redessinés par des filets rouges et que les nervures recevaient des semis de petits motifs en forme de croix (fig. 34). Afin d'atténuer la différence de traitement avec les parties gothiques, les arêtes des voûtes romanes furent soulignées par des bandeaux peints simulant les nervures et les liernes d'une voûte d'ogives (fig. 26, 27 et 30), et les culs-de-four de l'abside et des chapelles furent compartimentés par des nervures feintes prenant naissance sur des colonnettes peintes à la retombée des arcs (fig. 24). La riche palette chromatique de ce décor architectural est dominée par des rouges, des bruns et le noir, tandis que celle des clés est enrichie de bleu et de vert. Bien qu'elle soit traditionnellement datée de la fin du XIIIe siècle sur la foi des inscriptions qui accompagnent les grandes figures peintes au revers de la façade (fig. 33) [81], cette polychromie pourrait être plus ancienne et avoir été réalisée à la fin du chantier des travées gothiques.

81. Debiais 2010, p. 126-130. Voir aussi Davy 2014 et Gordine 2014.

ÉLIANE VERGNOLLE, BÉNÉDICTE FILLION-BRAGUET ET JEAN-YVES HUNOT

La façade occidentale

Véritable façade-écran, la paroi qui ferme à l'ouest la nef de Notre-Dame de Cunault ne dévoile rien de l'architecture intérieure : flanquée de deux contreforts massifs traités comme des tourelles, cette façade comprend deux registres superposés fortement délimités par la ligne horizontale d'un bandeau sur modillons (fig. 35). Au niveau inférieur, implanté sur un soubassement en grès, le portail central, en plein cintre, est encadré de quatre arcades en arc brisé. Au niveau supérieur, couronné d'un parapet largement refait, s'ouvre une grande baie centrale comportant un réseau flamboyant et deux lancettes latérales.

Il existe un contraste saisissant entre la sévérité de la façade, dont les modillons et les chapiteaux sont simplement épannelés [82], et le portail. Celui-ci comporte de profonds ébrasements abritant cinq colonnettes correspondant à autant de voussures toriques. Deux piédroits supportent un linteau fait de trois blocs clavés. Celui du milieu, en forme de T renversé, est aussi la partie centrale du tympan, encadrée de deux écoinçons (fig. 36). L'affaissement du bloc central dans lequel est sculptée la Vierge est attesté dès le milieu du XIXe siècle et semble lié à une reprise volontaire, sans doute ancienne. En effet, si l'on remontait le bloc à la place qui devait primitivement être la sienne, la couronne de la Vierge,

82. Ainsi que l'atteste la photographie du portail prise par Le Gray en 1851 avant les restaurations de Joly-Leterme (MPP, cl. MH 0007518).

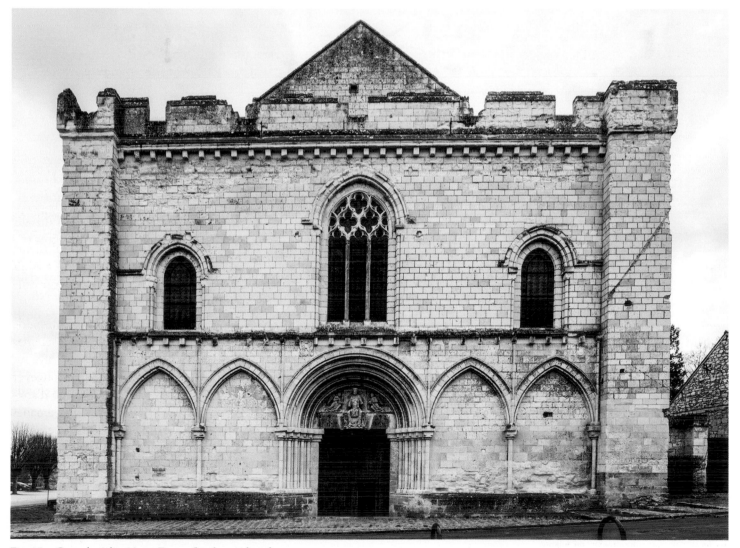

Fig. 35 – Cunault, église Notre-Dame, façade occidentale.

Fig. 36 – Cunault, église Notre-Dame, portail occidental, tympan.

retaillée, viendrait buter contre la voussure intérieure du portail. Les vides entre les trois blocs du tympan sont comblés par des joints épais en sifflets, recouverts de polychromie. Autant d'indices qui suggèrent une erreur de mesures corrigée au moment du montage.

Sur le bloc central en T inversé, la Vierge, assise sur un trône, présente l'enfant installé sur ses genoux tandis que, de part et d'autre de ses pieds, se devinent les silhouettes très altérées de deux petits personnages en position de donateur. Deux anges thuriféraires occupent les écoinçons du tympan. Il est logique de trouver à l'entrée d'une église possédant des reliques de la Vierge une image de cette dernière rappelant celle des portails de Notre-Dame de Donnemarie-en-Montois, de Notre-Dame-du-Pré à Donzy ou encore de la *Porta Pretiosa* de la cathédrale de Reims. À Cunault, la sculpture du portail, marquée par l'inspiration antiquisante du « style 1200 » [83], renvoie au tout début du XIIIᵉ siècle. Les plis ondoyants de la robe de la Vierge, l'enroulé de son voile ou les boucles des anges évoquent notamment le style de certains portails de la fin du XIIᵉ siècle, comme celui de Germigny-l'Exempt ou encore, plus près de Cunault, celui des chapiteaux de la porte Saint-Michel, à la cathédrale de Poitiers [84].

Le portail de Cunault est l'un des rares portails sculptés de l'Anjou gothique avec celui de la façade occidentale de la cathédrale d'Angers (vers 1150), celui disparu de Notre-Dame du Marillais et celui de Notre-Dame du Puy-Notre-Dame (troisième quart du XIIIᵉ siècle). Il est à noter — et ce n'est peut-être pas un hasard — que, hormis la cathédrale, les trois églises abritant ces portails étaient des sanctuaires mariaux et le lieu d'importants pèlerinages.

Bénédicte Fillion-Braguet

83. Laurence Aliferis-Terrier, *L'imitation de l'Antiquité dans l'art médiéval (1180-1230). Répertoire iconographique de la littérature du Moyen Âge*, Turnhout, 2016.

84. Protégé par un petit porche qui était encore conservé au milieu du XIXᵉ siècle, le portail présente la trace de deux campagnes de repeints, dont l'une date du XVᵉ siècle (fleurons rouges peints au pochoir sur le fond jaune) et l'autre du début du XVIIᵉ siècle (blasons du prieuré sur le linteau, et monogrammes IHS et MA peints en alternance sur les tores). Sur cette polychromie, voir Fillion-Braguet, à paraître.

ÉLIANE VERGNOLLE, BÉNÉDICTE FILLION-BRAGUET ET JEAN-YVES HUNOT

LES REMANIEMENTS DES PARTIES HAUTES À LA FIN DU MOYEN ÂGE

Les toitures initiales

La toiture à deux versants de la prieurale englobe le vaisseau central et les bas-côtés de la nef. Le faux-transept, dans le prolongement, offre des pentes moins fortes pour compenser la plus grande largeur ; une portion de la couverture inclinée rattrape la différence de niveau avec la toiture plus basse et plus étroite surmontant le chœur et se terminant par une croupe ronde.

Quelques indices permettent de restituer une partie des charpentes initiales. Sur le chœur, le niveau de la corniche du déambulatoire, la faible différence de hauteur avec l'extrados de la voûte du sanctuaire et la présence, à sa limite occidentale, d'un mur pignon conduisent à proposer une toiture à deux versants se terminant par une croupe circulaire. Ce comble était limité à l'est par un mur pignon, parfaitement contemporain du voûtement du chœur, qui, tout en fermant le comble, permettait de gérer la différence de hauteur et de largeur avec le faux-transept [85] (cf. fig. 7). Les vestiges d'un larmier sur la chapelle orientée nord témoignent des faibles pentes romanes (environ 36 degrés) (fig. 40). Le faux-transept était couvert par un toit à deux versants dans le prolongement de celui du chœur. À l'angle nord-ouest de ce faux-transept, la corniche forme une saillie qui se justifie par l'existence d'un mur faisant face au pignon oriental et rejoignant le clocher pour fermer le comble [86]. On peut donc restituer une toiture à faible pente dont l'égout se faisait sur les côtés étroits du plan barlong du faux-transept. Ces dispositions, de même que l'absence de solins anciens sur le clocher, montrent que les inclinaisons initiales ont été reprises par les charpentes actuelles. Sur la partie orientale de la nef et du faux-transept, les empreintes de sablières sur le mur bahut enserrant le berceau central mises en place au moment de la construction sont encore lisibles. Ces négatifs permettent de restituer une structure à portique à l'image d'autres dispositions également restituées par des empreintes, comme à la collégiale Saint-Martin d'Angers (IXe-Xe siècle) [87] et dans la nef de Notre-Dame du Ronceray à Angers (seconde moitié du XIe siècle). Le chœur de Saint-Lazare de Fontevraud (1165d) conserve également une charpente de ce type [88]. Sur les trois travées occidentales de la nef, aucun témoin de la charpente initiale couvrant la partie voûtée d'ogives bombées n'a été perçu.

La charpente du XIVe siècle

La construction de l'église en six campagnes successives, menées d'est en ouest, a donc entraîné une mise en place de plusieurs charpentes distinctes, dont certaines furent probablement provisoires. C'est sans doute cette hétérogénéité et de possibles faiblesses structurelles qui ont conduit à la réfection de la charpente de la nef et du faux-transept. La prieurale de Cunault se distingue par son grand toit à deux versants peu pentus (36 degrés) qui englobe le vaisseau central et les deux bas-côtés [89]. Ces pentes sont relativement faibles au regard de la majorité des combles angevins, qui se situent autour de 53 degrés [90]. On peut néanmoins citer quelques exemples comparables : 33 degrés pour le chœur de Saint-Martin d'Angers et pour la nef de Notre-Dame du Ronceray à Angers, 35 degrés pour le chœur de Saint-Lazare de Fontevraud, 40 degrés pour la nef de Saint-Pierre de Saumur (1295d) ou encore 39 degrés pour le bras nord du transept de l'abbatiale Notre-Dame de Fontevraud (entre 1286 et 1295d). La charpente actuelle reprend la volumétrie des combles romans. Le toit en bâtière qui couvre la nef, large de 22 mètres, se poursuit sur le faux-transept faiblement débordant. Contrairement aux dispositions les plus courantes pour les transepts, il s'agit non pas d'un comble transversal, mais d'un volume à deux versants dont l'égout

85. Litoux et Hunot 2020, p. 24, pour la justification de ce mur pignon roman.

86. Au sud, l'absence, en symétrie, de témoins conduit à proposer une simple clairie.

87. Hunot à paraître.

88. Hunot 2016.

89. Cette étude des superstructures de l'église doit beaucoup à l'étude du bâti réalisée en 2019 dans le cadre du diagnostic architectural (Litoux et Hunot 2020, p. 19-62).

90. Hunot 2016.

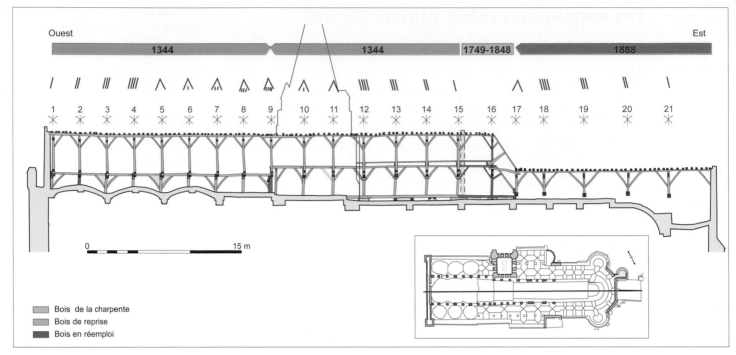

Fig. 37 – Cunault, église Notre-Dame, coupe longitudinale du comble avec les phases de charpentes (relevé et mise au net J.-Y. Hunot, fond lasergrammétrie AGP).

domine les murs nord et sud du volume barlong du faux-transept. Vers l'est, il venait buter contre le pignon marquant la limite avec le chœur tandis que la charpente placée au-dessus du volume central était prolongée par des appentis à 28 degrés (fig. 37).

La charpente de la nef et du faux-transept fut totalement refaite en 1344d [91]. Quatre massifs en moyen appareil de tuffeau datant sans doute du XIIIe siècle furent réutilisés, onze furent ajoutés, complétés dans un second temps par quatorze autres [92]. Ces supports, disposés en deux files sur le mur bahut ceinturant le berceau principal, reçoivent un cours de sablière (fig. 38). Au-dessus du vaisseau central, la charpente à fermes et à pannes sur poteaux évite largement le voûtement et donne suffisamment de hauteur pour permettre de prolonger la toiture au-dessus des bas-côtés. Les fermes, assez simples, comportent des contrefiches soulageant l'arbalétrier au droit du cours de pannes. Ces dernières sont maintenues par une forte cheville à tête élargie. L'entrait inséré dans des gargouilles [93] situées au sommet des poteaux, sous la sablière haute recevant les chevrons, constitue une seconde spécificité de cette structure. La charpente des bas-côtés de la nef comporte des arbalétriers de chambrée chevillés aux chevrons des fermes [94]. Une contrefiche appuyée sur le poteau et une courte jambette viennent en renfort. Le cours de pannes de chaque bas-côté est joint à tenon et à mortaise dans la face latérale de l'arbalétrier.

Au-dessus des bras du faux-transept, la distance à franchir, plus importante, a conduit à mettre en place dans le prolongement des murs gouttereaux de la nef une palée dont les poteaux sont liés au comble central par un arbalétrier [95]. Le chevron, qui se poursuit seul jusqu'à l'arase du mur, est soulagé au-delà de la palée par une contrefiche et une jambette. Partout, les chevrons anciens sont répartis avec un entraxe moyen de 67 cm. La structure en chêne, employé sous forme de bois de brin équarri à la hache, porte deux séries de marques. La première débute au pignon ouest avec les fermes marquées de 1 à 9 (fig. 37) tandis que la section couvrant le faux-transept et les travées situées au droit du clocher, marquées de 1 à 6 à partir de l'est, fut installée dans un second temps. Malgré une forte

91. Le chœur ne conserve pas de vestiges aussi anciens.

92. Voir Litoux et Hunot 2020 pour le détail de cette succession.

93. Entaille placée à l'extrémité d'une pièce pour recevoir une pièce généralement perpendiculaire.

94. L'arbalétrier de chambrée est placé dans la hauteur des pannes, contrairement à la disposition la plus courante où l'arbalétrier est positionné sous la panne.

95. Ligne de poteaux reliés en tête pour servir de support dans un pont ou dans tout autre ouvrage de charpente.

ÉLIANE VERGNOLLE, BÉNÉDICTE FILLION-BRAGUET ET JEAN-YVES HUNOT

similitude entre la structure des deux ensembles, il existe une différence dans les entraxes des fermes, qui sont de 265 cm à l'ouest et de 299 cm dans la partie orientale. Le contreventement longitudinal est assuré par un faîtage assemblé au sommet des poinçons, renforcé de liens et complété par une sablière haute unie aux poteaux par des liens associés par le cours de pannes des bas-côtés. Dans le faux-transept, une palée s'y ajoute avec les sablières hautes et basses sous chaque versant.

La dendrochronologie a montré que l'abattage des chênes des deux ensembles s'est déroulé au cours du repos végétatif de l'hiver 1343-1344 [96]. Tout indique un séchage des bois après la taille et le levage des deux structures. Il s'agit donc d'un phasage de chantier qui consista à couvrir d'abord la nef, la mettant ainsi à disposition des couvreurs, puis les travées du faux-transept.

L'emploi de charpentes à fermes et à pannes semble avoir été peu fréquent en Anjou avant le XVIIIe siècle, et les exemples qui subsistent à la croisée de la cathédrale d'Angers (1220d) ou au palais comtal sur la place des Halles à Angers (1253d) présentent des organisations très différentes de la structure de Cunault [97]. La charpente de la maison du 36, rue de Boumois à Saumur (1294-1324d) en est plus proche, mais elle s'en distingue par un contreventement longitudinal avec faîtage et sous-faîtage. C'est hors de la région qu'il faut chercher les exemples plus anciens : à la Trinité de Fécamp (1220d) ou à l'église de Champagne-sur-Oise (1234d) [98]. Bien que la charpente de la nef de la cathédrale de Poitiers (1277-1280d) soit de ce type, c'est surtout en Île-de-France et en Normandie que celui-ci fut adopté dès le XIIIe siècle [99]. En tout état de cause, il est difficile de discerner les raisons qui ont justifié son choix à Cunault.

Il faut plutôt se tourner vers les halles et les granges pour trouver des éléments de comparaison, notamment la grange de Flux à Lailly-en-Val dans le Loiret (1320-1325d) [100], celle de La Couture du Mans à Montoire-sur-le-Loir (1353-1366) [101] ou encore les halles de Clisson, en Loire-Atlantique (1377d) [102]. Les charpentes de ces édifices présentent certes

96. Dendrotech : Église Notre-Dame de Cunault, Gennes-Val-de-Loire, DW-2019-007, Betton 2020.

97 Hunot 2014 ; Biguet et Letellier 2014.

98. Épaud 2007 ; Épaud et Bernard 2008.

99. Épaud 2007 et 2013.

100. Bontemps 2006.

101. Datation communiquée par Christophe Perrault, CEDRE.

102. Dendrotech https://www.dendrotech.fr/fr/Dendrabase/site consulté le 24 février 2020.

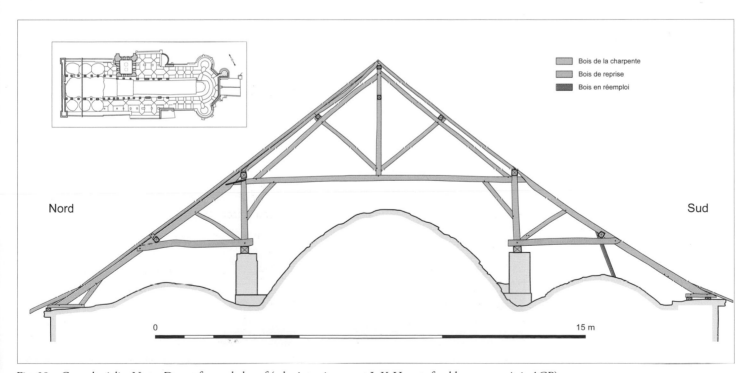

Fig. 38 – Cunault, église Notre-Dame, ferme de la nef (relevé et mise au net J.-Y. Hunot, fond lasergrammétrie AGP).

103. Dendrotech https ://www.dendrotech.fr/fr/Dendrabase/site consulté le 24 février 2020.

104. La mise en œuvre du moyen appareil de tuffeau présente toutes les caractéristiques reconnues sur diverses maçonneries angevines de cette période.

105. Les restaurations du XIXᵉ siècle ont en partie fait disparaître ces traces, en particulier dans le bras nord du transept et le bas-côté sud de la nef.

des pentes plus fortes que celles de Cunault, mais elles comportent une structure à fermes et à pannes établie sur des poteaux suffisamment hauts libérant les espaces des bas-côtés avec une hauteur sous le faîtage qui peut atteindre 12,5 m à Clisson. On y retrouve également le principe de ferme à contrefiches avec un contreventement assuré par les sablières hautes ainsi que plusieurs niveaux de traverses raidies par les liens. Aux XVᵉ et XVIᵉ siècles, les halles de Dives-sur-Mer (1405-1423d) offrent des dispositions comparables quoique toujours avec de fortes pentes [103], et c'est une solution voisine qui fut adoptée à la nef de l'église du Ronceray, à Angers (1432-1436d), couverte d'une toiture à deux versants inclinés à 56 degrés. Dans ce contexte, la charpente de Cunault apparaît comme un compromis destiné à couvrir un large volume et permettant de réaliser une économie à la fois de bois longs, en raison de la faible pente de la toiture, et de matériaux de couverture.

L'aménagement du comble en refuge

Au cours de la seconde moitié du XIVᵉ siècle, après la mise en place de la charpente, le pignon de la façade occidentale fut pourvu d'une coursière reposant sur un encorbellement supporté par une corniche à modillons [104]. L'état de ruine du parapet avant sa restauration ne permet pas d'assurer l'authenticité du dispositif, même si les représentations du XIXᵉ siècle suggèrent qu'il ne fut pas modifié. Il en est de même pour l'éventuel débouché de l'escalier placé dans le contrefort sud-ouest. C'est sans doute lors de ce même remaniement que des latrines formant bretèche furent établies en haut de cette vis ainsi que sur l'escalier de la tour-clocher.

Le comble fut également réaménagé. Dans la nef et le faux-transept, des cloisonnements sur ossature en bois, dont il subsiste des fragments d'un torchis dépourvus d'enduit ainsi que quelques traces sur la charpente (fig. 39) [105], vinrent isoler le volume du vaisseau central

Fig. 39 – Cunault, église Notre-Dame, détail de la charpente au-dessus du vaisseau central montrant les encoches pour des éclisses du hourdis et, en arrière-plan, la travée ajoutée lors de la démolition du pignon.

ÉLIANE VERGNOLLE, BÉNÉDICTE FILLION-BRAGUET ET JEAN-YVES HUNOT

Fig. 40 – Cunault, église Notre-Dame, transept, côté nord, extérieur, surélévation de la chapelle.

de ceux des bas-côtés. Quelques divisions transversales ont été également mises en évidence, notamment dans le bras sud du faux-transept. Les trois passages reconnus ne permettent pas de restituer les circulations entre ces divers espaces. Les reprises de la charpente du bas-côté sud et du bras nord du faux-transept effectuées par Ch. Joly-Leterme en 1840 et le déblaiement des « voûtes de l'église et du chœur de 1,50 m de hauteur de débris accumulés dans toute la longueur de l'édifice » ont fait disparaître toute trace de sol ou de plancher [106]. Dans la partie orientale de l'église, un escalier en vis fut construit pour mettre en communication les deux niveaux de la chapelle axiale avec le comble. On accédait à celui-ci depuis l'extérieur par une porte, située à 5 m environ au-dessus du sol actuel, accessible par une passerelle, sans doute dotée d'un pont-levis, depuis le logement d'un religieux [107]. La surélévation des murs des absidioles s'accompagna de la mise en place au droit de la corniche d'autres maçonneries, dont deux segments sont conservés près du faux-transept (fig. 40). À cet endroit, le mur nord porte des traces de rubéfaction qui suggèrent la présence d'un foyer.

Postérieurs à la charpente construite en 1344d, les cloisonnements et les aménagements de la partie du comble surmontant le chœur – isolée du reste de l'église par un mur pignon – peuvent être reliés à la mise en place d'un réduit défensif lors de la guerre de Cent Ans, sans qu'on puisse dire si ce fut après le passage des Anglais en 1361 ou pendant leur présence dans le Saumurois, entre 1421 et 1432. Quoi qu'il en soit, les techniques de mise en œuvre des maçonneries conduisent à éliminer l'hypothèse des guerres de Religion qui a parfois été émise. Ces rehaussements destinés à créer des réduits défensifs au-dessus d'églises, bien que peu fréquents dans la région, se retrouvent par exemple sur les églises angevines de Brion ou Blaison. À Saint-Martin de Candes ou à la Corroirie du Liget [108], les chapelles et le chœur pour la seconde sont utilisés pour créer des tourelles flanquant le volume principal, accentuant ainsi le caractère défensif du lieu. Bien que le comble de Cunault semble avoir fait l'objet d'un aménagement plus sommaire que certains autres combles – la Corroirie du Liget, par exemple – on peut estimer qu'il était lui aussi destiné à accueillir la population

106. Fillion-Braguet 2020, p. 6.

107. Grandet 1704, p. 313 : « le château du Prieur est situé au-dessus du toit de l'église, immédiatement sur le grand autel, par-dessus la voûte en forme de forteresse, avec une tour qui servait apparemment, en temps de guerre à poster des sentinelles et à découvrir les ennemis. Il y a plusieurs chambres, et divers appartements avec des peintures antiques. On y entre par un escalier qui est dans l'église et hors l'église par un pont-levis qui était autrefois dans la maison d'un des religieux ».

108. Dufaÿ 2014.

109. Grandet 1704, p. 313.

110. Arch. dép. Maine-et-Loire, G/827, fol. 300.

locale. La partie située au-dessus du chœur pourrait cependant avoir été traitée de manière plus raffinée et, sans doute, avec un caractère défensif plus ostentatoire. C'est du moins ce que suggèrent à la fois l'expression « château du Prieur » employée par l'abbé Grandet en 1704 [109] et l'arrêt de 1749 portant sur la décision de partager l'église en deux, qui fait état de la présence au-dessus du chœur d'« une espèce de château […] délabré » [110].

Ces aménagements disparurent au début du XIXe siècle lorsque les combles du chœur furent rasés, probablement par P.-Ch. Dupuis avant 1839. Dans la mesure où Ch. Joly-Leterme démolit en 1848 le mur pignon qui marquait la séparation avec le faux-transept, c'est au plus tard à cette date que la charpente de ce dernier fut prolongée d'une travée constituée en totalité de bois en réemploi. La charpente du chœur était alors en très mauvais état et soutenue par des massifs de maçonnerie. Il faudra attendre 1888 pour que V. Petitgrand la remplace en totalité par une structure à fermes et à pannes ayant des versants à 31 degrés et reposant sur des arases ruinées et irrégulières, vestiges de la corniche qui sommait le déambulatoire. Deux grandes écharpes en pin liées aux arbalétriers par boulonnage permettent d'échapper au couvrement du sanctuaire. Toutefois, la volumétrie de cette nouvelle charpente est très proche de celle du XIIe siècle, à l'exception de la séparation du chœur et du transept par un mur pignon.

Jean-Yves Hunot

Crédits photographiques – fig. 1, 4, 9, 11, 14, 17, 20-21, 23-31, 33, 35-36 : cl. Pierre-Louis Laget ; fig. 2, 6 : cl. MPP ; fig. 8, 15-16, 22 : cl. Éliane Vergnolle ; fig. 12-13, 18-19, 32, 34 : cl. Bénédicte Fillion-Braguet ; fig. 39 : cl. Armelle Maugin, Conservation départementale du patrimoine de Maine-et-Loire ; fig. 40 : cl. Jean-Yves Hunot.

BIBLIOGRAPHIE

ARCHITRAV 2020
ARCHITRAV, *Étude documentaire, 49 – Gennes-Val-de-Loire – Église Notre-Dame de Cunault – Mise hors d'eau de l'édifice*, Angers, mars 2020.

Biguet et Letellier 2014
Olivier Biguet et Dominique Letellier-d'Espinose, « Le palais comtal sur la place des Halles à Angers, une création de Charles d'Anjou au milieu du XIIIe siècle », dans Étienne Vacquet (dir.), *Saint Louis et l'Anjou*, Rennes, 2014, p. 97-112.

Bontemps 2006
Daniel Bontemps, « La grange seigneuriale de "l'hébergement" de Flux à Lailly-en-Val (Loiret) au XIVe siècle, *In Situ*, vol. 6, 2006, 24 p. [en ligne : https://journals.openedition.org/insitu/2936].

Brincard 1930
Baronne Brincard (Marie-Thérèse), « Les chapiteaux historiés de l'église de Cunault », *Bulletin monumental*, t. 89-1, 1930, p. 113-147.

Brincard 1937
Baronne Brincard (Marie-Thérèse), *Cunault et ses chapiteaux du XIIe siècle*, Paris, 1937.

Cartron 2010
Isabelle Cartron, *Les pérégrinations de Saint-Philibert : Genèse d'un réseau monastique dans la société carolingienne*, t. 89, Rennes, 2010.

Cartron 2021
Isabelle Cartron, « Le chemin vers Tournus : la

mémoire des pérégrinations des moines de Saint-Philibert et le réseau monastique des XIe-XIIe siècles », dans *Actes des rencontres du Millénaire. Autour de la chronique de Falcon*, Tournus, 27-28 septembre 2019, Tournus, 2021, p. 87-94.

Davy 2014
Christian Davy, « La peinture murale en Anjou au XIIIe siècle : synthèse et question nouvelle », dans Étienne Vacquet (dir.), *Saint-Louis et l'Anjou*, Rennes, 2014, p. 261-274.

Debiais 2010
Debiais Vincent, *Maine-et-Loire, Mayenne, Sarthe (région Pays de la Loire)*, Paris, 2010 (Corpus des inscriptions de la France médiévale, 24), p. 126-130.

Duchet-Suchaux 1995
Gaston Duchet-Suchaux, « Iconographie de saint Philibert », dans *Saint-Philibert de Tournus* 1995, p. 665-680.

Dufaÿ 2014
Bruno Dufaÿ, « La Corroirie de la Chartreuse du Liget à Chémillé-sur-Indrois (Indre-et-Loire). Étude historique et architecturale », *Revue archéologique du Centre de la France*, [En ligne] t. 53, 2014.

Épaud 2007
Frédéric Épaud, *De la charpente romane à la charpente gothique en Normandie*, Caen, 2007.

Épaud 2013
Frédéric Épaud, « Les charpentes », dans Claude Andrault-Schmitt (dir.), *La cathédrale Saint-Pierre de Poitiers, enquêtes croisées*, La Crèche, 2013, p. 188-208.

Épaud et Bernard 2008
Frédéric Épaud et Vincent Bernard, « L'évolution des charpentes d'églises du Val d'Oise, du XIe au XXe siècle », *Revue archéologique du Centre de la France*, [En ligne], t. 47, 2008, 34 p.

Erlande-Brandenburg 1975
Alain Erlande-Brandenburg, « La sculpture funéraire vers les années 1200 : les gisants de Fontevrault », *The Year 1200. A Symposium*, New York, 1975, p. 561-577.

Fillion-Braguet 2014
Bénédicte Fillion-Braguet, « La sculpture au XIIIe siècle en Anjou », dans Étienne Vacquet (dir.), *Saint Louis et l'Anjou*, Rennes, 2014, p. 233-260.

Fillion-Braguet 2018
Bénédicte Fillion-Braguet, « La grande châsse de Notre-Dame de Cunault », dans Marie Lezowski et Yann Lignereux (dir.), *Objets chrétiens en conflits (XVIe-XVIIIe siècle). Approches croisées*, 2018, en ligne https://alliance-europa.eu.

Fillion-Braguet à paraître
Bénédicte Fillion-Braguet, « La sculpture monumentale en Anjou aux XIIe et XIIIe siècles et ses polychromies », dans Bénédicte Fillion-Braguet, Nathalie Le Luel et Clémentine Mathurin (dir.),

ÉLIANE VERGNOLLE, BÉNÉDICTE FILLION-BRAGUET ET JEAN-YVES HUNOT

La pierre, la couleur et la restauration. Le portail polychromé de la cathédrale d'Angers (XIIe-XXIe siècle). Contribution à l'étude des portails médiévaux en France et en Europe, actes du colloque d'Angers, 17-19 novembre 2021, à paraître.

Fillion-Braguet et Prigent 2014
Bénédicte Fillion-Braguet et Daniel Prigent, « L'Architecture religieuse en Anjou du temps de saint Louis », dans *Saint Louis et l'Anjou* 2014, p. 162-186.

Godard-Faultrier et Hawke 1839-1840
Victor Godard-Faultrier et Peter Hawke, *L'Anjou et ses monuments*, 2 vol., Angers, 1939-1840

Gordine 2014
Alexandre Gordine, « Peinture murale et polychromie architecturale angevine au temps de Saint Louis », dans *Saint Louis et l'Anjou* 2014, p. 275-284.

Grandet 1704
Joseph Grandet, *Notre-Dame angevine, ou Traité historique, chronologique et moral de l'origine et de l'antiquité de la cathédrale d'Angers, des abbayes, prieurez, églises collégiales et paroissiales [...], sous l'invocation de la très sainte Vierge Marie*, Angers, 1884 (récd. Paris, 2012).

Guillot 1972
Olivier Guillot, *Le comte d'Anjou et son entourage au XIe siècle*, 2 vol., Paris, 1972.

Halphen 1906
Louis Halphen, *Le comté d'Anjou au XIe siècle*, Paris, 1906.

Herbécourt et Porcher 1959
Pierre d'Herbécourt et Jean Porcher, *Anjou roman*, La Pierre-qui-Vire, 1959.

Hunot 2014
Jean-Yves Hunot, « La charpente : entre traditions et nouveautés », dans *Saint-Louis et l'Anjou* 2014, p. 187-204.

Hunot 2016
Jean-Yves Hunot, « De tuiles et d'ardoises : les couvertures médiévales en Anjou », dans Françoise Duperroy et Yves Desmet (dir.), *Les couvertures médiévales : images et techniques*, Namur, Monuments et Sites 14, 2016, p. 231-241.

Hunot à paraître
Jean-Yves Hunot, « La charpente du IXe siècle de l'église Saint-Martin d'Angers », dans Fabrice Henrion (dir.), *De bois, de pierre et de terre, archéologie de la construction au haut Moyen Âge*, Actes des 39es Journées de l'Association française d'archéologie mérovingienne, 2018, supplément à la *Revue Archéologique de l'Est*, à paraître.

Juénin 1733
Pierre Juénin, *Nouvelle histoire de l'abbaïe royale et collégiale de saint Filibert et de la ville de Tournus*, Dijon, 1733.

Leduc-Gueye 2007
Christine Leduc-Gueye, *D'Intimité, d'Éternité. La peinture monumentale en Anjou au temps du roi René*, Lyon, 2007.

Lesueur 1966
Frédéric Lesueur, « Appareil décoratifs supposés carolingiens », *Bulletin monumental*, t. 124-2, 1966, p. 167-186.

Litoux et Hunot 2020
Emmanuel Litoux et Jean-Yves Hunot, *Gennes-Val de Loire (49), Notre-Dame de Cunault, EA nº 49 149 0106. Sondage et étude du bâti, Rapport final d'opération*, Conservation départementale du Patrimoine de Maine-et-Loire, Angers, avril 2020.

Maître 1898
Léon Maître, « Cunault, son prieuré et ses archives », *Bibliothèque de l'École nationale des chartes*, t. 59, 1898, p. 233-261.

Mallet 1984
Jacques Mallet, *L'art roman de l'ancien Anjou*, Paris, 1984.

Mallet et Prigent 1995
Jacques Mallet et Daniel Prigent, « La place de la priorale de Cunault dans l'art local », dans *Saint-Philibert de Tournus* 1995, p. 473-486.

Mussat 1963
André Mussat, *Le style gothique de l'Ouest de la France (XIIe-XIIIe siècles)*, Paris, 1963.

Norton 2003
Christopher Norton, « Thirteen Century Tiles Pavements in Anjou », dans John McNeill (dir.), *Anjou. Medieval Art Architecture and Archeology*, British Archaeological Association Conference Transactions XXVI, 2003, p. 210-234.

Port 1874-1878
Célestin Port, *Dictionnaire historique, géographique et biographique de Maine-et-Loire*, Paris, 3 vol.,1874-1878.

Poupardin 1905
René Poupardin, *Monuments de l'histoire des abbayes de Saint-Philibert (Noirmoutier, Grandlieu, Tournus)*, Paris, 1905.

Prigent 2010
Daniel Prigent, « Le petit appareil et son évolution », dans Robert Carvais, Valérie Nègre et Joël Sakarovich (dir.), *Édifice & artifice. Histoires comparatives*, Paris, 2010, p. 503-511.

Prigent 2012
Daniel Prigent, « Le petit appareil : méthode d'analyse et premiers résultats. L'exemple du Val de Loire », dans Éliane Vergnolle et Sébastien Bully (dir.), *Le « premier art roman » cent ans après. La construction entre Saône et Pô autour de l'an mil. Études comparatives*, Actes du colloque de Baume-les-Messieurs et Saint-Claude, 18-21 juin 2009, Besançon, 2012, p. 189-204.

Prigent 2013
Daniel Prigent, « Techniques de construction et de mise en œuvre de la pierre du IXe au XIe siècle. Nouvelles approches », dans Dominique Iogna Prat, Michel Lauwers, Florian Mazel et Isabelle Rosé (dir.), *Cluny. Les moines et la société au premier âge féodal*, Rennes, 2013, p. 439-458.

Salet 1964
Francis Salet, « Notre-Dame de Cunault. Les campagnes de construction », dans *Congrès archéologique de France. Anjou*, 1964, p. 636-676.

Saint Louis et l'Anjou 2014
Saint Louis et l'Anjou, Étienne Vacquet (dir.), Rennes, 2014.

Saint-Philibert de Tournus 1995
Saint-Philibert de Tournus. Histoire, archéologie, art, actes du colloque du CIER, Tournus, 15-19 juin 1994, Jacques Thirion (dir.), Tournus, 1995.

Skubiszewski 1996
Piotr Skubiszewski, « Le thème de la Parousie sur les voûtes de l'architecture Plantagenêt », dans *De l'art comme mystagogie. Iconographie du Jugement dernier et des fins dernières à l'époque gothique*, actes du colloque de la Fondation Hardt, Genève, 13-16 février 1994, Poitiers, 1996 (*Civilisation Médiévale*, 3), p. 105-153.

Vergnolle 1992
Éliane Vergnolle, « L'art des frises dans la vallée de la Loire », dans Deborah Kahn (dir.), *The Romanesque frieze and its spectator*, Actes du colloque international de Lincoln, 1990, Londres, 1992, p. 97-120 (récd. dans *L'art monumental de la France romane. Le XIe siècle*, Londres, 2000, p. 241-272).

Wu 1988
Fang-Cheng Wu, « Les arcades du cloître de l'abbaye Saint-Aubin d'Angers (1128-1151) », *Histoire de l'art*, nº 3, 1988, p. 37-48.

L'abbaye Toussaint d'Angers

Du gothique angevin aux génovéfains

Claude ANDRAULT-SCHMITT *

Au cœur de la ville, l'église de Toussaint accueille la galerie de sculptures David d'Angers, installée depuis 1984 sous une toiture de verre sur charpente métallique [1]. Le site est donc marqué par les reconversions, mais plus encore par l'écho de deux entreprises originales : une belle église gothique dont le voûtement structuré de nervures multiples n'a malheureusement pas été protégé par sa célébrité ; une somptueuse et précoce restauration post-tridentine. Présenter succinctement l'intérêt monumental du lieu ne peut que frustrer, face à un dossier documentaire d'une richesse exceptionnelle [2].

UNE DOUBLE NAISSANCE

D'après ce que l'on sait de la vie du fondateur Giraud, chantre de la cathédrale, Toussaint fut fondée dans les années 1040 en tant qu'aumônerie dédiée à la sépulture des pauvres, en lien avec un nouveau cimetière, mais sans paroisse associée. Placé sous le vocable de la Vierge et Tous les Saints, l'établissement était desservi par des frères choisis par l'évêque [3]. Sa gestion et ses revenus furent remis bientôt par le comte d'Anjou à son abbaye de la Trinité de Vendôme, puis les chanoines de la cathédrale reprirent la main. Au début du XIIe siècle intervint une nouvelle naissance, sous la forme d'un monastère urbain de type canonial, dont de nombreux prieurés-cures et domaines assuraient l'indépendance. Dès son arrivée, et non sans opposition, l'évêque Renaud de Martigné demanda en effet à Pierre de Saine-Fontaine, prieur de la communauté de chanoines d'Airvault en Poitou, elle-même issue de celle de Lesterps au diocèse de Limoges, d'envoyer à Toussaint deux clercs. En 1115, il argumenta *a posteriori* qu'il y avait toutes sortes de religieux dans sa ville d'Angers mais pas de chanoines réguliers, qui faisaient « défaut à la perfection de la ville » et qui représentaient pourtant le premier des ordres religieux, celui « qui doit briller dans la maison du Seigneur comme une grande lumière, par l'autorité des apôtres » [4]. Il manifestait là une volonté d'équilibrage ecclésiologique, car la ville ne manquait pas d'abbayes ou de prieurés, et prônait une valorisation du modèle sacerdotal s'appuyant sur la tradition des communautés chrétiennes primitives. Des couvents identiques surgirent dans d'autres capitales de diocèse : ainsi Saint-Hilaire-de-la-Celle à Poitiers [5] ou Saint-Gérald à Limoges [6]. Tous invitent à s'intéresser à cette alternative au succès des bénédictins et à comprendre l'expression « chanoines réguliers sous la règle de saint Augustin » comme une étiquette générique commode, introduite tardivement moins par les intéressés que par la correspondance de papes très impliqués dans le mouvement. À Toussaint, un premier « abbé », Robert Ier († c. 1150), a été souvent associé à une crosse en cuivre doré retrouvée sur place, cependant estimée un peu plus tardive [7].

---

* *Professeur émérite d'Histoire de l'art médiéval, université de Poitiers/CESCM, UMR 7302.*

1. Réalisation de Pierre Prunet, ACMH : il s'agissait à la fois d'éviter un écroulement prévisible et de créer un espace muséal associé au musée des Beaux-Arts. De nombreux dossiers, depuis le projet en 1976 jusqu'à l'inauguration, sont conservés à la MPP : plans et coupes en G/82/49/1004, 1007, 2001, 3003 ; dossier en E/81/49/9-13.

2. Vues cavalières, plans, gravures anciennes et photographies consultables à Paris : Arch. nat., BnF (Cabinet des estampes), Bibl. Sainte-Geneviève, et à Angers : Arch. dép. Maine-et-Loire, Bibl. mun., musée des Beaux-Arts, galerie David d'Angers. Nombre de ces documents ont été mis en ligne par l'Inventaire de la Région Pays de la Loire, relayé par les sites nationaux (Plateforme Ouverte du Patrimoine, POP), mais sans que soient toujours indiquées les références exactes des originaux.

3. François Comte, *L'abbaye Toussaint d'Angers des origines à 1330. Étude historique et cartulaire*, Société des Études angevines, 1985. Les allusions historiques qui suivent sont empruntées à cet ouvrage essentiel. Les circonstances des fondations, avec actes à l'appui, se trouvent aussi dans un *Factum* de 1683 (Bibl. Sainte-Geneviève).

4. Traductions de Fr. Comte, *ibid.*, p. 20 et 23, d'après une charte du Cartulaire noir de la cathédrale d'Angers, publ. p. 89-91 (n° 2).

5. Claude Andrault-Schmitt, « Le passionnant dossier de Saint-Hilaire-de-la-Celle (Poitiers). Les enjeux de l'interprétation des dessins des génovéfains à la lumière des autres sources », *Revue historique du Centre-Ouest*, 2020-1, p. 73-113.

6. Les clercs de Saint-Gérald continuèrent à encadrer un hôpital (bientôt hôpital général) dont un des bâtiments devint l'hôtel de ville.

7. Dessins aux Arch. dép. Maine-et-Loire, 2 Fi 166, 11 Fi 7767. Une autre crosse, émaillée, caractéristique du siècle suivant, a été également mise au jour. Je ne m'attarde pas ici sur les nombreuses sépultures découvertes dans les années 1840, qu'on se plut toujours à attribuer à l'un des abbés connus des sources, malgré l'absence de preuves.

8. Fr. Comte, *L'abbaye Toussaint d'Angers...*, *op. cit.* note 3, n° 10, p. 96-97. Voir aussi *id.*, « 8. Angers. La Cité et ses abords immédiats », dans *Village et ville au Moyen Âge : Les dynamiques morphologiques* [en ligne], Tours, 2003, n° 32-34.

9. Victor Godard-Faultrier, *Musée des antiquités d'Angers fondé en 1841. Inventaire*, Angers, 1868, ici p. XIII. On attribue aussi à cette fin du Moyen Âge des peintures « débadigeonnées » sur les murs sud et ouest.

10. Inscription complète donnée par l'abbé Cholet, « L'église et l'abbaye de Toussaint », dans *Congrès scientifique de France, session tenue à Angers en septembre 1843*, p. 362.

11. Joseph Grandet, *Notre-Dame angevine ou Traité historique, chronologique et moral...*, [avant 1746], Angers, 1884, p. 192. Il y avait évidemment un abbé commendataire, fonction que ni les mauristes ni les génovéfains n'ont supprimée (ici, il se serait intégré à la communauté).

12. Philippe Mornet a construit la bibliothèque municipale entre 1975 et 1978, date à laquelle y furent installés les fonds conservés non loin, de l'autre côté de l'église, au logis Barrault. Les bâtiments de la cour d'honneur constituèrent le dernier chantier de restauration du site, en 1985. Une nouvelle restructuration-extension de la médiathèque devrait prochainement voir le jour.

13. Restitutions de Gilles Lafosse, conservées au service de l'Inventaire (ADAGP 1988).

14. « Plan géométrique de la ville d'Angers, dressé d'après les élémens du Cadastre par Hippolyte Priston, géomètre en chef... gravé par Schwaerzlé », 1844, en ligne sur Gallica.

15. Angers, Arch. mun. On peut ajouter les photographies Mornet vers 1970 (collection particulière). La plupart des clichés sont visibles dans le diaporama mis en ligne par la Région Pays de la Loire (Inventaire général, ADAGP, 2003) : https://www.patrimoine.paysdelaloire.fr/ressources/diaporama/detail-diaporamas/diaporama-abbaye-toussaint-ac/. Les incendies consécutifs aux bombardements de 1944 sont abusivement invoqués, la ruine étant alors largement entamée.

L'ÉCHO MONUMENTAL DES RENAISSANCES CONVENTUELLES

Il faudra évidemment réfléchir aux vestiges les plus anciens, nécessairement romans. Pour sa part, sa qualité devant plaider seule, l'église gothique ne correspond à aucune mention dans les sources, hormis le développement contemporain d'une fortune foncière urbaine : à partir de 1224 au moins, les religieux de Toussaint acquièrent progressivement toutes les parcelles, maisons et celliers de la rue qui porte leur nom, et ils opérèrent des lotissements qui la densifièrent définitivement [8]. Notons la concordance avec une enceinte nouvelle qui mit à l'abri ce quartier, en triangle entre les fortifications de l'Antiquité tardive et le nouveau tracé, et dont une porte et une tour ont pu relayer le toponyme de l'abbaye. Parmi quelques jalons postérieurs, on peut citer la bulle de 1352 qui resserra les liens avec le chapitre cathédral. Le XVe siècle apporta son lot habituel d'embellissements : en 1845 furent recueillis des vestiges d'une porte sculptée en métal découpé doublé d'étoffe ainsi que les panneaux d'un meuble [9]. S'impose encore aujourd'hui un portail de type flamboyant, sur rue, à l'ouest, installé en avant d'un petit parvis.

Pour appréhender le paysage monumental, on ne peut s'en tenir aux générations médiévales et omettre les conséquences de la réforme opérée sous l'autorité de l'abbé de Sainte-Geneviève de Paris. Actée en 1634-1635, l'adhésion fut précoce. Grâce au dynamisme du prieur Philippe Gallet († 1654), de nouveaux bâtiments conventuels furent mis en chantier le 14 septembre 1627, date donnée par l'inscription gravée sur la « pierre fondamentale » du dortoir [10], donc avant tout concordat officiel – un processus toujours long, semé d'embûches et entaché d'inimitiés personnelles [11]. Les édifices de cette époque se lisent encore bien malgré des réhabilitations et ajouts, parmi lesquels celui d'un vaste bloc à la structure transparente destiné à la bibliothèque municipale, au sud [12]. Dans une démarche rétrospective, on peut s'appuyer sur les restitutions photogrammétriques des élévations réalisées avant leur démolition [13], sur le plan de la ville dressé en 1844 qui permet de mesurer la différence entre une église déjà ruinée et des bâtiments conventuels encore en place [14], sur la documentation des génovéfains enfin (fig. 1). Malheureusement, les historiens de l'architecture, qui ont longtemps négligé la question des édifices non cultuels, ne donnent aucun commentaire pour aider à lire, d'une part, la différence entre les bâtiments du XVIIe siècle et ceux du siècle suivant, d'autre part, les intéressantes photographies prises en 1900, 1913, 1920 et 1964 [15].

Le cloître

Présentant une belle facture baroque, une avant-cour ou « cour d'honneur » est introduite par un portail extérieur à bossages. Elle est ornée de deux tours en encorbellement se faisant face, l'une correspondant au chartrier, l'autre aux latrines, avec parloir en rez-de-chaussée au nord. Ainsi, depuis la rue, l'entrée vers le couvent se distingue-t-elle de l'entrée vers l'église, plus septentrionale. On accède ensuite à deux galeries orthogonales, bordant à l'ouest et au sud l'ancien jardin de cloître, ainsi qu'à l'amorce, sur quelques travées aux arcades très restaurées, de la galerie nord précédant l'église et la flanquant sur une courte distance. La large galerie occidentale possède les mêmes composantes rythmiques que les autres galeries (pilastres, imposes, discrète corniche), mais elle est la seule dont la voûte soit authentique ; ses arcades sont à moitié plus hautes que celles de ses voisines, et elle est surmontée d'un étage mansardé à lucarnes rondes (fig. 2) ; elle ne s'est jamais appuyée sur aucun bâtiment. Cette différence est une question moins de hiérarchie que de chronologie : constituant en quelque sorte un revers de la cour d'honneur, cette galerie ouest fut la première construite. Les galeries nord, sud, est, qui n'étaient avant la Révolution couvertes que de charpentes lambrissées, procèdent d'étapes ultérieures, postérieures aux années 1720 : en tant que structures maçonnées, elles sont absentes du premier plan complet des génovéfains (fig. 1).

CLAUDE ANDRAULT-SCHMITT

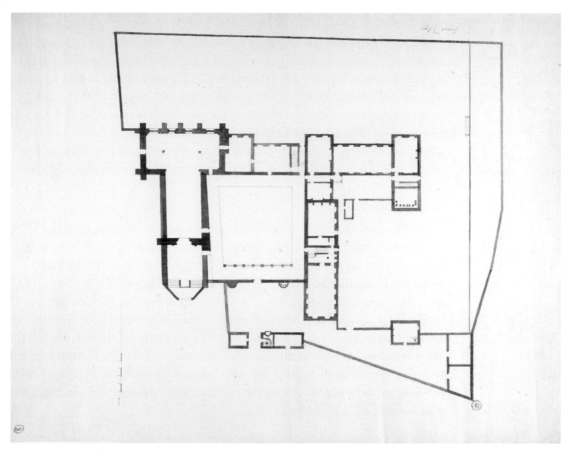

Fig. 1 – Angers, abbaye Toussaint, plan, vers 1700, dessin non légendé (Paris, Bibl. Sainte Geneviève, EST. 148 RES. F.8).

Fig. 2 – Angers, abbaye Toussaint, galerie occidentale du cloître, surmontée de son comble.

16. Sous la cote VE-20-BOÎTE FOL, au Cabinet des estampes (BnF), se trouvent des feuilles éparses et parfois non légendées, réunies sous le titre de *Recueil factice ancien contenant des dessins (et quelques gravures) du XVIIe et XVIIIe siècles, relatifs à des abbayes et prieurés des Chanoines réguliers de la Congrégation de France*. Rien de comparable, sinon l'intention, avec le célèbre *Monasticon gallicanum*. Ce fonds est cependant particulièrement riche pour Toussaint ; on retiendra une vue cavalière (avant 1723), souvent reproduite, et un plan de l'église (même date), avec son aménagement liturgique.

17. C'est-à-dire le privilège de dispenser des études académiques de théologie, ou du moins d'héberger des étudiants.

L'aile sud

À l'angle sud-ouest, les locaux de la médiathèque donnent accès à un magnifique escalier dont les paliers sont ornés de pots à feu. Cet organe occupe un pavillon qui assurait la communication entre la partie de l'aile sud bordant le cloître, dite « de la cuisine », disparue, et la partie de l'aile sud le débordant à l'ouest, dite du « réfectoire ». Cette dernière salle, voûtée, peut encore être admirée, de même que son étage, autrefois occupé par une riche bibliothèque, et ses combles. Sans s'attarder sur des dénominations fonctionnelles tardives (fin du XVIIIe siècle), il faut supposer que seul le bâtiment oriental réutilisait les fondations médiévales, l'allongement de l'emprise vers la rue permettant de plus belles dispositions.

L'aile orientale

Des vestiges de l'aile orientale ont subsisté jusque dans les années 1970, encore à peu près couverts mais dans un état lamentable. Ils représentaient de pauvres échos d'un long édifice rythmé par ses trois pavillons, représentés sur plusieurs vues cavalières [16], dont une image aquarellée qui est un peu naïve mais moins enjolivée que les autres (fig. 3). Quelques murs prennent encore appui sur le bras sud du transept, au titre de témoins à la lecture difficile, car les ouvertures furent remaniées à diverses reprises. Leur matériau tranche avec le beau tuffeau du chevet de l'église ou avec celui du cloître. Cette relative modestie est confirmée par les clichés anciens où seuls les angles sont appareillés : sans doute la noblesse de la pierre a-t-elle été sacrifiée au profit de la rapidité du chantier, l'ampleur des dimensions se justifiant par le besoin d'accueillir des futurs clercs en formation théologique, car Toussaint avait le statut d'« agrégation » [17].

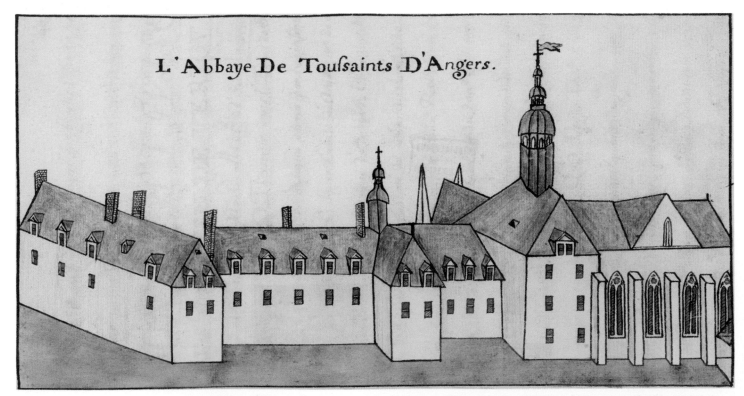

Fig. 3 – Jean Ballain, vue du front sud de l'abbaye de Toussaint, dessin, *Annales et antiquités d'Anjou...*, 1716 (Angers, Bibl. patrimoniale, Rés. Ms. 991).

CLAUDE ANDRAULT-SCHMITT

Contre l'église se trouvait un orgueilleux pavillon de quatre étages [18], surmonté d'un clocher dont l'érection avait à l'évidence contourné l'impossibilité structurale d'une tour dominant le sanctuaire contigu. Son rez-de-chaussée, sur les plans au sol issus du cadastre de 1844, est curieusement intégré au bras sud, alors que, sur d'autres plans, il est visiblement occupé par un autre grand escalier qui avait nécessité la transformation des parties inférieures des deux lancettes du pignon du transept en ouvertures cintrées, liées à des paliers d'accès à l'église depuis le dortoir et surtout à des tribunes pour l'assistance aux offices [19]. On comprend qu'il ait fallu aussi ajouter une sacristie hors œuvre, volume bas et coudé enveloppant l'angle sud-est du transept, qui connut au moins deux états différents. Car, comme l'église et les promenoirs du cloître, les bâtiments conventuels ont été augmentés au XVIIIᵉ siècle [20]. Ainsi, une vue cavalière de 1740 dédiée au prieur [21] montre une accentuation de la hauteur du pavillon grâce à un clocher de charpente recouvert d'ardoises plus élevé que celui qui avait été achevé en 1631.

Plus loin, le pavillon médian était implanté au droit de l'aboutissement de l'aile sud, séparant « l'aile de la sacristie » et « l'aile du chapitre » (ou « salle »), à l'extrémité de laquelle le pavillon terminal était donc reporté très loin. On avait dû là encore respecter un plan médiéval, avec un bâtiment oriental se prolongeant d'environ la moitié de sa longueur totale au-delà de l'aire claustrale.

La deuxième cour sud

Outre une reconstruction des ailes est et sud, magnifiées par la saillie de leurs pavillons, les génovéfains ont élaboré des structures en retour de l'angle de l'aile du chapitre habituellement dévolu aux latrines. Il ne s'agissait que d'édicules isolés, dont un « appartement » à l'est, une « remise » au milieu et, à l'ouest, un pavillon qui servit un temps d'infirmerie et subsista jusqu'à la restructuration. Le tout fut relié dans les dernières campagnes du XVIIIᵉ siècle par l'une des galeries abritées en usage dans l'ordre, parallèle à l'aile du réfectoire.

Comme chez les autres génovéfains et chez les mauristes, ce qui frappe est le soin accordé aux porches d'entrée, escaliers et galeries de circulation, dont le luxe et l'ampleur peuvent nous paraître aujourd'hui superflus [22].

LE DESTIN DE L'ÉGLISE - DE SON ALLONGEMENT EN 1723 JUSQU'À SA RUINE

Au plus fort de leurs commandes architecturales, les génovéfains n'avaient guère touché l'église, sinon par le mobilier de chœur et la modification des accès, ce qui n'est pas surprenant : une porte millésimée 1632 donnait sur une chapelle voûtée d'ogives accolée à la moitié orientale du bras nord [23] ; en face, connue par un dessin, une « porte de la sacristie » affichait une grande richesse décorative (panneaux, pilastres, arcs surbaissés) [24]. Tout allait changer au siècle suivant. Les différences entre trois vues cavalières et entre plusieurs plans éclairent sans ambiguïté une modification fondamentale : la création d'un bras oriental pour former un plan en croix latine. Péan de La Tuilerie écrivait en 1778 :

L'Eglise de Toussaint est aujourd'hui une des plus jolies de la ville, vu les grandes augmentations qui ont été faites en 1723. L'intérieur, dont le plan a la figure d'une croix, est très-magnifique depuis son agrandissement ; la nef en occupe la partie inférieure ; la voûte de la croisée est soutenue de deux colonnes très-déliées [25].

Le chantier est donc bien daté [26]. Une inscription en donne le terme avec la pose du carrelage, en 1732 [27]. Alors a été conçue la grande rose. Il faut souligner la cohérence avec les parties médiévales, malgré l'évident objectif de supprimer ce que le plan en T avait

18. Dans la première moitié du XXᵉ siècle encore, ce pavillon montrait deux niveaux, mais il était découronné, tandis que l'aile qui le poursuivait avait encore son toit et ses mansardes à fronton triangulaire. Le tout était évidemment crépi.

19. Selon Godard-Faultrier, *Musée des antiquités d'Angers...*, op. cit. note 9, p. XIV. Voir plusieurs photographies anciennes : les murs sud de l'église étant envahis par des arbres, ce pignon a été reconstruit (cl. Estève, APMH 00102576 ; Arch. dép. Maine-et-Loire, 11 Fi 0996).

20. En outre, plusieurs projets pour un logis abbatial, non réalisés, sont conçus en 1786 : Arch. dép. Maine-et-Loire, 1 B 846. La date figure aussi, avec celle de 1632, sur la porte de la chapelle.

21. Vue adressée au prieur Claude Guénard (Arch. dép. Maine-et-Loire, ancienne cote H 1246, aujourd'hui 2 Fi 705).

22. Parmi les bâtiments de Sainte-Geneviève de Paris, d'âges différents, voir le sompteux escalier dit « de la Vierge à l'Enfant » construit par le père Claude de Creil à partir de 1645.

23. On ne peut dater cette chapelle, sans doute considérée comme extérieure, qui n'apparaît ni sur les vues cavalières ni sur le plan de la fig. 1.

24. Dessin, Arch. dép. Maine-et-Loire, 11 Fi 0984. La porte est attribuée au XVIᵉ siècle, mais il peut s'agir des premiers travaux des génovéfains : on sait à quel point, pour eux comme pour les mauristes, la sacristie était importante.

25. *Description de la ville d'Angers, et de tout ce qu'elle contient de plus remarquable*, p. 141. Le mobilier sompteux de la partie orientale y est particulièrement détaillé.

26. Il existe un plan qui serait contemporain de cette étape (BnF, Est., Ve-20). Mais la légende écrite à l'intérieur de l'espace du bras oriental est contradictoire : « chœur de l'église a batir dans l'abaïe de Toussaint d'Angers. bati en 1724 ou 1725 ».

27. Voir l'inscription, pièce n° 91 du musée d'après Godard-Faultrier, *Musée des antiquités d'Angers...*, op. cit. note 9.

28. Arch. nat., F/16/704 ; Archives municipales d'Angers, 2 H 28 ; Arch. dép. Maine-et-Loire, 2 L 91, 4 T 32, 2 R 36, 2 R 38 (plans de 1799 et 1829 notamment).

29. V. Godard-Faultrier, *Musée des antiquités d'Angers...*, op. cit. note 9.

30. *Ibid.*, ici p. VI. Il est évident que le catalogue des œuvres si mal abritées ne concerne guère les pièces issues de Toussaint même. À signaler cependant le n° 52 : fûts supposés des colonnes de la croisée.

d'inédit et d'audacieux, et la prouesse technique que constitua l'ouverture complète de l'ancien pignon dans l'alignement des deux colonnes d'intersection avec le transept.

Confisqué en 1791, le couvent fut affecté à la manutention de la commune, puis à la manutention des vivres de l'armée, usage qui resta longtemps celui des bâtiments conventuels [28]. Des fours ouvrirent le gouttereau nord de l'église qui, en 1815, abrita brièvement la cavalerie de l'armée prussienne d'occupation. C'est alors que les voûtes s'effondrèrent, du moins en partie. Elles furent démolies plus complètement pour une récupération des pièces de charpente, l'édifice abandonné ayant été loué à un menuisier [29]. Une prise de conscience patrimoniale entraîna dans les années 1840 des déblaiements, ce qui permit d'exhumer des tombes et nombre d'objets, et d'affecter l'espace à un musée lapidaire à vocation large complétant celui de l'Hôpital Saint-Jean : « Les objets pouvant être conservés en plein air ont été placés dans l'intérieur de l'ancienne église Toussaint, consacrée à cet effet depuis l'année 1843 », nous dit V. Godard-Faultrier [30]. Cet « intérieur » resta cent quarante ans à ciel ouvert, avec un aspect romantique qui suscita de nombreuses représentations (fig. 4).

Fig. 4 – Ernest Dainville, *Ancienne église Toussaint, XIIIᵉ siècle*, gravure de l'état vers 1845 (Angers, Musées d'Angers, MA 1 R 256).

L'œuvre du XIIIᵉ siècle et l'acmé du voûtement angevin

Une seconde église au plan inédit

En 1843-1845 avaient été « mises en partie à découvert » des substructions appartenant à une église romane. Des fouilles datant de 1981 et de 1982 confirmèrent un plan modeste [31] : vaisseau unique, transept et chevet à trois absides semi-circulaires, exhumés sous la nef gothique et la débordant à la fois au sud et à l'ouest, ce qui explique la surépaisseur de la paroi intégrant l'angle sud-ouest actuel et, partant, l'axe biaisé de la galerie de cloître correspondante (fig. 1). Un petit appareil de grès est encore visible contre ce mur sud de l'église, qui est donc collé à l'ancien gouttereau et qui enserre un puits extérieur. Il est difficile d'y voir l'édifice dédicacé par Hubert de Vendôme un 20 mars des années 1041-1046, mais rien n'assure non plus une initiative des premiers chanoines vers 1120, même si c'est plus vraisemblable. Pour implanter les volumes du XIIIᵉ siècle, on se serait appuyé également, à l'est, sur une fondation ancienne, de 8 m de large, qui appartenait peut-être à une enceinte carolingienne [32].

L'édifice gothique se distingue aisément de son extension de 1723 en raison de l'usage d'une alternance de tuffeau et de plaquettes de schiste (noyaux des contreforts entre leurs harpages, ensemble du soubassement sous la corniche), car les génovéfains n'ont utilisé que du tuffeau pour ce même type d'éléments. L'église présentait un plan d'une audace inouïe, en T, associant un vaisseau longitudinal deux fois plus long que large à un vaisseau transversal d'un calibre semblable (env. 20 m x 10 m), soit à peine plus de 30 m de long entre les deux pignons. Le chevet-transept était très large au regard des choix de voûtement. Aussi avait-on posté en son centre, dans l'alignement des gouttereaux de la nef, deux sveltes colonnes. Il n'existe aucun plan médiéval comparable, sinon celui des chevets transversaux ajoutés aux abbatiales de Durham et de Fountains, en Angleterre du Nord, peu après 1242.

Curieusement absents du plan des génovéfains, des contreforts rythment les murs gouttereaux, ainsi divisés en quatre travées ; au sud, dans leur partie basse, ils sont noyés par le mur en partie récupéré et régularisé servant de fond à la galerie de cloître, comme bien souvent. L'harmonie de la succession des baies est remarquable : quatre baies à simple lancette en tiers-point sur chaque gouttereau de nef, quatre baies pour chaque bras dont deux en pignon. Il y avait également à l'origine quatre baies à double lancette et oculus quadrilobé sur le long mur constituant à la fois la paroi orientale du transept et le pignon du chevet (fig. 4), dont deux déjà décomptées sur les bras : cette répartition par paires, excluant tout triplet, est caractéristique du gothique angevin ; elle suppose l'accrochage en hauteur, au milieu, d'une lierne longitudinale divisant le voûtement.

Les « deux colonnes très-déliées de la croisée » étaient juchées sur des socles hexagonaux. Elles évoquaient, à Angers même, les supports de Saint-Serge, ceux aussi qui structuraient le portique placé en avant de la cathédrale [33]. Constituées probablement d'un grès des environs de Doué-la-Fontaine [34], elles ont été mesurées : 11 pouces de diamètre (moins de 0,30 m [35]), dimension confirmée par des tambours restants, sur 24 pieds de haut (7,80 m, dont 6,30 m pour un fût de trois ou quatre tronçons) [36].

Une tour d'escalier polygonale marque l'angle oriental du bras nord ; bien que découronnée, elle apparaît démesurée par rapport à sa fonction de desserte des combles. Elle donne un aspect puissant à une silhouette qui n'admettait aucun clocher véritable. Les contreforts d'angle de la façade occidentale étaient cependant sommés par deux tourelles à lanternons et flèches élancées, à probable signification funéraire, que l'on n'a pas restituées. Ce pignon ouest a toujours comporté une unique et très large baie, dont le réseau a disparu. En dessous se trouve un portail au cintre en tiers-point aigu : certains chapiteaux des colonnettes de piédroit sont authentiques, et leurs feuillages de type semi-naturaliste, avec des

31. Comme nombre de documents évoqués ici, une restitution de François Comte et Daniel Prigent est proposée dans le « diaporama » mis en ligne : voir note 15.

32. Voir notamment François Comte, « Angers. Église Toussaint », *Archéologie médiévale*, 12, 1982, p. 320-321.

33. Pour le gothique « angevin » de ces générations, outre les monographies constituant les actes du présent *Congrès*, on se rapportera à Bénédicte Fillion-Braguet et Daniel Prigent, « L'architecture religieuse en Anjou du temps de Saint-Louis », dans *Saint Louis et l'Anjou*, Rennes, 2014, p. 161-186.

34. *Ibid.* C'est la dernière estimation, après qu'ont été évoquées les pierres de Marnay, Tours ou Durtal. Daniel Prigent invite cependant à rester prudent. Les débats ont été nombreux et vifs aux XVIIIᵉ et XIXᵉ siècles.

35. Les colonnes de Saint-Serge mesurent 0,33 m de diamètre pour 8,20 m de haut ; celles d'Asnières 0,30 m pour 7,90 m de haut.

36. D'après Jacques-Germain Soufflot, dans *Procès-verbaux de l'Académie royale d'Architecture*, t. VII, p. 189 (1764).

Fig. 5 – Angers, abbatiale Toussaint, façade occidentale de l'église, chapiteaux de l'ébrasement de gauche.

crochets tendus et des feuilles lobées, complètent les indices de datation (fig. 5). Autrefois, il devait y avoir un porche (l'accrochage est visible), et l'on décrit au tympan, au début du XVIIIe siècle, une Vierge à l'Enfant couronnée par deux anges [37]. Rappelant la moitié d'un vocable qu'on a tendance à oublier, le motif est parfaitement visible sur un dessin qui montre à la fois les lanternons de façade, une baie haute à triple lancette, une porte double à trumeau et, entre baie et porte, un tympan échancré sur lequel un arc polylobé met en valeur l'image de la Vierge [38].

La définition des voûtes

Le voûtement fut considéré comme un joyau de technicité par les architectes de Sainte-Geneviève de Paris (donc du Panthéon), d'abord Soufflot en 1764, puis Rondelet en 1805 (fig. 6), parmi bien d'autres qui ont relevé moins la virtuosité de ce couvrement que la gracilité des colonnes faisant communiquer les deux vaisseaux orthogonaux [39]. Toutefois, la représentation complète de l'intérieur non décoiffé n'existe que sur le célèbre dessin de Donas (fig. 7), dans lequel on ne peut avoir une confiance totale : par exemple, il réduit le nombre des pétales de la rose orientale et omet les culots qui prolongent les supports de colonnes sous la corniche. Notons que cette image est postérieure à la chute des voûtains, et copie une œuvre de J. C. Gautier, un peintre manceau qui avait vu l'architecture en place. N'oublions pas non plus que le chevet de 1723 avait dû entraîner une modification des articulations issues des deux colonnes.

Tentons une définition simple, en insistant sur le fait que toute représentation de la projection des lignes du voûtement est trompeuse, car elle suggère nécessairement deux séries parallèles de travées. Tout reposait sur le rôle tant de la lierne longitudinale, évidemment faîtière (à 16,40 m de hauteur, soit plus que dans aucune autre voûte nervurée

37. J. Grandet, *Notre-Dame angevine...*, *op. cit.* note 11, p. 186.

38. « Église de Toussaint » avec « entrée de la cour de l'église » (Arch. dép. Maine-et-Loire, 11 Fi 1009).

39. Les informations de Soufflot (*Procès-verbaux de l'Académie royale...*, *op. cit.* note 36) ne sont pas directes ; elles lui ont été transmises (par Charles de Wailly ?) ; ses calculs de charge ont rencontré des objections. Pour Rondelet, dont l'analyse a suscité les mêmes réserves : *Traité théorique et pratique de l'art de bâtir,* t. 3, Paris, an XIII, p. 184-186 et planche LXXIII. On cite aussi l'intérêt porté à Toussaint par de Lalande (*Voyage d'un François en Italie,* deuxième édition, 1786) ou par Raymond Génieys (*Recueil des tables à l'usage des ingénieurs*, 1835, p. 115), qui a utilisé les mesures de Soufflot pour calculer la charge des deux colonnes.

CLAUDE ANDRAULT-SCHMITT

angevine), que des liernes transversales la recoupant, entre lesquelles se développaient des nervures diagonales. Celles-ci se croisaient en formant des clés secondaires qui n'étaient pas des clés de voûte à proprement parler, puisqu'elles étaient installées à mi-pente du bombement général. Autrement dit, les parties basses des nervures diagonales se comportaient comme des tiercerons, permettant des pénétrations encadrant chaque baie. Des vestiges de clés au sommet des formerets laissent envisager, au-dessus de chaque axe de lancette, la présence de courtes nervures supplémentaires reliées aux clés secondaires, mais on ne les voit ni chez Rondelet ni chez Donas [40] ; toutefois, on les a représentées sur d'autres gravures postérieures à l'écroulement [41], et on en a tenu compte unanimement dans les plans publiés. Ainsi vraisemblablement complété, ce système assimile les voûtains latéraux aux « fausses trompes nervées » de nombre de chevets angevins [42]. Il n'est pas absurde d'évoquer aussi, en réfutant tout lien direct, les *crazy vaults* de la cathédrale de Lincoln (dès les années 1200), rythme alterné en moins ; la prégnance de la grande lierne est la même.

Ce voûtement correspond à un « berceau brisé nervé à pénétrations » ou « berceau nervuré » [43]. On n'en rencontre que dans quelques édifices, essentiellement de petite dimension et implantés, à une exception près, dans le Baugeois : la chapelle foraine des cisterciens de

40. Notons que Rondelet ne donne en coupe et plan que le transept ; dans le cas de Donas, la perspective rigoureusement axiale ne permet pas de voir ces éventuelles nervures supplémentaires.

41. Par exemple sur la gravure intitulée « L'ancienne église Toussaint d'après ce qui reste encore du monument et une coupe géométrale donnée par Rondelet », lithographie Charpentier, Nantes (Arch. dép. Maine et Loire, 11 Fi 1010).

42. L'expression vient d'André Mussat, *Le style gothique de l'ouest de la France aux XIIe et XIIIe siècles*, Paris, 1963. L'absence d'angles orthogonaux dans le chevet de Toussaint exclut l'existence de ces trompes qui semblaient compenser en hauteur l'absence d'absidioles dans le plan au sol.

43. *Ibid.*, p. 233. Mais la description qui suit n'est pas satisfaisante, utilisant les notions de travées et de doubleaux.

Fig. 6 – *Coupe intérieure de l'abb. de Toussaints*, coupe sur le transept médiéval depuis l'est, d'après Rondelet, dessin anonyme, XIXe siècle (Angers, Musées d'Angers, AMD 932.4).

Fig. 7 – Roch-Jean-Baptiste Donas, *Coupe intérieure et perspective de l'église abbatiale de Toussaints*, 1821 (Angers, Musées d'Angers, AMD 932.2).

Fig. 8 – Baugé-en-Anjou, église Saint-Étienne de Fougeré, chevet, intérieur, vers l'est.

44. Claude Andrault-Schmitt, « Église de Saint-Germain-sur-Vienne », dans *Congrès archéologique de France. Touraine,* 1997, p. 358-367.

45. Jean-Yves Hunot, dans « Actualité », *Bulletin monumental*, t. 172-3, 2014, p. 231. Voir aussi du même auteur, « La charpente entre tradition et nouveauté », dans *Saint Louis et l'Anjou, op. cit.* note 33, p. 187-220. Cette charpente est « la plus ancienne attestation de l'assemblage par embrèvement simple en Anjou ».

46. Bénédicte Fillion-Braguet estime que l'importance de Saint-Serge a été surévaluée par rapport à celle d'Asnières (Cizay-la-Madeleine), dont le chantier serait antérieur : « La sculpture au XIIIe siècle dans les églises d'Anjou », dans *Saint Louis et l'Anjou, op. cit.* note 33, p. 233-260. Yves Blomme a également analysé la parenté avec Asnières (*Anjou gothique*, Paris, 1998, p. 139).

47. René Planchenault, Communication du 21 avril, *Bulletin de la Société Nationale des Antiquaires de France*, 1943-1944, p. 78. C'est dans cette contribution que sont résumés les anciens débats sur les calculs de charge des deux colonnes graciles.

La Boissière ; les paroissiales pourtant éloignées l'une de l'autre Saint-Germain-sur-Vienne [44] et Cheviré-le-Rouge ; Saint-Étienne de Fougeré où subsiste une charpente originelle non tramée adaptée à l'absence de doubleaux [45]. Ajoutons en Poitou Airvault et Saint-Jouin-de-Marnes dans le cadre du remplacement d'une voûte romane – un processus significatif qui invite à comparer deux formes de berceaux. La voûte de Toussaint, la plus monumentale de toutes, était unique en raison d'une certaine économie des liernes greffées sur la ligne de faîte et parce qu'elle se développait dans le transept grâce à des colonnes, comme au chevet d'Asnières [46] – ressemblance accrue par l'alignement de quatre baies en pignon oriental et par un semblable réseau de nervures. Seule dans ce type exprimant « l'exacerbation des formules angevines » [47], une partie de Saint-Étienne de Fougeré (fig. 8), relativement sobre – les liernes secondaires ne se poursuivent pas vers les baies – et pour laquelle la dendrochronologie donne un abattage en 1230-1231, ce qui en vieillit la datation tradi-tionnelle [48]. Pour ne pas imaginer seulement un principe de joliesse croissante visant à des effets de plus en plus aériens, il convient de s'interroger sur les raisons techniques des muta-tions portées par les différentes générations de voûtes angevines. Les nervures sont le plus souvent devenues pénétrantes, en totalité ou en partie dans leur parcours propre ; celles de Toussaint l'étaient sans aucun doute, en lien avec l'assimilation de la voûte à une coque de maçonnerie très mince (5 pouces *i.e.* 13,50 cm, écrit-on en exagérant quelque peu) que liernes et ogives raidissaient également [49]. N'omettons pas, enfin, la profusion de lumière que permettait un tel choix – encore une recherche exacerbée à Toussaint.

Le premier registre des murs gouttereaux est lisse. Ogives, liernes et formerets sont issus des tailloirs des chapiteaux des colonnes adossées, toutes définies par des encorbellements. Le système nervuré ainsi suspendu était comme toujours propice au développement d'un programme sculpté, clefs en médaillon (totalement perdues) et statues postées sur une cor-niche basse, motifs qui s'ajoutent aux crochets de feuillages des nombreuses corbeilles.

L'ŒUVRE DU XIIIe SIÈCLE : UNE STATUAIRE À LA FRANÇAISE AUX PROPORTIONS ANGEVINES

Les tronçons de colonnes permettant l'épanouissement des liernes transversales reposent sur des dais architecturaux riches et volumineux qui abritaient une statuaire remarquable. Quelques personnages sont conservés, essentiellement dans le transept ou ancien bras orien-tal, sur un ensemble initial de plus de dix-neuf figures – sans doute vingt, car, à la logique rythmique, il faut ajouter l'axe du revers du premier pignon oriental (le Christ ? la Vierge ?). Ils sont tous acéphales et parfois privés de dais. Quelques autres, notamment dans la nef, apparaissent en négatif, nimbe et corps rognés sur la dalle verticale inscrite dans la paroi. Des fragments de dais restent accrochés sur la grande assise allongée au-dessus de cette dalle, ou, au contraire, des éléments de drapés sont portés encore par le socle semi-circulaire inté-gré à la corniche ; c'est dire que ces statues ont été usées, et non pas déplacées : il ne faut donc pas imaginer pouvoir les retrouver.

À l'angle nord-est du bras nord, sous le dais le mieux conservé, un bel apôtre à l'allure ju-vénile et aux épaules un peu tombantes, qui pourrait être saint Jean l'Évangéliste, porte un manteau agrafé au cou par une broche à plusieurs brins. Plus loin, au centre du pignon nord, on reconnaît saint Pierre (fig. 9). Une femme dont on perçoit une nette cambrure est installée à l'angle sud-est du bras nord, contre l'ancien pignon. En face, au nord-est du bras sud, pré-senté étrangement de trois quarts, un saint Jean Baptiste ne conserve plus que son ample vê-ture en poils (fig. 10). Plus loin encore au sud, dans l'angle, se trouve un évêque ou diacre. Le nombre et la variété des saints excluent une interprétation étroite de cortège apostolique, avec des porteurs de croix de consécration par exemple. Il s'agissait sans doute de refléter au mieux le vocable : la Vierge et Tous les Saints. De plus, et bien qu'il soit difficile de leur accorder toute confiance, certains documents restituent des statues doubles (gravure Hawke [50]), tandis que d'autres ajoutent des ailes (Donas).

Le vêtement de Jean l'Évangéliste enveloppe ses bras, et l'apôtre en ramène les deux pans au niveau de la ceinture (fig. 11) ; ce mouvement met en valeur un drapé aux plis amples, dont les effets de volume dégagés de toute recherche antiquisante se poursuivent jusqu'aux pieds. On a suggéré à juste titre un parallélisme avec des apôtres de la Sainte-Chapelle : la mise en scène architecturale facilite l'évocation, mais c'est un apôtre déposé, sans buste [51], qui est le plus proche de notre saint Jean. Il faut ajouter au champ comparatif le parapet du jubé de Bourges, les statues ajoutées au porche nord de Chartres, ou encore le portail

48. Jean-Yves Hunot, *op. cit.* note 45. Se pose évidemment la question du rapport chronolo-gique entre voûte et charpente, pas toujours définissable avec certitude ; outre la gageure que constituait l'enveloppement d'une voûte bombée, la charpente, dans le gothique ange-vin, était souvent postérieure au voûtement. Il en est ainsi à Saulgé, à Saint-Martin d'Angers et à l'Hôpital Saint-Jean (mais pas à la chapelle accolée)...

49. Bénédicte Fillion-Braguet parle aussi bien de « coques, véritables cellules autoporteuses » que d'« armature dans la maçonnerie » (« L'architecture religieuse en Anjou... », art. cit. note 33, p. 183). En conséquence, ni ogi-ves ni liernes n'ont de rôle porteur, et pas même de rôle temporaire de cintre de chantier.

50. *Album des Monuments de l'Anjou*, dessins à la plume ayant servi à l'ouvrage de Godard-Faultrier (Angers, Bibl. Mun., ms. 1281-0103).

51. Musée de Cluny, cl. 18 669.

Fig. 9 – Angers, ancienne abbatiale Toussaint (aujourd'hui galerie David d'Angers) : saint Pierre.

Fig. 10 – Angers, ancienne abbatiale Toussaint (aujourd'hui galerie David d'Angers) : saint Jean-Baptiste.

Fig. 11 – Angers, ancienne abbatiale Toussaint (aujourd'hui galerie David d'Angers) : saint Jean l'Évangéliste (?).

occidental de La Couture au Mans, pour rester dans le même domaine géo-artistique. En bref, ces œuvres sont à placer de façon sûre entre 1235 et 1248, les débuts de cette période convenant parfaitement aux chapiteaux à crochets végétaux, aux abaques circulaires et, plus généralement, à la modénature de Toussaint dont les références sont internationales.

La statuaire se distingue stylistiquement de celle du chevet de la cathédrale d'Angers, au sein d'un abondant corpus régional de statues-nervures datant des deux premières décennies du siècle : il n'y a pas plus opposé que les deux Jean l'Évangéliste de Saint-Maurice et Toussaint ! Il faut donc envisager une véritable « révolution » : tandis qu'ils ne se lassaient pas de la virtuosité de leurs architectes, bien au contraire, les soutenant dans la quête de la gracilité et de l'exploration des limites des matériaux, les commanditaires se sont tournés pour la statuaire vers d'autres références et donc probablement d'autres artistes. Pour autant, cette alliance entre articulation angevine et statuaire « à la française » n'a pas bouleversé les effets : si les clichés des figures en pied, pris isolément, peuvent faire illusion, sur place on ne peut qu'être frappé par leur petite taille, inférieure à la stature humaine ; est respectée la prééminence de la colonne, dans l'esprit des statues porte-nervures de la génération précédente.

Considérons avec admiration les chantiers qui embellirent la ville dans le deuxième quart du XIIIe siècle : enceinte, château, chevet de Saint-Serge, transept de la cathédrale… À l'évidence, l'église de Toussaint montre que la commande capétienne et l'engagement des spécialistes de la fortification ne suffisent pas à expliquer la richesse et les mutations de l'expression artistique à Angers. Ce chantier prouve à la fois le recrutement d'artistes extérieurs à la région et le respect, non sans constant dépassement, de savoir-faire et de recherches spécifiquement ligériens.

Crédits photographiques – fig. 1 : cl. N. Boutros ; fig. 2, 5, 9-11 : cl. Claude Andrault-Schmitt ; fig. 3 : cl. Bibl. patrimoniale d'Angers ; fig. 4, 6 7 : cl. Musées d'Angers ; fig. 8 : cl. Daniel Prigent.

Dévotion et
hospitalité

Notre-Dame de Béhuard

De la dévotion ducale au pélerinage royal

Ronan Durandière *, avec la participation de Jean-Yves Hunot **

Située à une quinzaine de kilomètres au sud-ouest d'Angers, non loin de la confluence entre la Maine et la Loire, la chapelle Notre-Dame de Béhuard suscite depuis longtemps la curiosité des historiens et des archéologues. Bâti sur un affleurement rocheux insubmersible, au centre d'une île de Loire formée d'alluvions, l'édifice est intimement associé à la figure de Louis XI qui en avait fait durant son règne l'un de ses lieux de pèlerinage privilégié en Anjou (fig. 1). Une longue tradition historiographique lui a attribué la reconstruction intégrale de la chapelle. À la lumière de recherches nouvelles, il apparaît cependant que la chapelle et son pèlerinage étaient ancrés dans le paysage historique angevin bien avant l'avènement de ce roi.

Historique

Une dépendance de l'abbaye Saint-Nicolas d'Angers

Le cartulaire de l'abbaye Saint-Nicolas d'Angers atteste la présence d'une chapelle à Béhuard dès le milieu du XIe siècle. À la mort de Geoffroy Martel (1006-1060), le chevalier breton Buhardus, affecté par la disparition du comte d'Anjou, offrit aux moines de l'abbaye bénédictine plusieurs terres qu'il avait reçues en cadeau de ce dernier. La donation initiale comprenait deux îles de Loire : l'une dite de La Roche, où se trouvaient sa maison et sa chapelle, l'autre, sans nom, où étaient ses pâturages et ses bois, toutes ses pêcheries, une écluse, un canal et un moulin. À la fin du XIe siècle et au siècle suivant, les moines de Saint-Nicolas acquièrent progressivement les droits des terres et des cours d'eau alentour. En 1170, le chevalier Mathieu Garell compléta ces dons, pour le repos de l'âme de son père et de son frère, d'une petite île sise à la Roche Béhuard, près de la « chapelle de l'écluse Saint-Nicolas »[1].

Le miracle de Béhuard, tel qu'il est relaté dans les *Vitae* de Sigon, deuxième abbé de Saint-Florent de Saumur (1055-1070), suggère que la chapelle n'était qu'un lieu de dévotion secondaire au milieu du XIe siècle[2]. Le récit attribue en effet le sauvetage d'un pêcheur tombé à cet endroit dans la Loire au prélat et non, comme on aurait pu le supposer, à la Vierge, pourtant déjà patronne de l'église. Durant les XIIe et XIIIe siècles, les sources sont muettes sur un quelconque pèlerinage à Béhuard. La chapelle n'est signalée ni dans le compte de décimes du diocèse d'Angers de 1329-1332 ni dans celui de 1467[3]. Jusqu'à son élévation au rang de paroisse par Louis XI, l'île resta un simple fief avec chapellenie, rattaché à la cellérerie de l'abbaye Saint-Nicolas[4].

Dans les premières décennies du XVe siècle, le pèlerinage à Notre-Dame de Béhuard était pourtant déjà solidement établi. Dans son traité historique intitulé *Notre-Dame angevine*, Joseph Grandet (1646-1724) retranscrivit les récits de plusieurs miracles mentionnés dans les registres paroissiaux et sur certains tableaux accrochés dans l'église[5]. Au début du XVe siècle, la chapelle revêtait suffisamment d'importance pour qu'en mai 1431 la duchesse

* Attaché de conservation du patrimoine, Conservation départementale du patrimoine de Maine-et-Loire.

** Archéologue, Conservation départementale du patrimoine de Maine-et-Loire, UMR 6566 CReAAH.

Cette étude a bénéficié de l'aide de Marion Roman, actuellement doctorante en histoire médiévale à l'université d'Angers, pour la transcription de nombreux textes médiévaux. Qu'elle en soit ici remerciée.

1. Yvonne Labande-Maillefert, *Le premier cartulaire de Saint-Nicolas d'Angers (XIe-XIIe siècle) : essai de restitution précédé d'une étude historique*, thèse de l'École nationale des chartes, 1931, vol. 1, p. XIII et XIV et vol. III, p. CCCV et CCCXVII.

2. Arch. dép. Maine-et-Loire, H 3716, Dom Huynes, *Histoire générale de l'abbaye Saint-Florent près Saumur*, manuscrit, 1646-1647, fol. 68v ; Jules Quicherat, « Notre-Dame de Béhuard », *Revue de l'Anjou et de Maine-et-Loire*, t. 2, 1853, p. 133-134.

3. Auguste Longnon, *Pouillés de la province de Tours*, Paris, 1903.

4. Arch. dép. Maine-et-Loire, H 457 à 459, Cellérerie de Saint-Nicolas d'Angers, déclarations rendues aux assises pour le fief de Béhuard (1440-1498).

5. Joseph Grandet, *Notre-Dame angevine*, Angers, 1884, p. 366-368.

6. Jean-Christophe Cassard, « René d'Anjou et la Bretagne : un roi pour cinq ducs », dans Jean-Michel Matz et Noël-Yves Tonnerre (dir.), *René d'Anjou (1409-1480). Pouvoirs et gouvernement*, actes du colloque international, Angers, 26-28 novembre 2009, Rennes, 2011, p. 253.

7. Siméon Luce, « Le Maine sous la domination anglaise en 1433 et 1434 », *Revue des questions historiques*, vol. 24, 1878, p. 232-233.

8. Arch. dép. Maine-et-Loire, 188 J 94, fol. 228 à 233.

9. Sophie Cassagnes-Brouquet, *Louis XI ou le mécénat bien tempéré*, Rennes, 2007.

10. Jean-Michel Matz, « Les chanoines d'Angers au temps du roi René (1434-1480) : serviteurs de l'État ducal et de l'État royal », dans *Les serviteurs de l'État au Moyen Âge*, actes des congrès de la Société des historiens médiévistes de l'enseignement supérieur public, 29e congrès, Pau, 1998, Paris, 1999, p. 105-116 ; Jean-Michel Matz et Élisabeth Verry (dir.), *Le Roi René dans tous ses États*, Paris, 2009, p. 72-73 ; Sophie Cassagnes-Brouquet, « René d'Anjou et Louis XI mécènes, entre émulation et rivalité », dans *René d'Anjou, écrivain et mécène (1409-1480)*, Florence Bouchet (dir.), Turnhout, 2011, p. 239-270.

Fig. 1 – Béhuard, église Notre-Dame, vue aérienne depuis le sud-est.

d'Anjou, Yolande d'Aragon, et le duc de Bretagne, Jean V, vinssent y assister au serment de fraternité prêté par leurs fils respectifs, Charles, comte du Maine, et François, comte de Montfort, futur François Ier de Bretagne [6]. Durant l'occupation anglaise du Maine en 1433-1434, des sauf-conduits furent délivrés par le duc de Bedford à des clercs du diocèse du Mans, moyennant finance, afin qu'ils puissent s'y rendre en pèlerinage [7].

Comme dans de nombreux sanctuaires mariaux, une légende s'est forgée sur la découverte de l'objet de la dévotion. C'est un pêcheur qui aurait découvert la statuette en bois de prunier, haute d'environ 30 cm, représentant la Vierge à l'Enfant, actuellement conservée dans l'église, et qui continue d'être portée en procession à l'occasion des grandes fêtes mariales (fig. 2). Sa datation demeure toutefois incertaine. Témoignage d'un art populaire local, la sculpture semble attribuable à la fin du XVIe siècle ou au XVIIe siècle. Il est donc peu probable qu'il s'agisse de l'« image », coiffée d'« une petite couronne d'or garnie de perles » et vêtue d'« un manteau de velours vermeil sur lequel [étaient] troys cœurs d'argent, un gros et les autres moindre », signalée dans un inventaire du mobilier de la chapelle en 1527 [8] ; celle-là même qui avait dû être honorée par Louis XI.

Notre-Dame de Béhuard et Louis XI

Fig. 2 – Béhuard, église Notre-Dame, la statue de Notre-Dame.

Les biographes de Louis XI ont tous souligné la ferveur du roi pour la Vierge qu'il considérait comme sa figure tutélaire et la patronne du royaume de France. L'évêque de Lisieux, Thomas Basin, son contemporain, s'émerveillait déjà des sommes colossales que le roi dépensa pour de nombreuses églises dédiées à Notre-Dame partout en France. Sophie Cassagnes-Brouquet parle à ce sujet de « mariolâtrie royale » et de « subtil mélange de dévotion sincère et d'intention politique plus ou moins affichée » [9].

La générosité de Louis XI en faveur de la Vierge fut particulièrement importante en Anjou. Outre Béhuard, le roi fit des dons et des fondations à Notre-Dame de Nantilly à Saumur ou encore à l'église du Puy-Notre-Dame à qui il attribuait le fait de lui avoir donné un héritier. Ses largesses lui permirent ainsi de s'attacher les bonnes grâces d'une partie du clergé angevin à une période où il mettait la main sur le duché [10].

Les itinéraires de Louis XI montrent un profond attachement du roi envers l'île de Béhuard. Entre 1470 et 1479, il y effectua près d'une quinzaine de séjours [11]. Aucun document ne prouve toutefois qu'il logea dans la maison jouxtant la chapelle, comme l'affirme la tradition (fig. 3) [12].

Fréquemment évoqués dans la correspondance royale, les pèlerinages de Louis XI à Béhuard furent ponctués de nombreuses libéralités envers le sanctuaire. Le premier don connu date de 1465. Le 15 avril, dans une lettre adressée depuis Saumur à son receveur général des finances, Mathieu Beauvarlet, le roi ordonna de faire prélever 3 300 livres sur les villes et élections d'Amiens, de Ponthieu et de Saint-Quentin, à destination de la chapelle [13]. Si l'usage de cette somme considérable nous échappe, elle préfigurait du moins une série de

Fig. 3 – Béhuard, église Notre-Dame, vue de la façade occidentale. À droite, la maison dite de Louis XI.

11. Joseph Vaesen et Étienne Charavay, *Lettres de Louis XI, roi de France*, t. XI, Paris, 1909.

12. La base de la maison pourrait dater du XIIIᵉ ou du XIVᵉ siècle. Elle a été inscrite au titre des Monuments historiques en 1948 sous la dénomination de « maison de Louis XI ».

13. Jules Quicherat, « Documents inédits, lettres, mémoires, instructions et autres documents relatifs à la guerre du bien public, en l'année 1465, au nombre de cent trente-neuf », dans *Documents historiques inédits tirés des collections manuscrites de la bibliothèque royale et des archives ou des bibliothèques des départements, publiés par M. Champollion-Figeac*, 1843, t. II, p. 232-233. Cité dans Jean-François Lassalmonie, *La boîte à l'Enchanteur ou la politique financière de Louis XI*, p. 219 et 406.

14. Arch. dép. Maine-et-Loire, 188 J 92, fol. 123-129v. Une missive du 26 juin 1469, envoyée de Montils-lès-Tours, ordonne d'expédier et de vérifier ces lettres de dons (J. Vaesen et É. Charavay, *op. cit.* note 11, t. IV, p. 3).

15. BnF, ms. fr. 20492, fol. 22, dans Arthur Bertrand de Broussillon, Paul de Farcy, *La maison de Laval (1020-1605), étude historique accompagnée du cartulaire de Laval et de Vitré*, t. 3, Paris, 1900, p. 282-283; Arch. dép. Maine-et-Loire, 188 J 92, fol. 148-151v. Une copie existe en 5 E 52/236.

16. Guillaume Hernault est signalé comme prêtre et vicaire de la paroisse en janvier 1469, BnF, ms. fr. 2904, fol. 7 bis.

17. BnF, ms. fr. 2904, fol. 7 bis (don en numéraire en janvier 1469); BnF, ms. fr 6758, fol. 73v (célébration de messes en novembre 1469).

18. BnF, ms. fr. 6758, fol. 103v. Louis Cimber et Félix Danjou, *Archives curieuses de l'histoire de France depuis Louis XI jusqu'à Louis XVIII*, Paris, 1854, t. 1, p. 96, cité dans J. Quicherat, art. cit. note *2*, p. 135.

19. BnF, ms. fr. 6759, fol. 53v, 94v et 138v.

20. Arch. nat., KK/62, fol. 37v; BnF, ms. fr. 6759, fol. 54; cité dans André Lapeyre, *Louis XI mécène dans le domaine de l'orfèvrerie religieuse*, Meudon, 1986, p. 97.

21. Ces ex-voto furent fondus en 1674. Arch. dép. Maine-et-Loire, G 1854; BnF, ms. fr. 2897, fol. 60 (don de deux lampes d'argent), cité dans A. Lapeyre, *op. cit.* note 20, p. 38.

22. BnF, ms. fr. 2904, fol. 4 et 33.

23. Jean-Michel Matz, « Collégiales urbaines et collégiales castrales dans le diocèse d'Angers au Moyen Âge », *Annales de Bretagne et des Pays de l'Ouest*, t. 108, n° 3, 2001, p. 5-33.

24. Arch. nat., P/1344, fol. 141 à 143v.

25. Guillaume Fournier (vers 1417-1490), chanoine et official de la cathédrale d'Angers, pénitencier, docteur en droit canon et civil, curé de Denée, membre du parlement de Paris. Voir Jean-Michel Matz et François Comte, *Fasti Ecclesiae Gallicanae. Répertoire prosopographique des évêques, dignitaires et chanoines de France de 1200 à 1500*, t. VII, Diocèse d'Angers, Turnhout, 2003, p. 242.

26. BnF, Provinces françaises, Touraine Anjou 9, n° 4076.

27. BnF, Provinces françaises, Touraine Anjou 9, n° 4088. L'acte, datant du 30 avril, provenant des archives paroissiales de Denée, a été retranscrit dans J. Grandet, *op. cit.* note 5, p. 476-477.

28. Jean de Bourdigné, *Chroniques d'Anjou et du Maine*, vol. 2, Angers, 1842, p. 227. Sur l'entrée de Louis XI à Angers en janvier 1462, voir Paul Marchegay, « Dépenses faites pour l'entrée solennelle de Louis XI à Angers », *Bulletin de la Société industrielle d'Angers et du département de Maine-et-Loire*, IX, 1858, p. 73-81.

29. J. Quicherat, art. cit. note 2, p. 134-135.

30. Gustave Arnaud d'Agnel, *Les comptes du roi René*, Paris, 1910, t. II, p. 1 et 381, et t. III, p. 58.

versements destinés à constituer un important temporel en faveur de l'église. Dès le mois de mars 1468, le roi se mit en quête d'acquérir par l'intermédiaire de relais locaux la seigneurie de la Rochette appartenant à Thomas de Cérizay, seigneur de Concourson, la dîme de la Vallinière, propriété de Regnault Chabot, seigneur de Jarnac, ainsi que divers biens situés à Denée pour les offrir à la chapelle. Ce don fut scellé par lettres patentes le 22 mai 1469 [14]. Le 5 février 1477, il fit racheter à son profit, par son trésorier Jean Bourré, pour 2 000 écus d'or, la seigneurie de Denée à René de Laval [15]. C'est vraisemblablement durant cette période que l'île fut érigée en paroisse [16].

Ces dons de droits et revenus furent régulièrement complétés par des cadeaux en nature ou en argent. En 1469, Louis XI offrit au sanctuaire une somme d'argent puis y fit célébrer des messes moyennant 15 écus [17]. Le 14 juillet 1470, lors de l'un de ses passages, il fit déposer 18 écus devant l'image de Notre-Dame [18]. L'année suivante, il y fit faire « un vœu de cire » en mars puis y déposa lui-même 9 écus en août, « en une chapelle fondee de monseigneur saint Michel », et y fit encore porter en septembre un cierge pesant 124 livres de cire [19]. Lors de ses visites de 1470 et 1471, il fit également l'acquisition d'images de pèlerinage [20]. En 1478, il donna de nouveau des effigies en cire, de lui-même, de sa femme et du dauphin, ainsi que deux lampes d'argent d'un poids de 70 marcs [21]. D'autres offrandes en argent sont attestées en mars et en mai 1481 [22].

Surtout, à la fin de l'année 1481, le roi décida d'ériger la modeste chapelle en collégiale [23]. Pour ce faire, il la dota d'un doyen, de six chanoines, de six vicaires et de trois enfants de chœur [24]. Les noms des premiers titulaires figurent dans une lettre en date du 20 décembre adressée à Guillaume Fournier, choisi comme premier doyen du chapitre [25]. L'acte de fondation prévoyait précisément les messes qui devaient être célébrées en l'honneur du roi et de sa famille, le matériel liturgique à fournir par les chanoines et leurs obligations, notamment celle de résider sur place. Pour entretenir ce chapitre, Louis XI légua aux chanoines l'important privilège du « trépas de Loire », droit de passage prélevé aux Ponts-de-Cé sur toutes les marchandises circulant sur le fleuve. En mars 1482, il obtint des moines de Saint-Nicolas d'Angers la cession de l'entièreté du fief de Béhuard pour « édifier les logis, clouaistres et autres choses necessaires pour l'habituation des dits chanoines et chapellains [26] ». L'affaire fut conclue avec Pierre Cornilleau, cellérier de l'abbaye et son bénéficiaire, en échange de la dîme de Félines située sur la paroisse de Chênehutte. Dans les derniers mois de sa vie, en avril 1483, Louis XI compléta les privilèges du chapitre en lui octroyant la permission de gracier, chaque Vendredi saint, des criminels de toutes conditions dans le ressort du duché [27].

Le chroniqueur angevin Jean de Bourdigné (v. 1480-1547) a attribué à Guillaume Fournier, docteur en droit canon et civil, chanoine et official de la cathédrale d'Angers, un rôle prépondérant dans l'attachement de Louis XI à Béhuard. Selon lui, c'est lors de la première visite du roi à Angers, en janvier 1462, que le chanoine lui aurait signalé la chapelle et la dévotion à Notre-Dame qui s'y tenait [28]. Jules Quicherat a depuis montré que le souverain connaissait la chapelle bien avant cette date [29]. Dans ses lettres d'avril 1483, ce dernier relate en effet comment, en 1442, au cours d'une traversée de la Charente à Ruffec en compagnie de son oncle Charles d'Anjou et de Louis de Valory, seigneur du Tillay, il tomba à l'eau et faillit se noyer. S'en remettant alors à l'intercession de Notre-Dame de Béhuard, il fut miraculeusement sauvé.

Le roi de France connaissait donc bien le sanctuaire depuis sa jeunesse, peut-être par sa mère, Marie d'Anjou, ou par son oncle Charles, comte du Maine, présent avec lui à Ruffec. Son oncle René d'Anjou, qui vouait lui aussi une dévotion particulière à la Vierge, y fit également des donations [30]. Comme en témoigne la signature du traité d'alliance de 1431,

Ronan Durandière

la chapelle, située non loin de la frontière bretonne, revêtait sans doute une importance symbolique particulière pour les ducs d'Anjou bien avant l'avènement de Louis XI sur le trône de France.

Dès le lendemain de la mort de Louis XI, le chapitre de Béhuard fut dissous et la chapelle redevint une succursale de la paroisse de Denée. Cette décision prise par Charles VIII, sous le presbytérat d'Alexandre Fournier, nouveau curé de Denée, a été gravée sur une pierre scellée dans la maçonnerie de l'église, face à l'entrée actuelle [31]. Si le pèlerinage perdura, celui-ci perdit de son lustre à l'Époque moderne, comme en attestent les difficultés financières du desservant pour entretenir la chapelle [32].

Dans la seconde moitié du XIXe siècle, le pèlerinage fut remis à l'honneur sous l'épiscopat de Charles-Émile Freppel (1870-1891) et sa notoriété dépassa largement les frontières de l'Anjou. Au cours des décennies suivantes se déroulèrent petits et grands pèlerinages ; l'un des plus notoires fut celui du 20 au 24 septembre 1923 célébrant, devant quelque 40 000 participants, le couronnement de Notre-Dame [33]. Durant cette période, l'église, classée Monument historique dès 1862, fit l'objet de nombreuses campagnes de restaurations et d'entretien. Les principales furent conduites entre 1911 et 1913 par Jean-Marie Hardion et Ernest Bricard puis, dans les années 1950, par Bernard Vitry et Henri Enguehard [34].

ÉTUDE ARCHITECTURALE

Dans l'article qu'il a consacré à Notre-Dame de Béhuard en 1964, René Planchenault remarquait avec justesse que « c'est au rocher que l'église doit sa forme particulière de deux vaisseaux en équerre, construits semble-t-il, l'un après l'autre, mais à peu de distance [35] ». Comme ses prédécesseurs, il proposait d'en attribuer la construction à Louis XI, en deux campagnes situées entre 1469 et 1481. En 2018, une étude de la charpente et de la tribune de la nef, ainsi que du plancher de la chapelle sud, a permis d'infirmer cette hypothèse. Si la datation du plancher de la chapelle méridionale confirme bien un agrandissement de cette partie de l'église aux alentours de 1473, la datation par dendrochronologie du vaisseau principal a révélé une campagne de construction plus ancienne, autour des années 1385-1403 [36] (fig. 4).

Le vaisseau septentrional

Orientée selon un axe nord-ouest sud-est, la partie nord de l'édifice actuel a été fondée directement sur un affleurement rocheux d'origine magmatique (métarhyolite ou microgranite métamorphosé), une roche d'origine volcanique, dont la pointe émergeait dans la nef à près de 3 m de hauteur jusqu'en 1852 [37]. Ce vaisseau adoptait à l'origine un plan rectangulaire à chevet plat de 15 m de long sur 6,20 m de large dans ses dimensions extérieures. Il était flanqué dans l'angle nord-est d'un petit oratoire carré, à pans coupés, bâti en encorbellement sur le rocher (fig. 5).

La diversité des matériaux mis en œuvre en partie basse du chevet (grès, spilite, poudingue, calcaire gris, rhyolite, phtanite, calcaire coquillier) témoigne de la grande variété pétrographique du secteur mais aussi de la multiplicité des lieux d'approvisionnement. Sur le mur gouttereau sud, des claveaux en tuffeau réutilisés dans la maçonnerie, dont l'un est sculpté d'un motif de chevrons, pourraient être les vestiges de l'ancienne chapelle romane [38]. Hormis le soubassement du chevet et les murs gouttereaux de la nef, le bâtiment est construit en pierre de taille en moyen appareil de tuffeau blanc [39] (fig. 6).

31. À la fin du XVIIe siècle, les armes peintes du roi ainsi que celles d'Alexandre Fournier figuraient en partie effacées sur la pierre (Arch. dép. de Maine-et-Loire, 5 E 52/236 [25 septembre 1688]).

32. Arch. dép. Maine-et-Loire, G 1854.

33. L'ostension des madones angevines Angers-Béhuard 1er-5 juillet 1948, Angers, 1948.

34. Arch. dép. Maine-et-Loire, 4 T 35.

35. René Planchenault, « L'église de Béhuard », dans Congrès archéologiques de France. Anjou, CXXII[e] session, Paris, 1964, p. 363-368.

36. Dendrotech, Rapport synthétique, Église Notre-Dame, Béhuard (49028), Maine-et-Loire, DT-2018-20, Betton, 2018.

37. Célestin Port, Dictionnaire historique, géographique et biographique de Maine-et-Loire, Paris-Angers, 1874, p. 288.

38. Ce type de chevrons sculptés se retrouve notamment au palais épiscopal ou à la cathédrale d'Angers au milieu du XIIe siècle.

39. L'usage du tuffeau des carrières de Dampierre, près de Saumur, est attesté vers 1367-1376 au château de la Roche-aux-Moines, à un km à vol d'oiseau de la chapelle : André Joubert, Étude sur les comptes de Macé Darne, maître des œuvres de Louis Ier duc d'Anjou et comte du Maine (1367-1376), Angers, 1890, p. 28.

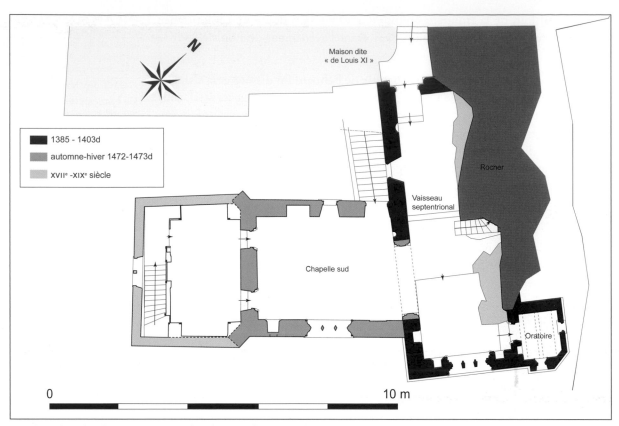

Fig. 4 – Béhuard, église Notre-Dame, plan du second niveau (relevés V. Desvigne, Région Pays de la Loire).

Fig. 5 – Béhuard, église Notre-Dame, vue depuis le sud-est.

Ronan Durandière

Fig. 6 – Béhuard, église Notre-Dame, vue depuis le sud.

Fig. 7 – Béhuard, église Notre-Dame, vue de la nef et de la tribune depuis l'est.

La nef et la tribune

L'accès à l'église se fait depuis l'ouest, par une porte à deux rouleaux, couverte en tiers-point, après avoir gravi une volée de marches taillées dans le rocher (fig. 3). Au-dessus de la porte, deux niches à arcades trilobées surmontées d'un larmier accueillaient probablement des statues. À l'étage, une seconde porte couverte d'une plate-bande moulurée en anse de panier, accessible par un second escalier, ouvrait sur une tribune en bois contemporaine de l'ensemble (fig. 7).

Relativement sombre, la partie basse de la chapelle, faisant office de nef, est percée d'une unique fenêtre en tiers-point. Plus lumineuse, la tribune est ajourée par quatre fenêtres latérales trilobées, deux au nord et deux au sud, et par un oculus à trois quatrefeuilles en façade actuellement masqué par la cage lambrissée du clocher.

La tribune est formée de solives en bois de brin de chêne (13,50 cm x 16 cm), posées à plat entre le mur gouttereau sud et le rocher, et réparties tous les 78 cm. Côté est, la dernière solive, plus haute (26 cm), permet de maintenir la terrasse qui reçoit un sol de dalles de schiste ardoisier. Elle était dès l'origine pourvue d'un autel, dominant le chœur de l'église, comme en atteste la présence d'une niche-crédence trilobée avec lavabo aménagée dans le mur gouttereau sud. Un petit jour, percé au-dessus, permettait d'y concentrer la lumière. La face extérieure de la tribune présente les traces de bûchage d'une moulure. Cette opération fut sans doute concomitante à la substitution, intervenue au

40. Béhuard, Arch. mun., 1 E 2/5.

41. Arch. dép. Maine-et-Loire, 4 T 35, rapport de Victor Godard-Faultrier au Préfet sur les destructions opérées dans l'église de Béhuard depuis 1848 (9 novembre 1852).

42. Arch. dép. Maine-et-Loire, G 1854.

XVIIIe siècle, d'une balustrade à la paroi à laquelle était adossé l'autel. L'escalier d'accès depuis la nef, taillé dans le rocher, fut construit en 1736 par le curé René-Claude Maslin en remplacement d'un escalier tournant en bois [40]. Il desservait la tribune et une chaire à prêcher supprimée vers 1848 [41].

La présence de la tribune en bois créait *de facto* deux espaces liturgiques dans l'église. Un texte du XVIIIe siècle mentionne que celle-ci était réservée aux prêtres qui chantaient l'office certains jours fériés, alors que les paroissiens se tenaient dans la nef [42]. À la fin du XIVe siècle, il est possible que cette chapelle haute, dont la dédicace est inconnue, ait été réservée aux seigneurs locaux voire aux moines de l'abbaye Saint-Nicolas, usage attesté dans certaines abbatiales.

Fig. 8 – Béhuard, église Notre-Dame, vue du chœur depuis l'ouest.

Ronan Durandière

Fig. 9 – Béhuard, église Notre-Dame, chœur, détail des armoiries de Marie de Blois sous la grande verrière du chœur.

Le chœur et l'oratoire

Le mur droit qui ferme le chœur est éclairé d'une grande fenêtre à trois lancettes trilobées sous un tympan formé de trois oculi divisés par deux mouchettes tête-bêche (fig. 8). Il est équipé d'un placard mural et d'une niche-crédence en tout point comparable à celle de la tribune. Côté nord, le chœur ouvre sur un petit oratoire d'1,90 m sur 2,30 m couvert d'une voûte en berceau brisé à trois arcs doubleaux et éclairé de deux baies aux profils identiques. La présence d'une niche-crédence dans le mur sud de cet oratoire atteste la présence d'un petit autel sous la fenêtre orientale. Dans l'angle sud-est, une console à décor feuillagé accueillit un temps la statue de Notre-Dame [43].

Le maître-autel actuel a été mis en place en 1956 par l'architecte Henri Enguehard [44]. Il a remplacé un autel de style néogothique dû à l'abbé Choyer construit vers 1848 [45]. La suppression du grand tabernacle de bois qui le surmontait a permis de redécouvrir sur l'allège de la fenêtre une console sculptée et armoriée (fig. 9). Longtemps masquées, ces armoiries n'avaient jusqu'à présent jamais été identifiées [46].

Représentant un mi-parti au 1 d'Anjou moderne et au 2 de Bretagne, ces armoiries sont pourtant celles d'un personnage de haut rang. Il s'agit en effet des armes de Marie de Blois (1345-1404), femme de Louis Ier d'Anjou. C'est leur seule occurrence connue sur un

43. C'est ici que le signale Joseph Grandet à la fin du XVIIe siècle (J. Grandet, *op. cit.* note 5, p. 373).

44. Arch. dép. Maine-et-Loire, 4 T 35.

45. *Ibid.* Cet autel avait lui-même remplacé un autel en bois peint dont les boiseries avaient été mises en place par le curé Maslin le 30 novembre 1735. À cette occasion, ce dernier replaça la statuette de Notre-Dame sur la console armoriée (Béhuard, Arch. mun., 1 E 2/5).

46. Les armoiries ont été restaurées dans leur partie supérieure droite en 1977. Elles furent alors attribuées, à tort, à Louis XII et à Anne de Bretagne.

47. Christian de Mérindol, *Le roi René et la seconde maison d'Anjou. Emblématique, art, histoire*, Paris, 1987, p. 39.

édifice angevin. D'après Christian de Mérindol, Marie de Blois prit définitivement pour armoiries, à partir de la mort de son mari en septembre 1384, un parti au 1 d'Anjou ancien et d'Anjou moderne et au 2 de Bretagne, c'est-à-dire les dernières armes de Louis Ier, sans la bordure de Calabre[47]. Cette hypothèse tendrait donc à suggérer un *terminus ante quem* autour de cette date pour les armes sculptées ici qui paraissent, de prime abord, dépourvues du lambel de l'Anjou ancien. Mais comme en témoigne l'interruption de la brisure dans la partie supérieure gauche de l'écu, il est très probable que celui-ci ait été en partie endommagé.

Si la chronologie qui se rattache à ces armoiries coïncide avec la datation dendrochronologique de cette partie de l'église, la présence de ces armes isolées ne manque pas d'interroger. La construction de la chapelle pourrait se situer précisément durant la régence exercée sur le duché d'Anjou par Marie de Blois, entre la mort de Louis Ier en 1384 et l'avènement de son fils Louis II en 1399. Bien que l'intervalle corresponde à une période où la duchesse, endettée, était plutôt occupée par les affaires de Provence, la possibilité qu'elle ait aidé les moines de l'abbaye Saint-Nicolas d'Angers à bâtir cette chapelle n'a rien d'extraordinaire. La chapelle Notre-Dame serait ainsi, à ce jour, le seul exemple angevin connu du mécénat architectural de la veuve de Louis Ier d'Anjou.

Fig. 10 – Béhuard, église Notre-Dame, la grande verrière du chœur.

Fig. 11 – Béhuard, église Notre-Dame, grande verrière du chœur : Briand de La Haye-Joulain accompagné de saint Jean-Baptiste.

Fig. 12 – Béhuard, église Notre-Dame, grande verrière du chœur : Mahaut de Rougé accompagnée de sainte Catherine d'Alexandrie.

La verrière du chœur

Bien que très restaurée, la grande verrière du chœur (3,40 m x 1,70 m) contient plusieurs panneaux héraldiques, figurés et hagiographiques de la fin du XIVᵉ siècle [48] (fig. 10). Les plus intéressants sont les seconds, qui représentent très probablement les donateurs de la verrière. De part et d'autre d'un écu aux armes de France, création du XIXᵉ siècle, dans le registre médian de la lancette centrale figurent un homme à gauche et une femme à droite, accompagnés de leurs saints patrons, saint Jean-Baptiste et sainte Catherine d'Alexandrie. Les armoiries portées sur le pourpoint de l'homme « de gueules à la croix tréflée d'hermine », associées à celles représentées sur la robe de la femme, un mi-parti « de gueules, à la croix pattée et alésée d'argent » et « de gueules, à deux fasces d'argent », désignent Briand de La Haye-Joulain († ap. 1408), seigneur de La Haye-Joulain, du Plessis-Macé et de Savennières, et sa femme, Mahaut de Rougé († 1397) [49] [fig. 11 et 12]. Les armes des époux

48. Les plombs des dix-huit panneaux de cette verrière furent refaits en 1672 (Arch. dép. Maine-et-Loire, G 1854). Les trois panneaux du bas datent du XIXᵉ siècle et représentent, à gauche, la fille de Louis XI, Jeanne de France, fondant l'ordre des sœurs de l'Annonciade et, à droite, Saint Louis refusant la couronne que lui tendent les Sarrasins. Le panneau central est formé de fragments.

49. La commune de Savennières jouxte celle de Béhuard au nord-ouest. Mahaut de Rougé était la fille de Bonabes IV de Rougé († 1377), chambellan et conseiller du roi Jean II le Bon, et de Jeanne de Maillé, dame de Clervaux (Ambroise Ledru et Louis-Jean Denis, *La maison de Maillé*, Paris 1905, t. 1, p. 55).

50. Briand de La Haye-Joulain rend notamment hommage lige à Marie de Blois pour ces terres de La Haye-Joulain, Sautré et Savennières en mars 1387 (BnF, ms. fr, 9501, fol. 289; Henry Filleau, *Dictionnaire historique et généalogique des familles du Poitou*, Poitiers, 1909, t. 4, p. 751-754).

51. Louis Trincant, *Histoire généalogique de la maison de Savonnières en Anjou*, Poitiers, 1638, p. 21.

52. Jean-Yves Hunot, «Les charpentes de comble et de plancher de l'habitat seigneurial antérieur à 1450 en Anjou», dans Gwyn Meirion-Jones (dir.), *La demeure seigneuriale dans l'espace Plantagenêt. Salle, chambres et tours*, Rennes, 2013, p. 345-354.

53. *Id.*, «De tuiles et d'ardoises : les couvertures médiévales en Anjou», dans Françoise Duperroy et Yves Desmet (dir.), *Les couvertures médiévales : images et techniques*, Namur, coll. «Monuments et Sites», 14, 2016, p. 231-241.

54. *Id.*, «Les charpentes de l'église», dans Mickaël Montaudon et Daniel Prigent, *Îlot Saint-Joseph et église Saint-Symphorien, Bouchemaine, Maine-et-Loire*, Rapport de fouille préventive, Drac Pays de la Loire, 2009, p. 123-167; Patrick Hoffsummer (dir.), *Les charpentes du XIᵉ au XIXᵉ siècle. Grand Ouest de la France, typologie et évolution*, Turnhout, 2011, p. 107-109.

55. Jean-Yves Hunot, «La charpente : entre traditions et nouveautés», dans *Saint Louis et l'Anjou*, Étienne Vacquet (dir.), Rennes, 2014, p. 187-204.

se retrouvent aussi dans les mouchettes du tympan. Dans les lancettes, au-dessus du donateur, de part et d'autre d'un Christ en croix, figurent les armes de son père, Hardouin. En vis-à-vis, sont représentées les armoiries de sa mère, Jeanne de Vendôme, portant à mi-parti les armes de La Haye-Joulain et celles de Vendôme : «au lion d'azur chargé sur l'épaule d'une fleur de lys d'or». La généalogie de ces individus, proches des ducs d'Anjou, concorde parfaitement avec les autres indices de datation de la chapelle [50]. S'il paraît exclu, comme l'affirme le feudiste Louis Trincant (1571-v. 1644), que ceux-ci en aient été les fondateurs, un lien puissant devait les y unir pour qu'ils soient autorisés à apposer, de manière aussi ostentatoire, leurs armoiries sur la grande verrière du chœur [51].

La charpente

La chapelle est couverte d'une charpente à chevrons porteurs tramée. Elle débute, à l'ouest, par une ferme principale adossée au pignon puis se prolonge par deux travées comportant six fermes secondaires (fig. 13). La travée suivante ne comprend que quatre fermes secondaires, et la dernière seulement deux. L'absence de ferme principale contre le pignon oriental a permis de dégager la grande fenêtre. S'inscrivant dans une tendance générale depuis le XIIᵉ siècle, ce nombre réduit de fermes répondait aussi à un souci de moindre consommation de bois long. À l'inverse, les entraxes moyens de 60 cm sont inférieurs à la moyenne de ceux de la fin du Moyen Âge, qui avoisine les 65 cm [52]. Les versants sont inclinés à 54°, pente parfaitement dans la moyenne des charpentes de cette période [53].

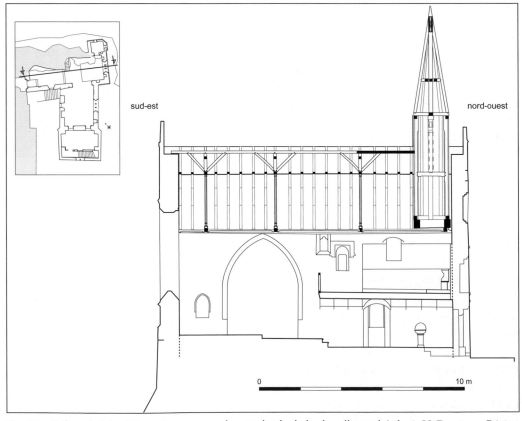

Fig. 13 – Béhuard, église Notre-Dame, coupe longitudinale de la chapelle nord (relevés V. Desvigne, Région Pays de la Loire et J.-Y. Hunot).

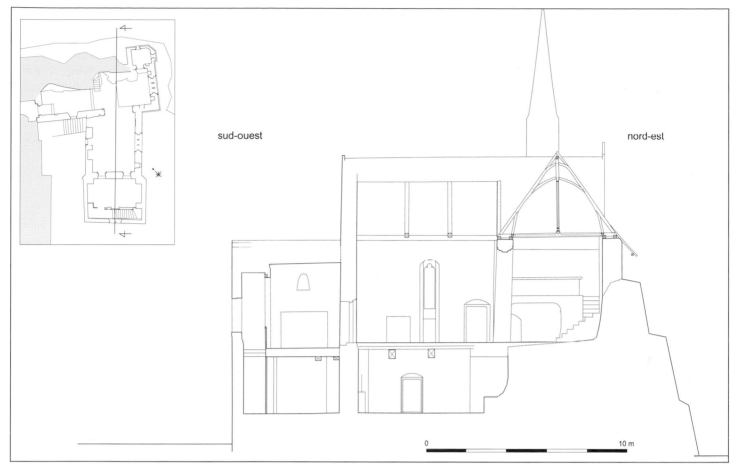

Fig. 14 – Béhuard, église Notre-Dame, coupes nord-est/sud-ouest (relevés V. Desvigne, Région Pays de la Loire et J.-Y. Hunot).

sud-ouest

nord-est

0   10 m

La ferme principale est assez simple avec ses jambettes et ses aisseliers qui dessinent un intrados en arc brisé (fig. 14 et 15). Elle se distingue par ses chevrons-arbalétriers qui sont joints au poinçon 0,2 m à 0,3 m sous le faîtage et par l'absence de faux entrait. La première particularité, peu fréquente, se rencontre dans la charpente du chœur de Saint-Serge à Angers (1346-1363d), sur le chœur et le bras nord du transept de Saint-Symphorien à Bouchemaine, ou encore sur la charpente du chœur de la cathédrale Saint-Gatien de Tours (1360-1365d) [54]. Dans le cas présent, le coude, comme à Bouchemaine, correspond à un départ de branche. Cette disposition permet d'utiliser des arbres sans long tronc rectiligne. Pour compléter le rampant, deux pièces sont jointes au-dessus du faîtage. La seconde particularité réside dans l'aisselier qui, classiquement, devrait être assemblé à un faux entrait mais qui est ici joint directement au poinçon. Cette mise en œuvre est plus inhabituelle et n'est connue à ce jour, en Anjou, qu'à Saint-Bibien d'Échemiré vers 1376-1393 [55]. La ferme secondaire diffère de la ferme principale par un faux entrait recevant les deux aisseliers. La jambette repose sur une entretoise moulurée assemblée aux faces latérales des entraits. Le marquage porté sur la face ouest des bois montre une homogénéité de la structure avec deux séries distinctes : l'une pour les fermes principales, l'autre pour les fermes secondaires. Cette charpente est constituée uniquement de chêne sous forme de bois de brin. Le lambris, qui, en l'état, date de 1898, est venu en remplacer un plus ancien dont rien ne permet de dire qu'il était contemporain de la charpente.

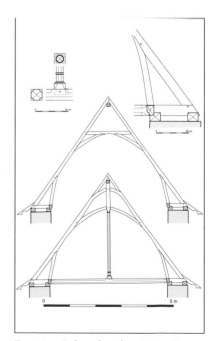

Fig. 15 – Béhuard, église Notre-Dame, charpente de la nef (relevés J.-Y. Hunot).

56. Dendrotech, *Rapport synthétique, Église Notre-Dame, clocher, Béhuard (49028), Maine-et-Loire, DT-2019-20*, Betton, 2018. Quatre des poteaux montrent un abattage plus précoce avec une limite aubier-duramen largement antérieure qui conduit à proposer une date d'abattage pour ces pièces vers 1400-1420.

57. J.-Y. Hunot, art. cit. note 55, p. 187-204.

L'œuvre de Louis XI

Les multiples preuves historiques de la générosité royale envers le sanctuaire ne transparaissent guère dans l'architecture de la chapelle. Cette manne financière a vraisemblablement surtout servi à constituer un patrimoine foncier au bénéfice de la paroisse. L'une des premières manifestations architecturales de la modernisation de l'église sous Louis XI fut la reconstruction d'un clocher, vers 1468 et 1469, sur le pignon occidental de l'église. Ces travaux se poursuivirent par l'édification d'une chapelle contre le mur gouttereau sud autour des années 1472-1473, puis par l'aménagement de stalles sur la tribune, probablement après la fondation du chapitre en 1481.

Le clocher

L'analyse dendrochronologique des bois de la charpente du clocher, caractérisés par un marquage cohérent des pièces en bois de brin de chêne, témoigne de l'abattage d'une partie des éléments au cours de l'hiver 1468-1469 et de leur mise en œuvre peu de temps après. Ce clocher pourrait néanmoins être venu en remplacement d'un clocher plus ancien, comme en témoigne la présence de bois abattus quelques décennies auparavant [56]. Dans les deux cas, son installation est postérieure à la charpente de comble. L'ensemble de la structure a par ailleurs été modifié en 1885 pour accueillir un beffroi métallique et trois cloches.

D'une structure assez simple, le clocher, inséré dans la travée ouest de la nef, a nécessité la découpe de la ferme principale adossée au pignon et des deux fermes secondaires suivantes (fig. 13 et 16). Deux fortes poutres (42 cm de haut pour des largeurs de 33 cm et 39 cm) reposant sur les entretoises de la plateforme de la charpente de comble soutiennent la carrée renforcée de gousset à la base. Huit poteaux de section pentagonale dessinent un octogone de 64 cm de côté. Ils sont sommés d'une enrayure formant un beffroi haut de 4,97 m. De là, débute une flèche octogonale haute de 4,50 m avec des versants à 80°.

L'aiguille centrale repose sur une traverse, libérant ainsi les deux mètres inférieurs du beffroi. L'enrayure basse comporte un entrait moisant le poinçon, tandis que celle placée à mi-hauteur de la flèche se compose uniquement de faux entraits complétés de goussets en raison du faible espace. La présence d'entrait moisé est assez classique dans des structures similaires. On en retrouve dans le clocher de Saint-Benoît de Fontevraud vers 1255 ou dans celui de Saint-Martin de Vertou à Thorigné d'Anjou vers 1388 [57].

La chapelle méridionale

Dans la foulée de la réédification du clocher fut lancée la construction d'une vaste chapelle greffée sur le mur gouttereau méridional (fig. 17). La dénivellation conduisit le maître d'œuvre à bâtir celle-ci au-dessus d'une pièce d'habitation. La limite entre les deux niveaux, séparés par un plancher, est matérialisée à l'extérieur par un changement dans l'emploi des matériaux de construction : moellons enduits en partie basse et tuffeau blanc au-dessus. Deux contreforts permettaient de contrebuter l'élévation du pignon méridional, avant qu'un bâtiment ne vienne s'y adosser à l'Époque moderne.

Le plancher comporte trois poutres, dont deux encadrant la baie est et la troisième en rive contre le rocher portant l'église ancienne. Les solives, réparties tous les 55 cm, sont posées sur la poutraison ou scellées dans le mur sud. Elles ont une section verticale de 17,50 cm par 15 cm. Elles ont été taillées dans des bois de brin de chêne équarris à l'herminette pour au moins une part. La dendrochronologie montre un abattage au cours du repos végétatif de l'hiver 1472-1473. Le scellement de ces bois dans la maçonnerie autorise la datation de cette dernière dans l'année qui a suivi l'abattage ou peu après.

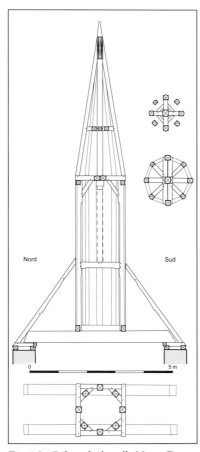

Fig. 16 – Béhuard, chapelle Notre-Dame, clocher de la nef (relevés J.-Y. Hunot).

RONAN DURANDIÈRE

Fig. 17 – Béhuard, église Notre-Dame, la chapelle sud, vue depuis le nord.

Au XVIIe siècle, le logis chauffé du rez-de-chaussée, percé d'une porte à l'ouest et d'une grande croisée à l'est, servait de résidence au desservant de l'église, et il est vraisemblable qu'il en ait été de même sous Louis XI. En 1820, il fut augmenté par un large appentis côté est, finalement détruit dans les années 1930 pour dégager la chapelle.

Au-dessus, la chapelle, accessible par un escalier extérieur en L, forme un vaste espace de 7,20 m de long sur 5,25 m de large, équipé d'une cheminée à l'ouest. Elle a été ouverte sur la nef par l'intermédiaire d'un grand arc brisé. Jusqu'au XVIIIe siècle, cette arcade était fermée par « une cloison avec guichet et serrure », c'est-à-dire par une clôture, probablement en bois, dont l'emplacement est encore visible dans l'intrados de l'arc. Du temps de Louis XI, elle permettait sans doute au roi d'assister aux offices à l'abri dans cet espace privé. Les sources du XVIIe siècle y mentionnent, sous la grande verrière orientale, un autel dédié à saint Jean, flanqué de part et d'autre d'une niche-crédence et d'un lavabo liturgique.

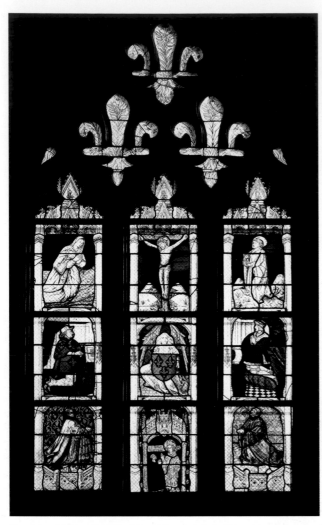

Fig. 18 – Béhuard, église Notre-Dame, chapelle sud, verrière de Louis XI et de Charles VIII.

Fig. 19 – Béhuard, église Notre-Dame, chapelle sud, verrière de Louis XI et de Charles VIII, détail du panneau représentant frère Pierre Nicolas accompagné de saint Nicolas.

La charpente de la chapelle, sans accès spécifique, n'a pu être étudiée. Elle est actuellement dissimulée sous un lambris sans couvre-joint en partie restauré. Le remplacement des lames de chêne débitées sur maille par des planches débitées sur dosse permet toutefois de faire la distinction entre les parties anciennes et les parties nouvelles. L'ensemble est revêtu d'un décor peint aux armes de France, dont une partie pourrait être d'origine.

Le vitrail de Louis XI et de Charles VIII

La chapelle est éclairée par deux fenêtres. La première, à l'ouest, possède une verrière dédiée à la Vierge qui fut créée en 1888 par l'atelier Megnen, Clamens et Bordereau d'Angers. Son programme iconographique au Moyen Âge est inconnu. La seconde verrière, à l'est, est la plus imposante (fig. 18). D'une hauteur de 3,40 m pour 1,70 m de large, elle se compose de trois lancettes trilobées surmontées d'un tympan composé de trois fleurs de lys [58], une formule inspirée des fenêtres de la chapelle Sainte-Anne de la cathédrale d'Angers, conçues entre 1466 et 1470 [59]. Les trois lancettes sont occupées chacune par trois panneaux superposés. Au registre médian, Louis XI et son fils

58. Restauré par le maître-verrier Charles Thierry en 1837, le vitrail fut entièrement déposé et remonté en 1981 à l'occasion de la reconstruction à l'identique du réseau.

59. Emmanuel Delmas (dir.), *Angers : la grâce d'une cathédrale*, Paris, 2020, p. 150.

RONAN DURANDIÈRE

Charles VIII encadrent un écu de France tenu par un ange, de facture moderne. Ils sont surmontés par un Christ en croix accompagné de la Vierge et de saint Jean. Comme à la cathédrale Saint-Étienne de Toulouse et sur le célèbre dessin de Jean Bourré adressé au peintre Colin d'Amiens comme modèle du tombeau de Louis XI à Cléry, le roi est représenté priant à genou, les mains jointes, en armure avec surcot aux armes de France. Mais il est ici tourné vers la droite et fait face à un prie-Dieu sur lequel est posé un livre de prière. Le souverain est coiffé d'un chapeau à large bord et porte le collier de l'ordre de Saint-Michel, mais sa tête est une restauration du XIXᵉ siècle. Face à lui, son fils Charles VIII figure également en priant, armé et vêtu d'un lourd manteau de velours pourpre. Son visage, également refait au XIXᵉ siècle, s'inspire du portrait de Jean Perréal dont une copie est conservée au musée Condé à Chantilly. S'il figurait bien sur le vitrail d'origine, ce qui n'est pas avéré, le collier de l'ordre de Saint-Michel que Charles reçut le jour de son sacre, le 30 mai 1484, pourrait donner un *terminus post quem* pour la conception du vitrail.

Sous ces deux portraits royaux figurent deux ecclésiastiques, l'un portant l'aumusse des chanoines, l'autre la coule noire des bénédictins. Selon Charles-Théodore Urseau, il pourrait s'agir de Guillaume Fournier, chanoine de Saint-Maurice d'Angers, curé de Denée et éphémère doyen du chapitre de Béhuard, et de Pierre Cornilleau, cellérier de l'abbaye Saint-Nicolas d'Angers avec qui Louis XI négocia le rachat du fief de Béhuard en 1481 [60]. Le panneau au centre du registre inférieur, manifestement rapporté, représente saint Nicolas avec sa mitre et sa crosse épiscopale accompagné d'un moine tonsuré nommé « frere Pierre Nicolas » (fig. 19). Ce dernier est connu comme cellérier puis procureur de l'abbaye Saint-Nicolas avant 1406 [61]. D'après Dom Barthélemy Roger, ce panneau se situait à l'origine dans l'une des deux baies du petit oratoire du chœur [62].

Les stalles

L'aménagement de stalles sur la tribune fut probablement la dernière modification apportée du temps de Louis XI. On peut penser, avec la plupart des auteurs, que cet ensemble fut exécuté pour accueillir les membres du chapitre, donc entre 1481 et 1483.

L'ensemble forme une unique rangée de seize stalles dont quatre sont adossées contre le mur occidental et six sur chacun des murs latéraux (fig. 20). La condamnation partielle de l'une des fenêtres sud par les dosserets montre que les stalles n'étaient pas prévues dans le programme d'origine. De manière assez harmonieuse, elles intègrent l'ancienne porte d'accès extérieure dans un tambour. La stalle immédiatement à gauche, au dosseret plus haut surmonté d'un dais, pourrait avoir été celle destinée au doyen du chapitre. Bien que le décor des dosserets ait en grande partie disparu, les quelques vestiges observables, composés de remplages aveugles, montrent une exécution soignée. Le reste du décor est concentré principalement sur les miséricordes. Huit d'entre elles sont ornées de motifs végétaux (feuilles d'acanthe et de chêne) et huit présentent des figures humaines ou animales : têtes d'homme et de femme grimaçantes, personnages endormis portant des chapeaux aux larges bords (fig. 21 et 22), canidés endormis ou rongeant un os [63]. Les deux personnages au chapeau, l'un allongé sur le côté, appuyé sur son coude, et l'autre assis en tailleur, la tête entre les jambes, se retrouvent avec quelques variantes sur deux miséricordes de l'église Saint-Pierre de Saumur, bien datées des années 1473-1476 (fig. 23). Il est très probable que l'un des menuisiers de Saumur soit aussi intervenu à Notre-Dame de Béhuard [64].

60. Pierre Cornilleau fut abbé de Saint-Nicolas d'Angers de 1496 jusqu'à sa mort le 5 février 1505 (BnF, Provinces françaises, Anjou Touraine 16, fol. 455v). Sa pierre tombale est connue par une gravure de la collection Gaignères conservée à la bibliothèque Bodléienne d'Oxford.

61. Charles-Jean Beautemps-Beaupré, *Coutumes et institutions de l'Anjou et du Maine antérieures au XVIᵉ siècle, seconde partie*, Paris, 1897, t. 2, p. 105.

62. Barthélemy Roger, *Histoire de l'Anjou*, Angers, 1853, p. 357-358.

63. Élaine C. Bock, « Miséricordes du département de Maine-et-Loire », dans *Bible de bois du Moyen Âge. Bible et liturgie dans les stalles médiévales*, Angers-Paris, 2004, p. 258-260.

64. Les stalles de Saint-Pierre de Saumur furent commandées par le chapitre à Pierre Pintart et Raoulet Michau, menuisiers, le 13 mars 1473. Ces derniers abandonnèrent l'œuvre en cours de chantier, qui fut repris par plusieurs maîtres-menuisiers : Georges Lefèvre, Jehan de Vernoil, Philippe Amy, Pacquet de Gasvres et Pierre Blatuet. Voir Célestin Port, « Les stalles et les tapisseries de Saint-Pierre de Saumur », *Notes et notices angevines*, Angers, 1879, p. 117-129.

Fig. 20 – Béhuard, église Notre-Dame, nef, vue des stalles de la tribune.

Fig. 21 et 22 – Béhuard, église Notre-Dame, nef, stalles, détail des miséricordes représentant des hommes endormis.

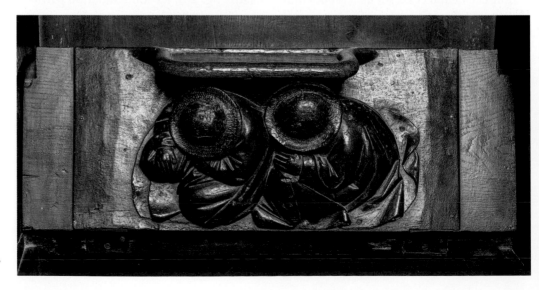

Fig. 23 – Saumur, église Saint-Pierre, détail d'une miséricorde.

Conclusion

La figure de Louis XI, personnage qui fascina la génération romantique au début du XIXᵉ siècle, a concentré l'attention des études sur Notre-Dame de Béhuard. Jean-François Bodin (1766-1829) fut l'un des premiers à redécouvrir la chapelle et à replacer la figure du roi de France au centre de son histoire [65]. À la suite de ses écrits, Béhuard fut l'un des passages obligés des historiens, des archéologues et des pionniers du patrimoine voyageant en Anjou, à l'image d'Arcisse de Caumont qui s'y rendit dès 1829 [66].

Les données nouvelles, apportées notamment par la dendrochronologie, montrent une réalité plus complexe. Si Louis XI embellit l'église puis l'agrandit d'une chapelle, il conserva soigneusement l'intégralité du volume originel, édifié sous la régence de son arrière-grand-mère Marie de Blois. Ainsi, plutôt que de faire disparaître toute trace du mécénat ducal comme il le fit dans certaines églises de Provence [67], le roi de France semble avoir voulu s'inscrire ici dans la continuité dynastique des Anjou. Il s'agissait certes, alors qu'il mettait la main sur le duché, de conserver l'estime du clergé angevin, mais peut-être voulait-il aussi, de manière plus personnelle, montrer son attachement à ce pèlerinage local bien ancré dans la tradition familiale.

65. Claire Girault-Labalte, *Les Angevins et leurs monuments (1800-1840)*, Société des études angevines, Angers, 1996, p. 141-153.

66. Arcisse de Caumont, «Coup d'œil sur l'état de la recherche archéologique dans l'Ouest de la France», *Revue normande*, vol. 1, 2ᵉ partie, janvier 1831, p. 225.

67. Sophie Cassagnes-Brouquet, «René d'Anjou et Louis XI mécènes, entre émulation et rivalité», dans *René d'Anjou, écrivain et mécène (1409-1480)*, éd. par Florence Bouchet, Turnhout, 2011, p. 255-270.

Crédits photographiques – fig. 1 : cl. Yves Guillotin, Région Pays de la Loire ; fig. 2-3, 6-8, 10-12, 18, 21-22 : cl. Bruno Rousseau, Conservation départementale du patrimoine de Maine-et-Loire ; fig. 5, 9, 17, 19-20, 23 : cl. Armelle Maugin, Conservation départementale du patrimoine de Maine-et-Loire.

Le mécénat de Jean Bourré à la collégiale de Jarzé

Julien Noblet *

L'église Saint-Cyr-et-Sainte-Julitte de Jarzé, édifice au caractère composite, bénéficia à la fin du XVe siècle des largesses de Jean Bourré. Nouveau seigneur des lieux, il transforma le lieu de culte, en faisant appel à un maître d'ouvrage et à des artistes de premier plan, et choisit d'y élire sépulture. Il créa alors un chapitre de chanoines pour assurer le « remède de son âme », participant ainsi de cet élan de fondations funéraires témoignant du souci d'une élite aristocratique d'implanter des sanctuaires familiaux à proximité immédiate de leur château.

* Maître de conférences en Histoire de l'art et Archéologie du Moyen Âge, université de Tours, CITERES - UMR 7324 Laboratoire Archéologie et Territoires.

Description

L'église, longue de 50 m, comporte une nef de quatre travées barlongues aboutissant à une croisée surmontée d'un clocher à deux niveaux de lancettes géminées, surmonté d'une flèche revêtue d'ardoise, que prolonge un avant-chœur de trois travées. Par l'intermédiaire de trois arcades, le vaisseau central communique avec un collatéral au nord et une chapelle au sud, en fort décrochement par rapport à la partie occidentale. Au-delà, un sanctuaire de deux travées – sur lequel se greffent deux espaces secondaires – se termine par un chevet plat (fig. 1). Le plan de l'édifice présente un aspect assez hétéroclite renforcé par un léger changement d'axe entre la partie occidentale et la partie orientale. La nature des appareils des murs renforce cet antagonisme puisque la nef, le transept ainsi que le mur gouttereau du collatéral nord de l'avant-chœur sont construits en petit appareil de moellons calcaires associés à des dalles de schiste, utilisées notamment au nord pour rattraper la forte dénivellation, alors que la chapelle sud et le chœur sont bâtis avec des blocs taillés de tuffeau blanc ou blond disposés en assises régulières (fig. 2). La même pierre de taille fut utilisée pour les contreforts qui ceignent l'ensemble de l'édifice, à l'exception toutefois de ceux contrebutant le bras du transept et la travée occidentale du collatéral nord. À l'origine, les parties moulurées de la chapelle sud avaient été réalisées en pierre de Saint-Aignan (Loir-et-Cher).

Chaque travée est ajourée par des baies en tiers-point avec lancettes doubles dans le collatéral et le bras nord, triples dans la nef et la chapelle sud, alors que les fenêtres du sanctuaire en comportent quatre et même cinq pour la vitre maîtresse. Les lancettes en accolade avec trilobes inscrits sont surmontées d'un polylobe ou d'un soufflet accompagné de mouchettes.

La nef comporte deux accès : à l'ouest, un portail dont les piédroits et l'arc en anse de panier portent une mouluration ininterrompue et, au sud, à hauteur de la deuxième travée, une porte latérale mise en valeur par un gable en accolade (fig. 3). La chapelle méridionale est desservie par une porte au riche encadrement et percée à l'ouest. Deux contreforts, qui se terminent en pinacles effilés, contrastent par leur saillie avec l'ébrasement fuyant formé d'une succession de trois moulures reposant sur des bases prismatiques. Un gable en

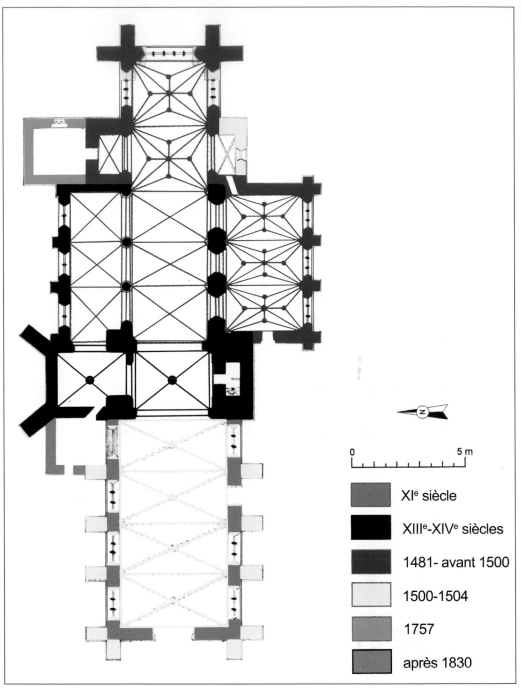

Fig. 1 – Jarzé, église Saint-Cyr-et-Sainte-Julitte, plan (d'après R. Sigrot, 1964, avec phasage archéologique par J. Noblet).

<table>
<tr><td>XIᵉ siècle</td></tr>
</table>

XIᵉ siècle

XIIIᵉ-XIVᵉ siècles

1481- avant 1500

1500-1504

1757

après 1830

accolade, surmonté d'un fleuron, comporte en son tympan un écu lisse destiné à recevoir un décor armorié peint. Des choux frisés, qui ornent l'extrados du gable, forment aussi le décor très fouillé des deux registres de la frise qui règne au sommet de la chapelle, entre les hauts pignons couronnant deux de ses trois travées, et se prolonge tout autour du chœur (fig. 4). Ainsi, la chapelle se distingue à la fois par sa richesse ornementale et par sa silhouette découpée et élancée, animation verticale renforcée par les hauts pinacles qui chargent ses contreforts (fig. 2).

Fig. 2 – Jarzé, église Saint-Cyr-et-Sainte-Julitte, vue générale prise depuis le sud.

Fig. 3 – Jarzé, église Saint-Cyr-et-Sainte-Julitte. Lancettes, contreforts et porte en tuffeau témoignent de la reprise du mur gouttereau sud de la nef édifiée en petit appareil.

Fig. 4 – Jarzé, église Saint-Cyr-et-Sainte-Julitte, chapelle seigneuriale sud, face ouest (état en 2006).

Fig. 5 – Jarzé, église Saint-Cyr-et-Sainte-Julitte, vue générale intérieure vers l'est.

L'espace intérieur de l'église, entièrement voûté d'ogives, produit la même impression de gradation entre la nef et l'avant-chœur d'une part, couverts de simples croisées (fig. 5), puis entre le sanctuaire et la chapelle sud aux voûtes complétées de liernes et de tiercerons d'autre part (fig. 6). Toutefois, en dépit d'un couvrement de même nature, la différence de module entre les travées carrées orientales et celles barlongues de la chapelle crée un effet visuel de plus grande richesse dans cette dernière où les retombées sont ininterrompues du sol à la clef de voûte. Ce système où les nervures viennent se fondre dans des supports engagés de plan ondulé se retrouve dans la nef, où les bases sont toutefois moins travaillées.

Le changement de statut de l'édifice à l'instigation de Jean Bourré explique les différences des partis architecturaux observés.

HISTORIQUE

L'église dédiée à saint Cyr et à sainte Julitte est mentionnée une première fois dans la seconde moitié du XIe siècle lorsqu'elle appartenait, à titre de douaire, à la mère de Geoffroy de Jarzé [1]. Cet édifice bénéficia par la suite, aux dires de l'historien Gilles Ménage, des largesses de « Baudoin Des-Roches, sire de Jarzé, [qui] dote en 1328 & 1337 la chapelle S. Martin de l'Eglise Collégiale de Jarzé » laquelle, « séparée du Chœur de l'Eglise Paroissiale & Collégiale de Jarzé par trois piliers, [a] esté rebatie par Jan Bourré, Maistre des Contes de Paris & Trésorier de France, lequel y fit mettre une image de S. Christophle » [2].

1. Marchegay 1862, p. 2.
2. Ménage 1683, p. 369-370.

Fidèle serviteur de Louis XI, Jean Bourré (1424-1506), anobli en 1465, acheta la même année les seigneuries de Jarzé et de Longué – garantes de son nouveau rang – à Charles de Sainte-Maure[3]. Entre 1480 et 1485 probablement, il entreprit à Jarzé la construction d'un nouveau château à l'extérieur du bourg, aujourd'hui complètement dénaturé, mais dont la distribution d'origine a récemment pu être restituée[4]. Dans les mêmes années, il contribua à l'embellissement du lieu de culte de sa seigneurie. Le début des travaux de l'église ne peut être daté avec précision en raison des lacunes du marché concernant la chapelle ajoutée sur le flanc sud, mais la mention dans ce document, comme point de repère, du « vieil chastel » suggère que cette chapelle vit le jour après l'achèvement du nouveau château (voir Annexe).

En confiant ce projet à Macé Chahureau, Jean Bourré s'adressait à un maître d'œuvre renommé, alors maître des œuvres de la cathédrale de Bourges mais également actif à Cléry, où il achevait la campagne d'agrandissement de l'église Notre-Dame lancée par Louis XI et justement surveillée par son fidèle conseiller[5].

3. Bricard 1893, p. 330. Toutefois, il n'entra en possession de Jarzé qu'en juin 1468, lorsque Catherine d'Estouteville, épouse de Charles de Sainte-Maure, ratifia l'acte de vente, Arch. dép. Maine-et-Loire, 8 J 11, fol. 143 (copie collationnée à l'original en 1503).

4. Chatenet et Cussonneau 1997, p. 103.

5. Hamon 2017, p. 188.

Fig. 6 – Jarzé, église Saint-Cyr-et-Sainte-Julitte, voûtement de la chapelle seigneuriale sud.

6. Le roi institua un chapitre à l'église Notre-Dame de Béhuard en 1481, fondation qui ne fut toutefois pas entérinée par le pape et ne survécut pas à la mort du souverain en 1483 (voir, dans ce volume, l'article de R. Durandière, « Notre-Dame de Béhuard, de la dévotion ducale au pèlerinage royal », p. 313-331) ; l'édifice bénéficia toutefois des libéralités et des fondations pieuses établies par le défunt, grâce au contrôle exercé par Jean Bourré (Matz 2001, p. 12-13).

7. Arch. dép. Maine-et-Loire, E 1793 et 8 J 232 (copies de l'original perdu de 1614 et de 1676) ; Joubert 1884, p. 135-146.

8. Deux actes de 1501 et de 1503 donnent le détail des domaines sur lesquels est assise la dotation (Arch. dép. Maine-et-Loire, 8 J 232).

9. La fondation de Jean Bourré s'inscrit dans une démarche entreprise par de grands personnages cherchant à confier leur dépouille à un chapitre séculier. Loin des contraintes qui s'imposaient à lui dans de prestigieuses abbayes, le bienfaiteur exclusif d'un chapitre pouvait imposer à ses chanoines certaines dispositions, comme la présence d'un cénotaphe dans le chœur (Noblet 2009a et Noblet 2009b).

10. L'érudit qui a eu cette lettre entre les mains ne précise pas si cette date de 1504 est exprimée en ancien ou nouveau style (Marchegay 1862, p. 4).

11. Voir infra, note 42.

12. À l'exception de son cœur déposé en sa chapelle du château du Plessis (Bricard 1893, p. 373).

13. Arch. dép. Maine-et-Loire, G 1392, testament de Jean Bourré, 11 avril 1505 (n. st.).

14. Le dernier descendant mâle en ligne directe de Jean Bourré mourut en 1591 ; son arrière-petite-fille, mariée avec René du Plessis, hérita alors de Jarzé (Marchegay 1862, p. 2).

15. Les registres paroissiaux indiquent la présence de protestants à Jarzé en 1562, en 1566 et en 1592 (Sigrot 1864, p. 232).

16. Arch. dép. Maine-et-Loire, G 2069 : marché du 27 février 1757.

17. Arch. dép. Maine-et-Loire, 1 Q 647.

18. Arch. dép. Maine-et-Loire, O 611.

19. L'adjudication des travaux de couverture n'eut lieu que le 18 juillet 1848, ibid.

20. Travaux confiés le 23 août 1927 aux couvreurs H. Yvon et L. Bouette, et au charpentier J. Seguin, ibid.

21. Travaux de maçonnerie exécutés par M. Davoust Bouvet, ibid.

Au terme de la construction de cette chapelle, Jean Bourré, soucieux d'augmenter le rayonnement spirituel du lieu de culte « pour l'onneur et reverence de Dieu » mais aussi « pour le salut et remede de son ame et des ames de feue dame Margarite de Feschal sa femme et aussi de leurs predecesseurs, successeurs, bienffaicteurs et amys trespassez », suivant l'exemple de Louis XI [6], y institua, le 9 mars 1500 (n. st.), un collège composé de « cinq chanoines prebendez et de deux chappellains et de deux enfans de cueur »[7] – auxquels il assurait un revenu de 300 livres de rente annuelle [8] – en l'honneur de Notre-Dame [9]. Le fondateur rappelait dans cet acte qu'il avait « fait croistre et alonger lequel cueur ou chanseau en faveur dud. college affin que lad. eglise demeure plus grande et qu'il y puisse plus de gens ».

Les travaux n'étaient pas pour autant terminés. Le 12 janvier 1504 ou 1505, Bourré enjoignait à Jean Mathelin Richard, sieur de Bazouges, de payer 50 livres au maçon François Bergier, demeurant à Bazouges, « à cause de l'allongement de l'église de Jarzé » [10].

En parallèle, Jean Bourré se préoccupait de l'aménagement intérieur de l'église. Le « Memoire du divis et paincture des ymaiges du sepulchre de Jarzé », daté généralement de 1504, comporte les dernières instructions du trésorier concernant la polychromie des personnages d'une *Mise au Tombeau* et d'une « ymage de Nostre Dame tenant son enfant » [11], statues qui avaient été réalisées par Louis Mourier.

Conformément à ses volontés testamentaires, le trésorier fut enseveli dans sa collégiale [12], « en la voulte et charnier estant entre le grant autel et les sieges et cœur du college dudit lieu [de Jarzé] » [13]. Les successeurs de Jean Bourré, qui héritaient de l'obligation d'assurer au chapitre les revenus nécessaires à son entretien, ne semblent pas s'être préoccupés de la fondation et n'entreprirent pas de travaux à la collégiale [14], même après les passages répétés des troupes huguenotes qui occasionnèrent de nombreuses dégradations [15]. Par ailleurs, un certain laxisme semblait s'être installé au sein de la communauté puisque, en 1676, l'évêque d'Angers Henri Arnauld édictait un nouveau *Règlement* destiné au chapitre. Au milieu du siècle suivant, le curé René Chartier, « chef du chapitre », s'attacha à redonner du lustre à la collégiale en entreprenant d'importants travaux de restauration à partir de 1757, financés notamment par la vente du mobilier offert deux siècles et demi plus tôt par Jean Bourré [16].

Durant la période révolutionnaire, le château de Jarzé fut pillé et brûlé en 1794. La collégiale connut un sort moins dramatique. Cependant, après la dissolution du chapitre, le 29 septembre 1790, l'édifice fut vidé d'une grande partie de son mobilier [17].

Au sortir de cette période tourmentée, la municipalité s'employa à remettre en état l'église désormais paroissiale : un « État des réparations urgentes qui sont à faire à l'église de la commune de Jarzé » du 15 septembre 1811 prévoyait la reprise de la couverture de l'église et du clocher, le rétablissement d'un pilier qui menaçait ruine, la réfection du carrelage en plusieurs endroits et la pose de vitres aux douze grandes croisées [18]. Ce n'est que le 30 décembre 1832 que les « sieur Lasne, maître maçon, et sieur Camus, maître couvreur », soumirent un devis estimatif pour le clocher. La restauration générale de l'édifice ne fut finalement entreprise que dans les années 1840. Le 5 mai 1842, l'architecte Sébastien Dellêtre proposa d'importants travaux : commencée en 1844, la campagne s'acheva le 17 février 1853 [19]. En 1927, un nouveau beffroi fut installé et le clocher de nouveau restauré [20] ; les pignons formant rondelis furent également repris [21]. Entre 1966 et 1970, Henri Enguehard procéda au décaissement de la partie orientale du chœur afin de retrouver le niveau du sol du temps de Jean Bourré. Une dernière campagne de restauration au cours de laquelle les maçonneries hautes de la chapelle sud ont été reprises en profondeur, dirigée par l'architecte François Jeanneau, a été réceptionnée en 2017.

JULIEN NOBLET

Analyse architecturale

État de la question

La collégiale a éveillé la curiosité des érudits et historiens depuis le XIXe siècle. Ceux-ci, s'appuyant sur des sources mal datées, ont échafaudé divers scénarios pour expliquer la genèse de l'édifice. Pour Paul Marchegay, « on reconnaît trois époques dans la construction de l'église : la fin du XVe siècle ou le commencement du XVIe pour la nef, le commencement du XVIe pour le chœur, la fin du XIVe pour tout le corps avancé de gauche, bâti avec moins de soin et de goût que les autres parties de l'édifice » [22]. Quant à Jean Bourré, il intervint selon lui « seulement dans la construction de la nouvelle nef et dans l'agrandissement de la chapelle Saint-Martin [chapelle sud], travaux exigés par la conversion de l'église paroissiale en collégiale » et achevés en 1504 [23]. Célestin Port estimait pour sa part que la nef et la chapelle dans son ensemble étaient attribuables à Jean Bourré qui aurait achevé, entre 1500 et 1504, la restauration de « l'édifice reconstruit pour partie en 1467 » [24]. Georges Bricard proposa quant à lui de considérer que Jean Bourré fit « à deux reprises exécuter des travaux dans l'église de Jarzé, d'abord en 1481 [...] enfin, de 1500 à 1504 » [25]. La première campagne concernait la chapelle sud, la seconde l'édification du nouveau sanctuaire.

Au milieu du XXe siècle, Robert Sigrot a établi une chronologie affinée : d'un édifice datant du XIIIe siècle ne subsistaient selon lui que l'avant-chœur et son collatéral nord ; à partir de 1467, une nef fut élevée en avant du clocher et le collatéral nord repris. Jean Bourré, entre 1473 et 1504, fit édifier la chapelle Saint-Martin ainsi que le nouveau sanctuaire [26]. Plus récemment, Yves Blomme, constatant que ses prédécesseurs avaient « eu quelque mal à comprendre la genèse de cette église, en particulier de sa large nef de quatre travées dans laquelle beaucoup ont voulu voir une création de 1467, quand ils n'en ont pas fait l'objet de l'allongement commandé [...] vers 1500 » [27], a rattaché la nef à l'édifice originel qui aurait été progressivement transformé et agrandi à l'est d'abord au XIIIe siècle, puis en 1467. Selon lui le trésorier, après avoir fait construire une chapelle au sud, aurait commandé en 1504 l'allongement de l'église, à savoir la construction d'un nouveau chœur sanctuaire.

Chaque auteur a donc proposé sa propre vision du monument et sa propre interprétation des sources, assignant un rôle chaque fois différent à Jean Bourré. L'analyse archéologique du monument confrontée aux données des archives permet de proposer une nouvelle lecture de l'édifice.

Nouvelle lecture

La différence d'appareil entre la nef et les parties orientales plaide en faveur de deux campagnes de construction bien distinctes. En effet, le petit appareil en moellons de la première est caractéristique des techniques de construction fréquemment utilisées de l'époque pré-romane au XIe siècle : la nef correspondrait donc à l'édifice attesté par les sources au milieu du XIe siècle (fig. 3). Cette hypothèse, qui contredit notamment les affirmations de P. Marchegay, C. Port et H. Sigrot, lesquels ne faisaient pas remonter cette partie de l'édifice plus avant que le XVe ou XVIe siècle, est pourtant confirmée par la présence d'un arc en plein cintre, vestige probable de l'ancien accès, dans le mur où s'ouvre l'actuelle porte sud. Le vaisseau primitif se prolongeait au-delà de la croisée, très vraisemblablement par une abside [28].

La croisée comporte un voûtement d'ogives reposant sur des culots feuillagés, qui accuse le XIIIe siècle. Les piles qui portent les grandes arcades mettant en communication le collatéral nord et l'avant-chœur actuel sont sommées de chapiteaux à la corbeille occupée de

22. Marchegay 1862, p. 3.

23. *Ibid.*, p. 4. Les arguments de Marchegay sont textuellement repris par Joubert 1884, p. 18.

24. Port 1876, p. 401.

25. Bricard 1893, p. 356.

26. Sigrot 1964, p. 236-237.

27. Blomme 1998, p. 205-207.

28. Pour Y. Blomme (*ibid.*, p. 206), la nef se prolongeait probablement par un transept qui ouvrait sur trois absides. Aucun indice archéologique ne vient à l'appui de cette hypothèse ni ne suggère que l'église paroissiale antérieure aux travaux de Bourré présentait un parti aussi ambitieux.

larges feuilles polylobées remontant à la même période. Elles témoignent de la construction au XIIIe siècle d'un nouveau chœur de trois travées, flanqué au nord au moins d'un collatéral (fig. 5). Le léger changement d'axe entre ce nouveau chœur et la partie occidentale accrédite l'idée d'un ajout des parties orientales à une nef préexistante.

À l'actif du siècle suivant, l'historien Gilles Ménage mentionne la construction d'une chapelle Saint-Martin par Baudoin des Roches, sire de Jarzé, dans les années 1320. Cette adjonction ne pouvait prendre place qu'au sud du chœur [29]. Celle-ci fut entièrement détruite par Jean Bourré qui fit bâtir à sa place, dans les années 1480 (l'année précise est illisible), sa nouvelle chapelle seigneuriale « le long de la grant esglise dud. lieu » (fig. 2 et 4). Le contrat passé avec l'architecte Macé Chahureau en précisait les dimensions et les dispositions : la chapelle devait comporter « XXXVI piez de long », mesure correspondant aux 11 m de l'actuelle chapelle sud, et un voûtement de « croysees d'ogive, et en chacune croisee aura quatre tiercerons », la clé culminant à 24 pieds au-dessus du sol. Côté nord, « devers le viel [édifice] », le maçon devait aménager « trois formes pareilles de l'autre » [30], c'est-à-dire trois arcades assurant la communication avec l'avant-chœur actuel, dont le voûtement aux nervures de même modénature que celles de la nouvelle chapelle fut repris à cette occasion. Ici, ce sont des culots qui forment le départ des ogives.

Dès les années 1480, Jean Bourré manifesta donc un fort attachement à l'édifice, qu'il élut comme lieu de sépulture en avril 1505. Auparavant, sa femme Marguerite de Feschal avait exprimé, dans son testament du 13 février 1493, son désir d'être inhumée dans la chapelle [31], probablement achevée à cette date. Un texte de 1498, relatant le conflit opposant Jean Fresneau, écuyer, à Jean Bourré pour l'emplacement du banc seigneurial, comme nous le verrons plus loin, atteste qu'à cette date la nouvelle chapelle était en place [32].

Le chœur agrandi étant cité, comme nous l'avons vu plus haut, dans l'acte de fondation du 9 mars 1500 qui prévoyait d'y installer une statue de la Vierge « comme principalle patronne d'icelle eglise collegial » [33], la construction de ce nouveau sanctuaire de deux travées est donc antérieure à cette date. Le traitement architectural de cet espace, construit en bel appareil de tuffeau et voûté d'ogives à liernes et tiercerons, est comparable à celui de la chapelle seigneuriale (fig. 6). De plus, une frise très refouillée, identique à celle régnant au sommet de la chapelle, couronne l'élévation extérieure du sanctuaire. L'ensemble de ces similitudes nous conduit à émettre une hypothèse nouvelle : l'édification de la chapelle seigneuriale et celle du chœur furent conduites dans la foulée l'une de l'autre à la demande de Jean Bourré, à l'exception de l'oratoire sud placé à la jonction entre la première travée du sanctuaire et la chapelle, qui fut ajouté ultérieurement : sa maçonnerie recoupe en effet l'ébrasement de la fenêtre orientale de la chapelle et son conduit de cheminée empiète maladroitement sur la frise du pignon oriental (fig. 7).

Partant, le paiement de 50 livres au maçon François Bergier, demeurant à Bazouges, « à cause de l'allongement de l'église de Jarzé » [34] en 1504 ou en 1505 ne peut se rapporter à la partie orientale de l'édifice mais doit concerner la partie occidentale de l'édifice, dont aucun indice ne permet de faire remonter la reprise et *a fortiori* la construction à l'année 1467, date souvent avancée par l'érudition ancienne [35]. En effet, les gouttereaux de la nef du XIe siècle sont percés de baies à ébrasement chanfreiné comportant un réseau flamboyant similaire à celui de la chapelle ou du chœur (alors que l'ébrasement des fenêtres du collatéral nord datant du XIIIe siècle se compose d'un double cavet). Quant au couvrement de la partie occidentale, il se compose de voûtes d'ogives (fig. 5) identiques à celles de l'avant-chœur, soit portées par des culots aux extrémités, soit retombant par pénétration dans des piles engagées ondulées, comme dans le sanctuaire et la chapelle seigneuriale où ce type de modénature apparaît comme particulièrement précoce s'il date bien des années 1480.

29. Cette chapelle du XIVe siècle remplaçait-elle un collatéral ou une chapelle construite au sud lors de la réédification de la partie orientale du XIIIe siècle ? Il n'existe ni mention ni vestige apparent d'une ancienne chapelle à cet emplacement.

30. BnF, Ms. fr. 20600, fol. 33v.

31. Testament cité dans Joubert 1884, p. 19 (Arch. dép. Maine-et-Loire, E 1793, en déficit en 2005). G. Ménage révèle que sous la chapelle seigneuriale se trouve « un caveau pour la sépulture des Dames de Jarzé » tandis que « les seigneurs de Jarzé sont inhuméz dans un autre caveau qui est sous le Chœur » (Ménage 1683, p. 370). Le 13 nivôse an II (3 janvier 1794), des officiers municipaux assistèrent « à l'ouverture des deux cavos qui sont un dans le cœur et le second dans la chapelle Saint Cristophe de laditte église » (Arch. dép. Maine-et-Loire, 1 Q 647).

32. Arch. dép. Maine-et-Loire, 8 J 18, acte du 7 septembre 1498.

33. Joubert 1884, p. 136.

34. *Ibid.*

35. Cette datation, avancée par Marchegay, fut reprise sans discernement par tous les auteurs. H. Sigrot, dans une note de son article, écrivait : « rien ne s'oppose vraiment à ce que l'on puisse penser que les quatre travées occidentales de la nef aient été le fait de la volonté de Jean Bourré ce que nous ne croyons pas » (Sigrot 1964, p. 237, note 1). L'hypothèse d'une reconstruction complète de la nef à la fin du Moyen Âge est réfutée par l'appareil des murs gouttereaux, typique du XIe siècle, et la présence de l'arc plein cintre de l'ancienne porte au sud.

Julien Noblet

36. Pour être complet sur l'histoire architecturale du monument, signalons deux adjonctions : une nouvelle sacristie fut construite à la demande du curé Chartier en 1757 à l'extrémité orientale du collatéral nord et un appendice fut érigé à la jonction entre la nef et le bras nord du transept. Cette construction, qui n'apparaît pas sur le relevé cadastral, est postérieure à 1830 (Arch. dép. Maine-et-Loire, cadastre napoléonien, section E1 du Bourg, 1830).

Fig. 7 – Jarzé, église Saint-Cyr-et-Sainte-Julitte, oratoire sud dont les maçonneries s'appuient sur celles du chevet, à droite, et de la chapelle seigneuriale.

L'aménagement de nouveaux percements dans la nef qui accompagna la mise en place de nouvelles voûtes nécessita la construction de contreforts appareillés en tuffeau qui sont similaires à ceux qui ceignent le chœur et la chapelle (fig. 3) : l'absence d'un dispositif d'épaulement originel indique que la nef était auparavant charpentée.

Partant, Jean Bourré, après avoir pris soin de réédifier la chapelle seigneuriale ainsi que le chœur dans une architecture digne de sa magnificence, y installa un collège de chanoines. Comme à Ussé en Touraine, la fondation du chapitre intervint après le réaménagement du chœur destiné à l'accueillir. Dans un second temps, entre 1500 et 1504, Bourré entreprit la restauration de la nef en y posant un nouveau couvrement, en la perçant de nouvelles baies et portes et en renouvelant son décor et son mobilier[36].

37. Leduc-Gueye 2007, p. 22.

38. BnF, Ms. fr. 20600, fol. 49-v. Le devis, non daté, a été publié dans Joubert 1884, p. 19-21, Bricard 1893, p. 358-360, et Sigrot 1964, p. 243-244.

39. Ce monument appartient à un type qui se diffusa très largement en Europe aux XIVᵉ et XVIᵉ siècles (Martin 1997) et connut un immense succès en France à partir du milieu du XVᵉ siècle : l'église de Solesmes en conserve deux magnifiques exemples (Zerner 1996, p. 326-343 ; Bresc *et al.* 2021). La formule de ces sépulcres, dont dérive celui de Jarzé, fut mise au point dans l'est de la France (Forsyth 1970).

MOBILIER ET DÉCOR

Un important décor peint ornait l'église. Il était composé des armoiries du fondateur du chapitre, qui devaient figurer sur les écus lisses des culots et clefs de voûte, et d'un panneau de huit prophètes qui orne encore le mur oriental du sanctuaire. Ces figures témoignent de l'existence à cet emplacement d'une importante œuvre d'art aujourd'hui disparue (fig. 8). Redécouvertes en 1939 [37], ces peintures appartenaient à un ensemble sculpté et peint de la *Mise au Tombeau* dont le « Memoire du divis et paincture des ymaiges du sepulcre de Jarzé », texte communément daté de 1504, indique la composition [38]. Les prophètes ayant annoncé la mort du Sauveur accompagnaient les traditionnels personnages présents autour du corps du Christ (Joseph d'Arimathie, Marie, Nicodème, saint Jean, Marie-Madeleine…) ainsi que deux soldats gardant le sépulcre [39]. « Divis » signifiant dans ce cas « division », le cahier des charges concerne à la fois la répartition des figures et la réalisation de leur polychromie.

Fig. 8 – Jarzé, église Saint-Cyr-et-Sainte-Julitte, vestiges des peintures ornant la base du mur plat du chœur.

JULIEN NOBLET

Aux peintures des parois, seules conservées, s'ajoutaient des statues réalisées par un nommé Louis Mourier, sans doute un imagier [40]. L'ensemble des figures prenait place dans un enfeu – à l'exception des deux soldats placés à l'entrée – dont on imagine la composition à partir des informations fournies au peintre :

> Item sera peinct la voulte ou sera mis la dicte besongne : le pendant d'azur semé d'estoilles enlevees d'or, les augives de marquetiz et de couleurs differentes, et tout l'ardoubleau et les coustés d'icelluy, le tout peint de marbres differens et le tout a l'euylle [41].

À l'aplomb des fenêtres orientales du chœur ont été dégagées au XXᵉ siècle les bases devant supporter l'arc en anse de panier – « l'ardoubleau » mentionné dans le devis – sur lequel reposait la « voulte ». Celle-ci formait un espace couvert de 1,80 m de profondeur sur 5,50 m de largeur, qui s'élevait jusqu'à hauteur de l'appui de la baie d'axe. C'est sous cette « voulte » que Jean Bourré souhaita être inhumé pour bénéficier de la proximité et de la protection des prophètes et des autres personnages qui, en participant à l'ensevelissement du Christ, rejouaient sa propre cérémonie mortuaire. La conception et l'emplacement du monument créaient une fusion entre l'espace scénique de la sculpture et l'espace liturgique du sanctuaire de l'église : un parallèle saisissant entre la Mise au Tombeau du Christ et celle du fondateur du chapitre s'opérait inévitablement et rappelait ostensiblement aux chanoines, qui officiaient à proximité immédiate, les services à célébrer en l'honneur du Sauveur mais aussi à la mémoire de leur bienfaiteur.

Jean Bourré commanda également « ung ymage de nostre Dame tenant son enfant » [42], un saint Christophe destiné à être placé dans la chapelle seigneuriale [43] et probablement la statue représentant, selon la tradition, saint Cyr, patron primitif de l'église avec sainte Julitte, actuellement posée dans une niche intérieure au-dessus de l'entrée sud de la nef [44].

Jean Bourré avait aussi doté la collégiale d'un important mobilier en bois dont l'installation souleva nombre de difficultés. Dans un premier temps, le trésorier se préoccupa de dresser un banc seigneurial qui se trouvait, d'après Gilles Ménage, dans « La Chapelle des Seigneurs [au sud] parce que les Seigneurs de Jarzé y ont un banc, où ils se mettent pour entendre le service divin » [45]. Les pièces d'un procès opposant, à l'extrême fin du XVᵉ siècle, Jean Bourré et son fils à Jean Fresneau, écuyer, et son épouse Françoise Le Roux révèlent que ces derniers, refusant que les seigneurs de Jarzé puissent avoir « ou lieu plus eminent […] au dedans d'icelle eglise ung banc a siege en forme d'oratoire a quatre piez prez ou environ de la derreniere marche du grand aultier », avaient fait « oster, aracher, demolir ledit banc, siege et oratoire » par le sergent royal Jean Laudry [46]. Portée devant la justice, cette affaire se conclut par la confirmation du droit du seigneur. Le conseiller royal fit alors appeler « des gens d'Eglise […] et autres gens lays » pour lui « dire et depposer la verité du lieu et place ou estoit ledit banc en ladite eglise de Jarzé a l'eure dud. apleigement », afin d'en remettre un en place. Tous les témoins, « apprés serment par eulx fait, dirent et rapporterent concordablement que le banc et siege desd. seigneurs du Plessis […] estoit assis en ladite eglise de Jarzé du costé destre devers la chapelle nouvellement fait edifier par lesd. seigneurs de Jarzé joignant le grant corps ancien d'icelle eglise » [47]. Ainsi, le banc seigneurial prenait place non pas dans la chapelle méridionale mais au plus près de l'autel majeur, offrant aux seigneurs un point de vue privilégié sur ce dernier. Afin de suivre l'office, le fondateur s'était également fait construire un oratoire privé – et, si besoin, chauffé grâce à une cheminée engagée – jouxtant la première travée du chœur, accessible directement de la chapelle par une porte. Une claire-voie lui permettait de s'isoler tout en bénéficiant d'une forte proximité avec le lieu de célébration (fig. 9) [48].

40. Dans une lettre adressée à Jean Bourré, Mourier écrit : « Monseigneur, plaise vous me mander quel lieu de l'église j'assoierai la besoigne que je vous ai faite, et envoyer gens si bien cognoissant en l'art d'ymagerie pour veoir s'elle est telle que je la vous l'ay promise, ce que je crois qu'elle soit et mieux » (cité dans Bricard 1893, p. 361, d'après BnF Fr 20487). Sans en être certain, il est probable que ce courrier non daté concerne la Mise au Tombeau dont Mourier pourrait être aussi l'auteur de la polychromie. À Toulouse, où Jean Bauduy réalise huit statues en terre cuite pour la confrérie des Corps-Saints, celui-ci est qualifié dans les huit premiers paiements d'« ymagier » ou d'« ymaginaire », puis de « pinctre » : il est rémunéré pour « les pintures par luy faictes des personnaiges » (Julien 2000, p. 329).

41. BnF, Ms. fr. 20600, fol. 49v.

42. Ibid, œuvre aujourd'hui disparue.

43. « Cette Chapelle S. Martin, qui est séparée du Chœur de l'Eglise Paroissiale & Collégiale de Jarzé par trois piliers, aiant esté rebatie par Jan Bourré, Maistre des Contes de Paris & Trésorier de France, (un des favoris de Louis XI) lequel y fit mettre une image de S. Christophle » (Ménage 1683, p. 370).

44. L'attribution du saint Cyr à Mourier fut proposée par P. Pradel. Dans son ouvrage sur Michel Colombe (Paris, 1953, p. 36, note 112), il rapproche cette statue d'une figure de vertu, œuvre signée « Mourier », jadis dans le presbytère de Nohant-Vic (Indre) et aujourd'hui perdue. En raison de la perte de larges pans de la production régionale, il reste toutefois difficile d'apprécier la place dans celle-ci de cette pièce (Guillouët 2003, p. 256).

45. Ménage 1683, p. 370.

46. Arch. dép. Maine-et-Loire, 8 J 18.

47. La querelle ressurgit quelques années plus tard quand Jacques Fresneau (orthographié Fresnaye dans cet acte), fils de Jean, fit, toujours par l'intermédiaire de Jean Laudry, une nouvelle fois « ouster et aracher led. banc desd. seigneurs et dame de Jarzé qui tenoit au mur d'icelle eglise avecques crampons de fer et le fist gister et mectre hors dud. chanzeau ou lieu il estoit mis ou fist mectre le banc desd. seigneurs et dames de la Fresnaye et plus haut qu'il n'avoit acoustumé d'estre pour ce que par avant il estoit au dessoubz dud. banc desd. seigneurs et dames de Jarzé ». L'occupation abusive semble avoir réussi quelque temps : des témoins affirment qu'« au lieu ou estoit le banc de mond. Sʳ du Plessis [ils ont] veu le banc dud. Fresnau […] et led. Fresneau et sa femme ouyr la messe et autre service quand ils estoient en lad. eglise et n'[ont] jamais veu le banc dud. Fresneau si hault ne du tout en la place ou est le banc de mond. Sʳ de Jarzé » (Arch. dép. Maine-et-Loire, 8 J 18).

48. Un dispositif identique se rencontre à la collégiale Sainte-Menehoulde de Palluau-sur-Indre (Noblet 2009b, p. 265-268). À Jarzé, en vis-à-vis, close par une boiserie pleine, se trouve la sacristie.

Fig. 9 – Jarzé, église Saint-Cyr-et-Sainte-Julitte, boiserie à claire-voie de l'oratoire sud ouvrant sur le chœur.

À ces boiseries s'ajoutaient également les stalles des chanoines dont la mise en place entraîna une farouche opposition de la part des paroissiens. En effet, en septembre 1502, « Jehan Bouchereau, ou nom et comme procureur de la fabricque de l'eglise parroichial dud. lieu de Jarzé » entamait une procédure à l'encontre du fondateur du collège [49]. La querelle portait sur l'achèvement de « l'ediffice par luy encommancé des choses de menuyserie », à savoir les « chaeres » qu'il avait fait « mectre et asseoire en forme de cueur en lad. eglise de Jarzé, entre et a l'endroit des haults pilliers d'icelle eglise ». Un tel emplacement, selon le procureur, nuisait à la circulation des fidèles dans l'édifice. Ainsi, « les menuysiers qui les avoient faictes [les chaires] n'avoient laissé aucune huisserye ou passaige suffisant ne assez large pour aller par iceluy costé au grant autel de lad. eglise sans passer par le cueur d'icelle ». À la suite de cette doléance, le sénéchal d'Anjou ordonna que désormais « lesd. chaires seront mises plus bas et en maniere qu'il puisse avoir passaige et entree compectant pour aller par au dessus d'icelles chaires aud. grant autel quant bon semblera aux parroissiens d'icelle parroisse de Jarzé et a tous autres qui ne vouldront passer sans passer par led. cueur d'icelle

49. Arch. dép. Maine-et-Loire, 8 J 18.

JULIEN NOBLET

eglise si bon ne leur semble ». Magnanime, « led. seigneur de Jarzé a voullu, consenty et promis faire ». À l'origine, les stalles, qui au nombre de quatorze sont aujourd'hui disposées dans les deux travées orientales du chevet, étaient donc placées dans les trois travées de l'avant-chœur, entre les « haults pilliers ». En choisissant une telle disposition, Jean Bourré entendait probablement délimiter un nouveau chœur liturgique et en réserver l'accès aux seuls chanoines et à lui-même. Toutefois, il ne put y parvenir. Cédant à la nécessité de circulation, il avait « fait escoinser ung des pilliers » : en effet, l'arcade est de la chapelle est taillée en biseau, à moins que ce dispositif ne permette une meilleure visibilité de la célébration eucharistique depuis la chapelle seigneuriale. Les stalles actuelles, restaurées au XVIIIᵉ siècle, intégrèrent le nouvel aménagement du chœur souhaité par le curé René Chartier [50] avant d'être de nouveau déplacées vers l'ouest lors du décaissement de l'extrémité orientale du chœur dans les années 1960.

Enfin, quelques mois après la fondation du chapitre, le 7 septembre 1500, Jean Bourré dotait son chapitre « pour l'usaige et service divin, [de] pieces et ournemens d'Eglise »[51]. Ce mobilier, recensé lors des inventaires de 1671 et de 1685 [52], fut en partie dispersé en 1759 par le curé René Chartier qui se sépara de « la suspension qui étoit sur l'ancien autel » ainsi que de « l'ancien soleil d'argent » [53] afin de financer la restauration du chœur. Les autres pièces furent saisies à la Révolution [54].

ANNEXE

[1480-1499], 15 mai

Marché passé entre Jean Bourré et Macé Chahureau pour la construction d'une chapelle au sud de l'église de Jarzé (transcription É. Hamon).

BnF, Ms. fr. 20600, fol. 33 - v.

R°

Le XVᵉ jour de may l'an mil CCCC IIIIˣˣ […] fut fait marché et apoinctement entre noble homme maistre Jehan Borré, seigneur [du Plessiz] […], conseiller du roy nostre sire et tresorier de France, et [Macé] Chahureau, maczon demourant a Clery, tel qu'il s'enssuit :

C'est assavoir que led. Macé Chahureau a promis, promet et sera tenu faire pour led. seigneur du Plessiz une chapelle au lieu […] le long de la grant esglise dud. lieu […] appelée le prieuré de Jarzé, la […] led. Macé sera tenu abatre a ses depens et […] en ystra, il s'en aydera a lad. chapelle ; et fera joindre […] entre lesquelles esglise […] [et aura] lad. chapelle XXXVI piez de lonc et […] piez de large entre les euvres ; et sera vooultee […] croysees d'ogive et en chacune croysee aura quatre tiercerons et les parira si bien que une voulte ne sera point plus grande [55] de l'autre ; et y aura depuis le pavé de lad. [chapelle jusques] a la clef desd. croysees d'ogive XXXIIII piez de haulteur […] ; [et] ne bessera point les terres de lad. chapelle mais la […] si haulte que l'on descendra deux pas de la chapelle [en l'esglise].

Item fera en [lad. chapelle quatre] formes pour mectre les victres, c'est assavoir une […] au bout de lad. chapelle darriere le grant aultier […] [troys] meyneaux, et sera icelle forme aussi haulte que sera la voulte […] ; et au long de lad. chapelle devers le vieil [chastel [56]] y aura troys formes pareilles de l'autre susdite, réservé que en […] n'y aura que deux meyneaux [57]. Et sur la porte de la chapelle y aura une autre forme aussi grande que elle se pourra […] a la voulte ou la fera en forme d'osteau […] [58]

V°

chacun ung pié de hault mis en euvre ; et tout le demourant sera de pierre de tuffeau prinse aud. lieu de Jarzé, de la meilleure qu'il pourra. Et fera six pilliers par le dehors qui se gecteront deux piez oultre les murailles, et seront admortiz lesd. pilliers chacun a cinq filloles bien et honnestement ainsi que le cas le requiert et selon le devis qui sur ce a esté fait ; et lesquelles formes, aussi tous les remplaiges et meyneaux des formes et les clerevoyes qui seront sur la croisee du meillieu avec les osteaux seront de pierre de Saint Aignen ; et aussi fera les […] croix de dessus les pignons de pierre de Saint Aignen ; et [sera] faicte l'uisserie pour entrer du dehors en lad. chapelle a pil[…] et moulleure belles et honnestes, et les fillioles de lad. porte de Saint Aignen, et pareillement tout le piedroit et le lintier de pierre de Saint Aignen.

50. René Chartier, dans les comptes qu'il présente à la fabrique, souligne qu'il fut « obligé d'employer plus de 300 livres pour faire rétablir les stales du chœur et pour d'autres réparations qui étoient nécessaires » : Arch. dép. Maine-et-Loire, G 1328 (28 juin 1759).

51. Arch. dép. Maine-et-Loire, 8 J 232.

52. Arch. dép. Maine-et-Loire, G 2069.

53. « Compte que rend Mʳ René Chartier, curé de Jarzé, aux habitants de cette paroisse dud. Jarzé », *ibid.*

54. Arch. dép. Maine-et-Loire, 1 Q 647 : inventaire des 18-20 août 1790 ; saisie du 1ᵉʳ Pluviôse an II.

55. Lecture incertaine.

56. Lecture incertaine.

57. Lecture incertaine.

58. Quatre lignes manquantes au bas du feuillet.

Crédits photographiques – tous les clichés sont de Julien Noblet, sauf celui de la fig. 8 : cl. Bruno Rousseau, Conservation départementale du patrimoine de Maine-et-Loire/).

59. Lecture incertaine.

60. Lecture incertaine.

61. Lecture incertaine.

62. Lecture incertaine.

63. Plusieurs lignes manquantes à la fin.

Item et s'il ne fait que ung de doubleaux, il fera en l'autre qui sera maczonné une huisserie pour entrer de lad. chapelle en la grant esglise, dont le fueillet et les pas pour entrer en lad. esglise seront de pierre de Cheillé[59] ; et pareillement aussi en sera le fueillet pour entrer […] chapelle, et asserra les gonts en maczonnant.

Item fera en lad. chapelle [deux] aultiers, c'est assavoir le grant au droit de la grant forme qui aura […] piez de long et troys piez et demy de large mis en euvre de pierre de Cheillé [60], l'autre qui sera du cousté devers le vieil chastel de […] piez de long et de deux piez et demy de large mis en euvre de lad. pierre de Cheillé [61], et lesquelx porterons sur pillaistres [62] de pierre de Saint Aignen bien et gentement ouvré ; et ne viendra […] le grant aultier au mur de lad. chapelle […].

Item fera une voulte entre […] sera de huit piez […] [63]

BIBLIOGRAPHIE

Blomme 1998
Yves Blomme, *Anjou gothique*, Paris, 1998.

Bresc *et al.* 2021
Geneviève Bresc, Jean-Marie Guillouët, Jean Beuvier, Dom Thierry Barbeau, Paul-Armand Breguet, *Les saints de Solesmes*, Solesmes, 2021.

Bricard 1893
Georges Bricard, *Un serviteur et compère de Louis XI, Jean Bourré, seigneur du Plessis 1424-1506*, Paris, 1893.

Chatenet et Cussonneau 1997
Monique Chatenet et Christian Cussonneau, « Le devis du château de Jarzé : la place du lit », *Bulletin monumental*, t. 155-2, 1997, p. 103-126.

Forsyth 1970
William H. Forsyth, *The Entombment of Christ: French Sculptures of the Fifteenth and Sixteenth Centuries*, Cambridge, 1970.

Guillouët 2003
Jean-Marie Guillouët, « La sculpture du Val de Loire au XVe siècle : une école introuvable ? », *303, Arts, Recherches et Créations*, n° 75, 2003, p. 250-259.

Hamon 2017
Étienne Hamon, « La maîtrise d'œuvre d'une cathédrale à l'épreuve des grands travaux. L'exemple de Bourges aux XVe et XVIe siècles », dans *Cathédrale de Bourges*, Irène Jourd'heuil, Sylvie Marchant et Marie-Hélène Priet (éd.), Tours, 2017, p. 177-191.

Joubert 1884
André Joubert, « La vie privée en Anjou au XVe siècle d'après les Archives Angevines et les Manuscrits de la Bibliothèque Nationale », *Revue de l'Anjou*, t. VIII, 1884, p. 17-158.

Julien 2000
Pascal Julien, « De l'imagier Jean Bauduy au maître de Biron : les "momies des comtes de Toulouse", statues en terre cuite de 1523 », *Bulletin monumental*, t. 157-4, 2000, p. 323-340.

Leduc-Gueye 2007
Christine Leduc-Gueye, *D'intimité d'éternité. La peinture monumentale en Anjou au temps du roi René*, Lyon, 2007.

Marchegay 1862
Paul Marchegay, « Jarzé », dans *Le Maine et l'Anjou historiques, archéologiques et pittoresques*, Olivier de Wismes (dir.), t. II, Nantes, 1862, 4 p.

Martin 1997
Michel Martin, *La statuaire de la Mise au Tombeau du Christ des XVe et XVIe siècles en Europe occidentale*, Paris, 1997.

Matz 2001
Jean-Michel Matz, « Collégiales urbaines et collégiales castrales dans le diocèse d'Angers au Moyen Âge », *Annales de Bretagne et des Pays de l'Ouest*, t. 108, n° 3, 2001, p. 5-33.

Ménage 1683
Gilles Ménage, *Histoire de Sablé, première partie*, Paris, 1683.

Noblet 2009a
Julien Noblet, *En perpétuelle mémoire. Collégiales castrales et Saintes-Chapelles à vocation funéraire dans le royaume de France (1450-1560)*, Rennes, 2009.

Noblet 2009b
Julien Noblet, *Sanctuaires dynastiques ligériens : l'exemple des collégiales castrales et saintes-chapelles*, hors-série de la collection «Art Sacré, Châtillon-sur-Indre», 2009.

Port 1876
Célestin Port, *Dictionnaire historique, géographique et biographique de Maine-et-Loire*, t. II, Angers, 1876.

Sigrot 1964
Robert Sigrot, « Église de Jarzé », dans *Congrès Archéologique de France. Anjou*, 1964, p. 230-251.

Zerner 1996
Henri Zerner, *L'art de la Renaissance en France. L'invention du classicisme*, Paris, 1996.

LA COLLÉGIALE DE MONTREUIL-BELLAY

FONDATION FUNÉRAIRE DE GUILLAUME D'HARCOURT

Julien NOBLET *

ominant la vallée du Thouet, l'enceinte du château de Montreuil-Bellay abrite la collégiale Notre-Dame, ancienne église castrale desservie par une chapellenie fondée en 1321 par Jean de Melun [1] et dont Guillaume d'Harcourt († 1487) engagea la reconstruction complète dans le troisième quart du XVe siècle. Conseiller et chambellan de Charles VII, grand maître des eaux et forêts de France, Guillaume se maria en 1454, en secondes noces, avec Yolande de Laval, fille de Guy XIV, comte de Laval, et d'Ysabeau de Bretagne, et fit du château de Montreuil-Bellay sa résidence principale. Parallèlement à la reconstruction des logis de Montreuil-Bellay [2], il porta son attention à la chapelle en requérant son érection en collégiale auprès de Jacques Jouvenel des Ursins (1447-1459), patriarche d'Antioche et évêque de Poitiers, dès le milieu du siècle [3] puis, en août 1475, il pria l'évêque de Poitiers Jean du Bellay (1461-1479) de ratifier la fondation de deux nouveaux offices d'enfants de chœur afin d'accroître la solennité du service divin [4].

La collégiale présente une imposante silhouette qui, émergeant au-dessus de l'enceinte castrale (fig. 1), lui valut le qualificatif de « sainte-chapelle » de la part de Pierre de Beaumesnil au milieu du XVIIIe siècle [5]. Si l'édifice n'obtint jamais un tel statut, il était cependant destiné à devenir la nécropole des comtes de Tancarville et il possède encore les vestiges d'un exceptionnel décor peint visant à souligner le rang et à entretenir *ad perpetuam memoriam* le souvenir du bienfaiteur du chapitre et de son lignage.

Fig. 1 – Montreuil-Bellay, ensemble castral dominant la vallée du Thouet.

* Maître de conférences en Histoire de l'art et Archéologie du Moyen Âge, université de Tours, CITERES - UMR 7324 Laboratoire Archéologie et Territoires.

J'adresse mes remerciements à Christine Leduc-Gueye, Daniel Prigent et Emmanuel Litoux pour nos échanges au sujet des armoiries peintes de la collégiale.

1. Arch. dép. Maine-et-Loire, G 1352, fol.°17 : institution de six chapelains.

2. Voir, dans ce volume, l'article de Jean Mesqui, « Montreuil-Bellay : un palais du XVe dans une forteresse du XIIIe siècle », p. 483-532.

3. L'acte de fondation de la collégiale n'a pas été retrouvé, mais la création d'un chapitre canonial revient à l'initiative de Guillaume d'Harcourt. En effet, ses « ancêtres et parents, portés par le mouvement d'une grande piété » avaient fondé des chapellenies dont le nombre se montait à quinze (Arch. dép. Maine-et-Loire, G 1350, l. 9-12). La modification des statuts en collégiale, afin d'augmenter le rayonnement spirituel de la fondation, intervint avant le 13 mai 1451, date de la rédaction d'un acte mentionnant « messire Mathurin Perrochin, curé et chappel-lain de l'eglise collegial fondee de Notre Dame ou chastel dudit lieu » (Arch. dép. Maine-et-Loire, E 813 : consentement de la population pour la levée d'une nouvelle aide, acte transcrit dans Tixier 2000, p. 171). Par la suite, dans un aveu de 1487, Guillaume revendiqua la paternité de la fondation en mentionnant « une eglise collegiale laquelle est de fondacion de mes predecesseurs et de moy et mon augmenta-cion » (Arch. nat. 1 AP/1417). Guillaume sup-prima tout d'abord l'un des quinze bénéfices, devenu vacant à cause du décès de l'un des quinze chapelains, pour le transformer en office de maître avec deux enfants de chœur, afin de constituer une psalette.

4. Acte transcrit dans Noblet 2009 b, p. 38-40.

5. Médiathèque de Poitiers, Ms. 384 (110), t. II, fol. 102.

6. Pour un historique détaillé, voir Noblet 2009 b.

7. Le déroulement de la construction est connu grâce aux nombreuses mentions contenues dans un cartulaire du XVIIIe s., Arch. dép. Maine-et-Loire, G 1352, fol. 29-31.

8. *Ibid.*, fol. 33.

9. Arch. nat., 1 AP/1919 : Extrait des registres du Parlement, acte transcrit dans Noblet 2009 b, p. 41.

10. Arch. dép. Maine-et-Loire, E 2806 : succession de Jeanne de Laval (21 avril 1495). Marguerite, sœur de Guillaume, avait épousé Jean d'Orléans dit Dunois.

11. Pour un montant de 626 000 livres : Célestin Port, *Dictionnaire historique, géographique et biographique de Maine-et-Loire et de l'ancienne province d'Anjou*, Angers, 1878 (rééd. 1965), p. 721.

12. Arch. dép. Maine-et-Loire, G 1358.

13. Arch. dép. Maine-et-Loire, G 1358, Marché du 2 mars 1512 (n. st.) passé entre Christophe More, vitrier, et les chanoines de Notre-Dame de Montreuil-Bellay pour la réfection de vitraux détruits par les intempéries, acte transcrit dans Noblet 2009 b, p. 41-43.

14. MPP, dossier 81/49/234 (travaux 1842-1991).

15. *Corpus Vitrearum, Recensement des vitraux anciens de la France*, vol. 2, *Les vitraux du Centre et des Pays de la Loire*, 1981, p. 307.

16. Arch. dép. Maine-et-Loire, G 1352, fol. 33.

HISTORIQUE

Dès 1472, Guillaume d'Harcourt sollicita l'obtention d'indulgences auprès de Sixte IV pour financer la reconstruction du lieu de culte [6]. Le chantier fut mené d'est en ouest et, en 1484, la partie orientale, seule achevée, était consacrée [7]. Après 1487, année du décès du bienfaiteur, l'édifice étant toujours incomplet, les travaux furent poursuivis par sa fille, Jeanne. En 1488, peu de temps avant son décès, elle ordonnait « que l'eglise du chastel [soit] parachevee ainsi que feu Mondit Seigneur son pere l'avoit encommencee en prenant par chacun an sur la recette de cette ville par les executeurs de sondit testament huit cens livres tournois jusqu'a ce qu'elle fust parachevee » [8]. En dépit d'un litige opposant ses exécuteurs testamentaires et les chanoines, réglé par un arrêt du Parlement de Paris en faveur de ces derniers le 9 janvier 1490 (n. st.) [9], l'édifice, où furent inhumés Guillaume d'Harcourt, son épouse et sa fille, fut terminé dans les années 1490.

La seigneurie de Montreuil-Bellay, tombée en quenouille en raison de la répudiation de Jeanne d'Harcourt, échut à son décès à son cousin germain François Ier d'Orléans, duc de Longueville [10], puis, en 1662, à Charles II de La Porte, duc de La Meilleraie, qui l'acheta à Henri d'Orléans [11] et renouvela le mobilier de la collégiale qu'il dota également de nouvelles orgues [12]. En 1756, l'ensemble castral entra dans le patrimoine de Jean de La Trémoille, dont les armoiries sont d'ailleurs peintes sur une litre funéraire régnant à l'intérieur de la collégiale.

Parvenue sans grands dommages jusqu'à la Révolution, à l'exception d'un événement climatique au début du XVIe siècle qui occasionna des dégâts sur les vitraux « rompuz et desmoliz par fortune de gresle » [13], l'église fut ensuite vouée au culte de la Raison avant de recouvrer une fonction paroissiale en 1810. Dans les années 1860, l'édifice fut restauré par l'architecte Charles Joly-Leterme [14]. En 1919, un violent orage détruisit à nouveau une grande partie des verrières dont les vestiges, comme les nouveaux vitraux posés en 1936, furent soufflés lors de bombardements en 1944 [15].

ANALYSE ARCHITECTURALE

Construit en appareil régulier de tuffeau, le vaisseau unique, de 44 m de longueur et 12 m de largeur dans-œuvre, compte cinq travées barlongues d'inégales profondeurs et se termine par une courte abside à cinq pans (fig. 2 et 3). De nombreux espaces annexes abritant les « oratoires de Monseigneur et de Madame [...], le chapitre et aussi le chappier ou revestiaire [...], la chapelle du sépulchre et la librairie » [16] se greffent de part et d'autre du chœur et de la nef, conférant au plan d'ensemble un aspect irrégulier.

L'édifice est couvert de croisées d'ogives reliées par une lierne longitudinale qui aboutit à la clef de l'abside, d'où rayonnent six nervures (fig. 4). Fortement bombées, les voûtes reprennent un procédé fréquemment utilisé dans la région. La hardiesse du voûtement compte tenu de la largeur du vaisseau, dont les clefs culminent à dix-huit mètres de hauteur, a poussé le maître d'œuvre à soutenir l'édifice par des contreforts plus ou moins saillants (fig. 2 et 3). À l'intérieur, les ogives, arcs doubleaux et formerets, à la modénature accentuée, s'élancent à partir de chapiteaux épurés, formés d'un astragale et d'un tailloir enserrant une corbeille nue. Ces couronnements concluent des faisceaux de colonnettes compartimentées : reposant sur une base prismatique, le support est interrompu une première fois par un socle. Au-dessus, une niche, légèrement creusée dans l'épaisseur de la maçonnerie, délimitée par les moulures correspondant aux formerets – seuls éléments montant de fond jusqu'au chapiteau –, est surmontée d'un dais ouvragé soutenant à nouveau le support fasciculé (fig. 5). Pour chaque travée, à mi-hauteur des niches, un cordon mouluré sert d'appui

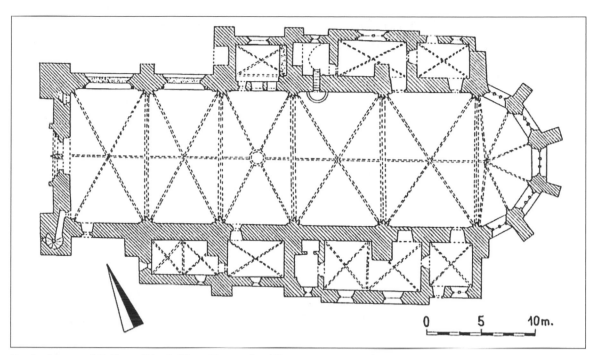

Fig. 2 – Montreuil-Bellay, collégiale Notre-Dame, plan (Blomme 1998, p. 231).

Fig. 3 – Montreuil-Bellay, collégiale Notre-Dame, vue générale vers le sud-est.

à une large baie dont les réseaux associent lancettes en accolade avec trilobe inscrit, soufflets et mouchettes. Ces quinze fenêtres dispensaient, avant leur comblement partiel ou total, un éclairage abondant, complété en façade par la rose occidentale surmontant l'accès principal (fig. 6). Un double portail à trumeau central couronné d'un gable, présentant une parenté certaine avec celui de Saint-Étienne de Chinon (fig. 7), est complété par un accès secondaire percé dans la première travée occidentale. Deux massives tourelles carrées flanquent la façade : au nord, un pinacle principal, entouré de clochetons secondaires, somme la tourelle tandis que, au sud, le couronnement est aujourd'hui arasé (fig. 1). La tour méridionale abrite l'escalier en vis menant à la tribune placée au revers de la façade, aux combles et au clocher couvert d'ardoises placé au-dessus de la travée. À cette flèche et aux tourelles de la façade répondent deux pinacles coiffant les contreforts placés à hauteur de l'abside (fig. 3).

Fig. 4 – Montreuil-Bellay, collégiale Notre-Dame, vue générale vers l'est depuis la tribune occidentale.

Fig. 5 – Montreuil-Bellay, collégiale Notre-Dame, mur gouttereau sud, travées occidentales.

Fig. 6 – Montreuil-Bellay, collégiale Notre-Dame, portail occidental.

Fig. 7 – Chinon (Indre-et-Loire), église Saint-Étienne, portail occidental.

Du décor intérieur d'origine subsistent quelques fragments des vitraux, mentionnés lors d'une réfection de 1512, dans les soufflets et mouchettes [17], et également connus par une description de l'abbé Bosseboeuf, en 1895 :

> Quinze fenêtres, dont quelques-unes ont été murées, en tout ou en partie, éclairent cette belle nef de leurs baies trilobées [...]. Pourquoi faut-il que ces fenêtres soient réduites à pleurer leurs verrières, dont certains fragments disparates, qui paraissent encore çà et là, figurent le Père éternel avec la tiare, des anges aux cheveux d'or qui portent les instruments de musique alors en usage, et plus loin une légion de petits anges dans des attitudes variées ; quelques morceaux représentent les prophètes Ezéchias, Amos et Ezéchiel avec des restes d'inscription [18].

Enfin, dans les deux travées orientales, se trouvent quatre remarquables peintures d'armoiries du fondateur (fig. 8, 9, 10 et 11), lequel, dans son testament, avait émis le souhait de reposer « en l'eglise collegial fondee de Notre Dame et de nouvel par moy faict construire et ediffier en mon chastel de Monstreulbellay » [19]. L'église, qui appartient à la catégorie des collégiales castrales et saintes chapelles à vocation funéraire, conserve ainsi les vestiges d'une partie d'un rare décor héraldique réalisé pour rendre un dernier hommage au fondateur lors de ses funérailles afin de pérenniser sa mémoire.

UNE DERNIÈRE DEMEURE

Désignée nécropole dynastique [20], la collégiale Notre-Dame, au parti architectural ambitieux, servit également de cadre aux funérailles de Guillaume d'Harcourt, dont le faste permettait une démonstration du rang du défunt et de sa famille. Le testament du fondateur, rédigé le 4 janvier 1485 (n. st.), informe sur certaines directives. L'intercession des *pauperes Christi* [21], qui est de règle à l'époque, est recherchée par Guillaume d'Harcourt, qui ordonne d'en avoir treize « tenans chacun en leur main une torche de cyre environ [s]on corps » [22]. Ce nombre s'explique par le symbolisme évangélique, chaque porteur représentant l'un des douze apôtres du Christ auxquels on adjoint Judas [23]. En précisant qu'il offre « a chacun d'eulx le drap noir pour faire robbes et chapperons », Guillaume d'Harcourt souligne son appartenance à la haute aristocratie [24]. En effet, le noir, teinture coûteuse, s'impose au XVe siècle comme symbole d'affliction et de pénitence, et la fourniture de vêtements de cette couleur aux participants apparaissait alors comme un signe de munificence. En l'absence d'autres précisions testamentaires et ne disposant pas de comptes détaillant les dépenses des obsèques ou d'une relation de cérémonie décrivant l'organisation des funérailles, la présence des compositions héraldiques doit être mise en parallèle avec d'autres décors réalisés spécialement à l'occasion de manifestations funéraires. Dans son testament de 1474, le roi René avait exigé pour ses funérailles la confection d'« une lite de bougran ornee et semee des armes dudict seigneur avec les paremens des aultres semblables a ceulx qui furent mis en la dicte eglise a la sepulture et inhumacion deladicte feue royne Isabel et que le grant pulpite de l'eglise soit aussi couvert de semblable bougran noir » [25]. Alors qu'aux saintes chapelles de Thouars et de Champigny-sur-Veude des draps noirs recouvraient certains éléments de mobiliers et les parois de la collégiale [26], ou qu'à la collégiale des Roches-Tranchelion des « draps mortuaires ou sainctures » avaient fait l'objet de recommandations de la part du fondateur Lancelot de La Touche [27], les Harcourt optèrent pour un décor peint, peut-être complété d'étoffes. D'ailleurs, l'héraldique était omniprésente lors des funérailles : pour la cérémonie de Dunois à Châteaudun, la sainte chapelle destinée à recevoir son cœur fut recouverte de « II^c X escussons de papier, aux armes de feu monditseigneur [...], c'est assavoir LXX de deux fueilletz à XV d. chacun, VI^{XX} d'une fueille à X d. et LX de demie fueille à VI d. » peints par Paoul Goybault [28]. Dans sa collégiale de

17. Aux rares éléments encore en place s'ajoutent vingt-deux éléments de verrières provenant d'un dépôt de M. Philippe Rollo, maître verrier (Ateliers Barthe-Bordereau à Angers), en 1987 : il s'agit de trois médaillons ronds, de deux croissants de médaillon et de dix-sept fragments provenant des soufflets et mouchettes (Conservation départementale du patrimoine, Angers : réf. DDOM 1634 1 à 22).

18. Bosseboeuf 1895, p. 28.

19. Arch. dép. Maine-et-Loire, G 1353 (4 janvier 1485 n. st.). Sa volonté fut exaucée et il fut rejoint par sa femme Yolande et sa fille Jeanne ; ils « sont enterrés tous les trois sous une voute entre le grand autel et le chœur. En 1724, on descendit dans le caveau et l'on y vit trois cercueils de plomb sur trois grosses barres de fer. L'entrée est sous un careau caré où il y a une petite croix proche le chappier. », Arch. dép. Maine-et-Loire, G 1352, fol. 33.

20. Marguerite, fille aînée de Guillaume et Yolande, décédée très jeune, fut vraisemblablement comme ses demi-sœurs Marie et Arture, ainsi que la première femme de Guillaume, enterrée dans l'ancienne église (Arch. dép. Maine-et-Loire, G 1350, l. 54-55) « qui est présentement sous le chœur de la nouvelle » (Arch. dép. Maine-et-Loire, G 1352, fol. 34). De nombreux fondateurs de collégiales funéraires procédèrent à des regroupements de sépultures. Louis II de La Trémoille fit ainsi rapatrier dans la Sainte-Chapelle de Thouars qu'il avait fondée la dépouille de son frère Jean décédé en Italie. À Montsoreau, une fois la collégiale castrale achevée, Marie de Châteaubriand y fit inhumer tous les parents, dont son défunt mari, auparavant enterrés dans la « chapelle du boille » (Noblet 2009 a, p. 165-166).

21. Les testateurs recherchent fréquemment le rôle propitiatoire des pauvres, qui sont souvent également conviés au repas de funérailles, Lorcin 1978, p. 239-251.

22. Arch. dép. Maine-et-Loire, G 1353 : testament du 4 janvier 1485 (n. st.).

23. Chiffoleau 1980, p. 136.

24. Piponnier 1970, p. 196-198 et Piponnier 1993, p. 135-140.

25. Hans-Collas 2022, p. 13.

26. Noblet 2009 a, p. 174-175.

27. *Ibid.*

28. « Compte des obsèques », édité dans Jarry 1892, p. 164.

Fig. 8 – Montreuil-Bellay, collégiale Notre-Dame, armoiries peintes, première travée du chœur, paroi nord.

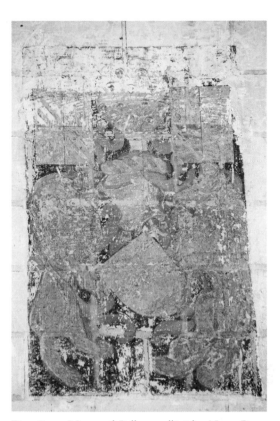

Fig. 9 – Montreuil-Bellay, collégiale Notre-Dame, armoiries peintes, deuxième travée du chœur, paroi nord.

Fig. 10 – Montreuil-Bellay, collégiale Notre-Dame, armoiries peintes, deuxième travée du chœur, paroi sud.

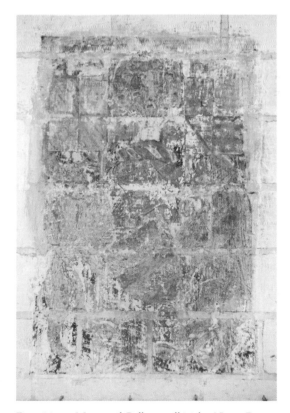

Fig. 11 – Montreuil-Bellay, collégiale Notre-Dame, armoiries peintes, première travéc du chœur, paroi sud.

29. Arch. dép. Maine-et-Loire, 8 J 18. La femme de Jean Bourré, Marguerite de Feschal, était décédée en 1493.

30. Bordeaux 2002, p. 115.

31. Arch. nat., 1 AP/219, reçus, fol. 9 : « Parties deues a Laurent Berruyer, marchant de draps de soye demourant a Poictiers, pour l'oseue [sic] de feue Madame de La Tremoille ».

32. Arch. nat., 1 AP/219, reçus, fol. 1, 2 et 11 : fourniture de six cents épingles.

33. Arch. nat., 1 AP/219, fol. 12.

34. « Dépenses pour l'obsèque de Louis II de La Trémoille (29 mars 1525 n. st.) », édité dans La Trémoille 1890-1896, t. II, p. 102-103.

35. Gaude-Ferragu 2011, p. 380.

36. Port 1878 ; Bosseboeuf 1895 ; Rhein 1911 ; de Grandmaison 1964 ; Chapron 1968 ; Manase, Orain, 1990 ; Blomme 1998.

37. Leduc-Gueye 2007 ; Davy 2013. Par ailleurs, elles ne sont pas non plus évoquées dans les études sur les peintures de l'oratoire du château (Allais 1995 ; Gras 2015).

38. Dans le chœur de la cathédrale d'Angers, le tombeau du roi René était surmonté de ses armoiries, mais dépourvues d'ornements ; de grandes imitations de tentures aux armes de Louis II d'Anjou demeurent également visibles dans le chœur.

Fig. 12 – Montreuil-Bellay, collégiale Notre-Dame, armoiries de Guillaume d'Harcourt ornant un aveu du 1er février 1487 (n. st.).

Jarzé, Jean Bourré « aprés le trespas de feue Madame du Plessis a faict mectre une licte en toile noire semee d'escussons a leurs armes » [29]. À la collégiale de Luynes, une litre portant les armes d'Hardouin IX et de ses deux épouses a été effacée lors de la dernière restauration [30]. À Thouars, à l'occasion des funérailles de Gabrielle de Bourbon en 1517 avaient été commandées « sept vingts quatre aulnes veloux [pour] les sainctures de l'esglise colegial et de l'esglise basse » [31] sur lesquelles étaient accrochés, à l'aide d'épingles [32], les « LXIII petis escussons sur camellot d'or aux armes de feue Madame » ainsi que les « XXXIII grans escussons ausd. armes sur toile d'or » [33]. Pour la cérémonie de son mari, Louis II, en 1525, furent livrées « au brodeur de Madame [Louise Borgia, duchesse de Valentinois, sa seconde épouse] une aulne toile d'or trect a faire escussons aulx armes de feu Monseigneur » et « aulx brodeurs de Tours quatre aulnes ung XVIme de la dite toile pour faire quarante des dits escussons ». Quatorze autres aunes de taffetas servirent à confectionner des « estendars et banieres » [34]. Enfin, à la cathédrale d'Angers, à l'occasion des funérailles du roi René, la ceinture de deuil avait également servi de support au décor héraldique : les armes « près semées » du défunt y étaient fixées, à intervalles réguliers, à l'aide d'épingles et de clous [35].

En dépit de leur caractère exceptionnel, les quatre armoiries peintes de Montreuil-Bellay complétées d'ornements extérieurs n'avaient pas été repérées lors des précédentes études [36] ou à l'occasion des différents inventaires de peintures murales menés en Anjou [37]. Situées de part et d'autre du chœur, les quatre compositions diffèrent des simples armoiries visibles en Anjou comme dans l'absidiole du bras sud du transept des églises de Pontigné, de Saint-Gervais et Saint-Protais de Gouis à Durtal ou dans l'église du prieuré de la Jaillette à Louvaines. Mesurant environ 1 m de hauteur pour 0,50 m de largeur, elles sont mises en valeur chacune par un heaume surmonté d'un cimier et au-dessus desquels sont déclinées les armoiries de la famille d'Harcourt [38] (fig. 8, 9, 10 et 11).

JULIEN NOBLET

Les armoiries familiales sont ainsi composées :

Écartelé : aux 1 et 4 de gueules à deux fasces d'or (qui est d'Harcourt), au 2 d'azur semé de fleurs de lys d'or à un lambel de gueules à trois pendants chacun chargé en pal de trois châteaux d'or (qui est Artois), au 3 bandé d'azur et d'or à la bordure de gueules (qui est Ponthieu), et sur le tout parti au 1 de gueules à un écusson d'argent accompagné en orle de huit angemmes d'or (qui est Tancarville), au 2 d'azur à sept besants d'or 3, 3, 1 et un chef d'or (qui est Melun).

Les armoiries peintes dans la collégiale diffèrent quelque peu :

Ainsi sont écartelées à senestre les armes de Ponthieu et Artois et à destre celles de Tancarville en 1 et en 4, celles de Melun en 2 et de Parthenay (Burelé d'argent et d'azur de 10 pièces à la bande de gueules brochant sur le tout) en 4.

Enfin, en position centrale, prend place un écu penché aux seules armoiries d'Harcourt timbré d'un heaume de profil dont le cimier est constitué de plumes de paon. Les armoiries peintes, qui reproduisent exactement celles accompagnant un aveu (fig. 12) de Guillaume d'Harcourt du 1er février 1487 (n. st.) [39], rappellent également, notamment pour la dernière composition, certaines représentations illustrant le *Livre des Tournois* écrit par René d'Anjou (fol. 54v) [40], témoignant de l'appartenance du commanditaire à la haute noblesse. Contrairement à Louis XI qui, en 1483, exigea d'être inhumé à Notre-Dame-de-Cléry « comme un simple fidèle », Guillaume d'Harcourt bénéficia de funérailles soulignant son rang dans un écrin architectural destiné à affirmer dans la pierre sa gloire terrestre. L'absence d'héritier mâle mit cependant rapidement fin à la vocation originelle de sanctuaire dynastique de la collégiale castrale.

39. Arch. dép. Maine-et-Loire, E 818.
40. BnF, Ms. Fr. 2695.

BIBLIOGRAPHIE

Allais 1995
Sylvanie Allais, *Les peintures murales de la chapelle du château de Montreuil-Bellay (Maine-et-Loire)*, mémoire de maîtrise, Jean Guillaume (dir.), université de Paris IV-Sorbonne, 1995.

Blomme 1998
Yves Blomme, *Anjou gothique*, Paris, 1998.

Bordeaux 2002
Patrick Bordeaux, « L'église Notre-Dame du Château, à Luynes, du XVe au XVIIe siècle », *Bull. de la Société archéologique de Touraine*, t. XLVIII, 2002, p. 105-117.

Bosseboeuf 1895
Louis-Auguste Bosseboeuf, *Une excursion en Anjou. Montreuil-Bellay, le Puy-Notre-Dame et Asnières*, 1895.

Chapron 1968
Alphonse Chapron, *Montreuil-Bellay et sa collégiale*, Lyon, 1968.

Chiffoleau 1980
Jacques Chiffoleau, *La comptabilité de l'au-delà ; les hommes, la mort et la religion dans la région d'Avignon à la fin du Moyen Age*, Rome, 1980.

Davy 2013
Christian Davy, « La prospection des peintures murales des Pays de la Loire », *In Situ* [En ligne], 22 | 2013, mis en ligne le 15 novembre 2013, consulté le 19 avril 2022.
URL : http:// journals.openedition.org/insitu/10792 ; DOI : 10.4000/insitu.10792

Gaude-Ferragu 2011
Murielle Gaude-Ferragu, « Tribulations corporelles et inhumation royale : les funérailles de René Ier d'Anjou (1480-1481) », dans *René d'Anjou (1409-1480). Pouvoirs et gouvernement*, Jean-Michel Matz, Yves-Noël Tonnerre (dir.), Rennes, 2011, p. 373-385.

Grandmaison 1964
Micheline de Grandmaison, « Montreuil-Bellay », *Congrès Archéologique*, 1964, *Anjou*, Paris, 1964, p. 413-425.

Gras 2015
Samuel Gras, « Les peintures murales de la chapelle du château de Montreuil-Bellay », *ANASTASIS. Research in Medieval Culture and Art*, vol. II, n° 1, mai 2015, p. 99-125.

Hans-Collas 2022
Ilona Hans-Collas, « Un patrimoine méconnu : les litres », *Bulletin de l'association Danses macabres d'Europe*, n° 71, mars 2022, p. 12-23.

Jarry 1892
Louis Jarry, « Testaments, inventaire et compte des obsèques de Jean, bâtard d'Orléans », *Mémoires de la Société archéologique et historique de l'Orléanais*, t. XXIII, 1892, p. 65-189.

La Trémoille 1890-1896
Louis de La Trémoille, *Les La Trémoille pendant cinq siècles*, 5 t., Nantes, 1890-1896.

Leduc-Gueye 2007
Christine Leduc-Gueye, *D'intimité, d'éternité. La peinture monumentale en Anjou au temps du roi René*, Lyon, 2007.

Lorcin 1978
Marie-Thérèse Lorcin, « Ripailles de funérailles aux XIVe et XVe siècles ou les pauvres seront-ils invités au repas d'enterrement ? », *Mélanges en l'honneur d'Étienne Fournial*, Saint-Étienne, 1978, p. 239-251.

Manase, Orain 1990
Viviane Manase, Véronique Orain, *Canton de Montreuil-Bellay*, Images du Patrimoine n° 72, Paris, 1990.

Noblet 2009 a

Julien Noblet, *En perpétuelle mémoire. Collégiales castrales et Saintes-Chapelles à vocation funéraire dans le royaume de France (1450-1560)*, Rennes, 2009.

Noblet 2009 b

Julien Noblet, « La collégiale Notre-Dame de Montreuil-Bellay ou l'éphémère nécropole des comtes de Tancarville », *Archives d'Anjou, mélanges d'histoire et d'archéologie angevines*, nº 13, 2009, p. 27-43.

Piponnier 1970

Françoise Piponnier, *Costume et vie sociale. La cour d'Anjou (XIVᵉ-XVᵉ siècles)*, Paris, La Haye, 1970.

Piponnier 1993

Françoise Piponnier, « Les étoffes de deuil », dans *À réveiller les morts. La mort au quotidien dans l'Occident médiéval*, Danièle Alexandre-Bidon et Cécile Treffort (dir.), Lyon, 1993, p. 135-140.

Port 1878

Célestin Port, *Dictionnaire historique, géographique et biographique de Maine-et-Loire*, Angers, 1878.

Rhein 1911

André Rhein, « Asnières, le Puy-Notre-Dame, Montreuil-Bellay », *Congrès archéologique*, 1910, *Angers-Saumur*, t. I, Paris-Caen, 1911, p. 65-84.

Tixier 2000

Céline Tixier, *Montreuil-Bellay. Une petite ville frontière à la fin du Moyen Âge (milieu XIVᵉ-fin XVᵉ siècle)*, mémoire de maîtrise, Jean-Michel Matz (dir.), université d'Angers, 2000.

Montreuil-Bellay : l'hôtel-Dieu Saint-Jean

Bénédicte Fillion-Braguet * et Christine Leduc-Gueye **

De l'aumônerie à l'hôtel-Dieu, les bâtiments à la lumière des sources

Pendant longtemps, s'appuyant sur la consécration de la chapelle en 1484, les auteurs ont présenté l'hôtel-Dieu de Montreuil-Bellay comme une construction nouvelle de Guillaume d'Harcourt qui serait venue remplacer les ruines d'une ancienne aumônerie. À la lumière des documents collectés par Geneviève Sigot en 2009, il est possible de reconsidérer le bâtiment et d'en proposer une nouvelle lecture [1].

L'aumônerie, placée sous le vocable de Saint-Jean-Baptiste, est signalée pour la première fois en novembre 1333. L'acte évoque le don d'un couple (Gilles Trugneau et Jeanne Pelloquinne) qui cède son héritage au prieur de l'aumônerie, Michel Javelle [2]. Rapportée à l'histoire des seigneurs de Montreuil, cette mention se place quelques années après la fondation de six chapellenies en l'église du château par Jean I de Melun en 1321, après la mort de Jeanne de Tancarville, sa première épouse (avant 1328), et son remariage avec Isabelle d'Antoing le 30 novembre 1329. Mais la fondation pourrait être plus ancienne et dater du début du XIIIe siècle, comme les aumôneries de Thouars (1205) ou de Doué-la-Fontaine (1229).

Quoi qu'il en soit, les textes du XIVe siècle précisent que l'aumônerie possédait un dortoir pour les pauvres, garni d'une dizaine de lits, et une chapelle, mentionnée en 1378, dans laquelle un prêtre célébrait l'office deux fois par semaine [3]. À ces bâtiments, il faut en ajouter d'autres, disparus et seulement évoqués par des sources [4] : des celliers et des caves pour stocker les aumônes et organiser leur distribution, ainsi que des jardins et un cimetière Saint-Thomas situé au nord-est, une lingerie, une apothicairerie et un lieu pour pratiquer les toilettes funéraires ; enfin, des citernes et des bassins pour le stockage de l'eau, ainsi que des caniveaux pour l'évacuation des eaux usées.

Les malades étaient soignés et nourris par des laïcs tandis que leurs biens étaient gérés par un prieur. Entre 1409 et 1425, le prieur de l'aumônerie fut remplacé par un homme que les textes désignent comme administrateur ou gouverneur de l'hôtel-Dieu et qui, comme le rappellent les aveux du 3 mai 1454 et du 1er février 1486, était nommé par le seigneur de Montreuil-Bellay [5]. Ces administrateurs, laïcs ou religieux de la collégiale Notre-Dame du château, étaient des proches de celui-ci. L'un d'entre eux, Jehan Gamart, gouverneur de l'hôtel-Dieu entre 1442 et 1454 et résidant à proximité du château, est présenté comme le fondateur d'une chapellenie en l'église Saint-Jean par Guillaume d'Harcourt dans son aveu de 1486 [6]. Henry d'Ancy, administrateur de l'hôpital entre 1459 et 1473, et maître d'hôtel au château, règle entre 1459 et 1467 sept quittances au nom de Guillaume d'Harcourt (1418-1487) et de Yolande de Laval, sa femme, pour aider à « rédifier leudit hôtel, la chapelle et le dortoir des pauvres [7] ».

* Docteur en Histoire de l'art, chercheur associé CESCM, UMR 7302, université de Poitiers.
** Docteur en Histoire de l'art, Agence Picturales.

1 Geneviève Sigot, *L'hôpital Saint Jean ou les pauvres de l'hôtel-Dieu*, Angers, 2009.

2. Collection privée, Archives de l'hôtel Dieu, volume A, fol. 3, novembre 1333, retranscrit par G. Sigot, *op. cit.*, p. 205-206.

3. Collection privée, Archives de l'hôtel-Dieu, volume A, 4 février 1378, retranscrit par G. Sigot, *op. cit.*, p. 207.

4. Arch. dép. Maine et Loire, HS 1.

5. Arch. dép. Maine-et-Loire, E 817, aveu de 1454, fol. 2.

6. Arch. dép. Maine-et-Loire, E 818, aveu de 1486, fol. 1v.

7. Arch. dép. Maine-et-Loire, H 12 HS 1, mention dans l'arrêt du Conseil d'État du 8 juin 1697.

8. Arch. dép. Maine-et-Loire, G 1352.

9. Voir dans ce volume l'article de Julien Noblet, « La collégiale de Montreuil-Bellay, fondation funéraire de Guillaume d'Harcourt », p. 347-356.

10. Arch. dép. Maine-et-Loire, H 12 HS 1, mention dans l'arrêt du Conseil d'État du 8 juin 1697.

11. Arch. dép. Maine-et-Loire, H 12 HS 1.

12. Sous la direction de Pierre Prunet, ACMH : restauration des couvertures en 1975-1979 ; sous la direction de Gabor Mester de Parajd, ACMH : travaux de restauration des façades et drainage en 1992-1994 ; restauration extérieure de la chapelle en 2009 ; sous la direction de Dominique Latron, ABF : restauration intérieure en 2012 (plancher, menuiseries, nettoyage des enduits) ; sous la direction de Sophie Seigneurin, architecte DPLG : aménagement des abords en 2012.

13. On peut également citer la maladrerie de La Colombe à Brissac (Nicolas Asseray, « La chapelle du prieuré de La Colombe à Brissac-Quincé [Maine-et-Loire] : une maladrerie médiévale ? », *Bulletin monumental*, t. 176-3, 2018, p. 01-213), et l'aumônerie Saint-Michel de Baugé (Frédéric Chaumot, *Hôtels-Dieu, aumôneries et léproseries. Anjou, Maine et Touraine. 1150-1550*, mémoire de DEA, Jean-Michel Matz [dir.], université d'Angers, 2 vol., 2002).

Le 6 mars 1484, trois autels furent consacrés dans la chapelle de l'hôpital Saint-Jean[8]. La cérémonie n'était pas liée à des travaux mais, comme celle de l'église Saint-Pierre de Montreuil (le 1er février 1484), elle complétait la consécration de la collégiale Notre-Dame (les 31 janvier et 7 mars 1484), montrant ainsi l'implication des seigneurs de Montreuil dans la vie religieuse de leur cité[9]. L'administrateur de l'hôpital était alors Nicolas Viart, également docteur, connu pour avoir joué un rôle important dans le développement de la médecine en Anjou du vivant de René d'Anjou. Souvent retenu à Angers, il fut remplacé par Nicolas Brian, curé de Notre-Dame du Château.

Les bénédictines

Cette situation perdura jusqu'au XVIIe siècle, date à laquelle l'hôtel-Dieu fut confié par le duc de Longueville, seigneur de Montreuil-Bellay, à des bénédictines dont l'installation fut officialisée par le concordat du 23 avril 1645. La mission de ces religieuses était triple : régir, gouverner et administrer les biens des pauvres de l'hôtel-Dieu ; accueillir les malades et nourrir les pauvres ; instruire les fillettes de la ville. En réalité, leur gestion se révéla désastreuse ; les bénédictines, qui ne sont pas faites pour le soin des malades, jugèrent l'hôtel-Dieu trop incommode pour pouvoir y suivre la règle. En 1651, Françoise Clausier, mère prieure et hospitalière, acheta le manoir et seigneurie de l'Ardiller et, dès 1655, elle demanda à y déplacer la communauté. Le transfert lui fut refusé et la prieure se retrancha dans ses appartements, laissant la salle des malades à l'abandon.

La situation était si dégradée que les religieuses finirent par confier la gestion de l'hôtel-Dieu aux lazaristes entre 1676 et mars 1693. Au départ de ces derniers, la chapelle était certes dotée d'un nouvel autel, mais la salle des malades était dépourvue de lits, séparée par trois cloisons de bois qui délimitaient des écuries paillées, et les portes vers les chauffoirs qui occupaient les niveaux bas des appartements étaient murées. En 1697, un arrêt du Conseil d'État maintint le seigneur de Montreuil-Bellay, Timoléon de Cossé, comme fondateur de l'hôpital, ce qui valut un long texte rappelant que l'hôtel-Dieu avait été fondé dans l'enclos de la ville pour les pauvres et les malades de la ville par les seigneurs de Montreuil-Bellay, comme l'indiquent les écussons peints aux armes de la maison d'Harcourt et de la duchesse de la Meilleraye dans la chapelle et différents endroits de l'hôtel-Dieu[10]. L'hospitalité fut rétablie en 1698 et des travaux furent réalisés en 1699 pour améliorer la salle des malades (ouvertures de nouvelles baies, percement d'un portail latéral, achat de mobilier, modification des liaisons entre les différents volumes)[11]. Le parloir bas fut alors transformé en école pour jeunes filles. Avant la Révolution, une dernière campagne de travaux porta sur la réalisation des litres avec les armes de Jean de la Trémoille, qui fut en possession de la baronnie de Montreuil entre 1756 et 1792, et sur l'achat d'un confessionnal en 1775.

Malgré leur gestion calamiteuse, les bénédictines se maintinrent jusqu'en 1777. Elles furent remplacées par deux hospitalières séculières, Sœurs de Sainte-Anne, servantes des pauvres de la maison de la Providence. Après la construction de l'hospice entre 1863 et 1870 par Charles Joly-Leterme, la chapelle lui fut annexée, tandis que la nef et les logis latéraux devinrent des entrepôts et remises. L'hôpital, classé au titre des Monuments historiques le 29 mars 1967, a fait l'objet de plusieurs restaurations entre 1975 et 2012[12].

Un plan en croix aux fonctions multiples

Avec celui d'Angers, l'ancien hôtel-Dieu Saint-Jean est l'un des rares établissements hospitaliers médiévaux conservés en Anjou[13]. Son plan en croix pourrait être pris pour celui d'une église (fig. 1). La *nef* (19 m x 7,50 m) correspond à la salle des malades divisée en trois vaisseaux par deux rangées de quatre colonnes (fig. 2). Les parties latérales accueillaient

BÉNÉDICTE FILLION-BRAGUET ET CHRISTINE LEDUC-GUEYE

Fig. 1 – Montreuil-Bellay, hôtel-Dieu Saint-Jean, vue extérieure depuis le nord-est.

Fig. 2 – Montreuil-Bellay, hôtel-Dieu Saint-Jean, vue intérieure de la salle des malades, vers l'est.

Fig. 3 – Montreuil-Bellay, hôtel-Dieu Saint-Jean, angle sud-est de la salle des malades avec, à l'étage, la porte du logis sud communiquant avec le balcon (déposé) et la porte ouverte dans le refend isolant la chapelle, qui conduit vers les greniers.

une dizaine de lits répartis entre les femmes d'un côté et les hommes de l'autre, tandis que le vaisseau central servait à la circulation des soignants. Par souci d'économie, la salle des malades ne possédait pas de cheminée, les malades réchauffant leur châlit à l'aide de bouillottes. Au-dessus des colonnes, un grenier servait à stocker les denrées et à faire sécher les draps.

À l'est, séparée de la nef par une clôture, se trouve la chapelle (6,30 m x 6,56 m) [voir fig. 8 et 9]. Les malades pouvaient écouter l'office (les hommes d'un côté et les femmes de l'autre) par les baies à claire-voie latérales. La porte centrale servait de passage au chapelain venant donner l'extrême-onction et au corps des défunts conduits au cimetière. Le chapelain disposait d'une petite sacristie adossée au mur nord du chevet. Au-dessus du mur séparant la salle des malades de la chapelle se trouvait un clocher qui sonnait les heures et indiquait le début des offices.

Bénédicte Fillion-Braguet et Christine Leduc-Gueye

De part et d'autre de la clôture, deux constructions adossées, évoquant des bras de transept, étaient occupées par des cuisines et une lingerie au rez-de-chaussée, et par des chambres à l'étage. À l'origine, il n'existait pas de communication entre les niveaux de ces deux volumes qui étaient accessibles par des escaliers extérieurs.

La fonction des pièces évolua au cours des siècles mais, du côté sud, le niveau bas placé près du puits devait abriter les cuisines. À la fin du XVIᵉ siècle, ces pièces du bas furent transformées en chauffoirs, l'un pour les hommes, l'autre pour les femmes. À l'étage, le volume nord était éclairé de deux baies à coussiège et chauffé par une cheminée, dont la hotte gothique fut buchée et éventrée pour ouvrir une fenêtre sous laquelle fut placé un manteau sans style. Cette pièce, confortable, servait de bureau à l'administrateur, ce qui est confirmé par la présence de graffitis nominatifs. L'étage sud, réservé aux soignants et aux domestiques, possédait des latrines isolées dans une tourelle d'angle.

À partir de la chambre haute du bras sud, accessible par un escalier extérieur, on pouvait gagner une tribune qui dominait l'ensemble des lits de la salle des malades. Depuis ce balcon, par une porte ouverte dans l'épaisseur du refend (fig. 3), on rejoignait un passage longeant la face orientale du refend (fig. 4) : il conduisait vers un escalier desservant le grenier au-dessus de la salle des malades. Dans son état d'origine, ce passage était probablement fermé afin ne pas gêner les offices. Il reposait au-dessus d'une voûte qui couvrait l'entrée de la chapelle, traitée comme une courte nef pour les administrateurs et les seigneurs lorsqu'ils venaient visiter leurs pauvres.

Fig. 4 – Montreuil-Bellay, hôtel-Dieu Saint-Jean, revers oriental du mur de refend entre la salle des malades et la chapelle, avec les baies à claire-voie au rez-de-chaussée, les vestiges de la voûte couvrant la courte nef seigneuriale et la porte vers le grenier.

Les travaux de Guillaume d'Harcourt à l'aumônerie

Si la restauration extérieure a restitué l'ornementation de la fin du XVᵉ siècle en accord avec la consécration de 1484, l'intérieur, moins touché, conserve un certain nombre d'indices qui suggèrent que la travée occidentale a été ajoutée à un volume antérieur. Dans la grande salle, l'enduit piqueté laisse voir l'appareil en moellons (fig. 5). La travée occidentale a été montée au mortier à la chaux, recouvert d'une couche de terre enduite et masquée par deux badigeons colorés, tandis que le reste des maçonneries l'a été au mortier de terre avec des arases et des entourages de baies au mortier de chaux.

La charpente de la travée occidentale présente également une différence de traitement et de niveau avec le reste de la grande salle. Aucune rupture n'est cependant lisible à l'extérieur car la façade occidentale et celle du côté nord, tournée vers la ville, sont parementées dans un appareil en pierre de taille comportant des lits de pierre parfaitement assisés. En revanche, les façades extérieures sud, situées du côté du mur d'enceinte, sont traitées en moellons.

Fig. 5 – Montreuil-Bellay, hôtel-Dieu Saint-Jean, vue intérieure de la salle des malades, vers le nord-ouest, montrant les différents types de maçonneries du mur nord.

Bénédicte Fillion-Braguet et Christine Leduc-Gueye

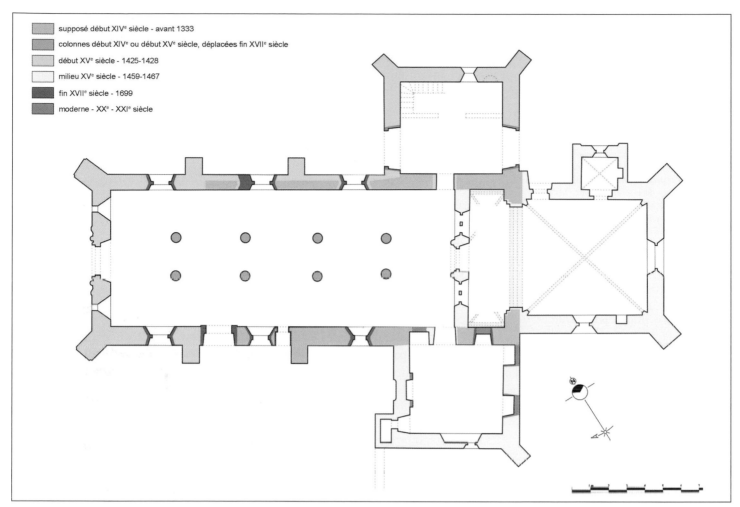

Fig. 6 – Montreuil-Bellay, hôtel-Dieu Saint-Jean, plan historique (dessin N. Braguet).

L'approche archéologique permet aussi de vérifier que le mur de séparation à claire-voie est inséré entre des murs préexistants qui délimitent un volume contre lequel la chapelle est venue se plaquer. De même, la charpente de la grande salle est antérieure à la construction des bras adossés, car ces derniers viennent englober les pieds de chevrons.

L'examen des moulures, charpentes, niveaux de circulation, confrontés aux textes, permet de comprendre que l'état le plus ancien comprend un grand volume rectangulaire, avec une salle des malades et une chapelle.

Au XVᵉ siècle, plusieurs campagnes de travaux se succédèrent (fig. 6) : la première semble avoir été liée à la réforme qui vit le remplacement des prieurs par des administrateurs entre 1409 et 1425. Un graffiti ancien situé dans l'ébrasement de droite de la baie ouest du bras nord donne le nom de Pierre Le Roy, administrateur en 1428 (fig. 7). Sans ce graffiti, on serait tenté d'attribuer l'ensemble des travaux à Guillaume d'Harcourt, mais il semble que c'est son père, Jacques d'Harcourt (après son mariage avec Marguerite de Melun et avant sa mort à Parthenay en 1428), qui fut à l'origine de la construction du bras nord et, par conséquent, de la reprise du parement extérieur de la grande salle, de son allongement vers l'ouest jusqu'à la nouvelle façade ouest. Du côté sud, on se contenta d'ériger des contreforts et de reprendre les anciennes baies de l'aumônerie du XIVᵉ siècle afin de les uniformiser avec celles de la façade nord, comme on pouvait encore le voir avant les travaux des années 1990.

Fig. 7 – Montreuil-Bellay, hôtel-Dieu Saint-Jean, graffiti de Pierre Le Roy sur l'ébrasement de la baie ouest du logis nord.

14. Voir, dans ce volume, l'article de Jean Mesqui, « Montreuil-Bellay : un palais du XVe dans une forteresse du XIIIe siècle », p. 483-532.

15. Abbé Louis-Auguste Bossebœuf, « Une excursion en Anjou, Montreuil-Bellay, Le Puy-Notre-Dame et Asnières (7 mai 1894) », *Bulletin de la Société archéologique de Touraine*, t. IX, 1892-1894, p. 404.

16. Cinq photographies de Charles Hurault pour le Centre de recherche des monuments historiques montrent en 1952 des décors mal dégagés, usés et parfois piquetés (Médiathèque du patrimoine et de la photographie [MPP], MH 00294339 à MH 00294343), à compléter avec les photographies de Robert Baudoin (MPP, 67Z00525 à 67Z00540).

17. Avec l'absence notable du saint titulaire.

18. Chanoine Charles Urseau, *La peinture décorative en Anjou du XIIe au XVIIIe siècle*, Angers, 1918, p. 109-110.

19. Armes de Jean de la Trémoille qui acquit la baronnie en 1756 et les fit peindre dans le même temps sur la litre qui ceinture la collégiale Notre-Dame de Montreuil-Bellay.

20. MPP, 193/001/0415.

21. Les peintures étaient probablement en mauvais état lorsqu'elles furent recouvertes de plusieurs badigeons, puis d'une imitation de pierres de taille au XIXe siècle. Seuls subsistent par endroits le dessin préparatoire et les aplats de couleurs (saint Roch). Voir MPP, 1993/001/0415, devis de Robert Baudouin des 25 mai 1964 et 28 janvier 1967, et mémoire du 2 mai 1967, dans lequel il indique que le « pourcentage de reconstitution est important ».

22. Saint Sébastien est limité par un second cadre rouge qui appartient à une autre couche picturale.

Au milieu du XVe siècle, Guillaume d'Harcourt finança la construction de la chapelle, qu'il fit communiquer avec la grande salle en ouvrant l'ancien pignon. L'extrémité orientale de la salle des malades fut alors amputée par le montage du mur de refend, isolant ainsi une courte travée susceptible d'être utilisée comme nef seigneuriale. Parallèlement, le bras sud fut bâti en pendant au logis de l'administrateur.

À la fin du XVIIe siècle, du temps des bénédictines, les baies médiévales furent modernisées et remplacées par de grandes fenêtres, ce qui entraîna le déplacement de plusieurs poutres du plancher et la redistribution des colonnes. Plusieurs indices témoignent de ces interventions : ancien empochement orphelin, une poutre fichée dans le bouchement d'une baie gothique et traces de badigeon conservant l'empreinte de tailloirs déplacés.

Ayant abandonné la salle des malades, les religieuses occupèrent les logis latéraux et transformèrent le passage conduisant vers le grenier en une tribune, d'où elles pouvaient suivre les offices et à laquelle elles accédaient de plain-pied grâce à l'ouverture de nouvelles portes – ce qui fut probablement à l'origine de la surélévation des niveaux du logis sud. Enfin, au XIXe siècle, la voûte couvrant la courte nef seigneuriale fut déposée et remplacée par un berceau de brique dont il ne reste que l'arrachement.

La lecture renouvelée de l'hôtel-Dieu de Montreuil-Bellay montre donc que le bâtiment conserve une grande partie de ses maçonneries du XIVe siècle, et qu'il fut enrichi au XVe siècle d'au moins deux campagnes, dont l'une est le fait de Guillaume d'Harcourt alors qu'il travaillait par ailleurs à la reconstruction de son château [14].

Bénédicte Fillion-Braguet

LES PEINTURES MURALES DE LA CHAPELLE

DES PEINTURES USÉES ET RESTAURÉES

Les peintures de la chapelle furent mentionnées dès 1894 par l'abbé Louis-Auguste Bossebœuf [15] (1852-1928). Leur dégagement partiel dans des circonstances inconnues laissait alors apparaître des couches picturales piquetées [16], qui ne permirent pas à l'archéologue de dénombrer, ni de reconnaître, les neuf saints représentés [17]. Roch et Sébastien, moins altérés, retinrent son attention, ainsi que deux figures qu'il identifia de manière erronée avec André et Mamert. Quelques années plus tard, le chanoine Charles Urseau [18] (1860-1940) signala en outre douze croix de consécration buchées et des armoiries en partie haute des murs [19]. Tous ces décors furent restaurés l'année même du classement de l'hôtel-Dieu, en 1967, grâce à l'action dynamique de l'architecte départemental et conservateur des antiquités et objets d'art de Maine-et-Loire, Henri Enguehard [20] (1899-1987). Malgré un état médiocre, les travaux confiés à l'atelier parisien de Robert Baudouin permirent de redonner une cohésion de lecture à l'ensemble [21] (fig. 8). Il faut toutefois noter que la restauration se concentra sur le chœur, laissant en l'état deux figures placées à l'entrée de celui-ci.

DES IMAGES ISOLÉES

Les saints en pied répartis sur tous les murs du chœur ne forment pas un registre continu (fig. 9). Ils sont isolés à l'aide de cadres noirs [22] et distribués à des hauteurs différentes, selon une organisation qui pouvait tenir compte du mobilier, et notamment des trois autels consacrés en 1484, dont il aurait été intéressant de connaître à la fois l'emplacement et la

BÉNÉDICTE FILLION-BRAGUET ET CHRISTINE LEDUC-GUEYE

Fig. 8 – Montreuil-Bellay, hôpital Saint-Jean, chapelle, chœur, mur nord : saint évêque non identifié, saint Claude ; mur est : saint Roch, scène non identifiée (fond noir).

Fig. 9 – Montreuil-Bellay, hôpital Saint-Jean, chapelle, chœur, mur est : scène non identifiée (fond noir), saint Sébastien ; mur sud : martyre de saint Blaise, Charité de saint Martin et sainte non identifiée.

Fig. 10 – Montreuil-Bellay, hôpital Saint-Jean, chapelle, chœur, mur nord : saint Claude ressuscitant un enfant.

23. Probablement un pigment qui s'est altéré.

24. Dans le corpus de notre thèse, nous trouvons quarante occurrences pour saint Christophe, quinze pour Barbe, quatorze pour Marguerite, treize pour Michel et Martin, onze pour Catherine, neuf pour Blaise et Sébastien, et cinq seulement pour Roch : Christine Leduc, *La peinture murale en Anjou et dans le Maine aux XVᵉ et XVIᵉ siècles*, thèse de doctorat, Albert Châtelet (dir.), université de Strasbourg, 1999, t. 1, p. 65-70 et 237.

25. Michel Le Mené, *Les campagnes angevines à la fin du Moyen Âge*, Nantes, 1982, p. 263-264.

26. Il aurait été intéressant de savoir si les croix de consécration sont antérieures ou postérieures aux figures, mais aucune étude stratigraphique n'a été réalisée avant la restauration.

Crédits photographiques – fig. 1 : Daniel Prigent ; fig. 2 et 5 : Pierre-Louis Laget ; fig. 3 et 7 : Bénédicte Fillion-Braguet ; fig. 4 : Christine Leduc-Gueye ; fig. 8 à 10 : cl. Bruno Rousseau, Conservation départementale du patrimoine de Maine-et-Loire.

dédicace. Aux saints déjà mentionnés, il faut en ajouter deux autres qui flanquent l'entrée du sanctuaire. Sur l'arcade, côté sud, un moine en scapulaire tient un livre ouvert d'une main tandis que l'autre est posée sur un objet tenu le long du corps. Il pourrait s'agir d'une pelle, qui permettrait d'identifier saint Fiacre. Côté nord, un évêque est surmonté d'une inscription qui se termine par AVVUS. Plus loin, sur le mur nord du chœur, se distingue un autre évêque dont le corps, amputé par une niche, se détache sur un fond imitant un tissu à motif de grenades. Puis, séparé par une fenêtre, se trouve le saint reconnu comme Mamert, mais que nous proposons d'identifier avec Claude (fig. 10). En effet, il tient la croix archiépiscopale et bénit un enfant en prière sortant d'un tombeau. Cette image constitue un *unicum* dans la peinture murale de la région. Sur la paroi orientale, de part et d'autre de la fenêtre d'axe, sont disposés deux tableaux au fond noirci [23], semés de rameaux fleuris identiques à ceux devant lesquels est présenté saint Claude – mais on ne discerne plus aucun personnage. Ces tableaux sont encadrés de Roch d'un côté et de Sébastien de l'autre (fig. 9). Vient ensuite, sur le mur sud, saint Blaise attaché à une croix en forme de X et martyrisé par deux bourreaux armés de peignes à carder. Enfin, après la fenêtre, se trouvent une Charité de saint Martin et, le long de l'arcade, une petite figure féminine nimbée dont le geste évoque celui d'une fileuse. L'image est singulière du fait de sa position et de son faible développement.

Des saints spécifiques

Les malades avaient le choix, en fonction de leurs maux, de prier tel ou tel saint dans l'espoir que leur puissance et leur réputation thaumaturgiques puissent les sauver ou leur permettre d'accéder à la vie éternelle. Cette sélection de saints protecteurs et de guérisseurs apparaît spécifique au contexte hospitalier. En effet, à la fin du Moyen Âge, en milieu paroissial comme seigneurial, le choix des commanditaires se portait principalement sur Christophe, Michel, Pierre, Barbe, Marguerite ou encore Catherine [24]. Ces saints populaires étaient ponctuellement accompagnés de guérisseurs, et notamment de Roch et Sébastien, deux antipesteux par excellence, qui avaient la faveur de tous les milieux. Placés ici de part et d'autre de l'autel, ils étaient les plus visibles depuis la salle des malades. L'attention particulière portée à ces deux saints est probablement à rapprocher des épidémies de peste qui furent particulièrement meurtrières en Anjou au cours des dernières décennies du XVᵉ siècle [25].

Datation

Les altérations et la restauration appuyée ne permettent plus de juger avec précision de la qualité de chacune des peintures. Toutefois, la maîtrise du dessin de saint Roch et la richesse de la palette colorée de saint Claude témoignent de l'intervention de peintres expérimentés. Ces images n'ont pas été toutes exécutées au cours d'une unique campagne [26]. La variété des fonds unis (à la grenade, semés de rameaux fleuris ou de fleurettes), la présence ou non d'inscriptions, la palette colorée (tantôt réduite aux ocres rouge et jaune, au blanc et au noir, ou au contraire rehaussée de bleu et de rouge très vifs), comme le dessin préparatoire plus ou moins développé, font pencher en faveur de plusieurs temps d'exécution, dans le troisième quart du XVᵉ siècle.

Christine Leduc-Gueye

Résidences et lieux de pouvoir

Le château d'Angers, palais et forteresse
(Xe-XVe siècle)

Emmanuel Litoux [*] et Denis Hayot [**]

Le château d'Angers frappe inévitablement les esprits. De l'extérieur, il est une forteresse inexpugnable avec son enceinte flanquée de tours serrées, tandis que les intérieurs laissent apercevoir les vestiges des bâtiments qui abritèrent une vie de cour prestigieuse (fig. 1). La fameuse tapisserie de l'Apocalypse, déployée dans la galerie édifiée pour l'accueillir en 1953-1954, témoigne à elle seule des ambitions qui furent celles des princes angevins. En découvrant ce monument à multiples facettes, les visiteurs peinent à imaginer l'ampleur des transformations qui se sont succédé au fil des siècles. Le site présente une organisation gigogne centrée sur une terrasse monumentale et antique en bordure de laquelle ont été établies les principales composantes du palais que les comtes d'Anjou firent édifier entre le IXe et le XIIe siècle, puis que les ducs de la seconde maison apanagée transformèrent pour réaménager un cadre princier entre 1356 et 1480 [1]. À la protection offerte par l'enceinte urbaine du Bas-Empire succéda l'extraordinaire forteresse que les souverains capétiens firent construire dans les années 1230 autour du palais Plantagenêt, désormais complètement isolé de la ville. À la toute fin du XVIe siècle, le château médiéval fut remparé de l'intérieur et transformé en citadelle moderne, les travaux alors menés donnant au monument une configuration proche de celle que nous lui connaissons aujourd'hui. L'enchevêtrement des époques et les destructions nombreuses, notamment celles occasionnées par l'occupation militaire des XVIIIe et XIXe siècles, rendent sa compréhension difficile. Des pans entiers du monument ont définitivement disparu, mais l'exploitation de la documentation ancienne et surtout l'étude attentive de parties conservées en élévation ou mises au jour lors de fouilles archéologiques permettent de retracer l'évolution du monument et de son occupation au fil des siècles [2].

Des origines au palais comtal

Le château d'Angers [3] est implanté sur la partie occidentale d'un promontoire encadré par deux anciens vallons, baigné par la Maine à l'endroit où son cours connaît un net rétrécissement, à 3 km en aval du confluent entre la Sarthe et la Mayenne, et à 8 km en amont du confluent avec la Loire. Une occupation gauloise, longtemps pressentie, a été mise en évidence lors des fouilles conduites dans la partie sud-ouest du château entre 1993 et 1996, qui ont révélé une occupation dense et très structurée de la seconde moitié du Ier siècle av. J.-C. ainsi que les indices d'un rempart à poutrages horizontaux qui accréditent l'hypothèse d'un *oppidum* des Andicaves établi sur le promontoire [4]. La ville antique de *Juliomagus* semble avoir rapidement eu le statut de chef-lieu de cité. Elle connut un premier développement rapide sous le règne d'Auguste. Sous Tibère (vers 20-30 ap. J.-C.) fut implanté un nouveau réseau viaire en damier dont l'emprise totale approchait les 80 hectares avec, à l'emplacement du château, la construction d'une grande terrasse, vraisemblablement à vocation publique. Le caractère monumental de cet aménagement se trouva encore

* *Conservateur du patrimoine, Conservation départementale du patrimoine de Maine-et-Loire, UMR 6566 CReAAH.*

** *Docteur en Histoire de l'art, ingénieur de recherche contractuel, Centre André Chastel, UMR 8150.*

1. Chevet 2007.

2. La présentation historique s'appuie notamment sur le fonds documentaire rassemblé par Jacques Mallet, aujourd'hui conservé au château d'Angers, dont les principales données sont synthétisées dans Mallet 1991. Voir également Brodeur 1997 et les contributions de François Comte dans Chevet *et al.* 1997 b, p. 119-127. Plus largement, cet article a pu bénéficier de la reprise des données issues des fouilles archéologiques conduites ces trente dernières années, réalisée dans le cadre d'un projet collectif de recherche coordonnée par Jocelyn Martineau, financé par la DRAC des Pays de la Loire. Une publication scientifique proposera prochainement une synthèse des connaissances sur le monument.

3. Chevet *et al.*, 1997 a et b.

4. Bouvet *et al.* 2003.

Fig. 1 – Angers, château, vue aérienne depuis le sud-est. Malgré le dérasement de ses parties hautes, l'enceinte flanquée de tours dégage encore un formidable impact visuel, culminant dans l'ouvrage-maître que constitue la porte des Champs.

accentué à la fin du Ier siècle par l'édification d'un probable temple et la construction de grands murs de soutènement en périphérie de la terrasse, épaulés par des contreforts côté sud. Entre la fin du IIIe siècle et le début du Ve siècle, une enceinte urbaine délimitant une surface de 9 hectares fut construite pour mettre en défense la cité, qui se resserra alors sur le promontoire. La ville du Bas-Empire prit le nom de *civitas andecavorum*, la cité des Andes. Côté ouest, cette enceinte vint doubler le mur de la terrasse monumentale. La présence d'une porte dans ce secteur reste discutée, l'hypothèse étant en concurrence avec un emplacement situé un peu plus au sud-est, en arrière de la porte des Champs du château du XIIIe siècle [5]. La période du haut Moyen Âge reste très peu documentée. Les quelques rares témoignages archéologiques suggèrent de restituer une occupation peu dense, bien que se trouvant dans l'espace *intra-muros*. Un atelier de métallurgie travaillant des métaux précieux s'y développa avant la fin du IVe siècle. Par la suite furent édifiées des constructions éparses faites de maçonneries datées du VIIe siècle.

Naissance d'un site comtal : une aula primitive du Xe siècle

En 849, la cité d'Angers fut attaquée par les Bretons. En septembre de l'année suivante, Charles le Chauve fut contraint de signer le traité d'Angers qui prévoyait notamment de fixer sur la Maine la nouvelle frontière entre la Francie occidentale et la Bretagne. Cet accord survint à une époque où les incursions scandinaves faisaient également peser de lourdes menaces dans le Val de Loire. Un échange de terrains intervint en juillet 851 entre l'évêque d'Angers Dodon et le comte d'Anjou Eude, dont le rôle était devenu prépondérant pour assurer la défense de la cité. L'accord, mentionné dans une charte de Charles le Chauve, précise que le terrain donné au comte, alors installé près de la porte Angevine, au nord de la cathédrale, était « situé près de la muraille de la cité, où l'on reconnut qu'il était opportun que le comte et ses successeurs résident. Et d'autre part en compensation de cela, le même Eude a donné de ses biens comtaux à Saint-Maurice, à l'évêque Dodon et à ses successeurs, une terre d'égale dimension où se trouvait autrefois l'habitation du comte… [6] » Il est

5. Comte 2010.
6. Urseau 1908, charte n° 9, p. 23-24.

EMMANUEL LITOUX ET DENIS HAYOT

maintenant bien établi que le comte s'installa à l'extrémité occidentale du promontoire dominant la Maine, derrière la protection que continuait d'offrir l'enceinte du Bas-Empire, à proximité d'une église dédiée à sainte Geneviève [7] (fig. 2).

L'échange de 851 constitue donc l'acte de naissance du château en tant que siège du pouvoir politique laïc, tenu à partir de Foulques Ier le Roux († vers 942) par le lignage des Ingelgériens. Ces derniers firent de l'Anjou une principauté puissante grâce, entre autres, à l'action de Foulques III Nerra (897-1040) puis de son fils Geoffroy Martel (1040-1060) qui en étendirent significativement les frontières.

Les premiers temps de l'occupation comtale du site, après l'échange de 851, sont mal connus. Toutefois, la mise au jour de huit grandes fosses circulaires, dont le diamètre mesure 1,5 m pour les plus grandes, soulève la question d'une solide construction quadrangulaire sur poteaux mesurant entre 8 et 10 m de côté, attribuable aux premiers temps de la présence comtale sur le site.

Il est certain qu'un ensemble palatial se développa dès le Xe siècle. À cette époque, la chronique de Nantes évoque une *aula* [8], terme qui, s'il est pris dans son acception restrictive et non au sens de *curia*, pourrait désigner le premier édifice en pierre mis en évidence lors

7. La première mention de Sainte-Geneviève date de 844 : Urseau 1908, charte n° 4, p. 13.
8. Merlet, 1896, p. 109.

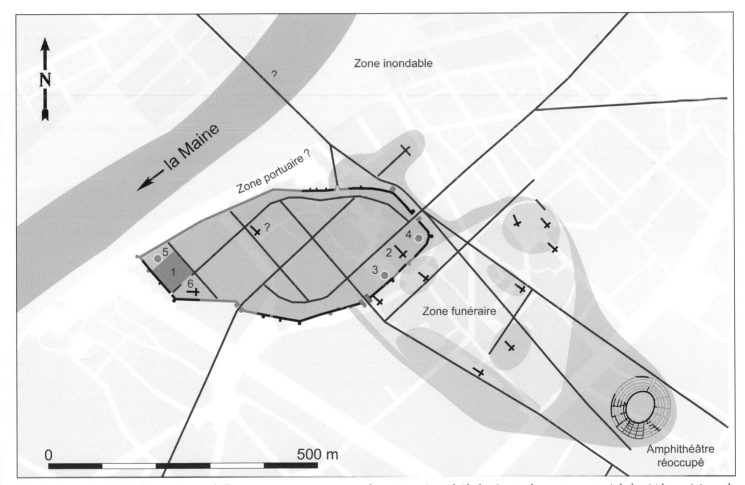

Fig. 2 – Angers au IXe siècle. 1 : emprise de l'ancienne terrasse monumentale antique ; 2 : cathédrale ; 3 : emplacement supposé de la résidence épiscopale primitive ; 4 : ancienne résidence comtale devenue épiscopale après l'échange de 851 ; 5 : terrain de l'évêque échangé en 851 avec le comte qui y établit sa résidence ; 6 : Sainte-Geneviève (X. Favreau, d'après Comte 2010 et sur fond de plan de M. Pithon).

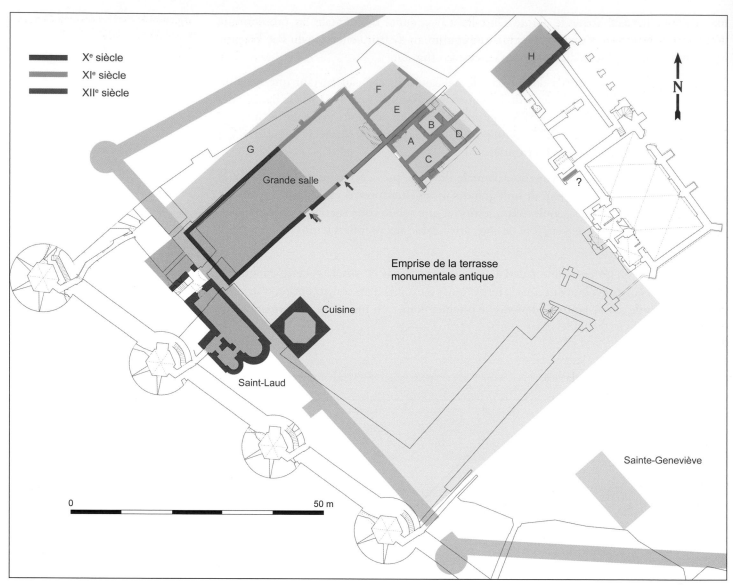

Fig. 3 – Angers, château, plan du palais comtal (dessin E. Litoux d'après Chevet *et al.*, 1997 b).

de l'étude archéologique conduite entre 1993 et 1996 (fig. 3 et 4). Dans son état primitif, la salle mesurait 27,5 m de long pour 13,9 m de large hors-œuvre, avec des murs gouttereaux d'au moins 7,5 m de hauteur [9]. Elle était implantée sur une rupture de pente dominant le cours de la Maine. Sa façade orientale prenait appui contre le mur arasé de la terrasse monumentale antique, tandis que le mur pignon sud venait se plaquer contre l'enceinte du Bas-Empire. Ses élévations étaient traitées en petit appareil de moellons carrés, avec l'emploi de pierres de taille de tuffeau pour les chaînes d'angle et les encadrements des ouvertures. La porte d'entrée, couverte d'un arc en plein cintre, se trouvait près de l'extrémité nord du mur gouttereau oriental, et son seuil au niveau de la cour. Elle donnait accès à une pièce de plain-pied d'une surface d'environ 305 m². Deux séries de huit fenêtres à ébrasement intérieur, régulièrement réparties sur les deux murs gouttereaux, devaient laisser entrer une lumière abondante. Le débouchage d'une des fenêtres a permis d'identifier les restes d'un enduit couverts d'un badigeon blanc. Les informations font défaut pour savoir si un plafond

9. Brodeur *et al.* 1998.

EMMANUEL LITOUX ET DENIS HAYOT

fermait le volume au sommet des murs gouttereaux. Sur le mur ouest, les traces ténues laissées par le bouchage d'une porte de plain-pied avec la salle laissent envisager, dès l'origine, une communication par un escalier vers la terrasse arrière située environ 3 m en contrebas. Les onze datations obtenues à partir de l'analyse au radiocarbone de charbons retrouvés dans le mortier amènent à situer ce chantier dans un large Xe siècle [10]. Au même horizon chronologique appartient un pan de mur en petit appareil de moellons mis au jour à l'ouest du logis royal. Un charbon a donné un intervalle de datation allant de la fin du VIIIe siècle à la fin du Xe siècle.

10. Entre 890 et 975 à 95 % de probabilités.
11. Papin et Riou 2019.

Agrandissement de la salle primitive et aménagements périphériques

Bien qu'elle ait déjà présenté des dimensions importantes, cette première salle fit l'objet de travaux importants pour en augmenter la longueur, en édifiant un nouveau mur pignon à 15,2 m au nord du précédent. La longueur intérieure de la pièce passa ainsi de 25,4 à 40,0 m, ce qui eut pour effet de recentrer la porte au milieu de la façade orientale et d'étendre la surface de la salle à 480 m². Les fenêtres primitives furent bouchées et, dans la partie haute des murs gouttereaux, rehaussés de plus de 1,8 m, les traces d'encadrement régulièrement espacées suggèrent de restituer dix nouvelles fenêtres de chaque côté, hautes d'environ 2,8 m pour une largeur de 0,92 m. Un enduit peint d'un décor de faux appareil à joints rouges et rehauts jaunes a été retrouvé sur l'intrados de l'arrière-voussure d'une baie bouchée au XIVe siècle. La datation de cette seconde campagne de travaux ne peut s'appuyer sur les techniques de mise en œuvre des matériaux qui ne montrent aucune évolution sensible par rapport au premier état de la salle. Les résultats des analyses pratiquées sur les charbons retrouvés dans les mortiers incitent à placer le chantier entre les années 950 et 1050, soit sous le principat de Geoffroy Ier Grisegonelle (960-987) ou de son fils Foulques III Nerra (987-1040). Des recherches récentes ont révélé que ce dernier avait fait édifier une grande salle de dimensions comparables au château de Loches [11] ; l'édifice construit en pierres de taille de tuffeau mesurait dans œuvre 32,8 m par 14,9 m, soit une surface de 489 m².

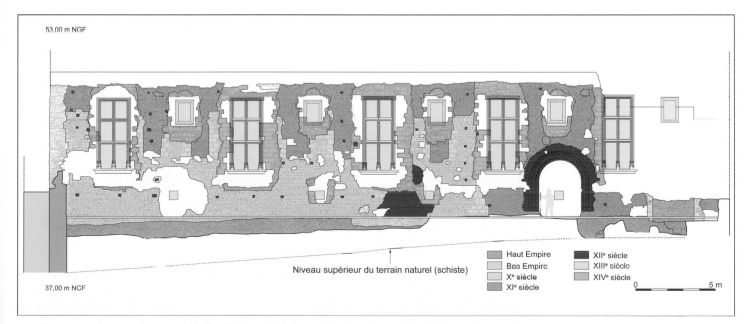

Fig. 4 – Angers, château, élévation de la façade orientale de la grande salle (relevé et dessin J. Mastrolorenzo).

12. Dans le cartulaire de l'abbaye de Fontevraud, un texte de 1135 mentionne une chambre communément appelée « étuve » : Bienvenu *et al.*, 2005, charte n° 868, p. 808-809.

13. Brodeur, Chevet 2001.

D'autres constructions se développaient aux abords de la salle. Les parties les mieux documentées par l'archéologie se trouvent au nord-est, où les fouilleurs ont mis au jour un ensemble de quatre pièces (fig. 3 : A à B). La pièce A, accessible depuis la cour, était dotée d'une cheminée murale dont ne subsistait plus que la base des jambages. La pièce C pourrait également avoir été équipée d'une cheminée, si l'on en juge par le décrochement du mur oriental qui présente toutes les caractéristiques d'un coffre extérieur. La pièce B, établie en contrebas des autres, conserve les traces de dispositions complexes destinées à permettre la circulation d'air chaud dans des conduits verticaux intramuraux constitués de pots en céramique emboîtés (fig. 5). Une voûte portait le sol de la pièce chaude, qualifiée d'étuve par les archéologues [12]. Ce dispositif, dérivé de l'hypocauste antique, pose toutefois des problèmes de fonctionnement qui amènent à s'interroger sur son efficacité réelle [13]. La pièce de chauffe était desservie côté nord par un escalier se prolongeant vers la terrasse ouest.

Un mur séparant deux autres pièces, E et F, ainsi que trois possibles départs de maçonnerie montrent que des bâtiments prolongeaient probablement la salle vers le nord-ouest. Par ailleurs, sur la partie conservée en élévation de façade tournée vers la Maine ont été identifiées les traces laissées par deux séries de trous d'ancrage de 30 cm de côté, avec un entraxe de 0,95 m, qui permettent d'affirmer qu'un édifice à étage était accolé contre la grande *aula* (fig. 3 : G). L'articulation entre les deux volumes n'est pas sans poser questions, notamment du fait de la présence des fenêtres hautes de la salle.

Ces aménagements périphériques, s'ils ne sont pas tous strictement contemporains de l'agrandissement de la salle, paraissent toutefois pouvoir être datés du même horizon chronologique. Les datations pratiquées sur les charbons de bois prélevés dans les étuves ont fourni un intervalle de datation entre 925 et 1020.

Fig. 5 – Angers, château, palais comtal, vue depuis le nord-ouest de la pièce B avec son système de chauffage.

EMMANUEL LITOUX ET DENIS HAYOT

Une collégiale Saint-Laud fut fondée par Geoffroy Martel vers le milieu du XIᵉ siècle – avant 1056-1060 – dans l'église Sainte-Geneviève, qu'un texte datant de ces mêmes années permet de localiser à l'intérieur de la cité, devant l'entrée du palais comtal [14]. Le chapitre dépendait directement du comte qui, depuis Geoffroy Plantagenêt, portait le titre de seigneur et abbé de Saint-Laud. Une dédicace de 1104 pourrait faire suite à la remise en état de l'église après un premier incendie.

Les principales composantes – *aula, camerae, thalamus, capella, atria…* [15] – sont attestées dans les sources écrites des XIᵉ et XIIᵉ siècles. Deux textes datés de 1073 et 1115 mentionnent la « tour du comte », qui pourrait désigner une tour de l'enceinte du Bas-Empire. Le premier indique qu'elle est située sur une porte de la ville et donne au sud sur la maison du gardien [16].

Aménagements sous les Plantagenêts

L'avènement des souverains Plantagenêts plaça Angers au centre d'un vaste ensemble territorial, mais, bien que leur famille soit directement issue de la branche angevine, la ville fut rapidement rétrogradée au rang de simple capitale régionale [17]. En 1132, un incendie passe pour avoir détruit plusieurs quartiers ainsi que les constructions du palais comtal, dont l'église Saint-Laud et ses dépendances :

L'année MCXXXII se produit l'incendie de la Cité d'Angers, horrible et sans exemple dans les siècles passés, car le 5 des nones d'octobre un certain samedi vers six heures, le vent du nord soufflant, le feu naît au milieu de la Cité, près de Saint-Aignan, et s'étend avec une telle violence qu'il consume, hélas, et réduit en cendres l'église Saint-Laud et tous les locaux monastiques, ensuite la grande salle du comte et toutes les chambres et ainsi descendant par l'Esvière il brûle tout… [18].

Les opérations archéologiques n'ont pas permis de retrouver les traces de cet épisode, et l'ampleur réelle des dégâts serait peut-être à relativiser. En effet, dès 1150, un chroniqueur nommé Raoul Dicet vantait la qualité de la résidence comtale en livrant un commentaire flatteur : « À l'angle sud-ouest [de la Cité] se dresse une très vaste demeure qui serait digne de porter le nom de palais même si des salles construites récemment avec une munificence, une science et une conception vraiment royale, n'y avaient été ajoutées en grand nombre [19]. » Le sinistre semble en tout cas expliquer le transfert de la collégiale Saint-Laud hors les murs, adossée au mur d'enceinte de la cité, au sud-ouest de la grande salle comtale. Un nécrologe en attribue la reconstruction partielle à Henri II (1151-1189) [20]. La cour royale séjourna régulièrement au palais d'Angers, mais, au fil du temps, la forteresse de Chinon s'imposa comme le véritable centre du pouvoir Plantagenêt en Val de Loire.

Alors que l'ensemble palatial ne semble pas avoir fait l'objet de travaux conséquents avant le courant du XIIᵉ siècle, les interventions des souverains Plantagenêts visèrent principalement à embellir le programme architectural dans ses composantes résidentielles. Dans le courant du XIIᵉ siècle, la salle reçut un nouveau portail large de 2,70 m, percé 7 m au nord du précédent. La moulure cylindrique bordée par un motif en ruban plissé se prolonge sur tout l'encadrement, sans être interrompue par des chapiteaux (fig. 6).

Le transfert de la collégiale Saint-Laud, construite *extra-muros*, mais à proximité immédiate de la grande salle, permit au comte de restituer à l'évêque l'ancienne église qu'il s'était appropriée et traduit sans doute la volonté d'associer plus étroitement le nouvel édifice à l'ensemble palatial. C'est probablement le manque de place *intra-muros* qui poussa vers ce choix étonnant, consistant à serrer la collégiale et des bâtiments canoniaux sur l'escarpe que formait le versant du vallon de l'Esvière. Les travaux entraînèrent la destruction d'une des tours de l'enceinte antique, ainsi que le percement d'une porte de communication,

14. « *capellam beate Genovephe virginis, intra muros civitatis Andegave, ante fores videlicet comitalis aule positam* », Planchenault 1903, charte n° 25, p. 33.

15. Grande salle, chambres, chambre à coucher, chapelle, cours.

16. Métais 1893, charte n° 239, p. 379-381 : « *residente me* [Foulques IV le Réchin] *intra turrem quæ sita est supra portam civitatis, respicientem versus meridiem, infra domum custodis* ».

17. Brodeur *et al.* 2021.

18. Halphen 1903, p. 95-96.

19. Radulf de Diceto, *Ymages historiarum*, trad. F. Lebrun, *L'histoire vue de l'Anjou 987-1789*, Angers, 1961, p. 39.

20. Mallet 1984, p. 223 et note 148.

21. Mallet 1984, p. 223.

22. Trois arcades sont bien conservées et quatre subsistent à l'état de traces. Les deux autres sont connues par des représentations anciennes, notamment un relevé effectué par le Génie peu avant la destruction d'une partie du mur gouttereau (SHD, archives du Génie, Angers).

le fonctionnement du complexe palatial semblant primer sur les aménagements défensifs. L'édifice, redécouvert en 1953 par Henri Enguehard, présente un plan à nef unique, terminé par une abside et complété d'une absidiole au sud. Le traitement des chapiteaux, les doubles bases du chœur invitent à proposer une datation centrée sur le deuxième tiers du XIIe siècle [21] (fig. 7).

D'importants travaux furent engagés vers la même époque pour relever de 1,5 m le niveau de plancher de l'appentis ouest de la grande salle. Au moins neuf arcades aveugles au profil légèrement brisé portées par des colonnes semi-circulaires furent insérées en sous-œuvre dans la façade ouest, pour soutenir un nouveau solivage [22] (fig. 8). L'aménagement, qui a bénéficié d'une mise en œuvre soignée, traduit la volonté de monumentaliser ce qui pourrait avoir servi de portique ou de galerie assurant la liaison avec l'église, dans ce contexte topographique assez contraint.

Fig. 6 – Angers, château, vue du portail repercé dans la façade orientale de la grande salle dans le courant du XIIe siècle.

EMMANUEL LITOUX ET DENIS HAYOT

Fig. 7 – Angers, château, vue du chœur de la chapelle Saint-Laud édifiée dans le deuxième tiers du XIIe siècle.

Fig. 8 – Angers, château, détail des grandes arcatures insérées dans le courant du XIIe siècle en partie basse de l'élévation occidentale de la grande salle.

23. Nicolas Poictevin, *Plan géométral du chasteau d'Angers ave la veue au dessus 1707*, Musée d'Angers, MA III R 349.

24. Mallet 1991, p. 12.

Plus au nord, un pan de mur épais de 1,25 m conservé dans la partie inférieure du mur pignon ouest du logis royal montre une ancienne élévation intérieure valorisée par un appareil en pierres de taille de tuffeau, contrastant avec le parement extérieur traité en plaquettes de schiste (fig. 3 : H). Le dressage des blocs et le traitement de l'arc d'une grande fenêtre plaident pour une datation de la fin du XIIe siècle ou du début du siècle suivant. Aucun aménagement spécifique ne vient renseigner la fonction de cet édifice construit avec soin, dont on soulignera seulement qu'il se trouvait dans le prolongement des quatre pièces attenant à l'angle de la grande salle.

Enfin, une construction de plan carré fut édifiée dans la cour, une douzaine de mètres au sud de la salle ; les travaux de terrassement des années 1950 en ont fait disparaître toute trace. D'après les plans du XVIIIe siècle, le bâtiment mesurait environ 8 m de côté. À l'intérieur, la pièce présentait un plan octogonal et était surmontée d'une voûte qualifiée de « cheminée octogone » par Nicolas Poictevin dans la légende qu'il donne pour un relevé de 1707 [23]. Ces dispositions présentent toutes les caractéristiques d'une cuisine à plan centré surmontée d'une vaste hotte pyramidale à huit pans, à proximité de laquelle se développera d'ailleurs un pôle culinaire aux XIVe et XVe siècles [24]. Ce type d'équipement, très mal documenté en contexte palatial, rappelle ce qui est mieux connu dans les ensembles monastiques, notamment en Val de Loire. Le choix d'édifier de grandes cuisines ne peut se comprendre que dans un contexte où une cour nombreuse était susceptible de séjourner dans le palais d'Angers, ce qui nous amène à nouveau à tourner le regard vers les Plantagenêts et plaide pour une datation autour de la seconde moitié du XIIe siècle.

LA FORTERESSE DU XIIIe SIÈCLE

Au cours du XIIIe siècle, le château d'Angers prit l'aspect qu'on lui connaît aujourd'hui : celui d'une singulière accumulation de pierres noires, blanches et grises, organisées en une composition spectaculaire, unique même dans tout le paysage monumental français. Cette masse austère et imposante est celle de l'enceinte castrale construite par l'administration royale dans les années 1230. Une forteresse hors normes, par son développement comme par sa massivité, dont émane aujourd'hui encore un sentiment d'invulnérabilité qui ne trouve que bien peu d'équivalent parmi les fortifications médiévales.

L'instrument stratégique de la couronne

Dans le contexte des rivalités territoriales entre Plantagenêts et Capétiens, des travaux de mise en défense de la ville d'Angers paraissent avoir été entrepris vers 1203 par Guillaume des Roches, sénéchal de Philippe Auguste, puis peut-être par Jean sans Terre, qui reprit provisoirement le contrôle d'Angers en 1206. Philippe Auguste fit définitivement revenir Angers dans le giron capétien en 1214, mais la situation n'en resta pas moins instable.

La mort de Louis VIII en novembre 1226 ouvrit une période de contestation du pouvoir royal que tenta de réaffirmer Blanche de Castille, régente au début du règne de Louis IX, encore mineur. Lors du traité de Vendôme signé le 16 mars 1227, le duc de Bretagne Pierre Mauclerc reçut à titre héréditaire la garde de plusieurs villes d'Anjou en attendant la majorité de son gendre. Pourtant, en 1229, il renversa les alliances et prêta hommage au roi d'Angleterre, forçant les Capétiens à réagir. Dès janvier 1230, Louis IX et Blanche de Castille entrèrent dans Angers puis reprirent le contrôle de nombreuses villes des environs. Le jeune roi et sa mère entreprirent immédiatement la construction de l'enceinte urbaine, mais surtout d'une puissante forteresse afin de constituer une place stratégique, aux portes de la Bretagne (fig. 9).

EMMANUEL LITOUX ET DENIS HAYOT

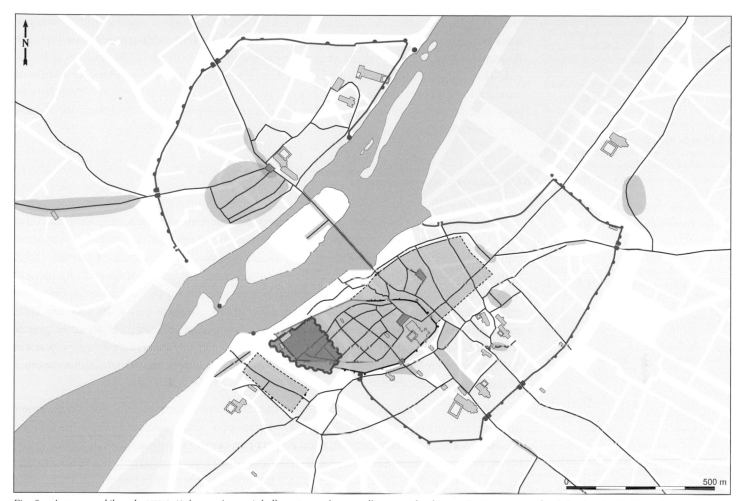

Fig. 9 – Angers au début du XIIIᵉ siècle avec le tracé de l'enceinte urbaine et l'emprise du château (X. Favreau sur fond de plan de M. Pithon).

Par son ampleur extraordinaire, l'enceinte castrale d'Angers constituait pour la couronne capétienne non seulement un formidable symbole de pouvoir, mais aussi un instrument concret et fonctionnel, conçu dans le contexte particulier de la minorité de Louis IX, en réponse à la menace redoutable du duc de Bretagne Pierre de Dreux. Face à ce dernier, la couronne prit le parti d'ériger, en complément d'une vaste enceinte urbaine, une forteresse monumentale capable de protéger tout le Maine et l'Anjou.

En cela, le nouveau château d'Angers témoigne d'un véritable changement de philosophie dans l'activité de fortification menée par la couronne. En effet, plutôt que de recourir à une multitude de points fortifiés répartis sur l'ensemble d'une région, comme le faisait habituellement le pouvoir royal sous Philippe Auguste, les constructeurs semblent avoir fondé la défense de toute la région sur une forteresse unique, conçue comme un verrou infranchissable. En cela, la nouvelle forteresse d'Angers rappelle évidemment le Château-Gaillard de Richard Cœur de Lion, autre fortification d'exception qui, en verrouillant la vallée de la Seine, défendait l'accès à toute la Normandie. À ceci près que, lorsqu'il fit élever sa forteresse, le souverain Plantagenêt avait alors pris soin de renforcer aussi toutes les autres places fortes de la frontière avec l'Île-de-France royale, ce que la couronne ne semble pas avoir fait en Anjou au moment de la construction des fortifications d'Angers.

Plus remarquable encore, le château d'Angers n'a pas été conçu uniquement dans une perspective de défense de la région : il s'inscrit également dans une logique offensive.

25. Litoux 2016. Une étude archéologique de bâti prescrite par le Service régional de l'archéologie est en cours sur le front nord du château. Ces recherches, menées par Caroline Chauveau (Inrap) et Tifenn Marc (Conservation départementale du patrimoine de Maine-et-Loire), permettront à terme de compléter les observations archéologiques sur l'enceinte castrale.

26. Dans un rayon de cinq lieues autour de la ville, les populations soumises à l'impôt furent vraisemblablement réquisitionnées pour participer aux travaux, *via* un système de corvées.

27. Marchegay 1853, p. 160-171 et 245-254.

28. Sur l'histoire du quartier de la cité, voir Comte 1997.

29. Comte 2011 a.

30. Comptes de l'année 1234 de Pierre Baron, bailli de l'Anjou et du Maine, dans *Recueil des historiens des Gaules et de la France*, t. 22, 1865, Paris, p. 576-578.

Dès l'origine en effet, le château fut conçu non seulement comme une forteresse imprenable, mais aussi comme une véritable base de départ pour l'armée royale face à la Bretagne, en particulier lors de la grande campagne militaire de 1234, qui aboutit à la reddition définitive de Pierre de Dreux. Cette logique offensive explique la nature si particulière de la forteresse élevée au XIIIe siècle, dont la compréhension a grandement progressé depuis une décennie grâce aux études archéologiques accompagnant les travaux de restauration [25].

Un chantier exceptionnel

Résultat d'une volonté politique forte, elle-même motivée par un besoin stratégique urgent, le chantier de l'enceinte castrale d'Angers semble avoir été extraordinaire à plus d'un titre. L'un des aspects les plus frappants est la rapidité extrême avec laquelle il fut lancé, puisque, seulement un mois après la prise de la ville par l'armée royale en janvier 1230, l'impôt de la quinte d'Angers fut instauré sur ordonnance royale afin de financer les travaux de mise en défense de la ville [26]. Sans doute la construction du château réclama-t-elle une conception un peu plus longue en amont du chantier, de sorte qu'un délai de quelques semaines ou mois supplémentaires avant le lancement effectif du chantier paraît vraisemblable. En tout cas, en 1232, ce chantier était lancé depuis un certain temps, car des établissements religieux avaient alors déjà été dédommagés des destructions rendues nécessaires par le projet [27].

Surtout, la construction de l'enceinte castrale était synonyme d'un bouleversement urbanistique majeur, car elle nécessita la destruction non seulement d'une section de l'enceinte urbaine du Bas-Empire, mais aussi et surtout de près d'un quart de la surface de la cité, le noyau historique de l'agglomération angevine [28]. En comptant l'emprise des fossés, ce sont en effet près de 20 000 m² de surface urbaine densément occupée qui furent sacrifiés à l'érection de la forteresse : des rues entières et des dizaines de maisons furent réduites à néant. On procéda même à la destruction de deux églises, probablement Saint-Sauveur et Saint-Evroult, et au déplacement du chapitre de la collégiale Saint-Laud, qui gênait trop les travaux et l'utilisation future de la forteresse [29]. L'opération fut donc d'une ampleur extraordinaire, et ne trouve que bien peu de points de comparaison dans le reste du royaume. La plupart du temps en effet, lorsqu'un nouveau château est créé à la périphérie d'une ville existante, il est établi en fort débordement vers l'extérieur de l'enceinte urbaine, de sorte qu'il n'empiète pas ou très peu sur le tissu urbain situé à l'intérieur : l'exemple le plus célèbre est celui du Louvre de Philippe Auguste. Mais, à Angers, les constructeurs ne purent reprendre le principe d'une forteresse extériorisée par rapport à la ville tout simplement parce que la topographie ne le permettait pas, le vallon de l'Esvière interdisant en effet de décaler davantage la forteresse vers le sud-ouest.

Un autre aspect étonnant du chantier est l'importance des prérogatives qui semblent avoir été conférées aux agents administratifs de la couronne, dont quelques-uns nous sont connus : dans le compte des bailliages de 1234, c'est à un certain P. (Pierre ?) et à Thomas Piegris que furent confiées les sommes colossales allouées au chantier [30]. Dans l'enquête de 1247, qui enregistre des plaintes relatives à la construction du château dans les années 1230, ce sont Guiard de Lovres et un certain « Pierre dit prévôt » – peut-être identifiable avec le « P. » de 1234 – qui sont mis en cause dans différentes affaires en lien avec le chantier [31]. Ces hommes semblent donc avoir été les principaux responsables chargés d'assurer la bonne marche de la construction. Or, la volonté politique sous-tendant le chantier paraît avoir été telle que leurs prérogatives furent particulièrement

EMMANUEL LITOUX ET DENIS HAYOT

étendues. Sans doute ces agents royaux eurent-ils d'abord à diriger les expropriations des particuliers ou des établissements religieux installés sur le site du nouveau château, ainsi que les dédommagements accordés dans la foulée. Surtout, ils durent gérer l'approvisionnement du chantier en matériaux, par voies normales comme par voies extraordinaires. En témoignent notamment des marchés passés avec des carriers et marchands de la région de Durtal, connus par l'enquête de 1247. Les officiers royaux purent aussi se procurer des matériaux en procédant à des confiscations : ainsi savons-nous qu'ils effectuèrent des prélèvements massifs de bois dans les domaines de certains établissements religieux, la couronne accordant en retour des compensations, et surtout qu'ils allèrent jusqu'à confisquer les matériaux du chantier de la cathédrale [32], ce pour quoi l'évêque et le chapitre furent dédommagés dès 1232. Enfin, sans doute les agents royaux durent-ils également gérer la récupération des matériaux issus des bâtiments détruits. Ces différentes modalités d'actions – et particulièrement les confiscations de matériaux – illustrent non seulement l'urgence de la construction, mais surtout les droits et les moyens de pression sans limites dont jouissaient les constructeurs royaux, qui allèrent d'ailleurs – si l'on en croit toujours l'enquête de 1247 – jusqu'à faire emprisonner un homme pendant deux cents jours en raison d'un différend sur le paiement d'un lot de bois destiné à alimenter un four à chaux.

Ces agents royaux déterminés se virent confier par la couronne un budget véritablement hors normes. Le compte des bailliages et prévôtés de 1234 enregistre en effet 4 422 livres de dépenses pour le chantier du château, plus 600 livres sans doute destinées au chantier de l'enceinte urbaine. Déjà énormes pour une année complète, ces sommes sont encore plus impressionnantes si l'on admet, à la suite de Lazlo Gálffy, que le compte en question ne documente qu'un semestre [33]. Quoi qu'il en soit, ces sommes témoignent d'un financement démesuré, car il faut évidemment imaginer que des investissements du même ordre furent répétés sur plusieurs années. Ces dépenses colossales n'ont toutefois pas de quoi surprendre lorsqu'on observe la nature des ouvrages construits. En effet, la comparaison de ces derniers avec les indications figurant dans les fameux mémoires de construction rédigés un quart de siècle plus tôt par l'administration de Philippe Auguste permet d'estimer grossièrement le coût de l'édification de l'enceinte castrale d'Angers, qui peut être évalué – *a minima* – à environ 20 000 ou 25 000 livres, à quoi il conviendrait d'ajouter le coût des expropriations et autres dédommagements accordés pour la libération du terrain. Or, nous savons par les mémoires de construction de Philippe Auguste que le coût de construction d'une forteresse royale de taille moyenne – dans l'esprit du château de Dourdan – tournait autour de 2 000 à 2 500 livres, sans compter la tour maîtresse. De sorte qu'il est possible d'estimer que le budget de construction de l'enceinte castrale d'Angers aurait à lui seul permis de construire près d'une dizaine de forteresses royales moyennes.

Enfin, le chantier du château d'Angers fut sans doute remarquable également par sa rapidité, car tout indique que, malgré son ampleur extraordinaire, il fut mené à bien très rapidement. En effet, même dans le cas où le compte de 1234 – et ses 4 422 livres de dépenses – correspondrait à une année entière et non à un semestre, et à supposer que le même rythme de financement ait été maintenu sur la durée, il n'aurait fallu guère plus de cinq ans pour ériger la forteresse entière, en supposant un coût total de l'ordre de 25 000 livres ; et encore moins dans le cas où le compte ne correspondrait qu'à un semestre. Bien sûr, ces évaluations grossières ne fournissent qu'un ordre de grandeur, car on ne peut pas assurer que le rythme et le coût de construction aient été constants sur toute la durée du chantier. Dans tous les cas, il ne fait aucun doute que l'ensemble de l'enceinte fut élevé en quelques années seulement [34].

31. *Querimoniae cenomannorum et Andegavorum, anno 1247* [plaintes du Mans et d'Angers, 1247], *Recueil des Historiens des Gaules et de la France*, t. 24, 1865, p. 73-84.

32. Comte 2011 a.

33. Gálffy 2013, p. 74-75.

34. Si l'historiographie locale a longtemps prétendu le contraire, ce n'est qu'en raison des quittances de dédommagement les plus tardives, accordées en 1257 et en 1262, qui furent perçues comme contemporaines de l'achèvement du chantier alors qu'elles ne constituaient à l'évidence que des arrangements très tardifs et largement postérieurs à la fin du chantier, comme souvent dans ce type d'affaires.

Un programme hors normes, pour une fonction particulière

Malgré le dérasement opéré au cours de l'époque moderne, qui fut d'ailleurs moins important qu'on ne l'a cru, le résultat de ce chantier hors normes apparaît encore aujourd'hui : une enceinte fortifiée extraordinairement massive et développée s'adossant à la rivière, flanquée par dix-sept tours comptant parmi les plus fortes de l'époque. Si bien que, au moment de son achèvement, l'édifice ne devint rien de moins que la plus puissante forteresse du royaume, avec le formidable château de Coucy dont la construction battait sans doute encore son plein. Surtout, le nouvel édifice s'impose par l'originalité de son programme, qui est celui d'une forteresse classique associée à un centre urbain, mais dont la nouveauté réside dans le développement inusité de l'enceinte et dans la destination même de ce grand espace clos de murs et apparemment inutile.

Reprenant le site du palais préexistant, la nouvelle forteresse s'adosse, à l'ouest, à la falaise qui domine la Maine, alors que ses autres faces ne sont que faiblement défendues par la topographie : seule la face sud était précédée par un vallon, tandis que la face nord restait de plain-pied avec la Cité. Ces conditions topographiques particulières ont déterminé les qualités défensives de l'enceinte du XIIIᵉ siècle : quasiment inexistante sur le front ouest, naturellement défendu par la falaise, elle est au contraire très puissamment fortifiée sur ses trois autres faces, qui dessinent un vaste pentagone irrégulier d'environ 220 m par 145 m dans ses plus grands axes, pour un développement de 430 m, sans compter la face ouest ; l'irrégularité du plan sur le front sud a probablement été déterminée par la présence du vallon de l'Esvière (fig. 10). Ainsi implanté, le château se trouvait à cheval sur le tracé de l'enceinte urbaine, en contact direct avec la campagne ; et comme bon nombre de forteresses royales contemporaines, il dispose de deux portes principales : l'une tournée vers la ville (porte de Ville), l'autre vers la campagne (porte des Champs), de façon que le château puisse jouer le rôle d'une véritable porte hypertrophiée sur l'enceinte urbaine, offrant ainsi au pouvoir royal un contrôle total sur la ville, à l'instar du Louvre de Philippe Auguste ou de nombreuses autres forteresses contemporaines, royales ou non.

Extraordinaire par son développement, cette enceinte l'est plus encore par l'importance de ses défenses, puisqu'elle est renforcée sur tout son périmètre par treize tours de flanquement régulièrement disposées, auxquelles s'ajoutent les deux porteries à deux tours, portant le total à dix-sept. Mais plus encore que par leur nombre, ces tours étonnent par leur fréquence, puisqu'elles ne sont espacées que par un intervalle moyen d'environ 14,5 m – hormis pour les deux courtines qui encadrent la porte des Champs –, soit une distance à peine supérieure au diamètre des tours ! De sorte que, vers l'extérieur, la surface en développé des tours est largement supérieure à celle des courtines. Ce choix d'un flanquement très serré contribue évidemment pour beaucoup à l'exceptionnelle puissance se dégageant de l'édifice, et à sa valeur défensive effective puisque les postes de défense se trouvent ainsi multipliés.

Bien sûr, le principe d'une enceinte quadrangulaire, flanquée de tours à archères et dotée de porteries à deux tours, répond aux normes habituelles de l'architecture fortifiée au milieu du XIIIᵉ siècle dans la sphère capétienne, à ceci près que le développement de cette enceinte, sur 430 m de longueur – et même 590 m en comptant la face ouest – est totalement extraordinaire pour un château neuf de cette époque. Au XIIIᵉ siècle en effet, les forteresses neuves respectent presque toujours un principe de compacité, de façon à mieux concentrer les capacités défensives. En l'absence de contrainte particulière, l'idéal est représenté par une enceinte carrée d'environ 60 m de côté, de sorte que l'ensemble du château ne couvre guère plus de 3 500 m² de surface, à comparer aux presque 20 000 m² du château d'Angers. Plus étonnant encore, cette formidable masse de pierres n'a vocation qu'à ceinturer… un espace vide.

EMMANUEL LITOUX ET DENIS HAYOT

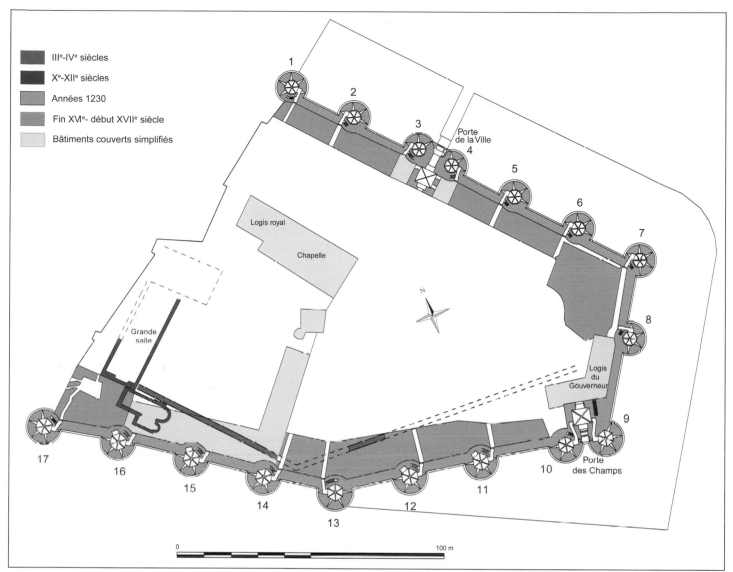

Légende :
- IIIe-IVe siècles
- X^e-XIIe siècles
- Années 1230
- Fin XVIe- début XVIIe siècle
- Bâtiments couverts simplifiés

Fig. 10 – Angers, château, plan d'ensemble de l'enceinte fortifiée du château. Par principe, les archères sont restituées dans leur état du XIIIe siècle (plan D. Hayot).

Comment expliquer alors cet acte délibéré de créer une vaste esplanade vide à l'abri des murailles, malgré l'investissement colossal nécessaire à sa création et les contraintes qu'elle entraînait ? À l'évidence, un tel espace ne pouvait avoir eu pour vocation qu'à constituer une sorte de vaste place d'armes avant la lettre, destinée à accueillir rien de moins que l'ost royal lors de grandes opérations militaires. En somme, la forteresse d'Angers avait vocation à constituer une base de rassemblement militaire, et peut-être tint-elle effectivement ce rôle lors de l'offensive de 1234… alors même que l'enceinte n'était pas forcément achevée. Enfin, le plus remarquable tient peut-être aussi à l'exclusivité de ce rôle militaire, hors duquel l'enceinte fortifiée au moins n'a aucune raison d'être. Bien sûr, la fonction résidentielle n'avait pas totalement disparu, puisque l'enceinte abritait encore en son sein le palais préexistant, mais celui-ci resta totalement indépendant de la nouvelle structure fortifiée. En outre, il semble avoir été délaissé en tant que résidence au cours du XIIIe siècle, au point que, dans les années 1250, Charles d'Anjou édifia une nouvelle grande salle à l'autre extrémité de la ville [35]. Le château d'Angers, ou du moins son enceinte fortifiée, pourrait

35. Biguet et Letellier-d'Espinose 2014.

donc être considéré comme une véritable citadelle moderne avant la lettre, à vocation exclusivement militaire. On doit souligner le caractère extraordinaire d'un tel programme à l'époque de sa construction. Pour lui trouver un équivalent, il faut attendre l'extrême fin du XIIIe siècle et la construction du château de Lille par Philippe le Bel. Cette immense forteresse, encore plus vaste que celle d'Angers, et agissant comme elle en complément d'une vaste cité fortifiée, avait elle aussi pour but de constituer un véritable camp retranché, capable de servir de base de rassemblement à une armée nombreuse.

Des ouvrages d'une importance exceptionnelle

D'une grande simplicité, les courtines n'en sont pas moins remarquables par leur massivité, puisqu'elles atteignent uniformément 2,9 m d'épaisseur sur le front nord, contre 3,4 m en moyenne sur le front sud, sans doute parce que celui-ci était exposé face à la campagne, donc plus vulnérable. De la même façon, la hauteur des courtines du front sud était légèrement plus importante, de sorte que leur chemin de ronde était relié au troisième niveau des tours, et non au deuxième comme sur le front nord. Pour le reste, les courtines des deux fronts sont similaires entre elles : établies sur le socle rocheux, elles sont dotées d'un talus de base maçonné au-dessus duquel l'élévation demeure aveugle, jusqu'au niveau du chemin de ronde. L'ensemble se contente d'un appareil de schiste de format commun contrastant singulièrement avec les tours.

Le sommet des courtines était évidemment occupé par le chemin de ronde, défendu vers l'extérieur par un parapet crénelé dont les arrachements subsistent au contact de la tour du Moulin, et dont certaines courtines du front sud conservent des traces explicites, montrant que les merlons étaient chaînés en pierres de taille de tuffeau et percés d'une archère centrale (fig. 11). Enfin, plusieurs courtines conservent des trous de forte section signalant la présence de bretèches ou, comme près de la porte des Champs, de galeries de hourds, qui s'ajoutaient donc aux défenses maçonnées, disposition rare car, si les hourds étaient fréquents au sommet des tours, ils ne furent qu'exceptionnellement étendus aux courtines.

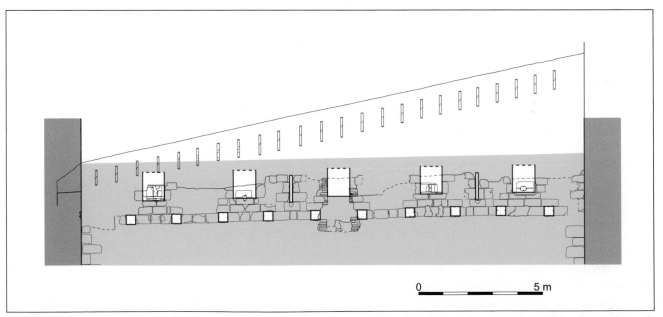

Fig. 11 – Angers, château, front sud, courtine entre les tours 10 et 11, proposition de restitution du parapet crénelé du chemin de ronde primitif à partir des éléments encore en place (relevé et dessin E. Litoux).

EMMANUEL LITOUX ET DENIS HAYOT

Fig. 12 – Angers, château, front sud, les tours 14, 15, 16 et 17. Outre l'élévation caractéristique à chaînages de grès ou de calcaire, remarquer les bases conservées du troisième niveau d'archères.

Plus encore que les courtines, les tours de flanquement sont remarquables, autant par leurs dimensions faisant de chacune d'elles l'égal d'une petite tour maîtresse philippienne que par leur qualité de construction. Mais le plus surprenant réside peut-être dans la très grande homogénéité de ces tours, qui sont – à quelques détails près – traitées de la même façon sur chacun des deux fronts de l'enceinte. En revanche, malgré la grande cohérence de l'ensemble, il existe des différences sensibles entre les tours du front sud et celles du front nord. D'abord, si toutes les tours adoptent un plan entièrement circulaire et légèrement débordant vers l'intérieur de l'enceinte, ce qui favorise d'autant plus l'assimilation à une série de tours-maîtresses, celles du front sud sont un peu plus importantes que celles du front nord : leur diamètre varie entre 12,05 et 13,2 m, alors que celui des tours du front nord est compris entre 11,20 et 11,40 m ; au premier niveau, l'épaisseur des murs varie partout entre 3,3 et 3,55 m.

Toutes les tours ont un talus de base tronconique. Celles du sud comptent trois niveaux d'archères disposées en quinconce de façon très régulière, auxquels s'ajoutait le niveau sommital disparu, certainement coiffé d'une toiture (fig. 12). Sur le front nord, les tours étaient sans doute un peu plus réduites en hauteur, car l'existence d'un troisième niveau d'archères avant le niveau sommital crénelé n'est pas certaine, hormis pour la tour du

Moulin, dont les représentations anciennes montrent qu'elle fut toujours légèrement plus élevée que les autres – peut-être pour constituer une vigie surveillant le cours de la Maine – et qui est aujourd'hui la seule conservée sur toute son élévation (fig. 13).

L'aspect le plus marquant de ces tours réside dans l'élévation extérieure, caractérisée partout par un jeu d'alternance entre un appareil de schiste noir et de chaînages de grès ou de calcaire jaune [36]. Mais, là encore, une distinction nette existe entre les tours du front nord et celles du front sud, où les chaînages sont plus épais et plus denses. Sur le front sud d'ailleurs, la répartition des chaînages n'est pas identique partout, les tours fonctionnant en

Fig. 13 – Angers, château. À l'angle nord-ouest de l'enceinte, la tour du Moulin (tour 1) est la seule à ne pas avoir été dérasée au niveau des courtines.

Emmanuel Litoux et Denis Hayot

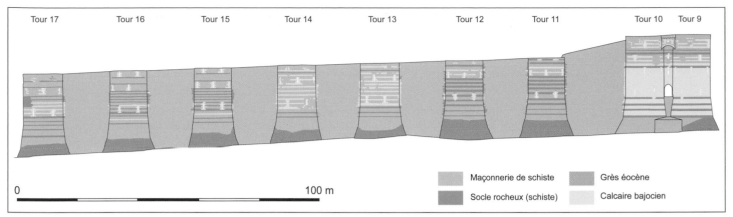

0   100 m

Maçonnerie de schiste   Grès éocène

Socle rocheux (schiste)   Calcaire bajocien

Fig. 14 – Angers, château, élévation du front sud de l'enceinte avec répartition des natures de roches employées pour la construction (relevé G. Mester de Parajd ACMH, dessin M. Yacger).

général par petits groupes : dans l'élévation des tours 11 et 12, on remarque l'importance donnée aux assises de grès qui, doublées pour former de puissants chaînages horizontaux, l'emportent presque sur le schiste ; dans celle des tours 13 et 14, les chaînages, moins denses, ne sont plus constitués que par une assise isolée réalisée généralement en calcaire jaune ; dans celle des tours 15, 16 et 17, seule la partie inférieure de l'élévation bénéficie de chaînages resserrés, composés généralement d'une seule assise, tandis qu'aux deuxième et troisième niveaux les chaînages sont isolés au milieu de vastes zones de schiste (fig. 14) [37]. On observe donc globalement une diminution de la proportion des pierres de taille de grès et de calcaire à mesure que l'on progresse vers l'ouest et que l'on monte dans l'élévation des dernières tours. Sur le front nord au contraire, l'élévation des tours est plus homogène, mais l'appareil de schiste est beaucoup plus présent, et seulement interrompu de loin en loin – mais à intervalle très régulier, correspondant à la hauteur d'une fente d'archère – par une épaisse assise de calcaire (fig. 15). Par rapport au front sud, la tendance est donc à l'économie du

Fig. 15 – Angers, château, vue aérienne depuis le nord-est, montrant les tours du front nord, caractérisées par leur élévation à bandeaux de calcaire espacés.

37. La tour 17, surveillant le fleuve, se distingue par l'existence d'un grand aplat réalisé entièrement en grès, mais sur une petite partie de l'élévation seulement.

grès et du calcaire, qui provenaient de carrières distantes de quelques dizaines de kilomètres, au profit du schiste, directement disponible sur place.

Partout cependant, l'appareil utilisé est remarquable par son format, inconnu en Anjou avant la fin du XVe siècle, exception faite de la nef de la cathédrale. Ainsi, les assises de calcaire peuvent dépasser par endroits 50 cm de hauteur, en particulier sur le front nord. Malgré sa simplicité apparente, l'appareil de schiste n'est pas en reste, car les constructeurs ont eu recours à des dalles de schiste particulièrement massives, dont les gabarits détonnent complètement avec la mise en œuvre régionale traditionnelle : taillées sur champ, les dalles dépassent très souvent un mètre de longueur et peuvent atteindre jusqu'à deux mètres. En outre, elles épousent la rotondité du volume cylindrique des tours, ce qui est très rare pour des éléments qui ne sont pas à proprement parler des pierres de taille. Des blocs d'un gabarit et d'un poids aussi importants exigeaient évidemment une logistique particulière, avec recours à des engins de levage. En outre, plusieurs tours du front sud au moins conservent des trous de boulins dont la disposition témoigne d'une rampe d'échafaudage hélicoïdale, dispositif habituellement réservé aux tours maîtresses mais qu'on pouvait se permettre d'utiliser ici en raison du fort diamètre des tours.

À l'intérieur, les tours se caractérisent par une forte standardisation, doublée d'une grande qualité de construction et de conception. Au-dessus de la base pleine, le premier niveau prend la forme d'une salle hexagonale couverte d'une haute voûte d'ogives, tandis que les niveaux suivants se contentent d'un plan circulaire et de simples planchers (fig. 16). En outre, alors que le premier niveau est accessible directement depuis la cour par un passage droit, les étages sont desservis par des escaliers rampants, soigneusement disposés dans l'épaisseur du mur de gorge de façon à ne pas constituer une faiblesse vers l'extérieur – ce qui a obligé à décentrer le passage d'entrée du premier niveau, sur lequel vient se greffer le

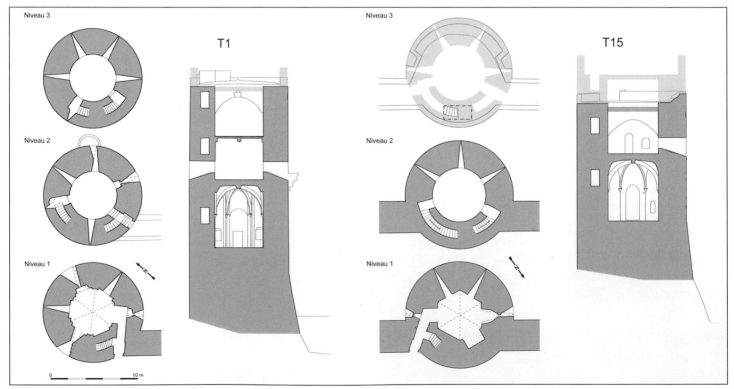

Fig. 16 – Angers, château, coupes et plans des différents niveaux de la tour 15 et de la tour du Moulin. On remarque le passage d'une salle polygonale au premier niveau à une salle circulaire dans les étages (relevé G. Mester de Parajd ACMH, dessin E. Litoux).

EMMANUEL LITOUX ET DENIS HAYOT

Fig. 17 – Angers, château. Au premier niveau de la tour 14, sur le front sud de l'enceinte, grand appareil régulier caractérisé par des assises pouvant atteindre jusqu'à 55 cm de hauteur.

Fig. 18 – Angers, château. À l'intérieur de la tour 11, sur le front sud de l'enceinte, la salle polygonale du premier niveau, couverte d'une voûte d'ogives à six nervures.

Fig. 19 – Angers, château. À l'intérieur de la tour 7, sur le front nord de l'enceinte, la salle du premier niveau, caractérisée par l'existence de légers retraits sur chaque face du polygone.

premier escalier. La salle hexagonale voûtée du premier niveau bénéficie d'une qualité de construction exceptionnelle, particulièrement sur le front sud où toute l'élévation est réalisée en grand appareil régulier de tuffeau et dont les assises peuvent atteindre jusqu'à 55 cm de hauteur (fig. 17). La voûte d'ogives couvrant l'ensemble bénéficie de voûtains bien appareillés, et ses six nervures chanfreinées retombent sur des consoles polygonales concaves, surmontées d'un tailloir polygonal mouluré (fig. 18). Dans les tours du nord, où les salles sont un peu plus étroites, le traitement du premier niveau est légèrement différent : si la voûte d'ogives est similaire, la surface murale se contente d'un appareil de moellons de schiste – seuls les éléments structurants sont réalisés en pierres de taille de tuffeau –, et chaque face de la salle hexagonale est creusée d'une arcature peu profonde, dont l'arc supérieur constitue une sorte de formeret pour la voûte (fig. 19). En comparaison, les salles des niveaux supérieurs paraissent plus communes : simplement circulaires, elles sont généralement dotées d'un appareil de plaquettes de schiste, hormis à l'intérieur des tours 11, 12 et 13 sur le front sud, qui bénéficient toujours d'un appareil régulier en calcaire. L'étude archéologique des tours du front sud a toutefois permis de montrer que, dans la tour 17 au moins, l'appareil de schiste était couvert d'un enduit à décor de faux appareil, assez commun à cette époque.

Quant aux archères, elles adoptent partout un aspect similaire : celui d'un ébrasement simple, couvert de linteaux et de dalles, soulagés vers l'intérieur par des coussinets convexes, ainsi que par un arc de décharge légèrement brisé. En fonction des tours et des niveaux concernés, d'importantes variations apparaissent dans les techniques et matériaux employés, les archères les mieux exécutées étant celles du premier niveau des tours du front sud (fig. 20). Enfin et surtout, alors que les archères des niveaux supérieurs se contentent d'une fente simple,

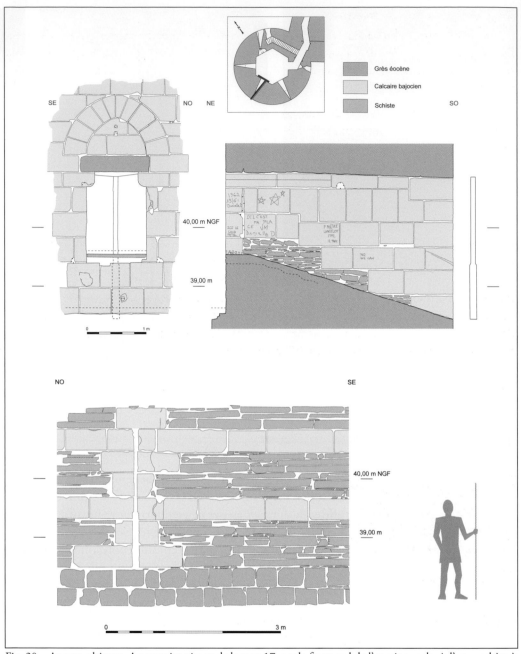

Fig. 20 – Angers, château. Au premier niveau de la tour 17, sur le front sud de l'enceinte, relevé d'une archère à ébrasement simple, avec coussinets convexes et arc de décharge brisé (relevé et dessin E. Litoux).

celles du premier niveau se distinguent par une fente à élargissement en rame, dispositif destiné à favoriser le tir en plongée qui n'est plus que rarement conservé aujourd'hui en raison des modifications modernes (fig. 21). L'élargissement de la partie inférieure de la fente reste d'ailleurs très modeste par rapport aux normes habituelles concernant les archères en rame.

Enfin, les dispositions primitives du niveau sommital ne sont nulle part conservées, mais tout indique qu'il devait être fermé par un mur crénelé et probablement percé d'archères dans les merlons, mur qui semble encore figurer sur certaines représentations du XVIIIᵉ siècle [38]. Enfin, l'ensemble était évidemment couvert d'une toiture dès l'origine, nécessaire à la protection des planchers des niveaux supérieurs.

38. « Le chasteau ruineux d'Angers », dessin aquarellé par Jean Ballain, extrait de *Annales et antiquités de l'Anjou*, 1716, Angers, Bibl. mun., ms. 991/867, p. 269 ; AN, N III, Maine-et-Loire, 21/1, document antérieur à 1787.

EMMANUEL LITOUX ET DENIS HAYOT

Un ouvrage-maître, la porte des Champs

Faute de tour maîtresse, la porte des Champs peut être considérée sans conteste comme l'ouvrage-maître du château, non seulement car elle est plus haute et plus volumineuse que tous les autres ouvrages de l'enceinte, mais aussi parce qu'elle bénéficie à l'extérieur d'un traitement qui la distingue du reste de la fortification (fig. 22).

Implantée à l'angle sud-est de l'enceinte, probablement dans l'axe d'une ancienne porte de l'enceinte antique, cette porterie s'organise autour d'un passage d'entrée encadré par deux tours circulaires, et prolongé vers l'intérieur de l'enceinte par un important arrière-corps quadrangulaire, plus étroit que les deux tours de façade et attenant à la courtine orientale (fig. 23).

Le passage d'entrée, qui compte parmi les plus aboutis de son époque, est constitué par deux parties distinctes : la partie externe, située entre les deux tours et couverte d'une succession d'arcs brisés, concentrait tous les éléments défensifs ; la partie interne, plus large et coiffée d'une belle voûte d'ogives dont la clef est ornée d'une rose feuillagée, se poursuit à travers l'arrière-corps quadrangulaire adossé. Les défenses de la partie externe prenaient la forme de deux herses successives – dont subsistent les rainures – séparées d'un intervalle de moins de deux mètres défendu par un large assommoir. L'ensemble était suivi par une paire de vantaux et défendu par deux couples d'archères desservies depuis les tours (fig. 24). La herse la plus avancée est exceptionnellement conservée, mais elle n'appartient pas à la construction primitive, une analyse dendrochronologique ayant permis de l'attribuer aux années 1373-1384 [39]. Enfin, rien ne laisse supposer l'existence d'un pont-levis dans l'état du

Fig. 21 – Angers, château, fentes d'archères avec élargissement en rame sur l'élévation des tours de l'enceinte.

Fig. 22 – Angers, château, vue de la porte des Champs à l'angle sud-est de l'enceinte. Outre le superbe appareil de calcaire des deux premiers niveaux, remarquer l'alternance de bandeaux de calcaire et de grès qui caractérise la base talutée des deux tours.

39. Hunot 2013.

XIIIe siècle : la profonde feuillure visible à l'extérieur a manifestement été décaissée après-coup dans les maçonneries préexistantes et n'appartient donc pas à la construction primitive ; elle correspond probablement à la mise en place d'un pont-levis au cours des XIVe-XVe siècles.

En dessous du passage d'entrée principal, entre la base talutée des deux tours, sont encore visibles les restes d'une poterne obturée, qui appartient bien à la construction primitive du XIIIe siècle, époque à laquelle ce genre de dispositif est d'ailleurs relativement courant : des exemples en témoignent à Coucy, à Boulogne, à Montaiguillon, à Péronne, à Loches... Avant le surcreusement des fossés, cette poterne ne devait être que légèrement surélevée par rapport au fond du fossé. En outre, il n'existe aucune raison d'imaginer un lien avec une hypothétique barbacane, dont l'existence n'est pas attestée avant le milieu du XVe siècle :

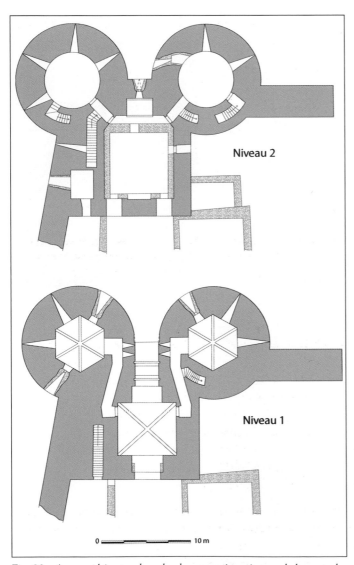

Fig. 23 – Angers, château, plans des deux premiers niveaux de la porte des Champs (relevé et dessin D. Hayot).

Fig. 24 – Angers, château, partie externe du passage viaire de la porte des Champs. Remarquer les rainures des deux herses successives, séparées par un assommoir, la première étant encore occupée par une herse de la fin du XIVe siècle.

EMMANUEL LITOUX ET DENIS HAYOT

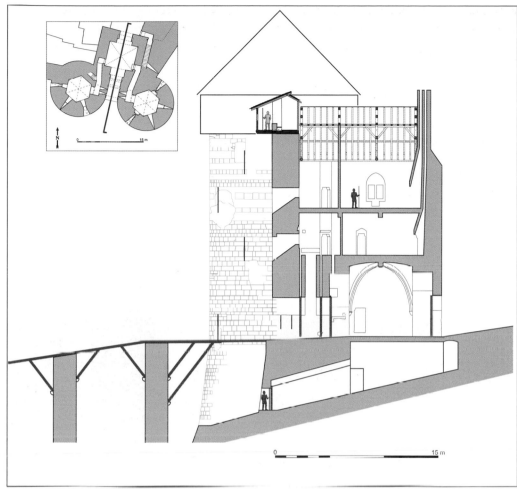

Fig. 25 – Angers, château, coupe longitudinale de la porte des Champs dans l'axe du couloir d'entrée, restituée dans son état du XIIIᵉ siècle, avec le passage vers la poterne inférieure, aujourd'hui en partie obstrué (relevé et dessin E. Litoux).

au XIIIᵉ siècle, la poterne n'avait d'autre but que de fournir un accès au fond du fossé. Elle était desservie par un passage souterrain, lequel se composait lui aussi – tout comme le passage supérieur – d'une partie externe étroite, aujourd'hui comblée, et d'une partie interne beaucoup plus large, composée essentiellement d'un grand volume de plan carré, sans doute couvert d'un simple plancher à l'origine, et prolongé par un passage plus étroit, traversant les substructions de la façade sur cour de l'arrière-corps de la porterie (fig. 25). Il devait donc exister, au revers de la porterie, une sorte de fosse accueillant le débouché de cette poterne inférieure. Cette fosse devait être elle aussi couverte d'un plancher, peut être démontable pour constituer une défense supplémentaire au revers de la porte.

Les deux tours flanquant la porterie présentent des dispositions globalement similaires à celles des tours du front sud, à ceci près qu'elles étaient encore plus élevées en raison de la présence d'un quatrième niveau d'archères avant le niveau sommital crénelé. Mais surtout, c'est l'apparence de ces tours qui fait de la porte des Champs un ouvrage privilégié, car l'essentiel de leur élévation – de même que celle du corps intermédiaire qui les relie – est réalisé en bel appareil régulier de calcaire jaune, et non en schiste. Seules les parties supérieures correspondant aux derniers niveaux à archères reprennent l'alternance habituelle entre bandeaux de schiste et chaînages de calcaire ou de grès (voir fig. 22). En outre, le talus de base des deux tours se distingue par un traitement unique dans tout le château, puisqu'il présente une alternance entre bandeaux de grès et bandeaux de calcaire jaune (voir fig. 22). Comme dans les autres tours enfin, plusieurs séries de trous de boulins superposés correspondent à des rampes d'échafaudages hélicoïdales.

À l'intérieur, la porterie dispose d'un réseau de communications plus complexe que les autres tours : au premier niveau, chaque tour est accessible depuis le passage viaire central par un long couloir parallèle à ce dernier ; au deuxième comme au troisième niveau, les salles des deux tours étaient reliées à l'étage correspondant de l'arrière-corps par deux passages obliques aboutissant dans les angles de ce dernier. Les communications verticales étaient assurées, dans la tour 10, par trois escaliers rampants superposés, tous ménagés dans l'épaisseur de la face interne de la tour. Il en va quasiment de même dans la tour 9, à ceci près que l'on fit l'économie de l'escalier inférieur, cette absence étant compensée par un grand escalier droit ménagé dans la face latérale orientale de l'arrière-corps et constituant certainement l'accès principal, directement depuis la cour, à l'étage de la porterie, lequel

Fig. 26 – Angers, château. Au premier niveau de la tour orientale de la porte des Champs (tour 9), archères jumelées ménagées dans la niche formant l'extrémité du couloir d'accès.

abritait le dispositif de manœuvre des herses. L'étroit réduit qui abritait ce dernier – de même que son *alter ego* à l'étage supérieur – est aujourd'hui isolé de l'étage de l'arrière-corps par un mur de refend postérieur à la construction, mais l'ensemble formait à l'origine un espace unifié.

Quant aux dispositions intérieures des tours, elles sont très similaires à celles des autres tours du front sud, avec premier niveau hexagonal voûté d'ogives et niveaux supérieurs circulaires planchéiés. La particularité la plus notable est l'existence, à l'extrémité des deux longs couloirs desservant le premier niveau, d'une grande niche couverte en berceau, ouvrant largement sur la salle et desservant les deux archères surveillant le passage d'entrée (fig. 26). Parmi les autres distinctions, notons également la qualité supérieure du décor sculpté de certains culots aux retombées des voûtes (fig. 27).

Établie dans le front nord de l'enceinte, la porte de Ville constitue une sorte de sœur jumelle souffreteuse de la porte des Champs. Légèrement moins grande que cette dernière, elle est aussi moins bien exécutée et moins bien conservée aujourd'hui. Outre le fait que la poterie ne se trouve pas à un angle de l'enceinte, la différence la plus flagrante tient à l'élévation des tours, qui se contente de reprendre celle commune à toutes les tours du front nord, avec forte dominante de l'appareil de schiste. Les deux tours reprennent également les dispositions intérieures spécifiques aux tours du front nord, avec arcatures peu profondes au premier niveau. Enfin, si le passage viaire est presque strictement identique à celui de la porte des Champs, il se singularise toutefois par l'absence tant des deux couples d'archères que des longs couloirs desservant ces derniers dans l'autre poterie.

Fig. 27 – Angers, château. Au premier niveau de la tour occidentale de la porte des Champs (tour 10), culot sculpté à la retombée de la voûte d'ogives.

Les marques de l'avancement du chantier

Malgré l'homogénéité globale qui caractérise la construction, l'analyse archéologique du monument actuel a permis de révéler le mode de progression et de fonctionnement du chantier. Sous cet aspect, le constat le plus évident se trouve dans la distinction existant entre le front sud et le front nord de l'enceinte, que nous avons relevée tout au long de la description précédente. Sans entrer dans le détail de ces différences, rappelons ici que les tours du front nord sont légèrement plus faibles que celles du front sud, sans doute un peu moins élevées et peut-être privées d'un troisième niveau d'archères, et enfin qu'elles bénéficient d'une répartition de matériaux plus économique, marquée à la fois par la dominance du schiste au détriment des chaînages de grès ou de calcaire et par l'absence du grand appareil régulier calcaire à l'intérieur. Cette nouvelle orientation de la construction, marquée par une – toute relative – tendance à l'économie, laisse penser que le lancement du front sud fut antérieur à celui du front nord, qui trahirait donc une inflexion du parti en cours de chantier. Cette chronologie semble confirmée par l'examen de la courtine 8-9, où la rencontre entre les maçonneries du front sud et celles du front nord montre la postériorité de ce dernier – ou du moins de son lancement. Les constructeurs paraissent donc avoir logiquement donné la priorité à la construction du front sud de l'enceinte, directement exposé à une attaque extérieure et par conséquent essentiel à la défense de la cité.

La longueur inhabituelle des courtines qui encadrent la porte des Champs doit-elle être considérée comme le témoignage d'un tout premier projet, dans lequel les constructeurs prévoyaient de respecter un intervalle un peu plus important entre les tours ? C'est une possibilité qui doit être envisagée, mais, dans ce cas, il faudrait penser que le projet fut très rapidement abandonné. En tout cas, l'analyse archéologique a permis d'identifier clairement deux grandes étapes dans la construction du front sud, cela en s'appuyant sur les caractéristiques architecturales, matérielles et techniques de chaque ouvrage, ainsi que sur

40. Pour une présentation de l'ensemble des observations sur les appareils de maçonnerie et les mortiers, voir les contributions de Daniel Prigent dans Litoux 2016, en particulier p. 197-264.

l'étude granulométrique des mortiers (fig. 28) [40]. Lors de la première grande étape, l'enceinte fut d'abord construite jusqu'à la hauteur du deuxième niveau des tours inclus, apparemment en divisant l'ensemble en cinq lots distincts comprenant chacun deux tours, hormis pour le dernier qui se limitait à la tour 17. Si la construction de ces différents lots fut sans doute globalement simultanée, on peut penser que la porte des Champs fut le premier ouvrage à avoir été lancé, et que la construction progressa ensuite d'est en ouest. Lors de la seconde étape de construction furent élevés le sommet des courtines et la partie supérieure des tours de flanquement. Cette fois, la construction semble avoir été réalisée en deux lots seulement, le premier comprenant les parties hautes de la porte des Champs et des tours 11 à 14, et le second celles des tours 15 à 17. Enfin, la répartition des sables utilisés pour les mortiers laisse penser que, dans chaque grande étape, l'avancement fut globalement simultané, même si un léger décalage entre le lancement de chaque lot est probable.

Quant à la construction du front nord de l'enceinte, elle pourrait s'avérer au moins en partie contemporaine de l'achèvement du front sud, car les tours présentent une répartition des matériaux identique à celle des parties supérieures des tours 15 à 17, sans doute les dernières achevées sur le front sud. Faut-il en déduire que les constructeurs auraient attendu le quasi-achèvement du front sud pour lancer la construction du front nord? À vrai dire, on ne saurait fonder l'ensemble de la relation chronologique entre les deux fronts sur ce seul indice, car la plus faible densité des chaînages sur le front nord pourrait aussi bien résulter d'un parti pris économique indépendant de la chronologie du front sud. Rien n'interdirait donc d'imaginer que la construction du front nord a débuté alors que le front sud était encore loin d'être achevé.

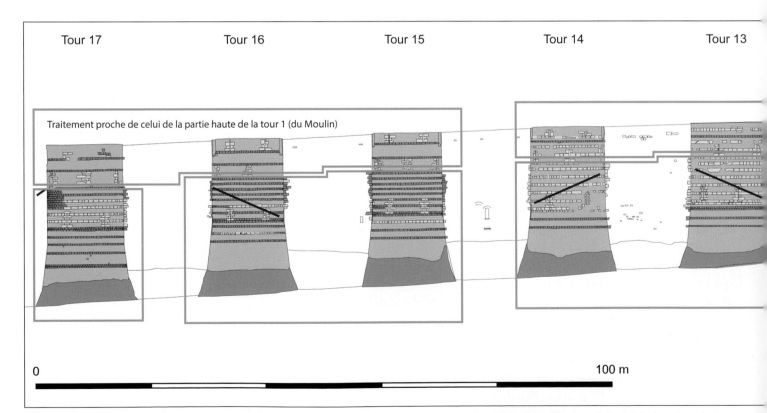

Fig. 28 – Angers, château, élévation du front sud de l'enceinte montrant la répartition des ensembles de maçonneries présentant des caractéristiques homogènes (dispositions architecturales, choix des matériaux, techniques de mise en œuvre…) [relevé G. Mester de Parajd ACMH, dessin M. Yacger].

EMMANUEL LITOUX ET DENIS HAYOT

À travers ces différentes campagnes de construction, l'économie du chantier transparaît assez clairement. Au début du chantier, les constructeurs semblent avoir pris le parti d'un investissement massif, autorisant la construction d'ouvrages particulièrement coûteux et admirablement réalisés, dont la superbe porte des Champs, qui fut probablement le premier ouvrage à être lancé et qui se distingue de tous les autres par l'emploi d'un appareil régulier sur une grande partie de l'élévation. Petit à petit toutefois, à mesure que progressa le chantier du front sud, les constructeurs – sans nullement changer le parti d'ensemble – semblent s'être dirigés vers des solutions un peu plus économiques en matériaux, et tout particulièrement en appareil régulier en calcaire et en grès : l'élévation toute en pierres de taille de la porte des Champs fut immédiatement abandonnée, au profit de simples chaînages alternant avec du schiste, un principe qui fut étendu aux parties hautes de la porte des Champs au cours de la seconde campagne de construction du front sud. Au cours de cette dernière d'ailleurs, la densité des chaînages diminua très sensiblement dans les parties hautes des tours les plus occidentales, les dernières achevées. Le principe de chaînages espacés aurait enfin été repris dans la campagne du front nord.

À première vue, l'apparition progressive d'une volonté d'économie de matériaux se lit donc clairement. Mais faut-il y voir une simple volonté d'économie financière dans le coût de construction des ouvrages ? Ou bien le moindre recours au calcaire et au grès traduit-il plutôt une volonté d'accélération du chantier, en augmentant le recours à un matériau disponible en abondance et directement sur place, à savoir le schiste ? Peut-être les deux considérations ont-elles joué conjointement.

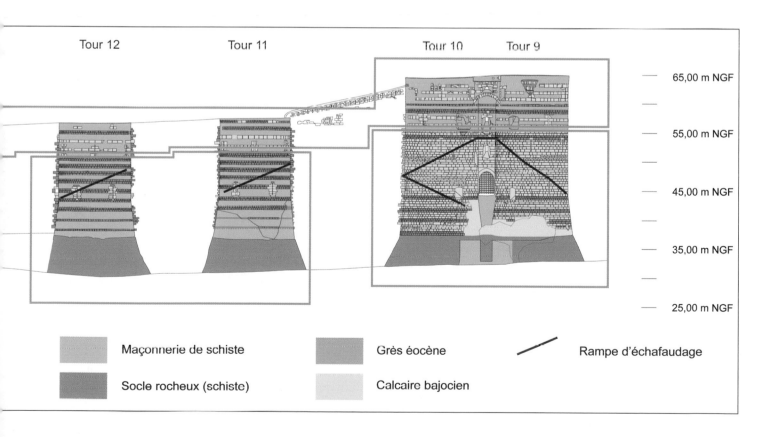

Au-delà de cette chronologie, différents indices révélés par l'analyse archéologique du monument permettent de restituer le fonctionnement du chantier. En particulier, le fait que les mêmes lots de sable aient été utilisés pour les mortiers en plusieurs secteurs bien distincts du front sud montre à l'évidence que la gestion de l'approvisionnement en matériaux se fit en régie, ce que confirme l'existence de six modules de pierres différents répartis dans l'élévation du premier niveau de presque toutes les tours du front sud. À l'évidence, la gestion de l'approvisionnement relevait donc des agents de la couronne, probablement les régisseurs du chantier que furent P. et Thomas Piegris. En revanche, les distinctions entre les différents secteurs de l'enceinte invitent à penser que la construction fut divisée en plusieurs lots, qui durent être confiés à plusieurs exécutants travaillant simultanément.

Un changement de philosophie ?

Par cette complémentarité entre gestion en régie de l'approvisionnement des matériaux et division de la construction en marchés distincts, l'organisation du chantier d'Angers différait donc sensiblement de celle des chantiers de Philippe Auguste, où toutes les prérogatives – y compris l'approvisionnement en matériaux – étaient confiées à de véritables entrepreneurs [41].

Ce changement dans l'organisation de la maîtrise d'œuvre est loin d'être le seul qui s'observe à Angers par rapport à la fortification philippienne du début du XIIIe siècle. En effet, si les grands principes de l'architecture – flanquement systématique par des tours à archères, porteries à deux tours, talus de base... – restent fondamentalement les mêmes, l'enceinte castrale angevine porte la trace d'évolutions discrètes, mais significatives : les tours de flanquement sont dotées de trois niveaux d'archères au lieu des deux niveaux habituels ; leur cylindre se réalise complètement, de sorte que les tours exercent un léger débordement vers l'intérieur de l'enceinte ; le plan interne polygonal est systématique au premier niveau des tours, alors qu'il était très rare sous Philippe Auguste. Le traitement des porteries évolue également, car le passage est défendu désormais par deux herses successives, tandis que les porteries s'adossent à un arrière-corps étroit, et non à un volume couvrant toute la largeur des deux tours. Les constructeurs restent certes fidèles à l'archère à ébrasement simple, mais la fente en rame est employée de façon systématique au premier niveau des tours, alors qu'elle était totalement inconnue dans l'œuvre de Philippe Auguste. Enfin, bien que cela ne modifie pas la forme des tours, le parti formel d'alternance d'assises et de contraste de matériaux constitue évidemment une originalité rare.

Mais plus encore que ces détails architecturaux, c'est le parti d'ensemble de la forteresse angevine qui dénote un changement radical. En effet, à la fin du règne de Philippe Auguste, les fortifications royales étaient marquées par une certaine tendance à la sobriété et à l'économie, qui s'exprime notamment dans la taille modeste des tours et dans la simplicité des solutions architecturales, d'ailleurs appliquées de façon standardisée. Avec le château d'Angers, la rupture avec cette architecture quelque peu économique est consommée : par son programme sans équivalent dans tout le royaume, mais aussi par son ambition et la qualité extraordinaire de sa réalisation, le château d'Angers rompt totalement avec la philosophie des édifices philippiens. Par rapport à une forteresse philippienne moyenne en effet, quasiment toutes les proportions sont doublées : le développement en linéaire de l'enceinte, le nombre des tours, le diamètre et la hauteur des tours, l'épaisseur des courtines... Même la nature de l'appareil témoigne d'un changement radical, car le grand appareil régulier est quasiment inusité dans les chantiers philippiens. En outre, alors que l'organe de la tour maîtresse était quasiment systématique dans les châteaux philippiens, il fut délibérément dédaigné à Angers, la porte des Champs faisant office de palliatif en jouant le rôle d'ouvrage-maître du château.

À quoi ce changement brutal de philosophic par rapport à la norme philippienne est-il dû ? Tout laisse penser qu'il fut l'effet d'un profond renouvellement dans la maîtrise d'œuvre et la maîtrise d'ouvrage, manifestement moins tenaillées par la volonté d'économie. L'ensemble traduit probablement le recours à des maîtres des œuvres différents de ceux employés sous Philippe Auguste, mais peut-être aussi une évolution de l'administration centrale. En particulier, on peut remarquer que ce changement de philosophie coïncide avec la mort en 1227 de frère Guérin, jusqu'ici à la tête des affaires financières du royaume, qu'il a tenues avec la rigueur que l'on sait. Sa disparition se serait-elle traduite par un relâchement de la pression financière sur les chantiers de fortification ?

Angers et Coucy : une communauté de conception

Malgré son caractère tout à fait hors du commun, l'enceinte castrale d'Angers partage de très nombreuses analogies avec le château de Coucy, construit par Enguerrand III de Coucy sans doute entre 1225 et 1240, donc au moment même où le château d'Angers sortait de terre.

À première vue pourtant, tout oppose les deux édifices : caractérisée par son austère et rigoureuse enfilade de tours de flanquement, l'enceinte castrale d'Angers se présente comme une forteresse purement militaire qu'on assimilerait presque à une citadelle moderne avant la lettre, là où Coucy est un véritable château-palais, fondé sur une architecture ostentatoire jusqu'à l'excès et sur la présence écrasante d'une tour maîtresse démesurée, au point de pouvoir être considéré comme l'expression paroxystique du château seigneurial (fig. 29). Les deux édifices s'opposent également dans leur conception même : l'enceinte castrale d'Angers est caractérisée par son extrême homogénéité et dégage l'impression d'une architecture stéréotypée à l'extrême, voire préindustrielle, alors que le château de Coucy est

Fig. 29 – Coucy, vue du château depuis le nord, avant sa destruction en 1917.

Fig. 30 – Coucy, enceinte urbaine, vue du passage d'entrée de la porte de Laon au début du XXᵉ siècle. Comme à Angers, le passage était défendu par deux herses successives, dont les rainures bien visibles encadrent un grand assommoir.

au contraire caractérisé par une architecture infiniment plus complexe dans sa conception et variée dans sa réalisation, notamment en raison de la virtuosité de l'intégration des différents éléments du programme.

Entre les deux monuments, la divergence programmatique, fonctionnelle et conceptuelle est donc totale. Et pourtant, lorsqu'on prend la peine d'analyser l'architecture des deux édifices, ainsi que celle de la basse-cour et de l'enceinte urbaine de Coucy, les analogies sont presque innombrables, et d'autant plus significatives qu'elles concernent des solutions rares, sinon exceptionnelles dans l'absolu. La plus évidente concerne les salles du premier niveau des tours d'Angers, conçues sur un plan hexagonal, couvertes de voûtes d'ogives élancées et dont les faces sont décaissées – sur le front nord – d'arcatures brisées au fond desquelles s'ouvrent les archères. À Coucy, les dispositions sont exactement identiques, à ceci près qu'elles s'étendent aussi aux niveaux supérieurs des tours et que les arcatures brisées accueillant les archères sont plus profondes. Dans les tours toujours, les autres similitudes sont nombreuses : présence de trois niveaux d'archères ; volume cylindrique complet débordant vers l'intérieur ; escaliers en dur systématisés dans chaque tour. En outre, si l'escalier en vis domine au château de Coucy, des escaliers rampants d'une conception proche de ceux d'Angers sont utilisés dans les tours du front nord-ouest de l'enceinte urbaine coucyssoise, lesquelles obéissent également au principe du débordement des tours vers l'intérieur.

Dans le domaine des archères, les analogies significatives se limitent à l'emploi systématique de la fente à élargissement en rame, ainsi qu'à la présence d'archères à niches, toutefois beaucoup plus fréquentes à Coucy qu'à Angers. En revanche, la communauté de conception apparaît de façon éclatante dans le traitement des porteries : le doublement de la herse se retrouve en effet à Coucy dans la porte de Laon comme dans celle du château (fig. 30). En outre, bien que les porteries de Coucy ne reprennent pas le principe de l'arrière-corps étroit des porteries d'Angers, le volume des tours est fermé vers l'intérieur, de sorte que celles-ci restent autonomes vis-à-vis de l'arrière-corps accolé, comme à Angers. Surtout, les portes d'Angers et la porte de Laon à Coucy sont réunies par l'existence d'une poterne inférieure située entre les deux tours, tandis que l'élévation des porteries au rang d'ouvrages-maîtres est tout aussi sensible à Angers qu'à Coucy. Dans le domaine des portes toujours, la présence d'une « fosse arrière » au revers du passage de la porte des Champs à Angers et de la porte du château à Coucy, alors qu'il s'agit d'un dispositif extrêmement rare, est particulièrement significative d'une parenté entre les deux édifices.

En outre – et c'est presque une évidence –, le château de Coucy et celui d'Angers sont réunis par leur propension au gigantisme. Si les courtines et les tours de flanquement d'Angers sont déjà largement supérieures à celles de tous les édifices contemporains, la démesure est encore plus criante à Coucy, les ouvrages y atteignant des proportions inusitées : jusqu'à 20 m de diamètre pour les tours d'angle du château et jusqu'à 7,6 m d'épaisseur pour les courtines, tout cela sans même évoquer la fabuleuse tour maîtresse, qui, avec 54 m de hauteur et 31 m de diamètre, est tout simplement la plus grande jamais construite en Occident. Cette tendance à la démesure s'exprime également, dans les deux chantiers, à travers l'emploi d'un appareil régulier hypertrophié, dont nous avons vu la présence à Angers et qui est généralisé dans l'élévation des tours de Coucy où certains blocs atteignent 2 m de longueur et plus de 50 cm de hauteur (fig. 31). Plus globalement, les deux édifices sont réunis par une qualité de construction tout à fait remarquable, plus sensible encore peut-être à Coucy que dans la forteresse angevine.

Entre ces deux édifices que tout oppose et que tout réunit, la communauté de conception est donc évidente, et d'autant plus éclatante qu'elle ne peut s'expliquer par l'intervention d'un

EMMANUEL LITOUX ET DENIS HAYOT

maître d'ouvrage unique. Il apparaît donc que les deux chantiers d'Angers et de Coucy – de très loin les deux plus ambitieux de leur époque – sont unis par une même personnalité artistique, intervenue, selon toute vraisemblance, à un stade élevé dans l'organisation de la construction : plus que probablement dans la conception de l'édifice, peut-être dans la régie du chantier, peut-être dans sa réalisation effective... Bien sûr, il est délicat d'attribuer une fonction précise à cette figure qui n'est encore qu'une silhouette un peu floue, mais on n'hésitera pas beaucoup à l'assimiler à un véritable maître d'œuvre chargé de la conception de l'édifice, quelles qu'aient pu être ses autres prérogatives sur le terrain. L'essentiel est de constater que les deux plus grands commanditaires de l'époque, Enguerrand de Coucy et la couronne, semblent avoir tenu à s'attacher ses services pour réaliser leur œuvre maîtresse respective.

Fig. 31 – Coucy, château, vue de la base de la tour d'angle nord-ouest, montrant la qualité et la taille exceptionnelle du grand appareil régulier utilisé pour l'ensemble des élévations extérieures.

42. De Boüard 1926, n° 124, 159, 592...

43. Biguet et Letellier-d'Espinose 2014, p. 97-112.

44. Mallet 2010 ; Litoux et Mathieu, à paraître.

45. Robin 1985.

46. Lecoy de la Marche 1873.

47. Comptes dits de Macé Darne, maître des œuvres et contrôleur des finances du duc d'Anjou entre 1367 et 1376. British Library, Add. Ms 21201. Une transcription du registre des dépenses a été faite par J. Mallet 2000 et déposée aux Arch. dép. Maine-et-Loire, bib 10717.

48. Les informations font défaut pour savoir si la surélévation peut être attribuée à Louis Ier, ce qui reste néanmoins l'hypothèse privilégiée.

Le palais ducal (XIVe-XVe siècles)

Lorsque Saint Louis donna l'Anjou en apanage à son frère Charles en 1246, le château était donc certainement achevé depuis plusieurs années. Le nouveau comte y nomma des capitaines et des chapelains [42] mais, comme on l'a vu, il préféra faire construire au début des années 1250 un nouveau palais à l'autre bout de la ville, dans le quartier des halles [43]. D'une façon générale, Charles et ses successeurs furent peu présents en Anjou, la tutelle politique accordant moins d'intérêt à une ville et un comté éloignés de ses préoccupations, surtout après le rattachement de l'Anjou au domaine royal en 1328 avec l'accession de Philippe de Valois au trône de France. Bien sûr, compte tenu de la puissance de ses défenses, il ne fait pas de doute que le château conserva un rôle dans l'affirmation du pouvoir comtal, puis royal, sur la capitale angevine. Cependant, durant une parenthèse qui dura plus d'un siècle, le palais comtal donne l'impression d'avoir été assez largement délaissé, de sorte qu'il ne semble pas avoir connu d'évolution majeure entre la fin du XIIe siècle et le milieu du XIVe siècle. Mais à partir de cette date, et en un peu plus d'un siècle, trois des quatre ducs de la seconde maison apanagée d'Anjou vont remodeler l'ancien palais comtal (fig. 32).

Les réalisations de Louis Ier et Louis II

En 1356, Louis Ier, frère cadet de Charles V, reçut de son père Jean le Bon le comté d'Anjou, érigé en duché et transformé en apanage quatre ans plus tard. À Angers, le duc trouva probablement un ensemble résidentiel médiocrement entretenu. Ce prince ambitieux entreprit d'y recomposer un cadre architectural princier parallèlement à d'autres grands chantiers aux châteaux de Saumur, de Loches, ou au palais du Mans. Toutefois, son décès, survenu en 1384 alors qu'il se trouvait en campagne dans le sud de l'Italie, ne lui permit pas de mener à leur terme tous ses projets [44].

À Angers, Louis II et son épouse Yolande d'Aragon reprirent le flambeau et continuèrent à embellir le château, faisant notamment édifier la grande chapelle Saint-Jean-Baptiste dont la silhouette s'impose une fois franchie l'entrée de la porte de Ville. Si Louis III (1417-1434) semble n'avoir manifesté que peu d'intérêt pour son duché angevin, il n'en alla pas de même pour son frère René qui régna sur l'Anjou pendant près d'un demi-siècle (1434-1480) [45]. Prolongeant les réalisations de ses grands-parents et de ses parents, il referma la cour seigneuriale en faisant édifier le logis royal, le portail d'entrée et l'aile des communs, ainsi que d'autres édifices connus grâce aux indications consignées dans les journaux de la Chambre des comptes d'Angers [46].

L'envergure politique de Louis Ier, ses appétences dans le domaine de l'architecture et des arts expliquent que les premières campagnes de travaux d'embellissement du château d'Angers lui aient été attribuées.

Le seul chantier d'envergure documenté dans les archives concerne le logis de la porte de Ville que Louis Ier avait sans doute déjà fait surélever quelques années auparavant. Les comptabilités [47] indiquent que des travaux importants y furent engagés entre 1368 et sans doute 1371, d'une part pour réparer les parties hautes dont les décors sculptés – les « ymaiges » – et les épis avaient été renversés par le vent, d'autre part pour reprendre des aménagements intérieurs du logis du XIIIe siècle ainsi que les ouvertures [48]. Les dépenses permettent de restituer au-dessus du passage d'entrée au moins trois étages abritant une chambre à l'usage de Pierre d'Avoir, le lieutenant du duc, une pièce dénommée le « tresor » fermée par un solide vantail et meublée d'armoires pour accueillir les archives du duché, et, enfin, une chapelle. Cette dernière, équipée d'une tribune, occupait le niveau supérieur qui

EMMANUEL LITOUX ET DENIS HAYOT

devait dominer les autres tours du front nord. À la fin du XVIe siècle, alors qu'avaient débuté les travaux de démolition des parties hautes, la description qu'en donne un Angevin témoigne de la place que ce logis de la porte de Ville occupait dans le paysage urbain :

> cedit jour, on a commencé d'abattre la couverture en charpente du portal ou donjon du chasteau d'Angers, du costé de la cyté, en hault duquel il y avoit une belle charpente et oratoire, avec ung beau vitral enrichy d'architecture qui avoit son aspect du coste de laditte cyté, avec une grande quantité de beaulx logis et chambres haultes, escaliers en bel air qui avoient leur veue sur toutte la ville et sur les prairyes ou les roys et les roynes allaient pour veoir leur ville et se recréer, lequel portail estoit fort riche, beau et bien basty, qui décoroit bien la place et enrichissait la ville qu'il faisait beau veoir pour l'antiquité et structure dont il estoit basty [49].

Avant même cette intervention sur le logis de la porte de Ville, on peut penser que la restructuration complète de la grande salle fut l'une des priorités de Louis Ier. Le sol fut décaissé de plus de 3 m en creusant dans les remblais puis en entamant le socle rocheux, de façon à pouvoir aménager un cellier d'environ 4 m de hauteur en dessous du plafond. Ce dernier était porté par des poutres appuyées sur une file de piliers. Cette pièce semi-enterrée prenait jour sur la façade orientale par des soupiraux. Un escalier intérieur longeant le mur

49. Journal de Louvet dans Lemarchand 1854-56, 28 février 1592.

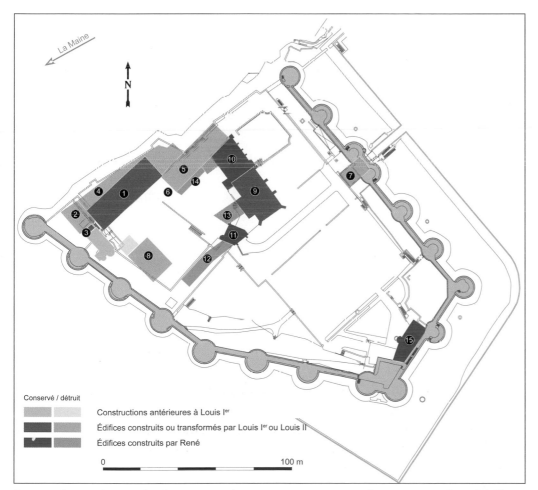

Fig. 32 – Angers, château, plan des principaux bâtiments construits ou transformés entre 1356 et 1480 (dessin E. Litoux). 1 : grande salle ; 2 : logis sud ouest ; 3 : escalier en vis ; 4 : logis en front de Maine ; 5 : aile de parement ; 6 : grande vis ? ; 7 : logis de la porte de Ville ; 8 : cuisines ; 9 : chapelle Saint-Jean-Baptiste ; 10 : logis royal ; 11 : châtelet ; 12 : aile de logements annexes ; 13 : logis du Vivier ; 14 : galerie ; 15 : logis (aujourd'hui dit « du Gouverneur »).

Fig. 33 – Angers, château, vue de l'escalier en vis inséré entre le logis sud-ouest et la façade de la chapelle Saint-Laud.

EMMANUEL LITOUX ET DENIS HAYOT

pignon nord y donnait accès, tandis qu'une porte à l'autre extrémité débouchait devant le portail de la chapelle Saint-Laud. À l'étage, dans la grande salle, légèrement surélevée par rapport au sol de la cour, il fallut percer toute une série de baies adaptées à la nouvelle configuration. Cinq grandes croisées à double traverse alternaient avec autant de fenêtres hautes [50]. Sur le mur pignon sud, entièrement repris, fut installée une cheminée incorporée, imposante dans ses dimensions avec un foyer large de 5,16 m, mais au décor d'une grande sobriété avec une simple moulure d'encadrement. Tout laisse à penser que le volume de la salle montait jusque sous la charpente.

Une porte serrée dans l'angle nord-ouest de la salle donnait accès à un corps de logis dont il ne reste pratiquement plus rien de visible aujourd'hui du fait des transformations liées à l'aménagement d'une grande terrasse d'artillerie dans les années 1592-1593. L'étendue du logis sud-ouest n'est pas connue, mais l'environnement architectural imposait de très fortes contraintes, la place disponible au sol n'excédant pas 250 m². Aucun indice ne permet de penser qu'il se soit articulé avec la tour 17. Compte tenu de la liaison privilégiée avec le haut bout de la grande salle, l'édifice abritait selon toute vraisemblance des espaces privatifs réservés à l'usage du duc. Un remarquable escalier en vis lui fut adossé, probablement à la toute fin du XIVᵉ siècle ou au début du siècle suivant. Cet ouvrage, redécouvert dans les années 1990, prend appui sur une solide voûte pour ménager les circulations devant le portail de la chapelle. L'unique façade tournée vers l'ouest superpose trois fenêtres à meneau aux allèges ajourées de deux carrés redentés au milieu de chaque face. Il semble qu'elles ne reçurent jamais de menuiseries ou de vitrages (fig. 33).

L'emprise au sol des constructions en appentis des Xᵉ et XIᵉ siècles adossées à la façade ouest de la salle n'est pas précisément connue, mais, à la fin de la période médiévale, tout l'espace disponible sur l'ancienne terrasse était, semble-t-il, occupé par des constructions établies au plus près de l'abrupt. Ces états ne sont documentés que par les représentations anciennes qui figurent des suites de pièces de faible profondeur au plan contraint par le relief, réparties sur trois niveaux dont un de comble (fig. 34).

Selon la même logique que celle retenue pour le château de Saumur, une aile de parement fut construite de l'autre côté de la grande salle [51]. Même en mobilisant toutes les sources

50. Brodeur *et al.* 1998.
51. Litoux *et al.* 2010.

Fig. 34 – Louis de Linclerc et François Collignon, *Andegavum-Angers* (détail), gravure aquarellée, vers 1650. Ce document est le dernier à figurer la grande salle et l'aile de parement avec leurs toitures. Coll. particulière.

disponibles, de nombreuses zones d'ombre subsistent à propos de ce grand corps de bâtiment qui était encore en élévation au milieu du XVIIe siècle ; sa destruction constitue une perte irréparable pour la connaissance de l'ensemble palatial. Les fondations mises au jour dans le cadre des fouilles conduites entre 1993 et 1995 amènent à s'interroger sur l'existence d'un premier état de plan sensiblement carré, épaulé de contreforts, dont la datation reste incertaine. En revanche, le grand corps de logis, dans l'extension que nous lui connaissons grâce aux plans du XVIIIe siècle, confirmée par les opérations archéologiques, mesurait 40,2 m dans sa plus grande dimension. Il comportait deux niveaux, et un mur de refend le divisait au tiers de la longueur, séparant deux vastes pièces d'environ 200 m² au sud et 130 m² au nord, dans lesquelles il faut sans doute voir une grande chambre de parement et une chambre de retrait, selon des dispositions conformes à la structuration des résidences que firent édifier les princes Valois à la fin du XIVe siècle. Une attribution à Louis Ier d'Anjou paraît la plus vraisemblable, même si une réalisation un peu plus tardive, au début du XVe siècle, ne peut être exclue. Le volume de l'étage devait monter sous charpente, selon une formule qui constitue la norme jusqu'au deuxième quart du XVe siècle dans les bâtiments d'apparat. Plusieurs éléments indiquent qu'un plafonnement fut ultérieurement mis en place, permettant de créer un étage de comble avant le milieu du XVe siècle. L'incertitude sur les circulations verticales reste le point le plus frustrant. La place ne manquait pas dans la cour pour édifier un escalier extérieur droit, à l'image de celui que Louis Ier fit construire au logis de Loches vers 1375 [52]. Toutefois, son choix se porta sur une grande vis au château de Saumur, vers 1380 [53]. À Angers, la présence d'un escalier en vis d'apparat jouxtant le logis sud-ouest, sans doute plus tardif, plaide pour que l'accès à la grande aile de parement se soit également fait – sinon dès l'origine du moins dans un second temps – en empruntant une grande vis. Une mention dans un texte de 1469 [54] et la représentation d'un haut toit pointu sur une gravure du XVIIe siècle (voir fig. 34) amènent à formuler l'hypothèse d'une tourelle d'escalier en avant du mur pignon sud de l'aile d'apparat, dans un secteur que les fouilles archéologiques ont imparfaitement documenté du fait des perturbations des années 1950.

Les cuisines romanes durent paraître sous-dimensionnées pour les besoins de l'hôtel ducal. Elles furent augmentées d'un vaste espace de cuisson de plan carré, d'environ 12 m de côté dans-œuvre, dont les voûtes de pierre portaient sur des colonnes. Un égout traversait la courtine du XIIIe siècle pour s'évacuer directement dans le fossé sud. La présence d'une grande hotte centrale comparable à celle plus tardive du château de Montreuil-Bellay reste discutée, tout comme l'est l'attribution de ce chantier à Louis Ier d'Anjou, rien ne s'opposant à ce que la construction de l'édifice ait été commandée par Louis II et Yolande dans les années 1400-1420. On notera que, au château de Saumur, une grande cuisine à hotte centrale et cheminées latérales est également bien documentée, mais la date de sa construction doit être recherchée dans un intervalle allant des toutes dernières années du règne du Louis Ier jusqu'à sa première mention en 1437, alors que le château faisait partie du douaire de Yolande d'Aragon [55].

L'emplacement de la chapelle Saint-Laud, en contrebas de la cour seigneuriale, coincée entre les cuisines et la courtine, la rendait pratiquement invisible et lui enlevait toute solennité. Une autre chapelle devait se tenir en avant de la grande salle, ainsi que le suggère un article des comptes de Macé Darne daté de 1371 ou de 1372 [56]. C'est vraisemblablement dans son sanctuaire que les reliques de la Vraie Croix provenant de l'abbaye de la Boissière furent mises à l'abri entre 1359 et 1389, puis à nouveau à partir de 1400. En dépit du lien très fort unissant les ducs à ces reliques insignes [57], les sources écrites ne livrent aucun indice relatif à un éventuel projet de sainte chapelle qui aurait pu s'inscrire dans la première vague de fondations couvrant le XIVe siècle [58]. Cependant, les investigations archéologiques

52. Bourocher à paraître.

53. Litoux *et al.* 2010, p. 62-67.

54. AN, P 1334⁹, f° 5 v°.

55. Litoux 2011.

56. Le mur d'un de ces « prateaux » devait se trouver du côté du front de Maine « devers la rivière » (British Library, Add. Ms 21201, fol. 88).

57. Louis Ier créa dans la décennie 1370 l'ordre de la Vraie Croix, et, dans son testament de 1383, il formula le souhait que l'abbaye de la Boissière soit installée dans la capitale du duché et prenne le nom de Sainte-Croix-d'Angers. Il institua une confrérie en l'honneur des reliques, dont il prit la tête, et après lui son fils.

58. Vissière 2015.

EMMANUEL LITOUX ET DENIS HAYOT

ont récemment révélé que la chapelle Saint-Jean-Baptiste, dont le marché de charpente date de 1410, prend appui sur des fondations qui témoignent, sinon d'un état antérieur, du moins d'un projet différent avec un plan s'étendant vers l'ouest sur plus de 6 m. Si un chantier engagé du vivant de Louis Ier, interrompu par sa mort survenue en 1384, ne saurait être exclu, l'hypothèse la plus vraisemblable est celle de changements apportés à une commande architecturale passée au tournant des XIVe et XVe siècles.

La chapelle Saint-Jean-Baptiste qui se dresse aujourd'hui face à l'entrée offre de grandes élévations auxquelles les pierres de taille de tuffeau confèrent une belle blancheur (fig. 35). Les façades sont scandées de contreforts droits, sauf aux angles du chevet contrebutés par deux contreforts diagonaux. Les représentations anciennes indiquent qu'ils étaient à l'origine surmontés de pinacles [59]. Côté nord, ils dessinent les travées dans lesquelles s'ouvrent les grandes baies à remplage de quadrilobes inscrits. Le portail d'entrée à triple voussure qui a conservé sa paire de vantaux à décors de réseaux gothiques occupe la première travée. De part et d'autre, deux niches sous dais surmontés de pinacles accueillaient des statues.

59. Les dessins suggèrent de restituer des dispositions analogues à celles conservées sur la Sainte-Chapelle de Riom, édifiée pour Jean de Berry dans la dernière décennie du XIVe siècle.

Fig. 35 – Angers, château, vue de la façade nord du logis royal et de la chapelle Saint-Jean-Baptiste.

Fig. 36 – Angers, château, vue du chœur de la chapelle Saint-Jean-Baptiste.

À l'intérieur, également entièrement traité en pierres de taille de tuffeau, les historiens de l'architecture se sont plu à souligner l'unité de l'ample volume de 23,4 par 12,4 m couvert par trois travées de voûtes d'ogives fortement bombées (fig. 36) [60].

Contre le flanc sud de l'édifice s'appuient trois annexes voûtées, qui viennent réduire la hauteur des fenêtres. Les deux premières, accessibles par des portes dans la deuxième travée, pourraient avoir servi de sacristie pour l'une et de passage de liaison avec la cour seigneuriale pour l'autre. L'oratoire ducal est adossé contre la troisième travée. Il ouvre vers le chœur par une porte que jouxte une arcature constituée de trois baies trilobées (fig. 37). L'ensemble s'inscrit dans un panneau dont le décor en orbevoie, malheureusement bûché, se détachait sur un fond de peinture rouge. L'emploi de grandes pierres de tuffeau posées sur chant a entraîné des décalages de hauteur d'assises avec le reste de l'élévation de la chapelle, mais nous ne pouvons pas suivre H. Enguehard qui y voyait la preuve que l'oratoire avait été ajouté sous le règne de René [61]. Les clés de voûte de la nef, refaites après la Seconde Guerre mondiale [62], portaient d'est en ouest la croix d'Anjou à double traverse en référence au

60. Blomme 1998, p. 36-43.

61. Enguehard 1964, p. 20.

62. Les bombardements du 29 mai 1944 ont entraîné l'effondrement partiel des voûtes. Chargés de la restauration au sortir de la guerre, les architectes Bernard Vitry et Henri Enguehard ont fait sculpter de nouvelles clés copiées sur celles retrouvées brisées au sol (archives Enguehard, Arch. dép. Maine-et-Loire, 252 J 257 ; voir aussi 54 W, dommages de guerre aux édifices classés d'Angers).

EMMANUEL LITOUX ET DENIS HAYOT

Fig. 37 – Angers, château, chapelle Saint-Jean-Baptiste, porte de l'oratoire ducal accostée d'une triple arcature.

63. de Mérindol 1987, p. 40-48.

64. Litoux 2013a.

65. Lecoy de la Marche 1873, n° 642, p. 239-271.

66. Litoux 2013b.

67. Le 5 mai 1453, quelques semaines après la mort de Jeanne de Laval, un article de compte mentionne «la chambre blanche, soubz la chambre dudit seigneur», soit la pièce ouest au rez-de-chaussée du logis royal. La façon dont la pièce est désignée interdit d'y localiser la chambre ou le retrait de la duchesse, à laquelle l'auteur n'aurait pas manqué de faire référence (Arnaud d'Agnel 1908, art. 23, p. 11).

68. Lecoy de la Marche 1873, art. 41, p. 14-15.

reliquaire de la Vraie Croix, l'écu mi-parti de Jérusalem et d'Anjou ancien et Anjou moderne de Louis II et, enfin, l'écu de son épouse Yolande d'Aragon : un mi-parti de Jérusalem et d'Anjou d'une part, et d'Aragon d'autre part, de son épouse Yolande d'Aragon [63].

L'achèvement du programme résidentiel par René d'Anjou

Il revint à René, duc entre 1434 et 1480, de parachever l'œuvre de ses prédécesseurs (fig. 38). Il referma le côté nord de la cour en faisant édifier le logis royal, qu'une analyse dendrochronologique a permis de dater après 1435 et vraisemblablement avant 1440 [64]. Ce chantier fut probablement lancé lorsque, tout juste libéré par le duc de Bourgogne qui le tenait en captivité depuis plusieurs années, René fit son premier séjour angevin en tant que duc en mai 1437. Tenu éloigné de l'Anjou pendant sa campagne dans le sud de l'Italie, il ne revint pas à Angers avant l'été 1444.

Le logis dont il commanda l'édification vint s'insérer dans un espace finalement relativement étroit entre l'aile de parement située en front de Maine et la chapelle Saint-Jean-Baptiste. La partie centrale du logis était constituée de deux grandes pièces sur trois niveaux, séparées par un mur de refend sur lequel se concentraient cinq des six cheminées. L'accès aux étages se faisait côté nord par un escalier en vis articulé au rez-de-chaussée avec un portique, au premier étage avec une galerie et, au deuxième étage, avec une terrasse rendue étanche par un revêtement de plomb. La galerie, longue de 15,0 m pour 3,1 m de large, équipée d'une petite cheminée placée à son extrémité ouest, était abondamment éclairée par quatre fenêtres croisées à simple ou double meneau (fig. 39). Sa présence en avant de la façade nord contraignit le maître d'œuvre à loger les petites pièces secondaires dans une aile et une tourelle toutes deux disposées en retour vers le sud. Ce parti eut pour conséquence de considérablement restreindre les possibilités pour ouvrir les fenêtres à croisées destinées à éclairer les pièces principales dont la surface était comprise entre 66 et 69 m². Le besoin d'un apport supplémentaire de lumière naturelle explique la présence au rez-de-chaussée et à l'étage de fenêtres carrées en second jour, disposées entre le logis et la galerie. Placées en hauteur et équipées d'huisseries, elles préservaient l'intimité des pièces du logis en interdisant toute vue directe aux personnes se tenant dans la galerie.

Les travaux furent probablement suivis par un homme proche du duc, dénommé Bertrand de Beauvau, à qui fut ensuite accordé l'honneur de faire figurer ses armes sur plusieurs culots de la galerie. Le duc fit représenter les siennes sur une des clés de voûte. Il fit également inscrire sa devise sur les clés de la voûte en palmier couronnant l'escalier en vis.

L'inventaire du château dressé en 1471 [65] livre des indications précieuses sur l'usage des différentes pièces [66]. Le logis de la duchesse, probablement situé au deuxième étage du logis royal, comprenait une chambre, un retrait et une chapelle [67]. Le logis du duc, accessible depuis la chambre de parement et la galerie nord, s'articulait de la même façon entre la chambre et le retrait principal. Ces pièces étaient complétées par plusieurs annexes : deux retraits secondaires surmontés de deux études entresolées, d'à peine 8 m² de surface. La «petite chapelle», qui ne constituait sans doute pas une pièce à proprement parler, était attenante à la «chambre du petit retrait», à proximité de la chambre principale.

Le revêtement en plomb de la terrasse surmontant la galerie entraîna des problèmes d'infiltration mentionnés en 1463 [68]. Sans doute mal résolus, ils finirent par obliger à une solution radicale. Après 1474, la terrasse fut convertie en galerie couverte par une série de quatre toitures à deux versants disposées perpendiculairement à la charpente principale et fermées par des petits pignons. Cette modification, mal datée, donna à la façade une silhouette proche de celle du logis des Sept Vertus que Charles VIII fit édifier au château d'Amboise au début de la décennie 1490.

EMMANUEL LITOUX ET DENIS HAYOT

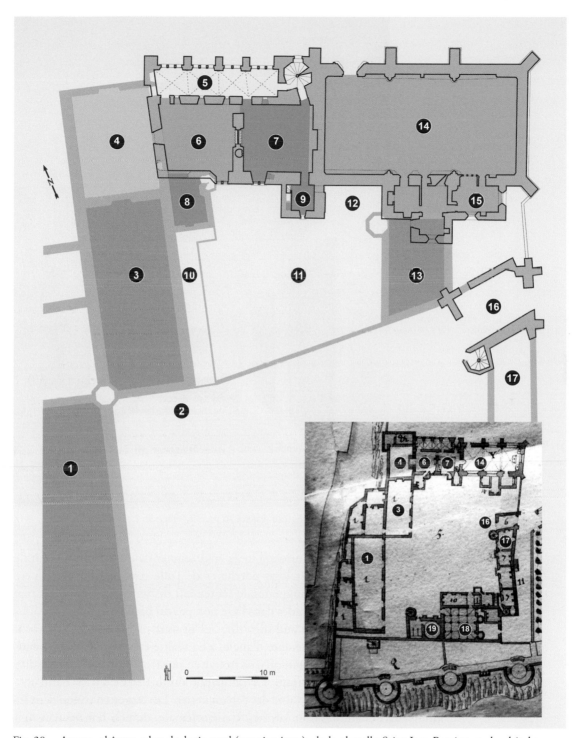

Fig. 38 – Angers, château, plan du logis royal (premier étage), de la chapelle Saint-Jean-Baptiste et du châtelet avec, figurée en rose, la restitution des dispositions vers 1470. 1 : grande salle comtale restructurée par Louis Ier et déclassée en jeu de paume ; 2 : grande vis ? (1469) ; 3 : à l'étage, salle « où [René] disgne de présent » (1465) ; 4 : à l'étage, « grant chambre de parement » (1453), désignée dans l'inventaire de 1471 comme « salle de parement » ; 5 : galerie (non mentionnée dans l'inventaire de 1471) ; 6 : « chambre du roy » ; 7 : « chambre du haut retrait du roy » ; 8 : « chambre du petit retrait du roy » et « petite chapelle », surmontées d'une « estude du roy » ; 9 : « petite chambre du haut retrait » surmontée de « l'estude du roy » ; 10 « galerie neufve sur le petit jardin, contre l'oratoire du roy » ; 11 : « petit jardin » ; 12 : « vivier » (1451) ; 13 : « logis du vivier » (1456) ; 14 : chapelle ; 15 : oratoire ; 16 : « portal » ; 17 : aile de logements annexes ; 18 : cuisines ducales ; 19 : cuisines romanes. Les principaux numéros sont reportés sur un extrait d'un plan du château de 1749 conservé au Service Historique de la Défense (*Plan du château d'Angers pour servir aux projets de 1750*, Archives du Génie, art. 8, section 1, Angers, dossier 1, n° 3).

Fig. 39 – Angers, château, galerie au premier étage du logis royal.

La fermeture du côté oriental de la cour seigneuriale intervint à la fin des années 1440 avec l'édification du petit logis-porche et de l'aile rejoignant les cuisines. Sur l'ouvrage d'entrée, cantonné d'échauguettes, le traitement dissymétrique des deux pignons traduit la volonté d'organiser les façades dans l'axe non pas du bâtiment, mais du couloir d'entrée calé contre le mur gouttereau sud (fig. 40). Sur le mur pignon oriental, la tourelle de droite, traitée comme une échauguette d'angle, a en réalité été ramenée vers le sud pour encadrer le portail et donner l'illusion qu'il se trouve en position centrale. Il en résulte le dessin assez surprenant des pignons dont les rampants s'amortissent à des hauteurs différentes ou pénètrent dans la toiture d'une des échauguettes. Les étages comprenaient une sallette et au moins deux chambres avec latrines. L'aile orientale, dont la largeur dans œuvre devait être légèrement inférieure à 5 m, superposait un rez-de-chaussée, un étage carré et un comble éclairé de lucarnes. La fonction des pièces disposées en enfilade n'est pas clairement établie. Une partie d'entre elles servait sans doute à héberger des membres de l'hôtel. De même, les renseignements font défaut pour déterminer si les espaces dédiés à la conservation des aliments et à la préparation des repas connurent des évolutions significatives dans le courant du XVe siècle ; en plus de la cuisine, l'inventaire énumère un garde-manger, une sauccrie, une paneterie, une échansonnerie et une fruiterie.

C'est vraisemblablement sous le règne de René que l'ancienne grande salle perdit la fonction solennelle qui était la sienne depuis plusieurs siècles pour accueillir le jeu de paume mentionné dans l'inventaire de 1471. En effet, il n'y avait guère que l'ancienne *aula* à pouvoir offrir un volume aux dimensions adaptées à la pratique de ce sport dont les règles n'étaient toutefois pas encore complètement fixées [69]. Les murs gouttereaux présentaient une élévation de 6,8 m, entièrement aveugle côté ouest, et le traitement de la grande cheminée, complètement incorporée dans l'épaisseur du mur pignon sud, permettait également d'utiliser ce dernier pour faire rebondir la balle. Les sources ne précisent pas si la pièce était alors ou non équipée d'une galerie.

De toute évidence, ce changement d'affectation ne fut rendu possible que par le transfert de la salle dans la partie méridionale de l'aile de parement, au premier étage, ce qui plaide pour placer à sa suite la grande chambre de parement qu'une porte mettait en communication directe avec le logis royal.

La partie nord de la cour seigneuriale concentrait donc les fonctions résidentielles principales qui se répartissaient autour d'un espace d'agrément, le «petit jardrin», fermé côté sud par un mur. Une galerie en pan de bois, décrite dans un marché de construction daté de 1465, fut appuyée contre le mur gouttereau oriental de l'aile de parement [70]. Longue d'environ 18 m, elle était portée par six piliers de pierre. Contre le mur sud de la chapelle fut

69. Cette localisation a été proposée dans Nassiet 2013. Les jeux de courte paume, pratiqués en intérieur, mesuraient entre 20 et 30 m de long pour une largeur de 8 à 10 m et une hauteur d'au moins 6 m (Melh 1990, p. 40).

Fig. 40 – Angers, château, façade orientale du châtelet matérialisant l'entrée de la haute cour.

créé un bassin dont les vestiges ont été mis au jour en 2002 ; dans son premier état, il mesurait 5,50 x 2,75 m, soit une surface d'environ 15 m². Les archives évoquent à plusieurs reprises ce «vivier» qu'il fallait remplir à l'aide de tonneaux ; une source évoque le transport de trente-huit tonneaux remplis dans la Maine [71]. En 1451, un accord fut passé avec des maîtres fontainiers pour capter plusieurs sources et amener l'eau par des canalisations en bois près de la chapelle puis jusqu'aux cuisines. Les nombreuses difficultés rencontrées entraînèrent l'abandon du projet dès 1453 [72]. Toujours est-il que le bassin semble avoir accueilli des canards, tandis que d'autres espèces d'oiseaux étaient enfermées dans une grande volière [73]. Immédiatement contre le «vivier» fut édifié en 1456 un logis, sans doute orienté perpendiculairement à la chapelle. Le rez-de-chaussée, traité en pierres de taille, abritait une sallette équipée d'une curieuse cheminée «à troys jambayges en la fourme de la cheminée d'un palays». Les deux étages en pan de bois comportaient des chambres et un possible oratoire. L'édifice n'apparaît pas sur le plan de 1707, mais les vestiges d'un massif de maçonnerie découverts en 2002 pourraient correspondre aux fondations de la tourelle de l'escalier en vis. L'identification de cet édifice dans l'inventaire de 1471 reste délicate. Son emplacement plaide pour l'associer directement au service du couple ducal, peut-être pour héberger les garde-robes.

En dehors de la cour seigneuriale, la structuration des espaces intérieurs du château reste difficile à cerner. L'éclairage apporté par les sources écrites et les rares données de terrain permettent de dresser une liste sans doute très incomplète d'édifices et d'aménagements dont nous ignorons la plupart du temps l'emplacement précis. Plusieurs bâtiments d'habitation sont attestés, à commencer par le logis du Gouverneur, adossé contre le front oriental et devant lequel passaient les personnes pénétrant dans le château par la porte des Champs. Très remanié, il conserve sa tourelle d'escalier en vis octogonale adossée à la façade et surmontée par une chambre haute de plan carré dont les angles antérieurs portent sur de simples encorbellements.

Au revers du front nord du château, Bertrand de Beauvau disposait de son propre logis mentionné à trois reprises entre 1457 et 1471. Cette présence au sein du château doit être mise en relation avec les fonctions de premier plan qu'il assura au service des ducs d'Anjou, et notamment avec la charge de capitaine du château qu'il occupa de novembre 1422 à sa mort le 30 septembre 1474. L'édifice, qui comprenait semble-t-il plusieurs chambres et une cuisine basse, était relié à la porte de Ville par une galerie [74]. Mais, dans la majorité des cas, il fait peu de doute que l'attribution devait varier au fil du temps et des charges confiées aux personnages formant l'entourage proche du duc. Ainsi, le sieur de Loué, Guy de Laval, bénéficiait vraisemblablement d'un logis réservé à son usage en 1456 [75]. Quelques années plus tard, l'inventaire de 1471 indique qu'il logeait dans une simple chambre donnant sur la Maine.

Une part sans doute significative de la surface disponible à l'intérieur du château était dédiée à des espaces d'agrément, avec un grand jardin jouxté par une vaste pelouse [76]. Comme dans ses autres résidences, René fit réaliser des aménagements de jardins, qu'il s'agisse de fabriques, de banquettes terrassées, de tonnelles ou de murets [77]. Dans les années 1450 fut construite au-dessus d'une cave une galerie en pan de bois de 40 pieds de long par 20 pieds de large, surmontée d'un comble isolé par un lattis hourdé, terminé par des croupes, «en manière de pavillon». Chacune des huit croisées – quatre sur la façade avant, deux sur l'arrière et une à chaque extrémité – devait être surmontée d'une lucarne, ce qui laisse penser que l'édifice n'était pas destiné à s'adosser contre d'autres constructions [78].

70. Lecoy de la Marche 1873, art. 46, p. 16-17.

71. Arnaud d'Agnel 1908, art. 9, p. 5.

72. Lecoy de la Marche 1873, art. 7 à 16, p. 3-9.

73. Lecoy de la Marche 1873, art. 98, p. 31-32.

74. Lecoy de la Marche 1873, art. 34, 50 et 55 (respectivement p. 13, 18 et 19).

75. Arch. nat., P 1334⁶, fol. 92v.

76. Lecoy de la Marche 1873, art. 55, p. 19.

77. Robin 1985, p. 116-119.

78. Arch. nat., P 1334⁵, fol. 98.

EMMANUEL LITOUX ET DENIS HAYOT

Le renforcement des capacités défensives du château à la fin du XVe siècle

Les ducs de la seconde maison apanagée n'engagèrent pas de travaux importants pour renforcer les fortifications héritées du XIIIe siècle dont le niveau de protection devait paraître suffisant. Les seules indications portent sur la protection de l'entrée sud, la plus directement exposée en cas d'attaque extérieure. Un boulevard d'artillerie défendant la porte des Champs est mentionné pour la première fois en 1452, mais l'aspect qu'il présentait alors est inconnu [79] ; tout au plus savons-nous que le pont qui le reliait au corps de place fut couvert d'ardoise en 1466 [80]. Le reste du château ne conserve pas de traces d'aménagements pour l'artillerie à poudre avant la fin du XVe siècle.

Soucieux de réunir l'Anjou à la couronne royale, Louis XI avait engagé d'habiles manœuvres plusieurs années avant la mort de René d'Anjou, faisant notamment saisir le duché dès juillet 1474. Il nomma immédiatement un nouveau gouverneur – Guillaume de Cerisay – et envoya un lieutenant général. L'année suivante, la municipalité qu'il institua en février contribua à renforcer encore son emprise sur l'Anjou. Le contexte politique tendu avec la Bretagne incita Louis XI à faire d'Angers une base arrière pour ses campagnes militaires et à mettre à profit le potentiel défensif du château pour y établir un arsenal. Le 28 octobre 1481, il ordonna que « la somme de deux cent livres soit prise chaque année sur les droits de ventes et rachats perçus en Anjou pour être employée aux réparations du château d'Angers » [81]. En janvier 1489, les comptabilités municipales mentionnent un certain Regnault de Mincourst, « canonnier ordinaire du Roi » [82]. Sa présence doit sans doute être rapprochée de la bande d'artillerie dite « des lisières de Bretagne » constituée avec des pièces provenant du château d'Angers. Plusieurs sources des années 1487-1490 montrent que des armes, et notamment des pièces de gros calibre, arrivèrent et repartirent d'Angers [83].

La première génération de canonnières aménagées notamment dans les archères se trouvant sur les flancs des tours du front sud ne semble pas antérieure à la reprise en main du château par Louis XI [84]. Les ouvertures à double ébrasement, destinées à des armes de calibre moyen, présentent un orifice de tir de 15 à 20 cm de diamètre, surmonté d'un cran de mire. Elles se caractérisent, pour la majorité d'entre elles, par un ébrasement extérieur plus haut que large et assez profond, l'orifice étant situé au quart ou au tiers intérieur de l'épaisseur des maçonneries.

Des transformations, dont l'ampleur reste difficile à préciser, furent apportées au boulevard, probablement à la fin du XVe siècle (fig. 41) [85]. L'ouvrage, dessiné par de nombreux artistes avant sa destruction en 1831, présentait un plan en éperon, flanqué de deux tours de plan circulaire ; un mur bouclier rejoignant la tour droite de la porte des Champs fermait le fossé afin de se prémunir d'un tir d'enfilade à revers. Le double pont-levis à flèche, piéton et charretier, perpendiculaire au corps de place, était défilé par le saillant de la tour ouest. Les canonnières à la française se répartissaient en deux niveaux de tir, surmontés par un chemin de ronde sur mâchicoulis. L'entrée coudée donnait accès au pont qui enjambait le fossé au-devant de la porte des Champs. Au niveau inférieur, il semble que des passages ménagés dans les piles permettaient de rejoindre une poterne ouverte sous le pont-levis de la porte des Champs, offrant une solution de repli en cas de prise du boulevard.

Des travaux furent également réalisés pour renforcer le contrôle de la Maine. La chaîne fermant la Maine en aval de la ville est mentionnée pour la première fois en 1368. Les différentes représentations de la tour dite « de la Basse-Chaîne » figurent un édifice retranché

79. Angers, Arch. mun., CC, 4 fol. 92 v publié dans Comte 2011 b.

80. Arch. nat., P 1334⁸, fol. 140v.

81. Lecoy de la Marche 1873, art. 61, p. 21-22.

82. Angers, Arch. mun., CC 5, fol. 349v.

83. Pélicier 1898, p. 173-174, 184-185 et 216-217.

84. Litoux 2016, p. 350-352.

85. Cette datation résulte du croisement d'observations faites par Emmanuel de Crouy-Chanel, Nicolas Faucherre, Jocelyn Martineau et Jean Mesqui, auxquels nous adressons nos vifs remerciements.

Fig. 41 – Maquette (G. Camut) restituant le château d'Angers dans son état de la fin du XVe siècle. Noter l'ouvrage avancé protégeant l'accès à la porte des Champs. Contrairement à ce qui est proposé, les tours du château n'ont jamais été équipées de mâchicoulis.

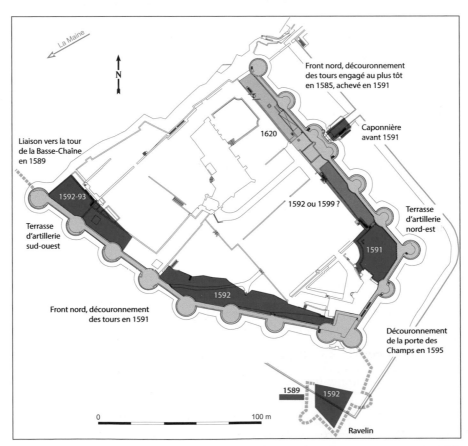

Fig. 42 – Angers, plan du château avec localisation et datation des principaux travaux engagés à la fin du XVIe et au début du XVIIe siècle (dessin E. Litoux).

EMMANUEL LITOUX ET DENIS HAYOT

en demi-lune assez compact, d'une vingtaine de mètres de diamètre, flanqué sur la rivière d'une petite tour polygonale plus haute. Les proportions de l'édifice, l'épaisseur des murs, de l'ordre de 4 m, la présence de mâchicoulis, les canonnières à la française sur deux niveaux desservies par un espace central de plan rectangulaire sont autant d'éléments qui, conjugués entre eux, plaident pour une construction du dernier quart du XVe siècle [86].

LES TRANSFORMATIONS MODERNES

À partir de 1491, le processus d'intégration de la Bretagne au royaume de France eut pour conséquence de fortement réduire l'importance stratégique du château déclassé au rang de place forte intérieure. Les informations font défaut pour connaître le détail des travaux que Philibert Delorme, alors abbé commendataire de l'abbaye Saint-Serge d'Angers, fit réaliser au château par l'architecte angevin Jean Delespine entre 1562 et 1565 [87]. À la fin du XVIe siècle, de nouvelles transformations architecturales furent apportées à la formidable enceinte édifiée dans les années 1230 pour aménager le château par l'intérieur afin de l'adapter aux développements de l'artillerie à poudre.

Adaptation à l'artillerie à la fin du XVIe siècle

En septembre 1585, dans le contexte des guerres de Religion, le château fut pris par une poignée d'hommes qui restèrent maîtres de la place forte pendant un mois. L'épisode fit prendre conscience aux Angevins de la vulnérabilité de leur capitale si la fortification venait à tomber aux mains d'ennemis plus nombreux et mieux armés. Le 24 octobre 1585, Henri III nomma Pierre de Donadieu, sieur de Puycharic, capitaine du château et accéda à la demande des échevins de la ville d'Angers qui souhaitaient voir démantelé le front de ville du château afin que la place ne serve pas de point d'appui aux protestants. En réalité, le roi paraissait davantage craindre que la ville et le château ne passent sous le contrôle de la Ligue. L'ordre donné le 8 novembre 1585 par Henri III stipulait qu'il fallait «faire abattre, démolir et raser notre château d'Angers et faire combler les fossés, le tout par devant et du côté de la ville, et pour ce qui est du dehors le laisser entier», le but étant de transformer le front sud en portion de l'enceinte urbaine [88]. Il était alors prévu de transférer l'arsenal au château de Chinon.

En homme de terrain conscient de la valeur stratégique du château d'Angers, Donadieu de Puycharic chercha manifestement à préserver le potentiel défensif de la place forte de façon qu'elle reste en capacité de tenir la ville hors de portée des ligueurs [89]. Dans les années 1591-1593, toutes les tours perdirent leurs toitures (fig. 42); elles furent dérasées de quelques mètres et voûtées de coupoles. Seule la tour nord conserva l'intégralité de son élévation en pierre, ce qui permit l'installation d'un moulin à vent en juin 1593. Deux grandes terrasses d'artillerie furent établies aux angles est et ouest du corps de place. Des masses de remblais furent adossées au revers des courtines, d'abord sur le front sud puis quelques années plus tard sur le front nord où elles furent contenues par de grands murs de soutènement. D'autres travaux portèrent sur le renforcement des deux entrées du château, en particulier avec le remblaiement complet du ravelin en avant de la porte des Champs.

Un représentant du pouvoir royal continua à séjourner au château, mais la vie de cour céda la place à une vie de caserne (fig. 43). La résidence palatiale, dont les premières constructions furent sans doute engagées peu après l'échange de terrains de 851, disparut dans les premières décennies du XVIe siècle.

86. Il n'est pas possible de déterminer si, à l'instar de la tour Guillou qui lui faisait face de l'autre côté de la Maine, la tour de la Basse-Chaîne intégrait les vestiges d'un ouvrage plus ancien.

87. Port 1874, p. 54.

88. Bourquin 2011, p. 149.

89. Pour les travaux de la fin du XVIe siècle, les principales sources sont les archives du notaire Grudé (Arch. dép. Maine-et-Loire, E 4264 à E 4267) et le journal de Louvet (voir Lemarchand 1854-1856).

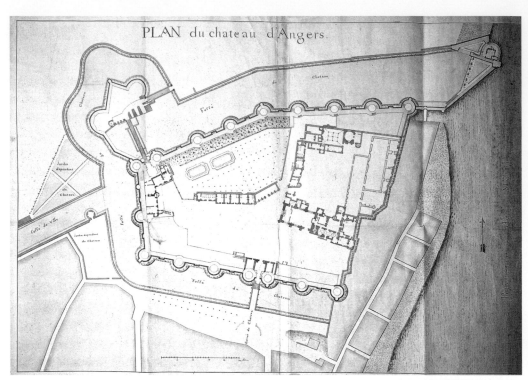

Fig. 43 – Plan du château d'Angers, entre 1750 et 1774, orienté au sud-ouest (SHD, archives du Génie, Angers).

Fonction carcérale et délaissement

La puissante forteresse ne joua véritablement de rôle défensif qu'au moment de la Fronde angevine, entre 1648 et 1652, puis pendant les troubles révolutionnaires, en 1793. Abritant les résidences des officiers représentant le pouvoir royal, le château servit également de lieu d'emprisonnement. Toutefois, les défauts d'entretien des bâtiments semblent avoir posé des problèmes récurrents aux XVIIe et XVIIIe siècles. En juin 1705, le marquis d'Autichamp, lieutenant du roi au château, expliqua, en réponse à la demande qui lui était adressée d'accueillir 400 prisonniers, «qu'il n'y avait aucun logement vacant dans le chasteau bon ny mauvais» et que c'était «un chasteau ruiné et ouvert de partout» [90].

Les fonctions militaire et carcérale du château firent de ce dernier un lieu clos, mal connu des Angevins, et, paradoxalement, alors que le château était très présent dans le paysage urbain, les témoignages architecturaux s'estompèrent sans que personne s'en émeuve beaucoup avant le XIXe siècle. Les bâtiments tombèrent en ruine ou furent abattus pour laisser place à de nouveaux aménagements.

Un décret du 30 fructidor an X (17 septembre 1802) autorisa la municipalité à démolir les anciennes fortifications de son enceinte, à combler les fossés et à en aliéner l'emplacement. Angers fut dès lors classée dans la catégorie des villes ouvertes de l'intérieur, et l'on ne considéra plus son château que comme un local fermé qui pouvait convenir à un casernement permanent [91]. Les constructions situées dans l'angle sud-est du château furent officiellement affectées à une fonction carcérale le 24 mai 1805 (décret du 4 prairial de l'an XIII); les bâtiments de l'ancienne résidence ducale abritèrent la prison civile jusqu'en mai 1856 [92], à l'exception cependant de la chapelle et des étages du logis royal, restés sous contrôle de l'armée. En effet, par décision ministérielle du 25 mars 1816, le château fut repris par le département de la Guerre afin de l'utiliser comme lieu de dépôt sécurisé. La fonction carcérale dut néanmoins être maintenue au château faute d'alternative sérieuse, ce qui ne fut pas sans poser des questions de sécurité systématiquement soulignées dans les mémoires établis par les militaires.

90. Service hist. de la Défense, A1 1897.

91. Service hist. de la Défense, art. 3, section 1, Angers, carton 1, n° 84, mémoire de 1831.

92. Brodeur (dir.) 2003 p. 64-80.

Emmanuel Litoux et Denis Hayot

En 1856, les bâtiments, visiblement en mauvais état, furent rétrocédés aux militaires de l'artillerie et du génie présents sur le site depuis 1817 [93]. Ces derniers utilisèrent le monument comme casernement et comme lieu de stockage pour les armes et la poudre. Ils procédèrent à la destruction de plusieurs bâtiments, parmi lesquels l'aile orientale de la cour seigneuriale. D'importants travaux furent également engagés dans les années 1859-1861 sur le front de Maine pour reprendre le mur de soutènement en tête d'escarpe, dont l'état sanitaire soulevait les inquiétudes des Angevins résidant en contrebas. Les militaires souhaitèrent en profiter pour abattre le mur gouttereau occidental et le pignon nord de la salle comtale ; les vives protestations de la communauté archéologique de l'époque permirent de sauver la moitié sud de l'élévation du gouttereau. Plusieurs mémoires rédigés dans la première moitié du XIXe siècle indiquent que des tours furent utilisées comme poudrière [94].

Le monument historique

Dans les années 1850, il fallut l'opiniâtreté des archéologues antiquaires du XIXe siècle pour sauver une partie des élévations de la grande salle comtale, et le châtelet d'entrée n'échappa à la démolition que grâce à l'idée fausse que René y avait vu le jour. Le classement du château intervint en 1875.

Durant la première moitié du XXe siècle, de nombreux hangars colonisèrent les espaces intérieurs du château essentiellement utilisé comme dépôt d'armes et de munitions. Les troupes allemandes prirent le contrôle du château en 1940 sans toutefois l'occuper durablement. Les bombardements alliés de mai 1944 atteignirent la chapelle Saint-Jean-Baptiste, dont les voûtes s'effondrèrent partiellement, ainsi que le logis royal, qui fut gravement endommagé par l'incendie provoqué par les explosions. Au sortir de la Seconde Guerre mondiale, derrière les fortifications de Saint Louis, le château n'était plus que l'ombre de lui-même.

Le logis royal et la chapelle firent l'objet de lourdes restaurations entre 1945 et 1951 sous la direction des architectes Bernard Vitry et Henri Enguehard, respectivement ACMH et architecte ordinaire du Maine-et-Loire. Il fallut cependant attendre 1947 pour que le monument soit confié à l'administration des Monuments historiques. La construction de la galerie de l'Apocalypse entreprise en 1953-1954 entraîna la destruction d'une partie de la terrasse d'artillerie sud-ouest et la mise au jour de la chapelle Saint-Laud. Les travaux offrirent l'occasion à Henri Enguehard de consigner de nombreuses observations [95], mais ce chantier se traduisit également par la destruction d'une partie importante des niveaux d'occupation médiévaux dans la cour du château.

Les travaux d'aménagement du château ont fait l'objet d'un suivi archéologique à partir de 1992. Une opération de grande ampleur menée en plusieurs temps, principalement entre 1993 et 1996 dans la cour seigneuriale et dans l'emprise de l'ancienne salle comtale, a permis des avancées considérables dans la connaissance tant du monument médiéval que des occupations plus anciennes. Les dernières campagnes de restauration conduites sur le logis royal (2011-2012) et sur l'enceinte du XIIIe siècle (2011-2013 pour le front sud et 2021-2023 pour le front nord) par les ACMH Gabor Mester de Parajd puis Christophe Batard ont également été précédées et accompagnées d'études archéologiques des élévations. Depuis la tenue du dernier congrès archéologique en 1964, nombreux sont donc les acteurs qui se sont impliqués dans l'étude du monument et ont permis de restituer des pans entiers de son histoire, si intimement liée à celle de l'Anjou.

93. Service hist. de la Défense, archives du Génie, art. 8, section 1, Angers, carton 4, n° 2, rapport du 9 avril 1857.

94. Service hist. de la Défense, archives du Génie, art. 8, section 1, Angers, carton 1.

95. Enguehard 1964, p. 9-21.

Crédits photographiques – fig. 1 : cl. R. Wollstadt ; fig. 5, 7-8, 36, 39-41, 43 : cl. Bruno Rousseau, Conservation départementale du patrimoine de Maine-et-Loire ; fig. 6, 33-37 : Emmanuel Litoux ; fig. 12-13, 17-19, 21, 23-24, 26-27, 31 : Denis Hayot ; fig. 15, 22 : cl. Wikipédia ; fig. 29-30 : cl. CMN ; fig. 35 : D. Jarvis.

Bienvenu et al. 2005
Jean-Marc Bienvenu, Robert Favreau et Georges Pon, *Grand cartulaire de Fontevraud*, Société des Antiquaires de l'Ouest, coll. «Archives historiques du Poitou», Poitiers, t. 2, 2005.

Biguet et Letellier-d'Espinose 2014
Olivier Biguet, Dominique Letellier-d'Espinose, «Le palais comtal sur la place des Halles à Angers : une création de Charles d'Anjou au milieu du XIIIᵉ siècle», dans *Saint Louis et l'Anjou*, Étienne Vacquet (dir.), Rennes, 2014, p. 97-112.

Blomme 1998
Yves Blomme, *Anjou gothique*, Paris, 1998.

Bourquin 2011
Laurent Bourquin, *Les nobles, la ville et le roi. L'autorité nobiliaire en Anjou pendant les guerres de Religion*, Paris, 2011.

Bourocher 2022
Solveig Bourocher, « La grande salle du logis ducal de Loches et ses décors au service du pouvoir de Louis Iᵉʳ d'Anjou (1360-1384) », dans *State-Rooms of Royal and Princely Palaces (14th-16th centuries): Spaces, Images, Rituals*, Mique Météo de Seixas, Torsten Hiltman, João António Portugal (eds), Porto, 2022, p. 69-95.

Bouvet et al. 2002
Jean-Philippe Bouvet, Jean Brodeur, Pierre Chevet, Maxime Mortreau, Jean Siraudeau, «Un *oppidum* au château d'Angers (Maine-et-Loire)», dans *Les marges de l'Armorique à l'âge du fer. Archéologie et histoire : culture matérielle et sources écrites*, suppl. 10 de la *Revue archéologique de l'Ouest*, 2003, p. 173-187.

Brodeur 1997
Jean Brodeur, *Château d'Angers. Fouilles des jardins du quadrilatère et de la terrasse du Logis Royal. Étude des élévations de la Grande salle. DFS de fouille préventive 1993-1996. Vol. 1 : Sources historiques*, DRAC Pays de la Loire, 1997.

Brodeur (dir.) 2003
Jean Brodeur (dir.), *La mémoire des anneaux. Sept siècles d'enfermement au château d'Angers*, Angers, 2003.

Brodeur et al. 1998
Jean Brodeur, Pierre Chevet, Joseph Mastrolorenzo, «Construction sur le site du château d'Angers d'après les fouilles récentes», dans *La construction en Anjou au Moyen Âge*, Daniel Prigent, Noël-Yves Tonnerre (dir.), Angers, 1998, p. 101-112.

Bodeur, Chevet 2001
Jean Brodeur et Pierre Chevet, «Une pièce technique équipée de colonnes de tuyaux dans les *camerae* du palais comtal du château d'Angers (Maine-et-Loire) au milieu du Xᵉ siècle», *Bulletin monumental*, t. 159-1, *Les bains privés au Moyen Âge et à la Renaissance*, 2001, p. 21-23.

Brodeur et al. 2021
Jean Brodeur, Emmanuel Litoux, Teddy Véron, «Le palais d'Angers et les fortifications angevines sous les Plantagenêts», dans *Gouverner l'empire Plantagenêt (1152-1224). Autorité, symboles, idéologie*, Martin Aurell (dir.), Nantes, 2021, p. 238-255.

de Boüard 1926
Alain de Boüard, *Actes et lettres de Charles Iᵉʳ, roi de Sicile, concernant la France (1257-1284). Extraits des registres angevins de Naples*, Paris, 1926.

Chevet et al. 1997 a
Pierre Chevet, Laurence Daudin, Joseph Mastrolorenzo, Isabelle Morera et Maxime Mortreau, *Château d'Angers. Fouilles des jardins du quadrilatère et de la terrasse du Logis Royal. Étude des élévations de la Grande salle. DFS de fouille préventive 1993-1996. Vol. 2 : L'occupation des origines à l'arrivée des comtes d'Anjou*, Drac Pays de la Loire, 1997.

Chevet et al. 1997 b
Pierre Chevet, Laurence Daudin, Joseph Mastrolorenzo et Isabelle Morera, *Château d'Angers. Fouilles des jardins du quadrilatère et de la terrasse du Logis Royal. Étude des élévations de la Grande salle. DFS de fouille préventive 1993-1996. Vol. 3 : Palais comtal et résidence ducale*, Drac Pays de la Loire, 1997.

Chevet 2007
Pierre Chevet, «Pérennité des lieux de pouvoir. Le château d'Angers, du tertre funéraire néolithique à la résidence des ducs d'Anjou», *Archéopages*, nᵒ 19, 2007, p. 34-39.

Comte 1997
François Comte, *La Cité d'Angers : topographie d'un quartier canonial (XIIᵉ-XVᵉ siècle)*, mémoire de DEA, université d'Angers, 1997.

Comte 2010
François Comte, «Recherches sur la topographie d'Angers au haut Moyen Âge (VIᵉ-IXᵉ siècles)», dans *Le haut Moyen Âge en Anjou*, Noël-Yves Tonnerre et Daniel Prigent (dir.), Rennes, 2010, voir p. 131-146.

Mallet 1991
Jacques Mallet, *Angers, le château, Maine-et-Loire*, Nantes, 1991.

Comte 2011 a
François Comte, « L'enceinte d'Angers (XIIIᵉ siècle) et son impact sur l'espace urbain », dans *Archeologia dei castelli angioini (XIII-XV sec.)*, Alfredo Maria Santoro, Paolo Peduto (dir.), Salerne, 2011, p. 77-89.

Comte 2011 b
François Comte, «Les lieux du pouvoir ducal à Angers au XVᵉ siècle», dans *René d'Anjou (1409-1480). Pouvoirs et gouvernement*, Jean-Michel Matz et Noël-Yves Tonnerre (dir.), Rennes, 2011, p. 163-194.

Enguehard 1964
Henri Enguehard, «Le château d'Angers», dans *Congrès archéologique de France. Anjou*, 1964.

Gálffy 2013
Lazlo Gálffy, *Angers au XIIIᵉ siècle : développement urbain, structures économiques et sociales*, Maulévrier, 2013, p. 74-75.

Halphen 1903
Louis Halphen, *Recueil d'annales angevines et vendômoises*, Paris, 1903.

Hayot 2023
Denis Hayot, «L'architecture en "mémoires". L'organisation de la maîtrise d'œuvre sur les chantiers de Philippe Auguste et son impact sur la standardisation de l'architecture fortifiée», dans *Fortification et pouvoirs souverains (1180-1340). Architecture fortifiée et contrôle des territoires au XIIIᵉ siècle*, Jean Mesqui et Denis Hayot (dir.), Carcassonne, 2023, p. 326-337.

Hunot 2013
Jean-Yves Hunot, «Angers, château. Datation de la herse en bois de la Porte des Champs», *Bulletin monumental*, t. 171-1, 2013, p. 50-53.

Lecoy de la Marche 1873
Albert Lecoy de la Marche, *Extraits des comptes et mémoriaux du roi René pour servir à l'histoire des arts au XVᵉ siècle publiés d'après les originaux des archives nationales*, Paris, 1873.

Lemarchand 1854-1856
Albert Lemarchand, «Jean Louvet, Journal ou

récit véritable de tout ce qui est advenu digne de mémoire tant en la ville d'Angers, pays d'Anjou et autres lieux (depuis l'an 1560 jusqu'à l'an 1634) », *Revue de l'Anjou*, 1854-1856.

Litoux 2011
Emmanuel Litoux, « Le château de Saumur et son portrait dans les Très Riches Heures du duc de Berry », dans *Le château et l'art, à la croisée des sources*, Philippe Bon (dir.), Mehun-sur-Yèvre, 2011, p. 53-83.

Litoux 2013 a
Emmanuel Litoux, *Château d'Angers. Étude archéologique du logis royal et de ses abords. Rapport de sondage et d'étude de bâti. Rapport final d'opération*, DRAC Pays de la Loire, 2013.

Litoux 2013 b
Emmanuel Litoux, « La structuration des programmes résidentiels dans les châteaux et les manoirs angevins du roi René entre 1434 et 1480 ; nouvelles données, nouvelles hypothèses », dans *La demeure seigneuriale dans l'espace Plantagenêt. Salles, chambres et tours*, Gwyn Meirion-Jones (dir.), Rennes, 2013, p. 315-326.

Litoux 2016
Emmanuel Litoux, *Le front sud du château d'Angers (Maine-et-Loire), étude d'un chantier d'exception, Rapport final d'opération*, Drac Pays de la Loire, 2016.

Litoux 2019
Emmanuel Litoux, « Étude archéologique d'un grand chantier castral : la forteresse de Saint Louis à Angers », *Construire! Entre antiquité et époque contemporaine*, Paris, 2019, p. 77-86.

Litoux et al. 2010
Emmanuel Litoux, Jean-Yves Hunot, Daniel Prigent, « L'édification d'un château-palais dans le dernier tiers du XIVe siècle », dans *Le château et la citadelle de Saumur, architectures du pouvoir*, Emmanuel Litoux, Éric Cron (dir.), Paris, 2010, p. 49-90.

Litoux et Mathieu, à paraître
Emmanuel Litoux, Isabelle Mathieu, « Les chantiers de Louis Ier d'Anjou (1356-1384) : état de la question », *Hommages à Jean-Michel Matz*, Rennes, à paraître.

Mallet 1984
Jacques Mallet, *L'art roman de l'ancien Anjou*, Paris, 1984.

Mallet 2010
Jacques Mallet, « Les châteaux d'Angers et de Saumur sous Louis Ier d'Anjou », dans *Le palais et son décor au temps de Jean de Berry*, Alain Salamagne (dir.), Tours, 2010, p. 139-153.

Marchegay 1853
Paul Marchegay, *Archives d'Anjou. Recueil de documents et mémoires inédits sur cette province*, Angers, t. 2, 1853.

de Mérindol 1987
Christian de Mérindol, *Le roi René et la seconde maison d'Anjou. Emblématique, art, histoire*, Paris, 1987.

Melh 1990
Jean-Michel Melh, *Les jeux au royaume de France du XIIIe au début du XVIe siècle*, Paris, 1990.

Merlet 1896
René Merlet (éd.), *La chronique de Nantes (570 environ-1049)*, Paris, 1896.

Métais 1893
Charles Métais, *Cartulaire de l'abbaye cardinale de la Trinité de Vendôme*, Paris, t. 1, 1893.

Nassiet 2013
Michel Nassiet : « Salle et chambre dans les inventaires de meubles (XVe-XVIe siècle) », dans *La demeure seigneuriale dans l'espace Plantagenêt. Salles, chambres et tours*, Gwyn Meirion-Jones (dir.), Rennes, 2013, p. 397-413.

Papin et Riou 2019
Pierre Papin (dir.) et Samuel Riou, Loches. *Le château. Sixième campagne de fouilles programmées. La grande salle des comtes d'Anjou*, Rapport de fouilles archéologiques programmées, Tours, Orléans, Drac Centre-Val de Loire, 2019, 2 vol.

Pélicier 1898
Paul Pélicier, *Lettres de Charles VIII, roi de France, publiées d'après les originaux pour la Société de l'Histoire de France*, Paris, t. 1, 1898.

Planchenault 1903
Adrien Planchenault, *Cartulaire du chapitre de Saint-Laud d'Angers*, Angers, 1903.

Port 1874
C. Port, *Dictionnaire historique, géographique et biographique de Maine-et-Loire*, Angers, t. 1, 1874.

Robin 1985
Françoise Robin, *La cour d'Anjou-Provence. La vie artistique sous le règne de René*, Paris, 1985.

Urseau 1908
Charles Urseau, *Cartulaire noir de la cathédrale d'Angers*, Paris, Angers, 1908.

Vissière 2015
Laurent Vissière, « L'érection des Saintes-Chapelles (XIVe-XVIe siècles) », dans *L'art au service du prince. Paradigme italien, expériences européennes (vers 1250-vers 1500)*, Élisabeth Crouzet-Pavan et Jean-Claude Maire-Vigueur (dir.), Rome, Viella, 2015, p. 115-139.

LE PALAIS PERRIN DE BRIOLLAY

UNE MAISON SEIGNEURIALE DES ANNÉES 1230

Emmanuel LITOUX *, Bénédicte FILLION-BRAGUET **, Jean-Yves HUNOT ***

L e bourg de Briollay, implanté immédiatement en amont de la confluence de la Sarthe et du Loir, conserve un rare exemple, à l'échelle régionale, de bâtiment civil de style roman (fig. 1). L'édifice, traditionnellement désigné comme le palais Perrin [1], a conservé l'essentiel de sa volumétrie médiévale. En plus du mur pignon donnant sur la rue, il présente la particularité de comporter deux autres façades percées comme la première de fenêtres géminées. Dans une étude publiée en 1894-1895, Marcel Le Tourneau en a fait une première description et s'est essayé à en restituer les dispositions anciennes, son analyse se focalisant sur la fonction judiciaire qu'il faisait remonter aux origines de l'édifice [2]. Le palais Perrin a été inscrit sur la liste supplémentaire des Monuments historiques en 1975 pour les façades et les toitures, la protection ayant été étendue à l'ensemble du bâtiment par un arrêté en date du 12 décembre 1995. Il a été acheté en 2013 par la commune de Briollay qui, soucieuse de le mettre en valeur, envisage d'y aménager un équipement municipal. Une étude récente a pu croiser l'analyse de l'édifice avec les résultats d'une recherche documentaire et les dates obtenues par dendrochronologie [3]. Elle a d'abord permis de restituer les principales caractéristiques architecturales du bâtiment primitif, puis de rediscuter tout à la fois l'identité du maître d'ouvrage et le programme fonctionnel du bâtiment, en s'interrogeant notamment sur l'ancienneté de la fonction judiciaire qui n'est formellement attestée qu'à partir du XVIIe siècle.

Briollay se trouve à 11 km au nord d'Angers, sur le tracé de la route médiévale établie en pied de coteau sur la rive gauche de la Sarthe et reliant la capitale angevine à Châteauneuf. Le village, implanté immédiatement en amont de la confluence de la Sarthe et du Loir, s'est développé le long de la première, en contrebas d'un promontoire à la pointe duquel a été installé le château médiéval (fig. 2) ; il occupe une terrasse alluvionnaire le plaçant juste hors de portée de la plupart des crues. Le Perrin est localisé dans le centre du bourg ; tournant le dos à la rivière distante d'une centaine de mètres, il borde la place qui a accueilli jusqu'au XIXe siècle le cimetière, au nord de l'ancienne église prieurale Saint-Marcel. Le bâtiment se trouve en retrait de la rue principale dont le tracé, parallèle au cours de la Sarthe, permet de rejoindre le promontoire du château.

Ancienne possession épiscopale, le domaine de Briollay fut capté au tout début du XIe siècle par le comte d'Anjou Foulques Nerra, qui semble y avoir fondé une place forte destinée à contrôler les voies de circulation terrestres et fluviales. Il en confia la garde à un certain Bouchard. Pour autant, la seigneurie restait rattachée au temporel épiscopal, son détenteur rendant aveu à l'évêque. Dans un acte du cartulaire de Saint-Serge, daté entre le 21 juin 1040 et mars 1046, Bouchard II donna à l'abbaye de Saint-Serge l'église dédiée à saint Marcel, des droits sur le marché ainsi qu'une grande bande de terrain longeant la Sarthe, à l'ouest de la rue principale, comprenant l'emplacement du futur Perrin [4]. Les terrains appartenaient donc au censif du prieuré, lequel relevait du fief de la baronnie de Briollay, seigneurie ecclésiastique de l'évêque d'Angers.

* Conservateur du patrimoine, Conservation départementale du patrimoine de Maine-et-Loire, UMR 6566 CReAAH.

** Docteur en Histoire de l'art, chercheur associé au CESCM, UMR 7302, université de Poitiers.

*** Archéologue, Conservation départementale du patrimoine de Maine-et-Loire, UMR 6566 CReAAH.

1. D'autres sources le désignent comme la maison du Perrin ou le Perrin. Dans les textes médiévaux, l'adjectif « perrin », du latin petrinus, signifie « en pierre ». Par métonymie, le nom commun a servi à identifier un bâtiment en pierre. À Briollay, la première occurrence date du début du XIVe siècle et le terme a été employé jusqu'au XVIIIe siècle, le nom commun finissant par devenir un nom propre. Précisons qu'une certaine confusion semble parfois exister avec le mot « perron », employé en 1608 pour désigner l'ensemble du bâtiment. Un siècle et demi plus tard, le censif de 1760 mentionne « le palais et auditoire de la baronnie avec le perron qui sert à y monter » (Arch. dép. Maine-et-Loire, H 910, article 111 et H 918).

2. Le Tourneau 1894-1895.

3. Litoux, Fillion-Braguet et Hunot 2022.

4. Cartulaire de Saint-Serge et Saint-Bach, n° 51.

5. En 1197, alors qu'il tenait résidence à Briollay, Guillaume des Roches signa une charte dans laquelle il renouvela le douaire de sa femme, Marguerite de Sablé, tant les acquêts ou conquêtes qu'il avait faits ou qu'il serait en mesure de faire par la suite. Cet acte était confirmé en mars 1219 par Philippe Auguste. Sur Guillaume des Roches et son sénéchalat, voir Baury 2022.

6. *Layettes du Trésor des Chartes* II, n° 1915, p. 117.

7. Arch. dép. Maine-et-Loire, H 863, fol. 4.

8. Pour la liste des seigneurs, compilation de deux éditions du dictionnaire de Célestin Port (1874-1918 et 1965-1996), de Bertrand de Broussillon 1893, Angot 1919, Maucourt 2006 et Lachaud 2012.

Briollay resta dans la lignée de Bouchard jusqu'au mariage de Thiphaine avec Lisiard de Sablé au début du XIIe siècle. Une arrière-petite-fille, Marguerite de Sablé (1179-1238), épousa en secondes noces, vers 1191, le sénéchal d'Anjou Guillaume des Roches (1155-1222)[5]. À la mort de ce dernier, la seigneurie fut léguée à sa fille Jeanne (1195- après 1238), mariée en 1212 à Amaury de Craon (1170-1226). Le 27 janvier 1226, Jeanne des Roches rendait hommage à Louis IX pour le titre de sénéchal d'Anjou, du Maine et de Touraine, titre qu'elle tenait de son père et qu'elle conserva jusqu'à la majorité de son fils Maurice, né en 1224[6]. La construction du Perrin intervint dans les années qui suivirent l'aveu de 1226. Le bâtiment, mentionné pour la première fois en 1306, appartenait alors aux seigneurs de Briollay[7]. La seigneurie fut détenue par la famille de Craon jusqu'au milieu du XVe siècle. Par la suite, elle changea à plusieurs reprises de lignage mais resta entre les mains de grandes familles : maison de Retz en 1414, Chaligny puis Bourbon-Montpensier en 1504, Rohan-Montbazon en 1586[8]... La seigneurie fut cédée en 1781 à Jean-Baptiste Ménage, seigneur de Soucelles, qui la vendit en 1809 sans le Perrin, lequel avait probablement fait l'objet d'une transaction dans l'intervalle.

Fig. 1 – Briollay, palais Perrin, vue de la façade sud.

EMMANUEL LITOUX, BÉNÉDICTE FILLION-BRAGUET, JEAN-YVES HUNOT

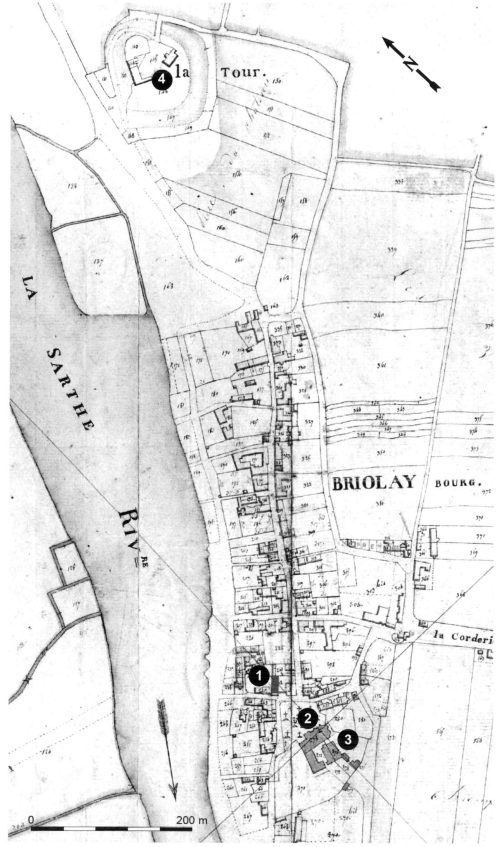

Fig. 2 – Extrait du cadastre de 1828 (Arch. dép. Maine-et-Loire, 3 P 4/50/9, section C3 du Bourg).
1 : palais Perrin ; 2 : cimetière ; 3 : église Saint-Marcel et prieuré ; 4 : château.

LES DISPOSITIONS ORIGINELLES

L'étude documentaire et l'analyse du palais Perrin de Briollay permettent d'identifier le bâtiment comme étant un édifice civil des années 1225-1235. Il comporte un niveau inférieur semi-enterré et un étage unique. Les constructeurs ont donné au bâtiment un plan rectangulaire très allongé – 19,6 x 8,2 m hors-œuvre – et l'ont pourvu de trois belles façades tournées vers le sud, l'est et le nord (fig. 3) [9].

L'entrée principale au cellier semi-enterré se faisait par la porte du mur pignon nord, encadrée par deux jours rectangulaires traités en pierres de taille de tuffeau (fig. 4). Sur le mur oriental, une porte secondaire, un peu plus étroite, semble appartenir au projet originel. Les autres ouvertures – quatre petites fentes d'éclairage et de ventilation –, plus sommairement construites, se répartissent sur les deux murs gouttereaux. Les remaniements interdisent d'avoir une vision claire de la façon dont a été traitée la partie sud, mais il n'existe aucun indice pour restituer une quelconque ouverture donnant sur la rue.

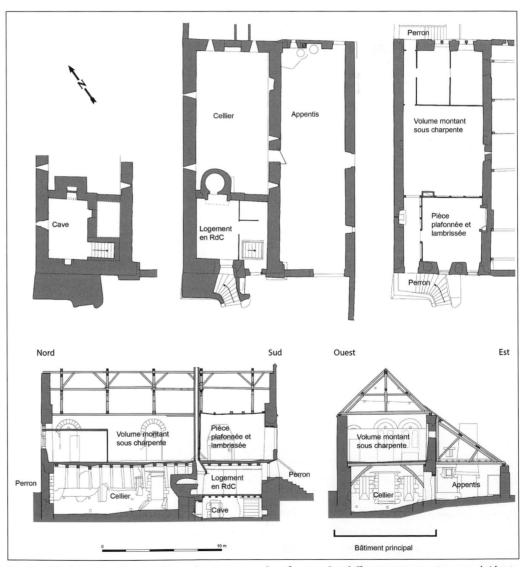

Fig 3 – Briollay, palais Perrin, plans et coupes avec identification des différents espaces, état actuel (dessin E. Litoux).

EMMANUEL LITOUX, BÉNÉDICTE FILLION-BRAGUET, JEAN-YVES HUNOT

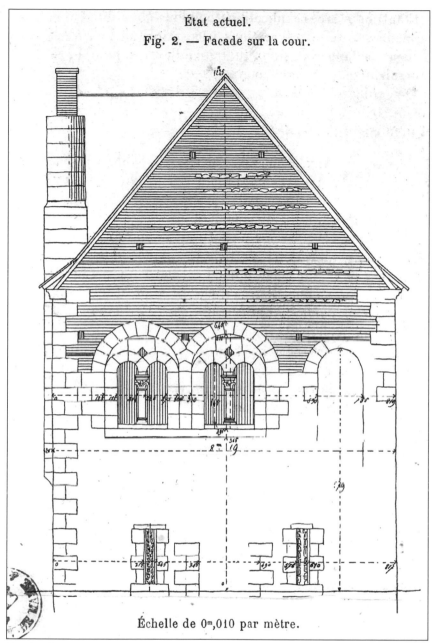

État actuel.
Fig. 2. — Facade sur la cour.

Échelle de 0ᵐ,010 par mètre.

Fig. 4 – Élévation du mur pignon nord du palais Perrin par M. Le Tourneau, *La construction moderne*, 17 novembre 1894, p. 77.

Le cellier, excavé d'au moins 1,5 m par rapport au sol extérieur, offrait une surface de 105 m², *a priori* d'un seul tenant, sur une hauteur d'environ 4 m [10]. Le niveau de plancher le séparant de l'étage est constitué d'une série de solives passantes de forte section – 24,5 cm de côté – appuyées sur deux muraillères positionnées sur les ressauts intérieurs des murs gouttereaux. De grands aisseliers légèrement cintrés soulagent les extrémités des solives dont l'entraxe moyen est de 92 cm (fig. 5). Il n'a été observé aucune trace de trémie en lien avec une circulation verticale interne. Les épaisses planches qui constituaient selon toute vraisemblance le plancher médiéval avaient sans doute déjà été remplacées au XVIᵉ siècle par un sol de tomettes mis en place sur une structure composée d'éclisses posées à plat, recouvertes d'une couche de torchis [11].

10. En l'absence de sondages archéologiques, les niveaux de sols intérieurs et extérieurs ne sont pas précisément connus.

11. En Anjou, les rares exemples attestés de planchers anciens angevins sont constitués d'épaisses planches (Hunot 2013).

Fig. 5 – Briollay, palais Perrin, vue de l'extrémité nord du cellier.

La hauteur donnée au cellier, en même temps qu'elle offrait un volume de stockage appréciable, servait à hisser l'étage résidentiel à un niveau qui lui permettait de se distinguer dans le paysage bâti environnant, sans doute des plus modestes au XIIIe siècle. La méconnaissance des niveaux de crues anciennes ne permet pas d'apprécier le risque d'inondation auquel était exposé le bâtiment, et encore moins le degré de conscience qu'en avaient les constructeurs.

Un fort contraste s'établissait entre le niveau inférieur et l'étage, qui concentrait les éléments décoratifs. Le mur pignon sud était occupé sur toute sa largeur par une grande porte et deux fenêtres géminées dont ne subsistent que quelques claveaux et une partie du cordon d'archivolte (fig. 1). Les parties hautes, seules conservées, montrent un moyen appareil de tuffeau. Une chevronnière, aujourd'hui très dégradée, amortissait l'élévation. Un perron de pierre ou de bois, probablement implanté le long de la façade et protégé par un toit en auvent [12], desservait la porte d'entrée, contribuant à monumentaliser l'ensemble (fig. 6).

Le mur gouttereau oriental, monté pour l'essentiel en blocs et en moellons de grès local à l'exclusion des pierres de taille d'encadrement en tuffeau, offrait une vaste surface murale animée par le coffre et la souche cylindrique d'une cheminée, ainsi que par deux fenêtres géminées positionnées au milieu et à l'extrémité nord de la façade (fig. 7) [13]. Cette seconde fenêtre, mieux conservée, permet de restituer les dispositions originelles avec une colonne centrale séparant deux baies en plein-cintre à arêtes vives, surmontées par un tympan percé d'un jour losangé, comme sur la façade nord. L'ensemble, inscrit en retrait du mur, était couvert par un arc en plein-cintre chanfreiné que doublait une archivolte retournée. La fenêtre centrale montre sur l'arc principal un simple décor de petites dents de scie, tandis que la seconde au nord a fait l'objet d'un traitement un peu plus soigné avec un motif en ruban plissé (fig. 8). Sur l'archivolte, les dents de scie sont dédoublées pour créer un motif de

12. L'auvent était accroché à quatre pièces de bois de 18 cm de section, scellées dès l'origine dans la maçonnerie, et dont les négatifs sont bien lisibles à la base du triangle du pignon.

13. La restitution par M. Le Tourneau d'une porte d'étage au milieu de la façade dans le projet originel ne peut être retenue, le gabarit de l'ouverture étant l'exact équivalent des autres fenêtres géminées.

EMMANUEL LITOUX, BÉNÉDICTE FILLION-BRAGUET, JEAN-YVES HUNOT

Fig. 6 – Briollay, palais Perrin, proposition de restitution de l'élévation de la façade sud dans son état originel (dessin E. Litoux).

Fig. 8 – Briollay, palais Perrin, détail de la fenêtre géminée nord de l'ancienne façade orientale.

Fig. 7 – Briollay, palais Perrin, élévation de la façade orientale du bâtiment principal, contre laquelle s'appuie un volume en appentis ajouté à l'Époque moderne (dessin E. Litoux).

Fig. 9 – Briollay, palais Perrin, détail des deux fenêtres géminées du mur pignon nord.

carrés sur pointe séparés par un filet. Suggérée par deux corbeaux, la présence d'un petit appentis contre la partie nord de la façade n'est cependant pas assurée. Une corniche moulurée d'une gorge et d'un tore surmonté d'un filet couronnait cette façade. Le mur pignon nord reprenait à l'étage l'organisation de la façade sud avec une porte et deux fenêtres géminées traitées avec plus de simplicité (fig. 9) : absence de cordons d'archivolte, dimensions plus modestes de la porte accolée contre l'angle nord-ouest, emploi de la pierre de taille réservé aux seuls encadrements et aux chaînes d'angle, absence de chevronnière. Les portes et les fentes d'éclairage du cellier incitent à positionner l'escalier extérieur perpendiculairement au mur pignon. La longue façade arrière, tournée vers la Sarthe, ne comportait à l'origine que deux étroites fenêtres ouvrant sur le cellier. La corniche taillée de motifs en dents de scie constitue le seul élément décoratif.

L'examen des élévations intérieures, en partie masquées par des enduits modernes, ne livre que peu d'informations supplémentaires. De la cheminée originelle ne subsiste plus que le contrecœur concave en pierres de taille de tuffeau, surmonté par la souche cylindrique. Des ressauts intérieurs marquent la base des triangles des pignons. Du fait de la disparition complète du ou des enduits anciens couvrant les élévations intérieures, il n'a pas été possible de retrouver la moindre trace de décor peint dont la présence n'aurait cependant rien d'étonnant compte tenu de la qualité du bâtiment.

L'étude a établi que le volume de l'étage montait sous charpente. L'examen des bois réemployés dans la charpente actuelle, sans doute pas antérieure au XVIIIe siècle, a permis de restituer deux états précédents. Le plus ancien correspond à une structure constituée de fermes identiques probablement formées d'un simple couple de chevrons raidis par un faux entrait [14] et renforcés par deux jambettes [15], le tout reposant sur un cours de double sablière

14. Assemblages à mi-bois, parfois à ergot ou en queue d'aronde asymétrique.

15. Embrèvements simples à talon biais.

par l'intermédiaire de blochets (fig. 10). Cette charpente n'utilisait que des bois de chêne sous forme de bois de brin équarris à la hache. Les pièces mesurent entre 12 et 14 cm de côté et présentent beaucoup de flaches. Les pièces de la charpente ne comportent aucune trace de lambris. La pente des versants peut être estimée à 48 degrés.

Le fait que l'étage ait été rendu accessible par deux portes d'entrée opposées [16], le positionnement très excentré de la cheminée et la répartition générale des baies rendent vraisemblable la présence d'une partition légère environ au tiers nord de la longueur du bâtiment, séparant une salle d'environ 80 m² et une pièce de quelque 35 m² [17]. Le dédoublement des portes pouvait garantir une autonomie fonctionnelle à chacun des deux espaces.

L'analyse dendrochronologique des solives du plancher et des pièces provenant de la charpente primitive a livré deux intervalles de datation qui, si les deux ensembles sont bien contemporains, permettent de situer la construction du palais Perrin vraisemblablement entre 1225 et 1235 [18]. Ces résultats témoignent de la persistance de formes de tradition romane dont on pensait jusqu'à présent qu'elles s'effaçaient au tournant des XIIe et XIIIe siècles [19].

Ces dispositions indiquent que le maître d'ouvrage disposait d'une assiette foncière assez étendue pour implanter ce long bâtiment dont le plan régulier ne semble affecté par aucune contrainte. Les quatre façades étaient manifestement dégagées de toute construction importante. Visible de toutes parts, le bâtiment devait s'imposer dans le tissu bâti du village, sans doute encore assez lâche.

16. Le traitement de la porte du mur pignon nord montre clairement qu'il s'agissait d'une ouverture accessible de l'extérieur et destinée à pénétrer dans le bâtiment, et non d'une porte de desserte intérieure, pour rejoindre un volume annexe tel que des latrines.

17. Il faut cependant convenir que les traces font complètement défaut pour venir appuyer ce qui ne reste donc qu'une hypothèse.

18. Le plancher a été réalisé avec des bois provenant d'arbres abattus après 1219 et probablement avant 1235. Pour la charpente, l'abattage des bois peut être situé entre 1225 et 1239 (Dendrotech, 4, place de l'Église, Briollay, DW-2023-005, Betton, 2023).

19. Des fenêtres du même type ont récemment été datées vers 1213d sur la maison canoniale Sainte-Croix à Angers. Voir, dans ce volume, l'article de Pierre Garrigou Grandchamp, « Les demeures médiévales de la Cité d'Angers (XIIe - début du XVe siècle) », p. 111-148.

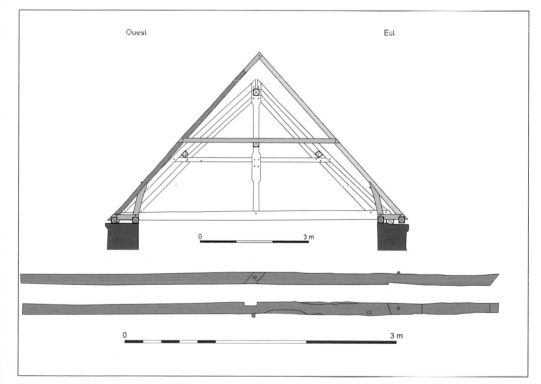

Fig. 10 – Briollay, palais Perrin, relevé d'un chevron et proposition de la charpente des années 1225-1235d à partir des éléments conservés en remploi dans la structure en place, dessinée en arrière-plan (dessin J.-Y. Hunot).

20. Un pressoir à vin seigneurial est signalé pour la première fois en 1620 (Arch. dép. Maine-et-Loire, 65 J 199). Un texte de 1673 précise qu'il se trouvait dans l'appentis ajouté contre le mur gouttereau oriental (Arch. dép. Maine-et-Loire, 1 B 935). Des graffitis indiquent que du vin était encore stocké dans le bâtiment dans les années 1960-1970.

21. Toutefois, il convient de ne pas complètement éliminer l'hypothèse d'une rue ancienne au nord de l'édifice.

22. Le logis des hôtes (XIIᵉ-XIIIᵉ s.) identifié au prieuré de Saint-Rémy-la-Varenne (Brissac-Loire-Aubance) est situé immédiatement à l'est des bâtiments conventuels. Voir, dans ce volume, l'article de Christian Davy, Emmanuel Litoux, Daniel Prigent, « Le prieuré de Saint-Rémy-la-Varenne : le religieux et le profane », p. 215-239.

23. Carré 2005 ; Garrigou Grandchamp 2014.

24. Letellier et Biguet 2002.

25. Garrigou Grandchamp 2006.

26. Marot 2020.

27. Garrigou Granchamp 2008.

Outre son emplacement et ses dimensions, c'est également l'emploi de la pierre qui devait faire sortir du rang l'édifice, ainsi que le rappelle son appellation ; il fait peu de doutes que, au siècle de sa construction, rares devaient être les bâtiments maçonnés à pierre et à chaux, exception faite du château, de l'église Saint-Marcel et peut-être des bâtiments prieuraux.

Les conditions de température et d'hygrométrie offertes par le cellier étaient propices à la conservation de certaines denrées. Les traces de moisissures ayant coloré tous les bois anciens du plafond témoignent d'une exposition prolongée à des vapeurs d'alcool ; des tonneaux de vin furent durablement entreposés dans cet espace, sans qu'il soit cependant possible de situer cet usage dans le temps [20]. Le positionnement de la porte principale du cellier sur le mur pignon nord, *a priori* plus éloigné de la rue, plaide en premier lieu pour une fonction de stockage « privatif » [21]. Cependant, rien n'en interdit l'usage pour le négoce, même si une communication par le sud ou l'ouest eut semblé plus adaptée. Rappelons que la Sarthe, à laquelle donne accès l'actuelle rue immédiatement au sud de l'édifice, a très tôt constitué un axe de circulation par bateau de première importance.

L'étage, conçu pour fonctionner de façon autonome par rapport au niveau inférieur, ne comportait pas moins de six fenêtres géminées réparties sur trois façades, mises en valeur par un décor de qualité. Le ou les volumes, montant sous charpente, ont pu être affectés à un usage tout aussi bien de résidence, au sens large, que de représentation, ce qui pose la double question de l'identité du maître d'ouvrage et de la fonction dévolue au bâtiment.

Un probable statut seigneurial

Les religieux de Saint-Serge, à qui appartenait depuis le XIᵉ siècle le fond sur lequel est édifié le Perrin, ont développé leurs bâtiments prieuraux au sud de l'église Saint-Marcel, et il paraîtrait étonnant qu'ils aient fait construire un logis des hôtes ou une hôtellerie au nord du cimetière, physiquement complètement déconnecté du prieuré et de son église [22]. Par ailleurs, on ne comprendrait pas pourquoi ils s'en seraient dessaisis avant 1306 au profit des seigneurs de Briollay. Toujours dans l'hypothèse d'une maîtrise d'ouvrage monastique, l'emplacement et les dispositions architecturales sont éloignés de ce qui s'observe généralement pour les édifices d'hospitalité ou d'assistance aux pauvres et aux malades qui, de plus, laissent la plupart du temps des traces dans les fonds d'archives, ce qui n'est pas le cas ici.

Une construction laïque paraît plus vraisemblable. L'édifice s'inscrit pleinement dans le modèle de l'architecture civile élitaire des maisons urbaines en pierre bâties aux XIIᵉ et XIIIᵉ siècles en Anjou, dans le Maine et en Touraine : grande salle haute d'étage sous charpente, chauffée d'une cheminée et éclairée de fenêtres géminées au décor soigné, régnant sur un niveau qui semble avoir servi de cellier [23]. Le corpus des édifices résidentiels de tradition romane, édifiés au XIIᵉ siècle ou dans le premier tiers du siècle suivant, est assez restreint en Anjou et plus largement dans le Centre Ouest. Angers fournit quelques points de comparaison précieux [24]. Si, à Saumur, les vestiges de cette période sont peu nombreux et lacunaires [25], il en va différemment en Touraine où des recherches récentes ont fait ressortir des corpus plus étoffés à Tours [26] ou à Beaulieu-lès-Loches [27]. Des exemples isolés dans des agglomérations plus modestes peuvent être cités, comme la maison du 4, rue de la Mairie, à Candes-Saint-Martin, en Indre-et-Loire, ou celle qui était sise au 26, rue du Val, à Mouliherne, sur la commune de Baugé-en-Anjou. Les plans barlongs, particulièrement lorsqu'ils sont très allongés, sont généralement associés à des occupations peu denses. On trouve plus de celliers semi-enterrés et plafonnés, pour rehausser

EMMANUEL LITOUX, BÉNÉDICTE FILLION-BRAGUET, JEAN-YVES HUNOT

l'étage, en milieu rural qu'en ville, où les caves étaient plus souvent voûtées en pierre et davantage enterrées lorsqu'un rez-de-chaussée à fonction commerciale nécessitait une ouverture sur la rue.

L'hypothèse de la résidence qu'aurait pu se faire édifier un bourgeois enrichi par le négoce ne peut être exclue, mais les proportions très allongées du bâtiment, le fait qu'il dispose de deux entrées opposées et l'absence d'articulations évidentes entre le cellier et les principaux axes de circulation – la rue d'une part et la rivière d'autre part, à laquelle il fait dos – paraîtraient alors autant d'anomalies, même si aucune d'entre elles, prise isolément, ne peut être reconnue comme véritablement déterminante.

Le lien avec les seigneurs de Briollay est établi, rappelons-le, à partir du début du XIVᵉ siècle, la première mention du « perrin de Brioley » remontant à 1306, date à laquelle le Perrin appartenait au seigneur baron. Un siècle et demi plus tard, en 1456, René de Retz, chevalier seigneur de la Suze et de Briollay, rendit hommage lige à l'évêque d'Angers, Jean de Beauvau, pour sa terre de Briollay, qui comprenait son château et, dans le bourg, « une grant maison couverte de ardoyse que j'ay en la ville devant l'église de Briolay, appelée le perrin avecques le jardin qui y appartient…» [28].

L'étude documentaire a montré que les seigneurs de Briollay étaient astreints au paiement d'une redevance au bénéfice des religieux, situation qui resta inchangée jusqu'à la période révolutionnaire, les mentions de cens l'attestant encore au XVIIIᵉ siècle.

Le lien établi avec les seigneurs de Briollay, bien documenté par les archives, permet de penser que ceux-ci furent les constructeurs du bâtiment. Dans l'hypothèse d'une maîtrise d'ouvrage seigneuriale, le chantier a pu être engagé par Amaury Iᵉʳ de Craon, héritier du sénéchalat de Guillaume des Roches entre 1222 et 1226 [29], ou plus probablement par sa veuve Jeanne des Roches, après 1226. Le sénéchalat tel qu'il avait été défini par Philippe Auguste impliquait d'assurer les intérêts du roi et de mener dans les territoires des missions administratives, fiscales et judiciaires. Cette charge donnait à son détenteur un rôle de vicomte avec des pouvoirs extrêmement étendus et lui conférait puissance et prestige [30].

L'identification d'un bâtiment d'habitation dédié aux seigneurs de Briollay paraît peu vraisemblable compte tenu du faible éloignement du château – 0,75 km –, qui ne peut à lui seul justifier la construction d'un pied-à-terre dans le bourg, hors de la protection qu'offraient la grande tour et les puissants ouvrages de terrassement. En revanche, l'édifice pourrait avoir été construit pour héberger d'autres fonctions. Sans aller jusqu'à voir dans le Perrin de Briollay le siège du sénéchalat, lequel devait se trouver à Angers, sans doute à proximité du palais comtal, il est tout à fait possible que les seigneurs de Briollay aient doté leur baronnie d'une salle pour leurs propres officiers – prévôt, bailli – à qui revenait la charge d'administrer la seigneurie [31]. Le dédoublement des accès sur les murs pignons trouverait alors une explication dans la juxtaposition de plusieurs usages au sein d'un même édifice. On peut bien sûr légitimement s'interroger sur la pertinence d'implanter ce bâtiment dans le village, dépourvu de toute protection, sur une parcelle grevée d'un cens au profit des religieux, alors que la place ne manquait pas de l'autre côté de la rue ou dans l'enceinte même du château qui, plus que tout autre lieu, matérialisait le pouvoir seigneurial. Cependant, plus qu'à ces considérations, les seigneurs de Briollay furent peut-être attentifs à placer leurs représentants au sein du village, en prise avec les habitants, en lien avec l'activité économique favorisée par la Sarthe, mais également en face du prieuré-cure dépendant de l'abbaye Saint-Serge d'Angers. L'édification d'un grand corps de bâtiment à étage, entièrement en pierre, avec son décor déployé sur trois façades, caractéristique rare, rappelait à tous l'étendue des pouvoirs dont pouvait se prévaloir le maître d'ouvrage.

28. ADML, G 51, aveu de 1456, fol. 1.

29. Guillaume des Roches a connu une longévité exceptionnelle : proche d'Henri II, il a été fidèle de Richard Cœur de Lion (entre 1189 et 1199), sénéchal d'Anjou pour Arthur de Bretagne en 1199, puis pour Jean sans Terre entre 1199 et 1202, et enfin pour Philippe Auguste de 1203 à sa mort en 1222. Il était parvenu à faire de l'office de sénéchal un titre héréditaire.

30. Au début du XIIIᵉ siècle, le sénéchal disposait presque des pleins pouvoirs : « administrer les domaines du comte et commander aux prévôts, maintenir l'ordre dans le comté, assurer la justice et présider la cour comtale en l'absence du comte » (Matz et Tonnerre 2017, p. 68).

31. Martin Pithon, s'appuyant sur les recherches de François Comte, a récemment émis l'hypothèse qu'un vaste bâtiment roman mis au jour à l'occasion de travaux dans la Cité d'Angers ait pu servir à Guillaume des Roches, peut-être dans le cadre de sa fonction de sénéchal d'Anjou (Pithon 2017, p. 243 et 248).

32. Jacob et Marchal-Jacob 1992, p. 33-37. Cette attribution a été proposée pour le Palais de Limeray (Indre-et-Loire), daté de la transition entre les XIIIᵉ et XIVᵉ siècles, mais l'interprétation n'est pas du tout certaine pour cet édifice qui, il est vrai, présente un traitement architectural inhabituel (Scheffer et Serre 1997). Dans le Maine, le manoir du Grand Poillé à Contest (Mayenne), possédé par les cisterciens de l'abbaye de Fontaine-Daniel, conserve ce qui est interprété comme un auditoire de la fin du XIVᵉ ou du début du siècle suivant avec une salle d'étage montant sous charpente, établie au-dessus d'une petite pièce voûtée semi-enterrée sur l'arrière pouvant servir de prison, précédée d'un espace ouvert sur la cour par des arcades.

33. Mathieu 2011, p. 114-117.

34. Mathieu 2002.

35. Arch. dép. Maine-et-Loire, 1 B 935.

36. Tout indique qu'elle se trouve à son emplacement d'origine.

37. Jacob 1994, p. 93-101.

38. La porte de la cellule inférieure mesure 1,23 m de haut pour seulement 0,67 m de large ; son encadrement, constitué de pierres de taille de calcaire dur, montre une feuillure profonde de 10 cm ainsi que les scellements de deux gros gonds permettant de restituer un solide vantail.

LA QUESTION DE LA FONCTION JUDICIAIRE

La fonction de « salle de justice » traditionnellement prêtée à cet édifice n'est pas documentée pour la période médiévale, et nous pouvons légitimement douter qu'elle remonte à son époque de construction. En effet, pour les justices seigneuriales, les mentions d'auditoires, « court », « salles de court », « maisons de la court » ou encore « chambre aux plaids », restent encore rares aux XVᵉ et XVIᵉ siècles. D'ailleurs, l'identification de bâtiments médiévaux dédiés, dès leur construction, à la fonction judiciaire reste particulièrement difficile à établir [32].

Les recherches conduites sur l'Anjou et le Maine montrent que l'exercice de la justice seigneuriale est longtemps resté itinérant [33], les officiers s'installant indistinctement en extérieur, dans un champ, un cimetière, ou dans un bâtiment à caractère public, sous le porche d'une église, dans les halles, plus rarement chez un particulier. Cette justice ambulante permettait de rendre plus perceptibles les limites de la juridiction et assurait une publicité aux audiences, tout en les rendant accessibles au plus grand nombre [34]. S'il reste possible que des plaids se soient tenus dans le palais Perrin de Briollay durant la période médiévale, il paraît peu probable que le bâtiment ait été édifié pour cette seule fonction.

La situation évolua au cours de l'Époque moderne. En 1620, la description de la baronnie dressée avant une mise aux enchères mentionne « la maison, jardin et appartenances du Perin, appelée le Palais où l'on tient la juridiction dudit lieu ». Dans une expertise de la baronnie de Briollay du 14 octobre 1673 [35], il est écrit que le Perrin se présentait comme « un grand logement dans lequel se tient d'ordinaire la juridiction de la dite baronnie de Briollay, sous lequel est la prison pour emprisonner les malfaiteurs… ». D'autres documents font explicitement référence à l'exercice de la justice, jusqu'à la période révolutionnaire. Des travaux réalisés dans les années 1560 sur le solivage, l'insertion de portiques pour soulager la charpente du XIIIᵉ siècle, la probable mise en place d'un plafond pour isoler l'étage du comble, la pose de nouvelles menuiseries sur les fenêtres nord au XVIIᵉ siècle témoignent de la volonté de maintenir l'édifice en état sans qu'il soit toutefois possible d'en tirer des conclusions précises sur l'affectation de l'étage. En revanche, deux aménagements apportent un nouvel éclairage beaucoup plus concret.

D'abord, une barrière de bois assez massive a été installée en travers de l'étage, à 5,4 m en arrière du mur pignon sud [36] (fig. 11) ; la partie conservée *in situ*, longue de 5,2 m, laisse la place pour un portillon positionné contre le mur gouttereau occidental. L'analyse dendrochronologique montre que cette barrière a été fabriquée avec des pièces de bois issues d'un même chêne très vraisemblablement abattu après 1633, ce qui incite à la dater de la seconde moitié du XVIIᵉ siècle ou du début du siècle suivant. Selon toute probabilité, elle servait à délimiter un espace réservé au débat judiciaire – le « parc », ou le « parquet » d'audience –, dont l'entrée était en principe contrôlée par un huissier et dans lequel siégeait le juge. En périphérie se trouvait le « carreau » servant d'espace d'attente et accessible au public [37].

Ensuite, au niveau inférieur, deux pièces superposées ont été aménagées dans la partie sud du cellier (fig. 3). En dépit des transformations ultérieures, les dispositions conservées dans la pièce du bas permettent de restituer deux cachots mesurant 5,0 m par 3,2 m, dont les portes [38] donnaient sur un couloir avec escalier aménagé au revers du mur gouttereau oriental. Chaque cellule était équipée d'une latrine à l'aplomb d'une fosse logée dans un massif de maçonnerie en saillie sur le cellier. La hauteur sous solives du cachot inférieur ne devait pas beaucoup excéder 1,8 m, celui-ci ne prenant le jour que par un étroit soupirail grossièrement percé dans le mur ouest. De part et d'autre se voient encore deux anneaux de fer scellés dans la maçonnerie. L'analyse dendrochronologique n'a pas permis de dater les solives en frêne du plancher intermédiaire, mais le contexte plaide pour situer cet aménagement dans le courant du XVIIᵉ siècle.

EMMANUEL LITOUX, BÉNÉDICTE FILLION-BRAGUET, JEAN-YVES HUNOT

Fig. 11 – Briollay, palais Perrin, vue de la barrière de justice encore en place au premier étage. Elle a servi de soubassement à la cloison posée en 1775d pour délimiter une pièce lambrissée à l'extrémité sud du bâtiment.

L'utilisation du grand logis médiéval comme auditoire pour la baronnie de Briollay s'inscrit dans une tendance générale qui poussa les seigneurs détenteurs de droits de justice à mettre à la disposition de leurs officiers et plus largement des justiciables un bâtiment autonome, à distance du château, exclusivement dédié à cette fonction et clairement identifié comme tel. En effet, à partir des XVIe et XVIIe siècles, le pouvoir royal va progressivement chercher à imposer la construction de lieux pleinement consacrés aux activités judiciaires [39], de façon à rendre l'exercice de la justice convenable et plus solennel. Comme pour les locaux destinés à accueillir les municipalités, la solution passa parfois par le réaménagement d'anciennes résidences élitaires qui, par leur emplacement, leurs dimensions, la présence d'un étage, la nature des matériaux de construction et la qualité de mise en œuvre, permettaient d'équiper les juridictions de palais de justice à moindres frais [40].

Au XVIIIe siècle, des travaux furent engagés pour aménager une pièce lambrissée dans la partie sud de l'étage. Les menuisiers-charpentiers réemployèrent la barrière comme élément

39. Chamot 2019.

40. Ce fut par exemple le cas pour les auditoires de Loisail dans l'Orne, de Trie-Château dans l'Oise ou le tribunal de Verneuil-sur-Avre dans l'Eure.

41. La présence de nombreux trous de petites chevilles montre que les planches sont issues du démontage de bateaux de type sapines ou rambertes assemblées au pied du Forez. Sur le sujet, voir Suilliot 1856, p. 345. Ces bateaux ont été construits sur la haute Loire, vers Saint-Rambert-sur-Loire, pour transporter divers produits, dont du charbon et des productions en fer de la région de Saint-Étienne. Ils étaient généralement démontés au port d'arrivée du fait du coût trop élevé de remontée par halage (Blanchard et Nochez 2009, Fourreau 2018). Si le transport de planches de sapin est attesté depuis le XVᵉ siècle (Hunot, Litoux et Prigent 2008), la grande période de ce commerce se place entre la fin du XVIIᵉ siècle et les années 1860.

Crédits photographiques – tous les clichés sont d'Emmanuel Litoux.

de support pour la cloison du fond (fig. 10) ; une ossature en bois fut mise en place pour délimiter un couloir dans le prolongement de la porte d'entrée et pour plafonner la pièce en l'isolant du comble. Le lambris a été fait avec des planches de sapin dont les abouts ont été cachés par des couvre-joints [41]. L'absence d'habillage au revers de la cloison suggère que le reste de l'étage ne servait qu'à des fonctions subalternes. Les travaux sont visiblement contemporains de la reprise de la façade sud du bâtiment percée d'une porte d'entrée traitée de façon sommaire et de deux fenêtres en arc segmentaire. Une seconde porte, en rez-de-chaussée, pouvait offrir un accès direct vers les cellules de prisons. L'abattage des bois de l'ossature s'est fait au cours de l'hiver 1774-1775d. Les aménagements semblent traduire une nette réduction de l'espace de l'auditoire, qui se serait alors cantonné au tiers méridional de l'étage. L'édifice perdit son statut au plus tard en 1789 avec la suppression des justices seigneuriales. Il fut racheté avant 1809 par Geoffroy Folenfant et Marie Touplin, dont les ascendants tenaient déjà le pressoir à cens en 1760 et dont les descendants réalisèrent quelques travaux, notamment en transformant les deux cellules d'enfermement en une pièce d'habitation surmontant une petite cave.

SOURCES ET BIBLIOGRAPHIE

Angot 1919
Alphonse-Victor Angot, « Sablé », *Bulletin de la Commission historique et archéologique de la Mayenne*, 1919, n° 35, p. 166-189, 266-278, 369-380.

Baury 2022
Ghislain Baury, « Le sénéchal d'Anjou, les Plantagenêts et le Maine : le cas de Guillaume des Roches », *Les Plantagenêts et le Maine*, Rennes, 2022, p. 128-150.

Bertrand de Broussillon 1893
Arthur Bertrand de Broussillon, *La maison de Craon, 1050-1480 : Étude historique accompagnée du cartulaire de Craon*, Paris, 1893.

Biguet et Letellier-d'Espinose 2002
Olivier Biguet et Dominique Letellier-d'Espinose, « Évocation de l'habitat patricien à Angers au XIIᵉ siècle », *Bulletin monumental*, t. 160-1, 2002, *Les Demeures urbaines patriciennes et aristocratiques (XIIᵉ-XIVᵉ siècles)*, p. 47-69.

Blanchard et Nochez 2009
Guy Blanchard et Henri Nochez, *Des sapines foréziennes à la Royale, et au-delà…*, Saint-Just-la-Pendue, 2009.

Carré 2005
Gaël Carré, « Résidences en pierre de la petite et moyenne aristocratie en Anjou-Touraine (XIIᵉ-XIVᵉ siècle) », *Vivre dans le donjon au Moyen Âge*, Vendôme, p. 109-133.

Cartulaire de Saint-Serge et Saint-Bach
Yves Chauvin, *Premier et second livres des cartulaires de Saint-Serge et Saint-Bach d'Angers (XIᵉ et XIIᵉ siècles)*, t. 1, Angers, 1997.

Chamot 2019
Cyrielle Chamot, « Auditoires de justice et prisons au XVIᵉ siècle : des obligations seigneuriales », dans Anne-Marie Cocula et Michel Combet (éd.), *Châteaux et justice*, Bordeaux, 2019, p. 39-50.

Fourreau 2018
Alain et Marie Fourreau, *La Loire, des Hommes et des Bateaux, n° 2, Sapines et sapinières. Des hauts pays de la Loire et d'Allier à Nantes*, Mauves-sur-Loire, 2018.

Garrigou Grandchamp 2005
Pierre Garrigou Grandchamp, « Notes sur l'architecture domestique de Saumur aux XIIᵉ, XIIIᵉ et XIVᵉ siècles », *Bulletin de la Société des Sciences, Lettres et Arts de Saumur*, numéro spécial, n° 155 *bis*, 2005.

Garrigou Grandchamp 2008
Pierre Garrigou Grandchamp, « L'architecture domestique à Beaulieu-lès-Loches du XIIᵉ siècle au début du XVᵉ siècle », *Bulletin des amis du pays Lochois*, n° 23, 2008, p. 145-190.

Garrigou Grandchamp 2014
Pierre Garrigou Grandchamp, « L'architecture résidentielle urbaine à Angers et dans les terroirs environnants au XIIIᵉ siècle », dans Étienne Vacquet (dir.), *Saint Louis et l'Anjou*, Rennes, 2014, p. 205-220.

Hunot 2013
Jean-Yves Hunot, « Les charpentes de comble et de plancher dans l'habitat seigneurial antérieur à 1450 en Anjou », dans Gwyn Meirion-Jones (éd.), *La demeure seigneuriale dans l'espace Plantagenêt. Salles, chambres et tours*, Rennes, 2013, p. 354-354.

Hunot, Litoux et Prigent 2008
Jean-Yves Hunot, Emmanuel Litoux et Daniel Prigent, « Un chantier de construction du XVᵉ siècle : le château de Montsoreau (Maine-et-Loire). La progression des travaux à partir de l'étude des maçonneries », dans François Blary, Jean-Pierre Gély et Jacqueline Lorenz (dir.), *Pierres du patrimoine européen. Économie de la pierre de l'Antiquité à la fin des Temps Modernes*, Paris – Château-Thierry, 2008, p. 195-206.

Jacob 1994
Robert Jacob, *Images de la justice*, Paris, 1994.

Jacob et Marchal-Jacob 1992
Robert Jacob et Nadine Marchal-Jacob, « Jalons pour une histoire de l'architecture judiciaire », dans *La justice en ses temples. Regards sur l'architecture judiciaire en France*, Paris-Poitiers, 1992, p. 23-67.

La juridiction… 1939
« La juridiction de la baronnie de Briollay », *Anjou historique*, n° 195, 1939 , p. 139-141.

Lachaud 2012
Fabrice Lachaud, *La structure familiale des Craon du XIᵉ siècle à 1415 : le concept lignager en question*, thèse de doctorat, Françoise Bériac-Lainé (dir.), université Michel de Montaigne - Bordeaux III, 2012.

Le Tourneau 1894-95
Marcel Le Tourneau, « Le palais de justice de Briollay », *La construction moderne,* n° 7 du 17 novembre 1894, p. 76-77, n° 8 du 24 novembre 1894, p. 88-89, n° 9 du 1er décembre 1894, p. 104-105, n° 13 du 29 décembre 1894, p. 152-153, n° 18, 2 février 1895, p. 212-213, n° 21, 23 février 1895, p. 248-249.

Litoux, Fillion-Braguet et Hunot 2022
Emmanuel Litoux, Bénédicte Fillion-Braguet et Jean-Yves Hunot, *Briollay, « ancien palais de justice », rapport final d'opération,* Drac Pays de la Loire, 2022.

Marot 2020
Émelyne Marot, « Les maisons-tours, résidences de bourgeois au XIIe siècle à Châteauneuf (Tours) », dans Étienne Hamon, Mathieu Béghin, Raphaële Skupien (dir.), *Formes de la maison. Entre Touraine et Flandres, du Moyen Âge aux temps modernes,* Lille, 2020, p. 81-95.

Mathieu 2002
Isabelle Mathieu, « La tenue des assises seigneuriales dans les campagnes angevines (fin XIVe-milieu XVIe siècle) », *Archives d'Anjou,* n° 6, 2002, p. 48-73.

Mathieu 2011
Isabelle Mathieu, *Les justices seigneuriales en Anjou et dans le Maine à la fin du Moyen Âge,* Rennes, 2011.

Matz et Tonnerre 2017
Jean-Michel Matz et Noël-Yves Tonnerre, *L'Anjou des princes, fin IXe-fin XVe siècle,* Paris, 2017.

Mauclair 2006
Fabrice Mauclair, *La justice seigneuriale du duché-pairie de La Vallière (1667-1790),* thèse de doctorat, Brigitte Maillard (dir.), université François Rabelais de Tours, 2006.

Maucourt 2006
Louis Maucourt, *Briollay, vieille terre féodale angevine entre deux rivières,* 2006.

Pithon 2017
Martin Pithon, *Pays de la Loire, Maine-et-Loire, Angers (49007), « Promenade du Bout-du-Monde ». Fouilles de 2014 et 2015,* t. 1, Drac Pays de la Loire, 2017.

Port 1874-1878 et 1965-1996
Célestin Port, « *Dictionnaire historique, géographique et biographique de Maine-et-Loire* », 3 vol., Angers, Paris, 1874-1878. Rééd. en 4 vol., Angers, 1965-1996.

Scheffer et Serre 1997
Marie-Ève Scheffer et Sylvie Serre, « Le "palais" de Limeray : une étude de bâti en Indre-et-Loire », *Revue archéologique du Centre de la France,* t. 36, 1997, p. 161-173.

Suilliot 1856
M. Suilliot, « Mémoire sur le cours de la Loire depuis son entrée dans le département du Loir-et-Cher jusqu'à sa sortie, sur un parcours de cinquante-deux kilomètres (treize lieues) », *Mémoires de la société des Sciences et des Lettres de la ville de Blois,* 1856, p. 305-352.

Le château de Baugé

Un chantier princier au milieu du XVᵉ siècle

Arnaud Remy * et Jean-Yves Hunot **

L e château de Baugé siège aujourd'hui au cœur du bourg qui s'est aggloméré autour de lui, à 40 km au nord-est d'Angers, au centre d'un plateau compris entre le Loir et la Loire. Son grand corps de logis est le seul vestige d'un ensemble qui s'étendait autrefois à l'emplacement de l'actuelle place du Mail avant les travaux d'urbanisme du début du XIXᵉ siècle. Son histoire peut se résumer en trois dates : fondation vers 1015-1025, reconstruction au milieu du XVᵉ siècle, démembrement entre 1806 et 1813. C'est autour du grand chantier de sa reconstruction que s'articulera notre contribution.

* Archéologue, Conservation départementale du patrimoine de Maine-et-Loire.

** Archéologue, Conservation départementale du patrimoine de Maine-et-Loire, UMR 6566 CReAAH.

Historique

La fondation

La première mention d'un château à Baugé (*Balgiacum castrum*) apparaît dans un acte de Geoffroy II d'Anjou (1040-1060). C'est son neveu et successeur, Foulques IV le Réchin (1068-1109), qui en attribua l'édification à son grand-père Foulques III Nerra (987-1040) [1].

Probablement fondé dans le contexte de la guerre sans merci entre Foulques Nerra et son rival Eudes Iᵉʳ, comte de Blois, le château de Baugé ancrait le pouvoir comtal au nord-est de l'Anjou et constituait une base arrière pour la conquête de la Touraine [2]. Le comte y plaça un fidèle, Josselin de Rennes, à l'origine de la lignée de Beaupréau qui conserva le fief pendant cinq générations [3]. Malgré l'étendue des prérogatives des Beaupréau, la prééminence du comte sur le château de Baugé et son domaine ne fut jamais remise en cause [4].

Au cours du XIᵉ siècle, l'agglomération agrégée par le château grossit assez pour accaparer le toponyme de Baugé, tandis que la *villa* de Baugé attestée depuis le Xᵉ siècle devint le Vieil-Baugé avant 1119 [5].

L'intégration rapide de la Touraine puis du Maine au comté d'Anjou au cours du XIᵉ siècle suivie de l'assimilation de ce dernier au domaine royal éloignèrent durablement de Baugé les menaces militaires. Le site demeura néanmoins un relais important du pouvoir comtal, sur lequel les sources du XIIᵉ au XIVᵉ siècle sont peu disertes.

L'enceinte disparue

Quelques archives du début du XIXᵉ siècle nous permettent de restituer l'espace castral dans son ensemble, juste avant sa démolition. Parmi celles-ci, trois documents en particulier donnent à voir le château et son enceinte : un dessin au pastel représentant l'enceinte au chevet de l'ancienne église Saint-Laurent (fig. 1), une vue du front nord du château depuis l'est (fig. 2) et un plan d'urbanisme représentant l'enceinte en cours de démolition (fig. 3). Ces documents permettent de restituer le dernier état d'une enceinte polygonale d'environ 0,70 ha, à la confluence des ruisseaux du Couasnon et de l'Altrée. Un large fossé barrait cet éperon à l'est.

1. Halphen et Poupardin 1913, p. 234.
2. Bachrach 2008.
3. Barrailh 1992, p. 55-60.
4. Guillot 1972, p. 389.
5. « *in villa Balgiaco* », vers 999 ; « *Vetulus Balgiacus* », 1119. Port 1996, p. 750.

Fig. 1 – Baugé, dessin de A. Morillon : « Ruines de la chapelle et des murs du château de Beaugé » en 1808 (Musées d'Angers, 2 R 144).

Fig. 2 – Baugé, dessin de Charles Aubry : « Le vieux château de la ville de Baugé «, vers 1810 (Arch. dép. Maine-et-Loire, 11 Fi 2705).

ARNAUD REMY ET JEAN-YVES HUNOT

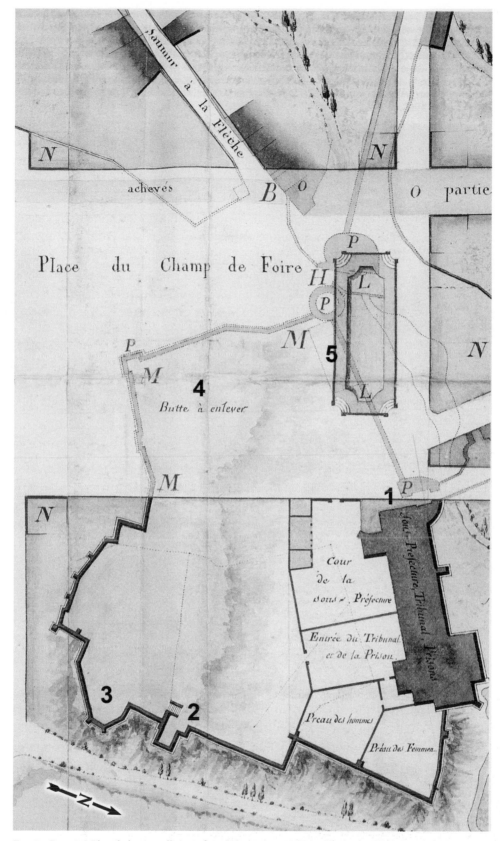

Fig. 3 – Baugé, « Plan de la nouvelle traversée de Baugé », vers 1812 (Arch. dép. Maine-et-Loire, O 167).
1 : tour-porte vers la ville ; 2 : Porte-Neuve vers les champs ; 3 : chevet de l'église Saint-Laurent ;
4 : ancienne motte ; 5 : grange.

6. Arch. mun. Baugé, 1 M 1.

7. Colasseau 1942, p. 54 ; Port 1874, p. 248.

8. Bourgeois 2009, p. 457.

9. Lecoy de La Marche 1873, n°s 245, 246, 248.

10. Cette dédicace à Saint-Maimbœuf, évêque d'Angers (609-610–v. 660), pourrait signaler une occupation antérieure à la fondation castrale.

11. Arch. dép. Maine-et-Loire, 1 E 28.

12. Arch. dép. Maine-et-Loire, 3 P 4, section B2, parcelle 1464.

13. Le Mené 1982, p. 206.

14. *Ibid.*, p. 231, 241.

15. Ces événements sont déduits d'une enquête menée quatre-vingts ans plus tard, en 1516, pour reconstituer les droits et usages perdus dans cet incendie, d'après Mabille du Chêne 1879.

16. Lecoy de La Marche 1875.

17. Litoux 2017.

18. « pour la sauveté et fortification de [son] dit chastel et profit de [sa] seigneurie », Arch. mun. Baugé, DD1 (copie de 1564).

19. Lecoy de La Marche 1873, n° 238 (Arch. nat., P 1334/3, fol. 102).

20. *Ibid.*, n° 244 (Arch. nat., P 1334/5, fol. 155). La titulature royale dont René se prévalait remonte au décès de Jeanne II de Naples en 1435, faisant du duc d'Anjou roi en titre de Jérusalem et de Sicile.

21. Publié partiellement dans *ibid.*, n° 240 (Arch. nat., P 1334/6, fol. 246), reproduit intégralement en annexe. Le dénombrement des cheminées, abrégé par A. Lecoy de La Marche, aide à situer précisément les pièces nommées.

Deux tours-portes en défendaient les accès : la porte de ville au nord, semi-circulaire et attenante au logis (fig. 2 et 3 [1]), et la « porte neuve » vers l'est [6], protégée par un ouvrage avancé (fig. 1 et 3 [2]). À côté de cette porte, au point le plus haut de l'enceinte, se trouvait l'église Saint-Laurent, démolie dès le milieu du XVIIe siècle (fig. 3 [3]) [7], près de laquelle le plan figure des excroissances irrégulières et des contreforts qui suggèrent d'autres bâtiments, potentiellement antérieurs au XVe siècle, dont aucune mention n'est conservée.

Le relief se prolongeait vers l'ouest par une butte qui pourrait correspondre à la motte originelle (fig. 3 [4]). À côté de la tour nord-ouest subsistait, avant sa démolition en 1812, une portion de courtine crénelée haute de 8 à 10 m contre laquelle s'adossait un bâtiment de 18 m sur 7 m alors appelé « grange » (fig. 2 et 3 [5]).

L'absence d'organes de flanquement ainsi que le tracé irrégulier de cette enceinte évoquent les fortifications antérieures à la généralisation des ouvrages de flanquement au XIIIe siècle [8].

Un dernier élément participant du complexe castral se plaçait en rive droite de la rivière Altrée, hors de l'enceinte, à 200 m à l'ouest en aval de la confluence, tel un ouvrage avancé. La motte du Petit Mont est mentionnée en 1465 comme une propriété ducale que René d'Anjou souhaitait étendre par des acquisitions [9]. Elle était surmontée d'une chapelle dédiée à Saint-Maimbœuf [10] que le duc fit conforter en 1473 et en 1477. La chapelle fut détruite vers 1804 et la motte rasée en 1827 « pour l'amendement des terres ». Relevée en 1728 sur le brouillon du plan du fief de Baugé [11], son emprise, encore lisible sur le cadastre de 1836, a disparu du paysage actuel sous l'EHPAD de la Girouardière [12].

L'héritage de René d'Anjou

Probablement un peu délaissé, le château de Baugé bénéficia de financements pour le renforcement de son enceinte de la part de Louis Ier d'Anjou en 1371 et en 1372 [13]. Situé au milieu de la zone de conflit dans les années 1420-1440, il fut démantelé en juillet 1426 car jugé intenable, puis réinvesti vers la fin des années 1430 pour servir à nouveau de base défensive avec Durtal [14]. Aucun siège n'est relaté, mais le château fut vraisemblablement pris par les troupes anglaises pendant l'hiver 1435-1436, date à laquelle l'église Saint-Laurent fut incendiée [15].

L'état du château de Baugé à l'issue de la guerre de Cent Ans n'est pas connu. René d'Anjou reçut le duché en 1434, mais il ne put s'y rendre avant l'été 1437 [16]. Sa mère Yolande d'Aragon en assura le gouvernement en son absence jusqu'à sa mort en 1442. Il ne demeura guère en Anjou avant 1450 [17]. Son premier long séjour à Baugé est attesté en août 1455 ; il y repassa à la fin de la même année. Le château commence à apparaître dans les comptes et la correspondance de René préalablement à cette villégiature : René d'Anjou fit creuser un étang sur l'Altrée devant le front nord-est du château en 1447 [18] et il finança des « vitres » pour l'église Saint-Laurent en 1454 [19].

Il entreprit aussi d'importants travaux, dont la reconstruction du logis. Une lettre de la Chambre des comptes d'Angers au trésorier James Louet évoquait dès 1452 des « travaux dans la maison du roi de Secile à Baugé » [20]. Toujours d'après les documents enregistrés dans les journaux de la Chambre des comptes d'Anjou, entre ce premier versement et 1465, René consacra plus de 4 300 écus à sa « maison de Baugé ». La reconstruction du logis a été datée de 1455 sur la foi d'un devis suivi d'un marché [21], mais l'étalement des dépenses et surtout l'étude archéologique du bâti révèlent un déroulement plus complexe, comme on va le voir plus loin (fig. 4).

Arnaud Remy et Jean-Yves Hunot

Entre le milieu de l'année 1457 et le début de l'année 1462, René quitta l'Anjou pour la Provence, laissant en sommeil ses chantiers angevins. Pour Baugé, l'activité sembla reprendre avec une série de versements en septembre 1462 [22]. René séjourna à plusieurs reprises à Baugé en 1463, avant de repartir pour la Lorraine. Cette même année mourut Guillaume Robin, son maître des œuvres en Anjou.

De retour à la fin de 1464, René logea à Baugé au début de l'année suivante. Il semble alors s'être moins préoccupé du château – réputé terminé – que de son environnement, avec le rachat de terrains autour de la motte du Petit Mont et la restauration de la chapelle Saint-Maimbœuf qui la couronnait, renommée par lui Notre-Dame du Petit Puy. Le château ne fut alors évoqué dans les textes comptables que pour l'entretien des jardins. René y fit deux séjours au cours de l'été 1467 et du printemps 1469, puis un dernier en 1471 au départ de son exil provençal [23].

L'histoire récente

Après la mort de René d'Anjou, en 1480, l'apanage angevin entra dans le domaine royal. De résidence princière, le château de Baugé devint une place forte ordinaire confiée à Pierre de Rohan-Gié vers 1490, puis en 1504 à Charles IV d'Alençon (1489-1525). Dès lors, la seigneurie de Baugé fut transmise par héritage, principalement au sein de la branche de Bourbon-Soissons, dont les membres eurent tendance à la négliger [24].

À partir de 1551, le château devint le siège du Gouvernement de Baugé, dont le gouverneur devait loger au château et en assurer l'entretien ordinaire [25]. Au milieu du XVIe siècle, un incendie révélé par l'étude des combles détruisit les charpentes du volume oriental et du pavillon, reconstruites en 1567 [26].

En 1589, pendant les guerres de Religion, les portes du château furent fermées sur ordre du gouverneur de l'Anjou, empêchant les paroissiens d'accéder à l'église Saint-Laurent [27]. Ces derniers obtinrent d'en construire une nouvelle en ville. Dès lors, l'église castrale se dégrada. Les Baugeois reçurent, après un premier refus du capitaine, l'autorisation royale en 1644 d'en récupérer les pierres pour construire l'Hôtel-Dieu [28]. Au XVIIe siècle, les couvertures souffraient d'un manque d'entretien chronique affectant déjà les planchers hauts, mais, hormis dans les combles, la réfection de toutes les cheminées atteste de la fréquentation des étages carrés à cette période [29].

À la Révolution, une expertise de 1790 décrit le logis ruiné et abandonné, sans huisseries, avec des planchers effondrés dans la grande salle [30]. En 1806, l'État le concéda à la ville pour y installer la mairie, la sous-préfecture, la gendarmerie, le tribunal et la prison. Des aménagements réduits furent préférés à un projet néo-gothique d'avant-garde [31]. En 1813, le partage attribuant la moitié orientale à la gendarmerie conduisit à divers travaux menés par l'architecte Mathurin Binet. Ils inclurent notamment le déplacement du refend est de la chambre du roi, des bouchages et percements de portes [32]. L'aspect extérieur du monument, encore très peu transformé, nous est partiellement connu par un dessin ancien (fig. 4). En 1835, le Conseil général, après le rachat de la gendarmerie à la ville, mena sous la conduite de l'architecte départemental Ferdinand Lachèse une importante campagne de travaux (1833-1839) en insérant un plancher intermédiaire dans les anciennes chambres de parement et de retrait, afin d'y aménager six logements [33]. Cette vente partielle permit à la ville de financer en 1838 des travaux, dont l'habillage néogothique du pignon ouest (fig. 5). Les deux institutions cohabitèrent jusqu'au départ des gendarmes en 1897 et la rétrocession des locaux à la mairie en 1901.

Depuis son classement au titre des Monuments historiques en 1911, étendu en 1959, les restaurations se sont succédé : les lucarnes (1941-1947), les extérieurs (1951-1969), les planchers de la partie centrale (1989-1996).

22. *Ibid.*, n° 244.

23. Litoux 2017.

24. Colasseau 1942

25. Boigné 1999.

26. Le comble à deux versants, surmontant la chambre, reprend formellement les dispositions antérieures. Il s'en distingue par l'emploi de chênes doublement plus âgés, débités sur quartier. On y retrouve des bois en réemploi identifiables grâce, d'une part, à des traces de carbonisation et, d'autre part, à des traces de lattis enduit sur l'intrados. Pour le pavillon, il est plus délicat d'assurer que la structure a été refaite à l'identique même si elle diffère peu de celle du XVe siècle. La dendrochronologie (Dendrotech DT-2014-045 et DT-2015-009) des charpentes du pavillon, du comble surmontant la partie orientale et l'escalier sud-est montre un abattage de l'ensemble au cours du repos végétatif de l'hiver 1566-1567. Ces charpentes réutilisent des bois présentant des traces de carbonisation, issus d'un abattage au cours de l'hiver 1454-1455.

27. Colasseau 1942.

28. Port 1874.

29. Arch. dép. Maine-et-Loire, 5 E 73-74.

30. Port 1874.

31. Arch. nat., F21/1889/1790 ; Giraud-Labalte 1996.

32. Arch. dép. Maine-et-Loire, 4 N 48, 4N 164 et 4 O 57.

33. Arch. dép. Maine-et-Loire, 4 N 165.

Fig. 4 – Baugé, château, dessin d'Adeline de Serigny, 1833 (Arch. mun. Baugé, 2 Fi 10).

Fig. 5 – Baugé, château partagé entre la Mairie (à gauche) et la gendarmerie à cheval (à droite) en 1895 (Arch. dép. Maine-et-Loire, 11 Fi 2715).

Aujourd'hui, la façade nord, amputée de la tour-porte qui la flanquait à l'ouest, aligne encore deux tours ostentatoires face à la ville (fig. 1 et 6). La tourelle sur contrefort anime la façade en son milieu et frappe par ses dimensions et la blancheur de son tuffeau dans un édifice tout entier en moellons de grès enduits [34]. Le pavillon, à l'est, impose la masse de ses cinq niveaux habitables couronnés d'échauguettes. Huit souches de cheminées foisonnent autour de sa toiture, reflet des nombreux logements que cette partie héberge. La façade sud, sur cour (fig. 4 et 5), est rythmée par deux tours d'escalier qui mettent en valeur la partie centrale. Les volumes s'y développent sur trois niveaux principaux incluant les combles. Un niveau supplémentaire est entresolé au-dessus du premier étage dans la partie orientale du logis. Les combles du grand escalier et du pavillon se détachent de l'ensemble en plaçant leur égout à un niveau plus élevé.

LA RECONSTRUCTION DE RENÉ D'ANJOU

L'étude archéologique menée en 2014 et en 2015, faisant suite aux interventions ponctuelles de 1994 et de 1996, permet de retracer la chronologie de la construction du château en quatre campagnes successives étalées sur un peu plus d'une décennie en réutilisant des parties héritées d'état antérieurs [35].

Les structures antérieures

Le logis construit par René s'appuie sur des constructions plus anciennes, dont l'enceinte nord du château. Épaisse de 2 m à 2,20 m, celle-ci subsiste à la base de la façade nord, et son arrachement reste visible sur le pignon est.

Adossé à cette enceinte, un bâtiment de 26 m × 7,50 m (fig. 7) sert de fondation à la salle basse et à la chambre de parement de l'édifice actuel. La présence de deux fentes de jour étroites et haut placées assurait l'aération d'un niveau semi-excavé aujourd'hui remblayé appartenant à ce premier état. Il était surmonté d'un étage sur plancher dont ne subsistent que les empochements des poutres et la base d'une cheminée sur le mur gouttereau nord. Centrée sur la largeur de la salle actuelle, cette cheminée suggère une salle antérieure aux

34. Les réfections des enduits dans les années 1830 et 1950-1960 n'ont conservé aucune trace de l'épiderme originel, dont on ne peut savoir s'il produisait un faux appareil comme au proche château de Vaujours à Château-la-Vallière (37).

35. Remy et Hunot 2015.

ARNAUD REMY ET JEAN-YVES HUNOT

mêmes dimensions, soit les deux tiers de la longueur du bâtiment originel. Seuls quelques segments de courtine se prolongent au-dessus du sol du rez-de-chaussée actuel.

Dans cette enceinte se trouvaient aussi, outre l'église Saint-Laurent, plusieurs maisons dont celle dite « du curé », adossée à l'enceinte à l'est du logis et mentionnée comme point de repère en 1455. D'autres maisons, mal situées mais à proximité, sont rachetées par René entre 1452 et 1457 [36].

Première campagne : un état antérieur à 1455

Les textes de 1455, seules sources détaillées sur l'édifice du XVe siècle, sont non pas des documents originaux mais des copies dans le journal de la Chambre des comptes d'Angers, qui compile les actes et correspondances de René sur ses domaines angevins. Le devis décrit non pas seulement un projet mais un chantier en cours, déjà bien entamé : certaines structures sont évoquées au présent, d'autres au futur ; il est précisé que « les fondemens sont encore à prendre » pour les latrines, ou encore que certaines fenêtres croisées sont faites (taillées ou posées) et d'autres non.

Le dernier paragraphe est manifestement copié d'un second document, daté du 26 septembre 1455. Il s'agit d'un marché, passé avec le maître des œuvres Guillaume Robin, faisant référence au devis précédent, réalisé « au jour d'août dernièrement passé ». Le marché est signé à Angers, mais on sait René à Baugé au début du mois d'août 1455.

Cependant, si ces textes de 1455 sont généralement considérés comme marquant le début du chantier, l'étude archéologique du bâti relève, malgré l'homogénéité apparente du

36. Lecoy de La Marche 1873, n° 236, 239. Le premier document mentionne une maison « sur la rue qui va de la porte du château à l'église paroissiale ». Si cette dernière est l'église Saint-Laurent, alors cette maison devrait se trouver dans l'enceinte, ce qui serait étonnant. Lecoy de La Marche suppose un agrandissement de l'enceinte (*ibid*. 1875 : 33). La paroisse comptait une seconde église, Saint-Sulpice, dans le faubourg de Chamboisseau, au nord, mais elle se situait loin du château, outre l'étang neuf, et était réputée ruinée au XVe siècle (Port 1874, p. 224).

Fig. 6 – Baugé, château, élévation de la façade nord (Scan 3D, Y. Bernard CNPAO).

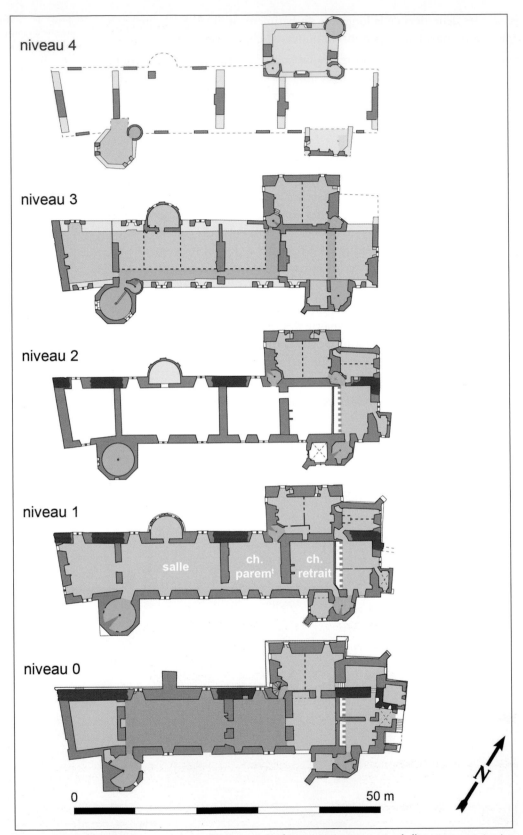

niveau 4

niveau 3

niveau 2

niveau 1

salle   ch. parem^t ch. retrait

niveau 0

0   50 m

N

Fig. 7 – Baugé, château, plan général actuel. Murs en gris foncé : parties conservées de l'enceinte ; en tiretés : cloisons restituées. Surfaces en brun : l'emprise du logis antérieur ; en beige : niveaux de planchers ; en vert : circulations (escaliers et couloirs) ; en plus clair dans les combles et la tourelle sur contrefort : planchers restitués (DAO A. Remy).

Arnaud Remy et Jean-Yves Hunot

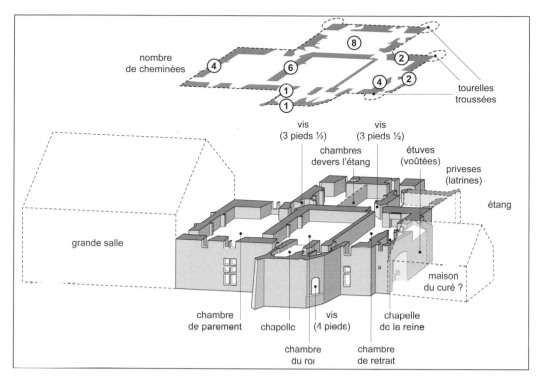

nombre de cheminées

④ ⑥ ⑧ ② ④ ② ① ①

tourelles troussées

vis (3 pieds ½)

vis (3 pieds ½)

chambres devers l'étang

étuves (voûtées)

priveses (latrines)

étang

grande salle

maison du curé ?

chambre de parement

chapelle

vis (4 pieds)

chapelle de la reine

chambre du roi

chambre de retrait

Fig. 8 – Baugé, château, représentation graphique des descriptions du devis de 1455 (DAO A. Remy).

Fig. 9 – Baugé, château, pignon oriental avant 1932. A : solin de toiture attribuable à la « maison du curé » ; B : arrachement de la courtine ; C : volume des « priveses » décrit par le devis de 1455 ; D : ancien exutoire de latrines condamné.

37. Comme nous avons pu l'observer dans nombre d'édifices couverts de charpentes à chevrons porteurs, la maçonnerie du triangle des pignons, des refends et, ici, des lucarnes vient mouler les bois de la charpente. Le levage de la charpente s'est donc fait sur un niveau d'arase dépourvu d'obstacles. Après montage, le maçon n'a plus eu qu'à suivre le versant pour achever les pignons. Grâce à cette succession des tâches, les souches de cheminée et les lucarnes ne risquent pas d'être abîmées par les charpentiers. Cette chronologie relative assure de la contemporanéité de la charpente et des maçonneries.

38. Dendrotech DT-2014-045 et DT-2015-009. Cette date d'abattage a été obtenue sur un réemploi dans la charpente refaite en 1567, les bois de la partie en place entre les deux refends ont été coupés après 1447 et très probablement avant 1455, l'altération de l'aubier n'ayant pas permis d'être plus précis.

bâtiment, des points de rupture dans son élévation, tant entre le rez-de-chaussée et les étages qu'entre la partie orientale et la salle. Ainsi, dans le répertoire des moulures, restreint à trois modèles sur l'ensemble de l'édifice, celle de la porte sud du pavillon est la seule à se distinguer par un tore sans listel. Autre anomalie, un exutoire de latrines, bien visible sur le pignon est, ne correspond à aucune disposition intérieure ; noyé dans l'épaisseur du mur du premier étage, il a été rendu inutile par la construction du volume des latrines appelées « priveses » en 1455, qui offre au moins deux larges conduits par niveau (fig. 8). À ces éléments se rajoute une différence notable entre les mortiers employés dans les maçonneries du rez-de-chaussée et ceux issus des étages du logis. Ces derniers sont montés avec un sable fin et clair tiré du Sénonien inférieur local, qui se distingue de celui plus grossier composant les constructions antérieures et provenant probablement d'affleurements du Cénomanien distants de 2 km, au sud du Vieil-Baugé. Enfin, l'étude et la datation de la charpente montrent que son levage s'est fait avant l'édification du triangle du pignon est et des deux refends [37]. Son marquage révèle que les deux combles ont été couverts par une seule structure, la partie orientale ayant été ultérieurement détruite par un incendie. La dendrochronologie révèle un abattage des bois au cours de l'hiver 1454-1455 [38]. Ainsi, la coupe des bois, antérieure à la signature du marché, montre que le chantier de construction de la partie orientale était largement engagé à cette date.

Au regard de ces éléments archéologiques et du devis, la partie déjà réalisée correspond à la moitié orientale du logis, à l'exclusion de la salle. Le décompte des croisées déjà faites (trois sur le corps de logis principal, les demi-croisées étant celles du pavillon) suggère une construction atteignant le plancher du premier étage lors de la rédaction du devis de 1455 (fig. 9).

La visite d'août 1455 constitue donc non pas le préliminaire à un nouveau chantier, mais le moment d'un changement de parti sur une construction en cours. Le premier projet remonte probablement à 1454, ce qui aura permis aux charpentiers de commencer leurs coupes et aux maçons d'édifier le rez-de-chaussée. Ce projet comprenait un corps de logis prolongeant vers l'est les volumes antérieurs, augmenté du pavillon implanté hors de l'enceinte. L'ajout du corps de latrines, décidé en août 1455, est induit par un important développement de la capacité du logis. L'approvisionnement en sable à partir d'un nouveau site pour ce nouveau chantier pourrait résulter de l'épuisement du premier, du choix d'une charge estimée plus adaptée à une élévation plus importante qu'initialement ou, plus probablement, d'un souci d'économie grâce à une extraction possible en surface, à proximité du chantier.

Deuxième campagne : l'achèvement du logis

Le nouveau corps de bâtiment abrite dans sa partie occidentale deux grandes pièces carrées surmontées d'un comble. En revanche, en partie orientale, les niveaux, plus nombreux, règnent avec ceux du pavillon nord. Ce dernier abrite deux pièces symétriques sur quatre niveaux, coiffés d'un galetas. Deux vis étroites, aux angles sud, assurent la distribution verticale et la communication avec le logis. La vis ouest monte depuis le rez-de-chaussée, l'autre ne débute qu'au deuxième étage, au-dessus d'un passage voûté (fig. 7).

Toutes les pièces disposaient d'une cheminée. Si celles du comble sont globalement bien conservées, la plupart ont été transformées ou détruites dans les étages carrés. Parmi les vingt-huit énumérées dans le devis, vingt-cinq sont encore localisables. Le mur nord des chambres est, où le devis en plaçait deux, n'en porte à présent aucune, mais la découverte d'un conduit réaménagé en placard dans son épaisseur montre qu'au moins une cheminée avait été réalisée. En revanche, le refend de la chambre du roi semble n'avoir jamais reçu le dernier des six conduits indiqués.

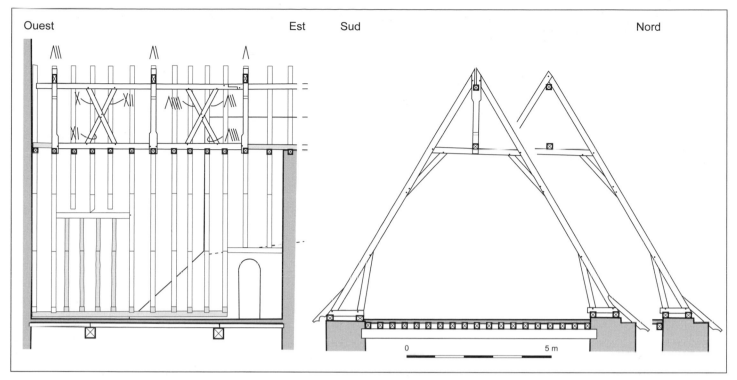

Fig. 10 – Baugé, château, ferme et travée de contreventement du logis (DAO J.-Y. Hunot).

Dans le marché accompagnant le devis, Guillaume Robin, maître des œuvres pour l'Anjou, s'engageait à terminer les travaux pour la Toussaint 1456. Or l'analyse archéologique montre qu'il restait alors le premier étage à réaliser, et la dendrochronologie met en évidence un abattage des bois réalisé en tout ou partie depuis l'hiver précédent. La mise en œuvre des bois se faisant habituellement peu après l'abattage, le gros œuvre a pu être terminé dans le délai du marché, vers la fin de l'année 1456.

Certains aménagements mentionnés dans le devis manquent, en particulier dans les parties hautes. Ainsi, le pignon est, sur lequel deux échauguettes étaient envisagées, n'en présente aucune trace. Elles n'ont jamais été réalisées ; la complexité des jonctions de couverture dans cet espace a peut-être concouru à l'abandon du projet. En revanche, l'absence de l'échauguette ouest du pavillon résulte de sa suppression entre 1567 et 1810, comme le confirment les dispositions conservées dans la charpente. Par ailleurs, un arrachement sur la tourelle d'escalier orientale du pavillon suggère un niveau supplémentaire de latrines à l'étage des combles. Enfin, si la lucarne sud de la chambre de parement est contemporaine de la charpente, une lucarne nord, aujourd'hui disparue, y avait été ajoutée (fig. 10).

Troisième campagne : le volume de la salle

Nous disposons de peu d'éléments pour décrire la grande salle avant sa reprise : elle s'établissait sur plancher au-dessus d'un sous-sol, avec deux cheminées, une sur le gouttereau nord et l'autre sur pignon [39].

Au cours de cette campagne de travaux, la courtine a été partiellement arasée au niveau du sol pour installer de grandes croisées de part et d'autre de la tourelle sur contrefort [40]. Du côté sud, le mur existant a été conservé jusqu'à la base des fenêtres du premier étage comme pour le logis oriental.

39. Remy et Hunot 2015, p. 18. Cette configuration d'une salle à deux cheminées sur des murs perpendiculaires n'est pas rare ; on la retrouve à Montsoreau (49) et Tarascon (13), ou dans le manoir du Vivier à Lézigné au XIVᵉ siècle (Carré *et al.* 2002).

40. *Ibid.*, p. 19.

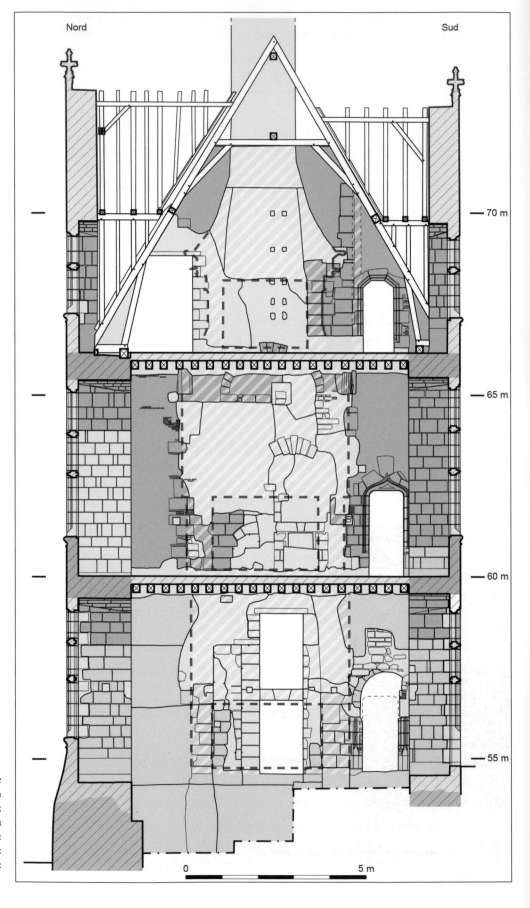

Fig. 11 – Baugé, château, coupe transversale vers l'est au niveau de la grande salle. En orange : constructions antérieures au XVe s. ; en bleu clair : première campagne ; en bleu foncé : deuxième campagne ; en gris : transformations ultérieures ; traits bleus : contour des cheminées ; hachures blanches : arrachements (DAO A. Remy).

Arnaud Remy et Jean-Yves Hunot

Les murs de refend élevés après les gouttereaux dessinent deux grandes salles superposées. Une cheminée à décor architectural dont il ne subsiste que de rares vestiges occupait la quasi-totalité du mur est de chaque salle (fig. 11). Au milieu du refend ouest de la salle basse, un large passe-plat couvert d'un arc mouluré en anse de panier désigne la pièce ouest comme une cuisine (fig. 7 et 12) [41].

Le comble au-dessus de la grande salle se place dans le prolongement de celui du logis est et reprend la même structure de charpente. Les bois, utilisés comme pour l'autre comble sous forme de bois de brin équarris à la hache, ont été abattus au cours du repos végétatif de l'hiver 1462-1463. Des quatre lucarnes, seules deux ont été conçues avec la charpente. Les deux lucarnes orientales placées en vis-à-vis ont été réinsérées, comme le confirment le marquage et l'observation des assemblages. Ainsi, au sein d'un marquage continu, les chevrons reposant sur les chevêtres des lucarnes forment une série distincte (fig. 13). De plus, ces deux chevêtres sont assemblés à mi-bois à l'une de leurs extrémités, attestant une insertion dans une charpente déjà levée. Ils ont une section trapézoïdale, plus importante que le reste de cette charpente. La dendrochronologie montre toutefois qu'ils en sont contemporains. Ce repentir correspond donc à une évolution du projet juste après le levage de la charpente, au plus tôt vers 1463. Il n'est pas possible d'en attribuer l'initiative à Guillaume Robin, décédé en 1463, ni à son successeur [42]. Ces deux lucarnes supplémentaires ainsi que la cheminée nord vont de pair avec la création de trois logements distincts disposant chacun d'une cheminée. Les traces laissées par les lattis cloués et enduits permettent de restituer l'emplacement de cloisons en pan de bois et révèlent la présence d'un couloir au sud, prolongeant celui du comble déjà existant au-dessus de la chambre de parement avec un retour vers l'escalier situé à l'angle sud-ouest du pavillon. Cette distribution, réalisée avant 1467, dessert au passage le comble oriental. La division des combles en chambres indépendantes a donc nécessité l'insertion de lucarnes dans le grand comble mais aussi dans le

41. La présence de la tour-porte juste après et l'absence de retour vers le sud semblent exclure un simple office, sauf si le château disposait d'une cuisine détachée à l'image de celle du château de Montreuil-Bellay. Voir, dans ce volume, l'article de Jean Mesqui, « Montreuil-Bellay : un palais du XVe dans une forteresse du XIIIe siècle », p. 483-532.

42. Port 1966, p. 249.

Fig. 12 — Baugé, château, passe-plat dans le refend ouest de la salle basse.

43. Litoux et Vacquet 2019.

comble surmontant la chambre de parement. Dans le comble oriental, si une partition en deux paraît logique, la destruction des ouvrages par l'incendie empêche de faire d'autres hypothèses. À l'autre extrémité du corps de logis, les transformations récentes interdisent toute spéculation. L'insertion du chevêtre pour créer l'accès au grand escalier est le seul point assuré. Cette modification, antérieure au lattis enduit, appartient à la quatrième campagne.

La tour d'escalier ouest n'existant pas encore en 1463, se pose donc la question de l'accès initial à la salle du premier étage. La porte actuelle a été lourdement modifiée, mais l'absence de reprise de maçonnerie assure qu'elle n'a pas pu se placer ailleurs. De même, la porte orientale, constituant le seul accès au comble avant 1467, semble exclure une vis antérieure au grand escalier. Reste l'hypothèse d'un escalier droit, à l'image de celui du logis est du château du Plessis-Macé construit vers 1468 [43]. Toutefois, la façade sud ne présentant nulle trace d'un tel perron, cela suppose de placer cet escalier perpendiculairement à la façade, probablement adossé à une aile en retour, détruite lors de la construction du grand escalier en 1467.

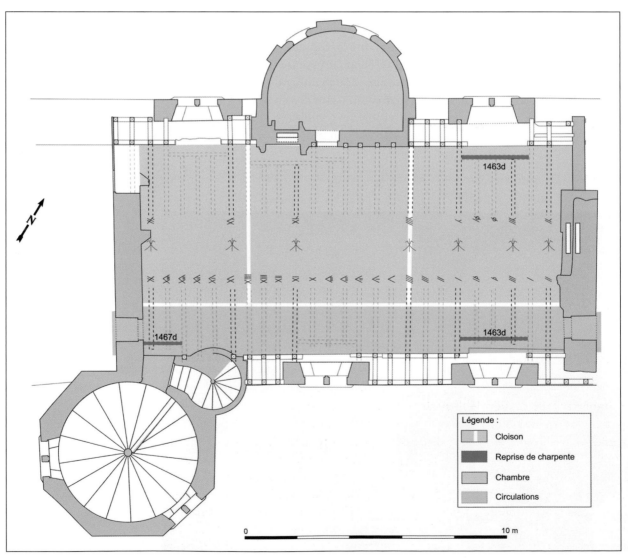

Fig. 13 – Baugé, château, plan du comble sur la grande salle avec marquage (DAO J.-Y. Hunot).

ARNAUD REMY ET JEAN-YVES HUNOT

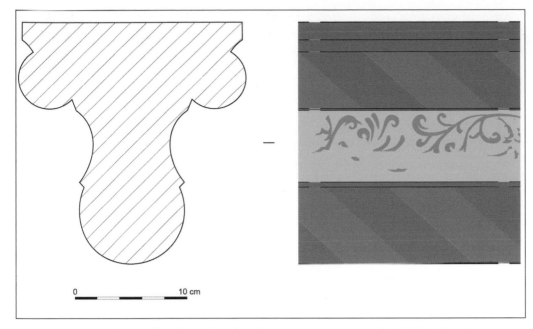

Fig. 14 – Baugé, château, profil et dessin des solives décorées trouvées en réemploi (DAO A. Remy).

À l'ouest de la salle, les ouvertures du refend, contemporaines de l'élévation, indiquent que le volume situé derrière était déjà bâti, ou en projet. Toutefois, l'orientation discordante des murs sud et ouest et le pan coupé sud-ouest de l'escalier débutant au premier étage suggèrent encore la contrainte d'une aile antérieure en retour vers le sud.

On ne peut rien dire des planchers anciens qui avaient déjà été totalement refaits en 1994 lors de notre première intervention. Toutefois, deux fragments de solives à profil mouluré et peintes, découvertes à l'occasion de travaux récents, suggèrent qu'au moins la salle, et peut-être la chambre de parement, disposait d'un plafond décoré, sans doute plus proche de celui conservé au château de Montsoreau que de ceux des palais avignonnais ou demeures aristocratiques provençales, tel le château de Tarascon appartenant à René (fig. 14) [44].

Quatrième campagne : la grande vis

Jean Gendrot, successeur de Guillaume Robin, reprit le chantier en réalisant le grand escalier ouest. Celui-ci constitue l'accès public principal au corps de logis et à la grande salle. Son importance se traduit dès l'entrée, mise en valeur par un décor foisonnant : de triples colonnettes soutenant un arc en anse de panier mouluré, surmonté d'un gâble décoré de feuillages très découpés flanqué de deux pinacles élancés, le tout abrité par un larmier soutenu par une frise de feuilles de choux. La voûte octopartite à liernes, tiercerons et clefs sculptées qui le couronne et surtout ses dimensions particulièrement généreuses confirment cette forte impression (fig. 15). La vis de 5,40 m de diamètre intérieur paraît considérable comparée à celles du château de Saumur (3,0 m vers 1380), du logis royal d'Angers (3,60 m vers 1435-1440), des châteaux de Montsoreau (4,10 m en 1455-1460) ou du Plessis-Macé (4,20 m en 1469). Cette prise d'ampleur de la tour d'escalier principal s'inscrit dans une tendance prononcée à la fin du XVe siècle dans tout le Val de Loire.

44. Robin 2005, Bernardi et Mathon 2006, Boutlcourt 2016.

Fig. 15 – Baugé, château, voûte du grand escalier ouest.

Fig. 17 – Baugé, château, lattis enduit de la chambre sur l'escalier ouest.

Fig. 16 – Baugé, château, baies de la tour d'escalier ouest.

Les baies de cet escalier présentent des moulures à baguettes croisées (fig. 16). Ce type d'encadrement, fréquent à la fin du XVe siècle, trouve ici son exemple le plus précoce assurément daté en Anjou.

Au-dessus de la voûte flamboyante du grand escalier, dans le volume du comble, a été aménagée une chambre haute, éclairée par deux lucarnes et dotée d'une cheminée. Elle conserve une partie de sa finition d'origine sur lattis cloué et enduit similaire à celui qui revêtait tous les autres combles (fig. 17).

LA DISTRIBUTION DU LOGIS DE RENÉ D'ANJOU

L'organisation des deux étages carrés est identique tandis que les combles, bien que contraints par les refends remontant du fond, disposent d'une structuration propre. Le devis de 1455 permet de comprendre la distribution du logis et la destination des pièces. La distribution s'organise autour du premier étage qui servira de point de départ pour la désignation des espaces.

ARNAUD REMY ET JEAN-YVES HUNOT

La grande salle

La salle de l'étage (16,30 x 7,70 m, 124 m²) accessible depuis le grand escalier dispose d'une cheminée large de 3,30 m dont le décor gothique se développait sur une hotte droite montant jusqu'au plafond à 5,50 m de haut (fig. 11). Elle est éclairée par quatre grandes croisées à double traverse donnant à parts égales sur la cour du château et sur l'étang de l'Altrée. À la différence de la salle de rez-de-cour, deux ouvertures communiquent avec la tour sur contrefort. Son entrée est surmontée d'une accolade très développée, augmentée d'un larmier à feuilles de chou flanqué de fauves ; elle donne accès à une petite pièce surmontée d'un étage entresolé. Ces deux espaces éclairés par de simples jours rectangulaires et dotés chacun d'une cheminée font de possibles retraits privés. L'étage s'ouvre également sur la salle par une porte. S'agit-il d'un accès direct depuis la salle par un escalier ou, à l'inverse, d'un accès depuis la tour à une potentielle tribune pour des musiciens [45] ?

Les appartements du roi

À droite de la cheminée de la grande salle, donc à l'opposé du grand escalier, s'ouvre une vaste pièce de 8,50 × 7,80 m (63 m², soit la moitié de la surface de la salle) où la cheminée, large de 3,0 m se trouve face à l'entrée sur le mur oriental. Deux hautes croisées, plus une demi-croisée supplémentaire au sud, inondent de lumière cette chambre désignée comme « chambre de parement ».

Elle s'ouvre en enfilade sur la chambre dite « du roy » (fig. 7, chambre de retrait), de mêmes dimensions. La cheminée large de 2,70 m est adossée à celle de la chambre de parement (fig. 18). Pour l'éclairage, le pavillon au nord et la tour d'escalier au sud ne laissent de place qu'à une seule croisée, d'ailleurs plus étroite, au sud. Toutefois, une large baie couverte d'un linteau feuillagé offrait un éclairage en second jour depuis la chapelle surmontant l'accès à l'escalier sud-est.

Cette chapelle d'à peine 10 m², couverte d'une voûte à nervures festonnées et sommée d'une clef portant les armoiries de René d'Anjou, est éclairée par deux grandes baies à réseau. Un « chauffe-pieds » inséré dans le mur ouest faisait face à une porte, dont l'ébrasement biais curieusement dissymétrique semblait destiné à ménager une vue vers l'autel depuis l'escalier. La différence de niveau entre le sol de la chapelle situé 0,60 m plus haut que celui de la chambre questionne sur la nature de la communication entre les deux pièces. L'absence d'emmarchement visible plaide pour une simple arcade ; le seul accès assuré à la chapelle se fait par l'escalier. Il est tentant d'y restituer un panneau à claire-voie, tel celui de la chapelle du château de Ternay (Vienne). La chapelle placée au-dessus d'un accès est récurrente dans l'architecture castrale. Ce motif perpétue une tradition propitiatoire que l'on retrouve à Saumur et qui est magnifiée à Mehun-sur-Yèvre [46]. La chapelle est plus rarement associée directement au logis comme à Tarascon, réalisé en 1447-1449 [47].

Depuis la chambre, une porte donnait accès par quatre ou cinq marches à une pièce (29 m² pour 3,10 m de haut, soit un demi-niveau), qui occupait la moitié orientale du premier étage du pavillon nord et disposait d'une cheminée, d'un accès aux latrines et d'un évier. Un dégagement voûté, éclairé par un petit jour depuis la chambre, menait à d'autres pièces plus petites à l'extrémité orientale du logis. Ces dernières ne semblent pas appartenir à l'appartement royal *stricto sensu* dans la mesure où elles disposent de leurs propres accès et commodités.

La suite formée par la salle, la chambre de parement et la chambre de retrait avec chapelle et latrines est nommément désignée dans le devis. La garde-robe, désignée par sa localisation en bout de distribution dans le pavillon nord, est cohérente avec l'organisation usuelle d'un appartement ducal [48].

45. Girouard 2001.
46. Litoux et Cron 2010, Bon 2011.
47. Robin 2005.
48. Litoux 2013.

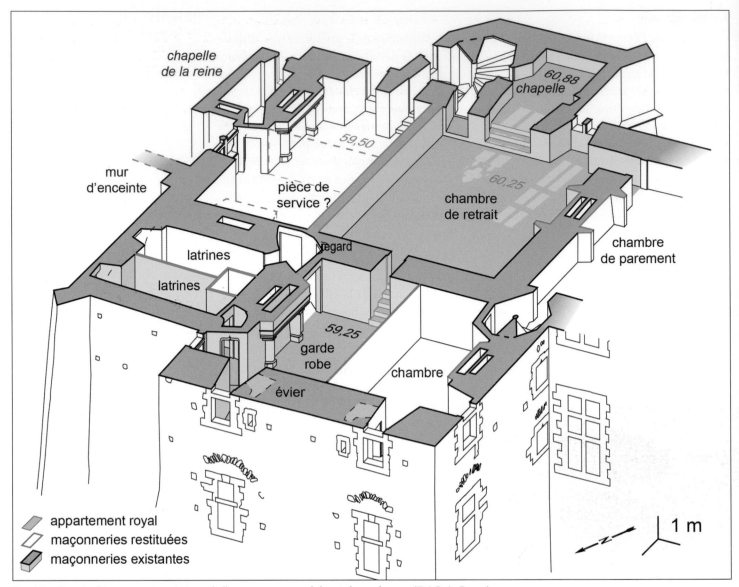

Fig. 18 – Baugé, château, vue isométrique de l'appartement royal depuis le nord-ouest (DAO A. Remy).

Les appartements de la reine

Le devis de 1455 ne réserve à l'usage de l'épouse de René, Jeanne de Laval, que la « chapelle de la reine », supposée se trouver « devers l'ostel du curé », voûtée et pourvue d'une cheminée partageant la même souche que le « retrait de dessus les etuves ». Une seule pièce correspond à cette description au premier étage, à l'extrême est du logis (fig. 19). Cette « chapelle » est précédée d'une pièce relativement petite (40 m²), basse et sombre [49]. La fenêtre de la pièce principale ouvre en effet sur un espace enserré entre l'enceinte et l'avancée abritant la chapelle prolongée de la maison du curé (fig. 7 et 8). Cette pièce communique avec la garde-robe du roi par un passage voûté.

Les distributions comparables connues pour le XVe siècle attribuent généralement au seigneur et à sa femme des espaces à peu près équivalents. Ainsi, au château d'Angers, la reine semble disposer d'un appartement de deux chambres dotées chacune d'un retrait au second étage, René occupant le premier [50]. À Chinon (Indre-et-Loire), le roi Charles VII et

49. La position décalée de la cheminée suggère une partition légère dont aucune trace n'a été perçue et qui aurait divisé cette salle en deux petites pièces. La pièce nord ainsi séparée pourrait avoir eu sa cheminée, reliée au conduit existant. La partition actuelle date du XIXe siècle.

50. Litoux 2013.

ARNAUD REMY ET JEAN-YVES HUNOT

la reine séjournaient chacun dans un logis équipé de cuisines et de deux chambres, tous deux aménagés de façon identique et sur une surface comparable, dans deux bâtiments juxtaposés [51]. Le palais ducal de Dijon offre au duc et à la duchesse deux chambres voisines à l'étage noble, chacune dotée d'une garde-robe [52]. À Amboise (Indre-et-Loire), le roi Louis XI et la reine disposent des mêmes espaces superposés, la reine occupant cette fois le niveau inférieur, selon le modèle du Louvre de Charles V [53]. Il paraît donc peu probable que Jeanne de Laval ait dû se contenter de cette salle étriquée en bout de logis, pour une surface d'à peine un quart de celle des appartements du roi [54]. Au regard de ces considérations, il serait vraisemblable d'attribuer à la reine les pièces du rez-de-chaussée à l'est de la salle basse reprenant une disposition équivalente à celle du roi.

L'hypothèse d'un appartement dans le comble oriental ne semble pas devoir être retenue. Cet espace, dont nous ne connaissons pas la partition initiale, est desservi par deux accès sans hiérarchie apparente ; supposés totalement indépendants et situés en bout de couloir, ces accès ne présentent pas de circulation directe avec la chambre ducale et se trouvent très éloignés de la chapelle de la reine.

51. Bourocher 2012
52. Mouillebouche 2014
53. Gaugain 2014.

54. L'appartement du roi présente une superficie de 155 m² (chambre de parement exclue) contre seulement 40 m² pour cette hypothèse.

Fig. 19 – Baugé, château, pièce correspondant à la « chapelle de la reine ».

Fig. 20 – Baugé, château, ancienne ouverture de l'hypocauste de l'étuve.

L'appartement des bains

Les étuves voûtées mentionnées dans le devis de 1455 correspondent sans aucun doute à la pièce du rez-de-chaussée en appentis à l'est du logis, adossée à l'enceinte. Sa voûte, dont les croisées d'ogive reposent sur des culots feuillagés, ne supporte pas d'étage. La pièce, éclairée par une petite fenêtre haut placée et dotée d'un placard mural, n'a pas de cheminée. Elle surmonte un espace aujourd'hui inaccessible qui communiquait vers le sud par une ouverture en plein cintre de faible hauteur suggérant un alandier (fig. 20).

Des rapprochements peuvent être faits avec d'autres étuves de résidences aristocratiques du XVe siècle [55]. Ainsi, la localisation en rez-de-chaussée, à l'extrémité du corps de logis, est semblable à celle de l'étuve du château de Châteaudun, construite entre 1459 et 1468 [56]. Au château de Montreuil-Bellay, Guillaume d'Harcourt, beau-frère de René d'Anjou, a fait aménager une étuve ouvrant sur la cour mais détachée du logis pour être placée à l'extrémité du « logis des Chanoines » [57]. Au château d'Angers, un inventaire de 1471 mentionne une « chambre des estuves » qu'on ne peut confondre avec celle, beaucoup plus ancienne, mise au jour lors des fouilles [58].

L'accès à l'étuve, dans le prolongement des appartements de la reine, se fait depuis l'escalier oriental, qui dessert les parties privatives (fig. 21) ; elle est précédée de deux petites pièces en enfilade dotées chacune d'une cheminée. Un accès direct aux latrines, au nord, complète l'ensemble. Les deux pièces pourraient avoir les fonctions de vestibule et de baignerie à l'image de l'organisation de l'appartement de bains du château de Bridoré. La surface de l'étuve (13 m²) mais aussi de l'ensemble apparaît particulièrement confortable au regard des aménagements comparables.

55. Mesqui *et al.* 2001.

56. Chatenet 1999.

57. Voir, dans ce volume, l'article de Jean Mesqui, « Le château de Montreuil-Bellay : un palais du XVe dans une forteresse du XIIIe siècle », p. 483-532.

58. Litoux 2013.

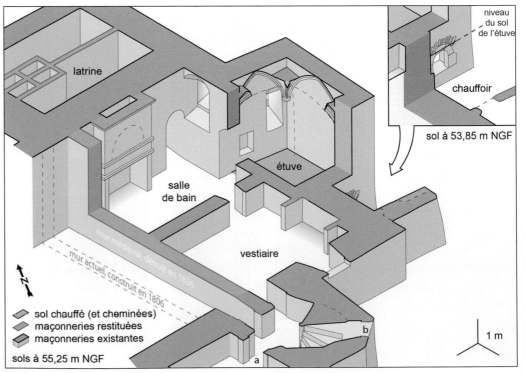

Fig. 21 – Baugé, château, schéma isométrique de l'appartement des bains (DAO A. Remy).

ARNAUD REMY ET JEAN-YVES HUNOT

Circulation et distribution

Les dimensions et la répartition des quatre escaliers posent la question de leur affectation (fig. 7). Si, par sa connexion avec les grandes salles et sa largeur imposante, l'escalier ouest apparaît comme la principale distribution verticale du logis, les trois autres vis paraissent tournées vers la sphère privée.

L'escalier est, qui relie l'appartement de la reine à celui du roi, semble réservé à la circulation seigneuriale. Il est le seul à être décoré de culots sculptés. Les baies à réseau de la chapelle et les armoiries au sommet du pignon le distinguent face à l'escalier ouest.

Les deux autres vis sont étroites et dépourvues de tout décor. Cela les destine davantage à la circulation d'hôtes de moindre rang. Elles donnent accès aux niveaux intermédiaires du pavillon et aux combles du logis, intégralement aménagés et habitables.

Le logis abrite ainsi quatorze chambres, sans compter les appartements de la reine et du roi, dont deux dans le comble comportent une seconde pièce. La plus petite chambre, sur la chapelle, se limite à 9 m² contre 80 m² pour la grande du comble et sa garde-robe dans le pavillon. Les divers escaliers aboutissent tous aux combles qui ont été divisés en chambres dotées de cheminées. Un couloir dessert ces logements indépendants probablement destinés aux membres de l'hôtel ducal [59]. La distribution des combles utilise plus couramment le chemin de ronde, comme sur l'aile de Dunois à Châteaudun, au château de Ternay (Vienne) ou encore au château de Durtal (1476-1487d) [60]. Le volume ouest, bien que transformé ultérieurement, devait compléter cette capacité de logement pour l'hôtel ducal avec ses trois niveaux chauffés.

Conclusion

Le château de Baugé est le fruit d'une reconstruction en quatre campagnes entre les années 1450 et 1468. Ce logis, dont le devis de 1455 ne livre qu'un éclairage en cours de chantier, développe un programme résidentiel qui s'inscrit pleinement dans l'évolution des habitats seigneuriaux de la fin du XVe siècle. On peut y reconnaître la distribution complète des appartements de René d'Anjou et de son épouse Jeanne de Laval, dotés de bains. Cette résidence se caractérise surtout par des capacités d'accueil importantes et des espaces de réception élaborés, adaptés à une véritable vie de cour en grand appareil.

Avec l'absence de chemin de ronde, l'abandon de tout vocabulaire défensif sur le logis est encore plus marqué qu'à Montsoreau (c. 1450-1461), où se maintient un chemin de ronde segmentaire peu fonctionnel [61]. Le château de Baugé se distingue ainsi nettement des châteaux de Langeais (1465-1469) et de Châteaudun (1459-1468), encore couronnés par des chemins de ronde sur mâchicoulis. Les quelques ouvertures de tir pour armes à feu dans les allèges des fenêtres font ici figure de symboles.

Comparé aux hôtels flamboyants qui commencent à émailler les capitales et le Val de Loire, le logis de Baugé pourrait presque paraître modeste au regard de la pauvreté du décor architectural. L'usage de la pierre de taille de tuffeau y est très limité. Seules la tour sur contrefort et les tourelles d'angle au sommet du pavillon font apparaître une architecture ostentatoire tournée vers la ville et l'étang, qui fut la première réalisation de René d'Anjou sur ce site.

Ce chantier tient une place de premier plan dans l'œuvre architecturale de René d'Anjou [62]. Il reste la plus importante construction aujourd'hui conservée que l'on puisse presque intégralement lui attribuer.

59. Favier 2008, p. 237 ; Robin 2000, p. 176, 182.
60. Litoux et Hunot 2019.
61. Litoux *et al.* 2003.
62. Robin 2009.

Crédits photographiques – fig. 1, 5, 12, 16, 19, 20 : cl. Arnaud Remy ; fig. 2 : cl. Éric Jabol ; fig. 3, 9 : cl. G. Estève, MPP ; fig. 15 : cl. Bruno Rousseau, Conservation départementale du patrimoine de Maine-et-Loire ; fig. 17 : cl. Jean-Yves Hunot.

1455, 26 Septembre – Angers

Devis pour des travaux à réaliser au château de Baugé et marché passé entre les représentants du roi René et Guillaume Robin, maître de ses œuvres en Anjou.

Arch. nat., P/1334/6, pièce 16, fol. 252-253 ; édité partiellement dans Lecoy de La Marche 1873, pièce nº 240

Ce sont les ouvraiges de maçonnerie que le roy fait faire en son chasteau de Baugé.

Et premierement,
Il y a deux pans de mur depuis le pignon du bout de la salle jusques a la maison du curé et les chambres de devers l'estang, et quatre pignons qui sont entre les deux ditez longerez, et la viz qui est au dedans du chasteau en droit la chambre du roy, et la chappelle qui est joignant a ladite viz et obeist a ladite chambre ou second estaige, et la chappelle de la royne qui est devers l'ostel du curé, et les estuves prés ladite chappelle, le tout vousté, et les priveses de devers l'estang, dont les fondemens sont encores a prendre ; et de la chappelle qui est joignant la viz es en my les pieces de euvre dessus nommez y a quatre cens soixante et dix toises de grosse muraille, tant es longererez que es amortissemens des pignons que es fondemens qui sont encore aprendre. Et y aura oudit ouvraige trois viz, dont il y en a une qui a quatre piez entre seiche et noyau, et deux qui auront chacune troys piez et demy de chemun.

Item, y aura vingt six cheminees dont il y en aura ou pignon du bout de la salle quatre, ou pignon d'entre la chambre de parement et la chambre du roy six, es chambres de la croesee de devers l'estang huit, en la masse joignant les priveses deux, es chambres prés les estuves quatre, en la chapelle une, en la chambre de dessus la vir et chappelle une, qui font vingt six.

Item, (une) en la chapelle de la royne une cheminee ; ou retrait de dessus les estuves une, qui font vingt huit.

Item, y aura trente six huisseries, le tout vousté dehors et dedans.

Item, y aura sept fenestres croesees, et troys qui sont faictes, qui font dix croesees, chacune a six fenestres.

Item, y aura dix huit demyes croesees, dont il y en a quatre faictes et quatre commancees.

Item y aura quatre grans lucarnes et deux demyes, le tout a armairies du roy et de la royne, faictes a l'ordonnance du maistre des euvres, a bestes sur les retours, crestez et feillez, I espiz par dessus, bien faiz, ainsi qu'il appartient pour ledit ouvraige.

Item, le pignon de devers le curé et le pignon de devers l'estang seront a rondeliz et a espessiz par dessus.

Item, sur les coings de devers l'estang, y aura deux tourelles troussees.

Item, sur le pignon des priveses et sur le pignon de devers le curé, deux tourelles troussees.

Item, le pan de la viz de devers le chasteau sera mis au carré par encorbelemens, et fait le pignon a crestes et a feillez et ung espy par dessus, et revoistu de armairies et de bestes ainsi qu'il appartient.

Item, la chappelle de la chambre du roy sera garnie de deux fermetes, chacune sur ung mainneau, et autier et pessine, et les armes en la chief de la vouste ; et entre ladite chapelle et chambre, les fenestres et huisseries couvertes a bons reusvers, et chambranlez a crestes et a feillez, et pilliez amortiz tant es coustez que entre les fenestres, et ung chambranle remply par dessus de feillages, par maniere d'encorbelement ; le tout fait par l'ordonnance dudit maistre.

Item, les murs dessusdits l'un est de huit piez d'espes, les autres de six et de cinq et de quatre et environ, la vir de deux et demy.

Item, les tuaux des cheminees seront trestouz haussez de quatre a cinq piez au dessus du fest, et les cheminees de la grant salle, et celles de la chambre du roy et de la chambre de parement seront trestoutes a feillages et armairies ainsi qu'il appartient.

Arnaud Remy et Jean-Yves Hunot

Item, les viz seront garnies de fenestres carrees partout ou il en sera besoing.

Et ce puet faire ledit ouvraige, en fournissant de toutes materes en la place necessaire pour ledit ouvraige, pour la somme de mille et cinq cens escuz.

Le XXVIe jour de septembre mil IIII^c cinquante cinq, il est fait marché et appoinctement par monseigneur de Precigny, les president des comptes et tresorier d'Anjou, avecques Guillaume Robin, maistre des euvres d'Anjou, qu'il fera et acomplira et est tenu de faire et acomplir de la main, en lui fournissant des materes rendues sur la place, touz les ouvraiges cy dessus declarez bien et convenablement comme il appartient a telle euvre pour la somme de mil IIII^c escuz d'or qui luy seront payez par ledit tresorier d'Anjou en faisant la besoigne. Sur laquelle somme de mil IIII^c escuz d'or ledit maistre des euvres payera et contentera touz les ouvriers qui ont besoigné oudit euvre depuis le jour d'aoust dernierement passé, ouquel jour fut visité ledit ouvraige et mis a pris par ledit maistre. Et tout ledit ouvrage comme dessus est convenu rendra prest de maçonnerie dedans la feste de Toussains que l'on dira mil IIII^c LVI ou plus toust si possible luy est. Fait au chasteau d'Angiers es presences desdits seigneurs de Precigny, president et tresorier, et dudit maistre des euvres qui de faire et deuement acomplir lesdites choses s'est obligé *in forma* les jour et an dessusdits.

Ainsi signé B. de Beauvau ; Gauguelin ; Ja. Louet ; G. Rayneau.
À la requeste dudit Guillaume Robin et pour obligacion.

SOURCES ET BIBLIOGRAPHIE

Bachrach 2008
Bernard Bachrach, « Les châteaux de Foulque Nerra », *Archives d'Anjou*, n° 12, p. 41-53.

Barrailh 1992
Aymeri Barrailh, *La châtellenie comtale de Baugé. Étude sur le pouvoir et la société en Anjou aux XIe et XIIe siècles*, mémoire de maîtrise, Noël-Yves Tonnairre (dir.), université d'Angers, 1992.

Bernardi et Mathon 2011
Philippe Bernardi et Jean-Bernard Mathon, *Aux sources des plafonds peints médiévaux. Provence, Languedoc, Catalogne*, Capestang, 2011.

Boigné 1999
Jean-Marc Boigné, *Les hommes et la pierre dans une petite cité angevine : population et cadre urbain à Baugé, 1615-1830*, thèse de doctorat, Philippe Haudrère (dir.), université d'Angers, 1999.

Bon 2011
Philippe Bon (dir.), *Le château et l'art à la croisée des sources*, t. 1, Mehun-sur-Yèvre, 2011.

Bourgeois 2009
Luc Bourgeois (dir.), *Une résidence des comtes d'Angoulême autour de l'an Mil. Le castrum d'Andone (Villejoubert, Charente)*, Caen, 2009.

Bourocher 2012
Solveig Bourocher, « Les logis royaux de Chinon au XVe siècle » dans Alain Salamagne, Jean Kerhervé, Gérard Danet (dir.), *Châteaux et modes de vie au temps des ducs de Bretagne. XIIIe-XVIe siècle*, Tours & Rennes, coll. « Renaissance », 2012, p. 227-246.

Bouticourt 2016
Émilien Bouticourt, *Charpentes méridionales. Construire autrement : le midi rhodanien à la fin du Moyen Âge*, Montpellier, 2016.

Carré *et al.* 2002
Gaël Carré, Emmanuel Litoux, Jean-Yves Hunot, *Demeures seigneuriales en Anjou. XIIe-XVe siècles*, Angers, coll. « Patrimoine d'Anjou. Études et travaux », 2, 2002.

Colasseau 1942
Daniel Colasseau, *Histoire de Baugé*, t. 1 : *La préhistoire, les temps anciens*, Baugé, 1942.

Chatenet 1999
Monique Chatenet, *Le château de Châteaudun*, Paris, coll. « Itinéraires », 1999.

Favier 2008
Jean Favier, *Le roi René*, Paris, 2008.

Gaugain 2014
Lucie Gaugain, *Amboise, un château dans la ville*, Tours & Rennes, coll. « Renaissance », 2014.

Giraud-Labalte 1996
Claire Giraud-Labalte, *Les Angevins et leurs monuments. 1800-1840*, Angers, 1996, p. 81-87.

Girouard 2001
Mark Girouard, *La vie dans les châteaux français du Moyen Âge à nos jours*, Paris, 2001.

Guillot 1972
Olivier Guillot, *Le comte d'Anjou et son entourage au XIe siècle*, t. 1 : *Étude et appendices*, Paris, 1972.

Halphen et Poupardin 1913
Louis Halphen et René Poupardin (éd.), *Chroniques des comtes d'Anjou et des seigneurs d'Amboise*, Paris, 1913.

Lecoy de La Marche 1873
Albert Lecoy de La Marche, *Extraits des comptes et mémoriaux du Roy René pour servir à l'Histoire de l'Art au XVe siècle*, coll. « Documents historiques publiés par la Société de l'École des chartes », Paris, 1873.

Lecoy de La Marche 1875
Albert Lecoy de La Marche, *Le roi René, sa vie, son administration, ses travaux artistiques et littéraires*, vol. 2, coll. « École des Chartes », Paris, 1875.

Litoux *et al.* 2003
Emmanuel Litoux, Daniel Prigent et Jean-Yves Hunot, « Le château de Montsoreau », *Congrès archéologique de France, Touraine*, 1997, Paris, 2003, p. 255-280.

Litoux et Cron 2010
Emmanuel Litoux et Éric Cron (dir.), *Le château et la citadelle de Saumur, architectures du pouvoir*, Paris, 2010.

Litoux 2013
Emmanuel Litoux, *Angers, Maine-et-Loire, Château d'Angers. Étude archéologique du logis royal et de ses abords*. Rapport de sondage et d'étude du bâti, Drac Pays de la Loire, 2013.

Litoux 2017
Emmanuel Litoux, « Maîtrise d'ouvrage et itinérance : les chantiers angevins du roi René (1434-1480) », dans Nicolas Faucherre, Delphine Gautier, Hervé Mouillebouche (dir.), *Le nomadisme châtelain*, Chagny, 2017.

Litoux et Vacquet 2019
Emmanuel Litoux et Étienne Vacquet, *Le Plessis-Macé, une forteresse aux portes d'Angers*, Angers, coll. « Carnets d'Anjou », n° 1, 2019.

Litoux et Hunot 2020
Emmanuel Litoux et Jean-Yves Hunot, « L'utilisation de l'étage de comble dans les résidences seigneuriales angevines entre le XIVᵉ et le début du XVIᵉ siècle », dans Hervé Mouillebouche, Nicolas Faucherre et Delphine Gautier, *Le château de fond en comble. Hiérarchisation verticale des espaces dans les châteaux médiévaux et modernes*, Chagny, p. 318-343.

Le Mené 1982
Michel Le Mené, *Les campagnes angevines à la fin du Moyen Âge*, Nantes, 1982.

Mabille du Chêne 1879
Arthur Mabille du Chêne, « Baugé au XVᵉ siècle », *Revue de l'Anjou*, 11ᵉ année, t. XXII, Angers, 1879, p. 14-37.

Mane 2008
Perrine Mane, « La salle du château d'après les enluminures des XIVᵉ et XVᵉ siècles : fonctions et symboles », dans Anne-Marie Cocula et Michel Combet, *Le château au quotidien. Les travaux et les jours*, Bordeaux, coll. « Scripta Mediaevalia », n° 15, 2008, p. 79-93.

Mesqui *et al*. 2001
Jean Mesqui, Christophe Amiot, Philippe Bon, Jean Brodeur, Dominique Carru, Pierre Chevet, Nicolas Faucherre, Sylvie Marchant, « L'étuve dans les châteaux et palais du Moyen Âge en France », *Bulletin monumental*, t. 159-1, 2001, p. 7-61.

Mouillebouche 2014
Hervé Mouillebouche, *Palais ducal de Dijon, le logis de Philippe le Bon*, Chagny, 2014.

Port 1878
Célestin Port, *Dictionnaire historique, géographique et biographique de Maine-et-Loire*, 1874-1878, Angers, 3 t.

Port 1996
Célestin Port, *Dictionnaire historique, géographique et biographique de Maine-et-Loire*, 1965-1996, Angers, 4 t.

Remy et Hunot 2015
Arnaud Remy et Jean-Yves Hunot, *Baugé-en-Anjou (49), Château de Baugé, rapport d'étude de bâti*, Drac Pays de la Loire, 2015.

Robin 2000
Françoise Robin, « La cour de René d'Anjou en Provence », dans Jean-Michel Matz (dir.), *La noblesse dans les territoires angevins à la fin du Moyen Âge*, Rome, coll. « École française de Rome », 275, 2000, p. 175-187.

Robin 2005
Françoise Robin, *Le château du roi René à Tarascon*, Paris, coll. « Itinéraires », 2005.

Robin 2009
Françoise Robin, « Le décor d'une vie princière », dans Jean-Michel Matz et Élisabeth Verry (dir.), *Le roi René dans tous ses États*, Paris, 2009, p. 149-183.

Le château de Martigné-Briand

De la tour maîtresse romane au manifeste flamboyant

Solen Peron-Bienvenu * et Jean-Frédérick Grevet **

Entre Brissac et Doué, au bord de la rivière du Layon, se dresse en surplomb du vignoble la haute silhouette du château de Martigné-Briand [1], conçu pour voir et être vu. La châtellenie relevait de la baronnie de Montreuil-Bellay. Le bourg lié à la fortification s'est étendu autour de la collégiale Saint-Simplicien et du château, encore clos de murailles et de douves en 1730 [2]. De cette enceinte subsistent une tour d'angle et l'entrée à porte piétonne et porte cochère, autrefois précédées chacune d'un pont-levis. La basse-cour est située au nord-est, la cour d'honneur placée au nord. Les jardins pourraient avoir été implantés au pied de la façade sud et vers l'est [3]. Le site castral (fig. 1 à 3) s'est développé à partir d'une tour maîtresse quadrangulaire du XIIe siècle. Au début du XVIe siècle, un corps de logis rectangulaire à trois étages sur deux niveaux de soubassement et un étage de comble, flanqué de deux tours rondes à l'est et à l'ouest, lui a été adossé au sud. Le nouveau bâtiment, distribué par un escalier en vis reconstruit au XVIe siècle, est venu s'appuyer sur une façade conservée en remploi de l'ancien logis, datée de la fin du XIVe ou du début du XVe siècle. Un bâtiment composé d'un corps longitudinal et d'un pavillon en saillie, formant retour d'équerre, a été adossé au pignon ouest du nouveau logis.

Histoire architecturale

Historiographie

En l'absence de généalogies anciennes, seuls les cartulaires permettent d'identifier les membres du lignage à l'origine du château éponyme et d'en faire émerger l'importance. Quelques aveux et des fragments de comptabilités subsistent, mais aucun devis ou marché connu à ce jour ne peut renseigner sur les transformations de l'édifice, cette carence étant due à la dispersion des titres au XVIIIe siècle. Un procès-verbal décrit en 1788 « une très forte et très ancienne construction » :

> [le château] paraît avoir été fait pour servir de logement à un puissant seigneur et avoir été abandonné il y a très longtemps […] les immenses croisées [sont] réduites au tiers de la hauteur et le surplus muré […]. En visitant le troisième étage, nous avons remarqué que les appartements n'ont point été habités depuis un temps immémorial [4].

Martigné-Briand n'a guère retenu l'attention des grands antiquaires du XIXe siècle. Le *Congrès archéologique de France*, réuni en Anjou en 1910 puis en 1964, ne l'évoqua pas. Les érudits livrèrent des descriptions sommaires du château dont l'aspect suscitait leur curiosité [5]. Peter Hawke figura en 1840 l'unique lucarne subsistante, dotée de trois niches à dais, ainsi que le chevet de l'église Saint-Simplicien et, dans l'angle nord-est de la cour, la tour couverte d'une voûte en cul-de-four semblable à la description de 1788 (fig. 4), également dessinée par Pierre Vidal en 1877. En 1844, Thomas Drake dessina le château et l'église avant sa

* Chargée d'études documentaires principale, chargée de la protection des Monuments historiques (Drac des Pays de la Loire), présidente de la Société archéologique et historique de Nantes et de Loire-Atlantique.

** Architecte du patrimoine.

1. Classé en 2014, à l'issue de la procédure instruite par la Drac des Pays de la Loire.

2. Arch. dép. Maine-et-Loire, E 206.

3. Voir *infra*, fig. 8.

4. Arch. dép. Maine-et-Loire, 1 B 1000.

5. Victor Godard-Faultrier, *L'Anjou et ses monuments*, t. 2, Angers, 1840 ; Albert Lemarchand, « Martigné-Briand », *Revue de l'Anjou*, 1854, p. 251-256 ; Olivier de Wismes, *Le Maine et l'Anjou historiques, archéologiques et pittoresques*, t. 2, Nantes 1856.

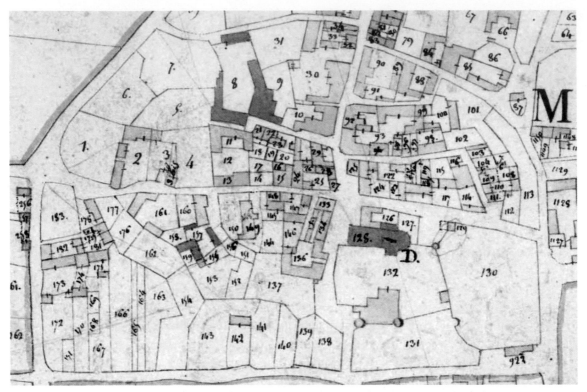

Fig. 1 – Plan cadastral napoléonien, 1819, détail (Arch. dep. Maine-et-Loire, 3P4/199/12, section G1 du Bourg).

Fig. 2 – Martigné-Briand, château, façade nord.

SOLEN PERON-BIENVENU ET JEAN-FRÉDÉRICK GREVET

Fig. 3 – Martigné-Briand, château, proposition de restitution au XVIᵉ siècle (J.-F. Grevet).

Fig. 4 – Martigné-Briand, vue d'architecture (chevet de l'église, entrée du château et tour d'angle), Peter Hawke, mine de plomb, 1840.

Fig. 5 – Martigné-Briand, château, façade sud-ouest, photographie, Médéric Mieusement, août 1888.

transformation. Une lithographie par Eugène Deshayes et Bachelier sur un dessin du baron de Wismes, publiée en 1856, montre une couverture de fortune qui a pu protéger la structure du monument, photographié la première fois par Séraphin-Médéric Mieusement en 1888 (fig. 5), puis par Georges Estève avant 1932 (fig. 6).

Une tour maîtresse et un lignage fondateur

Deux deniers trouvés dans la cour du château, datés de 1040-1060, suggèrent une occupation du site dès le XIe siècle. Le premier seigneur connu, Brient de Martigné, est mentionné à la charnière du XIe et du XIIe siècle [6], tandis que son fils Thomas, issu de son union avec Aldegarde, apparaît dans le premier quart du XIIe siècle [7]. La tour maîtresse est associée à un lignage bien individualisé dont les membres, étroitement associés au pouvoir comtal et

6. Arch. dép. Maine-et-Loire, H 2140, n° 2, 19 septembre 1091 ; *ibid.*, G 851, fol. 975, 22 septembre 1105. Que Teddy Véron soit remercié pour avoir signalé ces actes originaux.

7. Chanoine Urseau, *Cartulaire noir de la cathédrale d'Angers*, Angers, 1908, n° 92, p. 169-171. Précisé par Teddy Véron.

SOLEN PERON-BIENVENU ET JEAN-FRÉDÉRICK GREVET

au service des Plantagenêts, exerçaient de hautes charges militaires et ecclésiastiques [8]. Petit-fils de Brient Ier, Brient II de Martigné († 1166) fut « l'un des grands barons angevins du XIIe siècle [9] ». Les sources attestent son intense activité et son rôle de conseil, pendant quarante ans, auprès des plus hautes autorités civiles et religieuses. Il apparaît notamment dans divers actes entre 1138 et 1162 auprès de Geoffroy le Bel, de l'impératrice Mathilde, d'Henri Plantagenêt et de ses frères [10]. Aux côtés de Geoffroy le Bel, il participa au siège de Montreuil-Bellay en 1151 [11], avant d'être connétable d'Anjou en 1152 [12], puis *constabularius* de Thouars après la prise de la ville en 1158 par le roi d'Angleterre [13]. Jusqu'en 1166, il est cité dans divers actes concernant l'abbaye de Fontevraud, placée sous la protection des comtes d'Anjou [14].

Une demeure de prestige

Geoffroy, seigneur d'Ancenis et de Martigné-Briand, ratifia en 1346 l'acte de fondation des prébendes du chapitre vers 1240 par André, « jadis seigneur de Martigné et de Doué [15] ». En 1378, par son alliance avec Liépart Ier de La Jumellière, Jeanne d'Ancenis porta Martigné-Briand en dot [16] dans un lignage auquel doit être attribuée la façade médiévale conservée en remploi de l'ancien logis qui, lui, a été détruit. L'appartenance à la cour d'Anjou-Sicile et, génération après génération, le maintien dans la chevalerie [17] éclairent l'esprit qui a prévalu à la transformation tant matérielle que symbolique du château par René de La Jumellière (*ca* 1440-1519 [18]), arrière-petit-fils de Liépart Ier, figuré sur sa dalle funéraire en armure et revêtu du tabard à ses armes, en l'église de Saint-Aubin-de-Luigné [19].

La faveur des La Jumellière auprès du roi René se traduisit par la garde, notamment, de la résidence de Beaufort-en-Vallée, très appréciée du prince [20], l'intégration à l'ordre du Croissant (fondé en 1448) ainsi que la participation aux pas d'armes de Saumur (1446) et

8. Oncle de Brient II, Renaud de Martigné († 1138) fut ordonné évêque d'Angers en 1102, puis transféré à l'archevêché de Reims en 1125. Que Jean-Pierre Brunterc'h soit remercié pour ses conseils avisés.

9. Jacques Boussard, *Le gouvernement d'Henri II Plantagenêt*, Paris, 1956, p. 101, note 8.

10. Léopold Delisle, *Recueil des actes de Henri II, roi d'Angleterre et duc de Normandie*, t. 1, Paris, 1916, n° 1*, p. 5, n° 26*, p. 34, n° 27*, p. 35, n° 44*, p. 50, n° 128*, p. 224, n° 131*, p. 238, n° 224*, p. 362.

11. Arthur Bertrand de Broussillon, *Cartulaire de l'abbaye de Saint-Aubin d'Angers*, Angers, t. 2, 1903, n° 864, p. 337-338, n° 866, p. 340, n° 898, p. 372, n° 933, p. 413.

12. *Ibid.*, t. 1, n° 25*, p. 33.

13. J. Boussard, *op. cit.* note 9, p. 328 ; « Le Cartulaire de l'abbaye Saint-Laon de Thouars », *Mémoires de la Société de statistique du département des Deux-Sèvres*, Niort, 1875, n° 69, p. 62, n° 70, p. 63 et n° 75, p. 66 ; Marie-Pierre Baudry, *Les fortifications des Plantagenêts en Poitou (1154-1242)*, Paris, 2001, p. 300.

14. Jean-Marc Bienvenu, *Grand cartulaire de Fontevraud*, Poitiers, 2005, t. 2, n° 781, p. 731, n° 881, p. 828, n° 891, p. 842, n° 898, p. 850.

15. Arch. dép. Maine-et-Loire, G 1334 ; Henri Beauchet-Filleau, *Dictionnaire historique et généalogique des familles du Poitou*, t. 3, Poitiers, 1891, p. 150.

16. BnF, ms. fr. 5605 ; Louis Trincant, *Histoire généalogique de la maison de Savonnières en Anjou*, Poitiers, 1638, p. 41-45.

17. Sur la rareté de l'agrégation à la chevalerie à la Renaissance, voir Nicolas Le Roux, *Le crépuscule de la chevalerie. Noblesse et guerre au siècle de la Renaissance*, Ceyzérieu, coll. « Époques », 2015, p. 40.

18. Le dernier acte connu de René de La Jumellière est un aveu rendu en tant que seigneur de la terre de Contigné (reçue de Guillaume de La Jumellière, qui la détenait en 1493) et de la Roche de Pommerieux, le 9 août 1519 (Arch. dép. Maine-et-Loire, E 1441).

19. Bénédicte Fillion-Braguet, « La dalle funéraire de René de La Jumellière », *Au bonheur des archives d'Anjou, Mélanges offerts à Élisabeth Verry*, textes réunis par Jean-Pierre Bois, Alain Jacobzone, Jacques Maillard, Jean-Luc Marais, Angers, 2021, p. 55-57.

20. Alexandre de Couffon de Kerdellech, *Recherches sur la chevalerie du duché de Bretagne*, t. 2, Nantes, 1877, p. 531.

Fig. 6 – Martigné-Briand, château, façade sud-est, photographie, Georges Estève, avant 1932.

de Tarascon (1449) [21], l'appartenance, enfin, de trois membres de la famille au conseil du roi de Sicile en 1453 [22]. L'Anjou était annexé à la France depuis 1481 et les guerres de Bretagne (1487-1491) passées quand René de La Jumellière, fils de Liépart II (*ca* 1411-1490) et de Catherine de Laval [23], voulut afficher son rang et sa dignité, voire sa parenté avec le prince, le roi René ayant épousé Jeanne de Laval [24]. Conseiller et chambellan du roi, René de La Jumellière ratifia le traité d'Étaples renouvelé par Louis XII en 1498 [25].

La datation entre 1490 et 1514 a été acquise par dendrochronologie [26]. Les sources textuelles permettent de resserrer ce laps de temps : en 1503, le maître d'œuvre Pierre Péret résidait au château de Martigné-Briand, entamé depuis au moins 1501, date à laquelle le charpentier de René de La Jumellière fut envoyé de son côté à Blaison, avec quatre hommes pour abattre du bois en vue de réaliser la charpente du château [27]. Par conséquent, la maçonnerie semble avoir été en place dès 1501 et le château suffisamment habitable pour que Péret y réside en 1503.

Un château en quête de destin

Après le décès du jeune Pierre, unique enfant de l'union de René avec Marie de Montespédon, Christophe II de Goulaine († 1533), fils de Louise de La Jumellière [28], devint l'héritier principal de René de La Jumellière. Cousin de Jean de Laval-Châteaubriant, il appartenait à une maison bretonne sensible aux nouveautés architecturales [29]. En 1497, son union avec Renée Amenard, fille de Jean, seigneur de Chanzé, chevalier de l'ordre du Croissant, avait déjà renforcé son implantation angevine et augmenté ses possessions. Vers 1520, sa seconde alliance avec Claude de Montejean († après 1545), sœur de René de Montejean, curateur de Guy XVII de Laval [30], lieutenant-général en Piémont puis maréchal de France, conforta encore son statut. En 1533, Martigné-Briand advint au deuxième fils de Christophe II de Goulaine, François (« Monsieur de Martigné-Briand » à la cour), puis en 1552 à Baudouin de Goulaine, chevalier de l'Ordre du roi et capitaine de cinquante hommes d'armes de ses ordonnances, qui y reçut Charles IX et tout son train le 4 octobre 1565. En 1572, la châtellenie fut cédée à René de Naillac, conseiller du roi en son Conseil privé et premier écuyer de l'Écurie du roi [31].

Une longue désaffection s'ensuivit, Martigné-Briand passant des mains de la noblesse de cour à celles des négociants. La châtellenie fut unie en 1730 à la consistance du duché de Brissac [32]. Lors de sa vente en 1739 à Pierre Nicolas Parent, seigneur de Villeneuve, l'édifice était « en ruine totale [33] ». Pour le rendre habitable, celui-ci ou ses descendants n'hésitèrent pas à refaire des planchers, réduire les combles, couvrir les tours en appentis et araser la tour médiévale au profit d'une construction basse. Le château échut en 1913 à Valentine de Chaponay, princesse de Croÿ, qui le légua en 1956 à l'association « la Jeanne d'Arc », propriétaire jusqu'en 2017.

DESCRIPTION

Enceinte fortifiée

Au nord, le chevet de l'église (fig. 7), renforcé pendant la Ligue [34], est intégré au système défensif. Des fentes de tirs sont visibles sur l'absidiole d'axe et sur un chemin de ronde dont le parapet en tuffeau, orné d'arcatures trilobées, court sur les parties hautes du chœur. Dans l'angle nord-est, une tour circulaire en pierre de falun est bien conservée : en partie haute, les vestiges d'un chemin de ronde en tuffeau supporté par des consoles en tuffeau sont encore visibles.

21. Comte de Quatrebarbes, *Œuvres complètes du roi René*, Angers, t. 1, 1845, p. LXXVI, LXXVIII, LXXX et p. 77 ; Émile Perrier, *Les chevaliers du Croissant : essai historique et héraldique*, Vannes, 1906, p. 18.

22. Charles-Jean Beautemps-Beaupré, *Coutumes et institutions de l'Anjou et du Maine antérieures au XVIᵉ siècle*, Paris, t. 3, 1879, p. 58, 62, 65.

23. Arch. dép. Maine-et-Loire, E 3024, G 1271 ; Arthur Bertrand de Broussillon, *La maison de Laval 1020-1605*, Paris, 5 vol., 1895-1903, t. 2, p. 316, n° 852, p. 340, n° 909, p. 374, n° 965 ; voir *infra* note 47.

24. *Ibid.*, t. 3, p. 162.

25. Arch. dép. Maine-et-Loire, E 2949 et G 1334 ; BnF, ms. fr. 5605 ; A. de Couffon de Kerdelléch, *op. cit.* note 20, p. 531.

26. Voir *infra* note 48.

27. Angers, Arch. mun., BB 13, f66 ; Ronan Durandière et Bénédicte Fillion-Braguet, « De Jean à René de La Jumellière, la dynastie des seigneurs de la Haute-Guerche », *Au bonheur des archives d'Anjou…*, *op. cit.* note 19, p. 47-54 (p. 52, note 34). Que Ronan Durandière soit remercié pour avoir communiqué cet extrait des comptabilités.

28. Louise de La Jumellière, alliée en 1451 ou en 1469 à Christophe Iᵉʳ de Goulaine († 1492). Nous rétablissons : d'après les titres et généalogies anciennes, Louise est tantôt la fille de Guillaume et de Marguerite de Bellossac (ou Bellozas), tantôt celle de Liépart II et de Catherine de Laval. Solen Peron, *Le château de Goulaine, architecture, décors et politique familiale*, Paris, 2013, p. 18 et note 32, p. 197.

29. *Ibid.*, p. 18-53 pour le développement qui suit.

30. A. Bertrand de Broussillon, *op. cit.* note 23, t. 4, p. 56-57 et 124-128.

31. Arch. dép. Maine-et-Loire, E 2683 ; S. Peron, *op. cit.* note 28, p. 30.

32. *Ibid.*, E 206 et 5 E 33/237.

33. Arch. nat., MC, CXV-513.

34. Arch. dép. Maine-et-Loire, 2 F 2/34. Les artisans travaillent au chœur de l'église au printemps 1592.

SOLEN PERON-BIENVENU ET JEAN-FRÉDÉRICK GREVET

Fig. 7 – Martigné-Briand, entrée du château et abside de l'église, Médéric Mieusement, photographie, août 1888.

Entre l'église et la tour nord-est se trouve l'entrée fortifiée, dotée d'une porte piétonne à l'ouest et d'une porte cochère à l'est. L'accès principal est surmonté d'un muret, très altéré en 1888, sur lequel ont été restituées à la fin du XXᵉ siècle les armoiries sculptées des La Jumellière (« à croix pattée ») et de Charles II de Cossé, comte de Brissac (« de sable à trois fasces d'or dentelées par le bas »), entourées du collier de l'ordre de Saint-Michel. De part et d'autre du panneau armorié se trouvent des réservations pour les flèches de deux ponts-levis.

Le château constitue, sur le flanc sud, une partie de l'ancienne enceinte. Des arrachements indiquent que celle-ci se prolongeait vers l'ouest et vers l'est, et rejoignait la tour nord-est. Reliant le château à l'église, un réseau de couloirs souterrains médiévaux, dont la fonction n'est pas connue, a été identifié sous le sol de la cour (fig. 8).

Tour maîtresse

Mise en évidence en 2002 [35], la tour maîtresse (fig. 9 et 10), construite en pierre de taille de falun, arasée vers le milieu du XVIIIᵉ siècle, a cependant conservé son mur sud en quasi-totalité ainsi qu'une partie du mur ouest, contre lequel s'appuient l'escalier et l'arrachement du contrefort d'angle sud-est. Sur la façade sud, de part et d'autre du manteau de la cheminée, sont visibles les cintres à trois rouleaux clavés (fig. 11) de deux baies du XIIᵉ siècle. Les arcs de ces baies ne semblant pas être exactement à la même hauteur, il pourrait s'agir d'une porte et d'une fenêtre. Par ailleurs, l'arc inférieur de la baie orientale paraît légèrement brisé.

Dans l'angle sud-ouest se distingue l'encorbellement d'une échauguette, visible à l'intérieur du corps de logis. Celle-ci pourrait avoir été mise en œuvre ultérieurement. En partie haute de la face est du mur ouest, deux corbeaux pourraient avoir servi de support de

35. Jean-Frédérick Grevet, *Étude préalable à la restauration générale de Martigné-Briand*, dactyl., 2002.

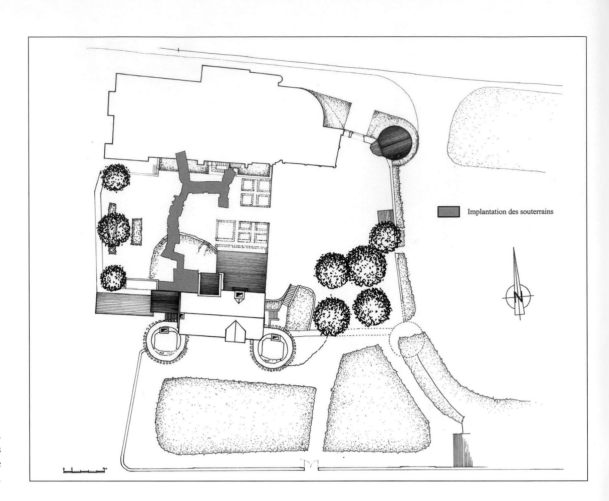

Fig. 8 – Martigné-Briand, château, implantation des souterrains, plan de masse (relevé et dessin J.-F. Grevet).

Implantation des souterrains

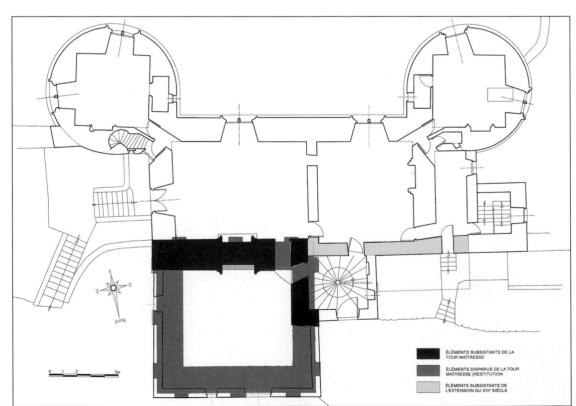

Fig. 9 – Martigné-Briand, château, plan d'ensemble avec emplacement de la tour maîtresse et de la façade nord de l'ancien logis conservée (relevé et dessin J.-F. Grevet).

ÉLÉMENTS SUBSISTANTS DE LA TOUR MAÎTRESSE

ÉLÉMENTS DISPARUS DE LA TOUR MAÎTRESSE (RESTITUTION)

ÉLÉMENTS SUBSISTANTS DE L'EXTENSION DU XIVᵉ SIÈCLE

SOLEN PERON-BIENVENU ET JEAN-FRÉDÉRICK GREVET

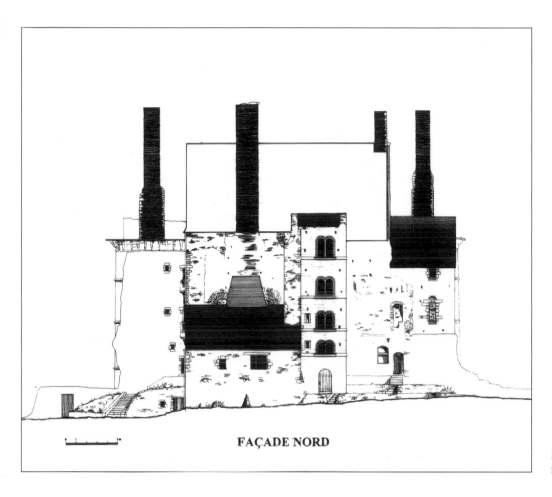

FAÇADE NORD

Fig. 10 — Martigné-Briand, château, façade nord (relevé et dessin J.-F. Grevet).

Fig. 11 – Martigné-Briand, château, façade nord, détail des cintres à trois rouleaux clavés (carrés blancs).

36. Emmanuel Litoux, « Un paysage castral dominé par le château d'Angers », dans Étienne Vacquet (dir.), *Saint-Louis et l'Anjou*, Rennes, 2014, p. 67-80 (ici p. 68).

muralière (poutre disposée contre les murs), et des pierres horizontales en saillie pourraient avoir constitué les solins en pierre de la couverture de la tour. Aux premier et deuxième étages du corps de logis subsiste un contrefort en pierre de taille appartenant à la tour maîtresse, contrefort contre lequel le château du XVIe siècle a été adossé.

La physionomie complète de la tour maîtresse et son environnement à l'époque médiévale sont difficiles à cerner, mais il est possible de proposer la restitution (fig. 12) d'un ouvrage quadrangulaire de 7,95 x 7,04 m de côtés intérieurs et d'environ 1,90 m d'épaisseur de murs. Les façades extérieures sont rythmées de trois contreforts plats sur chaque face, en pierre de taille de falun de 60 cm de large et de 34 cm d'épaisseur. Deux contreforts d'angles sont bien visibles sur les faces est (à l'extérieur) et sud (dans les grandes salles des premier et deuxième étages) [fig. 13]. Le contrefort médian est proposé par similitude avec les édifices de la même époque. Le plan présenté résulte des observations des éléments existants (murs sud et ouest). L'emprise de l'appentis conservé s'appuyait probablement sur les fondations anciennes, si ce n'est sur une partie des murs de la tour. Celle-ci pourrait avoir été constituée d'un premier niveau servant de cellier, d'une grande salle et peut-être d'un niveau supérieur. La tour maîtresse pourrait s'apparenter extérieurement aux tours de Loudun (1178d), de Moncontour ou de Montrichard. Elle a été réaménagée au début du XVIe siècle, comme l'indiquent deux cheminées conservées : l'une est située dans la salle du rez-de-chaussée, le manteau de l'autre est dissimulé par les combles, la hotte étant coupée par la toiture. Avec la tour de Châteauneuf-sur-Sarthe, elle constitue l'un des rares témoignages de l'architecture castrale en Anjou au XIIe siècle, au cœur de l'espace Plantagenêt [36].

Tour d'escalier

De plan carré, la tour d'escalier est construite en pierre de taille de tuffeau pour la façade nord et les deux niveaux supérieurs de la façade ouest, mais en moellons pour la façade est et pour les niveaux inférieurs de la façade ouest. La tour abrite un escalier en vis central en pierre de falun dont les marches délardées portent noyau. Ces changements de matériaux correspondent à la transformation de la tour au milieu du XVIe siècle (fig. 14), sur une base

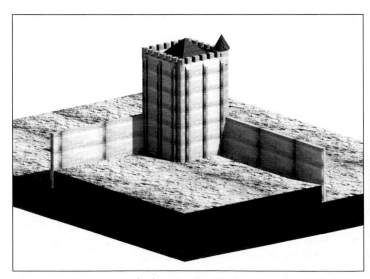

Fig. 12 – Martigné-Briand, château, proposition de restitution de la tour maîtresse au XIIe siècle (J.-F. Grevet).

Fig. 14 – Martigné-Briand, château, proposition de restitution de l'emplacement de la tour d'escalier au XVe siècle. En l'absence de données précises sur les dispositions d'origine, la tour est figurée dans son état au XVIe siècle (J.-F. Grevet).

SOLEN PERON-BIENVENU ET JEAN-FRÉDÉRICK GREVET

Fig. 13 – Martigné-Briand, château, façade sud (désormais interne) de la tour maîtresse, salle du deuxième étage, contrefort plat de la tour maîtresse (à droite, cheminées superposées).

déjà modifiée au siècle précédent, sans que la chronologie puisse être davantage précisée pour l'instant. Dans l'escalier actuel, le noyau présente une moulure gothique en partie basse. Des incisions dans les murs et le noyau témoignent de la présence d'une cloison de bois. Aux premier et deuxième étages, l'escalier dessert les chambres du corps de logis. La porte vers l'ancienne tour maîtresse est murée. Au dernier étage, l'escalier dessert les combles.

La façade nord et une partie de la façade ouest, plus soignée, appartiennent au milieu du XVIe siècle. La tour d'escalier présente, au-dessus d'une grande porte plein cintre, une superposition de quatre niveaux de baies géminées également plein cintre. La taille des fenêtres est croissante au fur et à mesure de la montée. Aux premier et deuxième étages, deux petites ouvertures ébrasées forment une niche intérieure pour accueillir des lampes. La tour d'escalier a perdu son couvrement d'origine, mais des consoles encore présentes soulignaient la corniche d'une toiture en pavillon. Son embellissement pourrait être attribué à François de Goulaine, ou à son frère Baudouin.

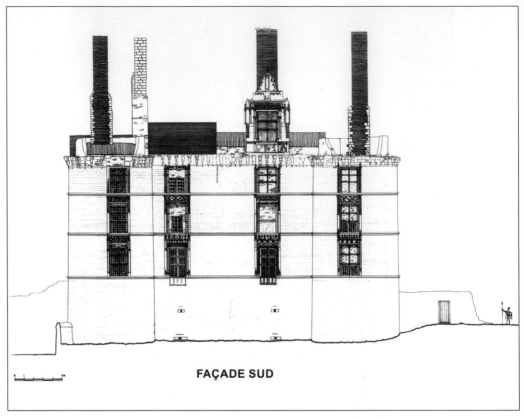

Fig. 15 – Martigné-Briand, château, façade sud (relevé et dessin J.-F. Grevet).

Bâtiment du XVᵉ siècle

Avant la construction du corps de logis du XVIᵉ siècle a existé un logis plus ancien, du XVᵉ siècle, démoli par la suite mais dont la façade nord a été conservée et réemployée dans la paroi sud du nouveau bâtiment (fig. 10). On reconnaît dans cette élévation, au-dessus d'un niveau semi-enterré, un rez-de-chaussée pourvu d'une armoire murale et d'une fenêtre, enfin un dernier étage percé d'une baie à coussiège. L'édifice était surmonté d'une charpente à chevrons formant ferme, caractéristique du XVᵉ siècle.

Corps de logis

L'édifice projeté par René de La Jumellière fut implanté en avant de l'enceinte fortifiée en s'adossant à la façade sud de la tour maîtresse, de la tourelle d'escalier et du bâtiment du XVᵉ siècle. Il est ainsi situé au-dessus de l'escarpe qui existait probablement le long des bâtiments de ce côté. La partie ajoutée reprend le plan archétypal d'un château des années 1500 : logis divisé par un refend, tour d'escalier sur la façade antérieure et tours d'angles sur la façade arrière, avec salles carrées inscrites dans le plan circulaire.

Entièrement construites en pierre de taille de tuffeau, la façade sud du corps de logis et les tours qui l'encadrent (fig. 15) sont composées avec symétrie et régularité. Les deux niveaux de caves, à peine éclairés par les embrasures des canonnières, forment un imposant soubassement. Ces canonnières, aménagées aux deux niveaux de sous-sol, appartiennent au

SOLEN PERON-BIENVENU ET JEAN-FRÉDÉRICK GREVET

vocabulaire défensif des années 1490-1530. Les ébrasements, surmontés de fentes d'aération ménagées dans l'épaisseur des joints pour évacuer la fumée, permettaient des tirs rasants et croisés sur les deux niveaux de caves. À l'intérieur ont subsisté des planches en positif qui ont servi de couchis pour former le cintre des voûtes, ainsi que les bois destinés à poser les armes à feu et, dans les tableaux, les encoches pour les poutres anti-recul [37].

Le rez-de-chaussée, le premier et le deuxième étage sont animés de travées de baies régulières, à croisées à double traverse. Ce type de croisée ostentatoire est présent au Verger, à Baugé, à Blois, à Châteaudun, à Montreuil-Bellay ou à Amboise. La façade sud présente quatre travées de trois baies de proportions identiques qui se prolongeaient au niveau des combles par d'imposantes lucarnes. Les fenêtres du rez-de-chaussée et du premier étage sont toutes surmontées d'un plein de travée en tuffeau refouillé et orné de soufflets, mouchettes, médaillons et rosaces (fig. 16), qui unissent les trois niveaux de baies entre eux. L'appui des fenêtres se prolonge en un larmier horizontal saillant et continu sur la façade du logis et des tours. À ces horizontales, répondent les verticales des colonnettes des encadrements des grandes baies. Seule une menuiserie d'origine, très soignée, a été retrouvée en 1982 au rez-de-chaussée de la façade est de la tour sud-est ; restaurée depuis, elle est conservée dans la tour d'entrée [38].

La façade sud du logis et les tours étaient couronnées d'une corniche de consoles tronconiques moulurées portant le parapet du chemin de ronde. Une seule lucarne a été conservée parmi les lucarnes à double croisée qui éclairaient le niveau de combles. Monumentale par ses dimensions (2,80 m x 4,50 m), elle repose sur le mur et les consoles, et est traversée par le chemin de ronde.

37. Nous remercions Nicolas Faucherre pour ces observations.

38. Décrite par Jean-Louis Roger, *Châssis de fenêtre aux XVe, XVIe et XVIIe siècles*, Paris, 1995, p. 40.

Fig. 16 – Martigné-Briand, château, façade sud, 2014.

Fig. 17 – Martigné-Briand, château, façade est avec sa loggia.

La façade est (fig. 17) témoigne d'un changement de parti, comme l'attestent, dans l'angle sud-est, trois portes murées donnant sur l'extérieur. Seule celle du rez-de-chaussée, munie d'une menuiserie, dessert le terre-plein créé en 1976. Le projet initial prévoyait la construction d'une pièce orientale portée par un arc, semblable à celle qui existe à l'ouest. Il lui fut substitué un traitement plus élégant à deux ou trois niveaux de loggias.

Au rez-de-chaussée, la baie primitive a été transformée en 1976 en porte-fenêtre. Au premier étage, la loggia (fig. 17) est couverte par un arc en anse de panier au linteau clavé souligné d'une frise de feuillage ; cet arc est porté par deux colonnes sculptées de bois écotés mêlés aux armes des La Jumellière et surmontés de chapiteaux feuillagés. L'association des bois écotés aux fleurs de lys (fig. 18 et 19) – aujourd'hui disparues – et aux colonnes torses date stylistiquement la construction de Martigné-Briand des années 1500-1510. Le bois écoté, ornement naturaliste également présent à Blois sous Louis XII et Anne de Bretagne, est associé à la symbolique religieuse et à l'héraldique [39]. La loggia, transformée, se distingue de la « vraie [40] » loggia de l'hôtel Barrault, à Angers, ménagée à la fin des années 1480. Comparable aux loggias de Châteaudun, elle a pu inspirer l'architecte saumurois Charles Joly-Leterme lors de la restauration du château de Montreuil-Bellay au milieu du XIXe siècle [41].

39. Étienne Hamon, « Le naturalisme dans l'architecture française autour de 1500 », dans Monique Chatenet, Krista De Jonge, Ethan Matt Kavaler, Norbert Nußbaum (dir.), *Le Gothique de la Renaissance*, Paris, coll. « De Architectura », 2011, p. 329-343.

40. Jean Guillaume, « Château, jardin et paysage en France du XVe au XVIIe siècle », *Revue de l'art*, 1999, t. 124, p. 18 et note 28, p. 30.

41. Hypothèse validée par Étienne Vacquet.

Les liens vassaliques avec les barons de Montreuil-Bellay – René de La Jumellière leur était apparenté par l'alliance de Guillaume d'Harcourt avec Yolande de Laval – ont pu influencer un geste ostentatoire, le maître d'œuvre ayant pu s'inspirer, pour les lucarnes à double croisée ou la mise en valeur des niveaux résidentiels, du château-neuf de Montreuil-Bellay. Mérite également d'être soulignée l'influence probable de trois châteaux strictement contemporains élevés pour le maréchal de Gié : la Motte-Glain (grand logis, 1498-1518d ; communs, 1495-1499d [42]), Mortiercrolles (1496-1499) et le Verger (ap. 1495-1506). Plus particulièrement, Martigné-Briand présente une parenté stylistique avec l'élévation antérieure du château de Goulaine, au sud du comté nantais, agrandi et transformé après les guerres de Bretagne. Ce rapprochement est justifié par la proximité de René de La Jumellière avec Christophe de Goulaine dont il fut le curateur en 1494 [43]. Les deux commanditaires conduisirent leurs chantiers respectifs dans la même période, sans que l'on sache lequel précéda l'autre et put l'influencer. Nonobstant les moucheures d'hermine stylisées qui font sa particularité, la façade tramée, les fleurs de lys et les ornements sculptés sur les allèges panneautées de Goulaine sont à rapprocher de Martigné-Briand ; toutefois, à l'encontre de Goulaine, le décor sculpté de Martigné-Briand, déployant de multiples combinaisons géométriques qui le rattachent au gothique flamboyant, ne coexiste avec aucun ornement d'inspiration antique et n'adopte pas d'écu à l'italienne [44]. Les chapiteaux à palmettes, à moulures géométriques ou à torsades ne préfigurent pas, ici, l'ordre classique. Seules les colonnettes lisses, cannelées puis torses qui encadrent les baies pourraient peut-être annoncer la superposition des ordres, la faveur de l'art gothique perdurant en Anjou fort avant dans le premier tiers du XVIe siècle, à l'instar de Boumois (1520-1524) où les moulures torsadées sont également présentes [45].

Au niveau des sous-sols, les chambres des tours ont un plan circulaire, alors que, s'agissant des salles hautes, les pièces ont un plan carré. Pour préparer les toitures en poivrière, les parties hautes des angles du deuxième niveau ont été occupées par des pendentifs ornés de figures monstrueuses polymorphes, ou grylles.

42. Pascal Prunet, *44-La Chapelle-Glain, Château de la Motte-Glain, Restauration de la tour d'escalier sud-ouest, Avant-projet*, dactyl., juillet 2013.

43. S. Peron, *Le château de Goulaine…, op. cit.* note 28, p. 19 et note 38, p. 198 ; Solen Joubert-Peron, « Le château de Goulaine (XVe-début XIXe siècle) : nouvelles approches, nouvelle image », *Mémoires de la Société d'histoire et d'archéologie de Bretagne*, t. LXXXII, 2004, p. 193-224 (ici p. 200-201).

44. S. Peron, *Le château de Goulaine…, op. cit.* note 28, p. 40-47 et 50-53 ; Solen Peron-Bienvenu, « Chambres dorées et "salles des Magnifiques". Les appartements du château de Goulaine et leur ameublement (XVIe-XVIIIe siècle) », *Bulletin de la Société archéologique et historique de Nantes et de Loire-Atlantique*, t. 155, 2020, p. 165-225 (ici p. 167-172).

45. Christian Cussonneau, « Boumois : le dernier château gothique en Anjou », *Bulletin monumental*, t. 158-2, 2000, p. 119-137.

Fig. 18 – Martigné-Briand, château, loggia, détail du jambage gauche.

Fig. 19 – Martigné-Briand, château, façade sud, travée de droite, 1981, détail d'une fleur de lys.

Le rez-de-chaussée, le premier (fig. 20) et le deuxième étage sont aménagés de façon très similaire. Le corps de logis est divisé en deux volumes inégaux par un mur de refend : à l'est, une grande pièce rectangulaire ou salle ; à l'ouest, la chambre plus petite de plan carré. L'escalier communiquait avec la chambre, mais aussi avec la salle par l'intermédiaire de la tour maîtresse, comme l'indique une porte murée dans la tour d'escalier. La grande salle du premier étage était dévolue à la réception. À tous les étages, la cheminée est décalée vers le sud afin de ménager une place pour le lit, dans l'angle nord-ouest, ce qui atteste une fonction camérale. Au fil du temps, les communications entre les différentes pièces ont été légèrement modifiées. La fonction des salles, aux étages supérieurs, n'est pas connue à ce jour.

Au rez-de-chaussée et au premier étage des tours, de petits cabinets sont ménagés dans l'épaisseur du mur intérieur ; seul le deuxième étage en est dépourvu. Ces pièces privatives sont accessibles par de petites portes surmontées d'un linteau en pierre doté d'un arc en accolade (premier étage de la tour est), d'un arc clavé (rez-de-chaussée de la tour ouest), ou d'un linteau de bois (rez-de-chaussée de la tour est). Éclairées d'une petite fenêtre, elles sont couvertes de voûtes prismatiques à clés pendantes (fig. 21), qui se retrouvent au logis Barrault ou à Jarzé, et qui reposent sur des culots animés par des figures zoomorphes, des personnages en habits de cour et des anges qui tiennent l'écu familial (fig. 22). Au premier

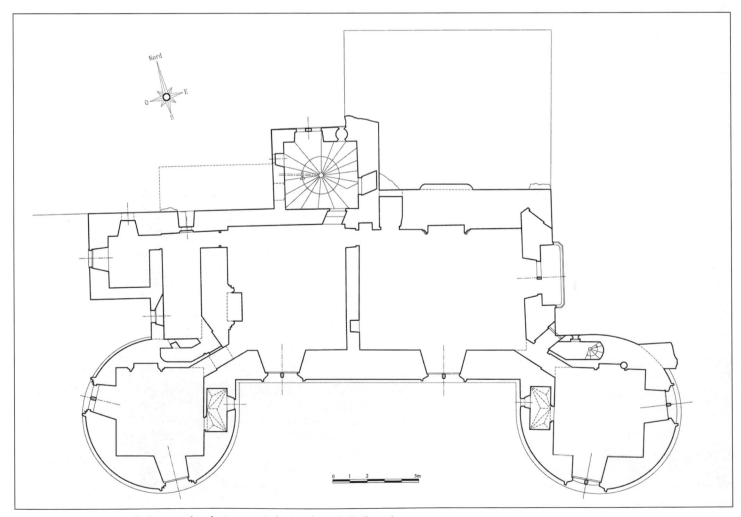

Fig. 20 – Martigné-Briand, château, plan du 1ᵉʳ étage (relevé et dessin J.-F. Grevet).

SOLEN PERON-BIENVENU ET JEAN-FRÉDÉRICK GREVET

Fig. 21 – Martigné-Briand, château, 1ᵉʳ étage, tour ouest, voûte prismatique du cabinet (ou oratoire).

46. Victor Godard-Faultrier, *Inventaire du musée d'antiquités Saint-Jean et Toussaint*, Angers, 1884, n° 1918, p. 312 ; Joseph Denais, *Armorial général de l'Anjou*, t. 2, Angers, 1885.

47. Ville située entre Le Mans et Alençon. La vicomté de Beaumont passa dans la maison de Brienne au XIIIᵉ siècle. L'alliance de Liépart avec Catherine de Laval, dame de Beaumont-le-Vicomte (Arch. dép. Maine-et-Loire, E 3418), expliquerait que les armes de Beaumont-Brienne brochent les siennes ; en outre, Guy de Laval-Loué, père de Catherine, avait pour aïeule Jeanne de Beaumont (A. Bertrand de Broussillon, *La maison de Laval...*, op. cit note 23, t. 2, p. 340, n° 909).

48. Yannick Le Digol, *Château de Martigné-Briand (49), rapport d'étude dendrochronologique*, janvier 2002. Voir *supra*.

étage des tours est et ouest, des anges portent l'écu du commanditaire, écartelé de La Jumellière et d'Ancenis « aux 1 et 4 de quintefeuilles herminées ; aux 2 et 3 d'une croix pattée ; bandes d'azur [46] », chargé de Beaumont-le-Vicomte [47].

Les latrines construites dans l'épaisseur du mur des tours sont desservies par un couloir. Pour optimiser le confort, elles sont placées à l'arrière des conduits de cheminée des tours. Au XIXᵉ siècle, les latrines de la tour est, entre le rez-de-chaussée et le premier étage, ont fait place à un escalier.

Toutes les pièces sont dotées de cheminées, décorées selon l'importance des occupants de l'étage. La cheminée de la salle du rez-de-chaussée présente sur sa hotte deux frises de roses, celle du premier étage de la salle sud arbore une frise de fleurs crachées par des dragons sur le manteau ; celle de la chambre du deuxième étage est ornée d'une frise feuillagée animée de cochons et de chiens, les piédroits ornés de têtes coiffées d'un modèle de toque en vigueur sous Louis XII.

Compte tenu de l'épaisseur des murs, les baies présentent un fort ébrasement couvert d'une voûte plate constituée de pierres de taille de tuffeau de petit module posées sur chant. Dans les pièces du rez-de-chaussée et du premier étage, l'arc de ces voûtes est décoré d'une moulure prismatique ou d'une guirlande de fleurs sculptées.

Certains sols en carreaux de terre cuite subsistent. Plusieurs niveaux ont été restitués à la fin du XXᵉ siècle, leur effondrement ayant longtemps empêché l'accès aux étages supérieurs. La date d'abattage des bois du plafond du rez-de-chaussée et du deuxième étage de la tour ouest est comprise dans une fourchette située entre 1490 et 1514d [48]. Les charpentes et les planchers du deuxième étage et des combles ont disparu dans l'incendie de 1793, quelques bois de charpente ou leurs emplacements étant néanmoins conservés dans la maçonnerie. Le corps de logis a été mis hors d'eau en 2009 par une charpente moderne à ferme et panne,

Fig. 22 – Martigné-Briand, château, premier étage, tour ouest, écu des La Jumellière.

Fig. 23 – Martigné-Briand, château, façade ouest.

établie en respectant les pentes et les hauteurs indiquées au niveau du pignon ouest. Les souches des quatre conduits de cheminée culminent à plus 12 m au-dessus des couvertures restituées.

Bâtiment occidental

Contre le pignon ouest du logis s'appuie un bâtiment (fig. 23) construit en moellons. Il est composé d'un corps longitudinal et d'un pavillon en saillie formant un retour d'équerre. Les fenêtres encadrées de tuffeau sont surmontées d'un arc de décharge. Ce bâtiment construit pendant le chantier de René de La Jumellière procède d'un phasage de travaux. Des portes en attente indiquent qu'un bâtiment similaire était prévu à l'est [49]. À l'intérieur des latrines de la tour sud-ouest, de petites baies prévues pour éclairer et aérer l'espace ont été murées lors de la construction du bâtiment ouest.

49. Sur ce changement de parti, voir *supra* et fig. 20.

SOLEN PERON-BIENVENU ET JEAN-FRÉDÉRICK GREVET

Conclusion

En conclusion, la présence d'une tour maîtresse, dont il se voit peu d'exemples dans les châteaux baronniaux de la région, témoigne du statut des sires de Martigné, de leur rôle auprès du pouvoir comtal et des souverains Plantagenêts ; les restes de l'édifice appellent une étude comparative avec les tours maîtresses érigées en Touraine et en Poitou aux XIe et XIIe siècles pour mieux identifier sa fonction, son éventuelle complémentarité avec d'autres bâtiments ou une enceinte et, enfin, sa place dans la typologie et la chronologie générale des tours maîtresses. Le château agrandi et transformé à l'orée du XVIe siècle constitue un jalon de l'architecture flamboyante en Anjou dans une conjoncture qui décline une série de chantiers en lien avec la cour de France ; il témoigne du raffinement de la chevalerie historiquement liée à la cour d'Anjou-Sicile. Peu modifié, il a conservé en grande partie sa distribution et les volumes d'origine de ses pièces, conformes aux dispositions en vigueur à la fin de l'époque médiévale. Malgré la perte irrémédiable de certains ornements, le château longtemps délaissé a conservé une authenticité et une fraîcheur remarquables qui attestent la qualité de sa mise en œuvre, ce que l'apport de l'archéologie du bâti pourra préciser.

Crédits photographiques – fig. 2, 16-18, 21, 23 : cl. Solen Peron-Bienvenu, Drac des Pays de la Loire ; fig. 3, 8-15, 20, 22 : cl. Jean-Frédérick Grevet ; fig. 4 : cl. P. David / Musées d'Angers ; fig. 5-7 : cl. MPP ; fig. 19 : Arch. CRMH, Drac des Pays de la Loire.

LE CHÂTEAU DE MONTREUIL-BELLAY

UN PALAIS DU XVᵉ DANS UNE FORTERESSE DU XIIIᵉ SIÈCLE

Jean MESQUI *

* Ingénieur général des Ponts et Chaussées (e.r.), docteur ès lettres.

La petite ville de Montreuil-Bellay, située à la limite sud du département du Maine-et-Loire, peut s'enorgueillir d'un patrimoine médiéval exceptionnel (fig. 1). Située sur le Thouet, aux confins de l'Anjou et du Poitou, elle dresse encore fièrement au-dessus du plateau les tours de son château et les flèches de sa collégiale ; de façon moins ostentatoire, elle conserve les restes d'une belle enceinte urbaine, ceux d'un prieuré bénédictin, d'un hôpital médiéval, ainsi que de nombreuses maisons anciennes qui forment l'ossature de la ville de l'Ancien Régime [1].

HISTOIRE DU CHÂTEAU AU TRAVERS DES SOURCES

Montreuil appartenait au *pagus pictavensis* et au diocèse de Poitiers, dans l'orbite des ducs d'Aquitaine. Elle se trouvait au croisement de deux chemins structurants sur le plan régional. Le plus important pour la naissance du bourg fut le chemin menant d'Angers à Poitiers par Loudun en passant par Doué, site d'un palais carolingien : il traversait le Thouet par un pont attesté dès la fin du XIᵉ siècle [2], à la tête duquel se trouvait un petit moutier (*monasterolum*) qui donna son nom à la localité. Le deuxième chemin se déroulait en rive droite du Thouet sur le plateau depuis Saumur et, plus loin, du Mans, pour aller ensuite vers Thouars et la côte aquitaine. On ne peut douter que cette situation stratégique fut à l'origine de la création par le comte Foulque Nerra d'un *castrum* dans le premier tiers du XIᵉ siècle, sécurisant ainsi la conquête du Loudunois faite par son père au détriment des ducs d'Aquitaine, comtes du Poitou [3]. Bien que située dès lors en Anjou, la localité demeura au sein d'influences croisées entre ce comté, bientôt duché, et le comté de Poitou, la puissante vicomté de Thouars constituant d'une certaine façon son *alter ego* poitevin au sein de cette marche (fig. 2).

Le château aux XIᵉ et XIIᵉ siècles

Le comte Foulque Nerra concéda le *castrum* en fief à l'un de ses proches appelé Berlay (I), fils de Giraud [4] ; le *monasteriolum*, Montreuil, s'enrichit dès lors de son nom. Un acte signé entre 1049 et 1060 par Grécie, veuve de Berlay et seconde épouse du comte Geoffroy Martel, ratifiant des donations faites antérieurement à l'abbaye Saint-Nicolas d'Angers, mentionne l'église paroissiale Saint-Pierre située en contrebas du château actuel, à la tête du franchissement primitif, ainsi que la chapelle construite dans le *castrum* [5]. Grécie confirma la donation de l'église Saint-Pierre à l'abbaye Saint-Nicolas, ainsi que celle de la chapelle castrale, octroyée à la même abbaye par son fils Giraud (I) après le décès de Berlay, sous réserve néanmoins que le prêtre desservant Robert y soit maintenu à titre viager [6]. Ce n'est qu'au début du XIIᵉ siècle que le prieuré atteignit une importance notable, grâce à diverses donations, dont celle de Berlay (II) y plaçant douze moines, en 1097 ou en 1103 [7] (fig. 3).

1. Sur le château, au sein de la bibliographie importante, voir l'excellente notice dans Hayot 2021. Voir également en fin de notice les remerciements aux institutions et personnes qui ont soutenu la mise au point de cette étude.

2. Voir Manase 1995.

3. Sur la création du *castrum*, voir Halphen 1910, p. 153. Il n'est malheureusement pas possible, faute de place, de donner ici la généalogie des Berlay aux XIᵉ et XIIᵉ siècles, que nous avons reprise en consultant l'ensemble des sources originales disponibles, assez nombreuses. Les généalogies traditionnelles, le plus souvent basées sur Moreri, sont malheureusement très inexactes. Nous nous réservons de publier une notice sur cette question.

4. La filiation de Berlay, époux de Grécie, est attestée entre 1045 et 1059 (Arch. dép. Maine-et-Loire, H3712, fol. 107 v-108). Il n'existe aucune raison de le distinguer, comme on le fait généralement, du Berlay de Montreuil, époux d'une fille de Gelduin de Saumur, cité par les *Gesta Ambaziensium dominorum*, p. 194. Il est probable que ce mariage, d'où sortit Aanorde, épouse d'Hugues de Sainte-Maure, précéda un deuxième mariage avec Grécie, à moins que tout simplement cette dernière ait été fille de Gelduin de Saumur.

5. Charte publiée par Cartulaire de Saint-Nicolas, n° LXVI, p. 120-124. Cet acte n'est qu'une renonciation des droits que Grécie pouvait avoir, mais la donation de l'église paroissiale est probablement antérieure et pourrait remonter au règne de Foulque Nerra. On rappellera que l'abbaye Saint-Nicolas avait été fondée par Foulque Nerra lui-même en 1020.

6. L'histoire postérieure de la chapelle castrale montre que cette donation ne reçut pas toute son exécution, puisqu'elle eut un curé durant tout l'Ancien Régime, la paroisse s'étendant d'abord sur le château et les maisons situées en bordure de fossé, puis, à partir du XVᵉ siècle, sur le château seul. Voir les éléments des contestations et procès entre le prieuré et le chapitre, Arch. dép. Maine-et-Loire, G1362.

7. Cartulaire de Saint-Nicolas, n° LXVI-LXXI.

Fig. 1 – Montreuil-Bellay, château, vue aérienne du site, prise depuis l'ouest.

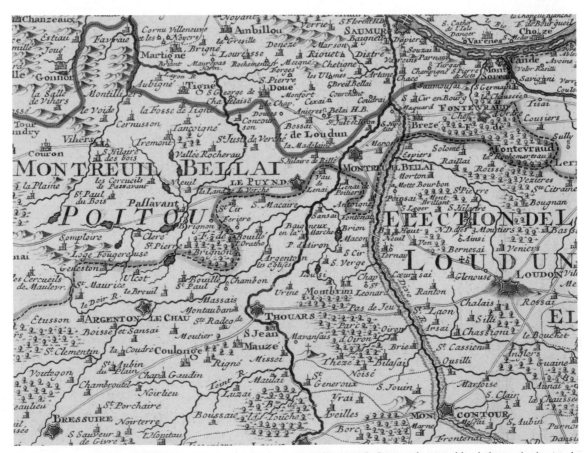

Fig. 2 – Extrait de la carte d'Anjou par Guillaume de L'Isle, entre 1665 et 1726. On a souligné en bleu la limite du diocèse de Poitiers, qui englobe Montreuil alors que la localité appartenait à l'Anjou.

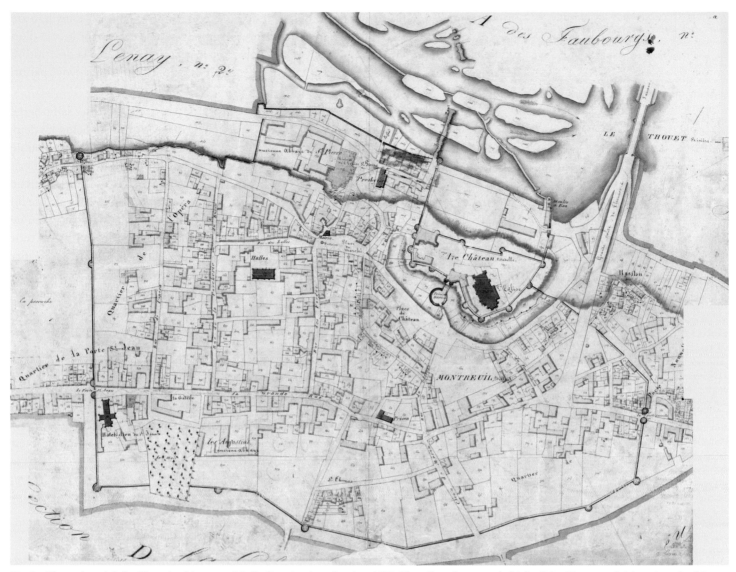

Fig. 3 – Plan cadastral de la ville et du château par M. Geslin, géomètre, dressé en 1829. Noter l'emplacement de l'église Saint-Pierre et celui des ruines du château.

La famille seigneuriale sut développer des relations tant du côté poitevin (Parthenay et Thouars) que du côté angevin (Montsoreau) ; les seigneurs comptaient parmi les puissants barons angevins, figurant parmi les premiers donateurs à l'abbaye de Fontevraud en 1101, multipliant les fondations monastiques autour de Montreuil. Présents aux côtés des comtes dans leurs guerres, ils n'en eurent pas moins à essuyer leurs foudres quand ils se montraient trop indépendants. Le château eut à subir au XIIᵉ siècle, de la part des comtes, deux sièges victorieux attestés. Le premier eut lieu en 1124, et dura selon les chroniqueurs neuf semaines ; il fut mené par le comte Foulque V le Jeune, sans que l'on en connaisse bien les raisons [8]. Un quart de siècle plus tard, les démêlés de Giraud II, son fils, contre le prieuré de Méron, appartenant à l'abbaye Saint-Aubin d'Angers et situé à trois kilomètres à l'ouest de Montreuil, donnèrent un prétexte au comte Geoffroy le Bel pour réduire son vassal trop puissant qui s'était allié à des barons poitevins ; le château fut pris en janvier 1151, à l'issue d'un siège qui aurait duré un an.

L'un des récits de ce siège assez fameux, écrit par le moine Jean de Marmoutier vers 1170, met flatteusement en exergue le fait que le comte était un fin lettré, également expert

8. Chartrou 1928, p. 31. Dans les mêmes années, une guerre privée mit aux prises le vicomte de Thouars et Berlay II, lequel ne s'opposa pas aux exactions, et Montreuil-Bellay fut temporairement occupée par les hommes du vicomte (*Cartulaire de Saint-Aubin*, nᵒ 141, daté à tort de 1140 par Arthur Bertrand de Broussillon).

9. Ronan Durandière a récemment trouvé deux actes du XIVᵉ siècle mentionnant des maisons sises au Vaujuas ou Val Juas, dont un, non daté mais certainement proche de 1350, citant « jougnant au chemin si come n'en va di chasteau aus molins dodict monseigneur » (Arch. dép. Maine-et-Loire, E833, 834), ce qui ne peut désigner que le talweg approfondi pour créer le fossé sud-est. Il est probable que le val de Judas (*vallis Judæ*) est une déformation du toponyme, opportune dans le cadre du récit par le moine Jean pour renforcer la traîtrise de Giraud de Montreuil.

10. Voir l'excellent dossier pédagogique écrit par Fournier 1978, p. 320-324. En fait, le *De re militari* de Végèce ne contient pas véritablement ce moyen, mais au Livre IV, chapitre XVIII, indique comment enflammer une tour mobile avec des flèches ou des projectiles enflammés. Pour la compréhension de cet événement dans un cadre plus vaste, voir Chartrou 1928, p. 69-76, et Senséby 2011 qui commente un troisième récit fait par un moine de Saint-Aubin. L'ensemble des sources a été publié par Louis Halphen.

11. Depuis Moreri, les généalogistes se complaisent à affirmer qu'il accompagna Richard à la Croisade, mais rien n'est moins sûr ; il se prépara pour se croiser entre 1162 et 1177, comme en témoigne une charte de renonciation à une usurpation commise à l'encontre du chapitre cathédral d'Angers (Arch. dép. Maine-et-Loire, G449).

12. Chartes conservées dans le dossier du prieuré de Breuil-Bellay (Arch. dép. Maine-et-Loire, 11H1). Ce Berlay, frère de Giraud, est trop souvent assimilé à son père en tant que grand donateur au prieuré, alors que la lecture des chartes authentiques ne laisse aucun doute. Giraud ne fut probablement jamais seigneur de Montreuil-Bellay en titre, s'installant sur un nouveau site, celui de Fosses-Bellay, où il construisit le château et implanta une chapelle en 1207 (J. Grandet 1884, p. 484-485).

13. *Chronique de Guillaume le Breton*, éd. Henri-François Delaborde, Paris, 1885, p. 225-226. John Baldwin, *Registre A de Philippe Auguste*, I, Paris, 1992, nº 1037 et 1038.

14. La date de leur mariage est fixée tantôt en 1211, tantôt en 1217 par les généalogistes du XVIIIᵉ siècle, suivis sans beaucoup de recul à notre époque. Agnès était en âge de signer dès 1208 ; en 1221, son premier mari était décédé et elle en avait eu quatre enfants. Sa troisième, Mathilde, épousa en 1230 Anseau de Traînel (Père Anselme, *Histoire généalogique...*, t. II, Paris, 1712, p. 1172), ce qui tendrait à penser que les épousailles eurent lieu vers 1210.

15. Voir Annexe 1.

16. On ne reviendra pas ici sur l'attribution de la tour à Philippe Auguste : voir Mesqui 1997, et de façon plus détaillée Hayot 2021.

en charpenterie, que ses troupes utilisèrent le feu grégeois, enfin qu'il lisait dans le texte Végèce, auteur romain d'un traité militaire resté célèbre ; il valorise également le rôle d'un moine de Marmoutier qui, lisant le livre laissé ouvert par le comte, y trouva la description de la façon d'incendier une tour grâce à un récipient empli d'huile bouillante envoyé par un mangonneau.

Un autre récit, plus concis, rédigé peu après les faits par un moine de Saint-Serge d'Angers, évoque deux tours mobiles et six pierrières pour réduire le château. Selon les deux récits, celui-ci était constitué par une tour de pierre très haute, entourée par une double enceinte, un avant-mur et un profond fossé appelé « val de Judas [9] » (Jean de Marmoutier), ou par une triple enceinte (moine de Saint-Serge). Jean de Marmoutier ajoute que le marché et les maisons qui l'environnaient, extérieurs aux fortifications, furent brûlés dès l'arrivée du comte ; il lui fallut transférer les foires de Saumur à Montreuil pour obtenir la main-d'œuvre nécessaire à combler le « val de Judas » afin d'approcher ses machines. Après le siège, la tour ruinée fut en partie rasée et Giraud emprisonné ; sept mois plus tard, il fut libéré par l'entremise du roi de France sous la protection duquel il s'était placé, mais dut, suivant Jean de Marmoutier, s'engager à ne pas reconstruire sa tour ni quelque autre fortification en maçonnerie, et mourut peu après [10]. On verra plus loin que cette interdiction fut vraisemblablement respectée par les successeurs de Giraud II.

Son fils Berlay III, qui eut une longévité exceptionnelle, apparaît dans le proche entourage d'Henri II Plantagenêt à Saumur en 1162 ; il fut des rares qui, en 1194, allèrent chercher Richard Cœur de Lion à Spire, en Allemagne, lorsque l'empereur Henri VI finit par accepter sa libération après son malencontreux retour de la troisième Croisade [11]. Pas plus lui, probablement très âgé, que ses fils Giraud III et Berlay ne paraissent avoir joué de rôle lors de la conquête de l'Anjou par Philippe Auguste en 1205 ; sa dernière charte connue est datée de 1211, sans doute à la veille de sa mort. Giraud fonda en 1207 une chapelle dans sa maison de Fosse-Bellay, à quelques kilomètres de Montreuil, avec le consentement de son épouse, Mahot, et de sa fille Agnès ; on ne trouve plus mention de lui ni de son frère Berlay par la suite [12].

Les vicomtes de Melun-Tancarville (v. 1211-1415) et le début de la guerre de Cent Ans

Après la conquête de l'Anjou en 1205 par le roi et malgré la signature d'un traité avec le puissant Aymery VII de Thouars, ce dernier se tourna vers le roi d'Angleterre dès l'année suivante, ce qui amena deux expéditions successives du roi Philippe Auguste en 1207 et en 1208. Guillaume Le Breton indique qu'en 1207 Philippe détruisit des forteresses dans ces régions, et en retint sous sa garde un certain nombre ; on peut penser que Montreuil fut de celles-là, puisque le roi y séjourna l'année suivante, alors que l'armée dirigée par le maréchal de France Henri Clément, Adam II (vicomte de Melun) et Guillaume des Roches (sénéchal d'Anjou) entrait victorieusement en Poitou, conquérant Mauléon, Thouars, et s'emparant d'otages [13]. C'est probablement à cette occasion que fut envisagé avec Berlay III et Giraud, son fils, le traité de mariage entre Agnès, fille unique de Giraud, et Guillaume, fils du vicomte Adam II de Melun [14] ; en même temps, le roi décida de lancer une reconstruction totale du château, attestée par un mémoire original résumant les clauses du marché [15]. Ainsi, le roi plaçait la famille d'un de ses plus proches fidèles aux confins du Poitou, tout en y bâtissant – sur les revenus de la châtellenie – une puissante fortification entièrement neuve sur tout son pourtour, flanquée par onze tours au moins et pourvue d'une tour-maîtresse circulaire intérieure [16].

Le calcul de Philippe Auguste se révéla fructueux : en 1224, lors d'une nouvelle expédition royale menée par Louis VIII contre les barons poitevins dirigés par Aymery VIII de Thouars et soutenue par Jean d'Angleterre, le roi de France partit de Tours et gagna directement Montreuil-Bellay. C'est ici qu'il reçut le vicomte vieillissant et signa une trêve de plus avec lui, ce qui lui permit de gagner la côte atlantique pour y éloigner la menace anglaise [17].

La châtellenie de Montreuil se trouvait dès lors aux mains d'une des plus grandes familles de France, seigneurs (vers 1316) puis comtes de Tancarville (en 1351-1352) et seigneurs de Blandy-les-Tours, dont les membres occupèrent des fonctions de premier plan dans le royaume. Montreuil semble avoir vécu paisiblement jusqu'aux terribles chevauchées et batailles qui se déroulèrent à partir de 1350 en Gascogne et en Poitou, culminant lors de la chevauchée du Prince noir en 1356, avec son point d'orgue que fut la défaite de Poitiers, déclenchant des décennies d'instabilité et d'insécurité [18]. Les impacts sur la ville sont attestés par les comptes : ainsi, peu après 1362, une maison située rue de la Porcherie fut détruite deux fois successivement par les ennemis, deux autres au moins étant « arses » par ces incursions – et ce n'est ici sans doute que la « partie émergée de l'iceberg » [19]. Jean II de Melun, qui régna jusqu'en 1382, puis son fils cadet, Guillaume IV, qui lui succéda indirectement, présidaient alors aux destinées de la châtellenie jusqu'à la mort du second en 1415 à la bataille d'Azincourt ; on cerne leur action et celle de leurs officiers grâce aux archives, malheureusement très lacunaires, de cette période.

Le château lui-même, dans sa partie maçonnée construite par Philippe Auguste, ne nécessitait guère de travaux ; en revanche, tous ses éléments non pérennes – ponts-levis, hourds, couvertures de bâtiments – avaient largement vieilli faute d'entretien. Pis, la grande basse-cour, dite « Boille », située au nord vers le Thouet, n'était pas protégée par des fossés. La petite ville elle-même semble avoir été dépourvue de toute fortification jusqu'à cette époque [20].

Dès avant 1362, des douves furent creusées autour du Boille. Les douves du château étaient littéralement envahies par des « roches », habitats troglodytiques éventuellement prolongés par des baraquements à l'air libre, servant de stockage et de refuge pour les habitants capables de payer un loyer annuel aux comtes de Tancarville. De tels habitats troglodytiques sont attestés dès le XIe siècle et il en existait un peu partout dans la ville, en particulier autour de la rue du Buffet. En revanche, leur implantation dans les douves mérite l'attention. Le cadastre napoléonien montre onze entrées de telles « roches » au sud-est de l'enceinte ; une photographie du XIXe siècle rend compte de l'aspect des fossés du sud-est, encore encombrés à cette époque, et l'on peut visiter encore quelques-unes de ces cavités troglodytiques, qui servaient il y a quelques décennies à des vignerons (fig. 4). Au XIVe siècle, on en dénombrait plus d'une vingtaine. L'une d'entre elles, la « roche du Minage », servait au stockage des vins du seigneur mis à la vente ; à chaque menace extérieure, on en murait hâtivement l'entrée en la masquant par des pierres [21]. Ce genre de pratique n'était pas rare, son efficacité discutable – on se souvient du cas dramatique des habitants des Andelys, réfugiés dans les fossés de Château-Gaillard, réduits à la famine entre assiégés et assiégeants…

Peut-être lança-t-on à l'époque la construction d'une enceinte urbaine, ou au moins ses prémices. Mais la situation d'insécurité et l'absence de défenses propres des habitants du bourg étaient telles que la quasi-totalité de la basse-cour haute du château, à l'intérieur de l'enceinte, fut lotie en une multitude d'« hébergements » loués en fonction de la largeur de la façade mesurée en pas. Il s'agissait de logis précaires – parfois à étages –, édifiés le long des murs, sur les écuries, dans les douves de la tour maîtresse, voire sur les voûtes de la chapelle castrale (elles s'effondrèrent en partie avant 1382), ou sous l'escalier menant à la chambre de monseigneur, à côté de la cuisine, sur le puits, etc. Les étages des tours étaient également

17. Petit-Dutaillis 1894, p. 240-241. On n'accordera aucun crédit à la chronique rimée de Guillaume Guiart, citée par l'auteur, qui, pour des raisons de rime, mentionne un siège de Montreuil-Bellay.

18. Sur toute cette période, voir Le Mené 1982, p. 193-270 et 430-445.

19. Arch. dép. Maine-et-Loire, E887, fol. 5v.

20. La première mention d'une fortification date du compte de 1365-1366, où sont cités les « estagier roturiers demourant entre les 4 portes de Monstereul » qui sont assujettis à une taxe forfaitaire en compensation du guet (Arch. dép. Maine-et-Loire, E887, fol. 27v). On ignore quelle était alors l'étendue de l'enceinte. Voir, dans ce volume, l'article de Ronan Durandière, « L'enceinte urbaine de Montreuil-Bellay », p. 539-554.

21. Voir par exemple en 1365-1366 : Arch. dép. Maine-et-Loire, fol. 50v et 51v.

Fig.4 – Montreuil-Bellay, château, douves à l'est vers 1861 par Joseph Le Roch. On voit les fossés sous les tours 8 et 7, envahis par des parcelles prolongeant des roches anciennes.

22. Voir Arch. dép. Maine-et-Loire E887, fol. 53-54; E898-1, fol. 3-5 ; E898-2, fol. 1-4 (1382-83, avec liste détaillée) ; E888, fol. 60-77 ; E899, fol. 7-9 ; E898-3, fol. 6-7 ; E889, fol. 8-9 ; E890, fol.9 ; E891, fol. 9-10. Le compte de 1453-1454 est le dernier à faire mention de ces recettes (E893, fol. 10-17), en très forte baisse.

23. Pour 1371-1377, voir Arch. dép. Maine-et-Loire, E898, un récapitulatif des sommes reçues par le comptable sur les aides de Loudun sur cette période. Pour 1387, voir Tixier 2000, p. 163-154 et Durandière 2005, t. III, p. 11.

loués, le plus souvent à des chanoines ou chapelains, mais aussi parfois à des hommes d'armes, auquel cas le loyer n'était pas dû. Une liste dressée en 1382 permet de recenser environ cent cinquante de ces hébergements intérieurs au château, dont la largeur allait de 4 à 8 pas, soit de 3 à 6 m [22] ! La vision que l'on a aujourd'hui de la vaste esplanade intérieure n'a rien à voir avec celle que l'on pouvait avoir dans ces années, sans doute plus proche du bidonville que du parc policé actuel. Si les vicomtes, qui ne résidaient guère au château, s'accommodèrent de cette situation, ils en tiraient aussi des revenus substantiels grâce aux loyers versés.

Ils se firent octroyer par le roi, pour financer les travaux sur le Boille, l'enceinte castrale et peut-être l'enceinte urbaine, des aides royales : il put s'agir d'impôts directs sur la population de la châtellenie, de droits de tirage sur les impôts royaux perçus à Loudun, ou encore d'impôts indirects sur la vente du vin. Entre 1371 et 1377, on sait ainsi que le receveur de Loudun devait verser 2000 l. par an aux seigneurs, alors qu'en 1387 ce fut plutôt un impôt indirect [23]. Quoi qu'il en soit, pour l'ensemble de ces recettes complémentaires à celles de la châtellenie, les officiers seigneuriaux avaient à faire face aux problèmes de recouvrement et de trésorerie des receveurs privés commissionnés par l'administration royale ; il est donc difficile de suivre leur emploi au regard de la faible conservation de la comptabilité.

Celle-ci permet cependant de déceler les travaux faits ici et là pour réparer les bâtiments seigneuriaux du château : grande salle haute, grande salle basse, chambre de monseigneur et de madame, granges, écuries, avec leurs hourds, charpentes, auvents et galeries. On trouvait aussi, à côté de ces salles, une chambre aux Chevaliers, comme il en existait une au château de Tancarville qui appartenait également aux Melun : dans ce dernier château, il s'agissait d'un haut bâtiment résidentiel possédant une galerie sur cour, accueillant au rez-de-chaussée la cuisine, jouxtant la grande salle [24]. Il est probable qu'à Montreuil comme à Tancarville cette appellation remémorait l'époque des XIe et XIIe siècles où le château logeait des « chevaliers du château », *milites castri*, qui formaient l'entourage proche du seigneur ; au XIVe siècle, il n'en demeurait plus que le souvenir.

Apparemment, on reconstruisit un portail neuf, dont il est question en 1382-1383, probablement au-dehors de la porte primitive du château, dans un ouvrage avancé. En 1378-1379, un compte mentionne d'ailleurs les « trois portes » du château dont on réparait les hourds, alors que le château comprit de tout temps une porte principale au sud et une « fausse-porte » vers le Boille, au nord. Selon toute probabilité, deux des portes mentionnées à cette date formaient l'entrée principale au sud, l'une dans l'enceinte du château et l'autre dans un ouvrage avancé ; la mention simultanée de deux « barrières » vers la ville, et d'hébergements situés entre celles-ci, justifie l'hypothèse d'une telle « barbacane », qui se serait trouvée à l'emplacement du « boulevard » actuel [25].

On sait, par ailleurs, que Guillaume IV de Melun, entre 1382 et 1415, fit construire à neuf la tour située au nord-ouest du Boille, surveillant le pont [26] ; il est probable qu'il fit reconstruire également la courtine occidentale et la porte à pont-levis qui s'y trouve, et l'on équipa la porte orientale d'un pont-levis [27].

Le château et la ville sous les Harcourt (1417-1488)

Après le décès de Guillaume IV de Melun à Azincourt, sa fille Marguerite épousa en 1417 Jacques II d'Harcourt, baron de Montgommery, membre d'une des plus importantes familles de France. S'il fut homme de guerre, il n'en mourut pas moins stupidement devant les murs de Parthenay en 1423, venant faire valoir, les armes à la main, ses droits héréditaires sur la seigneurie de Parthenay. Il laissait à son épouse deux enfants mineurs, Guillaume et Marie ; son frère Christophe, qui demeura célibataire, assura de 1423 à 1437 la gestion des domaines et la tutelle des enfants en attendant la majorité de Guillaume. Celui-ci participa aux campagnes de la reconquête, et put récupérer en 1449 l'ensemble de ses possessions normandes, dont le comté de Tancarville. En 1439, il maria sa sœur Marie à Jean de Dunois, bâtard d'Orléans, l'un des plus grands capitaines de son temps ; ils furent la souche de la maison d'Orléans-Longueville. Guillaume appartint à la plus haute société du temps, occupant des charges prestigieuses ; il épousa avant 1443 Péronnelle d'Amboise, dont il n'eut pas de descendance, et, après le décès de celle-ci en 1453, se remaria l'année suivante avec Yolande de Laval, dont il eut deux filles, Marguerite et Jeanne [28].

Le programme de mise en défense entamé par les Melun se poursuivit sous Jacques d'Harcourt et Christophe, d'autant que l'état d'insécurité avait fortement augmenté à cause de la guerre civile [29] ; on a mention en 1425 d'un impôt indirect de 15 deniers par pipe de vin menée hors de la châtellenie consenti par le roi, renouvelé en 1426 pour deux ans – probablement son instauration était-elle plus ancienne [30]. Un quart de siècle plus tard, la

24. Il est impossible de donner ici toutes les références des comptes dans lesquels apparaissent ces bâtiments et les travaux concernés. La chambre des chevaliers est mentionnée en 1417-1418 (Arch. dép. Maine-et-Loire, E888, fol. 123). Pour Tancarville, voir Mesqui 2007, p. 42-48.

25. La première « barrière » est mentionnée dès 1365-1366 ; les première et seconde « barrières » le sont en 1417-1418.

26. Voir le mémorandum fait par le procureur de la châtellenie entre 1430 et 1438 pour justifier les droits de tirage du comte de Tancarville dans les forêts royales de Chinon pour les travaux du château, citant en particulier la construction de cette tour (Arch. dép. Maine-et-Loire, E904 ; Tixier 2000, p. 164-166, Durandière 2003 p. 12-13).

27. Ces travaux sont connus par des « rabais » dans les comptes (loyers non perçus du fait de la destruction de certaines propriétés pour la fortification, comptabilisés par la suite en recettes et en charges dans les comptes suivants). Ainsi, dès 1417-1418, on trouve mention d'une « maison despensées pour la fortification du boille » (Arch. dép. Maine-et-Loire, E888, fol. 142).

28. Voir Gilles-André de La Rocque, *Histoire généalogique de la maison de Harcourt*, Paris, 1662, p. 673.

29. Voir, sur cette partie, l'excellent mémoire de Tixier 2000, p. 71-72.

30. Arch. dép. Maine-et-Loire E813. Publié dans Tixier 2000, p. 163, et Durandière 2003, p. 11-12.

31. En 1433-1434, rabais signalé pour une maison au Puy-Saint-Père détruite depuis 1421 pour « la fortiffication et emparement du chastel et douves d'iceluy » (E889, fol. 52v, etc.). La construction des ponts-levis est signalée par des rabais à partir de 1433-1434, sans doute plus anciens car il manque les comptes entre 1418 et 1433.

taxe par pipe atteignait 20 sous, et elle était plus spécifiquement destinée à financer l'amélioration de l'enceinte urbaine.

Il semble que Christophe d'Harcourt puis Guillaume après lui cherchèrent dans les années 1425-1450 à fortifier le château en améliorant la qualité de défense de son accès au sud déjà modifié avant eux ; dès les années 1420, on poursuivit l'isolement du château par rapport au bourg Saint-Pierre en expropriant dans ce secteur ; on améliora aussi la défense des portes de Boille [31]. Mais le plus important fut sans doute l'évacuation progressive des constructions adventices dans les douves, ces « roches » tant utilisées au siècle précédent, ainsi que les baraquements construits dans la basse-cour. En 1452-1453, au sortir de la guerre de Cent Ans, tout cet habitat polluant avait disparu du château et de son pourtour.

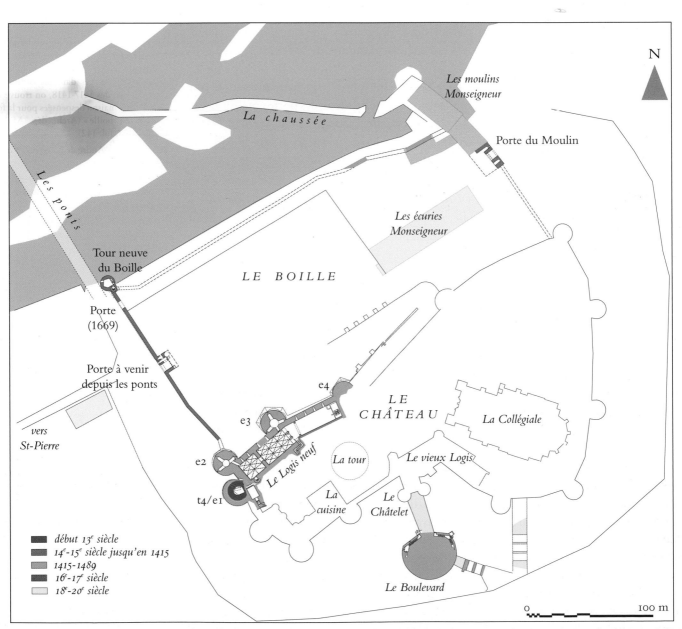

Fig. 5 – Montreuil-Bellay, château, plan d'ensemble du site. Ne sont figurés en détail que le plan des sous-sols du château haut et le plan au sol de l'enceinte du Boille. Les autres bâtiments ne sont donnés que par les plans au sol (dessin J. Mesqui 2022).

Une fois le château vidé de ces constructions adventices, vint le temps des grands chantiers pour donner un nouveau cadre à la résidence de Guillaume d'Harcourt et de ses deux épouses successives (fig. 5). Les comptes conservés ne sont guère prolixes sur les travaux qui furent alors entrepris au château, mais attestent qu'un grand chantier était en cours dans les années 1450. En 1453-1454, des maisons situées dans le Boille et devant Saint-Pierre furent détruites pour en prélever les matériaux ; deux « roches » furent « fondues » près du portail sud, probablement pour construire le châtelet actuel, alors qu'est mentionnée la « maison neuve » aujourd'hui appelée le « vieux château », qu'on préférera appeler ici le « vieux logis », couverte provisoirement de chaume en 1452-1453. L'année suivante, on payait le « tillage » des chambres, c'est-à-dire le torchage des planchers, ainsi que la « couture » des vitres des fenêtres ; un logis avait été loué pour stocker les marches de la nouvelle vis du châtelet d'entrée, et deux autres pour loger les maçons ainsi qu'un certain Enguerrand, sans doute le chef du chantier [32]. Les analyses dendrochronologiques menées sur leurs charpentes attestent que la couverture du vieux logis eut lieu avec des bois coupés pour partie en 1446-1448d, pour le reste en 1451-1452d, et celle du châtelet en 1457-1458d, ce qui coïncide parfaitement avec les quelques éléments comptables [33]. Dans le même temps, Guillaume faisait reconstruire des écuries dans le Boille, ne souhaitant sans doute pas polluer l'intérieur de son château ; on y revient dans l'article consacré à ces écuries dans le présent volume [34].

Ce vieux logis et le châtelet rénové adjacent s'élevaient en dehors de la cour noble se trouvant à l'ouest. Situé dans la basse-cour du château, le vieux logis n'avait aucune vue directe sur la vallée du Thouet ; la cour noble était encore encombrée par les vieux bâtiments, la grande salle, la chambre aux Chevaliers, l'écurie du receveur et d'autres. Guillaume d'Harcourt avait probablement en projet, dès l'achèvement du vieux logis, de restructurer totalement cette cour noble, en l'élargissant vers le nord et en y construisant divers édifices : le grand bâtiment de prestige appelé « château neuf », qu'on préférera dénommer ici « logis neuf », la grande cuisine, et les « logis des chanoines ». Son projet incluait également la reconstruction totale de l'ancienne chapelle castrale pour accueillir les cérémonies célébrées par le nouveau chapitre de chanoines ; Guillaume avait décidé, en 1457, de remplacer le groupe de quinze chapelains desservant la chapelle par un collège de quatorze chanoines et un enfant de chœur [35].

On verra dans la description que le chantier fut considérable par l'ampleur des constructions alors réalisées, en particulier celle du logis neuf. Les comptes de la châtellenie sont de peu d'aide pour dater les travaux, car seul celui de 1474-1475 subsiste, mentionnant un paiement de 453 livres « pour les paiemens des gens qui de present besoignent et ont besoigne es ouvraiges et ediffices de mondit seigneur » [36]. De nouveau, la dendrochronologie vient au secours de l'historien, puisque les analyses menées en 2021 ont permis de déterminer que la charpente du logis neuf avait été réalisée avec des bois abattus en 1474-1475d précisément ; mais ce logis ne fut jamais entièrement terminé, une aile lui manquant à la mort de Guillaume d'Harcourt en 1488. En revanche, ce fut du temps de Guillaume que furent bâties les grandes cuisines, couvertes d'une charpente à l'automne-hiver 1479-1480d [37] ; quant aux bâtiments des logis des chanoines, ils ne furent commencés qu'après l'achèvement de la cuisine. Un aveu daté du 9 mars 1481 (n.st.) indiquait que Guillaume d'Harcourt l'avait reçu dans « son chastel lequel il a fraischement refaict » [38]. Pour autant, si la cour noble fut ainsi totalement réaménagée, la vieille tour de Philippe Auguste continua de trôner à son entrée, entourée au moins partiellement de ses douves ; Guillaume d'Harcourt maintint le symbole du pouvoir féodal – alors couramment attribué à Girard II –, même s'il encombrait passablement l'espace.

32. Arch. dép. Maine-et-Loire, E898, *passim*.

33. Le Digol 2021.

34. Solen Peron-Bienvenu, « Les écuries du château de Montreuil-Bellay (XVᵉ siècle) », p. 533-538.

35. Voir, dans ce volume, l'article de Julien Noblet « La collégiale de Montreuil-Bellay, fondation funéraire de Guillaume d'Harcourt », p. 347-356. Arch. dép. Maine-et-Loire, G1351 et 1352. Le cartulaire du chapitre (G1352, fol. 26) mentionne explicitement la bulle papale (disparue) impétrée en 1458, et son exécution en 1460 par l'évêque de Poitiers.

36. Arch. dép. Maine-et-Loire, E894, fol. 75.

37. Le Digol 2021.

38. Bossebœuf 1892, p. 359, cite un extrait de cet aveu ; celui-ci était alors conservé dans une collection privée, et il l'aurait personnellement consulté.

39. Arch. dép. Maine-et-Loire, E894, fol. 52.

40. Mesqui 2007, p. 11.

41. Voir Richard 2016.

42. Sur cette partie de l'histoire, voir Marchegay 1862, Bossebœuf 1892 et Charier 1911.

43. Bruneau 1865. Le chiffre donné par Bruneau est basé sur des ouï-dire. Une liste a été conservée, contenant 270 noms, mais elle n'est pas complète. Voir Quéruau-Lamérie 1884, p. 324-327.

44. On a prétendu que Marie-Augustine fut le modèle qui inspira Balzac pour son roman *Eugénie Grandet*, et que son père fut l'« Avare de Saumur » dépeint dans ce roman. Cette histoire amusante, probablement très partiellement vraie seulement, a fait l'objet d'un petit opuscule bien documenté de l'écrivain Maurice Serval, *Autour d'Eugénie Grandet (d'après des documents inédits)*, Paris, 1924.

On sait par ailleurs par le cartulaire de la collégiale que les travaux de celle-ci débutèrent en 1472. Eux non plus n'étaient pas achevés à la mort de Guillaume d'Harcourt et de Yolande de Laval en 1487, mais les dispositions testamentaires de leur fille permirent son achèvement au début du XVIᵉ siècle.

Le plan d'ensemble fut agrémenté d'un jardin intérieur occupant l'espace de l'ancienne basse-cour, planté de treilles de vignes en 1474-1475 [39] ; le mur de Philippe Auguste dominant le Thouet fut doté d'une galerie d'agrément surplombant la vallée d'un côté et le jardin de l'autre.

Enfin, l'on n'oubliera pas, pour compléter cette vue d'ensemble du château transformé, l'ouvrage avancé défensif qui fut jeté en avant du châtelet de 1458, un boulevard circulaire censé protéger l'accès des tirs d'armes à feu. Le château avait ainsi totalement changé d'allure ; néanmoins, face à la ville, il conservait un aspect dominé par l'enceinte de Philippe Auguste et cantonné par la masse du boulevard, même si elle était égayée par les fenêtres du vieux château. Depuis le Thouet, en revanche, le logis neuf ancrait une image plus coutumière des châteaux de la seconde moitié du XVᵉ siècle.

Pas plus qu'au château « cousin » de Tancarville qui fut amplement modifié par Guillaume d'Harcourt, il n'est possible d'identifier d'architecte pour ces ouvrages, même si le second est couvert par des séries comptables bien plus étoffées que Montreuil. Un seul nom, celui du mystérieux Enguerran, apparaît ici. Pourtant, il semble bien que c'est Montreuil-Bellay qui servit d'exemple : ainsi, en 1484-1485, le charpentier de Tancarville, Cardin Salle, fut envoyé à Montreuil pour « veoir certain ouvrage de charpenterie en son chasteau de Montreuil-Bellay » [40].

Le château après les Harcourt

Jeanne d'Harcourt, fille et héritière de Guillaume et de Yolande, mourut en 1488, son mariage avec René de Lorraine ayant été annulé trois ans auparavant, faute pour elle d'être en mesure de procréer [41] ; avant son décès, elle légua tous ses biens à son cousin germain François Iᵉʳ d'Orléans-Longueville. Dès lors, la châtellenie allait parcourir les grandes familles de France : en 1662, Charles de la Porte, duc de la Meilleraye, en fit l'acquisition ; en 1691, ce fut Henri-Albert, duc de Brissac ; en 1756, Jean Bretagne Charles, duc de la Trémoille, l'acheta. Aucun des possesseurs du château durant cette longue période ne semble y avoir apporté des modifications notables – en tout cas décelables après la restauration du XIXᵉ siècle –, même si certains y séjournèrent durablement, telle la duchesse de Longueville, Anne Geneviève de Bourbon, qui y fut reléguée après sa malheureuse tentative de sécession à Bordeaux en 1653 [42].

Le château fut nationalisé à la Révolution ; il servit en 1793-1794 de prison pour huit cents femmes, nobles et suivantes, arrêtées pour sympathies supposées de leurs époux avec les contre-révolutionnaires, et incarcérées pendant dix mois dans des conditions affreuses, comme seules savent en produire les révolutions et les dictatures [43].

Le 1ᵉʳ frimaire an XI (22 novembre 1802), le château fut remis en possession du duc de la Trémoille ; celui-ci le revendit vingt années plus tard, le 15 avril 1822, à Jean Niveleau, négociant de Saumur. Son fils Alfred hérita de ses biens en 1847 ; à sa mort, vers 1860, le château passa à sa sœur Marie-Augustine, qui avait épousé en 1829 le baron Alexandre III Millin de Grandmaison [44]. La baronne, qui, à cette date, avait perdu son mari et deux de ses enfants, entreprit en 1863 une restauration complète du château, laissé quasiment à l'abandon depuis la Révolution. Elle choisit pour ce faire l'architecte angevin Charles Joly-Leterme (1805-1885), célèbre pour ses restaurations de nombreux

Fig. 6 – Montreuil-Bellay, château, logis neuf par Gustave-William Lemaire (entre 1890 et 1920). La photographie, prise dans les premières années du XIXe siècle, révèle bien les parties fraîchement restaurées.

monuments de la région [45]. L'essentiel de l'intervention de l'architecte se focalisa sur la restauration des intérieurs, remarquable tant par sa qualité que par son ampleur ; en matière d'architecture, il reprit l'ensemble des ouvertures qu'il fit retailler, la majorité des cheminées, et composa une façade néo-gothique monumentale sur le pignon oriental du logis neuf, laissé orphelin de l'achèvement de l'aile est depuis la fin du XVe siècle (fig. 6). Au passage, il fit retailler certains des décors de la grande vis, sans doute par son sculpteur attitré, François Isidore Joly, qui travailla beaucoup dans le milieu saumurois. Cette restauration n'était pas totalement achevée à la mort de la baronne en 1890 ; son dernier fils étant décédé peu avant elle, le château passa à son neveu Georges Millin de Grandmaison, et appartient aujourd'hui à ses descendants.

Il semble que la baronne de Grandmaison ne se limita pas à cette restauration des logis supérieurs : elle fit également construire la grande rampe menant de la haute-cour jusqu'aux jardins en terrasse qu'elle fit aménager dans le Boille.

Bien plus tard, à partir des années 1970, le vieux logis fut entièrement restructuré et restauré intérieurement sous la direction de l'architecte Henri Enguehard, afin de permettre l'accueil de la famille des propriétaires.

45. Sur son œuvre prolixe, et ses travaux à Montreuil-Bellay, voir en particulier Massin-Le Goff 2007 et Vaquet 1995.

Le château (pl. i, ii)

Les dispositions générales et l'assiette du château primitif

Le site de Montreuil-Bellay se situe à l'entrée d'un défilé taillé par le Thouet dans un front de calcaire à silex qui se développe du nord-ouest au sud-est, parallèle à la vallée de la Loire, déterminant un plateau où court la route d'Angers à Doué et à Loudun ; le site était intéressant pour contrôler le passage qui devait remonter au sud les flancs assez abrupts. On peut suivre sur les cartes anciennes et modernes le tracé ancien du chemin, légèrement au sud de la route actuelle ; il traversait primitivement le Thouet dans la rue du chemin du Gué, passait juste devant le prieuré Saint-Pierre et montait le coteau à la perpendiculaire par

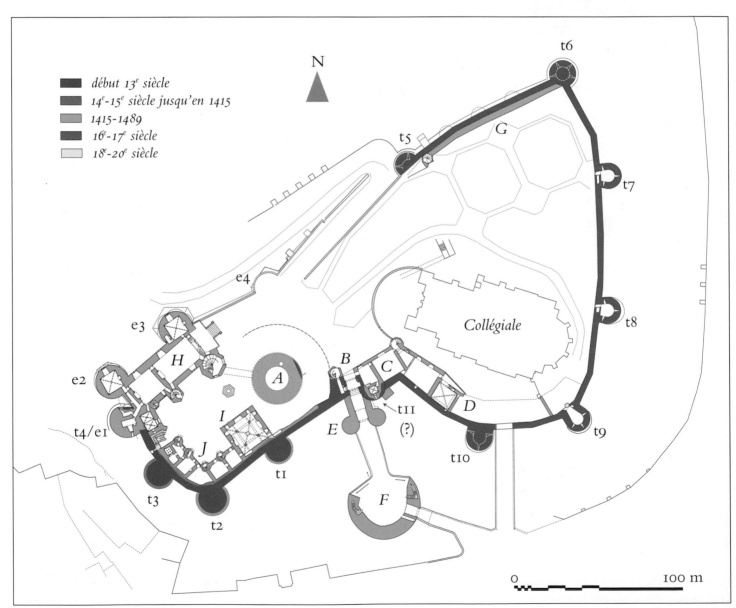

Pl. I – Montreuil-Bellay, château, plan au niveau du rez-de-chaussée, dressé d'après relevé scanner 3D exhaustif. A : tour maîtresse des années 1210 ; B : passage d'entrée du XIIIᵉ siècle ; C : vieux logis (vieux château) ; D : vieilles cuisines ; E : châtelet d'entrée de Guillaume d'Harcourt ; F : Le Boulevard (barbacane) ; G : galerie d'agrément surplombant le Thouet ; H : logis neuf (château neuf) ; I : les cuisines neuves ; J : les offices et l'étuve (les logis des chanoines)[scanner Plémo 3D ; interprétation et dessin J. Mesqui, compléments E. Litoux et R. Durandière].

les Escaliers Saint-Pierre, autrefois appelés « rue du Petit-Tertre », continuant ensuite par la rue du docteur Gaudrez, autrefois rue des Forges, pour se rendre à Loudun (fig. 3, 5) [46]. Les ponts médiévaux maçonnés qui succédèrent à cette première traversée, ruinés en 1577, franchissaient en biais le Thouet pour aboutir à la tour du Boille, déterminant ainsi un coude brutal sur la rive droite pour rattraper l'ancienne montée ; ils sont généralement datés du XVe siècle, mais pourraient être antérieurs de deux siècles si l'on en juge par les vestiges qui demeurent [47].

La plate-forme du château fut sans doute déterminée par deux vallons préexistants, marqués surtout à l'est où le vallon détermine un éperon dominant le Thouet[48]. Bien protégée par des abrupts du côté nord vers la rivière, elle se trouvait cependant au niveau,

46. Le tracé sinueux de la rue du Tertre moderne, carrossable, est probablement plus récent, mais attesté au XVIIIe siècle. Une maison qui le borde date du XVIe siècle.

47. Voir Manase 1995 et Manase 2000.

48. Peut-être le « Vaujuas » mentionné plus haut.

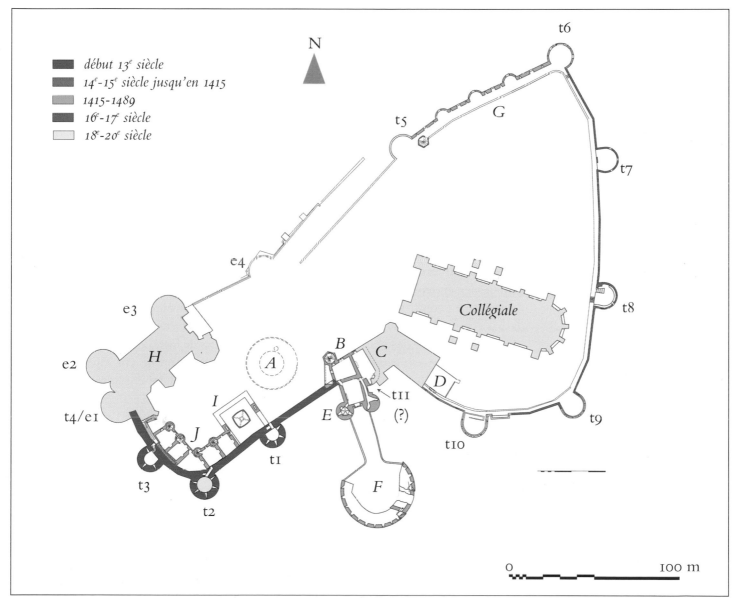

Pl. II – Montreuil-Bellay, château, plan au niveau du premier étage, dressé d'après relevé scanner 3D exhaustif. A : tour maîtresse des années 1210 ; B : passage d'entrée du XIIIe siècle ; C : vieux logis (vieux château) ; D : vieilles cuisines ; E : châtelet d'entrée de Guillaume d'Harcourt ; F : Le Boulevard (barbacane) ; G : galerie d'agrément surplombant le Thouet ; H : logis neuf (château neuf) ; I : les cuisines neuves ; J : les offices et l'étuve (les logis des chanoines) [scanner Plémo 3D ; interprétation et dessin J. Mesqui].

voire en léger dévers par rapport au plateau. Il fallut donc creuser d'importants fossés pour protéger la fortification.

Le plan d'ensemble ne devait fondamentalement pas différer du plan actuel, avec une vaste basse-cour ventrue située à l'est et un secteur noble à l'ouest, où trônait primitivement la tour maîtresse détruite sous Geoffroy le Bel ; cependant, ce secteur noble fut probablement agrandi et régularisé sur ordre de Philippe Auguste, comme en témoigne son tracé presque rectangulaire. Aucune fouille n'ayant jamais été menée dans le château, on ne connaît rien de l'emplacement de la tour, et une campagne géoradar conduite par la Drac n'a malheureusement pas révélé de substructions significatives.

La conformation du terrain montre que le secteur noble, à l'ouest, devait être nécessairement entouré par un *vallum* ou terrée face au plateau, faute de quoi il eût fallu élever l'enceinte de ce côté à un niveau irréaliste pour mettre à l'abri les bâtiments intérieurs. Il est probable que l'enceinte elle-même était, depuis le siège de 1151, seulement palissadée.

Enfin, l'on ne possède aucun renseignement sur ce que purent être la deuxième enceinte et les *antemuralia* mentionnés par les chroniqueurs du XIIᵉ siècle, d'autant que le remodelage des défenses a fait disparaître les dispositions primitives. Au sud du château, on reconnaît peut-être dans le parcellaire du cadastre napoléonien le fantôme d'une enceinte avancée, limitée au sud-ouest par la rue du Buffet, formant un croissant qui allait se refermer au nord-est sous le château au Thouet ; si elle exista, elle avait totalement disparu des mémoires dès le milieu du XIVᵉ siècle. Il est possible également que, dès cette époque, l'on s'était préoccupé de relier la plate-forme castrale au Thouet, mais aucune preuve n'en existe.

Le château des Melun-Tancarville

La configuration du château des Melun-Tancarville fut déterminée par la reconstruction devisée par les maîtres d'œuvre de Philippe Auguste, qui définit très précisément les tâches à exécuter par les deux entrepreneurs, maître Abelin, sans doute un maître maçon, et Gilbert le pionnier, entrepreneur en terrassements [49]. On sait, grâce à ce mémoire, que la totalité de l'enceinte fut construite à cette époque, ainsi qu'une muraille autour du « Boille » qui était la basse-cour située au nord entre le château et le Thouet ; des fossés furent également creusés tout autour de la fortification. De plus, 150 toises de fossés de « barbacanes » furent creusées ; il s'agissait certainement d'ouvrages avancés, mais on ne sait suivant quel tracé – peut-être devant la porte principale. Enfin, une tour circulaire entourée de douves fut élevée à l'intérieur du château, entre haute-cour et basse-cour ; elle n'était pas comprise dans le marché de maître Abelin et de Gilbert le pionnier, et fit certainement l'objet d'un marché isolé. À lire les termes du marché, et à voir les ouvrages réalisés et conservés dans l'enceinte, on pourrait presque se demander si le château ne fut pas construit en site vierge ; en tout cas, les entrepreneurs semblent avoir fait table rase du passé (fig. 7 et 8).

L'enceinte et ses tours

L'enceinte extérieure fut conçue sans séparation visible extérieurement entre haute-cour et basse-cour, gommant ainsi un peu plus les dispositions du passé. Elle était flanquée assez régulièrement de tours au plan en U, ou aux trois quarts circulaires lorsqu'elles se situaient aux angles. Neuf tours sont facilement identifiables, avec leur taille en pierre de moyen appareil régulier et leurs archères disposées en quinconce de niveau en niveau. Une dixième a été récemment reconnue lors des visites préalables à cette notice ; ses restes sont visibles au raccord septentrional de la tour nord e1 du logis neuf avec le pignon de celui-ci. Il est

Fig. 7 – Montreuil-Bellay, château, vue aérienne de synthèse prise par drone depuis le sud, permettant de voir tous les flanquements du XIIIᵉ siècle.

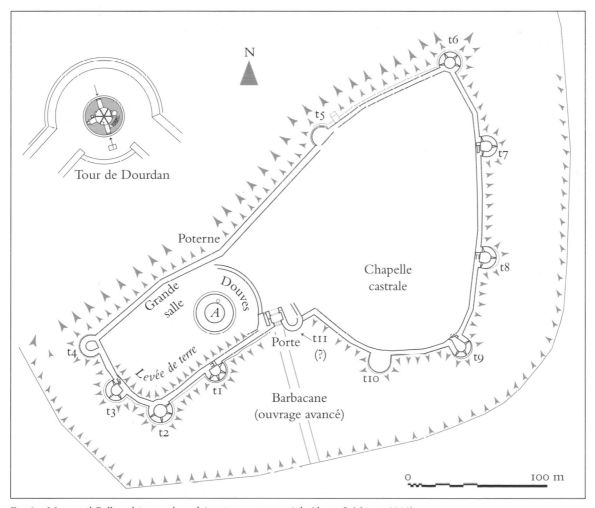

Fig. 8 – Montreuil-Bellay, château, plan schématique au XIIIᵉ siècle (dessin J. Mesqui 2022).

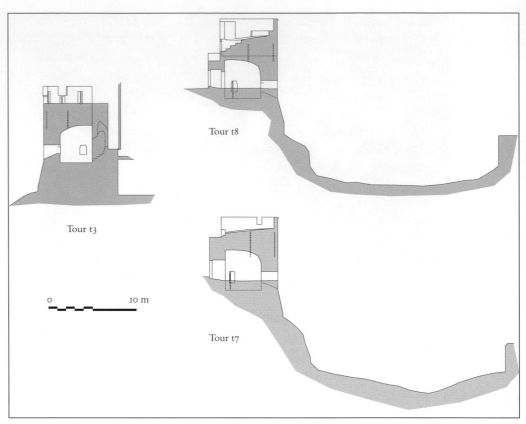

Fig. 9 – Montreuil-Bellay, château, coupes des tours XIIIe siècle de l'enceinte (dessin J. Mesqui 2022).

possible que la onzième tour du devis ait été la tour semi-circulaire qui flanque la porte d'entrée, dont la base est du XIIIe siècle ; mais on peut se demander s'il n'y eut pas une tour au nord, pour apporter une certaine symétrie à l'enceinte du secteur noble, auquel cas elle aurait été remplacée par une tour du logis neuf.

D'une façon classique pour les châteaux philippiens, les tours légèrement talutées à la base comportaient deux niveaux aux murs percés d'archères à ébrasement triangulaire, et un niveau sommital sans doute crénelé et garni d'archères ; leur diamètre varie entre 7,50 m et 7,90 m, à l'exception de la tour sud t2, d'un diamètre de 8,60 m en raison de sa situation plus exposée. Le premier niveau était voûté en cul-de-four ; le second était sans doute couvert d'un plancher et le troisième d'une charpente ; un escalier ménagé dans l'épaisseur du mur, à partir du passage d'entrée, reliait les niveaux (fig. 9). À une époque indéterminée, sans doute sous Guillaume d'Harcourt, les tours ont été dérasées de 3 à 4 m, leurs deuxièmes niveaux et leurs escaliers condamnés et murés, de façon à installer des terrasses d'artillerie légère. Les parapets actuels des terrasses datent de diverses époques allant du XVe au XIXe siècle ; beaucoup d'entre eux ont été restaurés par Charles Joly-Leterme, semble-t-il, avec des corniches encadrant créneaux et merlons.

Les courtines de l'enceinte datent globalement du XIIIe siècle, mais leurs parties supérieures ont été systématiquement surhaussées sous Guillaume d'Harcourt ou postérieurement, avec de nouveaux parapets percés de simples créneaux à fusil ; compte tenu de l'abaissement des tours, on peut estimer qu'elles étaient primitivement dominées d'un étage par celles-ci. Elles ont été diversement restaurées au XIXe siècle, en y incluant, surtout à l'ouest, un parapet crénelé percé d'archères-canonnières en louche des années 1450-1470, ou restaurée à la façon [50].

Les constructeurs conservèrent sur tout le front délimitant la cour noble au sud-ouest un *vallum* ou terrée d'environ 4 m de hauteur au-dessus du niveau de la cour actuelle en y incluant les fondations des courtines, primitivement enterrées de part et d'autre sur 4 m. Les tours furent établies en conséquence, et leur premier niveau était accessible par un escalier depuis la plate-forme supérieure de la terrée. Ultérieurement, pour agrandir la cour, Guillaume d'Harcourt fit enlever toutes les terres intérieures du *vallum*, déchaussant les courtines contre lesquelles on appuya des bâtiments ; cependant, la courtine située entre la porte et la tour t1 montre parfaitement la fondation restée apparente, aucun bâtiment n'y étant accolé, et on y voit le fantôme de l'escalier menant à l'accès du premier niveau de la tour t1 (fig. 10). En revanche, l'accès à la tour t2 se fait aujourd'hui en hauteur, au premier étage d'une des chambres des logis de chanoines ; enfin, celui à la tour t3 se fait, depuis la suppression de la terrée au XVe siècle, par un escalier ménagé au niveau de la cour seulement.

50. On ne suit pas ici l'opinion de Hayot 2021, pour qui les tours ne commandaient quasiment pas les courtines.

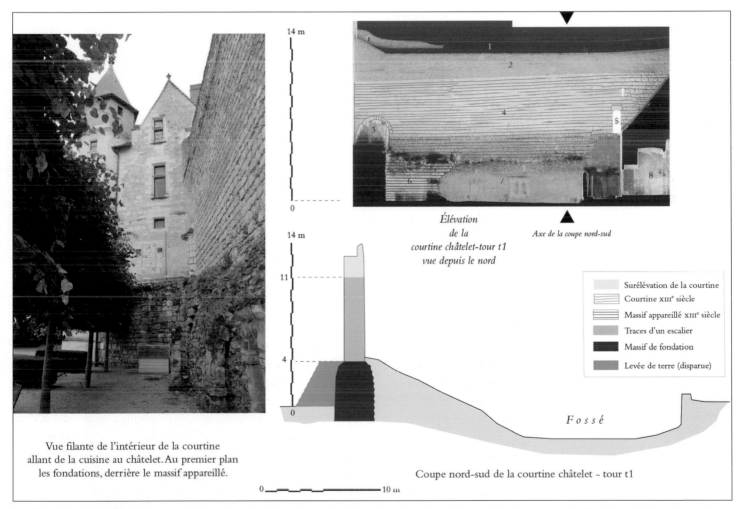

14 m

0

Élévation de la courtine châtelet-tour t1 vue depuis le nord

Axe de la coupe nord-sud

14 m

11

4

0

Surélévation de la courtine
Courtine XIIIe siècle
Massif appareillé XIIIe siècle
Traces d'un escalier
Massif de fondation
Levée de terre (disparue)

Fossé

Vue filante de l'intérieur de la courtine allant de la cuisine au châtelet. Au premier plan les fondations, derrière le massif appareillé.

Coupe nord-sud de la courtine châtelet – tour t1

0 ⸻ 10 m

Fig. 10 – Montreuil-Bellay, château, montage composite figurant, à gauche, la courtine allant des cuisines au châtelet, montrant les fondations déchaussées ; à droite, superposées, une élévation et une coupe de la même courtine, avec la caractérisation des divers éléments structures (dessin J. Mesqui 2022).

LE CHÂTEAU DE MONTREUIL-BELLAY

51. Voir Arch. dép. Maine-et-Loire, E887, fol. 32v ; fol 42-43 (1365-1366). E898 (1382-1383). E888, fol. 92.

Seule la tour t4 a révélé au-dessous du premier niveau une cave voûtée en coupole, totalement aveugle, réutilisée plus tard comme fosse de latrines ; il est vrai qu'elle se situait dans la pente abrupte, ce qui permettait la construction d'un soubassement voûté. On la retrouvera en décrivant la tour du logis neuf e1 dans laquelle elle fut englobée.

La tour maîtresse et ses douves

La tour maîtresse circulaire est attestée par les anciens comptes de la châtellenie, qui mentionnent en 1365-1366 la réparation de sa couverture après la réfection d'une cheminée ; en 1382-1383, le capitaine de Montreuil reçut l'ordre d'y coucher toutes les nuits à cause du danger qui régnait. On y entreposait sel, fève, farines, huile en 1417-1418. Les comptes mentionnent également ses douves, alloties pendant la période où le château servait de refuge [51].

Fig. 11 – Montreuil-Bellay, château, tour maîtresse dans les années 1780 par Pierre de Beaumesnil, dans *Antiquités de la ville de Poitiers*, f°88v. Bien qu'elle ne soit pas dépourvue d'interprétations trompeuses, en particulier les nombreuses fenêtres géminées, cette vue demeure intéressante pour la compréhension de la tour à l'époque de Beaumesnil. « Reste de la grosse tour ou dongeon dans lequel se retira le Sire châtelain Gyrarld de Berlay, et soutint un an antier tous les efforts du Comte d'Anjou, vüe par le [nord ?] qui commande la Riviere de Thoué, à juger par l'estime, cette tour peut encor avoir 10 à 11 toises de hauteur, à prendre du fond du fossé [qui l'en]tourroit, bien qu'elle fut au milieu du château [On remarque] encore, ainsi qu'au vie[ux] château, les restes du pont […] étoit jointe audit château, que le […] pour assurer sa r[etrai]te, se confiant en sa force. »

Fig. 12 – Montreuil-Bellay, château, extrait d'une analyse géoradar à une profondeur de 1,80 m, superposée à une vue aérienne Google Earth. On y a superposé (en rosé) la restitution de la tour maîtresse, et figuré l'emprise des douves reconnaissables par radar.

Découronnée de son premier étage probablement sous Guillaume d'Harcourt et reliée à cette époque au logis neuf par une passerelle jetée sur un demi-arc depuis la grande vis de celui-ci, la tour était connue par deux gravures des XVIIe et XVIIIe siècles (fig. 11) [52], et deux dessins du XIXe siècle antérieurs à sa destruction [53] ; celle-ci intervint avant 1840 [54], et la description qu'en donna l'abbé Louis Bossebœuf en 1892 est une interprétation raisonnée de celle de 1760 (publiée par Paul Marchegay en 1862). Selon cette dernière description, la tour aurait conservé à l'époque un niveau voûté accessible par la passerelle en arc, au-dessus d'un « cul-de-basse-fosse » également voûté, d'où serait parti un souterrain de onze lieues, évidemment bouché.

Quelques assises du talus de la tour affleuraient encore en 1978, lorsqu'un sondage fut mené par M. Zocchetti, dont par chance un plan et quelques photographies ont été conservés [55]. La tour était implantée à la charnière entre la haute-cour et la basse-cour ; elle avait un diamètre de 14,80 m à l'arase du glacis tronconique conservé, mais il est probable que ce dernier était plus haut, comme le montre le dessin de Charles Dovalle. Si c'était bien le cas, on peut estimer son diamètre extérieur à 13 m environ, ce qui en fait l'équivalent des tours de Dourdan, de Falaise, d'Orléans ou de Gisors ; le sondage avait permis d'identifier le puits, repéré par Charles Joly-Leterme puisqu'il l'avait utilisé comme exutoire pour les cuisines [56].

Une prospection géoradar menée en 2021 par la Drac des Pays de la Loire a reconnu à nouveau ces restes, enfouis après le sondage ; elle montre également le contour des douves vers l'est, c'est-à-dire vers la basse-cour (fig. 12). Peu décaissées (2 m tout au plus) par rapport au niveau des cours, les douves présentaient un dénivelé évidemment bien plus important avec la base des courtines sur la terrée [57]. Pour séparer plus efficacement basse-cour et haute-cour, ces douves étaient peut-être closes côté basse-cour par un mur en arc de cercle d'environ 4 m de hauteur, rappelant les dispositions qui furent prises plus tard au château de Coucy. Ce mur, qui paraît être attesté dans un contrat de 1523 [58], a été en majorité supprimé. Il paraît en demeurer la base en moyen appareil au revers occidental de la porte d'entrée, en continuité avec les fondations de la courtine voisine, déterminant une plate-forme triangulaire énigmatique pourvue d'une niche voûtée en berceau dans la

52. Voir la gravure du XVIIIe siècle de Pierre de Beaumesnil, dans *Antiquités de la ville de Poitiers*, f°88v. Autre gravure de Louis Boudan (1699) dans la collection Gaignières (voir sources).

53. Voir dans les sources iconographiques Anonyme XVIIIe siècle, Dovalle 1821.

54. Bien que Bossebœuf 1892, suivi par Hayot 2021, indique que la destruction intervint en 1865, les dessins de Peter Hawke antérieurs à 1850, dont un publié en gravure dans Godard-Faultrier 1840, p. 39, l'autre aux Musées d'Angers (Hawke avant 1840), ne la figurent plus. L'architecte Charles Joly-Leterme, dans un plan d'ensemble schématique dessiné en 1876, la représente encore en rouge, mais ni son emplacement ni ses dimensions ne sont corrects ; il n'avait pas identifié que le puits…

55. Je remercie Emmanuel Litoux de m'en avoir transmis des reproductions. La référence de l'archive n'a pu être retrouvée.

56. Bossebœuf 1892, p. 344.

57. Le sondage de 1978 est descendu à 1,40 m sous le niveau de la cour ; la présence d'une maçonnerie à une vingtaine de centimètres du glacis montre que celui-ci aurait pu tout au plus se prolonger sur 0,50 m de profondeur.

58. Voir le contrat passé le 1er mai 1523, contenant en particulier : « Item clotoyer et habiller la muraille de la douve de la grosse tour par le dehors de ladicte muraille » (Arch. dép. Maine-et-Loire, G1358).

59. L'attribution de cette tour à Philippe Auguste a été faite par Hayot 2021 ; on voit dans le couloir d'accès le départ de son arrondi, reparementé sous Guillaume d'Harcourt.

60. Voir Arch. dép. Maine-et-Loire E898, compte de 1378-1379, et E888, compte de 1417-1418, fol. 76.

61. Voir Arch. dép. Maine-et-Loire, E899 (vers 1425), E898 (1428), E889 (1433-1434).

courtine sud (fig. 10) : peut-être y avait-il ici le débouché d'une des passerelles de la tour maîtresse. Malheureusement, la prospection géoradar n'a pas permis de déterminer si les douves encerclaient totalement la tour, mais il est probable qu'il n'en existait pas à l'ouest, comme c'était le cas à Coucy, faute de quoi elles eussent empiété largement sur la haute-cour.

En tout état de cause, les douves et la chemise en arc de cercle formaient une séparation nette entre les deux cours ; la communication entre les deux devait se faire par une porte située au nord, suivant des modalités effacées par l'implantation du logis neuf.

L'entrée du château

La porte d'entrée commandée par Philippe Auguste a été conservée dans le châtelet d'entrée plus tardif, au milieu du front sud (fig. 13). Flanquée d'une seule tour entièrement reprise plus tard, sous Guillaume d'Harcourt [59], elle se composait d'un passage interrompu par un assommoir et une herse jumelés, suivis par un petit sas, élargi par deux niches voûtées en berceau de chaque côté et placé sous la surveillance de deux archères venant, l'une, de la tour orientale et, l'autre, d'un couloir voûté longeant le passage à l'ouest (fig. 14). Ce sas était en partie à ciel ouvert ; quant au couloir latéral, sa paroi fut éventrée vers le passage, puis rebouchée à l'époque moderne. Il est aujourd'hui accessible par l'escalier en vis à l'arrière du châtelet, mais l'on reconnaît bien sa porte d'entrée à coussinets du XIII* siècle.

Cette porte fut modifiée du temps des Melun-Tancarville de façon assez fruste, en implantant dans chacune des deux niches latérales du sas un massif maçonné en sous-œuvre des arcs latéraux. Ces massifs possédaient chacun une rainure destinée à accueillir un dispositif de fermeture coulissant ou pivotant. Les rainures ont été murées au XV* siècle sous Guillaume d'Harcourt, en même temps que l'on voûtait le sas.

Il est probable que le passage était surmonté d'au moins un niveau où s'effectuait la desserte de la herse et de l'assommoir, et d'un chemin de ronde sommital ; il a été totalement reconstruit au XV* siècle, en même temps que l'on amplifiait le châtelet.

L'organisation intérieure

L'organisation intérieure du château à l'époque des Melun-Tancarville est absolument impossible à déterminer, même si l'on a connaissance de quelques bâtiments déjà cités plus haut qui l'occupaient. Le mémoire contractuel de Philippe Auguste montre que la grande salle se trouvait au nord, côté Thouet, puisque située à côté d'une poterne et d'un chemin qu'il convenait de construire pour descendre dans le Boille ; cette poterne, qui devait être pourvue d'un assommoir, est appelée au XIV* siècle la « fausse poterne » [60]. La haute-cour devait être très encombrée, car on trouvait une grange près de la grosse tour, le logis du receveur, l'étable du même, situés devant la grande salle ; il fallait encore accueillir la chambre aux Chevaliers, et d'autres logis.

La basse-cour n'est connue qu'encombrée par les logis de fortune des habitants de Montreuil-Bellay ; on y trouvait la chapelle castrale, située à l'emplacement de l'actuelle, dont on sait qu'elle conserva un temps la nef de l'ancienne. Les tours sont connues par les noms de leurs attributaires, qui ne permettent que rarement de les identifier : on note une « tour du coin de l'Espringale », signalée entre 1425 et 1434 – l'espringale désignait à cette époque un petit canon, généralement de cuivre [61] –, qui correspondait vraisemblablement à la tour t2 faisant coin vers le plateau ; la tour t6 était appelée « tour du coin du châtel devers la fontaine », « tour du coin de dessus les ports », ou enfin « tour du coin de dessus les moulins » dans les comptes des mêmes années.

Jean Mesqui

Fig. 13 – Montreuil-Bellay, château, vue intérieure du couloir d'entrée, prise vers le sud. Au premier plan, l'entrée du début du XIIIᵉ siècle ; au second plan, le long couloir du châtelet construit par Guillaume d'Harcourt.

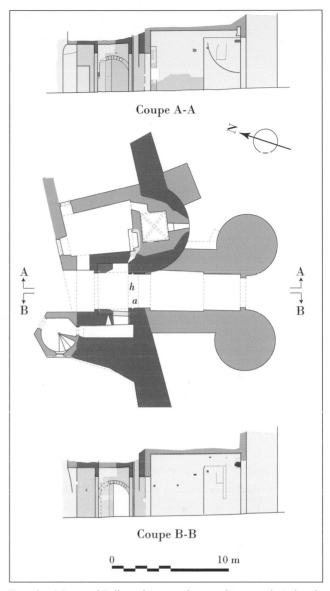

Fig. 14 – Montreuil-Bellay, château, plan et élévations latérales du passage d'entrée, colorisés en fonction des époques (bleu XIIIᵉ, orange XIVᵉ, vert XVᵉ, jaune Époque moderne) [dessin J. Mesqui 2022].

Le château des Harcourt

On a vu plus haut que les grands chantiers résidentiels de Guillaume d'Harcourt commencèrent vers 1447, et que seule sa mort en 1488 les interrompit, alors que le logis neuf n'était pas achevé. On abordera ici de façon chronologique les bâtiments qu'il a édifiés.

Le vieux logis (« vieux château ») et le châtelet

C'est dans la basse-cour, entre l'ancienne porte du XIIIᵉ siècle et l'église castrale, que Guillaume fit bâtir une « maison neuve » qui fut appelée plus tard le « vieux château » (fig. 15). Il s'agissait d'un ensemble composite, comprenant deux ailes épousant l'angle obtus de l'enceinte, prolongées en équerre, à l'ouest, par un châtelet d'entrée monumental englobant l'ancienne porte et, à l'est, par un bâtiment carré à usage de cuisines (voir fig. 20).

Fig. 15 – Montreuil-Bellay, château, le vieux logis, vue depuis le sud, par Jacques Téaldi en 1979, avant les restaurations d'Henri Enguehard. De gauche à droite, le châtelet, l'ancienne tour circulaire engoncée entre le châtelet et la tourelle carrée de latrines, la tourelle, la dernière travée de l'aile ouest, enfin l'aile orientale.

Si l'ensemble a conservé son volume et ses formes d'origine, il a été profondément restauré par Henri Enguehard, au point de rendre très difficile la compréhension de ses espaces internes originels.

Les deux ailes et le châtelet comprenaient un rez-de-chaussée, deux étages planchéiés et un galetas aménagé sous la charpente, éclairés par des lucarnes à fronton triangulaire ; deux vis les desservaient, l'une à l'angle entre les deux ailes, l'autre en prolongement de l'ancien châtelet au nord-ouest. Vers l'extérieur, les anciennes courtines furent percées de hautes fenêtres à croisée ou à demi-croisée ; celles de l'aile orientale étaient plus basses. Au milieu de la façade sud de l'aile ouest fut ajoutée une grosse tourelle rectangulaire accueillant les latrines des chambres ; d'autres se situaient en encorbellement à l'angle entre le châtelet et la même façade, ce qui devait poser quelques problèmes d'odeurs dans cette zone proche de l'entrée et exposée au sud.

Cet ensemble apparemment unitaire fut pourtant construit en trois phases : l'aile orientale d'abord (1445/1446d), puis l'aile occidentale (1451/52d), enfin le châtelet (1457-1458d) ; une étude très détaillée des combles serait nécessaire pour reconnaître exactement les coutures entre les différents chantiers.

La première des deux ailes, à l'est, semble n'avoir contenu à chaque niveau qu'une grande chambre rectangulaire – peut-être la grande salle, prolongée par un espace triangulaire au nord desservi par la grande vis au nord-est ; malgré les restaurations menées par Henri Enguehard dans les années 1970, on reconnaît au rez-de-chaussée un changement de parti lors du raccordement de l'aile occidentale, lié à la présence d'un sous-niveau au rez-de-chaussée.

La seconde aile construite, l'aile occidentale, avait sa façade sur la cour ; desservie par la grande vis nord-est, elle accueillait à chaque niveau une chambre à peu près carrée et une longue et étroite garde-robe la prolongeant vers l'ouest, se terminant au sud par l'arrondi de l'ancienne tour de Philippe Auguste où le concepteur ménagea une cheminée et une haute fenêtre (voir fig. 20). Entre chambre et garde-robe se trouvaient les latrines superposées dans la tour carrée.

Enfin, le dernier élément bâti fut le châtelet d'entrée (fig. 16). Il fut particulièrement mis en valeur par la projection d'un massif à deux tours en avant de l'ancienne porte, accueillant un long couloir clos par un pont-levis charretier à flèches, comme c'était alors la mode pour englober les ponts-levis construits en avant des porteries du XIIIe siècle. Il est fortement probable qu'antérieurement se situait ici le pont-levis bâti par les Melun-Tancarville. D'une façon spectaculaire, les deux tours circulaires élancées implantées en avant du châtelet furent

Fig. 16 – Montreuil-Bellay, château, châtelet d'entrée.

62. Voir Annexe 2 pour l'explication des armes figurant dans le château.

63. Sur les armes figurant primitivement au-dessus de la porte, voir *Antiquités de la ville de Poictiers*, fol. 88 : Pierre de Beaumesnil les y représente. Il y déchiffrait les armes de Montmorency, qui furent reprises par les Laval-Montmorency.

64. Voir la description datée vers 1760 publiée par Marchegay 1862, p. 141, et Bossebœuf 1892, p. 345.

65. Bossebœuf 1892 citait un « ancien document » non référencé mentionnant « les offices de la cuisine », en l'attribuant au bâtiment détruit, mais n'avait curieusement pas identifié cette dernière à la sellerie.

pourvues de chambres hautes à trois baies sous fronton, la transition entre la face plane des lucarnes et l'assise circulaire étant assurée par deux larmiers superposés donnant une continuité visuelle à la toiture.

En façade, trois belles fenêtres à croisée éclairaient une chambre à chaque étage, précédée, côté cour, par une grande antichambre ; au-dessous de celle du premier étage, un grand cartouche accueillant des armes bûchées fut remplacé lors d'une restauration du XXe siècle par un nouveau cartouche sculpté aux armes des Ponthieu et Tancarville encadrant deux lions tenant un blason aux armes d'Harcourt [62]. En-dessous de la même fenêtre figurent les armes des Grandmaison, ajoutées à la même époque ; enfin, entre le premier et le deuxième étage, une jolie niche gothique abrite une sculpture mise en place par les propriétaires actuels.

La tourelle sud-ouest, pleine au rez-de-chaussée, était occupée aux trois étages supérieurs par des garde-robes, celles du premier et du deuxième voûtées sur croisées d'ogives et ornées d'une clef aux armes pleines d'Harcourt. Également pleine au rez-de-chaussée, la tour sud-est contenait des chambres affectées à la défense, avec des archères canonnières à chaque niveau. Dans le long couloir reliant la chambre aux embrasures pour canonnières, se trouvaient les latrines en encorbellement.

Il s'agissait donc, dans le châtelet, d'une superposition d'appartements de prestige ; la chambre du deuxième étage conserve encore une très belle cheminée à la hotte rectangulaire moulurée qui en atteste. Abritaient-ils la résidence de Guillaume d'Harcourt et celle de Yolande de Laval qu'il avait épousée en 1454 ? L'escalier en vis privé nord-ouest du châtelet terminé en 1458 portait les armes mi-parties d'Harcourt et de Laval au-dessus de sa porte ; ces armes, qui avaient été bûchées à la Révolution, ont été remplacées lors d'une restauration par celles des Grandmaison [63]. Aussi n'est-il pas déraisonnable de penser trouver dans ce châtelet les appartements de Yolande et de Guillaume, mis en scène pour le nouveau jeune couple avec leur escalier privé.

La vieille cuisine

Le bâtiment carré qui fait suite à l'aile orientale du logis n'a guère attiré l'attention jusqu'à présent (fig. 17) : transformé en écurie dès avant 1760, puis en sellerie [64], il mériterait mieux que le bric-à-brac qui l'occupe aujourd'hui, car il s'agissait des cuisines de cet ensemble résidentiel. Cette belle pièce, voûtée sur croisée d'ogives aux armes d'Harcourt, porte sur ses murs sud et est deux hottes prismatiques de cheminées monumentales, supportées par des consoles moulurées sur de très petites colonnettes s'effaçant progressivement dans les murs. Ces hottes ont été bouchées par le dessous lors de la transformation en écurie ; elles se trouvent en nette surélévation par rapport au sol actuel (la base du conduit biais qui correspondrait normalement au contrecœur se trouve à près de 2 m de hauteur). Même si le sol primitif fut peut-être plus haut – on voit un ressaut de la maçonnerie à 1,10 m de hauteur –, ces cheminées hautes n'étaient pas destinées à accueillir des feux ouverts et servaient plutôt à évacuer les fumées des fourneaux placées au-dessous.

La cuisine était éclairée par deux fenêtres et une lucarne au nord, vers la collégiale ; l'une d'entre elles a été partiellement supprimée pour laisser la place à un grand portail couvert d'un arc segmentaire pour l'écurie, percé à l'emplacement de la porte originelle, moins vaste.

On note vers l'est le départ d'un mur qui délimitait un autre bâtiment dans la suite de la cuisine ; il a été supprimé, peut-être à l'époque des Grandmaison. Le cadastre napoléonien faisait apparaître une série de bâtiments adventices prolongeant la cuisine, dont on voit les cicatrices dans les courtines [65].

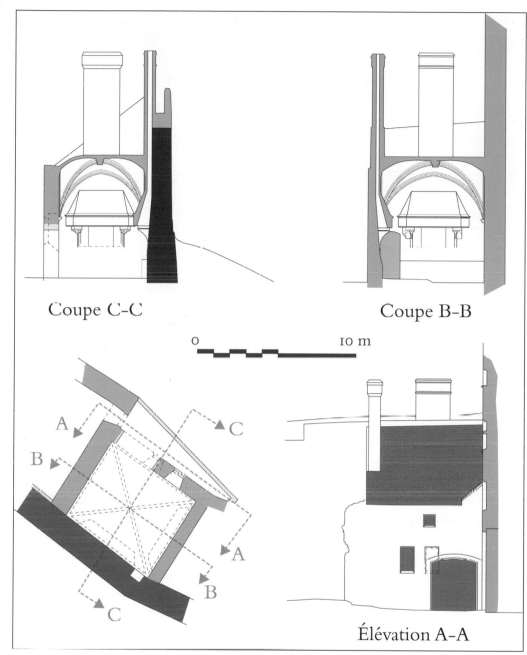

Fig. 17 – Montreuil-Bellay, château, plan, élévation et coupes de la vieille cuisine (dessin J. Mesqui 2022).

Le boulevard

Le châtelet est en partie masqué, du côté du bourg, par un puissant ouvrage au plan en arc de cercle de 21,50 m de diamètre. Généralement appelé la « barbacane », il s'agit en fait, suivant la terminologie consacrée, d'un boulevard adapté à l'artillerie, dont le rôle était d'éloigner l'assaillant, de protéger l'accès des effets de la canonnade, et de défiler l'entrée désormais pratiquée vers l'est. Ce boulevard est très bien conservé, à la différence de son « cousin » de Tancarville également construit sous Guillaume d'Harcourt, qui avait un plan en amande (fig. 18). Son rez-de-chaussée était aveugle ; de part et d'autre, deux escaliers desservant des canonnières doubles à appuis latéraux descendaient à des portes permettant les contre-attaques dans les fossés. Au premier étage se trouvait un chemin de ronde,

Fig. 18 – Montreuil-Bellay, château, vue d'oiseau du boulevard, prise depuis le nord-ouest sur la tour t1.

probablement accessible par des rampes, disparues, sur le front arrière. Ce chemin de ronde était entouré d'un parapet crénelé percé d'archères canonnières en louche (fig. 19) ; on note ici la couverture en bâtière à ressauts des créneaux afin d'assurer l'évacuation des eaux de pluie, très caractéristique des réalisations des architectes de Guillaume d'Harcourt – on les retrouve au logis neuf. Au-dessus de la double-porte se trouvait une plate-forme accessible par deux escaliers, qui permettait le passage des flèches des ponts-levis.

Bien qu'il ne soit pas daté par les documents comptables, ce boulevard s'intègre parfaitement dans la série des boulevards construits dans le dernier tiers du XVe siècle et en constitue, comme celui de Tancarville, un exemple relativement précoce, probablement bâti entre 1460 et 1470 [66]. On peut exclure une date plus tardive, car l'absence de canonnières « à la française » est révélatrice d'une antériorité aux années 1475 où elles devinrent quasi de règle dans la fortification, même privée. De même, la disposition des embrasures, qui exigeait que les veuglaires soient posés sur des affûts assez bas, est également indicatrice. Ce boulevard constitue, à notre connaissance, le seul exemple d'un tel ouvrage de plan circulaire.

Le logis neuf (« château neuf »)

Le logis neuf, dans sa forme actuelle, était couvert en 1475d, et donc en voie d'achèvement partiel [67]. Dans sa reconquête de l'espace de la haute-cour, Guillaume d'Harcourt décida de projeter ses nouveaux bâtiments en dehors de l'enceinte du château préexistant, en s'appuyant à elle à son nord-est dans la pente face au Thouet. Le projet comprenait deux corps juxtaposés, dont seul fut réalisé celui de l'ouest, formé d'un grand rectangle flanqué par trois tours sur l'extérieur (voir fig. 5).

Les deux tours projetées vers le Thouet, entièrement neuves, sont circulaires et pourvues de glacis au plan octogonal assez curieux (fig. 20). En revanche, le plan étonnant de la tour e1, à l'angle sud-ouest, résulte d'un changement de programme sur lequel on reviendra

66. Voir Salamagne 1992, Salamagne 1993 et Mesqui 2007, p. 40-42.

67. Charier 1911 écrivait avec assurance que le logis neuf avait été achevé par Louis Ier d'Orléans-Longueville, ce qui est formellement démenti par la dendrochronologie.

JEAN MESQUI

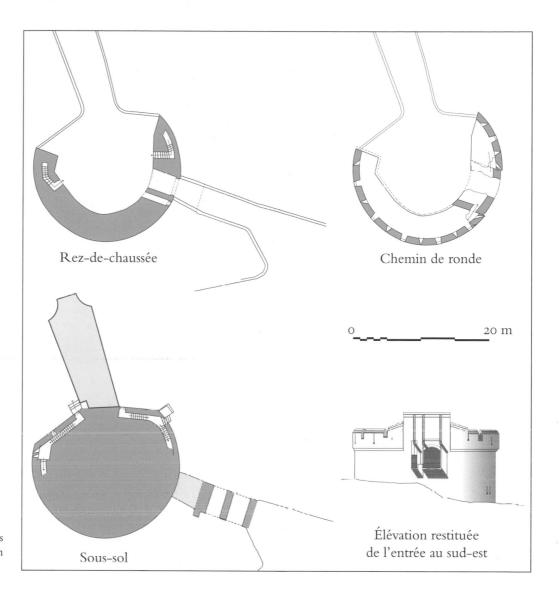

Rez-de-chaussée

Chemin de ronde

0   20 m

Sous-sol

Élévation restituée
de l'entrée au sud-est

Fig. 19 – Montreuil-Bellay, château, plans et élévation du boulevard (dessin J. Mesqui 2022).

Fig. 20 – Montreuil-Bellay, château, vue aérienne restituée à partir des scans 3D faits par drone. De gauche à droite (d'est en ouest), la collégiale ; le vieux logis (aile ouest entre les deux vis) ; les cuisines ; les logis des chanoines et le logis neuf avec ses deux tours projetées dans l'escarpement. On voit aussi, au centre, la terrasse de la tour qui aurait dû flanquer l'angle de la deuxième aile du logis.

Fig. 21 – Montreuil-Bellay, château, vue panoramique du logis neuf, prise depuis le vieux logis. À gauche, les cuisines. Suit l'aile des oratoires, surmontée d'une chambre haute. Au-dessus du puits restitué, vis médiane du logis. En position dominante, la grande vis d'apparat avec son beau décor gothique flamboyant. Entre la grande vis et la tour située à droite (tour e3), prend place la façade de Joly-Leterme.

plus loin ; cette tour englobe l'ancienne tour d'angle t4 du XIIIe siècle qu'on devait réutiliser telle quelle, mais qui fut ensuite épaissie vers l'ouest et le sud-ouest pour des raisons à la fois défensives et fonctionnelles. Il était prévu également d'épaissir la courtine ouest du château, mais ce projet ne fut pas mené à terme – il en demeure les pierres d'attente sur le flanc sud de la tour e1.

À ces flanquements s'ajoute, engoncée sur le pignon ouest entre les tours e1 et e2, une mince tourelle en encorbellement, qui s'élève au-dessus du rez-de-chaussée ; on verra qu'elle avait une fonction exclusivement résidentielle, accueillant probablement l'étude seigneuriale au premier étage. L'encorbellement à quatorze ressauts, alternativement chanfreinés et en quart de rond, était curieusement supporté par deux arcs-boutants s'appuyant sur les tours voisines, sans doute peu nécessaires structurellement.

Vers la cour, un monumental escalier en vis d'apparat flanque l'angle sud-est ; il était censé desservir les deux corps du logis (fig. 21). Celui-ci, de l'autre côté, est flanqué par une petite aile perpendiculaire contenant les oratoires superposés, et la façade est rythmée encore par une tour d'escalier desservant uniquement le corps de logis conservé. L'ensemble est couronné par une haute toiture hérissée de nombreuses cheminées et ponctuée par les toitures annexes couvrant les grandes vis, l'aile de la chapelle, ainsi que les poivrières des tourelles d'escalier desservant les chambres hautes et les plates-formes de tours.

On décèle assez facilement, de l'extérieur, l'emprise de la seconde aile prévue dans le projet initial (fig. 20) : en effet, sur le front nord, à 21 m à l'est de la tour circulaire orientale, demeure la base polygonale d'une autre tour circulaire similaire, qui aurait dû marquer sa limite et correspond à l'emprise d'une grande cave.

Cet édifice puissant par le symbolisme de ses tours n'en était pas moins faiblement défendu : seules les bases des tours et, dans le cas de la tour e1, les latrines des étages étaient pourvues de quelques archères canonnières qui ne pouvaient assurer un flanquement très efficace. Par ailleurs, les tours étaient couvertes par des plates-formes ceintes de parapets crénelés également percés d'archères canonnières. On y retrouve les couvertures à ressauts en bâtière, ainsi que les encorbellements qui symbolisent des mâchicoulis sans en être : les mêmes couronnements sont présents à la porte du château de Tancarville, bâtie sous Guillaume d'Harcourt à partir de 1463 et terminée en 1481-1482 [68]. Sur les deux murs gouttereaux et dans les deux tours regardant le Thouet, de hautes fenêtres à croisées à double traverse apportent lumière et vue dans les salles intérieures, privilégiant largement l'agrément.

68. Mesqui 2007, p. 20-21.

Les caves

Le corps de logis achevé repose sur deux salles rectangulaires voûtées sur ogives retombant sur des piliers circulaires médians, projetées au-devant de l'enceinte primitive, dans la pente (fig. 22). La première comporte deux travées, la seconde en possède trois qui s'appuient sur les puissantes arcades soutenant le pignon ; elles sont éclairées et aérées par de

Fig. 22 – Montreuil-Bellay, château, coupe prise du nord (à gauche) vers le sud (à droite), du logis neuf, au travers de la tour e3 et de la grande salle. On voit, à droite, la grande vis avec sa porte de service, et le puits restitué au XXe siècle (dessin J. Mesqui 2022).

Ce relevé, possible uniquement en descendant par l'ancien conduit en rampant, a été réalisé par Emmanuel Litoux et Ronan Durandière.

larges fentes de jour à glacis et communiquent avec les soubassements des deux tours nord, formés de petites salles voûtées en coupole équipées chacune de trois canonnières. Celles-ci étaient dotées dans leurs faces latérales d'encoches pour loger les poutres anti-recul des veuglaires.

Au revers des arcades de refend sont accrochés les départs de voûtes sur croisées d'ogives qui auraient dû couvrir la cave du deuxième corps de logis ; mais le projet avorté a laissé place à une deuxième cave voûtée en berceau surbaissé, qui accueille en son extrémité orientale un grand pressoir à levier datant probablement du XIXᵉ siècle. Limitée côté nord par un mur en appareil irrégulier qui tranche avec celui du glacis du corps de logis achevé, elle est éclairée par des fentes de jour plus basses. Cette deuxième cave fut certainement achevée postérieurement au reste du logis, au XVIᵉ siècle voire plus tardivement.

Ces caves étaient desservies par deux escaliers. Une petite vis, à l'ouest, permettait un accès rapide depuis les logis des chanoines, en fait les offices. Un autre escalier partait de la porte de service de la grande vis ; composé de larges rampes droites, il permettait la descente des barriques de vin.

La cave sous l'oratoire et le soubassement de la tour e1/t4

Pour terminer, une troisième cave se trouvait sous l'aile des chapelles. Voûtée en berceau, elle était accessible par un escalier compris entre les chapelles et les « logis des chanoines » ou offices.

Dans son mur de fond nord a été aménagé un orifice rectangulaire donnant accès à une conduite d'évacuation des eaux pluviales de la cour. Celle-ci débouche dans le soubassement de la tour e1 (fig. 23). Le relevé archéologique [69] a permis de déterminer qu'il s'agit en fait de la chambre voûtée en coupole de la tour primitive t4 du XIIIᵉ siècle, transformée au

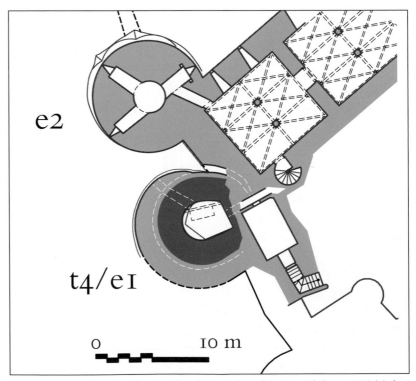

Fig. 23 – Montreuil-Bellay, château, plan de détail du soubassement de la tour e1/t4 (relevé E. Litoux et R. Durandière, dessin J. Mesqui).

Fig. 24 – Montreuil-Bellay, château, le grand monogramme « l y » figurant sur la vis d'apparat ; il a été probablement restauré sous Joly-Leterme et s'est légèrement rééffacé depuis.

XVe siècle en fosse pour les latrines superposées ménagées dans les étages. Le sol de cette chambre primitive a été abaissé en sous-œuvre de 2 m, en même temps que l'on remplaçait la jupe extérieure de la tour ; un conduit en pente dans l'épaisseur du mur au nord-ouest permettait l'écoulement de la chasse provoquée par le conduit d'eaux de pluie. La voûte en coupole fut percée par les descentes des latrines venant des étages.

Dans la même phase de travaux fut aménagée une deuxième conduite épousant le contour de la jupe de la tour primitive vers le nord-est : celle-ci débouchait par une petite ouverture en plein cintre dans la cave sous l'oratoire, comme s'il s'était agi d'un trop-plein en cas d'envahissement de la cave par les eaux de la cour à l'occasion d'un orage. On repère facilement la sortie de cette conduite à la base de l'angle nord de la tour et avec le pignon.

La grande vis

La grande vis polygonale du logis neuf, la plus haute du château, fut un élément particulièrement soigné par Guillaume d'Harcourt. Son entrée s'ouvrait vers l'est, le visiteur ayant dû faire le tour de la partie conservée de la douve de la tour maîtresse. Elle offre, face à cet entrant, un morceau de bravoure formé par la grande porte délicatement moulurée, surmontée par les quatre fenêtres de la vis, puis, plus haut, par les deux grandes croisées des chambres hautes ; toutes ces ouvertures sont encadrées par deux colonnettes montant de fond, délimitant un très beau décor gothique flamboyant. Sous chaque fenêtre, les appuis sont constitués par de grands panneaux sculptés d'une profusion de motifs gothiques flamboyants, deux d'entre eux affichant de façon éclatante l'identité des maîtres d'ouvrage : le premier, au-dessus de la porte, l'affirme de façon héraldique ; le second, sous la quatrième fenêtre, met en scène dans un décor profus le monogramme « l y », probablement les initiales de Yolande de Laval à qui son époux avait fait donation universelle du château et de la châtellenie le 11 septembre 1471 (fig. 24) [70].

Le grand panneau héraldique a été sculpté à neuf sous la direction de Charles Joly-Leterme, comme en atteste son style [71] ; l'architecte reprit le panneau qui existait précédemment, sur lequel les meubles et les émaux étaient fortement érodés, comme le montre une photographie prise probablement par Joseph Le Roch avant 1869 alors que le chantier était en cours [72]. Bien que ce nouveau panneau héraldique soit lui-même très érodé aujourd'hui, on sait par d'anciennes photographies que Joly-Leterme y fit sculpter les armes

70. G.-A. de La Rocque, *Histoire généalogique de la maison de Harcourt*, op. cit. note 28, t. I, p. 621, donne la date de 1451, mais spécifie que la donation intervint après le mariage de leur fille Jeanne avec René de Lorraine, qui eut lieu en 1471.

71. Le remplacement et la sculpture des armes sous Charles Joly-Leterme sont prouvés par l'usage de hachures gravées symbolisant les émaux héraldiques, mis en vogue par le jésuite Silvestri Pietra Sancta entre 1630 et 1640 et très utilisé au XIXe siècle (information Jean-Bernard de Vaivre).

72. Arch. mun. Saumur, fonds Georges Perrusson, négatif sur verre, numérisé FRAC049328 34Fi0283-1.

Fig. 25 – Montreuil-Bellay, château, voûte en palmier de la grande vis.

d'Harcourt et des ancêtres de celui-ci ayant le plus de quartiers de noblesse ; mais une ancienne description semble attester qu'y figuraient aussi les armes de la famille de Laval, sans que cela soit assuré [73].

Sur la face suivante de la vis en tournant dans le sens des aiguilles d'une montre, on reconnaît le fantôme de l'accroche du demi-arc qui allait rejoindre la porte du premier étage de la tour maîtresse. La face qui suit, regardant le sud, est percée d'une seconde porte rectangulaire plus basse, qui servait non seulement d'entrée de service depuis la cuisine vers les salles de réception, mais aussi pour la descente des barriques à la cave, dont l'escalier débouchait ici. On reconnaît au-dessus de la porte les marques de la charpente et du toit d'une galerie reliant cette porte à la cuisine, permettant aux valets d'apporter la nourriture à l'abri des intempéries.

Intérieurement, la grande vis possède deux portes par étage, l'une donnant vers le corps de logis achevé, l'autre qui aurait dû mener au second corps de logis. Elle se termine par une belle voûte en palmier à seize branches, dont huit ogives et huit liernes déterminant avec les tiercerons huit clefs de voûte, sur un modèle bien connu, utilisé au logis royal d'Angers entre 1435 et 1440 et au château de Baugé entre 1454 et 1465 [74], ce dernier étant le plus proche stylistiquement de la voûte de Montreuil-Bellay. Il est difficile de savoir si les chapiteaux ont été resculptés sous la direction de Joly-Leterme ; en tout cas, les huit clefs de voûte portant des écus peints armoriés dans des encadrements étoilés paraissent être de son invention, même si elles s'inspirent très directement des modèles authentiques présents au châtelet et dans l'étuve. Elles portent les diverses armes des possesseurs du château, jusqu'aux Grandmaison (fig. 25) [75].

73. Voir Annexe 2.

74. Sur Angers, voir Litoux 2013. Sur Baugé, voir, dans ce volume, l'article d'Arnaud Rémy, « Le château de Baugé : un chantier princier du milieu au XVe siècle », p. 439-462.

75. Voir Annexe 2.

Jean Mesqui

Le programme des étages résidentiels

Les deux niveaux résidentiels du rez-de-chaussée et du premier étage du corps de logis achevé étaient disposés de façon similaire (fig. 26). Au rez-de-chaussée, on trouve deux chambres rectangulaires adjacentes dans le corps proprement dit ; la plus grande, à l'est, avait une fonction de réception, permettant d'accueillir les assemblées ou les repas – c'est ici non seulement que l'on apportait les plats venant des cuisines, mais également que se déroulaient les événements notables. Dans un inventaire de 1649, on l'appelait « grande salle », aujourd'hui on la dénomme « grand salon »[76].

De cette grande salle, on accédait directement à la tour du nord-est e3, modestement intitulée « cabinet » en 1649, qui possédait un retrait de latrines à l'angle avec la courtine nord, confirmant son usage résidentiel.

On entrait ensuite par un passage ménagé à l'ouest à travers le mur de refend, dans l'espace utilisé depuis le XIXᵉ siècle comme salle à manger. Il s'agissait en fait de la chambre d'apparat seigneuriale, appelée « grande chambre » en 1649.

76. Arch. dép. Maine-et-Loire, 2B1352 (manuscrit malheureusement non folioté repéré par Ronan Durandière et aimablement photographié à mon attention). Toutes les mentions relatives à cet inventaire de 1649 se rapportent à cette cote.

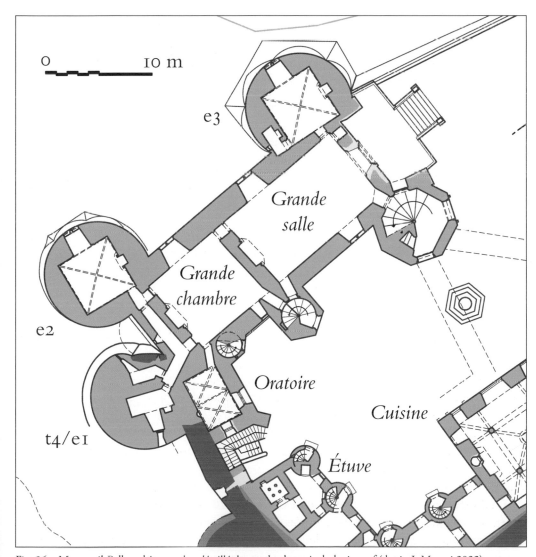

Fig. 26 – Montreuil-Bellay, château, plan détaillé du rez-de-chaussée du logis neuf (dessin J. Mesqui 2022).

Cette grande chambre communiquait à l'angle nord-est avec la chambre seigneuriale privée, située dans la tour e2 (appelée « cabinet » comme sa symétrique en 1649). Voûtée sur croisée d'ogives, cette chambre privée communiquait directement, par un passage mural ménagé dans le pignon ouest, avec deux chambrettes installées dans la tour sud-ouest e1 ; l'une d'entre elles servait et sert encore pour les latrines (« garde-robes » en 1649), alors que l'autre, plus allongée, couverte par une voûte en berceau et chauffée par une minuscule cheminée, était probablement utilisée comme salle d'ablutions ; en 1649, on trouvait dans cette chambrette au rez-de-chaussée du matériel de cuisine (mais après tout, le couloir intra-mural servait d'office jusqu'à une époque récente !). Dans le programme originel, il s'agissait d'un espace purement privatif, isolé de la chambre de parement par le mur est du couloir intra-mural, chauffé par le revers du contrecœur de la cheminée de la chambre, disposition rare, si ce n'est unique.

Enfin, la chambre d'apparat communiquait au sud-ouest avec l'oratoire privé voûté de deux travées sur croisée d'ogives, au rez-de-chaussée comme au premier étage, ce qui augmentait encore l'autonomie de ces véritables appartements seigneuriaux du logis neuf ; de jolis lavabos muraux gothiques ornent le mur ouest de chacun d'eux.

On ne répétera pas la description du programme au premier étage, en notant seulement qu'il fut modifié au XIXᵉ siècle pour subdiviser la « grande salle » en appartements. Par ailleurs, une différence existait avec le rez-de-chaussée, puisque le couloir intra-mural privatif occidental de la grande chambre desservait, au milieu du mur-pignon, une petite chambre en demi-cercle ménagée dans l'échauguette accrochée au pignon. Cette chambrette servait probablement de garde-robe, ou d'étude, pour Guillaume d'Harcourt.

Il est certain que ces deux niveaux furent les espaces résidentiels de Guillaume d'Harcourt et de Yolande de Laval lorsque le logis neuf fut terminé. Dans l'inventaire de 1649, date à laquelle il était habité par le gouverneur de Montreuil-Bellay, le rez-de-chaussée était clairement assigné à un usage féminin, si l'on en juge par l'habillement contenu dans les coffres, alors que les vêtements, les armes, la sellerie conservés au premier étage attestent d'un usage masculin. Peut-on en déduire que Yolande de Laval habitait au rez-de-chaussée, et Guillaume d'Harcourt au premier ?

En tout cas, seul l'oratoire du rez-de-chaussée reçut un décor peint – il ne contenait d'ailleurs aucun objet privé en 1649. Celui du premier étage était à cette date occupé par un bric-à-brac invraisemblable, ce qui montre que l'usage en tant que chapelle s'était alors perdu, s'il avait jamais existé.

Les peintures murales de l'oratoire ont été largement étudiées dans des articles récents, aussi ne les évoquerons-nous que pour mémoire [77]. Ont été identifiées une Crucifixion au chevet (dirigé au sud) – elle fut restaurée en 1909 par Henri Magne –, bordée à l'ouest par une Cène, suivie de six saintes et saints qu'on ne citera pas ici. Ce décor est complété par un concert d'anges musiciens dans les seize voûtains. On a proposé, pour la réalisation de cette œuvre probablement exécutée après l'achèvement du logis neuf, soit entre 1475 et 1488, un peintre proche de l'artiste flamand Coppin Delf ; ces suppositions ne reposent sur aucune source textuelle.

Le galetas et les chambres hautes

Quant au deuxième étage, appelé le « galetas » en 1649, couvert par la haute charpente, il reprend grosso modo les dispositions des étages inférieurs ; au XVIIᵉ siècle, subdivisé par des cloisons internes, il n'abritait plus que des services – on y trouvait même une cuisine et une fruiterie. Cependant, l'usage de ces galetas au temps du faste des premiers constructeurs

77. Voir Leduc 2007, p. 143-147, Gras 2015 et Allais 2016.

JEAN MESQUI

ne peut être jugé à l'aune des occupants du XVIIe siècle ; les recherches récentes montrent à quel point ces galetas, et les chambres hautes ménagées sur les tours accessibles à partir de ceux-ci, étaient prisés à la fin du XVe siècle [78]. On insistera, à Montreuil-Bellay, sur le nombre de ces chambres hautes : deux au-dessus de chacun des escaliers en vis, une au-dessus des oratoires. Cette mode, introduite dès la fin du XIVe siècle, atteignit son apogée à la fin du siècle suivant, comme au château de Gien dans les années 1480 [79]. L'accès à ces chambres hautes n'était cependant pas aisé, s'effectuant par d'étroites vis peu commodes ; au XXe siècle, la chambre haute sur l'oratoire était le logis d'un domestique. Seules les deux chambres au-dessus de la grande vis proposaient des vues remarquables sur les environs, s'offrant ainsi comme de véritables belvédères.

Les plafonds

Au-dessus des chambres des deux premiers niveaux, les plafonds originels conféraient une ambiance exceptionnelle, grâce aux décors des grandes poutres maîtresses supportant le solivage (fig. 27). Ces poutres avaient en effet la particularité d'être décorées à leurs extrémités et en leur milieu par des sculptures en haut-relief grotesques, voire triviales, figurant des animaux, des engoulants, des monstres, ou des figures humaines dans des postures très crues. Un certain nombre de ces poutres maîtresses ont été remplacées par Joly-Leterme, mais cinq d'entre elles subsistent, non sans avoir été remises en peinture, et

78. Voir Hervé Mouillebouche, Nicolas Fauchère, Delphine Gautier, *Le château de fond en comble. Hiérarchisation verticale des espaces dans les châteaux médiévaux*, 2020.

79. Ce type d'architecture a été révélé par Jean Guillaume ; voir Marchant 2019 et Bizri-Marchant-Perrault 2019.

Fig. 27 – Montreuil-Bellay, château, tête de poutre maîtresse dans la grande chambre, portant des sculptures sur bois parmi les plus « sages ».

probablement consolidées, constituant un ensemble de plus de soixante-dix figures. Cette commande de Guillaume d'Harcourt, appliquée aux appartements de madame et de monsieur, avait certainement pour but de faire assister les hôtes et leurs invités à une comédie satirique et truculente ; on laissera aux exégètes le soin de les interpréter à loisir.

La galerie d'agrément sur le Thouet et les jardins

Vers l'est, la galerie d'agrément surplombant le Thouet sur la courtine entre les tours t5 et t6 fut probablement bâtie en même temps que le logis neuf (fig. 28) ; selon toute probabilité, il était prévu qu'elle rejoigne à l'ouest le deuxième corps de logis dont le projet avorta. L'ancien mur de Philippe Auguste fut doublé vers l'intérieur, obstruant du même coup l'accès aux chambres de tir de la tour t6 qui devinrent inaccessibles, et trois échauguettes furent ajoutées ; celles-ci reposaient sur des encorbellements coniques à onze ressauts aux profils identiques à ceux de la tourelle entre e1 et e2. On sait par la gravure de Louis Boudan de la collection Gaignières que cette galerie était couverte en bâtière, les échauguettes ayant

Fig. 28 – Montreuil-Bellay, vue du château et du Boille depuis le sud en 1699, par Louis Boudan. On note, depuis la gauche (ouest), la tour-porte du Moulin (au-dessus du moulin) ; la tour d'angle t6 et la galerie d'agrément couverte avec ses échauguettes, surplombant les écuries ; la tour t5 ; la collégiale (Sainte-Marie et non Saint-Sébastien) ; le vieux logis ; la tour maîtresse du XIIIe siècle découronnée, reliée par une passerelle au logis neuf ; enfin, en bas, la tour du Boille.

Fig. 29 – Montreuil-Bellay, château, gracieuse vis flamboyante donnant accès à la galerie d'agrément.

des toits en poivrière au-dessus d'un rang de faux créneaux [80] ; du côté du Thouet, le mur extérieur était percé alternativement d'archères-canonnières et de hauts et larges créneaux-fenêtres qui offraient des vues sur la vallée. Ces fenêtres étaient dotées de fermants, sans doute des volets de bois dont on voit encore les feuillures et les scellements des gonds. On ne sait si, côté cour, cette galerie large de 3 m environ était fermée par un mur mince – il demeure une arase d'une assise au-dessus du sol – ou si, au contraire, son toit était porté par une file de poteaux reposant sur cette arase, comme c'est souvent le cas ; la présence des volets de bois semble plutôt suggérer la première solution.

On accède aujourd'hui à cette ancienne galerie par une légère rampe depuis la terrasse, à l'est, mais, jusqu'au XIXᵉ siècle, la tour t5 conservait un niveau supplémentaire, empêchant un accès direct. En revanche, la galerie communiquait avec le jardin aménagé dans l'ancienne basse-cour par une jolie tourelle d'escalier en vis polygonale dotée de grandes fenêtres rectangulaires, à parapet ajouré de motifs flamboyants, flanquée à ses angles de faisceaux de colonnettes prismatiques (fig. 29). On est assuré qu'il s'agissait bien ici de l'accès principal au promenoir, car sa porte vers les jardins est encadrée de moulures à colonnettes que l'on ne retrouve pas à la porte donnant sur la galerie.

80. Dans la description de 1760 publiée par Marchegay 1862, p. 141, il est noté que la galerie fut « découverte il y a aussi environ quarante ans », soit vers 1720.

81. *Dictionnaire raisonné de l'architecture française du XI° au XVI° siècle*, vol. 4, p. 477-482. L'abbé Bosseboeuf a critiqué la restitution graphique de la façade, à tort nous semble-t-il (Bosseboeuf 1892).

82. Eugène Viollet-le-Duc pensait qu'elle servait de point d'accès pour les denrées nécessaires à la cuisine, ce qui paraît peu vraisemblable. L'abbé Louis Bosseboeuf, pour sa part, considérait à tort qu'il s'agissait de la porte originelle.

Les grandes cuisines

Les grandes cuisines sont célèbres depuis leur publication par Eugène Viollet-le-Duc sur la base des relevés d'un certain Patoueille, assez précis et fiables, seule la datation à la fin du XIV° siècle étant inexacte comme on l'a vu dans la partie historique (fig. 30) [81]. Il s'agit d'un bâtiment carré, doté d'une hotte centrale conique confortée par quatre ogives, portée par quatre piliers circulaires et entourée par une coursière voûtée. Dans cette coursière, l'on trouve deux cheminées latérales dont les manteaux ont été refaits lors de la restauration, mais dont les conduits sont parfaitement conservés ; il y avait également dans la coursière un grand évier. Aujourd'hui, l'espace est totalement dallé, mais peut-être existait-il, comme à Coucy en 1403, une sole en briques ou tuileaux réfractaires. On peut penser que les cheminées latérales étaient plus spécifiquement destinées aux rôtisseries, alors que le vaste espace central pouvait accueillir des foyers ouverts et des fourneaux pour préparer les différents plats et potages.

Les espaces de travail étaient bien éclairés, avec deux fenêtres à glacis à l'est et une fenêtre à l'ouest, transformée en porte à l'époque moderne. Sur la face nord était ménagée la porte d'entrée (à l'ouest), transformée en fenêtre à l'époque de la restauration lorsqu'on modifia la fenêtre orientale ; de l'autre côté se trouvaient une fenêtre et, au centre, une large baie qui servait à l'évidence de passe-plat [82]. La niche de cette grande baie abritait probablement le dressoir où les cuisiniers mettaient en forme les plats avant qu'ils ne soient apportés aux maîtres des lieux.

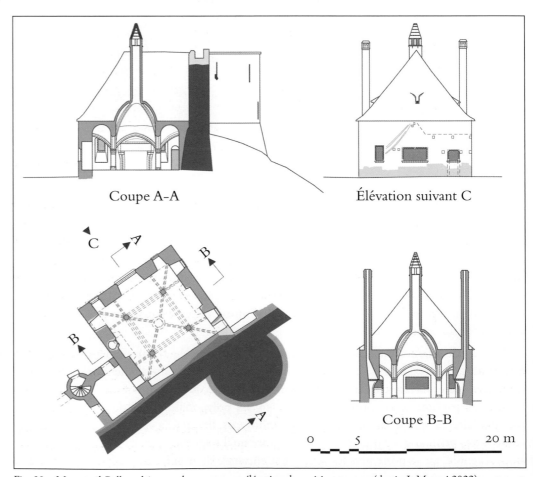

Coupe A-A

Élévation suivant C

Coupe B-B

0   5   20 m

Fig. 30 – Montreuil-Bellay, château, plan, coupes et élévation des cuisines neuves (dessin J. Mesqui 2022).

C'est d'ici que partait la galerie couverte en bâtière reliant la cuisine à la grande vis, déjà mise en évidence plus haut et mentionnée en 1760 comme « galerie pour servir à couvert » ; elle interceptait le puits, reconstruit au XXe siècle [83]. La restitution proposée par Eugène Viollet-le-Duc de cette façade nord est parfaitement justifiée : on y voit l'aboutissement de la galerie, ainsi que l'avant-toit en appentis couvrant l'espace situé entre la porte de la cuisine et la fenêtre du dressoir, qui se lisent aujourd'hui encore par les « fantômes » sur la maçonnerie.

On se contentera de rappeler ici que ces cuisines carrées à foyer central appartiennent à un courant de cuisines princières identifiables aux XIVe et XVe siècles dans les grands palais et châteaux ; les plus célèbres d'entre elles sont visibles encore à Dijon (palais des ducs de Bourgogne) et à Montreuil-Bellay ; d'autres ont été identifiées en fouilles, à Château-Thierry et à Coucy. Le concept était bien plus ancien, puisqu'on trouve des foyers à hotte centrée dans l'architecture monastique dès le XIIe siècle, l'un des plus beaux exemples conservés étant celui de Fontevraud [84]. L'idée, souvent mise en avant, qu'elles servaient pour des garnisons militaires nombreuses est évidemment fausse : il s'agit ici de cuisines destinées aux cours, importantes numériquement, des princes et magnats de cette époque fastueuse. Les nouvelles cuisines, qui desservaient le logis neuf, accueillaient certainement maîtres queux, marmitons et valets à la fin du XVe siècle.

Les « logis des chanoines », ou offices, et l'étuve

Accolé aux cuisines en cours d'achèvement en 1477d, se trouve un curieux bâtiment en équerre à deux niveaux, desservi par quatre vis couvertes en poivrière (fig. 31) ; structurellement postérieur aux cuisines, il donne à ce secteur un aspect tout à fait particulier, unique par sa forme architecturale et par sa fonction. Sa dénomination de « logis des chanoines » donnée à partir du XIXe siècle est certainement mal appropriée. Rappelons que la description du château réalisée vers 1760 notait la présence, à l'ouest de la cuisine, de « trois offices aussi voûtés, sur lesquels il y a des logements pour les officiers » [85].

De façon plus significative, le programme fonctionnel de cet édifice, dont on a pu penser qu'il était constitué par cinq travées de deux niveaux superposés, l'un voûté et l'autre couvert de charpentes lambrissées, est en fait plus complexe, et distingue nettement l'usage des chambres basses et des chambres hautes (fig. 32).

En partant de la cuisine, les deux chambres du rez-de-chaussée consécutives vers l'ouest, aujourd'hui directement accessibles depuis la cour, n'étaient primitivement en communication qu'avec la cuisine par deux portes successives dans les refends et constituaient probablement la « dépense », c'est-à-dire le lieu de stockage des denrées directement nécessaires aux fonctions culinaires. La vis située entre les deux chambres desservait une chambre à cheminée accolée à la cuisine, dont la fonction était probablement d'accueillir l'officier en charge de l'approvisionnement de l'hôtel ; un petit escalier la faisait communiquer avec le comble de la cuisine.

La vis suivante, à l'angle de l'équerre, desservait la chambre voûtée du rez-de-chaussée qui est aujourd'hui un bûcher, mais servait de cellier. Au premier étage, elle menait à deux chambres chauffées juxtaposées, probablement chambres d'officiers et de leurs clercs.

Les deux travées suivantes, vers le nord, avaient un fonctionnement particulier. La troisième vis donnait accès d'abord aux rez-de-chaussée communicants de ces deux travées, destinés à la desserte de la chaufferie d'une étuve seigneuriale à hypocauste remarquablement conservée dans la travée la plus proche du logis neuf [86]. On y trouvait d'abord une chambre à cheminée, puis le local du préposé à la chaufferie, pourvu d'une minuscule cheminée,

83. Des photographies du début du XXe siècle représentent une simple pompe à roue métallique.

84. Un colloque est en cours de préparation sur ce sujet sous l'égide du CeCaB (Centre de castellologie de Bourgogne) pour octobre 2023. Nous renvoyons aux actes à venir de cette rencontre entre spécialistes, plutôt que de donner ici une bibliographie exhaustive. Les cuisines les plus récemment fouillées, celles de Coucy, sont signalées par Étienne Lallau, « La découverte des cuisines du duc d'Orléans (XVe siècle) à Coucy-le-Château (Aisne) », *Bulletin monumental*, 2018, t. 176-4, p. 325-328.

85. Marchegay 1862, p. 142.

86. Faucherre 2001.

Fig. 31 – Montreuil-Bellay, château, logis des chanoines, début du XXe siècle. La vue est prise depuis le nord-est. Noter la mise en scène soignée des personnages. La fenêtre la plus à droite n'a pas encore été restaurée (fonds Lucien Moreau).

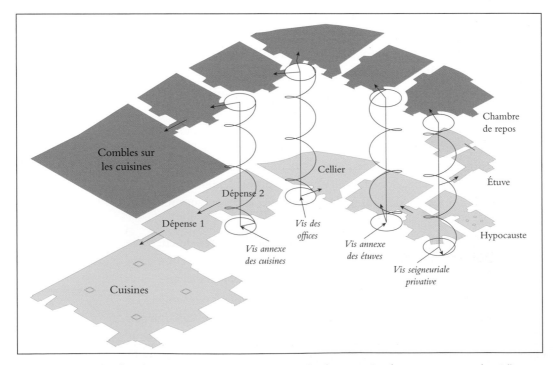

Fig. 32 – Montreuil-Bellay, château, schéma fonctionnel des logis des chanoines. Les dénominations sont dues à l'auteur.

communiquant avec la chambre de chauffe (le *præfurnium* romain) de l'hypocauste suspendu sur quatre piles. Dans cette chambre de chauffe, un plancher intermédiaire permettait de desservir le lavabo d'eau chaude à l'intérieur de la chambre d'étuve. Enfin, la troisième vis desservait à l'étage une chambre à cheminée pour l'officier en charge (fig. 33).

La quatrième vis, la plus proche du logis neuf, conduisait directement à la chambre chaude et humide de l'étuve, établie en entresol au-dessus de l'hypocauste ; elle était couverte d'une belle voûte sur croisée d'ogives aux armes pleines d'Harcourt. Vraisemblablement lambrissée, elle possédait une fenêtre vers le nord et recevait un chauffage supplémentaire par la présence du conduit d'évacuation des fumées dans son mur nord. Au-dessus, une chambre chauffée accueillait peut-être la chambre de repos pour le baigneur.

Tout plaide pour que cet ensemble, comme l'indiquait l'auteur des années 1760, ait été affecté aux offices, avec des espaces de service au rez-de-chaussée et des chambres au premier étage où travaillaient les officiers de la seigneurie et leurs clercs. On sait que ces fonctions d'officiers furent parfois assumées par certains chanoines, comme ce fut par exemple le cas

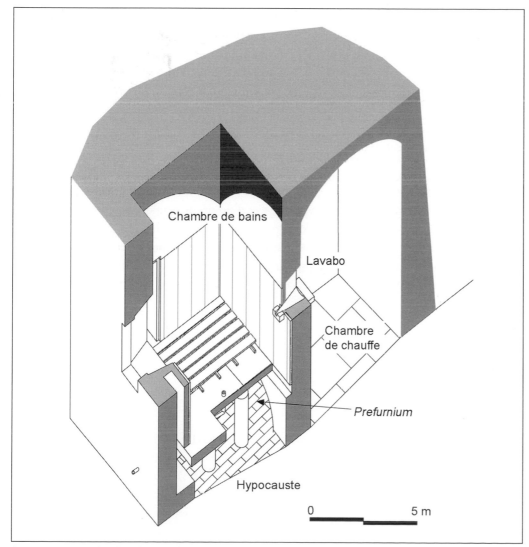

Fig. 33 – Montreuil-Bellay, château, axonométrie en écorché de l'étuve, prise depuis l'est (dessins J. Mesqui, relevés Ph. Dangles, N. Faucherre).

87. Arch. dép. Maine-et-Loire, G1358.

88. D'après Bossebœuf 1892, p. 358, un texte de 1736 mentionnerait que « par suite de la magnificence et libéralité du seigneur de Montreul, Messieurs les chanoines de cette ville sont logés au château ». Néanmoins, cette mention est extrêmement tardive par rapport à l'époque où Guillaume d'Harcourt bâtit et occupa le château ; au demeurant, elle ne spécifie en aucune façon le lieu où ils logeaient, qui aurait pu, à cette époque, se situer au vieux logis.

89. Voir, dans ce volume, l'article de Solen Peron-Bienvenu et Jean-Frédérick Grevet, « Le château de Martigné-Briand : de la tour maîtresse romane au manifeste flamboyant », p. 463-481.

90. Voir Vaquet 1995, Massin-Le Goff 2007.

en 1523 du maître Guillaume Riddet, prêtre et chanoine, « entremetteur des affaires et négoces de la seigneurie » dudit lieu [87]. La majorité des chanoines devait avoir leur maison en ville, et il est peu probable qu'ils se seraient satisfaits d'une chambre peu commode à l'étage de ces bâtiments [88].

L'étuve vient clore cet ensemble exceptionnel. Pleinement partie prenante du programme, elle traduit certainement un souci d'être en cohérence avec les modes du temps ; elle possédait une vis réservée à l'usage seigneurial, qui donnait accès à la chambre de bains et à sa chambre de repos. Son indépendance était ainsi parfaitement préservée par rapport aux desservants et aux offices.

La restauration de Charles Joly-Leterme

On ne saurait terminer cette description du château sans mentionner le travail remarquable réalisé par Charles Joly-Leterme. Son intervention la plus manifeste sur le plan architectural se trouve dans le pignon du logis neuf. Ici, les deux cheminées restées orphelines sur le pignon oriental durant des siècles, en attente d'un corps de logis qui ne fut jamais construit, furent remplacées par une superbe composition en style troubadour formant la nouvelle façade d'apparat du logis neuf. Il faut souligner l'extraordinaire travail réalisé par l'architecte et le sculpteur pour doter ce pignon d'une porte monumentale donnant sur une grande terrasse surélevée par rapport à la cour, et surtout d'une belle loggia dominant la cour, peut-être inspirée, comme le suggère Solen Peron, par celle, authentique, du château de Martigné-Briant [89]. Si cette façade peut déranger le puriste de l'architecture médiévale, elle ravit en revanche l'amateur du romantisme troubadour ; un charme indéniable est conféré à des éléments de second ordre.

Le travail de Charles Joly-Leterme se révèle également dans l'aménagement des intérieurs, la reprise des moulures, la création de cheminées – certaines sur des modèles préexistants dans le château, d'autres purement inventées – et d'un décor héraldique, enfin dans la mise en peinture des salles et chambres du logis neuf, pour accueillir le logis des Grandmaison. Les plafonds et les voûtes furent également somptueusement remis en peinture ; probablement une partie de la poutraison fut-elle remplacée à cette époque. Ce travail a déjà été mis en valeur par d'éminents spécialistes de l'architecture romantique de l'Anjou, auxquels nous renvoyons ici [90]. On n'évoquera pas, en revanche, les restructurations plus radicales menées par Henri Enguehard au vieux logis ; un siècle après Charles Joly-Leterme, les appartements ont été modifiés suivant des modes plus adaptées aux critères du confort moderne.

LE BOILLE

L'enceinte du Boille est mentionnée dès le début du XIIIe siècle (fig. 5), et l'on doit, pour mémoire, rappeler que ce nom dérive du mot « belle, baille », signifiant « basse-cour ». Il est orthographié dans les comptes une fois « belle » (1365-1366), « baille » et « boille » dans la même page (1495-1496), et le plus souvent « boille » ; depuis le XIXe siècle, la graphie courante « boële » reprend la prononciation commune [ouè]. Il s'agit d'une grande zone rectangulaire allant de la plate-forme du château au Thouet, limitée par deux murs dévalant la pente depuis les tours e2 et t6, celles-ci jointes le long du Thouet par une courtine ayant aujourd'hui presque totalement disparu.

Fig. 34 – Montreuil-Bellay, château, porte des Moulins et les moulins avant leur restauration/reconstruction à la fin du XIXᵉ siècle (vue prise sans doute par Joseph Le Roch après la restauration du logis neuf). De gauche à droite, la porte des Moulins, en dessous de l'échelle les anciennes fontaines, le mur d'enceinte, les moulins et, tout au fond à droite, la tour du Boille. Au-dessus de la porte des Moulins, les grandes écuries et, au-dessus encore, le logis neuf.

La porte du Moulin

La branche orientale de l'enceinte allait rejoindre les moulins fortifiés sur le Thouet, totalement restaurés et rehaussés à la fin du XIXᵉ siècle (fig. 34) ; on voit encore l'arrachement de la courtine disparue au voisinage de la tour t6. En 1365-1366, on réparait les hourds de ces moulins fortifiés, mais, postérieurement à cette date, on ne retrouve plus mention de leur fortification [91]. La porte orientale conduisait à la fontaine, qui se trouvait à l'extérieur de l'enceinte, juste à gauche en sortant comme on peut le voir sur d'anciennes gravures et photographies (fig. 34). Cette porte assez fruste subsiste : il s'agit d'une tour-porte rectangulaire traversée par un passage coupé d'une herse. Sa faible profondeur visible aujourd'hui ne doit pas tromper, car son mur latéral ouest demeure sur une profondeur de plus de 6 m. Elle ne comporte plus qu'un niveau, mais la gravure de Boudan de 1699 figure une tour assez massive à trois niveaux à couronnement de mâchicoulis ; les comptes du XVᵉ siècle mentionnent la location de ses trois niveaux à des particuliers, jusqu'à la création d'un pont-levis peu avant 1433-1434 [92].

Le nu de l'arc extérieur est légèrement en retrait de celui des parois voisines, donnant l'impression de deux saillies rectangulaires à peine marquées, reliées par un arc brisé. Le passage est encadré par deux profondes niches surveillant l'extérieur par des fentes larges et

91. Arch. dép. Maine-et-Loire, E887, fol. 53v.

92. Arch. dép. Maine-et-Loire, E889, fol. 9.

courtes, haut placées. Cette porte fut probablement bâtie dans la seconde moitié du XIVe siècle, sans que l'on puisse être plus précis. Aucune trace ne subsiste du pont-levis qu'on ajouta avant 1433 ; peut-être s'agissait-il d'un pont-levis basculant.

La tour du Boille, la courtine ouest et la porte occidentale du Boille

La branche occidentale s'achève aujourd'hui sur une tour circulaire, la tour du Boille, auprès de laquelle débouchaient les ponts du Thouet ; ceux-ci étaient fortifiés par des parapets percés de canonnières, et interrompus par un pont-levis sur leur parcours [93]. À la sortie du pont, curieusement, le chemin devait longer au plus près l'enceinte, empêchant ainsi l'existence d'un fossé avant le virage à angle droit vers Saint-Pierre. C'est un peu au sud que se trouvait auparavant la porte primitive vers Saint-Pierre, ou « porte par où l'on vient des ponts ». En 1669, la duchesse de la Meilleraye accepta une servitude de passage le long de l'enceinte longeant le Thouet ; un mur délimitant une grande terrasse privative sous le château fut alors édifié, et une nouvelle porte en plein cintre fut percée dans la muraille [94]. Dès lors, l'ancienne porte fut désaffectée.

La tour circulaire d'un peu plus de 6 m de diamètre à escalier en vis demi hors-œuvre fut construite sous Guillaume IV de Melun, entre 1382 et 1415, comme on l'a vu dans la partie historique (fig. 35) ; c'est même toute cette courtine qui fut construite alors. Au-dessus d'une base en moellons à peine équarris de calcaire dur bajocien, elle est appareillée en belles pierres de taille de tuffeau, et autrefois sommée par une couronne de mâchicoulis dont seules demeurent les consoles moulurées très érodées. On y trouve un soubassement inondable cylindrique possédant une porte (moderne) vers le Thouet remplaçant probablement une ouverture de tir, et une archère vers le sud-ouest. Le cylindre intérieur laisse place à un pentagone irrégulier pour les deux étages planchéiés. Chacun d'entre eux était chauffé par une cheminée : celle du premier n'avait pas de hotte débordante, alors que, au second, l'arc segmentaire retombait sur des consoles moulurées. Au premier étage, une large fente de jour haut placée regardait l'intérieur du Boille, alors qu'une fenêtre ou archère dirigée vers le nord-est a été élargie en porte. Au second étage, une grande fenêtre à croisée donnait sur le Thouet.

Si la couronne de mâchicoulis est peu indicatrice du fait de son érosion, la tour conserve, à l'angle avec la courtine ouest du Boille, une bretèche portée par trois consoles moulurées, reliées par des linteaux gravés de jolis trilobes dans un décor finement mouluré, qui caractérise le début du XVe siècle. Cette bretèche n'était accessible que depuis l'escalier montant du chemin de ronde de la courtine voisine au deuxième étage, et servait de latrines.

La courtine ouest partant de la tour du Boille et remontant vers le château est construite dans un appareil plus sommaire, et son chemin de ronde est couronné d'un parapet en léger encorbellement sur des consoles identiques à celles des mâchicoulis de la tour, à ceci près qu'ils n'ont que deux assises et déterminent un faux mâchicoulis. Le parapet crénelé est percé de longues archères en louche à la base ; il est possible que les parties hautes des parapets aient été refaites à l'époque de Guillaume d'Harcourt, mais il ne fait aucun doute que la courtine elle-même est contemporaine de la tour du Boille.

La porte occidentale du Boille est appareillée en pierre de taille comme la tour, et elle aussi lui est contemporaine (fig. 36). Elle était pourvue d'un pont-levis double à flèches classique, précédé par un fossé. Il s'agissait d'une forte tour carrée de 6 m par 8 m ; toute sa partie postérieure s'est écroulée, probablement du fait de l'existence d'un escalier en vis aux parois trop minces, et elle a été remplacée par deux contreforts. Le passage charretier était interrompu par une herse, alors que le couloir piétonnier était flanqué par une petite

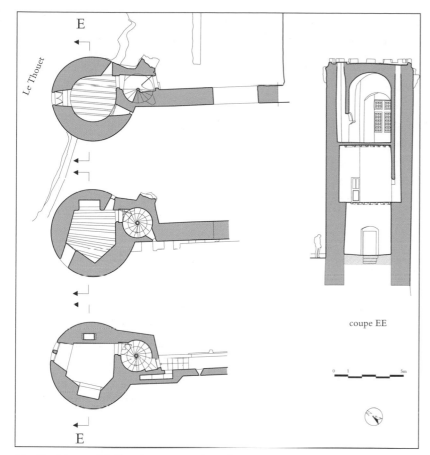

coupe EE

Fig. 35 – Montreuil-Bellay, château, tour du Boille (relevés par F. Denis).

Fig. 36 – Montreuil-Bellay, château, porte occidentale du Boille.

chambre de garde avec une archère. Le chemin de ronde, dénivelé de quelques marches par rapport à celui des courtines voisines, faisait autrefois partie d'une salle couverte, dont l'arrière s'est également effondré.

Quant à la courtine qui suit, elle est aujourd'hui intérieurement enterrée jusqu'au chemin de ronde, du fait des terrassements qui ont adouci la pente d'accès à la grande terrasse au XVIIe siècle ; sa partie terminale jusqu'à la tour e2 a disparu.

Un château d'exception

Montreuil-Bellay est donc un château d'exception, sur le plan tant historique qu'architectural, marqué par un projet d'essence royale dans les années 1210, par une transformation résidentielle luxueuse dans la seconde moitié du XVe siècle sous Guillaume d'Harcourt, enfin par une somptueuse restauration au XIXe siècle sous la baronne de Grandmaison. Il est intéressant de le comparer à son cousin éloigné de Tancarville, car, si les possesseurs, du XIIIe au XVe siècle, furent les mêmes, on ne retrouve pas à Montreuil la flamboyance des Melun-Tancarville sur leur site normand. La tour du Boille fait bien pâle figure par rapport à la tour-logis pentagonale de Coquesart du cousin d'outre Loire et Seine. Et si Guillaume d'Harcourt utilisa, dans les deux châteaux, des recettes similaires, comme on l'a vu, la structuration primitive des deux édifices était tellement différente que les programmes furent aussi totalement opposés. À la puissante mais charmante résidence d'Anjou s'opposait, d'une certaine façon, la silhouette altière et militaire de Tancarville.

Crédits photographiques – Fig. 1 : cl. wikimedia commons, Lieven Smits ; fig. 2, 28 : cl. Gallica ; fig. 3 : Arch. dép. Maine-et-Loire, série 3P, accessible en ligne ; fig. 4 : cl. MPP, coll. Le Roch ; fig. 6 : cl. MPP, fonds Lemaire ; fig. 7 : cl. G. Chaumet 2021 ; fig. 12 : cl. Drac-université de Bordeaux, interprétation J. Mesqui ; fig. 15 : Cl. MPP, fonds Téaldi ; fig. 16 : cl. www.all-free-photos.com ; fig. 20 : cl. Plémo ; fig. 21 : cl. www.all-free-photos.com ; fig. 24, 25, 27, 29, 36 : cl. J. Mesqui ; fig. 31 : cl. MPP, fonds Moreau ; fig. 34 : Arch. Mun. Saumur, coll. Georges Perrusson ; fig. 37 : Arch. mun. Saumur, coll. Georges Perrusson et MPP, coll. Estève.

Mes remerciements vont au premier chef à Madame Marie Guilhem de Valbray, propriétaire du château, et à son époux, Jean-François, qui ont donné accès à toutes les parties du château pour en permettre l'étude et ont accueilli à plusieurs reprises les chercheurs impliqués ; ces remerciements s'étendent également au personnel du château.

Emmanuel Litoux, responsable du pôle archéologie, et Ronan Durandière, chargé d'études Inventaire du patrimoine à la Conservation départementale du patrimoine de Maine-et-Loire, ont participé à la recherche, y compris physiquement lors des investigations « spéléologiques ». Ronan Durandière a également fourni une contribution essentielle en matière de recherches de sources, complétant largement et croisant celles réalisées par l'auteur.

La Drac des Pays de la Loire a apporté une aide essentielle, grâce au financement d'un projet archéologique incluant une campagne dendrochronologique et un relevé systématique en scan 3D qui ont permis les avancées de l'étude. Qu'en soient remerciés ici Mme Isabelle Bollard-Raynaud, conservatrice régionale de l'archéologie, et Jocelyn Martineau, cheville ouvrière du montage du projet, sans qui ce dernier n'aurait jamais pu voir le jour. Les études elles-mêmes ont été menées par Dendrotech (Yannick Le Digol) et Plemo 3D (Grégory Chaumet).

Enfin, le Département de Maine-et-Loire a également apporté une contribution à la présente étude en finançant les relevés de la tour du Boille et de la porte des Moulins ; ces relevés ont été effectués par Fabien Denis, architecte du patrimoine.

ANNEXE 1

Sans date (vers 1208)
Mémoire des travaux à faire au château de Montreuil-Bellay
pour le compte du roi Philippe Auguste

Bibliothèque Vaticane, ms. Ottoboni n° 2796 dit Registre A, fol. 94v

Le texte latin a été publié par John Baldwin, *Les Registres de Philippe Auguste*, Paris, 1992, p. 250, § 31. Voir aussi Hayot 2021, p. 369. La traduction et les annotations sont dues à l'auteur.

Maître Abelin et Gilbert le pionnier doivent faire à Montreuil-Bellay :
- onze tournelles et une porte
          pour 1000 livres tournois.

Ils doivent faire :
- 220 toises de fossé de 40 pieds de large et de 20 pieds de profond au moins [95] ;
- 80 toises de fossé du côté de l'eau, qui auront 6 pieds de douve au moins [96] ;
- Ils doivent fermer toutes les douves sur le pourtour ;
- Ils doivent faire 105 toises de fossés de barbacanes [97] ;
          le tout pour 510 livres tournois.

Ils doivent faire :
- 120 toises de murs du côté de l'eau, de 6 pieds d'épaisseur et de 14 pieds de hauteur de gros murs, et des merlons et créneaux
          pour 200 livres moins 10 (190) [98].

Ils doivent :
- construire le mur depuis la maison de frère Guérin jusqu'à la porte [99] ;
- maçonner une grande bretèche de porte ;

94. Voir Charier 1911, p. 76.

95. Cela correspond *grosso modo* au pourtour du fossé côté plateau à l'ouest, sud et est.

96. Cela correspond environ aux fossés bordant les murs est et ouest de l'actuel Boille, du côté du Thouet.

97. Ce terme de « barbacanes », employé ici explicitement au pluriel, ne s'applique à aucune structure connue. S'agirait-il des *antemuralia* du XIIᵉ siècle ?

98. Il s'agit de l'enceinte du Boille ; la longueur de la muraille est aujourd'hui légèrement supérieure (environ 270 m), mais on n'est pas assuré de la limite côté Thouet à cette époque.

99. On ignore évidemment où se trouvait la maison de frère Guérin ; du coup, il n'est pas possible de donner la position de ce mur, mais on peut imaginer qu'il s'agit d'un mur séparant haute-cour de basse-cour.

-   faire une plate-forme où se trouvera la pierrière ;

        pour 50 livres tournois.

Et ils doivent :

-   faire les 200 toises de mur du grand baile de chaux et mortier, de 6 pieds d'épaisseur et de 18 pieds de hauteur au-dessus de la terre, et des merlons et créneaux

        pour 700 livres [100].

Et ils doivent faire :

-   une poterne [101] et un chemin au-dessous de la grande salle, et un arc sur deux contreforts et un assommoir, et créneler sur l'arc

        pour 50 livres tournois.

Somme 2500 livres.

ANNEXE 2

Détails d'héraldique

On donne ici une liste de certains décors armoriés présents dans le château, le plus souvent sur les clefs de voûte, mais parfois sur des panneaux ou au-dessus de cheminées.

Sculptures du XVᵉ siècle

De gueules aux deux fasces d'or (pleines armes d'Harcourt)

-   Châtelet d'entrée, dans les deux étages voûtés de la tourelle ouest.

-   Vieilles cuisines.

-   Chambre d'étuve.

Écartelé, aux 1 et 4 de gueules aux deux fasces d'or (Harcourt), *aux 2 et 3 d'or à trois bandes d'azur à une bordure de gueules* (Ponthieu) :

-   Châtelet, chambre du rez-de-chaussée de la tourelle est.

Parti au 1 de gueules aux deux fasces d'or (Harcourt), *au 2 d'or à la croix de gueules chargée de cinq coquilles d'argent et cantonnée de seize alérions d'azur* (de Laval-Montmorency) :

-   Châtelet, au-dessus de la porte de la vis ouest (selon Beaumesnil).

Sculptures modernes à motifs anciens

On ne détaillera pas tous les lieux, nombreux, où figurent les armes de la famille Millin de Grandmaison, depuis le châtelet d'entrée jusqu'au logis neuf : *d'azur au chevron d'argent à deux étoiles en chef et un croissant en pointe de même* (Millin de Grandmaison). Pas plus n'évoquera-t-on les blasons plus ou moins fantaisistes qui figurent dans certaines chambres, tels le blason entrelaçant les deux lettres du monogramme C-D, rappelant un mariage survenu en 1895, ou encore un blason orné d'un lion couronné, voire un blason monogrammé d'un M, tous postérieurs au décès de la baronne Augustine de Grandmaison.

Le grand panneau sur la porte de la grande vis (fig. 37).

Au demi-panneau gauche : un écu aux pleines armes d'Harcourt, soutenu au lion et à l'aigle, surmonté, à gauche, des armes de Ponthieu (*d'or à trois bandes d'azur à une bordure de gueules*, la bordure de gueules absente) et, à droite, des armes de Tancarville (*de gueules à l'écusson d'argent accompagné d'une orle d'angemmes d'or*).

Au demi-panneau droit : un écu *écartelé aux 1 et 4 d'or à trois bandes d'azur à une bordure de gueules* (Ponthieu, à nouveau la bordure de gueules absente), *aux 2 et 3 d'azur semé de lys d'or au lambel de gueules chargé de trois châteaux d'or* (Artois).

Ce panneau a remplacé un panneau plus ancien où, selon une description de 1760, le demi-panneau droit aurait porté les armes de Laval-Montmorency (Marchegay 1862, p. 141).

La sculpture au-dessus de la cheminée de la grande chambre (salle à manger).

Il s'agit d'une copie des grandes armes peintes à la tête de l'aveu de 1486 : un écu aux pleines armes d'Harcourt, soutenu au lion et à l'aigle, surmonté, à gauche, d'un écartelé aux 1 et 4 aux armes de Ponthieu, aux 2 et 3 aux armes d'Artois ; et, à droite, d'un écartelé aux 1 et 4 des armes de Tancarville, au 2 des armes de Melun, au 3, *burelé d'argent et d'azur à la bande de gueules brochant sur le tout* (armes de Parthenay).

100. Il s'agit nécessairement de l'enceinte générale du château, dont les murs sont plus hauts et plus chers que ceux du Boille (« du côté de l'eau »).

101. Il s'agit de la « fausse poterne » qui est mentionnée plus tard, au nord, remplacée au XIXᵉ siècle par une rampe en épingle à cheveux.

Fig. 37 – Montreuil-Bellay, château, montage de trois vues du grand panneau héraldique de la vis d'apparat. En haut, extrait agrandi d'une vue antérieure à la restauration, prise sans doute par Joseph Le Roch. Au milieu, extrait agrandi d'une vue par Georges Estève, prise avant 1932. En bas, vue prise en 2021.

La grande vis

On trouve huit écus suspendus aux clefs de voûte, peints aux armes :

- Berlay : *d'azur chargé d'une croix d'argent ancrée et tréflée aux extrémités.* Joly-Leterme s'est inspiré de Marchegay 1862 ; on trouve ces armes sur la gravure de Louis Boudan de 1698.

- Melun.

- Harcourt.

- Orléans-Longueville : *d'azur aux trois fleurs de lys d'or brisé en chef d'un lambel d'argent et d'une bande d'argent brochant sur le tout* (la bande n'a pas été figurée).

- De la Porte-Cossé-Brissac : *parti au 1 de gueules à un croissant d'argent* (de la Porte), *en 2 de sable à trois fasces d'or denchées vers le bas* (Cossé-Brissac).

- Trémoille : *d'or au chevron de gueules accompagné de trois aigles d'azur becquées membrées de gueules.*

- Millin de Grandmaison.

- Marie Augustine Niveleau : *d'azur chargé d'un monogramme N/AM* (armes purement fictives).

SOURCES MANUSCRITES

Archives départementales de Maine-et-Loire

Chartrier d'Harcourt : E817, E818, E833-834, E843-844, E887-899, etc.

Inventaire du château : 2B1352.

Chapitre de la Collégiale : G1352, G1355, 1358.

Archives de la série H : 1H1 (prieuré de Breuil-Bellay) ; H702, 707 (prieuré de Saint-Pierre).

Archives privées de la famille Grandmaison : 157 J-art. 1.

Bibliothèque municipale de Poitiers

Antiquités de la ville de Poitiers
Pierre de Beaumesnil, *Antiquités de la ville de Poitiers, province de Poictou et Aquitaine…*, Ms 384 (110), fol. 88r et v.

Iconographie

Anonyme XVIIIe siècle
Vue de Montreuil-Bellay sur le Thouet en Anjou, Musée des Beaux-Arts d'Angers, AMD 1145-2.

Boudan 1699
Louis Boudan, *Veüe de Montreuil-Bellay en Anjou, dioceze de Poictiers, à 3 lieües de Saumur*, 1699, BnF, EST-VA-49(2).

Dovalle 1821
Charles Dovalle, *Vue du château de Montreuil-Bellay dessiné d'après nature par Charles Dovalle, 28 avril 1821*, Bibliothèque municipale de Saumur, n° 2621 (dessin n° 10).

Hawke avant 1850
Peter Hawke, *Vue générale de Montreuil-Bellay avec le moulin et le château*, entre 1830 et 1850, Musée des Beaux-Arts d'Angers, AMD 1145-6.

Sources publiées

Cartulaire de Saint-Aubin
Arthur Bertrand de Broussillon, *Cartulaire de l'abbaye de Saint-Aubin d'Angers*, I, *Cartulaire du XIIe siècle*, Angers, 1903.

Cartulaire de Saint-Nicolas
Yvonne Labande-Mailfert, *Le cartulaire de Saint-Nicolas d'Angers*, thèse dact., Université d'Angers, 1931 (aux Arch. dép. Maine-et-Loire).

Ressources web
Blog de Jacques Sigot, ancien instituteur, consulté le 27/01/2022 :
Contient de nombreuses notices sur le patrimoine et l'histoire de Montreuil-Bellay, bien documentées.

BIBLIOGRAPHIE

Allais 2016
Sylvanie Allais, « Les peintures murales de la chapelle du château de Montreuil-Bellay : un décor méconnu de la fin du XVe siècle », *Archives d'Anjou*, n° 17, 2014, p. 60-69.

Aviau de Piolant 1864
Georges d'Aviau de Piolant, « Notice sur le château de Montreuil-Bellay », *Mémoires de la Société des Antiquaires de l'Ouest*, t. XXIX, 1864, p. 297-320.

Bizri, Marchant, Perrault 2019
Mélinda Bizri, Sylvie Marchant et Christophe Perrault, « Gien, un château royal entre rupture et continuité avec l'œuvre de Louis XI », *Bucema-Bulletin du Centre médiéval d'Auxerre*, 2019, en ligne sur https://doi.org/10.4000/cem.16408, consulté le 15 janvier 2022.

Bodin 1845
Jean-François Bodin, *Recherches historiques sur la ville de Saumur, ses monumens et ceux de son arrondissement*, 2e éd., Saumur, 1845, t. I, p. 168-172.

Bossebœuf 1892
Louis-Auguste Bossebœuf, « Excursion à Montreuil-Bellay, Le Puy-Notre-Dame et Asnières le 7 mai 1894 », *Bulletin de la Société archéologique de Touraine*, t. IX, 1892-1894, p. 325-384 et p. 403-448.

Bruneau 1865
A. Bruneau, *Les nobles prisonnières ou le château de Montreuil-Bellay*, Saumur, 1865.

Charier 1911
Camille Charier, *Montreuil-Bellay à travers les âges*, Saumur, 1911.

Chartrou 1928
Josèphe Chartrou, *L'Anjou de 1109 à 1151. Foulque de Jérusalem et Geoffroy Plantagenêt*, Paris, 1928.

Durandière 2003
Ronan Durandière, *L'enceinte urbaine médiévale de Montreuil-Bellay (49)*, Mémoire de DEA, Alain Salamagne (dir), université François Rabelais de Tours, 3 vol., 2003.

Enguehard, Mallet 1960
Henri Enguehard, Jacques Mallet, « Les Nobis à Montreuil-Bellay », *Mémoires de l'Académie d'Angers*, 1968, p. 1-14.

Faucherre 2001
Nicolas Faucherre, « L'étuve à hypocauste du château de Montreuil-Bellay (Maine-et-Loire) », *Bulletin monumental*, 2001, t. 159-1, p. 55-56 (numéro spécial « Les Bains privés au Moyen Âge et à la Renaissance »).

Fournier 1978
Gabriel Fournier, *Le château dans la France médiévale*, Paris, 1978.

Godard-Faultrier 1840
Victor Godard-Faultrier, *L'Anjou et ses monuments*, t. II, Angers, 1840 (dessins de Peter Hawke).

Grandet 1884
Joseph Grandet, *Notre-Dame l'angevine*, éd. Albert Lemarchand, Angers, 1884.

Gras 2015
Samuel Gras, « Les peintures murales de la chapelle du château de Montreuil-Bellay », *Anastasis. Research in Medieval Cultures and Art*, vol. II, n° 1, Arts and Liturgy, p. 99-125.

Guillot 1973
Olivier Guillot, *Le comte d'Anjou et son entourage au XIᵉ siècle*, Paris, 2 t., 1973.

Halphen 1906
Louis Halphen, *Le comté d'Anjou au XIᵉ siècle*, Paris, 1906.

Hayot 2021
Denis Hayot, *L'architecture fortifiée capétienne au XIIIᵉ siècle*, vol. 4, *Monographies – Normandie, Pays-de-Loire, Bretagne*, Chagny, 2021, p. 365-378.

Le château de fond en comble 2020
Hervé Mouillebouche, Nicolas Faucherre, Delphine Gautier (dir.), *Le château de fond en comble. Hiérarchisation verticale des espaces dans les châteaux médiévaux et modernes*, Chagny, 2020 (Actes du septième colloque international au château de Bellecroix, 18-20 octobre 2019).

Le Digol 2021
Yannick Le Digol *et alii*, *Rapport synthétique. Château de Montreuil-Bellay*, septembre 2021 (rapport déposé à la Drac des Pays de la Loire et au CESCM, Université de Poitiers).

Le Mené 1982
Michel Le Mené, *Les campagnes angevines à la fin du Moyen Âge (vers 1350-vers 1530)*, Nantes, 1982.

Leduc 2007
Christine Leduc, *D'Intimité, d'Éternité. La peinture monumentale en Anjou au temps du roi René*, Lyon, 2007.

Litoux 2013
Emmanuel Litoux, « La structuration des programmes résidentiels dans les châteaux et les manoirs angevins du roi René entre 1434 et 1480. Nouvelles données, nouvelles hypothèses », dans Gwyn Meirion-Jones (éd.), *La demeure seigneuriale dans l'espace Plantagenêt. Salles, chambres et tours*, Rennes, 2013, p. 315-325.

Manase 1995
Viviane Manase, « Le passage du Thouet à Montreuil-Bellay », *303, Arts, Recherches et Créations*, nᵒ XLV, 1995, p. 6.

Manase 2000
Viviane Manase, « Le Thouet, une rivière et des hommes », *Archives d'Anjou. Un fleuve, des hommes ; la Loire et ses affluents, une histoire tumultueuse*, nᵒ spécial 4, 2000, p. 165-177.

Marchegay 1862
Paul Marchegay, « Montreuil-Bellay », *Revue de l'Anjou*, 1862, p. 129-143.

Massin-Le Goff 2007
Guy Massin-Le Goff, *Les châteaux néogothiques en Anjou*, Paris, 2007, p. 168-171.

Mesqui 1997
Jean Mesqui, *Châteaux-forts et fortifications en France*, Paris, 1997.

Mesqui 2007
Jean Mesqui, *Le château de Tancarville*, Paris, 2007.

Mesqui, Mouillebouche 2020
Jean Mesqui, Hervé Mouillebouche, *Le château et l'église de Châteauneuf (Côte-d'Or) au Moyen Âge*, Chagny, 2020.

Noblet 2009
Julien Noblet, « La collégiale Notre-Dame de Montreuil-Bellay ou l'éphémère nécropole des comtes de Tancarville », *Archives d'Anjou, mélanges d'histoire et d'archéologie angevins*, nᵒ 13, 2009, p. 27-43.

Port 1876
Célestin Port, *Dictionnaire historique, géographique et biographique de Maine-et-Loire*, Paris-Angers 1876, t. II, p. 719-725.

Quéruau-Lamérie 1884
E. Quéruau-Lamérie, « La Commission Félix et les suspects du département de la Mayenne », *Revue historique de l'Anjou*, t. X, 1884, p. 1-30, 223-249, 318-344.

Richard 2016
Stéphanie Richard, « Le couple, entre faits et droit : la nullité du mariage de René II de Lorraine et Jeanne d'Harcourt », *Le Moyen Âge*, t. CXXII, 2016/3, p. 567-626.

Salamagne 1992
Alain Salamagne, « Aux origines de la fortification bastionnée : le boulevard d'Antoing et la famille monumentale des boulevards de plan polygonal », *Revue des Archéologues et Historiens d'Art de Louvain*, XXV, 1992, p. 31-62.

Salamagne 1993
Alain Salamagne, « Un exemple rare dans l'architecture défensive du XIVᵉ siècle », *Revue d'archéologie et d'histoire de la Mayenne*, 1993, nᵒ 16, p. 165-210.

Salcedo-Marchant 1998
Sylvie Salcedo-Marchant, *La chambre haute : étude typologique*. Mémoire de DEA, Jean Guillaume (dir.), université François-Rabelais, Tours, 1998.

Senséby 2011
Chantal Senséby, « L'écrit dans la tourmente. Révoltes seigneuriales et ordre comtal en Anjou d'après le témoignage de moines bénédictins du XIIᵉ siècle », dans Gaël Rideau, Pierre Serna (dir.), *Ordonner et partager la ville*, Rennes, 2011, p. 31-46.

Tixier 2000
Céline Tixier, *Montreuil-Bellay. Une petite ville frontière à la fin du Moyen Âge (milieu XIVᵉ-fin XVᵉ siècle)*, mémoire de maîtrise, Jean-Michel Matz (dir.), université d'Angers, 2000.

Vaquet 1995
Étienne Vaquet, « Les décors intérieurs des grandes demeures de Joly-Leterme », *303, Arts, Recherches et Créations*, nᵒ 46, 1995, p. 99-106.

Zadora-Rio 1979
Élisabeth Zadora-Rio, « Bourgs castraux et bourgs ruraux en Anjou aux XIᵉ-XIIᵉ s. », *Châteaux et peuplements*, Auch, 1979, p. 173-179 (Actes des colloques de Flaran, I).

LES ÉCURIES DU CHÂTEAU DE MONTREUIL-BELLAY (XVᵉ SIÈCLE)

Solen PERON-BIENVENU *

L e château de Montreuil-Bellay conserve un exemple rare de grandes écuries qu'une récente expertise dendrochronologique a permis de dater vers 1456d [1]. Établies en contrebas du château, en retrait d'une quarantaine de mètres de la berge du Thouet et dans l'emprise du Boëlle [2] (fig. 1 et 2), elles accueillent aujourd'hui un chai. Cependant, les écuries ou maréchaussées se trouvaient initialement au château haut : elles furent refaites à neuf entre 1365 et 1375 par Jean II de Melun (seigneur du lieu de 1350 à 1382) [3].

Les comptes, qui auraient pu éclairer la construction des nouvelles écuries déplacées par Guillaume d'Harcourt (seigneur de 1438 à 1488), manquent de 1454 à 1474. Fait significatif de leur importance, ces écuries s'inscrivent dans une série de chantiers menés de 1445 à 1480 : elles furent élevées après les travaux portant sur les ailes du château vieux, mais avant le châtelet, le château neuf et les cuisines [4]. Le chantier des reconstructions de Montreuil-Bellay renvoie à celui de Tancarville, l'un et l'autre menés de front par Guillaume d'Harcourt et Yolande de Laval : le capitaine de Tancarville envoyait les maîtres d'œuvre, notamment les charpentiers, à Montreuil-Bellay ; toutefois, les écuries de Tancarville n'existent plus [5].

Fig. 1 – Montreuil-Bellay, anciennes écuries, vue de l'angle sud-ouest.

* Chargée d'études documentaires principale, chargée de la protection des Monuments historiques (Drac des Pays de la Loire), présidente de la Société archéologique et historique de Nantes et de Loire-Atlantique.

1. Dans le cadre d'une procédure d'inscription (2019), l'analyse dendrochronologique réalisée par Dendrotech (2018) a identifié deux phases d'abattage d'arbres successives (1452-1453d et 1455-1456d), le plancher du comble ayant été mis en œuvre à l'automne-hiver 1455-1456d.

2. Le terme « boille » renvoie à une cour ou à un jardin.

3. Ronan Durandière, *L'enceinte urbaine médiévale de Montreuil-Bellay*, mémoire de DEA, Alain Salamagne (dir.), université de Tours, 2003, dactyl., 3 vol., vol. 1, p. 82 ; *id.*, « L'enceinte urbaine de Montreuil-Bellay à la fin du Moyen Âge : premières hypothèses », *Archives d'Anjou*, n° 9, 2005, p. 44.

4. Voir, dans ce volume, l'article de Jean Mesqui, « Montreuil-Bellay » : un palais du XVᵉ dans une forteresse du XIIIᵉ siècle », p. 483-532.

5. Jean Mesqui, *Le château de Tancarville. Histoire et architecture*, Paris, 2007.

6. Arch. nat., 1/AP/1917 ; Arch. dép. Maine-et-Loire, E 817-818.

7. Arch. dép. Maine-et-Loire, E 820 ; Arch. nat., 1/AP/191.

8. « Le jardin est [...] situé au bas du château, le long de la rivière dont il est séparé par un chemin, on y descend du milieu de la cour par un escalier voûté jusqu'au sortir de dessous la terrasse où l'on encontre un escalier découvert qui conduit sur une seconde terrasse plantée de trois allées de maronniers d'Inde, de laquelle on descend par un troisième escalier dans le potager [...]. À costé droit sont les logements du jardinier et du meunier, les écuries du château entre deux, et le moulin du château en face » (Arch. nat., 1/AP/1919). Description reprise par Paul Marcheguay dans Olivier de Wismes, *Le Maine et l'Anjou historiques, archéologiques et pittoresques*, Nantes, t. 2, 1856 (non paginé).

9. Arch. dép. Maine-et-Loire, 1 Q 533.

10. Arch. nat., 1/AP/1920.

11. Dossier de proposition de classement et *Étude diagnostic* de Martine Ramat (2021).

12. Voir Jean-Yves Hunot, « L'Anjou au bas Moyen Âge et à l'Époque moderne : un carrefour des techniques de charpente », dans *Construire ! Entre Antiquité et Époque contemporaine*, Gilles Bienvenu, Martial Monteil et Hélène Rousseau-Chambon (dir.), actes du 3e Congrès francophone d'histoire de la construction, Paris, 2019, p. 137-147.

Les écuries n'apparaissent pas dans les aveux rendus par Guillaume d'Harcourt en 1454 et en 1487 [6]. En revanche, les archives de l'Époque moderne attestent une fonction équestre. L'aveu rendu par Marie de Cossé en 1681 mentionne « la bassecourt d'iceluy vulgairement appellée le Boyle, avec les fossez, douves, murs, murailles, cours, pontz levis, grandes escuryes et greniers au dessus, jardins hault et bas, terrasse [7] ». D'après une description de 1778, les écuries étaient implantées à proximité des logements du jardinier et du meunier, face au moulin à eau du château [8]. Le château vendu comme bien national en 1796 [9], les écuries servirent d'étables. En 1820, l'estimation de la terre de Montreuil-Bellay décrit « les écuries et magasins très vastes et en bon estat [10] ».

DESCRIPTION

L'ouvrage, bâti en moellons de calcaire, mesure environ 46 m de long sur près de 10 m de large [11]. Depuis le château, l'accès (fig. 3) se fait par la rampe qui, ménagée au XIXe siècle, permet de descendre de la terrasse aux jardins, remplaçant l'ancienne « fausse-porte » voûtée située au nord et un chemin descendant le long des abrupts. Un second accès se fait par l'est, en passant la porte du Moulin.

Les écuries superposent un rez-de-chaussée de plain-pied avec la cour et un étage de comble. Deux rangées de piliers soulagent les poutres sur lesquelles prend appui le solivage (fig. 4). La charpente présente une structure à pannes sous chevrons porteurs avec contreventement assuré par des croix de saint André (fig. 5). Ce type de structure se rencontre entre le XVe et le XVIIIe siècle [12]. Le rythme des travées définies par les piliers n'est pas corrélé avec celui des fermes principales.

Fig. 2 - Montreuil-Bellay, anciennes écuries, vue de l'angle nord-est.

SOLEN PERON-BIENVENU

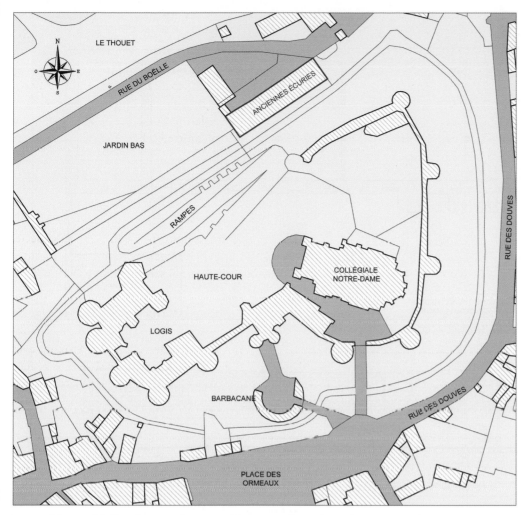

Fig. 3 – Montreuil-Bellay, château, plan-masse (© Agence Martine Ramat).

Légèrement encaissée, la façade sud est complètement aveugle. La façade nord (fig. 6) est ajourée de sept petites baies carrées en hauteur appartenant à l'état original et distinctement figurées sur la vue de Boudan datée de 1699 [13]. D'autres fenêtres du même gabarit percent également les pignons. Si l'escalier hors-œuvre de la façade nord a été rapporté et les portes remaniées, les vestiges de piédroits et d'un arc clavé sont datables du XVe siècle. Deux lucarnes subsistent sur les trois figurées en 1699, l'une transformée en porte gerbière. Le pignon occidental, en particulier, est flanqué par un degré hors-œuvre dont le palier supérieur est élargi grâce à deux assises en encorbellement. Une porte palière permet d'accéder au fenil, doté d'une petite fente de mire (fig. 1).

L'édification du bâtiment à proximité de la rivière devait faciliter l'approvisionnement en eau, sachant que chaque cheval pouvait boire entre 35 et 50 litres par jour. Par leur orientation et leur disposition, ces écuries sont conformes aux usages repris dans les traités hippiatriques : après Charles Estienne en 1560, Jean Tacquet recommandait en 1614 que les écuries fussent bien ventilées mais que le cheval fût à l'abri des courants d'air, que la largeur du bâtiment fût au moins de 7 m hors-œuvre et la hauteur sous plafond au moins de 3,70 m ; un plafond « plat et fort » devait soutenir un fenil à l'étage pour abriter le fourrage [14]. L'espace dédié au cheval représente une longueur totale de 36 m environ. Constatées sur la façade nord, deux portes pourraient correspondre à des salles initialement séparées par des cloisons et dévolues à

13. Voir, dans ce volume, l'article de J. Mesqui, « Montreuil-Bellay » : un palais du XVe dans une forteresse du XIIIe siècle », reprod. fig. 28, p. 518.

14. Jean Tacquet, *Philippica – ou haras de chevaux*, Anvers, 1614, p. 149-162.

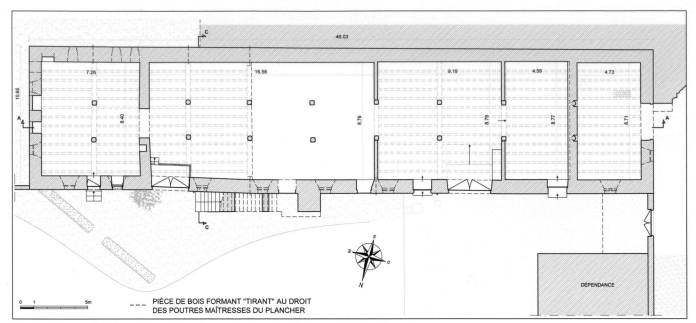

Fig. 4 – Montreuil-Bellay, château, plan du rez-de-chaussée (© Agence Martine Ramat).

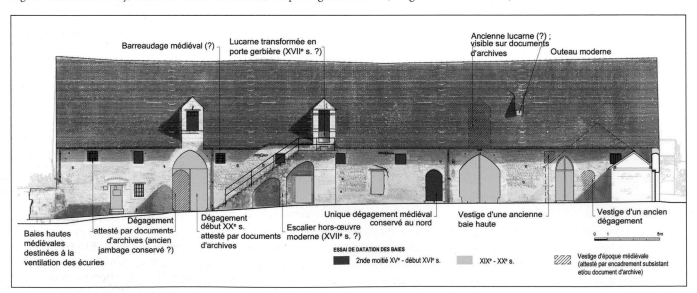

Fig. 5 – Montreuil-Bellay, anciennes écuries du château, coupe longitudinale AA (© Agence Martine Ramat).

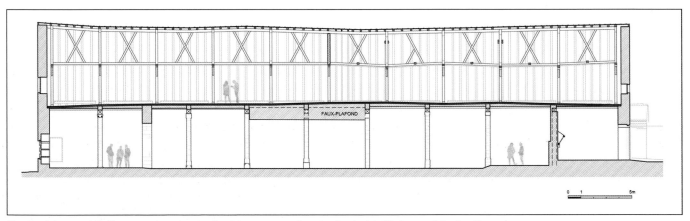

Fig. 6 – Montreuil-Bellay, anciennes écuries du château, élévation nord : hypothèse de datation des baies (© Agence Martine Ramat).

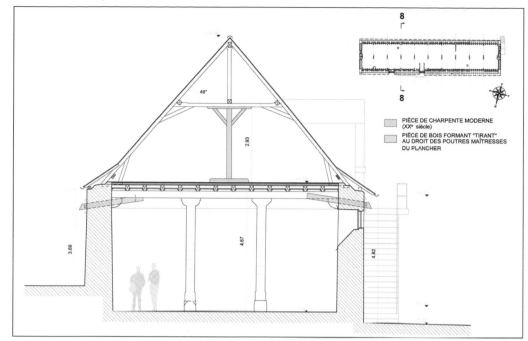

Fig. 8 – Montreuil-Bellay, anciennes écuries du château, détail d'un chapiteau de colonne.

Fig. 7 – Montreuil-Bellay, anciennes écuries du château, coupe transversale CC (© Agence Martine Ramat).

différentes catégories de chevaux. Les dimensions du bâtiment permettent de supposer la présence d'une dizaine de stalles, sachant que celles-ci oscillaient à l'époque médiévale entre 2,45 et 4 m de largeur et entre 1,35 et 1,75 m de longueur [15]. Au rez-de-chaussée, la hauteur sous solives oscille de 4 m à 4,72 m. Seize colonnes monumentales, disposées en deux rangées parallèles formant allée centrale, reposent sur des socles chanfreinés de plan carré surmontés d'une base polygonale; les fûts sont sommés de chapiteaux ornés de motifs feuillagés ou anthropomorphes qui supportent le plancher (fig. 7 et 8). À l'extrémité orientale du bâtiment, une cheminée aujourd'hui disparue, dont le conduit est dessiné au XVIIe siècle, pourrait appartenir à une ancienne chambre basse dévolue au charretier, ou à une pièce utilitaire pour les équipements hippiques, ou encore à une forge, mais ce n'est que très après 1820 que cet espace a pu être attribué au meunier ou au jardinier.

INTÉRÊT

La construction des grandes écuries du château de Montreuil-Bellay, dans le boille, correspond exactement à la phase de construction du château vieux. Les écuries répondent au besoin de Guillaume d'Harcourt de libérer l'ancienne basse-cour de toutes les constructions parasitaires au profit d'un jardin et d'une galerie haute dominant le Thouet; elles affirment également le rang de leur commanditaire, beau-frère du roi René et grand maître des eaux et forêts de France. Classées en 2022, elles appartiennent au corpus restreint des écuries identifiées et conservées en France, les plus anciennes étant datées du milieu du XVe siècle [16]. Ont été étudiées, entre autres, les écuries médiévales du Guildo (Côtes-d'Armor) et la forge du château de Caen reconvertie en écurie au XVIe siècle [17]. Si le château d'Oiron (Deux-Sèvres) conserve un bâtiment longitudinal dévolu au cheval, il s'agit d'un ouvrage du milieu du XVIe siècle dont la charpente est soutenue par des piles rectangulaires dénuées de modénature et disposées différemment [18]. Les écuries de Montreuil-Bellay, dont la connaissance pourra être affinée par un diagnostic archéologique récemment prescrit, renvoient au corps de bâtiment nord du château du Plessis-Macé (1467-1468d) qui paraît avoir abrité, lui aussi, des chevaux [19].

15. Selon Jean-Jacques Schwien et Yves Jeannin, cités par Bénédicte Guillot et Irène Béguier dans «D'une forge imposante à une écurie de la Renaissance au château de Caen. Évolution d'un édifice lié au cheval entre le XIVe et le XVIe siècle», *Archéopages* [en ligne], 41 | 10/2014-01/2015, p. 47.

16. Pascal Liévaux, *Les écuries des châteaux français*, Paris, 2005; Alain Salamagne, «Les écuries dans le château médiéval», dans *Architecture équestre. Hauts lieux dédiés au cheval en Europe*, Pascal Liévaux et Patrice Franchet d'Espèrey (dir.), coll. «Arts équestres», Arles, 2010, p. 23-37.

17. Laurent Beuchet, «Le cheval dans le château. L'exemple du château du Guildo aux XIe-XVIe siècles», *Archéopages* [en ligne], 41 | 10/2014-01/2015, p. 20-29; B. Guillot et I. Béguier, «D'une forge imposante à une écurie de la Renaissance au château de Caen…», *op. cit.* note 15.

18. Julien Noblet les date entre 1546 et 1568: J. Noblet, «Les écuries dans le château français à la Renaissance», dans Patrice Franchet d'Espèrey et Monique Chatenet (dir.), *Les arts de l'équitation dans l'Europe de la Renaissance*, Arles, 2009, p. 118 *sq*. Voir aussi François Jeanneau, *Oiron (79), Étude préalable à la restauration et à l'aménagement des communs*, 2011.

19. Emmanuel Litoux *et alii*, *Le Plessis-Macé, une forteresse aux portes d'Angers*, coll. «Carnets d'Anjou», Nantes, 2019, p. 31-32.

Crédits photographiques – fig. 1 et 2, fig. 8: cl. Solen Peron-Bienvenu, Drac des Pays de la Loire.

L'enceinte urbaine de Montreuil-Bellay
(XIVe-XVe siècle)

Ronan Durandière *

L'enceinte urbaine de Montreuil-Bellay est l'ensemble monumental de ce type le mieux préservé d'Anjou. Elle est conservée sur plus de la moitié de son périmètre et son développement peut être restitué sur environ 2 200 m de longueur. La surface enclose, château compris, s'étend sur un peu plus de 28 ha (fig. 1 et 2). Elle inscrit Montreuil-Bellay dans une série de villes médiévales fortifiées de taille moyenne des environs, telles que Thouars, Loudun ou Bressuire, côté poitevin, et Saumur, côté angevin [1].

Le déclin économique de Montreuil-Bellay au profit de Saumur, à la fin du XVIIIe siècle, a paradoxalement contribué à la préservation de l'enceinte. L'abandon de la navigation sur le Thouet, l'effondrement des ponts en 1710, puis en 1798, et l'arrêt du 23 mars 1768 supprimant les péages transitant par la cité coupèrent la municipalité de ses principaux revenus. Si l'aménagement d'un nouveau mail sous la Monarchie de Juillet entraîna la destruction d'une partie du front sud-est et le comblement des douves, les rares travaux d'embellissement urbain entrepris dans le courant du XIXe siècle affectèrent peu l'intégrité du tracé de l'enceinte, au moment où de nombreuses villes angevines procédaient au démantèlement de leurs fortifications pour aménager de larges boulevards.

Pourtant, malgré les classements au titre des Monuments historiques de la porte Saint-Jean, dès 1889, et de la porte Nouvelle, en 1922 (fig. 3 et 4), l'enceinte de Montreuil-Bellay n'a, jusqu'aux années 1990, guère suscité d'intérêt [2]. Il faudra attendre 1996 pour voir le classement intégral de cet ensemble exceptionnel, objet de la présente étude (fig. 5) [3].

HISTORIQUE

Un réseau de voies antérieur à l'enceinte

La notion de « ville » apparaît dans les archives de la seigneurie dans le troisième quart du XIIIe siècle. Dans une transaction passée entre Guillaume III de Melun et les moines de l'abbaye Saint-Nicolas d'Angers, le 28 avril 1270, le seigneur de Montreuil-Bellay mentionne « la generauté », c'est-à-dire le domaine, « de [sa] vile de Mostero », expression qui laisse sous-entendre l'existence d'un certain développement urbain [4].

Le réseau viaire et la trame parcellaire de la ville semblent bien en place à cette époque. Attestée dès 1280, la rue des Forges ou « Grand-Rue des Forges » (actuelle rue du Docteur-Gaudrez) constituait alors l'un des principaux axes de la cité reliant, d'ouest en est, la ligne de ponts franchissant le Thouet au grand chemin de Loudun *via* l'escalier Saint-Pierre. Il est probable que cette voie, rectiligne à l'origine, ait été déviée plus tard pour contourner par l'est « le grand cimetière Saint-Thomas » et former l'actuelle rue Estienvrin [5].

L'autre rue principale, du nord-est au sud-ouest de la ville, était la « Grand-Rue » ou « Grand-Rue d'où l'on va de la porte Nouvelle à l'aumônerie » (actuelle rue Nationale) [6]. Située sur l'axe de Saumur à Thouars, son tracé légèrement courbe semble avoir épousé celui

*Attaché de conservation du patrimoine, Conservation départementale du patrimoine de Maine-et-Loire.

1. Sur ces villes, voir Luc Bourgeois (dir.), *Les petites villes du Haut-Poitou au Moyen Âge : formes et monuments*, Chauvigny, 2000, vol. 1. Éric Cron et Arnaud Bureau, *Saumur : urbanisme, architecture et société*, coll. « Cahiers du patrimoine », n° 93, Nantes, 2010.

2. Le congrès archéologique tenu en Anjou en 1910 ne l'évoque que très sommairement et celui de 1964 ne l'aborde pas du tout. Camille Charier n'y consacre qu'un faible passage dans sa monographie : Camille Charier, *Montreuil-Bellay à travers les âges*, Saumur, 1913, p. 70-72. Dans les années 1990, le Service départemental de l'Inventaire de Maine-et-Loire procéda à un repérage scrupuleux de tous ses éléments : Viviane Manase et Véronique Orain, *Montreuil-Bellay et son canton*, coll. «Images du patrimoine», n° 72, 1990 (ouvrage réédité et augmenté en 2013). Voir également le très bon mémoire de recherche de Céline Tixier, *Montreuil Bellay. Une petite ville frontière à la fin du Moyen Âge (milieu XIVe-fin XVe siècles)*, mémoire de maîtrise, Jean-Michel Matz (dir.), université d'Angers, 2000.

3. Cet article actualise un mémoire de recherche conduit par l'auteur en 2003 : Ronan Durandière, *L'enceinte urbaine de Montreuil-Bellay (49)*, mémoire de DEA, Alain Salamagne (dir.), CESR, université de Tours, 2003, 3 volumes. Il a bénéficié des précieux éclairages de Jean Mesqui et d'Emmanuel Litoux. Qu'ils en soient ici remerciés.

4. Paul Marchegay, «Chartes angevines en langue vulgaire de 1258 à 1275», *Revue de l'Anjou*, 1853, t. 2, p. 264.

5. Arch. dép. Maine-et-Loire, E 843. Un acte de 1417-1418 signale le «portau loudunays en la rue des Forges».

6. La Grand-Rue fit l'objet d'une procédure d'alignement sous les mandats de René Ganne, maire de la ville de 1844 à 1848 et de 1853 à 1862. Voir C. Charier, *Montreuil-Bellay…, op. cit.* note 2, p. 343.

7. Voir, dans ce volume, l'article de Jean Mesqui, «Le château de Montreuil-Bellay : un palais du XVe dans une forteresse du XIIIe siècle», p. 483-532.

8. Arch. dép. Maine-et-Loire, E 887, fol. 4v. Une commanderie d'origine templière existait dans la paroisse de Notre-Dame-de-Nantilly à Saumur. Voir Robert Favreau, «L'enquête pontificale de 1373 sur l'ordre de l'Hôpital dans le grand prieuré d'Aquitaine», *Bibliothèque de l'École des chartes*, t. 164, livraison 2, 2006, p. 455.

9. Le quartier de la rue de la Porcherie fut la proie d'un violent incendie avant les invasions anglaises de 1350. Parti de l'hôtel de Jehan Le Camus, non loin du fournil de la seigneurie, il détruisit une centaine de maisons alentour (Arch dép. Maine-et-Loire, E 887, fol. 7).

10. La parcelle, située au 87-107, rue du Docteur-Gaudrez, est actuellement occupée par un hôtel urbain du XVIe siècle, agrandi dans la première moitié du XVIIe siècle.

de la rue du Buffet, qui devait donc lui être antérieure. La Grand-Rue croisait perpendiculairement la rue des Forges et le grand chemin de Méron (actuelle rue de l'Ardillier), principal accès au château au XIIIe siècle [7].

À côté de ces deux axes principaux existait un réseau de rues secondaires. La rue du Temple (actuelle rue Victor-Hugo), qui pourrait avoir accueilli un temps des possessions de l'ordre du Temple, est signalée dès 1359 [8]. La rue de la Porcherie (actuelle rue du Bellay), qui apparaît également dans les aveux et les comptabilités de la seconde moitié du XIVe siècle, était aussi tracée bien avant cette date [9]. Ces deux rues parallèles communiquaient par la rue Traversière (actuelle rue René Moreau). Il en était de même pour les rues de la Porcherie et des Forges desservies par la rue des Halles (actuelle rue de la Mairie) et la rue des Fumiers (actuelle rue des Lauriers) dont la forme en baïonnette suggère qu'elle a contourné un édifice ancien [10].

Ce réseau de rues, formant un carroyage régulier au sud-ouest de la ville, est sans aucun doute postérieur à l'ensemble formé par le château, le prieuré Saint-Pierre et la place du Marché. Il est en tout cas parfaitement orienté par rapport au tracé de l'enceinte urbaine qui vint le ceinturer au sud et à l'est, de manière assez lâche, en préservant une vaste zone *non aedificandi*.

Fig. 1 – Montreuil-Bellay, enceinte urbaine, vue de la ville depuis le nord.

RONAN DURANDIÈRE

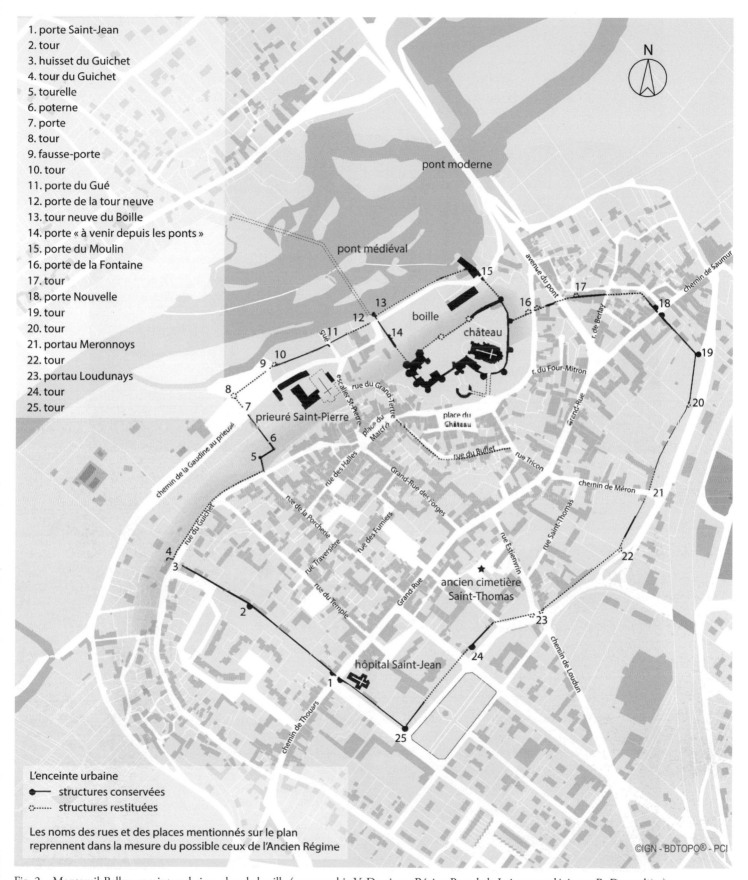

1. porte Saint-Jean
2. tour
3. huisset du Guichet
4. tour du Guichet
5. tourelle
6. poterne
7. porte
8. tour
9. fausse-porte
10. tour
11. porte du Gué
12. porte de la tour neuve
13. tour neuve du Boille
14. porte « à venir depuis les ponts »
15. porte du Moulin
16. porte de la Fontaine
17. tour
18. porte Nouvelle
19. tour
20. tour
21. portau Meronnoys
22. tour
23. portau Loudunays
24. tour
25. tour

L'enceinte urbaine
●— structures conservées
○⋯ structures restituées

Les noms des rues et des places mentionnés sur le plan
reprennent dans la mesure du possible ceux de l'Ancien Régime

©IGN - BDTOPO® - PCI

Fig. 2 – Montreuil-Bellay, enceinte urbaine, plan de la ville (cartographie V. Desvigne, Région Pays de la Loire, complétée par R. Durandière).

Fig. 3 – Montreuil-Bellay, enceinte urbaine, porte Saint-Jean.

Fig. 4 – Montreuil-Bellay, enceinte urbaine, porte Nouvelle.

Fig. 5 – Montreuil-Bellay, enceinte urbaine, vue du front sud de l'enceinte urbaine (courtines 1-2 et 2-3).

À la manière de la rue des Forges, la rue du Temple et celle de la Porcherie se prolongeaient vraisemblablement au sud-est, au-delà de la Grand-Rue. C'est dans ce secteur que se situait, probablement dès avant les années 1330, l'aumônerie Saint-Jean, sans que l'on sache bien si cette dernière fut protégée dès l'origine par les fortifications urbaines [11].

Dans la partie nord de la ville, la morphologie urbaine est moins rationnelle et le bâti plus dense. Un semblant d'orthogonalité existe dans le réseau des ruelles parallèles et perpendiculaires à la rue du Four-Mitron (actuelle rue Jean-François Bodin). Cependant, l'organisation originelle du quartier a été largement modifiée en 1810 par l'aménagement de la grande avenue permettant d'accéder au nouveau pont. La rue de Berlay pourrait, sans certitude, être le prolongement de la rue du Buffet, formant les vestiges d'une première « barrière » devant le château [12]. Comme cette dernière, elle paraît bien antérieure au tracé de l'enceinte urbaine qui vint la couper brutalement au nord.

Le tracé de l'enceinte

Le tracé de l'enceinte urbaine prend une forme grossièrement rectangulaire, allongée suivant un axe nord-est – sud-ouest correspondant à l'orientation de l'éperon rocheux. D'après le cadastre ancien, l'enceinte se raccordait au château en deux points : sur l'une des tours du château de Philippe Auguste, au nord-est, et sur la tour du Boille, à l'ouest.

Le tracé a été commandé par plusieurs contraintes. Outre la nécessité d'englober la quasi-totalité de l'agglomération et de protéger les organes essentiels de la ville (édifices religieux, axes de communication, place du marché), il a été nécessaire de tenir compte du relief et de l'hydrographie. Ainsi, si l'intégration de la Grand-Rue, de l'hôtel-Dieu Saint-Jean ou des halles ne semble guère avoir été problématique, la forte dénivellation entre le plateau de la ville et la rivière a exigé un certain nombre d'adaptations. Il est par exemple vraisemblable que le raccordement des courtines 16-17 et 17-18 au château résulte de la volonté de couper au plus court, peut-être par mesure d'économie, en évitant le relief. Au contraire, l'insertion du prieuré Saint-Pierre a exigé de passer outre les contraintes topographiques. À cet endroit, il fallut descendre le coteau sur près de 25 m de hauteur pour pouvoir rejoindre la rive droite du Thouet.

11. L'aveu de Jehan de Chources à Guillaume IV de Melun du 16 juin 1391 signale « la dove de l'aumonesrie », mais on ne peut affirmer qu'il s'agisse ici de la douve de l'enceinte urbaine (Arch. dép. Maine-et-Loire, E 812, fol. 7 v).

12. Voir, dans ce volume, l'article de J. Mesqui, « Le château de Montreuil-Bellay : un palais du XVe dans une forteresse du XIIIe siècle », p. 496.

13. Célestin Port, *Dictionnaire historique, géographique et biographique de Maine-et-Loire*, t. 2, Paris-Angers, 1876, p. 720.

14. Sur ces villes, voir L. Bourgeois (dir.), *Les petites villes du Haut-Poitou au Moyen Âge…*, *op. cit.* note 1.

15. Paul Marcheguay, puis Célestin Port et Camille Charier à sa suite, signale la « reconstruction des fortifications de Montreuil, en 1412 et 1413 » par Guillaume IV de Melun-Tancarville, malheureusement sans référence : Paul Marcheguay, *Montreuil-Bellay, Revue de l'Anjou et de Maine-et-Loire*, t. 4, 1862, p. 132 ; C. Port, *Dictionnaire historique…*, *op. cit.* note 13, p. 721 ; C. Charier, *Montreuil-Bellay…*, *op. cit.* note 2, p. 56. Ce dernier extrapole en liant le chantier de l'enceinte à une saisie de fonds opérée par Guillaume sur le temporel du prieuré Saint-Pierre en 1407.

16. Arch. dép. Maine-et-Loire, E 887, fol. 27v. Ce droit de guet est rappelé dans l'aveu rendu par Guillaume d'Harcourt au duc d'Anjou en 1454 (Arch. dép. Maine-et-Loire, E 817, fol. 1v).

17. « Le chemin où l'on va de la porte Nouvelle à l'aumonesrie dudit Monstreul » (Arch. dép. Maine-et-Loire, G 1362). Dès la fin du XIVe siècle, la porte Nouvelle fit figure de point de repère dans les sources. Elle a donné son nom au quartier nord-est de la ville jusqu'au début du XIXe siècle.

18. Arch. dép. Maine-et-Loire, G 1362, 1er juillet 1399. Le texte est ambigu. Thomas Couturier et Jehan de Thiemulle, prêtres, font un bail à rente à Jehan Moricet pour « un herbergement et ses appartenances », « séant en la ville dudit Monstreul à la porte Nouvelle auprès du portau Saumurois ».

19. Arch. dép. Maine-et-Loire, E 844.

20. *Ibid.*

21. Jean Brodeur, *Pays de la Loire, Maine-et-Loire, Montreuil-Bellay (49 215), 570, rue Nationale*, Rapport d'opération. Diagnostic archéologique, Drac Pays de la Loire, septembre 2019.

22. Voir, dans ce volume, l'article de J. Mesqui, « Le château de Montreuil-Bellay : un palais du XVe dans une forteresse du XIIIe siècle », p. 526.

23. Arch. dép. Maine-et-Loire, H 700, recoté en 1 Fi 527. Plan premier du fief du prieuré de Montreuil-Bellay (XVIIIe siècle).

24. Arch. dép. Maine-et-Loire, E 888, fol. 142v.

25. Arch. dép. Maine-et-Loire, G 1388.

Il est intéressant de noter que le bourg Saint-Nicolas, situé « outre les ponts », n'a pas été intégré au tracé de l'enceinte, probablement en raison de la trop grande largeur du Thouet. Du fait de son éloignement du cœur de la ville il ne connut jusqu'au XVIIIe siècle qu'un développement limité.

Une construction à la datation incertaine

Si les archives de la seigneurie sont nombreuses, il n'existe aucune source de première main sur la construction de l'enceinte urbaine ; il faut donc se contenter de documents pour la plupart indirects – actes, aveux, mentions ponctuelles dans les comptabilités – pour tenter de poser quelques jalons chronologiques sur l'édification de cet ensemble.

L'hypothèse d'une mise en œuvre dès le XIIIe siècle a été avancée par Célestin Port [13]. Si cette datation était avérée, les fortifications de Montreuil-Bellay pourraient être contemporaines des enceintes hautes-poitevines de Loudun, Bressuire ou encore Thouars, qui présentent des périmètres et des surfaces encloses équivalentes [14]. Pourtant, ni les sources écrites ni les données archéologiques ne permettent de le confirmer. Au contraire, les mentions de l'incendie par les Anglais de plusieurs maisons rue de la Porcherie et dans le secteur de l'aumônerie, vers 1362, conjuguées au nombre considérable de roches et de baraquements construits par les habitants pour se réfugier à l'intérieur de l'enceinte castrale, dans ces mêmes années, semblent prouver que la ville n'était alors pas bien protégée [15].

Les « quatre portes de la ville » apparaissent pour la première fois dans les textes vers 1365-1366. L'enceinte urbaine, ou du moins son tracé provisoire, servait alors de limite pour la perception des recettes issues du guet « des estagiers roturiers demourant entre les quatre portes dudit Monstreul [16] ». Bien distinctes des « trois portes du château » dans les comptabilités, elles devaient alors se situer aux quatre entrées de la ville : aux deux extrémités de la Grand-Rue, d'une part, et aux débouchés de la ligne de pont et de la rue des Forges, de l'autre.

Au nord de la Grand-Rue, sur le chemin de Saumur, la « porte Nouvelle » (nᵒ 18), dont l'élévation actuelle date de la seconde moitié du XVe siècle, est signalée pour la première fois dans les textes en 1380 [17]. Elle pourrait être identique au « portau Saumurois », mentionné en 1399, même si un doute persiste sur la situation exacte de ce dernier ouvrage [18]. Dans ce secteur, la « muraille de la ville » – terme qui suggère une construction des courtines en pierre – apparaît dans les sources dès 1403, et les douves en 1412 [19].

À l'autre extrémité de la rue, en direction de Thouars, se situait la porte Saint-Jean (nᵒ 1), près de l'aumônerie éponyme. Si celle-ci n'est pas mentionnée dans les textes avant les années 1461 [20], l'ouvrage actuel, également reconstruit dans le troisième quart du XVe siècle, a très certainement remplacé une porte plus ancienne. Un diagnostic archéologique réalisé en 2019, à l'intérieur de sa tour ouest, a en effet permis de mettre au jour les deux premières assises de la courtine, engagée sous la maçonnerie de la fin du XVe siècle, confirmant que la porte actuelle en a remplacé une autre de dimension plus réduite [21].

Une troisième porte, dite « porte de la tour neuve » (nᵒ 12), se situait à l'ouest au débouché du franchissement du Thouet, près de la tour du Boille [22]. Un plan de la fin du XVIIIe siècle figure un autre passage d'entrée flanqué de deux tourelles, légèrement au sud-ouest, qui pourrait lui être antérieur (nᵒ 11). Situé au débouché de l'ancien gué, il aboutissait en bas du « chemin du Petit Tertre venant du bourg neuf à l'église » (fig. 6) [23]. À l'extrémité est, sur le chemin de Loudun, dans l'axe de la rue des Forges, se trouvait dès avant 1418 le « portau Loudunays » (nᵒ 23) [24]. Celui-ci fut condamné avant 1538, ce qui explique sans doute l'absence de développement de faubourg dans ce secteur [25].

À côté des quatre portes principales de la ville existaient plusieurs « poternes », « fausses portes » ou « guichets ». L'une d'elles, peut-être ancienne, se situait sur le chemin de la

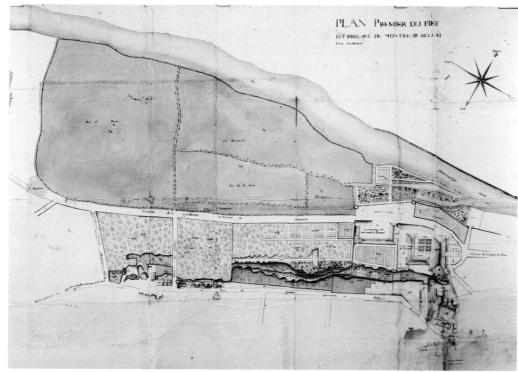

Fig. 6 – Montreuil-Bellay, enceinte urbaine, détail du plan du prieuré Saint-Pierre, 1783-1784 (Arch. dép. Maine-et-Loire, 1 Fi 527).

Gaudine, sous le prieuré Saint-Pierre (n° 7). Un aveu du prieur, rendu en 1743, la signale comme «porte de la ville», mais elle n'ouvrait que sur un axe secondaire. Le même aveu signale «l'huisset ou petite porte appelée le Guichet d'Ardanne» (n° 3) au bout de la rue du même nom [26]. Jouxtant la «tour du Guichet» (n° 4), elle permettait d'accéder à l'ancien écart de l'Ardenne, situé dans les faubourgs de la ville, qui dépendait au Moyen Âge de la paroisse de Lenay.

La porte de la Fontaine (n° 16), sur le chemin menant au «port, pont et fontaine de la ville», est également qualifiée de «guichet ou fausse porte» en 1761 [27]. Un croquis la représente en 1754, avant son démantèlement, sous la forme d'une porte à deux tours cylindriques, avec passages piétonnier et charretier. Ce dernier était visiblement étroit puisqu'on en préconisait l'élargissement de trois pieds de chaque côté [28].

À l'est, au bout de l'ancienne rue de Méron (actuelle rue de l'Ardillier), se situait «le portau Meronnoys» (n° 21) [29]. Signalé comme «porte nouvelle» dans un acte de 1538, il est possible qu'il ait été ouvert après la condamnation du «portau Loudunays», afin de contourner le cimetière Saint-Thomas. Au bord du Thouet et de l'abbaye Saint-Pierre, d'autres passages furent aussi aménagés à l'Époque moderne. Une «fausse porte» permettait avant 1556 d'accéder, «hors ladite ville», au jardin dit du Petit-Paradis auquel était associé un droit de pêche (n° 9) [30]. Une dernière poterne (n° 6) fut ouverte, le 5 novembre 1681, par autorisation spéciale de la duchesse de Cossé-Brissac, propriétaire de l'enceinte, au sud de l'église Saint-Pierre, dans la section de courtine 5-7 [31]. Elle permit aux moines d'accéder plus facilement aux parcelles de vigne et à la promenade aménagée à l'aplomb du coteau.

Propriété et financement de l'enceinte

L'aveu rendu par Guillaume d'Harcourt à René d'Anjou en 1454 affirme sans équivoque que l'enceinte urbaine était sa propriété : «Item [je tiens et advoue tenir] ma ville forte dudit

26. Arch. dép. Maine-et-Loire, E 835, fol. 2.
27. Arch. dép. Maine-et-Loire, C 83.
28. *Ibid.*
29. Arch. dép. Maine-et-Loire, G 1388.
30. Arch. dép. Maine-et-Loire, E 835, fol. 4.
31. Arch. dép. Maine-et-Loire, E 835, fol. 3v.

lieu et le droit de fortiffication d'icelle faite ou a faire close et fermee de tours, murs et murailles ainsy que le circuit d'icelle le comprend et comporte avec les faubourgs d'icelle ville tant de es la rivière du Thouet que de la icelle rivière [32]. »

De tout temps, les seigneurs de Montreuil-Bellay en ont sans doute financé la majorité des travaux de construction. Ils garantissaient ainsi la sécurité des habitants de la ville et des paroisses avoisinantes en échange, notamment, d'un devoir de guet [33]. Toutefois, il était fréquent qu'une partie des travaux d'entretien des fortifications urbaines, propriétés seigneuriales ou ecclésiastiques, demeurent à la charge de la communauté urbaine. À Saumur par exemple, dès 1364, les travaux de l'enceinte furent placés sous la responsabilité d'une communauté de bourgeois. Il en était de même à Angers avant 1367 [34].

Faute de comptabilités conservées, la part prise par le seigneur et/ou les habitants de Montreuil-Bellay dans le financement de l'enceinte est difficile à appréhender. La seule pièce désignant l'enceinte de manière univoque est une lettre datant de 1451 qui demande la prorogation de la taxe de vingt deniers par pipe de vin entrant et sortant de la châtellenie « pour convenir et employer en ladite fortification et emparement de ladite ville [et non autrement] ». À la demande du sénéchal Lucas Lefevre, délégué par le seigneur, un groupement de bourgeois constitué de laïcs à la fois de la cité et des faubourgs (marchands, manants et habitants), ainsi que d'ecclésiastiques (prieur de Saint-Pierre, curé et chapelains de l'église), fut réuni par le procureur Jehan Joceaume pour prendre connaissance de la mise en place de cet impôt. Celui-ci rappela alors que des lettres royales avaient autrefois été accordées pour la fortification de la ville mais que, depuis, elles avaient expiré et qu'il était nécessaire d'en obtenir de nouvelles pour « parachever ladite fortification » [35].

Si la date de cette première levée d'impôt est inconnue, on sait que Jean II puis Guillaume IV de Melun sollicitèrent à plusieurs reprises l'aide des habitants pour les fortifications par l'intermédiaire d'impôts indirects. En 1365-1366, les comptabilités seigneuriales font mention d'un rabe de la somme de 500 francs « que les habitants de Monstereul ont ottroié et amosnée » [36]. En mai 1387, une lettre du roi Charles VI rappelle la nécessité de parachever les fortifications sous le château, auxquelles « il a convenu faire grans frais missions et despens ». Une taxe est donc levée sur les habitants de la ville et les paroisses avoisinantes, à l'usage exclusif de cette réfection, car le seigneur « ne peust pas bonnement avoir soustenu tous de soys sens l'aide de ses subgés et aultres habitants dudit pays » [37]. Vers 1417, une aide de 600 livres fut de nouveau octroyée par les habitants, puis un autre impôt fut levé peu avant 1425 « pour tourner et convertir en la réfection et réparation dudit chastel de Monstereul et non ailleurs ». Celui-ci s'éleva alors à quinze deniers par pipe de vin vendue en la châtellenie [38].

La familiarité et la confiance du roi envers les seigneurs de Montreuil-Bellay leur valurent également de nombreuses aides pour restaurer leur forteresse. Parmi ces dons, une partie a certainement aidé au financement de l'enceinte. De 1371 à 1376, plus de 2 000 livres tournois par an, prélevées sur les impôts royaux de Loudun, furent ainsi attribuées par Charles V à Jean II de Melun. Il est fort probable que cette somme considérable, dont on ne trouve trace ni dans les comptabilités seigneuriales de la fin du XIVe siècle ni dans le programme architectural du château, ait été utilisée pour les fortifications de la ville. Comme pour le château, le chantier fit sans doute alors l'objet d'une comptabilité extraordinaire, confiée à un clerc ou un bourgeois lettré.

Aux XVIIe et XVIIIe siècles, l'entretien de l'enceinte urbaine était toujours à la charge de la municipalité. Celle-ci jouissait pour revenu d'un droit d'octroi appelé « chiquet », concédé par les lettres royales des 16 mars 1600 et 26 août 1637 [39]. Perçu sur le vin vendu au détail par les cabaretiers et les débitants de boisson de la ville, des faubourgs et des banlieues,

32. Arch. dép. Maine-et-Loire, E 817, fol. 1v (aveu de 1454, copie de 1675).

33. Arch. dép. Maine-et-Loire, E 813, pièce n° 6 (1406) ; E 817, fol. 1v (aveu de 1454, copie de 1675) : « Item ay droit de contraindre tous et chacuns mes subjets, estensiers et autres coustumiers et roturiers de faire guet et garde chacun en son ranc et tout en mesdits ville et chastel licitement et raisonnablement ainsi qu'il est accoustumé a faire es baronnies et seigneuries du pais d'Anjou et selon les ordonnances royaulx sur ce faictes et de faire garder les portes de mesdits chastel et ville par mesdits subgets demourans en ladite villes et faubourgs. »

34. É. Cron et A. Bureau, *Saumur : urbanisme, architecture et société, op. cit.* note 1, p. 72 ; Sylvain Bertoldi, « Un document de 1367 : le plus ancien des Archives municipales », *Vivre à Angers*, n° 180, novembre 1994 (en ligne, consulté en mars 2022).

35. Arch. dép. Maine-et-Loire, E 813, pièce n° 4.

36. Arch. dép. Maine-et-Loire, E 887, fol. 53v.

37. Arch. dép. Maine-et-Loire, E 813, pièce n° 2.

38. Arch. dép. Maine-et-Loire, E 813, pièce n° 5.

39. Arch. dép. Maine-et-Loire, C 83.

RONAN DURANDIÈRE

il était affermé pour le montant de 540 livres au fermier des aides. Sur ce revenu, 120 livres tournois étaient destinées à l'entretien «des murailles, des portes et des pont-levis de la ville», mais aussi à celui de la fontaine et du puits municipal [40]. En 1759, à la suite d'une enquête préalable à la destruction de la porte de la Fontaine, se posait encore la question de la propriété de l'enceinte. Il fut alors rappelé que cette dernière, comme toutes les fortifications urbaines du royaume, appartenait au roi de France, bien que son entretien fût confié à la municipalité [41]. À la Révolution, sa propriété fut définitivement transférée à la ville, qui la possède toujours aujourd'hui.

ÉTUDE ARCHITECTURALE

L'étude architecturale de l'enceinte urbaine, dans son état actuel, laisse entrevoir deux grandes phases de construction. À la mise en œuvre, sans doute assez rapide, d'une grande clôture maçonnée autour de la ville, vraisemblablement dans la seconde moitié du XIVe siècle, succéda une reprise globale de l'ensemble des portes et des tours de flanquement, adaptées aux nouveaux progrès de l'artillerie à feu, dans la seconde moitié du XVe siècle. Cette seconde campagne est sans doute à rapprocher de la prorogation de l'impôt sur les vins entrant et sortant de la châtellenie par Guillaume d'Harcourt, à partir de 1451.

Les courtines

La majeure partie de l'enceinte est constituée de courtines de 1,70 m à 1,90 m d'épaisseur pour 6,70 m à 8,20 m de hauteur, suivant les secteurs et la topographie (fig. 7, 8). Dès l'origine, celles-ci étaient bordées par un large fossé de 10 m à 15 m de large si l'on se fie au cadastre ancien, sans doute élargi dans la seconde moitié du XVe siècle [42]. Le diagnostic archéologique réalisé *intra muros* en 2019, près de la tour ouest de la porte Saint-Jean, a permis de retrouver le niveau de fondation du mur d'enceinte à 0,90 m sous le niveau du sol actuel [43]. À cet endroit, la courtine, construite visiblement *de novo*, a été assise directement sur le rocher, nettoyé et aplani. Sur la portion observée, les maçons ont effectué un léger décaissement sur lequel est venue se plaquer la maçonnerie sur environ 1 m de hauteur. Cela a engendré une différence de niveau d'environ 0,45 m entre l'intérieur et l'extérieur de l'enceinte, sans doute remblayée au XIXe siècle.

40. *Ibid.* En vertu de l'arrêt du Conseil du roi du 31 juillet 1691.

41. *Ibid.*

42. Arch. dép. Maine-et-Loire, E 898 (débris de comptes de 1452-1453). La plupart des fossés étaient sans doute secs. On peut néanmoins s'interroger sur l'ensemble bordant le Thouet qui aurait pu bénéficier de l'hydrographie du lieu pour avoir un réseau de douves en eau, comme le suggère le plan du prieuré Saint-Pierre.

43. J. Brodeur (dir.), *Pays de la Loire…, op. cit.* note 21, p. 31.

Fig. 7 – Montreuil-Bellay, enceinte urbaine, détail de la courtine 1-2.

Fig. 8 – Montreuil-Bellay, enceinte urbaine, détail de la courtine 1-2 depuis l'intérieur de la ville.

Fig. 9 – Montreuil-Bellay, enceinte urbaine, détail de la guérite de la courtine 1-2.

Sur les secteurs les mieux conservés de l'enceinte urbaine (courtines 1-2, 2-3, 5-6, 18-19, 25-1), les murs présentent des maçonneries relativement homogènes et sans doute contemporaines, bâties en calcaire bajocien d'extraction locale. À l'extérieur, la partie basse est constituée de moellons de petit format, grossièrement ébauchés, dont la longueur est, en général, inférieure à 10 cm et la hauteur inférieure à 11 cm. À environ 4 m du sol, sur une bande de 1,50 m de hauteur, le parement est composé d'un appareil différent, formé de blocs de pierre plus gros. Les longueurs sont en moyenne supérieures à 21 cm et les largeurs oscillent entre 11 cm et 17 cm. Les assises sont bien réglées, formées de blocs rectangulaires (courtine 18-19) ou proches du carré (courtine 5-6). Quand elles existent, les différences de hauteur sont compensées par l'épaisseur du joint de lit ou par des petits cailloux. À l'intérieur comme à l'extérieur, tous les 1,20 m environ, des trous de boulin non traversants, aménagés par le décalage d'un bloc, témoignent des niveaux d'échafaudage mis en œuvre par les équipes de maçons.

Les courtines 1-2, 2-3, 18-19 et 25-1 sont surmontées d'un chemin de ronde et d'un parapet d'environ 2 m de hauteur pour 0,50 m de large, couvert en bâtière et percé de créneaux carrés et d'embrasures de tir à fente droite régulièrement espacées. Ces dernières mesurent environ 1,40 m de hauteur pour 0,10 m de large et sont pourvues d'une légère plongée. Un maigre linteau de décharge de couvrement les surmonte. La persistance de ce type d'embrasure du XIIIe au début du XVe siècle rend leur datation incertaine. Leur caractère archaïque, non adapté à l'artillerie à feu, tend toutefois à leur attribuer un *terminus ante quem* aux alentours du deuxième quart du XVe siècle, date de la généralisation des orifices de tir adaptés en France[44]. À la lumière des sources écrites, il est très vraisemblable que la majorité des courtines des secteurs nord et sud ait été construite avant les années 1400. La question du flanquement dans ce premier état reste entière. Comme à Tours, il est possible que l'enceinte de la fin du XIVe siècle n'ait été que très faiblement défendue par des tours[45].

44. Emmanuel de Crouy-Chanel, *Le canon au Moyen Âge et à La Renaissance, 1338-1559*, Tours, 2020.

45. Françoise Yvernault, «L'enceinte urbaine du XIVe siècle : construction et entretien», dans *Tours antique et médiéval. Lieux de vie, temps de la ville*, Tours, 2007, p. 400-403.

Fig. 10 – Montreuil-Bellay, enceinte urbaine, détail de la courtine 21-22.

RONAN DURANDIÈRE

Fig. 11 – Montreuil-Bellay, enceinte urbaine, détail de la courtine 10-11.

Fig. 12 – Montreuil-Bellay, enceinte urbaine, détail de la courtine 10-11 et de la tour n° 10.

Sur leur pourtour, les courtines sont scandées de petits ouvrages en encorbellement plus ou moins régulièrement espacés (fig. 9). Placées au centre des courtines 1-2, 2-3 et 18-19, ces guérites en pierre sont dépourvues de dispositif de flanquement vertical et semblent avoir été uniquement destinées à la veille. Leur insertion *a posteriori* dans les maçonneries a été systématiquement constatée. Percées de petites fentes de tir destinées à l'utilisation d'une arme de type mousquet, elles paraissent être consécutives d'une modernisation de l'enceinte à l'Époque moderne. L'obturation de certains créneaux du chemin de ronde, percés de bouches à feu identiques, est certainement contemporaine. Ces deux interventions pourraient s'expliquer par le contexte des guerres de Religion, particulièrement éprouvant dans la région [46].

Si la grande majorité des courtines présentent une construction homogène, quelques sections ont fait l'objet d'une mise en œuvre distincte. Les maçonneries des courtines 21-22 montrent, par exemple, l'emploi de blocs supérieurs à 43 cm de long pour 18 cm de hauteur en moyenne, ce qui traduit une campagne de construction distincte de celle du reste de l'enceinte (fig. 10). Les courtines 10-11 et 11-12, qui bordent le Thouet, présentent également un aspect différent. Elles sont couronnées d'un chemin de ronde sur console et leurs parapets sont percés d'embrasures de tir à fente droite et d'orifices de tir circulaire, qui suggèrent une reprise dans la seconde moitié du XVe siècle (fig. 11, 12). On ne connaît pas l'état des parties basses, actuellement masquées par les remblais, mais ces deux sections occidentales de l'enceinte pourraient être contemporaines de la modernisation du Boille sous Guillaume d'Harcourt, car les parties sommitales en partagent les mêmes caractéristiques.

Les portes et les tours de flanquement

La porte Nouvelle et la porte Saint-Jean

Si les premières mentions des « quatre portes de la ville » datent des années 1365-1366, les traces de reprises observées au droit des liaisons entre celles-ci et les courtines, se manifestant notamment par des contacts très lisibles entre les différents mortiers, attestent de la postérité des premières sur les secondes. La présence d'embrasures de tir adaptées à l'artillerie à feu témoigne également d'une réalisation plus tardive. Le sondage archéologique réalisé en 2019 à l'intérieur de la tour ouest de la porte Saint-Jean confirme cette hypothèse. La porte Saint-Jean est bien venue s'insérer dans la courtine en partie bûchée, en remplacement d'un ouvrage plus ancien dont seules les premières assises ont été retrouvées [47].

46. La ville de Montreuil-Bellay fut notamment prise par les protestants le 4 décembre 1568 et occupée par les troupes de Coligny jusqu'en 1570. La région fut particulièrement touchée jusque dans les années 1598 : C. Charier, *Montreuil-Bellay…*, *op. cit.* note 2, p. 90-93.

47. J. Brodeur (dir.), *Pays de la Loire…*, *op. cit.* note 21.

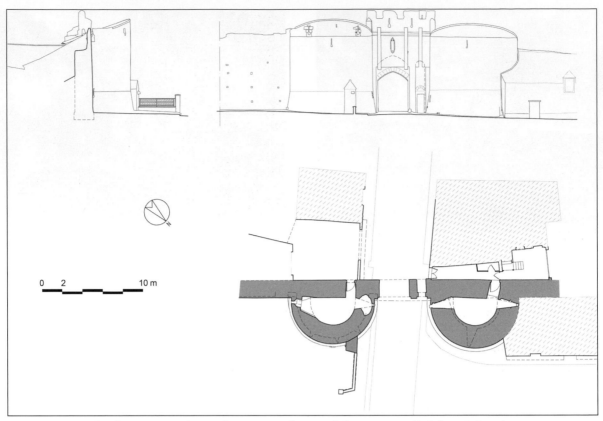

Fig. 13 – Montreuil-Bellay, enceinte urbaine, plan, coupe et élévation de la porte Nouvelle (relevés F. Denis).

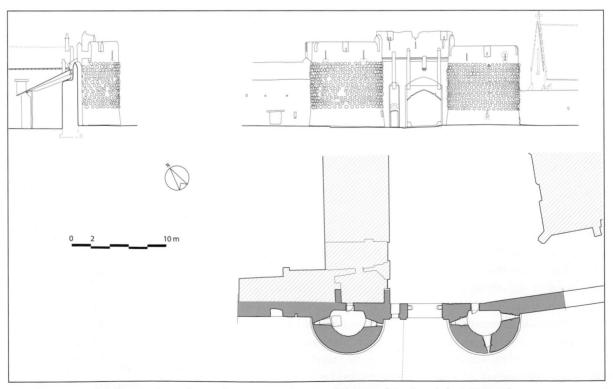

Fig. 14 – Montreuil-Bellay, enceinte urbaine, plan, coupe et élévation de la porte Saint-Jean (relevés F. Denis).

RONAN DURANDIÈRE

Fig. 15 – Montreuil-Bellay, enceinte urbaine, vue de la tour n° 2.　　Fig. 16 – Montreuil-Bellay, enceinte urbaine, vue de la tour n° 19.

Très certainement contemporaines, la porte Nouvelle et la porte Saint-Jean présentent des plans et des élévations presque identiques (fig. 13, 14). La mise en œuvre d'un ostentatoire appareil à bossages hémisphériques à la porte Saint-Jean est la différence la plus remarquable entre les deux portes, suggérant la prééminence de cette dernière sur la première.

Les deux portes présentent des plans classiques à deux tours semi-circulaires [48]. Ces dernières flanquent un passage charretier, voûté en arc brisé, et un autre piétonnier, couvert d'un linteau. Chacun des passages était équipé d'un double pont-levis à flèche [49].

Les tours ont un diamètre oscillant entre 8,20 m et 8,70 m pour la porte Nouvelle et 7,70 m et 7,80 m pour la porte Saint-Jean, pour une épaisseur murale aux alentours de 2 m. D'une hauteur d'environ 8,50 m, elles possédaient deux niveaux : un rez-de-chaussée, percé d'embrasures de tir à fente droite et à bouche à feu circulaire, et un niveau de chemin de ronde pourvu de canonnières et de bretèches aux angles. Le niveau sommital des tours de la porte Nouvelle a visiblement été construit plus bas que celui de la porte Saint-Jean. Situé à la même hauteur que le chemin de ronde des courtines, il a permis l'aménagement de deux niveaux de canonnières : l'un au pied du parapet, et l'autre à hauteur d'homme. La partie haute du parapet, construite en moellons, pourrait être une reprise plus tardive. La présence de gargouilles, permettant d'évacuer l'eau des chemins de ronde, prouve que ceux-ci n'étaient pas couverts. La salle basse des tours devait être simplement abritée par une toiture en appentis, voire par un toit en poivrière [50].

Au-dessus du passage d'entrée et d'une petite niche votive, le parapet du chemin de ronde repose, à la porte Nouvelle comme à la porte Saint-Jean, sur un encorbellement à deux assises, similaire à ceux déjà observés sur le boulevard du château, sur les tours du château neuf et sur la galerie d'agrément du jardin [51]. Cette « signature », que l'on retrouve également au château de Tancarville sur la tour de l'Aigle et sur le châtelet d'entrée, autorise à dater les deux portes aux alentours des années 1470, soit dans les deux dernières décennies du règne de Guillaume d'Harcourt [52]. La datation est également corroborée par le livre de comptes de 1474-1475 qui mentionne des rabes attribués « a cause de certaines choses esqueles a este esdiffié la porte nouvelle [53] ».

C'est donc aussi à Guillaume d'Harcourt qu'il convient d'attribuer le spectaculaire et rare exemple angevin d'appareil à bossage hémisphérique de la porte Saint-Jean [54]. Manifestation extérieure de puissance, ce type d'appareil semble opérer un retour sur les fortifications adaptées à l'artillerie à feu dans la seconde moitié du XVe siècle. On le retrouve en particulier dans les constructions de l'orbite royale à Dijon, Beaune, Auxonne, Vézelay,

48. Ce type de plan est le plus fréquemment employé sur les enceintes urbaines en Anjou, à Champtoceaux, Angers, Durtal, Craon et Baugé.

49. La porte Saint-Jean fut restaurée à plusieurs reprises, notamment en 1937 lorsqu'un camion vint percuter de nuit la voûte qui fut en grande partie détruite. Antérieurement, des travaux de restauration avaient été effectués par Roger Hardion vers 1918. Arch. dép. Maine-et-Loire, 4 T 62 (porte Saint-Jean) et 4T 63 (porte Nouvelle).

50. Les parties sommitales des tours ont été restaurées en 2013 et en 2015 par le cabinet ARCHITRAV (ACMH François Jeanneau).

51. Voir, dans ce volume, l'article de J. Mesqui, « Le château de Montreuil-Bellay : un palais du XVe dans une forteresse du XIIIe siècle », p. 511.

52. Jean Mesqui, *Le château de Tancarville*, Paris, 2007.

53. Arch. dép. Maine-et-Loire, E 894, fol. 86v.

54. Un autre exemple existe sur l'une des tours de la basse-cour du château de Vaujours (Indre-et-Loire), probablement bâtie par Jean V du Bueil avant 1478.

Fig. 17 – Montreuil-Bellay, enceinte urbaine, vue de la tour n° 25.

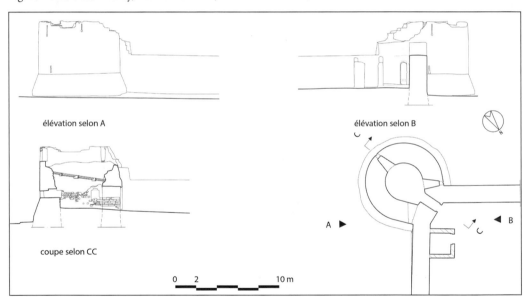

élévation selon A

élévation selon B

coupe selon CC

A ▶

◀ B

0   2   10 m

Fig. 18 – Montreuil-Bellay, enceinte urbaine, plan, coupe et élévations de la tour n° 25 (relevés F. Denis).

55. Jean Mesqui, «Parements à bossage dans la fortification et le génie civil en France au Moyen Âge», *Château-Gaillard*, XIII, 1987, p. 112-113 ; Ronan Durandière et Clément Alix, «Les travaux de fortification de la dernière enceinte d'Orléans (fin XVᵉ siècle - 1ʳᵉ moitié XVIᵉ siècle)», *Bulletin de la Société archéologique et historique de l'Orléanais*, nouvelle série, t. XVII, n° 139, 1ᵉʳ trimestre 2004, p. 57-58.

Langres, Bourbon-l'Archambault, Luynes ou encore Orléans[55]. Cette porte étant implantée sur la route de Thouars, maintes fois empruntée par Louis XI entre 1470 et 1483 pour aller en pèlerinage au Puy-Notre-Dame, il n'est pas impossible que cette mise en œuvre spectaculaire ait constitué une forme d'hommage au suzerain.

Comme au château, les portes de l'enceinte ont peut-être, un temps, bénéficié d'une protection avancée. La forme en demi-lune de la parcelle située devant la porte Nouvelle, correspondant à la rue du Petit-Razibus, pourrait en effet traduire la présence d'un ancien boulevard d'artillerie, en matériau périssable ou en dur, fossilisé dans le parcellaire. À la porte Saint-Jean, l'étonnante absence de canonnière en capitale, au rez-de-chaussée de la tour sud-ouest, pourrait aussi s'expliquer par la présence d'un édifice au-devant.

RONAN DURANDIÈRE

Les tours de flanquement

Au moment de l'établissement du cadastre napoléonien en 1829, l'enceinte urbaine comptait encore neuf tours de flanquement. Deux avaient probablement été détruites peu avant cette date à l'ouest du prieuré Saint-Pierre (tours n°s 8 et 9) ; elles figurent encore sur le plan du prieuré de 1783. Deux autres existaient très probablement entre la porte de la Fontaine et la porte Nouvelle (tour n° 17) et entre le « portau Meronnoys » et le « portau Loudunays » (tour n° 22).

De forme semi-circulaire au centre des courtines, ou circulaire aux angles, les tours se répartissent de manière irrégulière sur le pourtour de l'enceinte (fig. 15, 16). Espacées de seulement une cinquantaine de mètres au nord-est (53 m entre les tours n°s 18 et 19), elles sont distantes de plus de 100 m sur le front sud (jusqu'à 143 m entre la porte Saint-Jean et la tour n° 2).

Fig. 19 – Montreuil-Bellay, enceinte urbaine, vue de la tourelle n° 5.

56. L'escalier en pierre de la tour n° 19, desservant une terrasse, est à l'évidence moderne. Il vient en effet obstruer une canonnière.

Bien que proches dans leur conception, les tours de flanquement présentent néanmoins des techniques de mise en œuvre légèrement différentes. Les modules de pierre employés, les traces d'outils (bretture ou layage), la présence ou non de signes lapidaires suggèrent le recours à plusieurs équipes de maçons et/ou à la contractualisation de marchés de construction bien distincts. Bâties, comme les portes de la ville, sur deux niveaux – un rez-de-chaussée et un niveau de chemin de ronde légèrement plus haut que celui des courtines –, les tours sont percées d'embrasures de tir à fente droite et à bouche à feu circulaire destinées à assurer des tirs de flanquement collatéraux et un tir frontal de couvrement (fig. 17, 18). Comme celles des portes, les embrasures de tir étaient destinées à l'emploi d'une arme de petit calibre, de moins de 15 cm de diamètre. Celle-ci était posée sur un mur-bahut d'une soixantaine de centimètres, parfois calée sur une barre en bois anti-recul.

Aucun organe de distribution ancien n'a été observé sur le pourtour de l'enceinte. Accessibles au rez-de-chaussée par une porte à linteau droit ou en arc brisé, les tours ne conservent pas de vestiges d'escalier permettant d'accéder au chemin de ronde. Comme sur de nombreuses fortifications urbaines, l'utilisation d'échelles en bois mobiles fut sans doute privilégiée afin d'en limiter l'accès aux seuls défenseurs de la ville [56]. De même que les portes, les tours étaient probablement couvertes d'un toit en appentis.

Dans l'angle sud-ouest de l'enceinte, la tourelle n° 5 se singularise par sa position en surplomb sur le coteau, qui lui a sans doute donné un rôle de poste de guet (fig. 19). D'un diamètre inférieur à celui des autres tours de flanquement, elle présente une maçonnerie pleine surmontée d'une terrasse dont le parapet est percé de canonnières à bouche à feu circulaire et à fente courte en allège des créneaux. Les gonds retrouvés sur ces derniers pourraient attester de leur fermeture par un mantelet en bois. L'adaptation à l'artillerie manifeste, les contacts observés entre les mortiers ou le traitement des parements laissent penser que la tourelle n° 5, comme le reste des flanquements, a été édifiée dans le cadre de la grande modernisation de l'enceinte sous Guillaume d'Harcourt.

Conclusion

La qualité de conservation exceptionnelle de l'enceinte urbaine de Montreuil-Bellay constitue l'un des principaux intérêts de cet ensemble monumental. Probablement élevée dans la seconde moitié du XIVe siècle par Jean II de Melun puis par son fils Guillaume IV, l'enceinte fit l'objet d'une adaptation complète aux nouveaux progrès de l'artillerie à poudre dans la seconde moitié du XVe siècle, sous Guillaume d'Harcourt.

L'absence de comptabilités ne permet malheureusement pas d'appréhender pleinement l'immense chantier de construction alors engagé à Montreuil-Bellay. Il reste que, au lendemain de la guerre de Cent Ans, les travaux des fortifications urbaines venaient clairement s'inscrire dans un projet global de modernisation et d'embellissement de la ville, concomitamment aux travaux du château, du prieuré Saint-Pierre, de la collégiale Notre-Dame ou encore de l'hôtel-Dieu Saint-Jean. Par son ampleur et son développement, l'enceinte témoignait alors de la puissance protectrice de l'une des plus puissantes familles du royaume, richement possessionnée en Normandie et en Île-de-France et proche du pouvoir royal. Par son fort caractère ostentatoire, la porte Saint-Jean et son parement à bossage en demeurent l'un des principaux symboles.

Le logis Barrault à Angers

Un palais urbain de la fin du XVe siècle

Olivier Biguet * et Dominique Letellier-d'Espinose **

Le réaménagement du musée des Beaux-Arts en 1999-2004 dans le logis Barrault, lui-même restauré pour la circonstance, au cœur de la ville historique d'Angers entre la cité épiscopale et les anciennes abbayes Saint-Aubin et Toussaint, a été précédé d'une fouille et d'une étude de bâti riches en enseignements. En effet, les parties du XVe siècle sur la cour d'honneur, classées au titre des Monuments historiques dès 1902, ne donnaient qu'une pâle idée de la splendeur passée de cet hôtel urbain. Le chantier de restauration a donc été l'occasion d'une auscultation en profondeur de l'édifice pour tenter d'en établir une restitution [1].

L'entreprise était malaisée, du fait des transformations radicales effectuées par le grand séminaire qui s'installa dans le logis à la fin du XVIIe siècle. En complément de nouveaux bâtiments comme la grande aile du réfectoire en bordure du jardin, la chapelle-bibliothèque dans la cour, ou la galerie qui enjambe la rue du Musée vers le petit séminaire (institut municipal) [fig. 1], l'institution religieuse eut à cœur de rentabiliser l'espace pour ses nombreux élèves. S'ensuivirent la disparition des grands toits au profit de deux étages carrés, la suppression ou la réduction de la plupart des grandes baies et la destruction de deux escaliers en vis secondaires.

Après la Révolution, l'installation du musée en 1801, suivie en 1805 de celle de la bibliothèque, apporta ses propres bouleversements dans les parties hautes du logis, avec l'établissement des galeries de peinture. Les interventions de cette époque, dont les deux portes-fenêtres néo-gothiques qui constituaient l'ancienne entrée du musée, puis les restaurations du XXe siècle avec leur part de restitution d'un état médiéval (1905-1908, puis 1976), complexifiaient encore l'histoire des modifications. Cependant, le travail de restitution a pu s'appuyer sur d'abondantes sources documentaires [2], dont un procès intenté par les moines et l'abbé de Saint-Aubin à Olivier Barrault en 1493, riche d'informations sur la façade sur jardin, quelques baux notariés inédits et déclarations seigneuriales des années 1527-1581, essentiels pour la distribution intérieure, que complétait un plan détaillé des lieux établi vers 1695 lors d'une occupation provisoire par l'évêque, avant les travaux du séminaire.

Un riche financier sous le règne de Charles VIII

Le commanditaire, Olivier Barrault, était issu du milieu des grandes familles de commerçants tourangeaux qui firent fortune dans l'entourage direct du roi, lors de l'installation de la cour en Val de Loire au milieu du XVe siècle. Fils de Jean Barrault, marchand enrichi, Olivier vit sa brillante carrière décoller avec l'acquisition de la charge de notaire et secrétaire du roi en 1478. Son arrivée en Anjou coïncida avec le rattachement du duché au domaine royal : cet homme du roi apparaît dès 1480 à Angers comme receveur des aides et tailles, avant de se voir confier durant les vingt années suivantes différentes missions financières, de la Bretagne à la Touraine. Titulaire de la vicomté de Mortain avant 1486, il fut notamment chargé en 1491 de la tenue des comptes des entrées de Charles VIII à Angers et à Rennes. En 1494, au plus fort de la politique royale d'intégration du duché de

* Conservateur du patrimoine, Ville d'Angers, service Angers Patrimoine.

** Chercheur honoraire de l'Inventaire général des Pays de la Loire.

1. Ce texte est une reprise mise à jour de celui publié dans Dominique Letellier et Olivier Biguet, « Le logis Barrault à Angers, somptueuse résidence d'un riche financier à l'aube de la Renaissance », *303, Arts, Recherches et Créations*, n° 82, 2004, p. 34-41. Notre étude de fond, plus détaillée et argumentée, a été publiée dans Dominique Letellier et Olivier Biguet, « Le logis Barrault à Angers, résidence d'un riche financier sous Charles VIII », *Archives d'Anjou - Mélanges d'histoire et d'archéologie angevines*, n° 8, 2004, p. 230-267. Pour une mise en contexte au sein de la ville : Olivier Biguet et Dominique Letellier-d'Espinose, *Angers. Formation de la ville, évolution de l'habitat*, Nantes, 2016. Pour la couverture photographique, voir le dossier de l'Inventaire général.

2. Nous nous sommes également appuyés sur l'étude préalable établie en 1988 par Hervé Baptiste, architecte en chef des Monuments historiques, avec le concours de Noëlle Combe et François-Charles James.

Bretagne, il accéda à la charge de trésorier général des finances de cette province, ce qui marqua le sommet de sa carrière. Cette ascension s'effectua sous l'aile protectrice de Thomas Bohier, l'éminent financier qui construisit Chenonceaux. Tous deux étaient cousins par alliance, ayant épousé des demoiselles Briçonnet, de la puissante famille tourangelle. Sa femme, Péronnelle, était fille de Guillaume Briçonnet, auditeur des comptes, et nièce de l'autre grand Guillaume, cardinal et proche conseiller de Charles VIII.

La mort de Charles VIII mit fin à la carrière du trésorier Barrault, Anne de Bretagne lui préférant en 1498 l'un de ses fidèles. Ses charges municipales à Angers constituèrent alors ses principales activités. Échevin en 1496, il y fut maire à trois reprises en 1497, en 1504 et en 1505. Engagée au milieu de sa carrière, la construction de son logis témoigne de moyens considérables, grâce au cumul de ses offices dans la finance et probablement à la dot de son épouse, Péronnelle. Il est certain néanmoins qu'à son décès, intervenu avant 1518, Olivier Barrault était très endetté. En 1529, le montant des dettes à apurer par son fils aîné, François, se montait encore à quelque 100 000 livres ! La clémence royale permit en 1540 de lever la saisie des biens, trop tard cependant pour empêcher la subdivision locative de la majestueuse

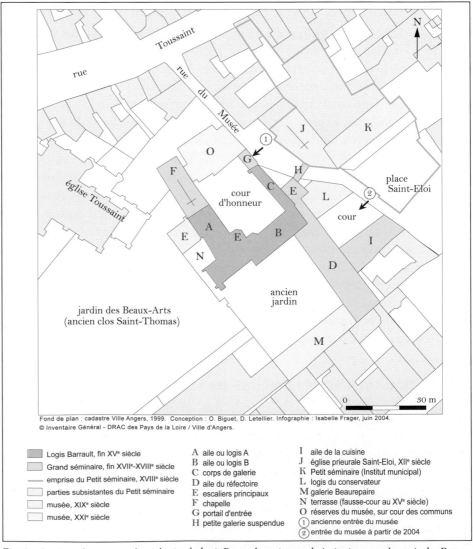

Fig. 1 – Angers, plan-masse phasé du site du logis Barrault, puis grand séminaire, actuel musée des Beaux-Arts (conception O. Biguet, D. Letellier ; infographie I. Frager, © Inventaire général/Ville d'Angers).

OLIVIER BIGUET ET DOMINIQUE LETELLIER-D'ESPINOSE

Fig. 2 – Angers, logis Barrault, vue d'ensemble des façades sur cour, après restauration, en 2004.

3. Le chantier de restauration du logis Barrault a été précédé entre 1999 et 2001 d'une importante campagne de fouilles archéologiques publiées dans : Pierre Chevet (dir.), *Un quartier d'Angers. De la fin de l'âge du fer à la fin du Moyen Âge*, Rennes, 2010.

habitation dans laquelle, alors qu'elle était à peine achevée, Olivier Barrault avait accueilli en 1498 César Borgia, de passage à Angers avant de rejoindre Nantes pour la préparation du mariage de Louis XII et d'Anne de Bretagne.

Un chantier de l'ampleur d'un palais urbain

Le chantier avait commencé douze ans plus tôt par la patiente acquisition de grandes parcelles détachées du fonds de l'abbaye Saint-Aubin. La date d'achat du terrain comprenant l'ancien «hébergement» de l'hôtelier – dont des vestiges ont été retrouvés sous la cour d'entrée – n'est pas connue [3]. Deux maisons dites «du couvent», qui appartenaient autrefois aux moines, furent acquises vers 1484-1485 et servirent de soubassements au futur logis, leurs deux niveaux éclairés (rez-de-chaussée et premier étage) correspondant aux caves et «bas greniers» superposés du logis neuf. C'est dire les travaux considérables de remblaiement – sur près de 8 mètres – qui furent nécessaires pour l'aménagement du jardin : le terrain d'environ 1 400 m², sur les 4 000 m² rassemblés, fut soustrait du clos Saint-Thomas (actuel jardin des Beaux-Arts) par achat à l'abbé Pierre de Laval en 1486. Ce vaste jardin en pleine ville constituait déjà un luxe, ce que sut rappeler le grand prélat à son interlocuteur qui se plaignait du coût de la vente, car «ces places a eddifier sises en bonne ville estoient cheres et fort requises». À cette date, la construction était engagée ; elle était probablement achevée en 1493 lorsque Olivier Barrault se vit intenter un procès par les moines et l'abbé pour ne pas avoir respecté les termes de la coutume d'Anjou en construisant si haut que les fenêtres plongeaient indiscrètement sur l'abbaye : «[…] pourquoi s'il eust fut son premier estaige aussi bas comme estoit le premier de sa dicte ancienne maison, il n'eust pu veoir ne regarder sur lesdits jardins de ladite abbaye obstant les murs et clostures […].»

Digne d'un palais urbain, le logis Barrault adopte un plan régulier entre cour et jardin, novateur pour l'époque. Sur la cour d'honneur se développent deux corps d'habitation reliés par une majestueuse tour d'escalier (fig. 2) et isolés de la rue par un corps de galerie menant jadis à une chapelle. À l'emplacement du nouveau bâtiment de réserves du musée se trouvait la cour des communs, reconstruits au XVIIIᵉ siècle pour le grand séminaire et détruits lors de bombardements en 1944. Un petit «logeys imparfait» attesté au milieu du XVIᵉ siècle, relié à l'habitation principale, faisait tampon entre ces différents espaces que complétait, à l'opposé, côté jardin et en contact avec les services domestiques des sous-sols, une basse-cour dite «le Petit-Barrault».

Entre cour et jardin : la hiérarchie des façades

Les murs remployés des «maisons du couvent» ont induit le plan en équerre, mais leur jonction ne pouvait s'effectuer par la seule tour d'escalier : selon une solution originale, l'espace fut comblé par un «donjon-pavillon» à deux étages qui redoublait habilement le volume massé de la tour d'escalier et devait produire avec celle-ci un puissant mouvement ascensionnel (fig. 3). Lointain souvenir du donjon médiéval, ce corps de pavillon, dont on a totalement perdu la perception dans l'état actuel du bâtiment, annonce aussi une forme architecturale promise à un bel avenir à la Renaissance, en accompagnement des grands corps de logis de châteaux et d'hôtels. Sur le principal corps de logis en fond de cour, une seconde tour d'escalier en vis plus modeste, à l'emplacement de la porte-fenêtre néo-gothique de droite, répondait en symétrie à la première, limitant la façade à deux travées seulement. L'ensemble, à l'inverse d'aujourd'hui, présentait une forte verticalité, typique de l'architecture gothique flamboyante, d'autant que d'immenses lucarnes surmontaient cette étroite élévation. Une telle conception est observable à l'hôtel de Bourgtheroulde à Rouen, construit quelques années plus tard, avec les mêmes deux travées comprimées entre deux hautes tours d'importance inégale. Les dimensions exceptionnelles des lucarnes ont pu être déduites d'un fragment de pinacle qui a subsisté longtemps, bien visible sur les vues du XIXᵉ siècle, plaqué contre la tourelle qui cantonne la grande tour, à la hauteur de la fenêtre supérieure. Ces lucarnes, nécessairement éclairées sur deux niveaux de par leurs dimensions, n'avaient guère d'équivalent en France, sinon au château voisin du Verger. Sur l'aile gauche en retour, seules les majestueuses fenêtres à trois traverses du rez-de-chaussée sont d'origine. Le gabarit des fenêtres du premier étage a été reconstitué par des témoins archéologiques. Les lucarnes devaient être également monumentales, en harmonie avec l'ampleur des éléments subsistants : celles du château de Meillant, dans le Berry, par leur taille et la richesse de leur ornementation, peuvent en donner un équivalent.

L'élévation postérieure (fig. 4), remarquablement développée – une quarantaine de mètres à l'origine –, était très certainement plus sobre, opposant au faste de la cour d'entrée l'intimité du jardin, mais on y retrouve une silhouette tout aussi découpée, effet renforcé par l'ampleur de la façade composée des deux corps de logis et l'irrégularité des dispositions fortement soumises à la distribution intérieure. Le maître d'œuvre y a reporté des éléments facteur d'asymétrie : petits cabinets superposés dans des tours quadrangulaires ou «piliers», passages biais en encorbellement, «comptoir» logé dans une échauguette. La partie la plus remarquable de cette façade sur jardin est la galerie-loggia, dont les deux travées élancées, voûtées d'ogives, ouvraient les perspectives sur le jardin et permettaient d'y descendre.

Une distribution innovante et fonctionnelle

Cette galerie-loggia était directement reliée à la cour d'entrée par un passage à travers l'aile sur jardin, traité à la manière d'un vestibule avec porte ouvragée sur cour (fig. 2 et 3) et puits intérieur monumentalisé (fig. 5). Cette séquence distributive exceptionnelle pour l'époque – une relation directe entre cour et jardin – était complétée par un accès à une vaste salle doublement éclairée sur ses deux faces et couverte de deux voûtes à liernes et

OLIVIER BIGUET ET DOMINIQUE LETELLIER-D'ESPINOSE

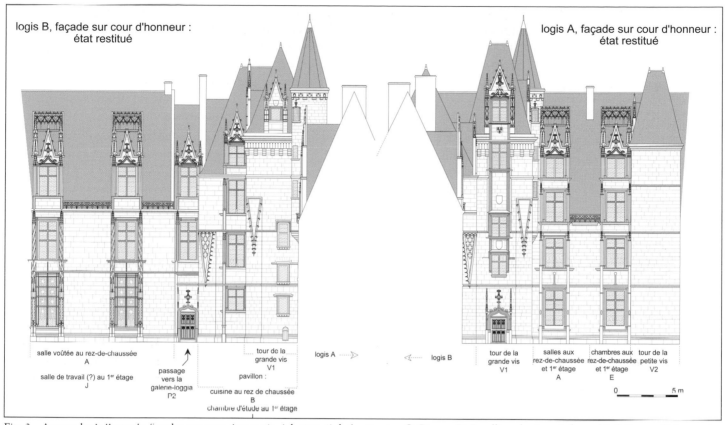

logis B, façade sur cour d'honneur :
état restitué

logis A, façade sur cour d'honneur :
état restitué

salle voûtée au rez-de-chaussée
A

salle de travail (?) au 1er étage
J

passage
vers la
galerie-loggia
P2

tour de la
grande vis
V1

pavillon :

cuisine au rez de chaussée
B

chambre d'étude au 1er étage

logis A ---->   <---- logis B

tour de la
grande vis
V1

salles aux
rez-de-chaussée
et 1er étage
A

chambres aux
rez-de-chaussée
et 1er étage
E

tour de la
petite vis
V2

0   5 m

Fig. 3 – Angers, logis Barrault, façades sur cour, état restitué du XVe siècle (restitution O. Biguet, D. Letellier ; dessin et infographie I. Frager, © Inventaire général/Ville d'Angers). Les indications en rouge renvoient au plan de la figure 5.

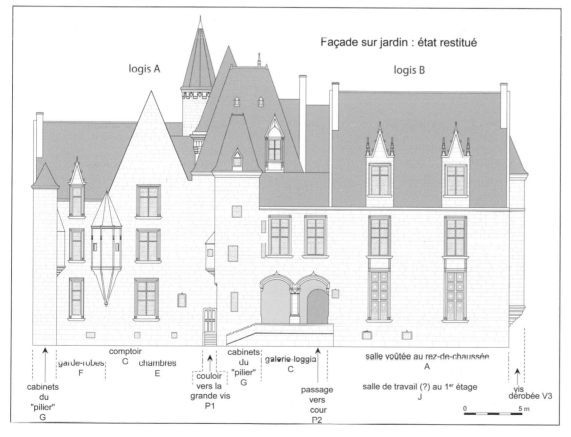

Façade sur jardin : état restitué

logis A   logis B

cabinets
du
"pilier"
G

garde-robes
F

comptoir
C   chambres
E

couloir
vers la
grande vis
P1

cabinets
du
"pilier"
G

galerie-loggia
C

passage
vers
cour
P2

salle voûtée au rez-de-chaussée
A

salle de travail (?) au 1er étage
J

vis
dérobée V3

0   5 m

Fig. 4 – Angers, logis Barrault, façade sur jardin, état restitué du XVe siècle (restitution O. Biguet, D. Letellier ; dessin et infographie I. Frager, © Inventaire général/ Ville d'Angers).

4. Dominique Letellier-d'Espinose et Olivier Biguet, « L'hôtel Binel à Angers, résidence d'un grand officier ducal puis royal au XVᵉ siècle », dans *Au bonheur des archives d'Anjou, Mélanges offerts à Élisabeth Verry*, Angers, 2021, p. 187-194. Sur le corps de logis initial construit vers 1440, s'est greffée en 1480 une aile entièrement dévolue aux réceptions pour le compte de Jean Binel, l'une des plus considérables personnalités angevines de l'époque qui, après avoir été un proche du duc René d'Anjou, passa au service du roi Charles VIII qu'il accueillit par deux fois dans son hôtel.

tiercerons remarquablement surbaissées (fig. 6). Cette salle formait un contrepoint prestigieux à la salle usuelle de l'aile principale, selon un parti peu fréquent déjà apparu auparavant au château du Plessis-Bourré et à Angers même, à l'hôtel du grand officier royal Jean Binel [4]. La cuisine était placée entre les deux salles, dans le pavillon, de manière que sa desserte soit la plus efficace. Cette situation ingénieuse et l'existence d'un second passage à caractère utilitaire vers le jardin, au revers de la grande vis et de la cuisine, témoignent de l'intérêt porté dès cette époque, en France, à la commodité des intérieurs.

Dans l'aile principale, l'étage (fig. 5) comportait, comme au rez-de-chaussée, deux appartements en symétrie de la salle, composés de la suite traditionnelle : chambre, cabinet et garde-robe chauffée. À ce niveau, l'appartement le plus agréable – sur le jardin – était complété de pièces spécifiques, probablement liées aux fonctions du trésorier Barrault : une chambre d'étude dans le pavillon, dotée d'une superbe cheminée encore en place (fig. 7),

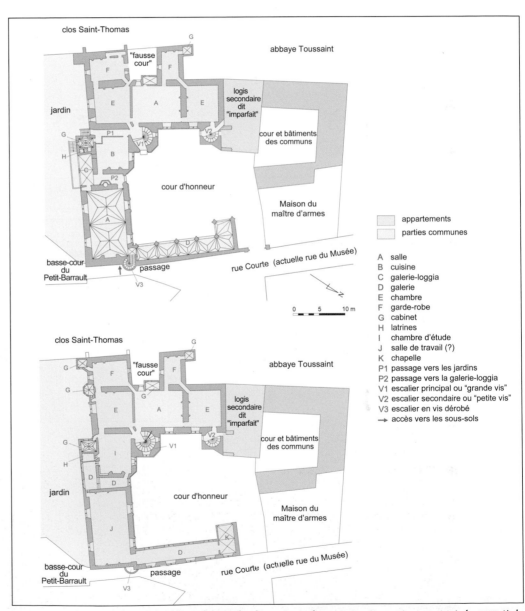

Fig. 5 – Angers, logis Barrault, plans du rez-de-chaussée et du premier étage, état restitué du XVᵉ siècle (restitution O. Biguet, D. Letellier ; dessin et infographie I. Frager, © Inventaire général/Ville d'Angers).

OLIVIER BIGUET ET DOMINIQUE LETELLIER-D'ESPINOSE

Fig. 6 – Angers, logis Barrault, salle voûtée au rez-de-chaussée de l'aile gauche ; au fond, porte (état moderne) vers le passage voûté menant de la cour d'entrée à la galerie-loggia sur jardin.

Fig. 7 – Angers, logis Barrault, cheminée de la chambre d'étude, au premier étage du pavillon entre les deux ailes.

de petites annexes (galerie, cabinet et latrines), ainsi qu'une vaste pièce au-dessus de la salle voûtée, confortablement chauffée par deux cheminées. Cette salle haute ne disposait que d'accès confidentiels, depuis l'appartement sur jardin ou par un escalier dérobé montant d'un sas aménagé dans l'épaisseur du mur entre la galerie et la salle voûtée. En ce lieu pouvaient se traiter les affaires courantes d'un officier des finances, ou se tenir divers événements à caractère familial. Placé sur le parcours de l'appartement vers la galerie sur rue et sa chapelle, ce grand volume intérieur relevait d'une disposition très comparable à celle d'un autre hôtel de financier, le palais Jacques-Cœur de Bourges. Une telle suite, magnifiquement disposée entre cour et jardin, pouvait être adaptée aisément pour recevoir les plus illustres hôtes de passage.

La galerie sur rue et sa chapelle

Le corps de galerie a subi plus particulièrement les remaniements du séminaire. Côté cour, n'en subsistent que le premier niveau des arcades en anse de panier et les élégantes voûtes à trois quartiers (fig. 8) d'un bel effet dynamique (observées aussi localement aux

Fig. 8 – Angers, logis Barrault, corps de la galerie, vue intérieure du premier niveau voûté ; au fond, porte d'accès complémentaire à la salle voûtée de l'aile gauche et, initialement, à une petite vis secondaire menant à la salle et à la galerie d'étage.

OLIVIER BIGUET ET DOMINIQUE LETELLIER-D'ESPINOSE

Fig. 9 – Angers, logis Barrault, voûtement de la grande vis.

Fig. 10 – Angers, logis Barrault, aile gauche, voûte du cabinet au rez-de-chaussée.

châteaux de Jarzé et Martigné-Briand, dans de petits cabinets). Côté rue du Musée, sur un rez-de-chaussée aveugle, le premier étage a conservé les traces de quatre grandes fenêtres à moulurations prismatiques (une cinquième a disparu) et, au-dessus, l'empreinte d'imposantes consoles au profil très découpé qui pouvaient porter, associées à des arcs intermédiaires, une coursière ou une corniche monumentale à la manière d'un chemin de ronde pseudo-militaire.

La dernière travée de la galerie se démarque des autres : le plan carré, la voûte d'angle, l'arc-doubleau de façade au lieu d'une arcade, ainsi qu'à son contact l'arrachement d'un arc en retour d'équerre témoignent d'une construction perdue avançant dans la cour. On peut donc facilement extrapoler que deux travées – identiques – supportaient à l'étage une chapelle, selon la formule habituelle de la galerie menant à un oratoire, d'autant qu'une description du XVIe siècle précise que le portail d'entrée était non couvert : cela exclut la chapelle au-dessus de la porterie, comme à l'hôtel Jacques-Cœur, au profit d'une chapelle suspendue selon le parti qui était à l'œuvre à l'hôtel de Sens à Paris et qui est toujours observable au château de Nantouillet (Seine-et-Marne).

5. Expression empruntée à Jean-Marie Pérouse de Montclos, *Les châteaux du Val de Loire*, Paris, 1997, p. 185.

Fig. 11 – Angers, logis Barrault, aile droite, salle du premier étage, poutre du plafond figurant une danse de matassins (réserves des Musées d'Angers).

Qualité de la mise en œuvre et décor

La qualité du logis Barrault s'apprécie aussi dans le soin porté à la mise en œuvre. Tous les murs, intérieurs comme extérieurs, sont parementés de grandes pierres de taille en tuffeau, dont la longueur inusitée (jusqu'à 70 cm, voire 80 cm) a déterminé rapidement un gabarit du nom de « barraude ». Typique en cela des grandes demeures du XVe siècle, cet édifice abonde en galeries, passages, petites pièces en accompagnement des grandes. Toutes sont prétextes à la confection de voûtes, de la simple croisée d'ogives aux formes les plus élaborées comme les nervures multiples de la salle d'apparat, de la galerie sur cour, de la grande vis ou de certains cabinets (fig. 6, 8, 9 et 10), qui sont autant d'expressions du luxe ostentatoire de cette demeure.

La sculpture décorative fait également preuve d'une grande diversité. À défaut des lucarnes qui devaient constituer les éléments les plus spectaculaires, les fenêtres de la salle voûtée aux encadrements très sophistiqués (fig. 8), les portes d'entrée, les immenses trompes de l'escalier et du pavillon adjacent (fig. 2) témoignent encore de l'extrême raffinement des façades sur cour. L'ornementation végétale proliférante des clés de voûte (fig. 9 et 10), la figuration pittoresque des culots et des vestiges de poutres sculptées des plafonds – animaux du quotidien ou fantastiques, figures de fous, danse de matassins (fig. 11) – voisinent avec des formes abstraites d'une magnifique fluidité de lignes, sur la hotte de la seule cheminée conservée, sur quelques clés de voûte des cabinets (fig. 10) comme sur certains supports verticaux au plan ondulé – jambages de ladite cheminée, piliers de la loggia ou de la galerie sous la chapelle disparue (fig. 4, 7 et 8). Cette forme ondulée, marginale mais sophistiquée du gothique finissant, est présente en Anjou dans les constructions des plus prestigieux commanditaires : au château du Plessis-Bourré et à la collégiale de Jarzé pour Jean Bourré ; au château de Mortiercrolles (et au château disparu du Verger ?) pour Pierre de Rohan, maréchal de Gié ; et encore au palais épiscopal d'Angers, dans une tour d'escalier construite par François de Rohan, son fils.

Cette magnificence décorative du logis Barrault relève de l'esprit du XVe siècle et de ses derniers flamboiements, mais l'édifice est déjà pénétré des idées nouvelles d'organisation des espaces qui caractériseront le siècle de la Renaissance. Le logis Barrault constitue, quelques années avant le château du Verger, l'un des témoignages aussi remarquables que méconnus de la Renaissance en Val de Loire avant l'italianisme [5].

ÉPILOGUE

L'architecture néo-médiévale en Anjou

Guy Massin-Le Goff * et Étienne Vacquet **

L'art néogothique, loin d'être homogène, recouvre des aspirations fort différentes, qu'il s'agisse d'architecture civile ou d'architecture religieuse ; il obéit donc à des chronologies et à des formes propres. Les premiers témoignages en Anjou relèvent plutôt du registre archéologique, que ce soit lors de la restauration du transept nord de la cathédrale (1452), de la construction des voûtes de l'église de Blaison-Gohier au XVe siècle (dans l'esprit du XIIIe siècle), ou encore du raccord des voûtes de la tour nord du château de Brissac dont la structure en pierre du XVe siècle fut complétée par des éléments en bois au début du XVIIe siècle. Cependant, ces exemples sont rares comparés à ceux de la Normandie, du Poitou ou du Languedoc, où les restaurations furent importantes après les dégradations subies durant les guerres de Religion.

En Anjou, les premières initiatives *ex nihilo* datent du dernier quart du XVIIIe siècle. Au château de Montgeoffroy (Mazé), la structure médiévale des tours fut conservée et dotée de mâchicoulis pour accompagner le château moderne ; au château de La Lorie (La Chapelle-sur-Oudon), les tourelles et tours creuses furent ornées de créneaux ; à l'hôtel particulier de la Besnardière (Angers, détruit), des fenêtres en tiers-point éclairent les pavillons d'entrée. Souvent associés à des fossés maçonnés, ces éléments paraissent évoquer essentiellement une époque féodale symbolique alors que les feudistes reclassaient les archives et découvraient des droits anciens et véridiques, mais tombés en désuétude, qu'il s'agissait de faire à nouveau appliquer. Cependant, c'est bien une architecture au classicisme français qui domine l'ensemble des demeures.

À partir des années 1840, l'architecture civile revendiqua une forme de liberté par rapport à un classicisme devenu stérile : si les premiers exemples à Paris regardèrent vers la Renaissance – il suffit de citer l'hôtel particulier d'Alexandre Dumas, aujourd'hui détruit –, l'époque gothique retint rapidement l'attention, spécialement en Anjou. L'architecture urbaine fut peu concernée, contrairement au monde rural où une liberté d'expression plus grande s'épanouit, à la manière de ce que seront quelques décennies plus tard les villas balnéaires. Cette architecture alliait le confort et la distribution modernes aux motifs savamment ordonnés de la fin du XVe siècle. S'il faut rechercher des modèles en Anjou, le château du Plessis-Bourré eut son rôle, de même que les motifs issus des enfeus, stalles et divers manuscrits : la figure tutélaire du roi René, patiemment mise en exergue à travers la collation de ses souvenirs par le comte Théodore de Quatrebarbes, plane au-dessus des premières réalisations d'un René Hodé (1811-1874)[1]. À la mort du roi en 1480, l'Anjou entrait définitivement dans le giron du domaine royal : son effigie en bronze, commandée en 1842 à Pierre-Jean David d'Angers (1788-1856) et installée devant son château natal en 1853, marqua de façon profonde, dans l'imaginaire angevin, la fin de l'époque médiévale qui voyait encore briller la province. Peu à peu, cette architecture agit comme un laboratoire de formes qui permit de s'affranchir d'une symétrie trop convenue pour multiplier ailes et

* Ancien conservateur du patrimoine et conservateur des antiquités et objets d'art de Maine-et-Loire.

** Conservateur du patrimoine, Conservation départementale du patrimoine de Maine-et-Loire, conservateur délégué des antiquités et objets d'art.

1. Christian Derouet, «L'œuvre de René Hodé entre 1840 et 1870», *Les Monuments historiques de la France*, 1976-4, p. 49-64.

pavillons de volumes différents : Ernest Dainville comme Gustave Tendron ou Charles Chesneau y excelleront. En comparaison, rares sont les châteaux d'un autre style à avoir adopté ce même parti, si ce n'est celui de La Jumellière dû à l'architecte Henri Parent (1819-1895), dans l'esprit Louis XIII, mais dont la symétrie sera réintroduite sur la façade principale vingt ans plus tard.

La peinture troubadour relevait, quant à elle, de l'illustration de scènes anciennes et non d'un renouveau de cet art par l'observation de la peinture antérieure au XVIᵉ siècle : les préraphaélites s'en chargeront, et la diffusion de cette esthétique en Anjou ne se fera pas avant le milieu du siècle. Quant à la sculpture, le plus célèbre artiste angevin, David d'Angers, attendra 1838 avant de réaliser sa *Sainte Cécile* (cathédrale d'Angers) en s'inspirant de la statuaire de la cathédrale de Strasbourg, influençant alors peut-être des statuaires angevins comme Henri-Hamilton Barrême (1795-1866), notamment lorsqu'il créa les retables pour Saint-Joseph, la première église néogothique d'Angers. Parallèlement, Dominique Massin (actif en Anjou entre 1818 et 1851), dont on connaît l'activité sous Louis-Philippe, proposera des statues dans un esprit médiéval, insérées dans des retables et chaires de goût troubadour de fantaisie.

Malgré le célèbre exemple de la chapelle du mont des Alouettes (Vendée), inaugurée en présence de la duchesse de Berry en 1828, l'architecture religieuse angevine ne regardera vers le néogothique qu'au début des années 1840. À cette époque, en s'écartant du romantisme de Chateaubriand dans *Le Génie du christianisme* (1801), c'est avant tout vers une architecture nationale que les esprits se tournèrent. Le rejet de l'exemple de Notre-Dame-de-Lorette, comparée à un boudoir alors que la restauration de Notre-Dame de Paris et de la Sainte-Chapelle révélait les splendeurs du siècle de Saint Louis, plaçait l'architecture religieuse du XIIIᵉ siècle au sommet d'une histoire politique et religieuse où la France brillait alors. Les études archéologiques en développement, popularisées par les publications qui se multipliaient, donnèrent à la France la paternité du gothique que l'Allemagne s'était arrogée dans un premier temps. Cependant, en Anjou, la liste des premiers édifices protégés au titre des Monuments historiques, pourtant conséquente (quarante édifices), distingua avant tout les édifices déclarés romans. Aussi les architectes, à la recherche de modèles locaux propres à représenter un nationalisme provincial, hésitèrent-ils dans leurs sources d'inspiration. Dans une sorte de rejet d'une architecture uniforme sur tout le territoire français, ils ouvrirent en réalité la voie à des travaux malmenant l'académisme sans pour autant s'affranchir de la quête d'un modèle dont la pertinence était à définir – ce sera l'enjeu de la seconde moitié du siècle. En multipliant leurs connaissances et en raffinant peu à peu leur esthétique, ils se donnèrent les moyens d'expressions renouvelées.

Certains programmes répondaient à un autre ressort. Quelques presbytères adoptèrent en effet des profils néogothiques sur une structure d'un classicisme rassurant. Ces programmes, aux budgets généralement contraints, alternèrent entre le gothique fleuri d'un Auguste Bibard (1823-1885) et celui plus réfléchi d'un Charles Joly-Leterme [2] qui transcrivit dans ces petits programmes le style qu'il donnait alors à la restauration du palais épiscopal. La référence médiévale devint moins celle du temps de la foi que celle de la déférence à un épiscopat qui retrouvait une place prépondérante dans la vie publique. Cependant, aucun systématisme n'est à relever en la matière.

De façon plus rare, certains édifices firent référence à l'époque gothique pour des raisons historiques : c'est la marque de l'architecte Ch. Joly-Leterme. Ainsi, les agrandissements de l'hôtel de ville de Saumur prirent pour référence le pavillon originel de la fin du XVᵉ siècle, tout en ne retenant pas le caractère par trop défensif de la façade sur la Loire : pendant près de trente ans, plusieurs tranches se succédèrent, montrant l'évolution de la pensée de

2. Étienne Vacquet, *Charles Joly-Leterme (1805-1885), du praticien à l'architecte*, mémoire de 3ᵉ cycle de l'École du Louvre, 1999, 5 vol.

GUY MASSIN-LE GOFF ET ÉTIENNE VACQUET

l'architecte. Pour la reconstruction de l'hôtel-Dieu de la même ville, le principe de la table rase aurait pu laisser une grande liberté stylistique ; pourtant, c'est au XIIIᵉ siècle, époque de la fondation de cet établissement dont certains bâtiments étaient encore visibles, que l'on fit ostensiblement référence, tout en conservant les acquis d'une architecture hygiéniste moderne, notamment dans les plans.

En définitive, les architectures néogothiques répondirent à des motivations diverses permettant des expressions variées, mais toutes affirmèrent une rupture avec le passé récent pour mieux renouer avec un art dont la richesse permettait de nouvelles expressions créatrices.

La richesse et la diversité des propositions faites par les architectes interdisant d'aborder de front l'architecture néogothique angevine dans son ensemble, le choix a été fait de traiter prioritairement ici les sites que les congressistes ont pu visiter sous la conduite des auteurs, en particulier ceux de La Chapelle-sous-Doué, de Brézé et de Chanzeaux. Dans le domaine de l'architecture civile, ces deux derniers châteaux adoptèrent dans les décennies 1830-1860 les références de l'architecture et du décor gothiques afin de transformer ou de créer des ensembles désormais pourvus d'une décoration nouvelle.

Le château de Brézé reçut en 1838 un décor moderne pour la salle à manger et pour le vestibule dont les références se trouvent dans les décors de théâtre parisiens. Pierre-Luc-Charles Cicéri, qui était un décorateur parisien en vue, transposa dans les vieux murs de la maison des Dreux-Brézé les modèles que l'histoire appellera « troubadours ». Pour leur château de Chanzeaux, le comte et la comtesse de Quatrebarbes se tournèrent vers l'architecte angevin R. Hodé, dont le nom restera attaché au courant néogothique. Ce style trouva en Anjou un terrain de diffusion particulier et une expression originale, comme en témoignent les très nombreux chantiers qui y déclinèrent l'architecture néogothique jusqu'à la fin du XIXᵉ siècle [3].

Les châteaux de Brézé et de Chanzeaux : deux réalisations majeures des années 1835-1865

Brézé

C'est en 1682 que le fils du Grand Condé se dessaisit du château de Brézé, propriété de sa mère, Claire-Clémence de Maillé-Brézé, au bénéfice de la famille Dreux, dont les membres figurent au rang des grands serviteurs de la couronne. Au profit de l'aîné d'entre eux, la terre fut érigée en marquisat en 1685. Appelés au proche service du roi et tenant, entre autres, la charge de grand maître des cérémonies de France depuis 1701, les Dreux-Brézé séjournèrent peu sur leurs terres angevines. Ils s'y réfugièrent néanmoins pendant la période révolutionnaire sans y être inquiétés et, dès la Restauration, Henri-Evrard, marquis de Dreux-Brézé, reprit sa prestigieuse fonction auprès du roi. Peut-être sous l'impulsion de son épouse née Adélaïde de Custine, il entreprit des travaux à Brézé, le château n'ayant été que peu modifié depuis son acquisition : de profonds fossés enserrent un pentagone ponctué par trois puissantes tours rondes coiffées en poivrière et l'angle nord-est de la cour d'honneur est occupé par le logis seigneurial, qui porte toujours les traces remarquables des travaux du XVIᵉ siècle, à savoir de belles cheminées et des vestiges de peintures murales de qualité.

C'est vers 1825 qu'Henri-Evrard entendit agrandir son château et le pourvoir au rez-de-chaussée de pièces de réception nouvelles : un billard et un grand salon, auxquels s'ajoutaient des chambres créées dans deux étages nouvellement constitués. Le parti architectural s'avère d'une grande simplicité puisque le grand maître dupliqua, depuis le perron préexistant, les premières travées de l'aile du début du XVIIᵉ siècle, offrant ainsi la lecture

3. Guy Massin-Le Goff, *Les châteaux néogothiques en Anjou*, éditions Nicolas Chaudun, Paris, 2007.

Fig. 1 – Château de Brézé : jouxtant la galerie néogothique, le logis principal du XVIIᵉ siècle augmenté des deux travées de droite édifiées en 1826.

d'un grand château français à l'architecture très homogène (fig. 1). À l'intérieur, l'emploi d'un vocabulaire contemporain n'offrait rien de particulier sinon la recherche d'un certain confort moderne, l'ensemble étant achevé en 1826, peu avant la mort de son commanditaire qui décéda en 1829, transmettant sa charge et ses fonctions parisiennes à son fils Scipion.

Rien ne changea à Brézé jusqu'en 1837, quand Scipion de Dreux-Brézé écrivit à son régisseur : « Cher Volland, ma mère a dû vous dire avant son départ de Brézé que j'avais l'intention de faire décorer la salle à manger et le vestibule de Brézé avec mes vieilles armes [4]. » (fig. 2). L'objectif était clairement affiché puisqu'il s'agissait de créer un décor pour une collection de grand intérêt. Dès lors, la mère et l'épouse de Scipion s'adressèrent à l'un des praticiens habituels des grands maîtres, le célèbre décorateur P.-L.-Ch. Cicéri, avec lequel ils avaient mis en scène toutes les grandes cérémonies royales et auquel ils avaient confié les décors des scènes de théâtre de Paris.

4. Lettre du marquis de Dreux-Brézé à son régisseur Volant. Archives privées du château de Brézé.

GUY MASSIN-LE GOFF ET ÉTIENNE VACQUET

Collaborateur de P.-L.-Ch. Cicéri, Charles Séchan [5] écrivait au sujet de cette époque :
« Le moyen âge devint pour nous la véritable école artistique ; nous en étudiâmes l'architecture et jusqu'aux moindres détails du mobilier [6] », et c'est bien dans cette veine-là que sera puisée la référence à ce décor nouveau. Dans les années 1835-1840, ce n'était pas encore le temps du néogothique archéologique ; on recherchait en effet une approche plus légère, plus amusante, déjà entr'aperçue dans les décennies précédentes que l'on peut qualifier d'années « troubadour ». Le décor créé à Paris, et qui se réfère précisément à ce courant, fut transporté à Brézé ; il se compose de grands arcs laissant apparaître un mur de pierres feintes, et, à l'instar de pendrillons de théâtre, des portants détachés forment plusieurs plans, découpés en festons comme en trilobes puis peints en faux bois selon le répertoire décoratif gothique connu. Les portes au profil moderne, car posées seulement depuis dix années, sont couvertes de papiers peints et vernis sur lesquels sont représentés des chevaliers en armure

5. Charles Polycarpe Séchan (1803-1874), peintre décorateur puis architecte, connu pour ses décors du château de Monte-Cristo commandés par Alexandre Dumas.

6. Adolphe Badin, *Ch. Séchan décorateur de l'opéra. Souvenirs d'un homme de théâtre 1831-1855*, Paris, 1883, p. 11.

Fig. 2 – Château de Brézé : la salle à manger décorée par P.-L.-Ch. Cicéri en 1838.

7. Détruit dans les années 1950.

et, naturellement, des armoiries répétées à satiété comme elles le sont sur les grands socles formant les supports des armures les plus remarquables. Traité de la même manière, le vestibule [7] reçoit le visiteur dans ce climat médiéval exceptionnel pour la contrée, même si bien peu le verront car les Dreux-Brézé ne reçoivent guère. Néanmoins, l'inscription gravée sur la cheminée de la salle à manger est explicite : « Cette salle a été restaurée en 1838 par le marquis de Dreux-Brézé, Pair de France. »

Avec la création de la Porte de Paris située à l'extrémité du parc, P.-L.-Ch. Cicéri fit œuvre d'architecte, mais en demeurant toujours dans cette vision des XIVe et XVe siècles considérés à travers les lunettes de son temps. Cette interprétation du gothique dans un tel lieu ne suscita alors aucun commentaire dans les châteaux environnants ou dans les hôtels particuliers de Saumur, peut-être parce que les Dreux-Brézé ne frayaient pas avec leurs voisins et qu'ils apparaissaient surtout comme des Parisiens. De ce fait, le chantier de P.-L.-Ch. Cicéri ne fit pas école en Anjou, mais nous y reviendrons néanmoins plus tard.

Fig. 3 – Château de Chanzeaux : la bibliothèque avec la statue du roi René réalisée par David d'Angers en 1845.

GUY MASSIN-LE GOFF ET ÉTIENNE VACQUET

Fig. 4 – Château d'Angrie édifié par R. Hodé en 1844-1847. Carte postale. Coll. part.

Chanzeaux

À quelque cinquante kilomètres de Brézé s'élève le château de Chanzeaux, bâti dans les dernières années du XVIIIe siècle par les Gourreau, issus d'une vieille famille de robe appartenant à la noblesse locale. La dernière du nom, Rose Gourreau de Chanzeaux, se maria en 1832 avec l'un de ses cousins, le comte Théodore de Quatrebarbes (1803-1871), personnage brillant, cultivé, fantasque, impliqué dans la vie angevine, historien des guerres de Vendée, mais surtout passionné par le Moyen Âge, particulièrement par le XVe siècle et par le roi René. C'est à cet amateur que l'on doit la recherche et la publication à ses frais des *Œuvres complètes du roi René* (1843-1846), ouvrage majeur couronné par l'Académie française. Il est également le commanditaire de la fameuse statue du roi René réalisée par David d'Angers, toujours présentée à Angers (fig. 3). Th. de Quatrebarbes fut, dès lors, vu comme le spécialiste d'un siècle, d'une architecture et de ses décors ; résidant une partie de l'année dans leur hôtel néoclassique d'Angers, son épouse et lui-même souhaitèrent en conséquence apporter une touche plus romantique à leur château de Chanzeaux pour qu'il soit davantage en lien avec les travaux intellectuels de Quatrebarbes.

Non loin, le château d'Angrie, propriété de la comtesse de Lostanges née Turpin de Crissé, venait justement d'être reconstruit sur les plans de l'architecte local R. Hodé, qui avait cantonné de quatre tours rondes crénelées un classique édifice rectangulaire (fig. 4). C'était déjà une nouveauté dans ces années 1845, et les proches voisins qu'étaient le comte et la comtesse de La Rochefoucauld-Bayers, dûment conseillés par le grand Louis Visconti, leur architecte, adoptèrent immédiatement le principe d'édification de quatre tours associées à des échauguettes, des tourelles en encorbellement généreusement pourvues de girouettes ou d'épis de faîtage. Les créneaux forment à eux seuls un couronnement bien visible, parfois interrompu par de très hautes lucarnes qui brochent sur deux niveaux habitables. Ainsi fut construit le gigantesque château de Challain-la-Potherie (fig. 5),

Fig. 5 – Château de Challain-la-Potherie, édifié par R. Hodé en 1847.

dont le chantier fut encore confié à R. Hodé agissant en tant qu'architecte d'exécution du chantier. Mme de Quatrebarbes le convoqua prestement à Chanzeaux et lui demanda d'adjoindre quatre tours à la maison de son enfance, obligatoirement conservée, pour lui procurer un aspect gothique (fig. 6 et 7).

Les dimensions initiales furent strictement respectées et l'ajout des quatre puissantes tours cette fois hexagonales, surmontées de hauts épis de faîtage, gomma la sévérité initiale de la maison. Plus encore, les anciennes façades s'enrichirent de créneaux, les baies furent pourvues de jets d'eau en accolade, d'armoiries bien visibles, et une haute structure centrale en forme de gâble surmontée d'un grand fleuron fut dressée afin de remplacer le petit fronton triangulaire d'antan. L'axe du bâtiment en fut d'autant marqué.

Nous sommes alors dans les années 1845-1850 et, à partir des modèles précités que sont Angrie et Challain, le renom de l'architecte R. Hodé fut assuré, accompagnant évidemment la vogue de son néogothique qui se développa sur une trentaine d'exemplaires disséminés sur le territoire angevin grâce aux liens de parenté des commanditaires. C'est bien une interprétation qui s'imposa avec des lignes aux formes très allongées et avec l'application d'une multitude de petites sculptures de personnages, de grotesques, de feuillages que l'on découvre non seulement sur les façades mais également dans les grandes pièces de réception. Cette innovation, cette animation des murs pour divertir les visiteurs, est due au remarquable talent du sculpteur angevin Jacques Granneau, formé à l'atelier de David d'Angers.

À la satisfaction de ses propriétaires, Chanzeaux devint alors un poétique château médiéval entouré d'un parc justement renommé.

Brézé encore…

Le 14 avril 1850, Pierre de Dreux-Brézé (1811-1893), jeune frère de Scipion, reçut la consécration épiscopale en la cathédrale Notre-Dame de Paris et, le 1er mai suivant, il prit possession de son siège de Moulins dont il sera évêque jusqu'à sa mort en 1893, laissant le souvenir d'un grand et prestigieux prélat.

Sur ses terres familiales, il conserva le château médiéval de Berrye aux portes du département de la Vienne, où il entreprit des travaux de restauration dans les parties gothiques. Mais sa mère et son frère lui offrirent bientôt de séjourner le plus souvent possible à Brézé, où la tour nord-ouest lui fut réservée et décorée en 1852-1853 selon son goût et ses instructions – dans l'esprit gothique, on s'en doute.

En premier lieu, sa chambre (fig. 8) et son cabinet de travail reçurent les réalisations du sculpteur angevin Jacques Granneau, qui était intervenu à Challain et qui offrit une interprétation très différente de celle de P.-L.-Ch. Cicéri. Ici, pas de trompe-l'œil ou de combats, mais de sombres panneaux de lancettes cirés, et seulement rehaussés d'un discret mais indispensable filet rouge ou or. Cette scansion très méthodique n'a rien d'austère et s'accompagne d'un mobilier en bois clair, toujours dû à Granneau, qui présente une variété sur le thème du gothique flamboyant, et ce jusque sur le pied de la table centrale ou sur les colonnes du lit avec pour seul motif décoratif les armoiries familiales maintes fois répétées. Au plafond comme sur la cheminée, un décor polychrome riche, profus et inventif apporte une touche bienvenue pour trancher sur les seules couleurs des bois. Jouxtant cette pièce se trouve le bureau de l'évêque (fig. 9), qui puise dans les images de la Renaissance un tout autre décor avec sa voûte bleu sombre rehaussée de rinceaux blancs. Quatre bustes figurent les personnages historiques que sont les rois de France Louis VI et Louis VII, Robert de Dreux et Anne de Bretagne, représentés dans une généalogie imaginaire qui fait des Dreux-Brézé les descendants de Robert Iᵉʳ de Dreux, fils de Louis VI roi de France. C'est donc bien dans ce lieu que s'illustre la glorification de la famille, avec quelques peintures de G. Maison [8] mettant en scène sur six panneaux les lieux où œuvraient les grands maîtres : la basilique de Saint-Denis, Notre-Dame de Paris, puis deux vues de Brézé, mais aussi deux représentations se référant à Anne de Bretagne, le château de Nantes et celui de Langeais. Les murs sont peints en faux bois et le mobilier provient aussi de l'atelier de Jacques Granneau.

8. Gabriel (?) Maison, peintre à Saint-Germain-en-Laye qui réalisa avant 1865 le décor de la salle synodale d'Angers. Cet artiste était un habitué des bords de la Loire puisqu'il peignit un tableau représentant le caveau de l'église des Rosiers en 1843 présenté au Salon.

Fig. 6 – Château de Chanzeaux avant les interventions du XIXᵉ siècle. Lavis, par Th. De Quatrebarbes, 1827, collection privée.

Fig. 7 – Château de Chanzeaux : façade principale, 1846.

Fig. 8 – Château de Brézé : chambre de Mgr de Dreux-Brézé, 1852-1853.
Boiseries et mobilier par J. Granneau.

Fig. 9 – Château de Brézé : cabinet de Mgr de Dreux-Brézé, 1854.

C'est toujours à Mgr de Dreux-Brézé que l'on doit la poursuite de la « gothisation » du château devenu celui de son neveu Henri. Sollicité dès 1852-1853, l'architecte R. Hodé fut appelé afin d'offrir un lustre supplémentaire aux façades du château et de revoir les aménagements de la façade d'entrée. Il transposa ses modèles appréciés et commandés par ses clients, modèles qui trouvèrent sur le vaste chantier de Brézé une mesure propre à développer une ornementation des plus soignées. Pour porter une transformation qui se devait d'être grandiose, les grosses tours du château furent surélevées de près de cinq mètres avant que ne soient posées les pesantes, mais élégantes charpentes sur de nouveaux mâchicoulis (fig. 10 et 11). Des courtines nouvelles furent créées, de hautes lucarnes épaulées par de puissants pinacles furent élevées et, partout, furent apposés les incontournables quatre-feuilles, les roses, les mouchettes, les soufflets, les crochets sur les rondelis et les armoiries d'alliance des Dreux-Brézé.

Bien davantage qu'à Chanzeaux ou à Challain, une approche attentive des réalisations et des formes décoratives des siècles passés fut recherchée sans se départir toutefois d'une fantaisie qui suscita parfois l'étonnement, comme la construction de l'imposante galerie reliant la façade de l'entrée au château, formant de ce fait une immense et puissante résidence admirée depuis des kilomètres à la ronde. La liaison entre ces deux ailes fut réalisée au moyen d'un pavillon néogothique reposant sur une trompe XVIIe siècle et surmonté d'une horloge (fig. 12).

GUY MASSIN-LE GOFF ET ÉTIENNE VACQUET

Fig. 10 – Château de Brézé : aile d'entrée avant les interventions de R. Hodé.

Fig. 11 – Château de Brézé : aile d'entrée, 1869-1871.

Fig. 12 – Château de Brézé : pavillon de l'horloge, 1864, reliant l'aile d'entrée et la grande galerie.

L'ARCHITECTURE NÉO-MÉDIÉVALE EN ANJOU

Fig. 13 – Château de Brézé : décor de la grande galerie par A. de Cambolas, 2006.

Mais ce néogothique, qui reste une fantaisie coûteuse quelle que soit l'une des deux voies empruntées – celle de P.-L.-Ch. Cicéri ou celle de R. Hodé –, ne sera bientôt plus à la mode et disparaîtra en Anjou dans les années 1890. À cette époque, il fut décidé de ne pas achever le décor de la galerie de Brézé, qui resta dès lors à l'état de rêve jusqu'en 2006, date à laquelle le renommé décorateur Amaury de Cambolas poursuivit, dans sa création imaginée, les grands principes chers au courant néogothique du XIXᵉ siècle en réalisant de hauts pinacles en trompe-l'œil entre lesquels s'insère un semis de meubles héraldiques des Colbert/Dreux-Brézé (fig. 13). Ainsi l'histoire contemporaine du château est-elle associée à celle du château d'antan, construisant une sorte d'hagiographie d'un monument.

Guy Massin-Le Goff

L'ARCHITECTURE RELIGIEUSE NÉOGOTHIQUE EN ANJOU

Dans le domaine religieux, trois églises visitées [9] par les congressistes permettent de présenter trois directions prises par l'architecture religieuse angevine en une quarantaine d'années : la renaissance d'un style médiéval local, l'expression de la science acquise par les Monuments historiques et un éclectisme médiéval signifiant.

Le Maine-et-Loire est l'un des départements de France où le nombre d'églises reconstruites après les événements révolutionnaires est le plus important. Durant plus de soixante ans, ce mouvement, loin d'être uniforme, développa différentes sensibilités stylistiques néo-médiévales, s'attachant soit à retrouver les principes d'une architecture vernaculaire locale, soit à renouer avec les fils rompus d'un gothique à son apogée selon des références d'Île-de-France ou d'Anjou, soit à puiser à différentes sources pour les besoins d'une architecture nouvelle. Rarement un demi-siècle fut aussi riche d'expériences.

Dès la signature du concordat de 1802, les paroissiens s'attelèrent à la réparation de leurs églises très malmenées durant les dix années précédentes : les colonnes infernales républicaines avaient amplement ravagé et incendié toute la moitié ouest du département.

9. Ce texte s'appuie tout spécialement sur les trois églises que les congressistes ont visitées : Saint-Vincent de Brézé (Belle-Vigne-les-Châteaux), Notre-Dame de la Chapelle-sous-Doué (Doué-en-Anjou) et Saint-Pierre de Chanzeaux (Chemillé-en-Anjou).

GUY MASSIN-LE GOFF ET ÉTIENNE VACQUET

Les travaux généralement menés par les maçons et les charpentiers locaux ne permirent bien souvent que d'assurer une stabilité de fortune, où l'esthétique n'était pas le souci principal. Quelques communes commencèrent à rééd ifier leurs églises pour y trouver plus de salubrité et d'homogénéité en effaçant les agrandissements qui avaient rendu difformes les plans originels. On fit alors appel à quelques architectes d'Angers dont la réputation tendait à s'affirmer, comme l'architecte diocésain Louis François (1778-1863) ou Jacques-Louis François dit Villers (1791-1870). Cependant, les moyens financiers toujours modestes en l'absence de véritable politique gouvernementale réduisaient fréquemment l'intervention de ces praticiens à la fourniture de plans, voire à la réception des travaux, et excluaient le suivi et la gestion des modifications en cours de chantier. À côté d'une architecture néoclassique, parfois édulcorée à l'excès, la spectaculaire construction néo-palladienne de l'église Saint-Pierre à Vaudelnay (1826-1832), par Antoine Calderon (1787-1841), apporta une proposition ambitieuse que l'engouement pour une architecture tout à la fois médiévale et nationale devait laisser sans lendemain.

À partir de 1840, les publications comme la *Revue générale de l'architecture* prônèrent un style propre aux édifices cultuels nouveaux, se démarquant d'un classicisme paraissant trop mondain, voire trop administratif si l'on en juge par les mairies. L'Anjou n'échappa pas à la règle avec les tentatives simultanées autour de l'année 1842 de deux églises néogothiques et d'une autre néo-romane. Les deux premières, construites à Beaulieu-sur-Layon (fig. 14) par

Fig. 14 – Beaulieu-sur-Layon, église Notre-Dame par S. Dellêtre, 1842.

Fig. 15 – Vivy, église Saint-Paul par Ch. Joly-Leterme, 1839-1851.

Sébastien Dellêtre (1802-1864) et au Voide par Louis Duvêtre (1817-1881), s'inspiraient des nombreux édifices bâtis très modestement aux XIᵉ et XIIᵉ siècles qui jalonnaient la province, en leur associant des voûtes en tiers-point ou sur croisée d'ogives : les premières tentatives de ces deux anciens élèves de l'école des Arts et Métiers d'Angers se révèlent honnêtes, mais maladroites, sans conception élevée, tant il est difficile d'abandonner la pensée classique [10]. À Vivy (fig. 15), l'esprit est différent malgré quelques balbutiements. Ch. Joly-Leterme [11] (1805-1885), ancien conducteur des Ponts-et-Chaussées devenu agent voyer d'arrondissement, puis architecte de la ville de Saumur, venait de se lier à Mérimée après être intervenu pour la restauration de l'église de Cunault, ce qui lui vaudra le titre d'inspecteur des Monuments historiques. Au sortir de l'adolescence, il avait commencé par travailler à la démolition d'importants édifices médiévaux comme le prieuré de Saint-Jean-de-l'Habit à Fontevraud : il en avait retiré une connaissance approfondie de la structure de cette église et de ses modes constructifs, dont il se souviendra par la suite.

Le néo-roman de Vivy est encore très sommaire avec l'usage de voûtes en berceau à doubleaux et de chapiteaux peut-être parfois remployés de l'ancienne église, mais assurément inspiré de la sculpture du XIVᵉ siècle. Dans un deuxième temps, Ch. Joly-Leterme dotera

10. Étienne Vacquet, « Les architectes anciens élèves de l'école des Arts et Métiers d'Angers », *Mémoires de l'Académie des sciences, belles-lettres et arts d'Angers*, t. XXXIV, 2019, p. 121-131.

11. Voir note 2.

l'église d'une façade magistrale à deux registres d'arcades en plein cintre, tout droit sortie du Poitou où il restaurait les églises de Chauvigny et de Civray. Le glissement d'une architecture néoclassique vers le néo-roman semble chez lui une évolution naturelle : il venait d'agrandir l'église du XIe siècle de Chênehutte, sur les bords de la Loire, en pratiquant l'anastylose du portail occidental et en ajoutant à l'intérieur plusieurs colonnes sans base, à l'identique de celles existantes. Or, dans le même temps, il venait d'achever l'église néoclassique de Brain-sur-Allonnes où ce même détail se retrouve, ainsi que l'organisation des volumes intérieurs. Devenu architecte diocésain, il fit partie des rares architectes à répondre favorablement, en 1853, à la demande du ministre d'envoyer des modèles d'églises, de mairies et d'écoles applicables à chaque département, donnant corps à l'idée d'une architecture propre à chaque région. Cependant, ses projets d'églises néogothiques semblent avoir été considérablement freinés par les discussions nationales. Viollet-le-Duc, notamment, se gaussa de l'architecture dite Plantagenêt en considérant qu'il s'agissait d'un avatar peu glorieux des voûtes à coupoles. Il fallut attendre le congrès archéologique de Saumur en 1862 pour que la situation évoluât. Comme il le laissait entendre dès 1851 dans son ouvrage fondamental *L'architecture byzantine en France*, Félix de Verneilh se rétracta officiellement :

> le style Plantagenêt, qui se recommande par la solidité, la commodité et l'économie, a dès lors des droits particuliers à l'attention des architectes de l'Anjou : ils peuvent en tirer des effets nouveaux et lui faire faire de véritables progrès, car il n'a point donné son dernier mot [12].

Ces paroles furent accueillies par «une triple salve d'applaudissements». Dès lors, un groupe d'architectes officiels (diocésains ou du département), notamment Ch. Joly-Leterme, Ernest François Dainville (1824-1917) [fig. 16], Charles-Paul Roques (1841-1895) [fig. 17],

12. *Congrès archéologique de France. Saumur*, Paris, 1862, p. 317.

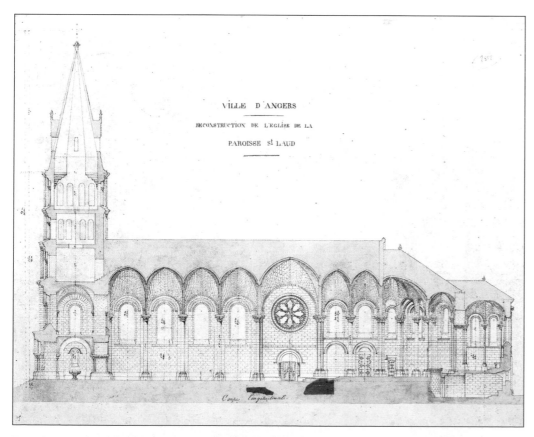

Fig. 16 – Angers, église Saint-Laud : coupe longitudinale par Er. Dainville, 1872-1876, présentée en 1890 au palais des Machines (Arch. dép. Maine-et-Loire, 90 J).

Fig. 17 – Angers, église de la Madeleine-du-Sacré-Cœur, par Ch. Roques, 1871-1878.

Fig. 18 – Chemellier, église Notre-Dame-la-Neuve par R.-E. Dusouchay, 1877-1880.

Guy Massin-Le Goff et Étienne Vacquet

René-Eugène Dusouchay (1820-1878) [fig. 18] puis son fils Eugène (1850-1919), diffusèrent une architecture néo-Plantagenêt qu'ils tentaient depuis quelques années de faire éclore.

L'église Notre-Dame de la Chapelle-sous-Doué (à Doué-en-Anjou), dans sa modestie, est un exemple abouti du succès de la pensée de Ch. Joly-Leterme. Les travaux initiés en 1866 rencontrèrent des difficultés en raison de la fragilité du sol, augmentant la dépense qui, à l'achèvement en 1872, s'éleva à 59 500 f. Le plan en croix latine à chevet plat précédé d'un clocher en hors-œuvre (fig. 19) pourrait passer pour un poncif des églises du XIXe siècle,

Fig. 19 – La Chapelle-sous-Doué, église Notre-Dame par Ch. Joly-Leterme.

Fig. 20 – La Chapelle-sous-Doué, église Notre-Dame : voûtement du sanctuaire.

si ce campanile ne faisait clairement référence à celui de l'église Saint-Barthélemy (XIIe siècle) de Saint-Hilaire-Saint-Florent que Ch. Joly-Leterme avait restaurée. On y retrouve les contreforts puissants de la face occidentale ponctuant une élévation à quatre niveaux marqués par une recherche d'élégance et de rationalité : le rez-de-chaussée s'ouvre dans un massif en ressaut affirmant la solidité du niveau inférieur malgré la largeur de la porte, alors que la fenêtre du premier étage, relativement étroite, est enserrée dans ses archivoltes, de façon à supporter le dernier registre percé d'une fenêtre géminée plus légère associée à un oculus, une citation empruntée à l'église Saint-Barthélemy. Concession aux nécessités du temps, l'oculus du troisième niveau reçoit l'horloge. Ce clocher est la version plus épurée de celui de Bagneux, près de Saumur, dont l'architecte signe la même année le devis de construction. À l'intérieur, les références sont multiples : les deux travées scandées par de forts doubleaux de section carrée en plein cintre surhaussé supportent des voûtes octopartites évoquant le chœur de la cathédrale d'Angers, mais avec des nervures d'un modèle antérieur, plus proche de celui de la première travée du chœur de Saint-Martin de la même ville [13]. Le sanctuaire, quant à lui, est une citation de la chapelle Saint-Jean de Saumur avec ses gracieuses voûtes à liernes multiples (fig. 20). La différenciation entre les parties de l'église est ainsi nettement soulignée, renforcée par l'éclairage modéré dans la nef, devenant éclatant dans le chœur : pénombre pour la prière du fidèle et clarté du sanctuaire où se révèlent les mystères chrétiens. La sculpture des chapiteaux s'apparente à ce que Jacques Mallet appelait « le roman fleuri angevino-saumurois ». Ch. Joly-Leterme puise dans ses chantiers de restauration des sources d'inspiration, que ce soit à l'abbatiale de Saint-Hilaire-Saint-Florent (chapiteau des harpies), dans les églises de Saumur ou à la Trinité d'Angers notamment. La formule assez fréquente des marchés stipulant que les modèles seront approuvés par l'architecte est donc non pas une figure de style mais bien une réalité sourcilleuse.

13. Je remercie tout spécialement Bénédicte Fillion-Braguet pour son regard des plus pertinents dans la recherche des références d'architecture et de sculpture dans le cadre de cet article.

GUY MASSIN-LE GOFF ET ÉTIENNE VACQUET

Dans le chœur, la très angevine sculpture des clefs permet d'inventer une iconographie signifiante autour de l'Agneau vainqueur de la clef centrale, du tétramorphe, accompagné par des visages. Sous le clocher, des culots représentant une chouette et un aigle semblent être une évocation du jour et de la nuit. Ainsi, l'architecture, mais aussi la sculpture se trouvent non pas contraintes par les modèles anciens, mais au contraire stimulées pour trouver des propositions intellectuelles qui éclairent l'édifice. Cette église purement angevine se démarquait de la production contemporaine de Sébastien Dellêtre (1802-1864) (fig. 21) ou de Louis Duvêtre (1816-1881) (fig. 22), par exemple, qui peaufinaient patiemment leur style, mêlant à la composante angevine de l'architecture médiévale des références d'Île-de-France.

À Brézé, quelques années plus tard, un autre architecte des Monuments historiques, Jean Hardion (1858-1932), franchit une nouvelle étape avec l'aide de son commanditaire, Pierre, marquis de Dreux-Brézé (1853-1941), pour construire au cœur du village, entre 1890 et 1904, la vaste église Saint-Vincent. L'acte de donation à la municipalité stipule :

Fig. 21 – Saint-Laurent-du-Mottay : chœur de l'église Saint-Laurent par S. Dellêtre, 1851-1866.

Fig. 22 – Noyant, église Saint-Martin par L. Duvêtre, 1859-1874.

en raison du style et des soins ayant présidé à la construction et à l'érection de l'église [...] et pour en conserver toute la valeur, sans en diminuer ni amoindrir dans l'avenir le cachet et la valeur artistique, il ne pourra par qui que ce soit y être rien ajouté, refait, retranché ou modifié sans l'acceptation et l'approbation écrite de l'architecte attaché au diocèse d'Angers appelé architecte diocésain ou à son défaut l'architecte départemental de Maine-et-Loire... [14].

Ce souhait se concrétise aujourd'hui par une protection au titre des Monuments historiques depuis 2007. Contrairement à celles de Ch. Joly-Leterme, les références de J. Hardion sont plus ouvertes. Le plan s'apparente à celui de la cathédrale de Noyon, avec les absidioles s'ouvrant dans les murs sud et nord du transept ; il est associé à une façade (fig. 23) se revendiquant de la collégiale du Puy-Notre-Dame (en Anjou). Cependant, cette façade surmonte un narthex dont les exemples anciens sont rares, comme à Notre-Dame de Dijon, à moins qu'il ne s'agisse d'un clin d'œil à la chapelle du grand séminaire d'Angers, édifiée par Ch. Joly-Leterme trente ans auparavant. Quant à la place du clocher au-dessus de la croisée du transept, les références locales sont assez nombreuses, mais la forme octogonale doit plutôt faire regarder du côté de Loches et de Beaulieu-lès-Loches, et d'une manière plus générale vers la Touraine. De façon très exceptionnelle en Anjou, trois tympans sculptés par

14. Arch. dép. Maine-et-Loire, 2 O 522, Délibération du conseil municipal du 23 mai 1903.

GUY MASSIN-LE GOFF ET ÉTIENNE VACQUET

l'Angevin Hippolyte Oger (1857-1920) permettent de développer une iconographie résumée en l'Incarnation, la vie du Sauveur et la Rédemption [15]. L'œuvre centrale, le Christ de l'Apocalypse entouré du tétramorphe au-dessus d'un collège apostolique, reprend la sculpture du portail sud de la cathédrale du Mans, à l'exception de la position du taureau empruntée à la cathédrale d'Angers. Dans les deux tympans latéraux, les citations sont moins claires et s'apparentent plus à des motifs comme l'ange de l'Annonciation (fig. 24) puisé à la cathédrale du Mans ou la figure du Christ en croix très raphaélesque. Les murs au-dessous sont appareillés en tuffeau à bâtons rompus saintongeois, comme à Saint-Pierre d'Aulnay que J. Hardion, architecte diocésain de La Rochelle, devait connaître.

À l'intérieur, au revers de la façade, un autre tympan est dédié à saint Vincent (fig. 25), dont l'église porte le vocable. Il s'inspire clairement de la composition du portail Sainte-Anne de Notre-Dame de Paris, tout en y apportant de nombreuses variantes, notamment en introduisant plusieurs personnages, dont un évêque (hommage vraisemblable à Mgr de Dreux-Brézé, fameux évêque de Moulins mort en 1893, au début du chantier

15. *Semaine religieuse du diocèse d'Angers*, 1904, p. 225.

Fig. 23 – Brézé, église Saint-Vincent par J. Hardion.

Fig. 24 – Brézé, église Saint-Vincent, tympan latéral de la Crucifixion.

Fig. 25 – Brézé, église Saint-Vincent : tympan de saint Vincent au revers de la façade.

Fig. 26 – Brézé, église Saint-Vincent : vue de la tribune.

entrepris par son petit-neveu). La création du narthex permet de loger à l'étage une tribune à laquelle on accède par une tourelle d'escalier à claire-voie (fig. 26), dérivée du dessin qu'E. Viollet-le-Duc avait donné de l'escalier de la cathédrale de Mayence [16]. Des différences notables existent, comme la diminution de la hauteur des colonnettes qui confèrent un aspect plus gracieux et dynamique à l'ensemble. Ce choix s'explique peut-être par l'évocation de l'escalier de la cathédrale de Moulins, mais dont le style du XVe siècle aurait été mal adapté à celui du XIIIe siècle de l'église de Brézé.

Le registre inférieur des murs est orné d'arcatures aveugles à la manière du Puy-Notre-Dame, avec des chapiteaux aux motifs floraux caractéristiques du gothique angevin des années 1230 que l'on peut voir notamment à l'abbaye Toussaint d'Angers. Dans les tympans, un chemin de croix dû au ciseau d'H. Oger poursuit le style initié sur les façades. Le coût de la sculpture pour cet édifice s'éleva à lui seul à 31 500 f (sans compter le mobilier dû au même artiste) et comprit aussi les deux ambons comme la niche formant crédence.

16. Eugène Viollet-le-Duc, *Dictionnaire de l'architecture*, Paris, t. V, 1856, article « Escalier », p. 315-316.

GUY MASSIN-LE GOFF ET ÉTIENNE VACQUET

Dans cet édifice, rien n'a été laissé au hasard. L'éclairage est abondant grâce à des baies descendant très bas. Dans le chœur, dont le sol est surélevé, l'effet se trouve encore accentué, d'autant que l'abside permet de multiplier les lancettes étroites comme dans l'église de Pérignac (Charente-Maritime). En revanche, leur pénétration très haute dans les voûtes les rapproche plus de la Touraine, comme à La Rochecorbon ou à Saint-Germain-sur-Vienne.

Sur la blancheur du tuffeau se détache le rouge très marqué des joints ; contrairement à ceux que Ch. Joly-Leterme utilisait en référence à des modèles angevins anciens, ils sont non pas en bâtière, mais bien au nu du parement. L'autre élément coloré, en dehors du maître-autel en bois ocre et doré, est le pavement de l'allée centrale qui se déploie en demi-cercle devant la table de communion (fig. 27). C'est la première fois que le céramiste Alexandre Bigot [17] (1862-1927) recevait une commande pour une église. J. Hardion le connaissait pour lui avoir demandé un décor pour la façade de l'hôtel de l'Univers à Tours. À Saint-Vincent de Brézé, la référence est explicitement tirée du *Dictionnaire* d'E. Viollet-le-Duc [18], avec l'utilisation d'éléments du modèle de l'église Saint-Denis pour l'allée centrale et de celui de l'abbatiale de Saint-Pierre-sur-Dives (Calvados) [19] pour le motif principal. Certains dessins furent cependant inventés, et la technique du grès, si familière à A. Bigot, apporta une note moderne dans un répertoire du XIIIᵉ siècle. Ainsi, l'église de Brézé, dont les plans et élévations furent présentés au Salon de 1901, est le fruit de nombreuses recherches et références qui révèlent la riche et inventive personnalité de l'architecte. Elle constitue l'une des expressions les plus abouties d'un art « Monument historique », mais elle en est aussi l'un des derniers témoignages.

D'autres tendances se développaient parallèlement, dans la seconde moitié du siècle. Alfred Tessier [20] (1827-1903), élève du fameux abbé Magloire Tournesac et installé à Angers au milieu des années 1850, puis son fils prénomé aussi Alfred (1854-1908) développèrent avec un succès considérable un style principalement issu de l'Île-de-France, sans s'interdire

17. Après avoir transféré son atelier de Mer à Paris, A. Bigot reçut de nombreuses commandes pour des revêtements de façade de la part d'architectes aussi variés que Victor Ruprich-Robert, Anatole de Baudot, Hector Guimard, Auguste Perret, etc.

18. E. Viollet-le-Duc, *Dictionnaire de l'architecture*, *op. cit.* note 16, t. II, article « Carrelage », p. 261, fig. 1.

19. *Ibid.*, p. 267-268, fig. 8.

20. Pierre Schmitt, «Alfred Tessier (1827-1903) architecte de la renaissance ogivale en Anjou», dans *Les lieux de culte en Anjou, Histoire, arts et gestion contemporaine*, Académie des sciences, belles-lettres et arts d'Angers/Saint-Léger éditions, Le Coudray-Macouard, 2015, p. 103-119.

Fig. 27 – Brézé, église Saint-Vincent : pavement en grès cérame d'A. Bigot.

Fig. 28 – Cholet, église Notre-Dame par Alf. Tessier, 1853-1887.

à l'occasion des références plus locales. L'élévation, la clarté et l'articulation des volumes en forment les principales caractéristiques. Afin d'alléger ses constructions, A. Tessier père eut fréquemment recours à des charpentes à fermes métalliques, avec de simples tendeurs en lieu et place des poinçons et entraits. Une sculpture essentiellement florale, mais parfois enrichie de scènes (comme à La Poitevinière), envahit tous les chapiteaux et les clefs de voûte : le nombre considérable de réalisations permit aux sculpteurs de développer un style d'une grande aisance et d'une variété extraordinaire, confinant au chef-d'œuvre par leur maestria (à La Pommeraye, par exemple). Ce cabinet d'architectes édifia plus de cent-cinquante églises de la Charente à la Normandie. Parmi les réalisations les plus impressionnantes, on peut noter Notre-Dame de Cholet (fig. 28 et 29) et Notre-Dame de Montligeon (Orne).

Cette production quasi hégémonique dans le département n'empêcha pas d'autres architectes de se faire entendre. Ainsi, Auguste Beignet [21] (1837-1924) développa un style propre que l'on peut qualifier d'éclectique. Homme d'une grande culture, il ne chercha pas l'unité de style qui était le maître mot pour les églises du Second Empire. En épurant ses références, il réalisa parfois des églises à l'architecture savante avec des moyens très modestes, comme à Bouillé-Ménard. Il ouvrit ainsi la voie aux réflexions qui domineront l'entre-deux-guerres.

À Chanzeaux, le projet d'A. Beignet fut préféré en 1896 à celui, très Plantagenêt, de R.-E. Dusouchay. Le généreux legs de 65 000 f par la comtesse de Quatrebarbes imposait comme seule contrainte la conservation du clocher où les Chanzéens s'étaient réfugiés en 1793 pour continuer la lutte contre les troupes républicaines, avant d'être impitoyablement

21. Jean-Louis Kerouanton, *La reconstruction de l'église Notre-Dame [d'Angers], 1874-1906*, mémoire de maîtrise, Jacques Léonard (dir.), université Rennes 2, 1985, 2 vol.

GUY MASSIN-LE GOFF ET ÉTIENNE VACQUET

exterminés. Il conservera donc son ancienne position latérale dans le nouvel édifice qui menaçait ruine (infiltrations, façade en partie tombée lors d'un ouragan, colonnes lézardées) : les réparations du début du siècle avaient fait leur temps. A. Beignet expliqua l'originalité de son plan : «une seule grande nef avec dégagements latéraux ménagés dans la saillie des contreforts [22] ». Il s'agit donc non pas de trois vaisseaux comme en usait souvent A. Tessier, mais d'une circulation nouvelle. Quant au style, l'architecte fit le choix «du roman primitif qui, en outre de sa simplicité et de son caractère religieux, a l'avantage de rappeler la date des premières fondations de l'église [23] ». Cependant, que l'on ne s'y trompe pas : si les baies

22. Arch. dép. Maine-et-Loire, 2 O 782, devis du 31 décembre 1896.

Fig. 29 – Cholet, église Notre-Dame par Alf. Tessier, 1853-1887.

Fig. 30 – Chanzeaux, église Saint-Pierre, façade occidentale, par A. Beignet.

sont en plein cintre comme les arcs doubleaux, les contreforts accusent quant à eux la forme d'arcs-boutants, et les voûtes sont octopartites au profil domical. Il s'agit bel et bien d'une église gothique.

L'un des traits les plus marquants de l'architecture d'A. Beignet est l'alternance de lits de tuffeau et de schiste (dans certains lieux avec de la brique), qui est une interprétation de l'appareillage roman du palais épiscopal d'Angers. La façade de l'église Saint-Pierre se trouve ainsi entièrement bicolore, les baies étant la seule respiration autorisée (fig. 30). Au-devant de la travée centrale, un petit porche surmonté d'un gâble évoque l'architecture italienne, apportant un trouble dans les références [24]. La façade large et quelque peu massive s'articule avec deux puissants contreforts encadrant les trois travées centrales, permettant de changer de rapport avec les deux travées latérales qui introduisent deux tourelles (l'une pour l'escalier de la tribune et l'autre pour la chapelle des fonts baptismaux) : une tridimensionnalité est subtilement mise en place tout en permettant de racheter l'articulation de la nef. En effet, le vaisseau central émerge des passages latéraux bas qu'il aurait été difficile autrement de relier à la façade. Au chevet, les sacristies sont intégrées au projet architectural et reliées entre elles par un couloir annulaire, donnant l'impression d'un déambulatoire. Nous sommes loin d'une architecture rationaliste. Les pignons du transept sont unifiés sous un grand arc en plein cintre alors que la travée centrale accuse au rez-de-chaussée un ressaut qui trahit la présence d'un confessionnal à l'intérieur : le mobilier devient un prétexte pour animer la façade.

À l'intérieur, pour éviter une scansion trop répétitive, les voûtes embrassent deux travées permettant de faire reposer les arcs doubleaux sur des colonnes adossées et les nervures intermédiaires sur de légères colonnettes sur consoles, pendant qu'au niveau inférieur la nef s'ouvre par une série d'arcades vers les circulations latérales (fig. 31). Le vaisseau central est

23. Arch. dép. Maine-et-Loire, 2/O/782, rapport d'Er.-Fr. Danville.

24. L'importante ouverture de cet édicule ne permet pas d'y voir une interprétation des « balais », ces porches qui étaient fréquemment construits au-devant des portes des églises médiévales, mais à des époques postérieures.

GUY MASSIN-LE GOFF ET ÉTIENNE VACQUET

éclairé en partie haute par des lancettes en plein cintre de grandes dimensions alors que les bas-côtés le sont par d'étroites baies qui paraissent dérivées de celles qui étaient utilisées à l'époque romane en Anjou, mais au sommet des murs : A. Beignet se joue des références pour donner un éclairage plus faible dans les parties annexes et en réserver un plus important dans le volume principal. La travée droite du sanctuaire est cantonnée d'arcades qui présentent l'avantage de permettre un accès indépendant aux sacristies, tout en donnant l'impression du resserrement du sanctuaire. Ces passages latéraux, sans baies, apportent une pénombre, mais aussi une transparence qui accentue le contraste avec l'abside inondée de lumière par l'accélération du rythme des grandes baies, reposant sur des triplets d'arcades aveugles en partie basse.

Dans les décennies qui suivirent la bénédiction de 1899 la sculpture fut réalisée (elle fut achevée en 1914) et des vitraux, œuvre de Jean Clamens, maître verrier à Angers, furent progressivement installés. Ceux-ci présentent l'originalité d'associer les grandes figures de saints liés à la vie de cette paroisse aux sanctuaires principaux qui leur sont dédiés, comme les basiliques Saint-Pierre et Saint-Paul de Rome, Saint-Marc de Venise, Saint-Ambroise de

Fig. 31 – Chanzeaux, église Saint-Pierre, vue générale de la nef et du chœur.

25. Une première ébauche en a été donnée dans É. Vacquet, « Panorama de l'architecture religieuse angevine au XIXe siècle », dans *Les lieux de culte en Anjou…, op. cit.* note 20, p. 81-102.

26. *Reconstruire, restaurer, renouveler. La reconstruction des églises après les conflits religieux en France et en Europe,* coll. «Art sacré. Cahiers de rencontre avec le patrimoine religieux», vol. 31, Châtillon-sur-Indre, 2014.

Crédits photographiques – fig. 1, 3-7, 10, 21, 23-24 : cl. Bruno Rousseau, Conservation départementale du patrimoine de Maine-et-Loire ; fig. 2, 8-9, 11, 13-14, 18-20, 25-27, 30-31 : cl. Étienne Vacquet, Conservation départementale du patrimoine de Maine-et-Loire ; fig. 12 : cl. Guy Massin-Le Goff, Conservation départementale du patrimoine de Maine-et-Loire ; fig. 15, 28-29 : cl. Armelle Maugin, Conservation départementale du patrimoine de Maine-et-Loire ; fig. 17 : cl. Olivier Thiphaine ; fig. 22 : cl. Thierry Buron, Conservation départementale du patrimoine de Maine-et-Loire.

Milan, mais aussi des sanctuaires plus modestes, comme la chapelle Saint-Émérence de la Pouëze (Maine-et-Loire) élevée par Louis XI ou l'église même de Chanzeaux pour illustrer sainte Rose de Lima, patronne de la comtesse de Quatrebarbes. Par l'iconographie des verrières et des peintures murales de Paul Audfray (1893-1951) et de Victor-René Livache (1872-1944), l'église de Chanzeaux est intimement liée à l'histoire locale ; par son architecture, elle ouvre une nouvelle page qui se nourrit de traditions locales, mais la réinvente.

Fruit de la pensée d'architectes inventifs et exigeants et non de simples entrepreneurs, les églises néo-médiévales angevines révèlent une grande variété d'approches que l'on commence à étudier attentivement [25]. Il serait vain de rechercher, avec les architectes et archéologues des années 1850, une pureté stylistique interdisant toute licence archéologique. Au contraire, le vocabulaire et la grammaire médiévaux patiemment retrouvés permirent de faire évoluer l'architecture chrétienne. La rupture apparente avec l'architecture néoclassique renouait avec une tradition multiséculaire que les mauristes au XVIIIe siècle, par exemple, avaient maintenue [26]. Pour asseoir un changement radical dans les années 1920, mais plus encore à partir de 1950, l'architecture du XIXe siècle, marquée par une grande richesse, fut rejetée en bloc, victime de sa trop grande érudition nourrie notamment par la Société française d'archéologie. Un siècle plus tard, il est temps d'en redécouvrir l'esthétique savante et sensible.

Étienne Vacquet

Table des auteurs

TABLE DES SITES

Bourse SFA jeunes chercheurs

La bourse 2021 a permis à ces quatre lauréates de participer
au 180ᵉ Congrès archéologique de France, *Maine-et-Loire*, du 9 au 13 septembre 2021 :

Ferrari (Camille)
Master Patrimoine et Musées, université de Paris I Panthéon-Sorbonne.

Muzelet-Guédon (Chloé)
Master Archéologie, Sciences pour l'archéologie, université de Nantes.

Lézé (Émilie)
Master recherche « Mondes médiévaux » en archéologie du bâti, université de Toulouse - Jean Jaurès.

Presutto (Simon)
Master Histoire de l'art, université de Lille.

Achevé d'imprimer sur les presses
de l'imprimerie Corlet
à Condé-en-Normandie
en octobre 2023

N° d'impression : : DI2309.0527
Dépôt légal : octobre 2023